Moriz Carriere

Ästhetik: Die Idee des Schönen

Ihre Verwirklichung im Leben und in der Kunst

Moriz Carriere

Ästhetik: Die Idee des Schönen
Ihre Verwirklichung im Leben und in der Kunst

ISBN/EAN: 9783741168598

Hergestellt in Europa, USA, Kanada, Australien, Japan

Cover: Foto ©Andreas Hilbeck / pixelio.de

Manufactured and distributed by brebook publishing software
(www.brebook.com)

Moriz Carriere

Ästhetik: Die Idee des Schönen

Aesthetik.

Zweiter Theil.

Aesthetik.

Die Idee des Schönen

und ihre

Verwirklichung im Leben und in der Kunst.

Von

Moritz Carriere.

Dritte neu bearbeitete Auflage.

Zweiter Theil.

Die bildende Kunst. Die Musik. Die Poesie.

Leipzig:

F. A. Brockhaus.

1885.

Vorwort.

Mein Augenmerk war bei der Darstellung der einzelnen Künste zunächst darauf gerichtet wie durch jede derselben ein eigenthümlicher Lebensinhalt, eine eigenthümliche Weise des natürlichen und geistigen Seins seine angemessene Form findet, und wie die Mittel dem bestimmten Zwecke ein Genüge thun. Jede Kunst spricht den ganzen Menschen an, in jeder genießen wir die Versöhnung von Sinn und Seele, und es ist die Vielseitigkeit der Wirklichkeit selbst welche die Mannichfaltigkeit der Künste bedingt; indem wiederum alle sich zum Ganzen einheitlich zusammenschließen, hat auch das Ganze des Lebens ein verklärtes Abbild erhalten. Zeigt uns die bildende Kunst die Schönheit des Seins in der Einheit des Mannichfaltigen nebeneinander durch bleibende sichtbare Formen im Raum, und bietet uns die Musik die Schönheit des Werdens, der Lebensentwickelung im Flusse der Zeit, in den Bewegungen der Welt und des Gemüths durch die Harmonie der nacheinander erklingenden Töne, so stellt die Poesie das Selbst- und Weltbewußtsein des Geistes durch die Sprache dar, indem sie Gefühle durch das Wort zur Bestimmtheit des Gedankens erhebt, Gedanken in Bildern veranschaulicht, Charaktere für die Anschauung der Phantasie gestaltet, und das in Zeit und Raum waltende ideale innere Wesen offenbart. Dabei war ich darzuthun bestrebt wie die Praxis der größten Künstler aller Zeiten meine Theorie bestätigt, und es fanden hierdurch sowol

eine Reihe von Meisterwerken ihre Erläuterung und Würdigung, als es mir stets willkommen war die Aeußerungen von
Bildnern, Musikern, Dichtern über ihr Schaffen heranziehen
zu können und sie neben den ästhetischen Resultaten der Kunst-
historiker meiner philosophischen Entwickelung einzureihen.

Die vorgetragene Kunstlehre bekennt den Idealrealismus.
Sie sichert vor allem dem Gedanken und dem Geiste sein Recht,
sie betont aber gleicherweise daß es im Schönen auf die Erscheinung ankommt, daß in der sinnenfälligen Natur selbst das
Ewige und Ideale sich enthüllt. Es ist dabei nicht auf eine
Vermittelung von widerstreitenden Lehren abgesehen, sondern auf
ein volles Erfassen der Sache, die in ihrer eigenen Wesenheit
zu verschiedenen Ansichten die Veranlassung bot; wenn wir sie
gründlich und allseitig begreifen, so wird das Rechte und Frucht-
bare der gegensätzlichen Behauptungen von selbst bewahrt und
vereint. Dazu bedarf es freilich auch der Kraft des ganzen
Menschen. Phantasie, Gemüth und reiner Wille müssen im
Philosophiren walten, wenn es die Wahrheit voll und lebendig
erfassen will. Jede philosophische Betrachtung eröffnet uns einen
Blick in den organischen Zusammenhang aller Lebensgebiete,
eine Perspective ins Unendliche; keinen Gegenstand können wir
recht ergründen ohne zum Urgrund aller Dinge hinab oder
hinauf zu steigen, und von der Art und Weise wie wir ihn
auffassen hängt die Lösung jedes Problems ab, während zugleich
jede wirkliche Erfahrung uns Aufschlüsse über sein Wesen, über
die Natur Gottes bietet. Für die aus dem ganzen Geist geborene Erkenntniß aber können wir dies als Prüfmal aufstellen
daß sie zugleich die Anschauung, die Vernunft und das Gewissen
befriedige.

Die hier vorgetragene Theorie hat seit dem Erscheinen der
ersten Auflage der „Aesthetik" die historische Ergänzung in meinem
Werk über „Die Kunst im Zusammenhang der Culturentwickelung
und die Ideale der Menschheit" gefunden. Für die Erkenntniß
der bildenden Künste sind Anschauungen förderlich; ich wünschte
deshalb den „Atlas der Architektur", welchen A. Essenwein, den

„Atlas der Plastik und Malerei", welchen ich selbst im Brockhaus'-schen „Bilder-Atlas der Wissenschaften und Künste" herausgegeben, in den Händen meiner Leser.

Wie bei der zweiten, so war ich auch bei der dritten Auflage bedacht aus den neuern Arbeiten des In- und Auslandes meinem Buch zu gute kommen zu lassen was sie Probehaltiges bieten. Dadurch ist namentlich die Theorie der Musik erweitert worden. Nachdem der Abschnitt über die Poesie in die 1883 erschienene Neubearbeitung meines Buchs über „Das Wesen und die Formen der Poesie" übergegangen und dort nicht blos ausführlicher dar-gestellt, sondern auch mit Grundzügen der vergleichenden Literatur-geschichte bereichert worden, konnte ich mich diesmal hier kürzer fassen, das Historische beiseite lassen, die philosophische Erör-terung strenger und zugleich umfassender durchführen. So ward dieser Theil der „Aesthetik" großentheils neu geschrieben und hat hoffentlich dadurch gewonnen.

München im Frühling 1885.

Moriz Carriere.

Inhaltsübersicht.

Seite

Vorwort . . . .   V — VII

I. Die bildende Kunst.

1. Ihr Begriff als Kunst der Anschauung. Sie ist Offenbarung innerer Anschauungen durch Raumgestaltung; Darstellung des Seienden in einem bleibenden Werk, die Schönheit in sichtbarer Form ihre Aufgabe. Ihre Objectivität . .   1—8

2. Die Gliederung der bildenden Kunst.

A. Die Architektur.

1. Ihr Wesen im Allgemeinen. Vergleich mit der Musik.
Das Bauen im Zusammenhang mit Zweck und Bedürfniß
des Menschen und seine gestaltende Freiheit; die Idealisirung der anorganischen Natur zum Kosmos. Ausdehnung
und Schwere als die Grundformen der Materialität werden zum Ausdruck der Grundstimmungen des Volksgemüths.
Symbolik der Formen. Das mathematisch Bestimmbare
und die Phantasie. Proportionalität. Die Architektur als
die am frühesten, die Musik als die am spätesten ausgebildete Kunst. . . . .   8—19

2. Technik und Material. Aufschichtung der Massen, Sonderung in Kraft und Last. Bedeutung der Decke; die Wölbung. Holz, Stein, Eisen . . . .   19—28

3. Kernform, Kunstform; Ornament und Geräthe-
bildung. Die constructiv bedeutenden Theile sollen hervortreten und ihr Wesen durch ihre Form aussprechen; Begriff und Gestaltung der Säule und des Pfeilers. Organische
Baustile; die Renaissance. Das Ornament veranschaulicht
plastisch die Function eines baulichen Gliedes. Die archi-

Seite

tektonischen Gesetze in der Tektonik. Stoff, Form und Zweck
bei Geräth und Schmuck . . . .   28—61

4. Das Bauwerk als künstlerisches Ganzes. Maß,
Symmetrie, Proportionalität. Die Curve in der griechi-
schen Baukunst: Gesetz und Freiheit. Massenhaftigkeit und
Erhabenheit der Architektur. Sie bereitet den folgenden
Künsten eine Stätte. Sie gibt ein sichtbares Bild vom ein-
trächtigen Zusammenwirken unsichtbarer Weltkräfte in stetiger
Ruhe. Ihre Wirkung aufs Gemüth . . . .   61—71

5. Der Baustil als Ausdruck des Zeit- und Volksgeistes. Das architektonische Werk ein gemeinsames vieler
Kräfte; überwiegender Einfluß des Ganzen auf die künstlerische Persönlichkeit wie in der Volkspoesie. Das Beispiel
des griechischen Tempels und des christlichen Doms . . .   72—79

B. Die Plastik.

1. Ihr Begriff. Darstellung des persönlichen Geistes und
seiner in sich gesammelten Kraft in dem individuellen Natur-
organismus und seiner vollen Körperlichkeit. Ruhe in der
Bewegung, aber Bewegungsmöglichkeit. Die plastische Gestalt eine Welt für sich, selbstgenugsam. Gleichgewicht von
Idealität und Realität. Plastische Charakterbildung . . .   79—9

2. Stil der Plastik. Die Form als das selbstgesetzte Maß
leibgestaltender Seelenkraft. Darstellung des in sich Vollendeten, Ueberwindung des Häßlichen, Läuterung, Mäßigung
und Bindung des Charakteristischen unter die Macht des
sittlichen Geistes und der Schönheitslinie. Das Idealisiren
der Plastik . . . .   96—117

3. Idealismus und Realismus. Götter-, Menschen-
und Thierbildung. Doppelter Ausgangspunkt aller
Kunst. Die Darstellung des geistig angeschauten Ideals als
höhere Mitte zwischen Symbol und Allegorie. Die griechischen Götterbilder; das Porträt; das Genre; der historische
Stil . . . . 117—138

4. Maß, Material und Farbe. Größebestimmung für
Statuen. Stein, Erz, Holz, Thon. Polychromie und reine
Form . . . . 138—152

5. Nacktheit und Gewandung . . . . 152—165

6. Einzelstatue, Gruppe und Relief. Die Individualgestalt vorzugsweise plastisch. Motive der Stellung und
Haltung. Der Höhepunkt im Gleichgewicht der Kräfte.
Symmetrie und Rhythmus. Gesetz der Gruppenbildung
und des Reliefs. Zusammenwirken von Einzelstatue, Gruppe
und Relief: der Parthenon und der Zeus des Phidias . . 165—194

C. Die Malerei.

Seite

1. Ihr Begriff und Stil. Uebergewicht der Subjectivität; die Welt als Erscheinung. Die besondern Stimmungen und Thätigkeiten des Geistes in der Wechselwirkung der Persönlichkeiten und im Zusammenhange mit der Natur sind die Aufgabe der Malerei. Ueberwindung der Schwere und Masse, Uebergewicht des Individuellen und scheinbar Zufälligen . . . . 194—205

2. Perspective, Schatten und Colorit. Fülle der aufzufassenden Gegenstände und Wahl des Standpunktes. Das Licht und das Sehen; die Farbe und ihre Bedeutung für die Charakteristik der Erscheinungen. Das Colorit. 206—224

3. Die malerische Technik im Zusammenhang mit Inhalt und Form der Darstellung. Die idealistische und naturalistische Malweise muß sich nach der Auffassung der Sache richten. Die Zeichnung und ihre Vervielfältigung durch Holzschnitt, Kupferstich, Lithographie. Fresco- und Oelmalerei, Stereochromie; Mosaik; Glasgemälde . . 224—248

4. Die malerische Composition. Die Auffassung und das malerisch Darstellbare. Verhältniß von Malerei und Poesie. Versinnlichung geistiger Mächte. Seelenvoll empfindende Formen. Gruppen in bestimmter Thätigkeit. Das Häßliche, seine Verwerthung und Ueberwindung. Die Wahl des prägnanten Moments. Einheit der Idee, des Orts, der Zeit, der Handlung. Geistige und sinnliche Perspective. Symmetrie. Lichtwirkung und Colorit im Einklang mit der Composition. Die persönliche Selbständigkeit und die allgemeine Weltordnung . . . . 248—281

5. Stillleben, Blumen- und Fruchtstücke, Thierbilder. 281—287

6. Die Landschaft. Objectiver und subjectiver Ausgangspunkt. Natur- und Seelenstimmung. Die Staffage. . . 287—297

7. Das Genre. Das Porträt . . . . 297—312

8. Das Geschichtsbild. Begriff des Historischen. Der kirchliche und weltliche Stil. Das Epische, Lyrische und Dramatische in der Auffassung und Composition: Zustands-, Stimmungs- und Thatbilder. Die Darstellung des Weltgeschichtlichen nach seiner idealen Bedeutung . . . . . . 312—329

II. Die Musik.

Seite

1. Ihr Begriff als Kunst des Gemüths und der Lebensbewegung. Sie ist Darstellung der Idee wie sie als Princip des Werdens das Leben zu organischer Entwickelung gestaltet, sie stellt die Bewegung der Welt und des Gemüths im
Flusse der Zeit als eine schöne dar, daher rauscht sie selbst im
Fluß der Töne vorüber und ist der Ton selbst empfindende Bewegung. Die Musik offenbart das Entwickelungsgesetz des
Seins; sie bedarf stets der reproducirenden Persönlichkeit; sie
erregt unmittelbar das Gefühl, mittelbar die Anschauung und
das Denken. Sie ist Weltsprache, keineswegs inhaltlos und
nur formale Tonschönheit, sondern seelenvoll und reich an
idealem Gehalt. Ueber Tonmalerei . . . . 330—383

2. Ton. Harmonie. Melodie. Entwickelung der Musik aus
der Natur des Tons und der Schwingung. Die Harmonie
gestaltet die Tonleiter und herrscht somit auch in der Folge
der Töne. Der Dur- und Mollaccord. Die Tonarten.
Rhythmus, Takt, Tempo. Die Melodie ist entfaltete Harmonie, eine von einem geistigen Mittelpunkt getragene und
abgeschlossene Tonreihe. Die Melodie von der Harmonie begleitet; die Harmonie die Melodie leitend im Kanon und in
der Fuge; harmonische Melodiengeflechte im vierstimmigen
Satz. Der Sinn dieser Formen im Zusammenhang mit dem
musikalisch Darstellbaren. Weltliche und kirchliche Musik . . 383—438

3. Die Gliederung der Musik.

   a. Die Instrumentalmusik.
   Sie ist ein Werk der Neuzeit, architektonischen Charakters.
   Blas- und Saiteninstrumente, die Violine. Der Satz, die
   Variation, das Rondo, die Sonate, die Symphonie . . . 439—460

   b. Die Vocalmusik.
   Sie ist der Plastik entsprechend als Ausdruck des persönlichen
   Geistes. Die menschliche Stimme. Verbindung von Ton
   und Wort. Der einstimmige und vielstimmige Gesang . . 460—468

   c. Die Verbindung von Vocal- und Instrumentalmusik.
   Gleich der Malerei vereinigt sie das Organische und Unorganische. Das Lied und seine Begleitung, Recitativ, Arie,
   Chor . . . . 468—470
      α. Das lyrische Tongebäude. Cantate, Messe, Requiem . 470—473
      β. Epische Musik. Das Oratorium . . . . 473—477
      γ. Dramatische Musik; die Oper. Ihr Ursprung und ihre
      Bedeutung. Die Ouvertüre. Das Kunstwerk der Zukunft 477—488

III. Die Poesie.

Seite

1. Ihr Begriff als Kunst des Geistes ist Ausdruck des Ge-
dankens durch die Sprache. Poesie und Prosa, Dichtung und
Wissenschaft. Verhältniß der Poesie zu Musik und bildender
Kunst . . . . 489—510

2. Die poetischen Darstellungsmittel.
   a. Bildlichkeit der Rede. Gleichniß, Metapher und Kata-
   chresen; die Antithese und andere rhetorische Figuren . . . 511—517
   b. Der Vers. Aesthetische Deutung einzelner Versmaße.
   Dreigliedrigkeit der Strophen. Rhythmus und rhythmische
   Malerei. Unterschied der quantitirenden und accentuirenden
   Sprachen. Der hebräische Parallelismus. Alliteration,
   Assonanz und Reim . . . . 517—535

3. Volks- und Kunstdichtung. Epische und lyrische Volkslieder. Bedeutung der Schrift für die Poesie. Gemachte, gelehrte und echtkünstlerische Dichtung . . . . 535—539

4. Die Gliederung der Poesie.
   A. Das Epos.
      a. Die epische Darstellungsweise der Plastik verwandt.
      Das Epos entspricht dem Zustande ruhiger Beschauung,
      seine Darstellung ist gleichmäßig klar, stetig, vollständig;
      auch Empfindungen schildert sie durch Bilder. Poesie der
      Erlebnisse oder Begebenheiten. Composition. Die Götter-
      welt; das Weltbild. Die epische Sprache, der epische
      Vers . . . . 540—552
      b. Die epischen Dichtarten. a. Das erzählende Epos:
      der Heldengesang, die Götter- und Thiersage; die poe-
      tische Erzählung; Idyll und Satire; Parodie. Komisches
      Epos. Roman, Novelle, Märchen. b. Die objective Ge-
      dankendichtung: das Epigramm; die poetische Betrachtung;
      die Allegorie; Fabel und Parabel; die poetische Betrach-
      tung getragen von Charakteren und Situationen . . . 552—567
   B. Die Lyrik.
      a. Die lyrische Darstellungsweise der Musik verwandt.
      Der Lyriker in und über seinen Gefühlen. Spiegelung
      der Welt im Gemüth. Die Lyrik gibt nicht ein ruhiges
      Bild der äußern Wirklichkeit, sondern folgt dem Wechsel
      der Vorstellungen in der Seele. Das Geheimniß der
      Stimmung und die ihr gemäßen Bilder und Verse . . 567—574
      b. Die lyrischen Dichtarten. Die Lyrik des Gefühls,
      das Lied. Die Lyrik der Anschauung: Ode und Elegie;
      Natur- und Lebensbilder; lyrische Balladen. Gedanken-
      lyrik . . . . 574—579

Seite

C. Das Drama.

a. Wesen und Stil der dramatischen Darstellung.
Durchdringung des epischen und lyrischen Elements; Poesie
der That als selbstbewußter Vollführung eines Zwecks;
Spannung und Lösung; der Dialog. Der innere Conflict
als Nerv des Dramatischen. Charaktere, Handlung und
Schicksal in Wechselbeziehung. Motivirung. Die Einheit
der Idee, des Weltzustandes, der stetigen Zeitentwickelung,
der Stimmung. Bau des Dramas . . . . 579—599

b. Die dramatischen Dichtarten. α. Die Tragödie;
Nothwendigkeit und Seelenreinigung. β. Die Komödie;
Zufall und Willkür, Phantastik und Intrigue. γ. Das
Versöhnungsdrama; bürgerliche und historische Stoffe; hei-
tere Lösung ernster Conflicte, Freiheit und Selbstbefreiung 600—616

I. Die bildende Kunst.

1. Ihr Begriff als Kunst der Anschauung.

Der erste Eindruck welchen die Dinge auf uns machen ist der ihrer Ausdehnung und Gestaltung im Raum; erst durch ihre Bewegung und die Aenderung der schon bestehenden Formen und mehr noch durch die Beachtung des Wechsels unserer eigenen Zustände gewinnen wir die Vorstellung des zeitlichen Lebens. In diesem muß etwas sein welches sich entwickelt, das Werden ist die Entfaltung, die fortschreitende Bethätigung des Seins, das immer Neues aus dem Grunde des eigenen Wesens verwirklicht. Darum beginnt auch die Kunst mit der Gestaltung im Raum, mit der Darstellung des Seienden in einem bleibenden, auf sich selbst beruhenden Werk. Das ist hier ihre Grenze daß sie nicht den Proceß des Werdens darstellen kann, aber zugleich liegen darin ihre eigenthümlichen Vorzüge. Sie ist damit auf das in sich Vollendete hingewiesen, und wenn in der Natur der Augenblick der Blüte ein verschwindender ist und der ganze Verlauf des endlichen Daseins als das Streben nach einem Höhenpunkt und das Absinken von ihm angesehen werden kann, so hält die bildende Kunst diesen fest, sie entreißt ihn der Vergänglichkeit, sie verewigt den Moment, wobei es ihr unbenommen bleibt neben die eine vollkommene Gestalt auch noch andere hinzustellen, durch welche die verschiedenen Stufen der Entwickelung veranschaulicht werden. Ihre Aufgabe ist nicht sowol das Streben und Ringen, als das erreichte Ziel der Schönheit darzustellen. Aber da jeder Organismus Ergebniß eines Lebensprocesses ist, so gibt uns in seinen

gewordenen Formen die bildende Kunst den Ausdruck der innerlich
gestaltenden Lebenskräfte, und wie jede bestimmte Stellung aus
einer Bewegung herkommt oder auf solche hinweist, so dient sie
auch in der Kunst zur Andeutung zeitlicher Entwickelung. Doch
wird diese nicht dargestellt, sondern unsere Phantasie wird erregt
sie zu vollziehen, gleichwie der Dichter durch Rede und Handlung
uns die Gestalt vor das geistige Auge zaubert. Der Dichter
zeichnet einen Charakter dadurch daß er die verschiedenen Lebensäußerungen der Persönlichkeit in mannichfachen Lagen und durch
Thaten und Worte vorführt; wir fassen innerlich das Viele zur
Einheit zusammen, die der bildende Künstler zum Ausgangspunkte
nimmt, wenn er einen Alexander oder Ariost porträtirt, und nun
als Erzgießer Lysippos oder als farbenkundiger Tizian uns in
festen bleibenden Zügen den Kern des Menschen veranschaulicht,
aus welchem sein Wollen und Handeln fließt, sodaß wir es in
jenen lesen können.

Wollte man das Wesen der bildenden Kunst darein setzen daß
sie einzelne Naturdinge nachahmend darstelle, so würde man ihr
Unmögliches zumuthen, da sie gerade das was die Eigenthümlichkeit der Natur ausmacht, das werdende Leben im Fluß der Zeit,
die im Stoffwechsel sich erzeugende Gestalt nicht wiedergeben kann.
Einen Moment dieses Processes aber fixiren heißt ihn seinem Zusammenhang entreißen, ihn abtödten, nicht ihm gerecht werden.
Es wäre wie wenn Hüon's Horn erschallt und alles plötzlich
erstarrt. Auch beginnt geschichtlich die Kunst nicht mit dem Versuche Naturerscheinungen täuschend wiederzugeben, ihr Entstehungsgrund ist vielmehr der Trieb und Drang des Geistes seine Gedanken und Empfindungen in einem bleibenden Werke wie zum
Denkmal auszuprägen; sie ruht ursprünglich in der Wiege der
Religion, und ihre ersten großen Thaten sind Bauten, sind Gestalten welche die Gottesidee und dann den sittlichen Heldensinn des
Volks veranschaulichen.

Die bildende Kunst ist Ideendarstellung: sie offenbart die Idee
als die gestaltende Lebenskraft, welche sich ihren Raum setzt und
erfüllt und in dieser Selbstbegrenzung eine Form der äußern Erscheinung gewinnt, die ihr inneres Wesen sichtbar ausprägt. Der
göttliche Gedanke, wie er als bewegendes, schöpferisches Princip
in den Dingen gegenwärtig ist und zugleich als das Ziel und
Musterbild aller Naturentwickelung vorschwebt, wird vom menschlichen Geist ergriffen. Seine räumliche Verwirklichung mit Worten

beschreiben zu wollen würde stets ungenügend bleiben, und nur
schwankende Vorstellungen bei den Hörern hervorrufen; man muß
sie sehen, sie sichtbar machen. Das thut auch die Natur. Aber
was bei ihr in der Zeitfolge der Entwickelung auseinanderliegt,
was sie erst anstrebt, was im Einzelnen vielfach gehemmt oder
getrübt wird, das hebt die Kunst rein und ganz heraus, und dasjenige was selbst nicht werdend oder vergehend, sondern bleibend
und ewig ist, stellt sie in einem dauernden Werk ans Licht. Sie
schafft der Idee keine andere Form als diese sich auch in der
Natur gibt, sie will ja keine Traumbilder, sondern das Wirkliche
darstellen, aber sie ahmt nicht einzelne gewordene Dinge nach,
sondern sie offenbart das Gestaltungsprincip derselben in seiner
Vollendung. Man wird doch im Ernste das Vorbild für einen
dorischen Tempel oder gothischen Dom nicht in Tropfsteinhöhlen
oder Krystallen suchen wollen; aber die Baukunst entbindet sich
nicht von den mathematischen Grundformen und Gesetzen der
Materie, vielmehr hebt sie gerade dieselben klar und rein hervor,
und ihr Werk veranschaulicht im harmonischen Gleichgewicht allgemeiner Weltkräfte die Wohlordnung, das Ebenmaß der anorganischen Natur.

Der Dichter erfaßt die Idee im Gedanken, er spricht sie aus
in der Bestimmtheit des Worts und veranschaulicht sie in der
Entwickelung von Charakteren und Gemüthszuständen durch deren
Aeußerung in That und Rede; der Musiker erfaßt die Idee als
das Princip des Werdens, und zeigt uns dessen von ihr organi-
sirten Rhythmus im Flusse der Zeit, in einem selber werdenden,
vorüberrauschenden Werk; der bildende Künstler sieht in der Idee
das Princip der Gestalt, die schöpferische Lebenskraft, die sich in
räumlicher Ausdehnung verwirklicht, und kein Wort und Ton vermag es auszudrücken wie die sichtbare Form das innere Wesen zur
Erscheinung bringt, dafür bedürfen wir selber der unmittelbaren
Formanschauung. Auch kennen wir gar Vieles das wir darum
noch nicht zu beschreiben und Anderen durch Worte deutlich zu
machen vermögen, z. B. Menschengesichter. Solche innere Anschauungen versinnlicht die Zeichnung. Die Schönheit in sichtbarer
Form zu offenbaren ist die Aufgabe der bildenden Kunst. Könnten
wir auch den Zug und Verlauf der umgrenzenden Linien annähernd
beschreiben, die Farben benennen, so könnte doch das Wort nur
nach und nach schildern was das Auge auf einmal zusammen
sieht, und gerade erst im Zusammenhang und Zusammenklang

1*

der Formen offenbart sich die innenwallende Einheit, und werden
die charakteristischen einzelnen Bestandtheile zur Schönheit des
Ganzen. Die Architektur zeigt uns den Gegensatz von Kraft und
Last und ihr Gleichgewicht in Einem, die Sculptur enthüllt die
eine Seele in allen Gliedern, die Malerei erfreut das Auge mit
der Harmonie der Farben und zeigt durch die Composition in
einer Fülle von Gestalten die allgemeine Weltordnung, deren
Rhythmus die individuelle Freiheit und Selbständigkeit eingefügt
ist. Alles dies und Aehnliches nicht der Reflexion, sondern der
Anschauung zu offenbaren und zu erweisen ist die Mission der
bildenden Kunst. Ihr Werk ist am meisten und unmittelbarsten
für sich und für den ästhetischen Genuß fertig. Die nacheinander
folgenden Töne, die einzelnen Züge der Handlung und die sie
ausdrückenden Worte in der Musik und Poesie müssen wir erst zur
Einheit zusammenfassen um das Werk als Ganzes zu verstehen;
in der bildenden Kunst steht es uns als solches vor Augen, mit
der Mannichfaltigkeit ist die Einheit sogleich vorhanden und gegenwärtig. Man bezeichnet sie auch als Kunst schlechthin, weil die
Veranschaulichung des Wesens durch die sinnenfällige wohlgefällige
Form, dies Grundelement aller Schönheit, hier vorzugsweise zu
Tage tritt, weil die Phantasie Gestaltungskraft ist und in dem
Bereiten des eigenen Leibes die Seele durch sie zunächst sich thätig
erweist, weil in der Verkörperung die Realisirung des Idealen erscheint. Das Können in aller Kunst, das Veräußerlichen des
innerlich Empfundenen, tritt hier am entschiedensten auf, während
das geistige Schaffen der Poesie den Namen verleiht. Noch bemerkt Weiße daß für die selbständig im Reiche der Sichtbarkeit
schaffenden Künste der Ausdruck der bildenden charakteristisch sei,
der zugleich das Hervorrufen des Bildes oder der Erscheinung
eines vorhandenen Dinges und die Veredlung dieses Dinges über
seine natürliche Beschaffenheit hinaus bezeichnet. Alle sichtbare
Verwirklichung aber geschieht durch Raumbegrenzung; sie wird von
uns als Fläche auf der Netzhaut des Auges empfunden und angeschaut; nach dieser innern Wahrnehmung entwirft der Künstler
sein Idealbild zeichnend auf einer Fläche, um es danach in Stein
und Farben auszuführen; darum heißen die bildenden Künste wol
auch die zeichnenden.

Jetzt wo Auge und Ohr mit Lesen und Sprechenhören nur
allzu sehr blos den Zwecken des Verstandes dienen und von früh
an lernen gegen alles andere gleichgültig zu sein und nur auf

jenes die Aufmerksamkeit zu richten, jetzt muß man daran erinnern daß keineswegs unser ganzes Sein im Denken aufgeht, daß auch Anschauung und Gefühl ihr Recht haben, daß wir vieles kennen und empfinden was wir nicht in Worten ausdrücken und verständlich machen können, was uns daher mit Fug und Grund unsagbar heißt. Man muß daran erinnern daß man Wein trinken, Rosenduft riechen, Wärme fühlen, ein Gemälde sehen und Musik hören muß, und daß alles Gerede darüber den Genuß niemals ersetzen kann, daß wir niemals dem Blinden sagen können wie die rothe Farbe am Abendhimmel oder im Gesicht des blühenden Mädchens aussieht, noch dem Tauben wie die Nachtigall singt. Auch uns Sehenden und Hörenden rufen Worte nur die Erinnerung wach, niemals aber ersetzen sie die Empfindung der Sache selbst. Darin besteht der hohe Werth der Musik wie der bildenden Kunst für unser immer abstracter werdendes Geschlecht: daß sie Aug' und Ohr für die Schönheit der Formen, Farben, Töne aufschließen und daß sie dem empfänglichen Gemüth einen eigenartigen Reichthum echten Lebensgehalts offenbaren und zum Genusse bieten. Der Klang, der im gelesenen Worte fast ganz bedeutungslos geworden, erhält im Gesang seinen elementaren Zauber wieder, wir werden der Einheit des Seelischen und Sinnlichen inne, und so empfängt auch unsere von der Poesie vor das geistige Auge gerufene Anschauung Form und Farbe, wenn uns solche als Träger von idealem Ausdrucke und in ihrem Reize durch Werke der bildenden Kunst aufgegangen sind. Die Macht sinnlicher Unmittelbarkeit aber ist ein Vorzug der Kunst vor der Wissenschaft, und der Freibrief ihres Bestehens neben derselben, so sehr diese auch die Herrscherin unserer Zeit geworden ist.

Das Auge verlangt für die Objecte, an denen es Gefallen finden soll, als Grundbedingung die Gliederung seines Wegs, den es beschreibt indem es sie auffaßt, und so fordert Helmholtz mit Recht für die sinnliche Deutlichkeit daß das Kunstwerk dem Beschauer seine Verständlichkeit gleichsam aufdränge, indem es das Bedeutsame vor dem Untergeordneten hervorhebt.

Fechner fügt nach dem Associationsprincip hier lichtvoll und lichtgebend Weiteres hinzu. Die Malerei gibt die ganze sichtbare Seite einer Sache direct auf einmal in vollem Zusammenhange und in voller Bestimmtheit, welche der Geist, wenn er die Worte vernimmt, erst associationsweise hinzudenken muß, was er doch nur in abgeschwächter Deutlichkeit vermag. Das gemalte Gesicht

zeigt uns in der sinnlichen Totalerscheinung unmittelbar mit
Einem Schlage den Ausdruck eines gewissen Alters, Geschlechts,
Charakters, einer geistigen Begabung und Gemüthsstimmung, eines
Grades von Gesundheit der Person der es angehört; dem kann
die sprachliche Schilderung nur sehr mangelhaft nachkommen, sie
kann das Einzelne weder erschöpfen, noch es nach seinem vollen
Zusammenhang in einem Gesammtbild reproduciren. Dafür aber
gibt wiederum die Malerei nur die Oberfläche sichtbarer Gegenstände in einem einzigen Augenblick, ohne direct zu sagen was
hinter der Oberfläche liegt, was von Bewegungen und Veränderungen der gegenwärtigen Erscheinung vorausging und folgt, noch
was geistig von Ursachen und Wirkungen mit ihr zusammenhängt.
Dagegen decken und erschöpfen die Worte der Sprache mit ihrer
Bedeutung und durch ihre Zusammenstellung das gesammte Vor-
stellungs- und Begriffsgebiet des Menschen, und vermögen dem
Gang der Vorstellungen und Gefühle ganz bestimmte Wege anzuweisen. Der Eindruck eines lyrischen oder erzählenden Gedichts
kann durch kein Gemälde ersetzt, wol aber in gewisser Weise ergänzt werden. So vervollständigt die Erzählung das Gemälde
einer Schlacht, wie dieses den Bericht von derselben.

Vortrefflich sagt einer der größten Künstler unserer Zeit,
Schinkel: „Die höchste Feinheit in der Ausbildung eines freien
Gedankens kann nur in der bildenden Kunst erreicht werden. Sie
schließt vollkommen ab, hat aber zugleich die ganze Welt in sich,
aber bezogen auf das Eine was dargestellt werden soll. Indem
sie sucht jedem Gegenstand die ursprünglichste Seite abzugewinnen,
ihn auf die letzte nothwendige Einheit und Eigenthümlichkeit seiner
Wesenheit zurückzuführen, strebt sie nach höchster Wahrheit und
Wesentlichkeit, und dies allein schon bewahrt vor jenen zusammen-
gesetzten Handlungsweisen aus Trug, Schein, Klügelei, halber
Wahrheit, die sich so leicht in alle menschlichen Handlungen ein-
schleichen. So ist die Kunst ein höchstes Ingredienz zur wahren
Cultur.“

In der Poesie werden wir das Vorwiegen des geistigen Gehaltes, die Seelenschönheit kennen lernen, die sich in Gefühlen und
Thaten kundgibt, während in der bildenden Kunst zunächst der
Werth und Reiz der Form entfaltet wird und das Ideal in der
Leibesschönheit aufblüht. So steht die bildende Kunst der Natur
näher, während die Poesie an das Gebiet des rein Geistigen
grenzt, in welchem die Philosophie ihr Reich gegründet hat. Nicht

mit Unrecht ist darum bemerkt worden daß manches Corneliusische
oder Kaulbachische Werk eigentlich ein dichterisches sei, indem es
der Malerei etwas aneignet was seither Aufgabe der Poesie geblieben war.　Indeß wie die Dichtung der Hellenen das plastische
Gepräge trug, so wird die bildende Kunst unserer Zeit vom Geiste
der Poesie erfüllt sein müssen, da diese die tonangebende unter den
Künstlern nun zu sein berufen ist.　Doch vergesse man niemals
daß das Werk der bildenden Kunst sich selbst erklären, durch sich
selbst verständlich sein muß; was hineingeheimnisset wird ohne daß
es deutlich hervortritt das ist vom Uebel; im Schönen soll das
Wesen voll und rein erscheinen, und der Bildner soll darum nur
darstellen wollen was sich in sichtbaren Formen ausdrücken, was
sich durch körperliche Gestalten, ihre Züge, ihr Mienenspiel, ihre
Wechselbeziehung veranschaulichen läßt.

Der bildende Künstler prägt seine Gedanken als beseelende
Form einem im Raum vorhandenen Stoff ein; sein Werk steht
daher gleich den Geschöpfen der Natur in selbständiger Existenz
da; ohne daß es einer weitern Vermittelung bedürfte wirkt es auf
den Beschauer, sobald es in seinen Gesichtskreis fällt, und erweckt
in dessen Gemüth das ursprünglich im Künstlergeist vorhandene
Ideal.　Auch darum nennen wir die Werke der bildenden Kunst
vorzugsweise objectiv.　Der Musiker oder Dichter muß entweder
seine Werke selber vortragen und dann mit seiner Subjectivität
gegenwärtig sein, jene gleichsam aus derselben erzeugen, oder die
Sänger, die Schauspieler, das Orchester sind nothwendig um das
Werk, das in Buchstaben oder Noten andeutend niedergelegt ist,
zu lebendiger Wirksamkeit zu bringen, wenn nicht der Aufnehmende,
Hörende als Leser oder Spieler eines Instruments diese Rolle der
vermittelnden Persönlichkeit selbst übernimmt.

Vischer faßt die Sache etwas anders auf; er sagt in seiner
Aesthetik (§ 550): „Nehmen wir die drei Momente zusammen,
den Künstler, in welchem ein Phantasiebild innerlich lebt, das
Werk, welches körperlich, bewegungslos, stumm hingestellt ist in
den Raum, den Zuschauer, in dessen Anschauung es auflebt,
auflebt, so haben wir einen Proceß, der wohl zu merken ist um
den tiefen Unterschied zu verstehen, der sich im Processe der Musik
und Poesie herausstellen wird; es ist eine Bewegung in zwei
Tempi, deren erstes das Hinstellen eines Objects im Raum, deren
zweites das Hinüberspringen des Objects in den Zuschauer ist.
Die Kugel fliegt hier nicht direct, es ist ein getheilter Act wie

der aufschlagende Schuß im Unterschied vom wagrechten, nur daß
freilich die Kugel im Aufspringen nicht verweilt, wie das in Stein,
Erz 2c. versestete Bild des Künstlergeistes" — weshalb eben das
Gleichniß hinkt und nicht trifft. Auch der Redner, der Sänger
macht seine Gedanken, seine Gefühle äußerlich, er prägt sie in
Luftschwingungen aus, die nacheinander unser Ohr treffen, und
aus diesem materiellen Eindruck entbindet unsere Subjectivität
den geistigen Gehalt ebenso wie sie aus den Schwingungen des
Aethers die sichtbaren Formen und Farben erzeugt. Kein Künstler
wirkt direct auf den Beschauer, sondern mittels des Werkes, aber
dessen Objectivität ist eine größere wenn sie für sich fertig dasteht
und nur des auffassenden Beschauers wartet, als wenn sie erst
durch eine neue subjective Thätigkeit, wie das niedergeschriebene
Musikstück durch den vortragenden Virtuosen, vernehmlich gemacht
werden muß. Jeder Künstler entäußert sich seines innern Bildes
und gibt ihm eine Existenz in Raum und Zeit; aber das Werk
des bildenden ist so völlig objectiv geworden daß es sich selbst
genügt und durch eigene Kraft in der aufnehmenden Seele wieder
erzeugen kann, während die Schöpfung der Musik oder Poesie
durch die producirende oder reproducirende Subjectivität stets von
neuem erst vernehmlich gemacht und wiedergeboren wird, dafür
aber auch eindringlicher, gewaltiger, erregender auf das empfan-
gende Gemüth wirkt. Das Licht des Tages bricht nicht dann und
wann aus den irdischen Dingen hervor gleich dem Klang, welcher
uns deren innere Bewegung mittheilt, sondern von der überirdischen Sonne erregt umfließt es mit stetiger Klarheit die Gegenstände, die nun wie sie nebeneinander bestehen für uns sichtbar
werden und in ihrer Form die Gestaltung ihres Wesens offenbaren. Das Auge ist der Sinn des Raums, dessen Begriff uns
durch dasselbe zumeist zum Bewußtsein gebracht wird.

---

2. Die Gliederung der bildenden Kunst.

Die bildende Kunst gestaltet geistige Anschauungen im Raum,
oder sie ist die Idealisirung der Natur für das Auge. Im
Raum aber haben wir die anorganische Natur, die organische
Individualgestalt und das Wechselleben der einzelnen Wesen im
großen Ganzen, und ähnlich erscheint der Geist als der allgemeine
des Volks und der Zeit, als die Totalität des persönlichen Charakters, und in den besondern Empfindungen oder Handlungen

wie sie die Wechselwirkung der Individuen mit sich bringt. Indem nun diese Natur- und Geistesformen aufeinander bezogen werden, ergeben sich uns drei Weisen bildender Kunst: die Architektur, Sculptur und Malerei.

A. Die Architektur.

1. Ihr Wesen im Allgemeinen.

Man hat die Architektur schon oft mit der Musik verglichen, Friedrich Schlegel hat sie eine gefrorene Musik genannt, ein Hauptgesichtspunkt aber, der so bedeutend ist daß man darauf eine Eintheilung aller Künste gründen könne, wird dabei nicht hervorgehoben, und derselbe ist wieder die Ursache der eigenthümlichen Schwierigkeit in der Besprechung der Architektur. Sie und die Musik haben nämlich weder in der Natur ein bestimmtes Vorbild, das sie nachahmen oder dem sie sich doch, das Bedeutende desselben hervorhebend, anschließen könnten, während für die Plastik und Malerei die Gestalten der sichtbaren Dinge und Persönlichkeiten, für die Poesie das im Wort ausgesprochene Gefühl, der Gedanke und die Erzählung von den Thaten der Menschen, die ganze geistige innere Erfahrungswelt sowol als Stoff wie als Richtmaß der Phantasie gegeben sind. Diese Künste ergreifen bestimmte Erscheinungen um sie zur vollen Wirklichkeit der ihnen zu Grunde liegenden Idee auszubilden, oder die im Geist geborenen Gedanken durch sie auszudrücken, und im Vergleich mit der Natur und mit der Geschichte können wir beurtheilen ob die Schöpfungen dieser Künste gleich den realen Wesen lebensfähige Organismen oder leere Phantasmen sind. Die Architektur aber besitzt zum Ausdruck der Gemüthsstimmungen und Ideen nur jene ursprünglichsten, ganz universellen Kräfte aller Materie, die Schwere und die Ausdehnung, auf denen alle Körperlichkeit beruht. Die Musik kann im Steigen und Fallen, Anschwellen und Verhallen der Töne wol die allgemeine Form des Auf- und Abwogens der Gefühle, nicht aber die besondere Empfindung selbst in ihrer eigenthümlichen Lage darstellen; sie kann, um es mit einem Bilde aus der Mathematik zu erläutern, nur die Buchstabenformel für das Gemüthsleben aussprechen, und muß es dem Hörer überlassen nach eigener Weise die bestimmten Zahlen dafür zu setzen.

Wie die Architektur den andern bildenden Künsten die Stätte bereitet und, wie wir sehen werden, durch sie ihr eigenes Werk individueller bezeichnet, so schließt die Musik sich gern an die Poesie an um der Klarheit und Bestimmtheit des Wortes nun die allgemeine Empfindungsbasis zu gesellen oder jene aus dieser zu näherer Bezeichnung hervorklingen zu lassen. Die Architektur entfaltet sich im Raume allein ohne Beziehung auf die Zeit, die Musik gibt dem Verlauf der Zeit eine rhythmische Gliederung und eine Erfüllung mit Melodiengehalt ohne Rücksicht auf die Erscheinungen im Raum, während die Plastik, die Malerei durch die Stellung der im Raum sichtbaren Gestalten auf die Bewegung und damit auf ein Nacheinander einzelner Momente, auf die Zeit hindeuten, während die Poesie durch nacheinander ausgesprochene Worte, also in der Zeit, Handlungen schildert, durch diese aber auch ein Bild der sichtbaren Erscheinung vor die Seele ruft.

Die Architektur und die Musik also geben einen allgemeinen Stimmungsausdruck. Jene stellt eine Harmonie von Linien oder Ausdehnungen, diese von Bewegungen oder Klängen dar; jener kommt es zunächst nicht auf den Stoff als solchen, sondern nur auf seine raumerfüllende Masse an; dieser gilt der Klang zunächst als zeitfüllend, abgesehen davon ob der Körper, der die Luft in Schwingungen setzt, Holz oder Metall, oder ein organisches lebendiges Gebilde ist. Zwar bleibt bei der weitern Entwickelung der Kunst auch dies nicht gleichgültig; hier jedoch müssen wir zunächst dies festhalten daß es in der Architektur wie in der Musik zuerst die mathematisch bestimmten Verhältnisse des Raums und der Zeit sind die als solche in Frage kommen. Das Tonstück erscheint uns als der unsichtbare Bau, als eine Zusammenstellung beweglicher Kräfte, und im Gebäude selbst sind die sich entgegenstrebenden Bewegungen fest geworden, und ihr Rhythmus steht vor dem Auge bleibend da. In der Natur hat der Mittelpunkt stets diese doppelte Bedeutung: er ist der Schwerpunkt der alle Theile an sich heranzieht, und ist der Quellpunkt aller sich entfaltenden ausdehnenden Thätigkeit, wie die Sonne das Licht ausstrahlt und die Planeten mit unzerreißbarem Bande an das gemeinsame Centrum gefesselt hält. So umkreisen die Töne den Quellpunkt dem sie entströmen, so vereinigt der Schwerpunkt die Massen die sich allseitig um ihn ausgebreitet haben.

Indeß das Verständniß der Architektur als freier Kunst wird noch durch ein zweites Moment erschwert, und dies ist ihre Verschmelzung mit den Bedürfnissen des täglichen Lebens, dessen Zwecke sie zu befriedigen hat. Sie ist, worauf auch Deutinger und Vischer hinweisen, die erste werkschöpferische Besitzergreifung der objectiven Welt durch den Menschen; der Instinct des Volksgeistes arbeitet in ihr das in seinem Gemüth liegende eigene Weltbild sich klar zu machen, aber sie ringt sich selber erst allmählich aus der Botmäßigkeit der Materie zur selbständig schaltenden Herrschaft über dieselbe empor. Der Mensch nimmt dadurch Besitz von der Erde daß er das Land baut, d. h. daß er es nach seinem Sinn für seine Bedürfnisse bearbeitet. Hier ist schon das Doppelseitige einer Thätigkeit offenbar, die nicht ein gegebenes Vorbild nachahmt, sondern nach eigenen innern Vorstellungen handelt, aber diese nicht um ihrer selbst willen, sondern um bestimmter Zwecke willen gestaltet. Der Keim der Architektur als freier Kunst liegt daneben in dem Trieb der Menschen eine Stätte zu welchen oder eine Erinnerung an einem Orte durch Gründung eines Denkmals festzuhalten, wie Jakob dort einen Stein zum Mal aufrichtet wo er die Himmelsleiter im Traume sah. Ein Hügel wird über dem Grab aufgeschichtet um den Ruheplatz eines geliebten Todten zu bezeichnen; wie dieser groß war im Leben, so soll auch der Gestorbene noch hervorragen, hineinragen in die Zukunft. Der Mensch will daß man in diesem Hügel nicht ein Naturgebilde, sondern ein Werk seiner Hände, einen Ausdruck seines Geistes erkenne; darum gibt er ihm eine streng regelmäßige Form, begrenzt ihn mit einem Steinring, errichtet einen Stein auf dem Gipfel, oder schichtet ihn in regelmäßigen Linien aus Steinen auf, die er dafür bereitet oder behauen hat. So sind die ältesten großen Baudenkmale entstanden, die uns übrig sind aus der Vorzeit, die Pyramiden, Grabmale ägyptischer Könige. Gerade die mathematische Regelmäßigkeit unterscheidet das Werk als ein Erzeugniß der Kunst, des menschlichen Geistes, von der Natur.

Eine andere Bauthätigkeit des Menschen ist dann die Bereitung seiner Wohnstätte für sich und die Seinigen. Er ist an die Erde gebunden, wenn er vorhandene Grotten benutzt, oder sich in die Erde hineinhöhlt; er beginnt sich über sie zu erheben, wenn er die Massen, die sie ihm bietet, zur Umschließung und Bedeckung eines innern Raums, einer Herberge (wo man sich und andere bergen kann) aufschichtend und verbindend anwendet. Hier tritt in der Mauer und dem Dach schon die Sonderung von Kraft und

Last, von Tragendem und Getragenem auf, und indem der Zweck
des Bewohnens zum leitenden Princip der Einrichtung wird, bedingt er in Fenstern und Thüren oder in unterschiedenen Ge-
mächern schon eine weitere Gliederung.

Auf dem Boden des Handwerks, seiner Erfahrungen und der
sich an sie anreihenden wissenschaftlichen, namentlich mathematischen Kenntnisse erhebt sich die Kunst der Architektur, wenn sie
dem was für die Befriedigung des rohen Bedürfnisses gebaut
worden den Stempel geistiger Sittigung aufdrückt, und durch die
Form den Begriff oder Zweck der Sache sichtbarlich ausprägt.
Eine Säulenhalle, ein hohes Gewölbe mögen da für das bloße
Bedürfniß ein Ueberfluß sein, aber sie erscheinen ideal bedeutend
in ihrer Wirkung auf das Gemüth des Beschauers, dem sie den
Grundgedanken einer Geistesrichtung unmittelbar offenbaren können.

Zur freien Kunst wird das Bauen da wo es dem Zweck-
mäßigen das Gepräge formaler Schönheit gibt, wo es nicht
äußern Interessen dient, sondern eine ideale Anschauung der
Menschheit zur Darstellung bringt, erfahrungsgemäß durch den
religiösen Trieb des Volkes seinem Gotte ein Haus zu errichten,
das dessen Wesen symbolisch ausspricht, indem es die anorganische
Natur idealisirt. Die Architektur gibt nicht unmittelbar das Bild
Gottes, sondern wie er sein ewiges Wesen in der Welt offenbart
hat, so macht sie dasselbe in dem Tempel sichtbar, den er bewohnen,
wo er verehrt werden soll. Der Geist beherrscht die Natur durch
die Macht des Maßes und die harmonische Gliederung; er lernt
ihre Gesetze und Kräfte kennen um sie für seine Zwecke zu verwenden, nach seinen Gedanken zu verbinden; er macht die Natur
zu seinem Hause, zu seiner Wohnstätte, und die Baukunst zeigt
im einzelnen Werk was jene, die Natur, in ihrer Totalität ist,
ein Kosmos, ein wohlgeordnet zweckvolles Ganzes, erzeugt und
gestaltet durch die Erfindungskraft des Geistes. Die anorganische
Masse wird ergriffen wie sie in der Ausdehnung und Schwere
sich darstellt, ihr einfachstes allgemeinstes Gesetz wird für sich klar
hervorgehoben um eine ähnliche allgemeine Grundstimmung des
Gemüths, eine gemeinsame Anschauung des ganzen Volks im
mathematisch bestimmbaren Verhältniß der zu einem Ganzen verbundenen Linien auszusprechen.

Diese Sätze bedürfen wol der Erläuterung; ich wollte ihren
Zusammenhang nicht unterbrechen und füge zur Abwehr und Ver-
ständigung einiges Nähere hinzu.

Ich meine nicht daß bestimmte Begriffe der Metaphysik oder Dogmatik durch Linien- und Zahlenverhältnisse allegorisirt werden sollen; aber das scheint einleuchtend daß in dem Geraden Stetigkeit und in dem Gekrümmten bewegter Schwung sich ausdrückt, daß die Verticallinie für sich das Aufstreben in die Höhe, damit den Aufschwung selbständiger Kraft versinnlicht, während die Horizontale sich ruhig und gleichmäßig auf dem Boden ausbreitet oder von ihm überall gleichmäßig angezogen wird; und demnach sehen wir im rechten Winkel den Gegensatz, wir sehen Kraft und Gegenwirkung als den Grund aller unterschieblichen Lebensgestaltung, wir sehen im Dreieck den ersten und einfachsten Abschluß einer Figur, die Vermittelung oder Versöhnung des Gegensatzes. Oder wir erblicken im Kreis diejenige Figur deren Umfangslinie überall gleich weit vom Mittelpunkt entfernt ist, deren Entstehung ebenso durch eine gleichmäßige und allseitige Ausstrahlung des Centrums als durch dessen stetig wirksame Anziehung gedacht werden kann. Wenn uns die Materie nach einer lebendigen Auffassung der Philosophie als das Resultat zweier widerstreitender, gleich gewichtiger Kräfte, der Anziehung und Abstoßung erscheint und auf Schwere und Bewegung der Umschwung der Himmelskörper und sein Gesetz beruht, so wird uns der Kreis daran erinnern, sowie er uns ein Bild des in sich geschlossenen Unendlichen gewährt. In freierer Weise läßt die Ellipse jetzt die Flug- und jetzt die Schwerkraft vorwalten, um beide in symmetrischer Gesetzlichkeit und im Abschluß anzugleichen. Wenn man aber sagt die Thür in der christlichen Kirche bedeute Christus, die Säulen die Apostel, das Dach die Liebe welche auch der Sünden Menge deckt, so sind dies nachträgliche Deutungen, keineswegs aber der Grund und das Princip der baulichen Construction. Man hat doch das Dach nicht aufgesetzt um jenen Bibelspruch zu symbolisiren, sondern um der Nothwendigkeit des Abschlusses und Schutzes willen; nachträglich mochte sein Anblick an die allumfassende Liebe erinnern. Rechtwinklig behauene Steine haben schon die alten Aegypter angewendet, wir finden sie bei allen Culturvölkern; welch eine Verkennung der Sache, wenn man sie von den vier christlichen Cardinaltugenden herleiten will, wenn man meint sie seien darum polirt worden damit sie die Reinigung der Heiligen durch die Duldung der Trübsale bezeichneten! Das und manches Andere ist nicht Keim und Entstehungsgrund der baulichen Glieder und Formen, sondern diese, nachdem sie aus dem Bedürfnisse oder aus dem Geiste des

Volks oft ganz reflexionslos erwachsen waren, gaben nun Veranlassung zu Gleichnißreden und nachträglichen Deutungen. Wesentlich aber ist daß die Allgesetzlichkeit, daß das Vernunftnothwendige
in den reinen geometrischen Formen und Verhältnissen durch die
Architektur vor die Anschauung tritt; dies erfreut und beruhigt
den Geist, während die in solchen Formen gestaltende freie Phantasie, während die durch solche Formen beherrschten, Maß und
Ordnung empfangenden Naturkräfte und anorganischen Massen
den Sinn anregen; so erfüllt sich der Begriff der Schönheit.

Es ist, sagten wir, die anorganische Natur die in der Architektur erfaßt, gestaltet und als Trägerin und Wohnstätte des
organischen und geistigen Lebens hingestellt wird, und zwar geschieht dies dem eigenen Gesetze der Natur gemäß. Solches aber
äußert sich in der Schwere und der Bewegung oder Ausdehnung,
es äußert sich im Zusammenwirken von Kraft und Last. Die
Architektur stellt die Kraft der Materie dar, indem sie dieselbe über
den Boden frei emporschichtet; sie bringt die Macht der Schwere
zur Anschauung, wenn diesem Aufstreben durch eine Last, einen
Druck von oben Halt geboten wird; sie zeigt den Zusammenhang
der ausgedehnten Masse in der verbindenden Decke, und wenn diese,
durch die Kraft des Zusammenhanges wie durch die Kraft der
Stützen über den Boden schwebend emporgehalten wird, so tritt
uns schon das über der Erde ausgespannte Himmelsgewölbe, oder
das durch Schwere und Bewegung im regelmäßigen Abstand und
festen Zusammenhang seiner Glieder bestehende Sonnensystem,
kurz der Makrokosmos nach seinen Grundgesetzen im mikrokosmischen Bild entgegen. Ein Schwebendes das keine Stütze hat,
ein schiefer Thurm der zu fallen droht, sind uns darum in der
Architektur widerwärtig; denn sie soll als Kunst eben das Innere,
das Gesetz der Dinge, sichtbar machen, die Schwere soll durch
die tragende Kraft aufgehoben, die Bewegung dieser durch die
Schwere begrenzt und gemäßigt erscheinen; im Gleichgewicht beider
wollen wir den Kosmos, die schöne Ordnung und sich wechselseitig bedingende Gliederung der Welt vor Augen haben.

Das ist nun die Eigenthümlichkeit aller Kunst daß sie das
innere, den Erscheinungen zu Grund liegende Wesen rein und klar
hervorhebt, in ihren Formen rein und klar zur Anschauung und
zum Verständniß bringt; und so ist das schöne Bauwerk ein sichtbarer Ausdruck unsichtbarer Weltkräfte, so stellt es uns dar

Wie Alles sich zum Ganzen webt,
Eins in dem Andern wirkt und lebt,
Wie Himmelskräfte auf und nieder steigen
Und sich die goldnen Eimer reichen,
Mit segenduftenden Schwingen
Vom Himmel zu der Erde bringen,
Harmonisch all das All durchklingen.

Endlich nannte ich das Verhältniß der Kräfte oder der zu einem Ganzen verbundenen Linien ein mathematisch bestimmbares; das heißt es gilt auch hier das Wort der Schrift, daß alles nach Zahl, Maß und Gewicht geordnet ist; aber man würde irren, wenn man glaubte durch Berechnen und geometrische Constructionen das Kunstwerk hervorbringen zu können. Es ist hier wie bei der Musik. Auch da lassen sich die Schwingungen und Schwingungsverhältnisse sowol der nacheinander folgenden Töne in der Melodie als der gleichzeitig erklingenden in der Harmonie durch Zahlen ausdrücken, und dem Wohlgefälligen der Consonanz entspricht eine einfache leicht faßliche Proportion dieser Zahlen. Wenn man demnach auch ein Volkslied so gut wie eine Symphonie berechnen kann, errechnen, durch Verstandesoperationen finden lassen sie sich nicht, da waltet die Phantasie und die göttliche Eingebung. Gleiche Bewandtniß hat es mit der Baukunst. Der rechte Winkel, der Kreis, das Dreieck herrschen als Grundformen in der antiken Architektur; die gothische wird complicirter; die schräge Linie, im Kreuzgewölbe die Diagonale, der Spitzbogen, die Vielecke, die Curven tiefer Höhlungen erfordern größere geometrische Kenntnisse, und da diese bei den Handwerkern nicht vorauszusetzen waren, so galt es Handgriffe für sie zu finden, was durch die sogenannte Quadratur oder Achtur geschah; und mit Recht bemerkt Schnaase gegen diejenigen welche sich das große Mysterium durch kleine Geheimnisse und das geheime Walten des Geistes in der Geschichte durch geheime Gesellschaften erklären, daß jene Kunstgriffe eher die Kraft der künstlerischen Erfindung lähmen als die schöpferische Macht der Kunst ersetzen konnten. Sie dienten zur leichteren Reproduction, sie waren mechanische Hülfsmittel für schwierige Constructionen, und mochten allerdings dem Steinmetzen, der ihre Gründe nicht kannte, räthselhaft, und da sie ihn zu feinen und verwickelten Arbeiten wunderbar befähigten, wie ein Arcanum erscheinen. So muß auch der Musiker Generalbaß studiren, aber die Kenntniß des Contrapunkts befähigt darum nicht zur Melodienerfindung.

Wie die einfachen Zahlenverhältnisse von 1:2 in den Schwingungen der Octave, von 2:3 in denen der Quinte, von 4:5 in
denen der Terz schon von Pythagoras gefunden und danach in der
Formel 4:5:6:8 die Proportion des Duraccords aufgestellt wurde,
so hat man auch in dem Verhältniß der Länge, Breite, Höhe
eines Gebäudes, sowie in dem Verhältniß einzelner Theile zum
Ganzen nach bestimmten Zahlen gesucht, und gefunden daß bei
denen welche den gewaltigsten oder befriedigendsten Eindruck machen
ebenfalls solche einfache Zahlen zu Grunde liegen, gewöhnlich mit
kleinen Abweichungen, die entweder das Augenmaß nicht unterscheidet, oder die von der Perspective verlangt werden, mitunter
auch zu ihrer Unterstützung dienen. So ist in Kirchen der Pfeiler-
abstand ein für die Construction des Ganzen, für die Breite und
Länge der Schiffe vielfach maßgebendes Moment. In der Elisa-
bethenkirche zu Marburg beträgt die Entfernung von einer Pfeilerachse zur andern 18 Fuß; dies ist die Breite des Seitenschiffs;
das Doppelte beträgt die Breite des Mittelschiffs und die Höhe
des Hauptportals, das Vierfache die Gewölbhöhe und die lichte
Breite des Langhauses, das Sechsfache die Giebelhöhe, das Acht-
fache die größte Breite (oder die Länge des Kreuzschiffs), das
Zwölffache die Länge des Innern, das Funfzehnfache die Thurm-
höhe. Das Grundmaß des Kölner Doms sind 50 zehnzöllige
Fuß als Breite des Mittelschiffs von einer Pfeilerachse zur andern;
jedes der vier Seitenschiffe mißt die Hälfte, die ganze Breite des
Langbaues also das Dreifache, 150 Fuß. Dies ist auch die Höhe
des Mittelschiffs, die der Seitenschiffe beträgt ⅖ davon oder
60 Fuß; die Höhe des Mittelschiffs verhält sich zu seiner Breite
wie 3:1, die der Seitenschiffe wie 60:25 = 12:5. Der Querbau des Kreuzes hat auf jeder Seite nur ein Seitenschiff; seine
Breite 100 Fuß, verhält sich also zu der des Chors oder Langbaues wie 100:150, wie 2:3. Der Querbau ist 250 Fuß lang,
seine Länge verhält sich also zu seiner Breite wie 5:2. Die
Länge des ganzen Doms beträgt 450 Fuß, sie verhält sich zur
größten Breite des Ganzen oder der Länge des Querschiffs wie
9:5, und zur Breite des Langenbaues wie 450:150 = 3:1.
Die Höhe der Thürme soll der Länge des Domes gleich erscheinen,
in Rücksicht auf die perspectivische Verkürzung aber hat der
ursprüngliche Bauriß sie für die wirkliche Ausführung größer genommen. So stehen die mannichfaltigen und gewaltigen Dimensionen in einfach übersichtlichem Verhältniß. — Bei den großen

ägyptischen Pyramiden verhält sich die Höhe zu einer Seite der
Grundlinien wie 5 : 8, und die Hälfte der Grundlinie verhält sich
zur lothrechten Höhe wie die Seitenhöhe zur ganzen Grundlinie.
— Am Parthenon ist die Höhe der Säulen das Sechsfache ihres
Durchmessers, die Breite der ganzen Vorderseite gleich der Länge
der Cella, nämlich 100 Fuß, daher derselbe auch Hekatompedon
hieß, die Länge des Ganzen 225 Fuß; das Verhältniß von 4 : 9
machte indeß bei der perspectivischen Verkürzung den Eindruck wie
von 1 : 2; hätte man dieses Verhältniß genommen, so wäre der
Eindruck einer doppelt so mächtigen Länge nicht erreicht worden.

Wenn aber die Baukunst eine ganze Linie in ungleiche Theile
gliedern will, z. B. die Höhe eines Hauses in ein höheres und
ein niederes Stockwerk, wie hat sie dann zu verfahren? Hier hat
Zeising das allgemeine Proportionsgesetz gefunden: der kleinere
Theil verhält sich zum größern wie der größere zum Ganzen.
Man bewerkstelligt diese Theilung durch den sogenannten goldenen
Schnitt. So sind im Parthenon die untern tragenden, empor-
strebenden Theile, Basis und Säulen, etwas höher als die obern
getragenen, das Gebälk und Dach; die Grundlinie des Architravs
aber, der auf den Säulen lagert und sie zum Ganzen verbindet,
ist die des goldenen Schnitts, d. h. sie bezeichnet einen Punkt der
ganzen Höhe welcher dieselbe in zwei ungleiche Theile theilt, deren
oberer sich zum untern wie der untere zum Ganzen verhält; der
obere Theil ist kleiner als die Hälfte, größer als ein Drittel. In
Zeising's Schrift über die Proportionslehre wird an der Elisa-
bethenkirche und am Kölner Dom auf eine überraschende Weise
bis in das Einzelnste hin und auf mannichfach complicirte Art dieses
Gliederungsverhältniß nachgewiesen; man bedarf dazu der veranschaulichenden Zeichnung. Ich bin weit entfernt zu glauben daß
die Baumeister nach dem goldenen Schnitt ihre Risse entworfen
haben, sondern sie sind von ihrem Schönheitssinne geleitet worden, und ihr Genius hat unbewußt in seinen Werken dasselbe
Gesetz erfüllt, dem die Natur vielfach in ihren Werken folgt,
z. B. wenn sie die Leibesmitte des Menschen für das Auge durch
die Taille oder den Nabel bezeichnet, dieser aber die Stelle des
goldenen Schnitts in der Normalgestalt einnimmt. Hatte die
künstlerische Phantasie die Skizze entworfen, so konnte recht gut
für die endliche Festsetzung der Maße ihr Verhältniß nach dem
goldenen Schnitt geprüft und berichtigt werden. Kleine Abweichungen geben dann den individuellen charakteristischen Ausdruck vom

Uebergewicht des Ober- oder Unterkörpers; sie müssen aber klein
bleiben, wenn die Schönheit und Wohlgefälligkeit bestehen soll.

Wenden wir nach diesen erläuternden Einzelheiten nochmals
unsern Blick auf die Musik in ihrem Verhältniß zur Architektur,
so tritt in der Geschichte beider Künste das eigenthümliche Wider-
spiel ein daß die Architektur am frühesten, die Musik am spätesten
ihre eigentlich künstlerische Ausbildung erhalten hat. Der Grund
hiervon ist leicht anzugeben. Die Architektur ist eine vorzugsweise
objective Kunst; ihre großen Werke sind nicht das Erzeugniß eines
Einzelnen, sondern eine Gesammtthat des ganzen Volks, und wie
Tausende von Händen zu ihrer Vollendung mitwirken, so müssen
sie auch das diesen allen Gemeinsame, nicht das Absonderliche
einer bestimmten Individualität ausprägen; sie geben ein Bild des
Volksgeistes, dem der persönliche sich unterordnet und einfügt.
Ein Baustil läßt sich so wenig willkürlich erfinden als eine Ilias
oder ein Nibelungenlied, sondern er erwächst allmählich aus und
mit dem Volksbewußtsein, und trägt die einzelnen Künstler, deren
es zur Ausführung umfassender Werke, zu einem Parthenon so
gut wie zu einem Nibelungenliede bedarf, die aber ihre Persönlichkeit nur durch künstlerische Vollendung und Durchbildung des
Gegebenen geltend machen. Solch gemeinsames Bewußtsein in
gleichem Glauben, gleicher Sitte, gleicher Lebenserfahrung herrscht
nun in der Jugendzeit der Völker; erst später treten die Individualitäten für sich hervor, ihre eigene Weltanschauung im Unterschied von den andern zu offenbaren, ihre eigene Darstellungsweise
zu entfalten.

Die Musik nun ist eine durchaus subjective Kunst; sie verlangt die Ausbildung des Gemüthslebens in seiner Innerlichkeit,
die Harmonisirung des Selbstgefühls im persönlichen Geiste. Die
Subjectivität in ihrer unendlichen Bedeutung mußte erst erkannt
und zum Ende und Ausgangspunkte der verschiedenen Daseins-
sphären gemacht sein, ehe die Musik sich selbständig entwickeln
konnte. Das war in der Alten Welt nicht der Fall, auch in
Griechenland diente sie begleitend der Poesie. Erst das Mittelalter
begann in der christlichen Welt eine umfassende Harmonielehre
zu bilden und zu üben, erst die neuere Zeit schuf die sich selbst
genügende Instrumentalmusik. Unser individualistisches Zeitalter
mit seinem Freiheitsstreben hat noch keinen allgemeingültigen
Baustil, und wird ihn erst mit der Einigung der Geister in einer
Versöhnung der streitenden Principien gewinnen; aber den größten

Beweis daß die unerschöpfliche Kraft der künstlerischen Genialität unerloschen ist, haben Haydn, Mozart und Beethoven geliefert, deren Symphonien als gewaltige Tongebäude mit ihrem tiefen Sinn und ihrer herzbezaubernden Anmuth ebenso als die Erstlinge und Symbole einer neuen Kunst- und Lebensrichtung dastehen wie die Dome in der kirchlichen Herrlichkeit des Mittelalters.

2. Technik und Material.

In der Architektur herrscht das statische Gesetz; es bedingt die Grundformen der Glieder des Baues, und die Construction derselben soll nicht verdeckt, sondern vielmehr durch ihre Gestalt selbst dem Auge deutlich und ihre Wechselwirkung sichtbar gemacht werden. Die Aufschichtung fester Massen über einem Grab, zu einem Thurm, zur erhöhten Stätte eines Opferaltars gibt den einzelnen Werkstücken noch keine besondere Leistung und eigenthümliche Bedeutung, sondern fügt sie nur zur Einheit einer gewaltigen, auf der Erde lagernden, verjüngt aufsteigenden Masse zusammen, die des Geistes Hand in der Regelmäßigkeit und mathematischen Bestimmtheit der rings umschreibenden Linien und Flächen bekundet. Das verjüngte Aufsteigen ist durch das statische Gesetz des festen Standes und Haltes bedingt und spricht zugleich das Emporstreben aus. Die großen Pyramiden der Aegypter, Königsgrabmäler, der Thurm des Bel zu Babel, die Theocallis der Mexicaner zeigen im Beginn der Cultur die ähnlichen Anfänge der Baulthätigkeit; das Massenhafte als solches soll den Eindruck des Erhabenen machen, und wirkt noch auf unser Gemüth durch den Gedanken der Dauer, der Ewigkeit. Die Pyramide zeigt wie der Gegensatz des Quadrats sich zur Einheit der Spitze emporhebt oder wie diese Einheit zum Unterschied auseinandergeht um wieder zu sich selbst zurückzukehren, und ist so ein Bild des Seins, des Verhältnisses von Gott und Welt. Der nächste Schritt besteht darin daß man den Gegensatz der Kraft und Last ausdrückt, und dies geschieht durch eine Sonderung des Tragenden (der Mauer, oder der freien raumöffnenden Stütze und der verschließenden Wand) von dem Getragenen (der Decke und dem schirmenden Dache). Die Grundform des Baues hängt von der Decke ab; wie sie auflagert, wie sie den Raum überspannt und das Ganze zusammenhält, dies bedingt auch die Bil-

bung der tragenden Theile, und es zeigt sich hier der Fortgang
der Technik von der natürlichen unterhöhlten Felsenmasse zum
Stein- und Holzbalten, zur Wölbung.

Wenn man, wie es in Indien und Nubien geschah, einen
Tempel in das Felsengebirge einhaut, so verharrt eigentlich die
umschließende Decke mit den Seitenwänden, mit dem Grunde des
Bodens in einem ununterbrochenen Zusammenhang, und statt ein
zelner Theile von verschiedener Function besteht nur ein gleich-
artiges, verwachsenes Ganzes, das sich nach der Beschaffenheit des
Steins richten muß und an den Boden gebunden bleibt. Schichtet
man aber Mauern auf und deckt sie mit einer Platte, so wird
von ihnen nicht blos der Raum umschlossen, sondern die Seitenwände erscheinen zugleich als tragend, die Decke als auf ihnen
lastend und über der Mitte schwebend. Die Entfernung der
Seitenwände hängt hier von der Größe der Deckplatte und von
der Haltbarkeit ihrer Masse ab. Um größere Räume zu umspannen genügt Ein Stein nicht, sondern die Decke muß aus mehre-
ren Werkstücken künstlich zusammengesetzt werden. Man legt
Balken von einer Wand zur andern und füllt die Zwischenräume
durch eine oder mehrere Platten. Die lange und schmale Gestalt
der Säle in den neuausgegrabenen Palästen der alten Assyrier in
Ninive war dadurch veranlaßt daß man sie nicht breiter machen
als man mit der Balkenlänge reichen konnte. Die Aegypter, die
Griechen dann errichteten in dem mittlern Raume Pfeiler oder
Säulen, auf denen sie von vier Seiten her die Balken zusammentreffen ließen, und die so entstehenden Zwischenfelder theilten sie
noch einmal durch ein leichteres Balkenkreuz und schlossen diese
klein gewordenen Räume nun mit einer Platte. Die Säulen und
ihre Stellung waren hier von der Gestalt der Decke gefordert
und bedingt.

Ein weiterer bedeutsamer Schritt besteht darin die Decke nicht
sowol durch einzelne große Werkstücke als durch eine künstliche
Zusammenfügung kleiner Theile zu einem großen Ganzen zu bilden,
was durch den Steinschnitt und die Wölbung geschieht, die technisch bereits von Etruriern und Römern geübt, ästhetisch aber
erst in der christlichen Welt, im romanischen und gothischen Stil
entwickelt wurde. Man behaut die Steine keilförmig, sodaß sie
nach innen schmäler, nach außen breiter sind, und die Linien der
Seiten, mit denen sie aufeinanderlagern, als Radien von einem
gemeinsamen Mittelpunkt ausgehen, und die Innen- und Außen-

seiten der Wölbung zwei concentrische Kreise darstellen. Der erste
Wölbstein liegt auf der wagrechten Wand, von ihm aufwärts
erhalten die andern eine stets geneigtere Lage; der mittlere Stein,
der die beiden Bogen vereint, wird hier von diesen schwebend
emporgehalten und getragen, und doch ist er es, der die andern
alle wieder stützt, der ihnen den Halt gibt, ohne den die Bogen
zusammenfallen würden. Verbindet man die Steine noch durch
Mörtel, so werden sie eine künstlich bereitete homogene Masse.
Legt man einen Bogen neben den andern, so kann man auf diese
Weise einen tiefen Raum, wie das Schiff einer Kirche, durch ein
Gewölbe decken, das die Seitenwände verbindet, einem durch-
schnittenen Cylinder gleicht und Tonnengewölbe genannt wird.
Aber die in sich gespannte Kraft des Bogens übt einen starken
Schub gegen die Seiten aus und droht sie auseinanderzuspren-
gen, wenn sie nicht sehr massiv gebaut sind oder ihnen ein Wider-
lager gegeben wird. Macht man indeß dieses hinlänglich schwer,
die Mauern hinlänglich stark, so kann man jede beliebige Weite
durch diese sich selbst tragende Decke überspannen.

Soll ein innerer Raum, z. B. in der Kirche, selbst gegliedert,
ein Theil von dem andern zwar nicht geschieden und getrennt,
aber doch von ihm unterschieden werden, so geschieht dies durch
freistehende, raumöffnende Stützen, die nach oben Träger der Decke
werden, unten und in ihrer Reihe aber die Sonderung des Raumes bezeichnen, wie die Pfeiler oder Säulen das Mittelschiff der
Kirche vor den Seitenschiffen hervorheben, und dabei doch den
gegenseitigen Einblick und Zugang offen halten. Man gibt diesen
Stützen in der Architektur eine regelmäßige Stellung, man läßt
auch die ihnen entsprechenden Mauertheile hervortreten, und man
gewinnt so mehrere Quadrate nebeneinander, in deren Ecken die
Pfeiler stehen. Nun verbindet man diese Pfeiler in der Höhe
durch Bogen untereinander, sodaß man auch durch zwei in der
Mitte sich schneidende Diagonallinien die schräg gegenüberliegenden
Punkte verknüpft. Diese Gurten des Kreuzgewölbes sind dann
seine eigentlichen Träger, die Dreiecke zwischen den Bogen werden
nur leicht ausgefüllt, aller Druck und Schub wirkt nicht auf die
ganze Mauer, sondern nur auf die den Bogen entsprechenden
Mauerpfeiler, zwischen denen die umschließende Wand dünn, leicht,
zu Fenstern geöffnet sein kann. Wo der Quadrate mehrere sind
da hat jeder Bogen des einen in dem ihm entsprechenden des
andern sein Gegengewicht, und im einzelnen wie im ganzen haben

wir ein thätiges Kämpfen und Streben der Malerei, das sich in
gegenseitiger Spannung erhält und trägt, und jeder Pfeiler erscheint
wie ein Stamm der seine Zweige nach allen Seiten ausbreitet,
wie ein Mittelpunkt der sich nach allen Seiten entfaltet. „Es ist
also ein reicher, sich mannichfaltig kreuzender Verkehr zwischen beiden Wänden gegeben; sie strömen gleichsam herüber und hinüber,
in beständigen Repulsionen, welche den ganzen Raum bis an seine
äußersten Grenzen durchdringen. Es ist eine Bewegung ohne
Ende, wie die des Lichtes, das von allen Seiten reflectirt, doch
eine ruhige Einheit bildet, wie die des Blutes, das in stetem
Kreislaufe den Körper belebt." (Schnaase.)

Indeß ist diese Construction der Decke und die daraus folgende
des Grundrisses an das Quadrat gebunden; die Kreuzbogen werden bei dem größern Abstand der quer gegeneinander stehenden
Pfeiler größer als die Seitenbogen, woraus gar manche Con-
structionsschwierigkeiten folgen, und es wird stets ein starker Seitenschub von den einzelnen Bogen geübt. Dagegen wirft man alle
Last auf die senkrechten Stützen, und kann leicht jedes Rechteck
überwölben, wenn man statt des Rundbogens den Spitzbogen
nimmt. Dieser wird gebildet indem man aus einem Halbkreis
den mittlern Theil ausstößt und die äußern Kreistheile aneinander-
rückt, daß sie mit ihren Spitzen zusammentreffen. Je mehr man
aus der Mitte wegläßt, desto steiler wird der Bogen. Durch-
schneidet man nochmals und wiederholt die zwischen den Kreuzbogen
entstehenden Deckenfelder durch dünnere Gurten, so entstehen die
reichen Rippensterne der gothischen Architektur, welche die so verkleinerten Kappen des Gewölbes zwischen ihnen leicht tragen.

Bötticher sagt in seiner Tektonik der Hellenen: „Indem durch
die der lothrechten sich immer mehr nähernde in die Höhe gelehnte
steilere Linie jeder der beiden Curven des spitzen Bogens immer
weniger Schub entsteht, immer mehr nur ein lothrechter Druck
auf die Stützen geworfen wird, indem zur Verkleinerung und
Erleichterung der Gewölbkappen immer zahlreichere Gurten aus
den Stützen aufsteigen, die nach einem reichen, sternförmigen
Schema über dem Raum verzweigt die ganze Decke in ein korb-
ähnliches, sich selbst nun frei tragendes Rippengeflecht auflösen,
welches die Größe und die Lastung der Kappen auf ein Minimum
reducirt, wird der höchste Grad der Leistung eines solchen statischen
Gliederungsprincips — die möglich weiteste Spannung bei dem
möglich kleinsten Seitenschub und Widerlager — erreicht; es wird

mit dem Verschwinden der eigentlich deckenden Glieder im Gewölbe
das Princip der Cohärenz völlig besiegt; es werden damit Resul-
tate geliefert die in Hinsicht auf reale Dimensionen gewiß für
einen im monolithen Gliederbau befangenen Hellenen als über-
natürliche und märchenhafte erscheinen würden, und man ist
unstreitig von Bewunderung über die Leichtigkeit und Künstlich-
keit der baulichen Mechanik durchdrungen, wenn man Beispiele
sieht wo die ganze Deckung eines Raumes von solchen Dimensionen daß auf demselben ein nicht kleiner hellenischer Tempelbau
Platz die Fülle hätte, von einer einzigen dünnen Säulenstütze in
der Höhe schwebend erhalten wird. Indessen zieht auch ganz
natürlich die mit den Abstandsweiten der Stützen unverhältniß-
mäßig steigende Spannhöhe der Spitzbogengurten eine gewaltige
Steigerung der Decken- und Raumhöhe überhaupt, und infolge
dieser auch die Erhöhung der äußern Strebestützen nach sich. Jetzt
ist die Deckung aus lauter einzelnen, freien, für sich selbständigen
Gliedern erbildet, es ist keine irgend bauliche Spannweite unmöglich, sobald nur die Höhe unbeschränkt gelassen wird und nur für
entsprechende Widerlager gesorgt ist; es ist jedes Planschema möglich zu überdecken; die Natur des Steins ist völlig besiegt, das
Material zum Spiel geworden."

Die griechische Architektur, sagt ein Franzose, hält sich an
Sophokles, sie hat keinen Aeschylos gehabt; sie zeigt mehr Reinheit und verständige Klarheit als Mannichfaltigkeit und Erhabenheit. Es ist eben das feine Ebenmaß, die Form der Schönheit
wie im Hellenenthum überhaupt.

Wenn nun aber Bötticher aus den erörterten statischen und
mechanischen Verhältnissen allein die Höhenrichtung der gothischen
Architektur ableitet und über Nichttechniker und romantische En-
thusiasten spottet, die in jener einen Charakter des Christenthums ausdrückendes und vom Geist der Religion ausfließendes
Resultat, ein Ergebniß der mittelalterlichen Sehnsucht zum Himmel
aufzustreben erblicken, so zeigt doch die ganze christliche Architektur
deutlich genug die Höhenrichtung im Unterschied von dem griechischen Tempel, der sich mit sicherem Behagen in der Längenrichtung
ausbreitet, bei dem die Horizontallinie vorherrscht. Während der
Winkel des Dachs hier ein sehr stumpfer ist, wird er in der
christlichen Basilika sogleich spitzer, und indem das Mittelschiff
doppelt so hoch ist als die Seitenschiffe, tritt schon durch diese
Gliederung die Höhenrichtung bedeutsam hervor. Die Griechen

haben den Steinschnitt gekannt, Demokrit hat ihn theoretisch erörtert, aber sie haben ihn nicht entwickelt, weil ihrem Geist der geradlinige Gegensatz des Horizontalen und Verticalen und das Vorherrschen des erstern genügte, weil sie durch Säule und Architrav das symbolische Bild ihres Lebens und ihrer Gottesanschauung geben konnten. Die Kirche dagegen ward Innenbau, sie war nicht das Haus für eine Bildsäule des Gottes, sondern die Versammlungsstätte der Gemeinde zum geistigen Gottesdienst, und mit dem Herzen, mit den Gebeten steigen auch die Steine der Pfeiler zu Gott empor. Das Mittelalter erfand jene bewundernswerthe Technik des gothischen Stils, weil durch sie allein dem dunkeln Drang der Gemüther ein Genüge geleistet, weil durch sie allein die Kirche zu einem Sinnbilde des Gottesreichs werden konnte. Der Rundbogen leitet in seinem Umschwung das Auge wieder herab, in seinem ununterbrochenen Halbkreis wird im Flusse der Linien der Mittelpunkt der Höhe nicht festgestellt und festgehalten; der Scheitelpunkt des Spitzbogens aber erscheint als die wechselweise einander sich stützende Verbindung zweier emporstrebender Glieder; der Blick wird hier nicht wieder hinabgelenkt, sondern doppelt emporgeführt und in der höchsten Stelle als der sichtbaren Mittellinie des ganzen Baues festgehalten. Die höchste Stelle erscheint als der Zielpunkt aller Kräfte, die zu ihr aufstreben um in ihr gegenseitig Halt und Ruhe zu finden. Wie Leib und Seele in der Natur, so entsprechen sich in der Kunst Geist und Technik, Idee und Material. Die allgemeine Anwendung des Spitzbogens im 13. und 14. Jahrhundert beweist daß eine allgemeine Forderung des Volksgemüths in ihm befriedigt, eine Grundstimmung der Zeit in ihm ausgesprochen wurde, wenn auch seine erste Erfindung und Anwendung nicht aus ästhetischen, sondern aus statischen und technischen Rücksichten entsprungen sein mag. Die ungeheuern Räume der Peterskirche wurden wieder mit Kuppel- und Tonnengewölben überdeckt, als die ganze Geistesrichtung der Nationen eine andere geworden war. Es wäre lächerlich in der Physiologie die mechanischen und chemischen Gesetze und Lebensbedingungen verachten zu wollen, aber in höchster Instanz gilt bei den Organismen der Natur wie bei denen der Kunst das Schiller'sche Wort:

    Es ist der Geist der sich den Körper baut.

Allerdings nimmt der Geist auf das Material Rücksicht, und wie dem Dichter oft der gebotene Reim einen Gedanken, das vor-

geschriebene Versmaß eine eigenthümlich sinnvolle Wendung hervorruft, so regt und lockt auch die Beschaffenheit des Stoffs den
Architekten zu manchen constructiven oder verzierenden Formen an.
Das Material selbst muß für monumentale Werke von Stärke
und Dauer sein, es muß die Möglichkeit einer freien Behandlung von seiten des Künstlers gewähren, es muß durch seine
eigene äußere Erscheinung der Tragkraft oder der Schwere, die
ihm einwohnt, auch einen sogleich faßlichen, sichtbaren Ausdruck
geben, damit wir ohne Reflexion das Wesen und die Bedeutung
der Sache in ihrer Form anschauend erkennen.

Zur Stütze und zum Tragbalken bietet die Natur dem Menschen das Holz des Baumstamms dar, und Säulen und Dach
sind ganz gewiß auch überall zuerst in Holz ausgeführt, die hier
gewonnenen Formen auch auf den Steinbau übertragen worden.
Aber sobald man nicht bei dem einfachsten Block- und Gebirgs-
hause stehen bleiben und vom Bedürfnißbau zu monumentalen
Werken fortschreiten will, erscheint das Holz zum Raumverschluß
wenig geeignet, und wenn man es in würfelförmige Klötze zerlegen und daraus eine Wand zusammenfügen will, so steht die
Faserung nach dem natürlichen Wuchs mit ihrer gegebenen Richtung der künstlerischen Freiheit entgegen; sie öffnet auch die Masse
selbst der eindringenden Feuchtigkeit und setzt sie durch Verwitterung einem baldigen Untergang aus, während das Denkmal oder
das öffentliche Gebäude für die Dauer sein sollte. Stellt man
aber nur ein Balkengerüst von Holz auf und füllt die Zwischenräume mit Steinen, mit gebranntem Thon oder getrocknetem Lehm
aus, so wird dem minder Festen die bedeutendste Leistung aufgelegt und hat man im Material selbst eine unverbundene Zweiheit, die der Einheit des ästhetischen Eindrucks im Wege steht,
und will man durch Verputz das Ganze derselben statt sein Material zu zeigen, so gibt das den ebenso äußerlichen als in seiner
Unwahrheit nüchternen Schein einer gleichen Fläche ohne constructive Gliederung. Viel ansprechender wirkt es da, wenn im Bedürfnißbau, wie bei dem Bauernhause, das Holzgerüste sichtbar
bleibt und durch einen besondern Anstrich gegen die Witterung
geschützt wird; ja es ließe sich hier vielleicht eine symmetrische
mannichfaltige Gliederung in diesem sogenannten Riegelbau erzielen, es ließen sich die Zwischenräume durch den Schmuck von
Gemälden oder Reliefs aus gebranntem Thon reizend und sinnvoll verzieren; für monumentale Werke aber ergibt sich, abgesehen

von den Balken und Sparren des Dachs, ein anderes Material
als das passende.

Dieses Material ist der Stein. Wie er im Fels des Gebirgs
den festen Kern und damit das architektonische Gerüst des Erdkörpers selbst bildet, wie er in Massen bricht, die sich ebenso gut
zu Balken und Platten wie zu Quadern verarbeiten lassen, so
veranschaulicht er in seiner eigenen Ausdehnung, Stärke und
Schwere den innigen Zusammenhang dieser Momente und eignet
sich deshalb ganz besonders für den ästhetischen Ausdruck von
Kraft und Last und ihrer Wechselwirkung, den die Baukunst darzustellen hat. Das Gefüge des Steins selbst ist bald härter, wie
im Granit, Syenit, Porphyr, bald weicher, wie im Sand- und
Kalkstein oder Trachyt, und er bietet sich selbst dadurch bald zu
feinerer, bald zu breiterer und derberer Behandlung im Ornamente dar, sowie er auch durch den Ton seiner Farbe die Stimmung des Gebäudes zu größerer Klarheit bringen hilft; man
denke an die Dome von Köln, Straßburg und Mailand, oder an
die honiggelb schimmernden Marmortempel Athens. Die Steinarchitektur verzichtet selbst auf einen großen Theil ihrer Würde
und ihres tiefern Reizes, wenn sie durch Bewurf und Anstrich
ihr Material verdeckt, statt es zu zeigen und künstlerisch durchzubilden, obwol sie andererseits allerdings die Wirkung einzelner
Ornamente durch den Glanz des Goldes oder einer leuchtenden
Farbe erhöhen kann. Es ist nicht blos seine die kleine Anhöhe
beherrschende Stellung die dem Palast Pitti in Florenz die größere
Herrlichkeit seines Eindrucks vor der neuen Residenz in München
sichert, sondern sie beruht auch darauf daß dort der rauhe Mauer-
stein in seiner cyklopischen Wucht sichtbar bleibt und dennoch durch
die klare Macht des Ebenmaßes in den harmonischen Linien, Gliederungen und Grundformen des Baues beherrscht wird; der Sieg
der Idee über die trotzige Gewalt der Natur schmückt sich um so
mehr mit dem Glanze der Erhabenheit, wenn auch die Stärke
des überwundenen Widerstandes vor Augen steht und das Un-
gefüge selber sich der heitern Anmuth fügen muß.

Künstlich bereitete Steine, gebrannter Thon oder getrockneter
Lehm, mußten in Gegenden die an Steinen arm sind diese seit
Jahrtausenden ersetzen, schon bei den alten Babyloniern als sie
den großen Thurm bauten. Der Backstein kann sich dem Steinbau verbinden, wenn dieser die tragenden Haupttheile, die hervortretenden Pfeiler der Ecken, oder das umschließende Gesims mit

massigen Blöcken bildet und jener als das leichtere Material nun zur raumabschließenden Füllung dazwischen verwendet wird. Der Backstein, sagt Vischer sehr beachtenswerth, läßt sich durch die Fügungsweise zu einer in mannichfaltiger Zeichnung an Stickerei erinnernden Darstellung der Flächen verwenden; er läßt sich aber auch aus verschiedenfarbigem Thon bereiten, in verschiedenen Farben glaciren, und die so gefärbten Einzelglieder können in ihrer Fügung wie eine Mosaik zu beliebiger Form zusammengestellt werden, wozu noch die plastische Belebung durch Vor- und Zurückstellen tritt. Hier ist eine Auskunft der fruchtbarsten Art aus der Streitfrage der Polychromie gegeben, und daraus muß auch der Steinbau offenbar noch mehr lernen als bisher; er muß, wo er sich zur Verbindung mit der Farbe nicht entschließen kann und will, durch Anwendung verschiedenen Farbentons im Gestein und durch Beziehung des Backsteins in Gliedern und Ornamenten eine Vielfarbigkeit ohne Anstrich entwickeln.

Das Gebäude soll in seinem Aeußern dem Innern entsprechen, und so soll es nach dem Material aussehen aus welchem es hergestellt ist. Auch der Stuck oder Bewurf ist steinartig, und gibt man ihm eine Farbe, so ist es läppische Geschmacklosigkeit ihn roth wie die Rose, grün wie das Laub, blau wie den Himmel anzustreichen, statt ihm einen Ton zu verleihen wie ihn eine oder die andere Steinart, grau, gelblich, bräunlich von Natur hat. Sind Gesimse und die Einrahmungen der Fenster und der Thür nicht von Haustein, nun so gebe man ihnen die Farbe als ob sie es wären, indem auch die Form jenem ähnlich auf billigere Weise ausgeführt ist. Wie man im Innern die kalte Wand mit Holztäfelung, mit Teppichen wohlbehaglich bekleidet, so kann sie nun auch demgemäß mit mannichfachen Farben, eintönig oder mit Tapetenmustern geschmückt, ausgestaltet werden. Kann man für die tragenden wirkenden Glieder, für Pfeiler und Gesimse einen kräftigen dunkeln, für die füllende Wandfläche einen leichten helleren Ton des Gesteins haben, so wird in der äußeren Erscheinung des Baues die zwiefache Farbe die Constructionslinien nicht beeinträchtigen, sondern vielmehr verdeutlichen, wie bei der Verbindung des Hau- und Backsteins.

Die neuere Zeit hat auch zur Anwendung des Eisens gegriffen; seine Stärke und die Leichtigkeit seiner Verbindung eignet es zur Ueberspannung großer Räume; seine Stärke bei geringem Umfang gibt ihm besonders einen raumöffnenden Charakter, wodurch es sich

im Innern von Gebäuden zu Treppen, Galerien, Emporbühnen
passend erweist. Legt man aber die Last eines massenhaften Gebälkes auf dünne Eisensäulen, so wird uns erst die Reflexion
sagen müssen daß sie dasselbe dennoch tragen können, für die
unmittelbare Augenfälligkeit der Erscheinung aber wird es ein
Misverhältniß und Widerspruch sein. Für Gebäude die dem Licht
einen allseitigen Durchgang auch von oben her durch das Dach
gewähren sollen, wie Gewächshäuser oder die Paläste zu Industrieausstellungen, eignet sich das Eisen vortrefflich um das Gerippe
des Baues zu bilden, während die Füllung mit durchsichtigen
Glasscheiben hergestellt wird. Doch macht das Ganze mehr den
Eindruck eines leicht aufschlagbaren lichten Zeltes als der monumentalen Dauer und Gediegenheit, und gibt auch bei einer reichen
Gliederung weder außen noch innen die Schattenwirkung, welche
die architektonischen Massen so malerisch umspielt und sondernd
verbindet, wenn der feste undurchsichtige Kern der Gebäude bald
vor- bald zurücktritt. Außerdem aber verspricht die Bildbarkeit des
Eisens durch Guß und Schmieden und die Zierlichkeit der Formen,
die sich hier der Stärke paart, diesem Material eine große Zukunft im Ornament, wie man es jetzt schon sowol zu gothischen
Thurmhelmen als zu Fensterrosen und Ballonen verwendet.
Schmiede und Schlosser haben für Gitter, Beschläge und Schlösser
im Mittelalter und in der Renaissance das Eisen im Anschluß
an die architektonischen Grundformen und Ornamente stilvoll behandelt, und im geometrischen Zug der Linien figürliche Zierrathe
mit Recht ausgeschlossen.

---

3. Kernform, Kunstform, Ornament und Geräthebildung.

Durch Statik und Mechanik hängt die Baukunst mit der Wissenschaft, durch die Ausführung ihrer Entwürfe mittels der Arbeit
der Maurer, Zimmerer, Tischler und durch ihre Sorge für die
Bedürfnisse des menschlichen Lebens hängt sie mit dem Hand-
werke zusammen; aber sie erhebt sich dadurch in das Reich der
Freiheit und Schönheit, daß sie nicht blos durch das Ganze in
der Harmonie seiner Theile eine Idee veranschaulicht, sondern auch
jedem einzelnen Gliede diejenige Gestalt verleiht welche seiner
Function entspricht, damit es durch seine Form seinen Begriff,

seine Leistung und die Einwirkung ausdrückt die es in der Ver-
bindung mit andern Gliedern empfängt. Die Baukunst ist zunächst
an die Bedürfnisse der Menschen in ihrem Zweck und in der
Ausführung an die structiven Bedingungen des Stoffs und seiner
Schwere mehr als andere Künste gebunden. Darum sagt Schinkel:
„Die Zweckmäßigkeit ist das Grundprincip alles Bauens", aber
zugleich: „Das Kunstwerk ist nichts als die Darstellung des
Ideals." Die Antinomie löst sich, wenn wir bedenken daß ja die
Schönheit auch angeschaute Zweckmäßigkeit zu ihren Wesensbestim-
mungen zählt, daß uns diese letztere in ihr auf wohlgefällige
Weise durch die Form selbst offenbar wird. Es gilt also die
Raumverhältnisse nach den Erfordernissen des sittlichen und ver-
nunftgemäßen Lebens der Menschen zu ordnen, es gilt in der
Construction selbst, an der Kerngestalt des Baues Symmetrie
und Proportionalität walten zu lassen, und den Schmuck nicht
blos gut zu erfinden und auszuarbeiten, sondern auch an der
rechten Stelle anzubringen, wo er selbst Bedeutung gewinnt und
die Function, die Richtung, den Zusammenhang der baulichen
Glieder hervorhebt.

In der Architektur treten die unsichtbaren allgemeinen Welt-
kräfte zu Tage, die jedes Atom der Materie und zugleich den
Umschwung der Himmelskörper bedingen und bestimmen, Bewegung und Schwere, oder die Kraft der Ausdehnung und des
Zusammenhanges der Masse, die Entfernung ihrer Theile und das
Band des gemeinsamen Mittelpunkts in deren Wechselanziehung.
Die dynamische Auffassung der Natur, die in neuerer Zeit mit
der ihm eigenen Schärfe und Klarheit Immanuel Kant aufgestellt,
steht keineswegs in einem unversöhnlichen Gegensatze mit der
Atomenlehre der Physik und Chemie unserer Tage. Durch diese
letztere wird aus der scheinbar unterschiedlosen Masse der Stoffe
und Körper ein vielfach in sich gesondertes harmonisches Ganzes,
aber das kleinste Atom ist doch immer schon Materie, es ist schon
schwer und ausgedehnt, und in beiden Ausdrücken ist sein Wesen
begründet und begriffen. Bloße Schwere, als das Streben zur
Einheit und zum gemeinsamen Mittelpunkt, würde, wenn sie allein
wirksam wäre, alles Geschiedene in dem Einen Punkt zusammenziehen und so verschwinden lassen; bloße Fortbewegung vom Ausgangspunkt würde in einseitiger Thätigkeit alles ins Endlose zerstreuen und alle Continuität und Verbindung aufheben. So
würde die alleinthätige Schwere die Planeten an die Sonne reißen,

die alleinthätige Bewegung sie in gerader Linie von ihr forttreiben; aber indem beide zusammenwirken entsteht der gesetzmäßige
Umschwung und die lebenskräftige Beziehung der Himmelskörper
auseinander. Und so entsteht auch im einzelnen Atom die zusammenhängende Materie durch die bewegende Kraft der Ausdehnung als des Ausgangs vom Centrum und durch die an das
Centrum bindende und dadurch alles zusammenhaltende Kraft der
Schwere. Indem so in ewigem Aus- und Eingang das Leben
der Natur besteht, sind die Bewegung mit ihrem Resultat, der
Ausdehnung, und die Schwere mit ihrem Resultat, dem Zusammenhang, die allgemeinen Grundkräfte die den Dingen einwohnen,
oder vielmehr die in ihrer Wechselwirkung die Materie selbst und
in der Materie ihre eigene Aeußerung und Erscheinung hervorbringen. In der gewordenen Materie selbst wirkt die Bewegung
fort als Trennung und Scheidung einzelner Atome und ganzer
Himmelskörper, die Schwere oder Anziehung als Gestaltungskraft
der Weltsysteme wie der Continuität der irdischen Dinge.

Will nun die Baukunst als die Idealisirung und Verklärung
der anorganischen Natur uns ein Bild des Kosmos geben, ein
wohlgeordnetes, zweckvolles, durch die Erfindungskraft des Geistes
gestaltetes Werk zur Wohnstätte des Geistes hinstellen, so muß
sie jene Grundkräfte der Materie in ihrer Thätigkeit und in ihrem
Gleichgewichte zeigen; sie muß dieselben in einer Sonderung von
Kraft und Last, von tragenden und getragenen Theilen hervortreten und ihre Verbindung zur Einheit erscheinen lassen; sie muß
dabei die einzelnen Glieder so bilden daß ihre besondere Bedeutung augenfällig in ihrer Gestalt sich kundgibt, und die Function
des Tragens, des Verbindens, des Raumabschließens in ihrer
Form einen allverständlichen Ausdruck findet. Schönheit, sagt
Schinkel, ist sichtbar gewordene Vernunft der Natur, die Fortsetzung ihrer constructiven Thätigkeit ist die Baukunst.

Vor allem muß die äußere Erscheinung das Innere offenbaren,
müssen die constructiv bedeutenden Theile auch sichtbar und mächtig
hervortreten und dürfen nicht unter der glatten Hülle einer gemeinsamen Oberfläche oder unter allerhand nichtssagenden Verzierungen verborgen werden. So erscheint der Gegensatz der
Säulen und des Architravs im griechischen Tempel sogleich als
das Grundgerüste des Baues, so hat die Gothik alle todte Masse
überwunden, und die Starrheit der Mauer aufgelöst in die Gliederung der Strebepfeiler und der Fenster zwischen ihnen; die Bogen,

welche im Innern die Pfeiler miteinander verknüpfen, tragen die
Felder der Decke, und alles für den statischen Organismus Wichtige wird als solches auf den ersten Blick erkannt. Wenn dann
auch die spätere venetianische und römische Palastarchitektur die
überwiegende Höhenrichtung verläßt und antike Formen statt der
gothischen aufnimmt, die Pilaster und Halbsäulen der einzelnen
Stockwerke tragen doch die architravähnlich auf ihnen ruhenden
Gesimse, die Mauer erscheint als raumverschließende Füllung
zwischen ihnen, und noch in den Ruinen erfreut uns das wohlgeordnete gewaltige Steingerippe, das den Unbilden der Zeit und
der zerstörenden Menschenhand trotzte, im Otto-Heinrichs-Bau,
der den innern Hof des Heidelberger Schlosses auf der Ostseite
begrenzt. Auch die Pinakothek in München kann als ein gelunge-
nes Werk in diesem Stile bezeichnet werden. Dagegen sind die
Giebel welche an einem andern Theile des Heidelberger Schlosses
hoch in die Luft ragen ohne daß Seitenwände und Dach sich an
sie anschließen, mit ihren Fenstern hinter denen keine Gemächer
sind, ein leerer und ein eitler Schein, ein blos Aeußeres, dem
kein Inneres entspricht, was womöglich noch ärger ist als wenn
das Innere und die constructiv nothwendigen Theile des Baues
zwar vorhanden sind, aber durch eine willkürliche Decoration der
Schauseite überkleidet werden, sodaß diese dann eine Geltung für
sich anmaßlich erheischt, die Kernform des Baues und die innere
Anordnung ebenfalls für sich hinter ihr stehen bleiben, und eine
unvermittelte Zweiheit statt der Einheit des Organismus, ein
Widerspruch des Innern und Aeußern statt ihres Sichentsprechens
in der Kunstschönheit, ein Außereinander von Nothwendigkeit und
Willkür, statt ihrer Durchdringung und Versöhnung in der gesetz-
erfüllenden Freiheit, der Erfolg eines Strebens ist welches den
Schein statt der Wahrheit sich zum Ziel setzte und gerade durch
seine Gefallsucht das Wohlgefallen des reinen Geschmacks einbüßt.

Jedes einzelne Glied des Baues soll ferner so gestaltet werden
daß sein Wesen und seine Bedeutung in seiner Form klar zu Tage
tritt. Der Begriff der Säule zum Beispiel ist der des Tragens
und Raumöffnens. Stände aber ihr Schaft unmittelbar auf dem
Erdboden und ruhte das Gebälk unmittelbar auf jenem, so wäre
weder ausgesprochen daß sie nicht von der Last in den Boden gedrückt ist, noch in das Gebälk sich einbohrt und dieses so um sie
herniederrutschen kann; sie bedarf deshalb einer Basis, auf der
sie steht, die sie von der Erde scheidet, und eines Zwischengliedes

zwischen ihr und dem Gebäll, einer Platte, die sie deckt und auf
der der Architrav dann lagert. Würde die Säule nach oben hin
stärker als sie am untern Ende ist, so stünde sie selbst weniger
fest und hätte an ihrer eigenen stets wachsenden Schwere schon zu
viel zu schleppen als daß sie für die Aufnahme einer weiteren
Last besonders geschickt erschiene; es tritt also das Gegentheil ein,
die Säule verjüngt sich von unten nach oben, sie gewinnt dadurch
sichersten Stand und wird selbst stets leichter und leichter, sie
scheint sich freiwillig der Last entgegenzuheben. Nun trifft sie mit
dieser zusammen, ihrem Streben wird Halt geboten, und sie erhält für ihre eigene Gestalt den Abschluß durch das Capitäl, indem ihre Kraft mit nachdrängender Stärke und Fülle dem Druck
entgegenschwillt, aber im Umschwung einer Wellenlinie zu sich
selbst zurückgebogen wird, während die Auslabung des Capitäls
von unten betrachtet einen elastischen Gegensatz gegen die zur
Regelform sich hinneigende Verjüngung bildet und den Anschein
bietet als breite die Säule sich nunmehr selber aus um der Last
eine größere Unterlage zu gewähren. Würde die Säule unter der
Last leiden, so würde sie (gleich einem schwachen Stock auf den
wir uns stützen) in der Mitte ausweichen oder brechen; die Statik
verlangt also die Verstärkung der Mitte, und diese gelinde Anschwellung, welche die gleichmäßige Verjüngung unterbricht, zeigt
an der Gestalt der Säule selbst die Einwirkung der Last an, die
sie trägt, macht sichtbar daß sie nicht müßig ist, und gibt ihr den
Anschein eines elastischen Lebens, den die unverjüngte oder ohne
Anschwellung in der Mitte regelmäßig verjüngt aufsteigende Säule
entbehrt und ohne den diese uns nüchtern und schwunglos dünkt.
So sind Basis, Capitäl und Schaft der Säule durch ihren Begriff gefordert, und wiederum dürfen diese drei Theile nicht von
gleicher Mächtigkeit sein, oder gar Basis und Capitäl überwiegen,
wie bei manchen Stützen in den Grottentempeln Indiens, sondern
der Schaft muß als die Hauptsache, Basis und Capitäl als die
Begrenzung desselben vor Augen stehen. Dies ist die architektonische Gestaltung der Säule um durch ihre Form den Begriff
eines tragenden Gliedes auszusprechen und das structiv Nothwendige wie einen Ausdruck freier Lebensthätigkeit erscheinen zu
lassen; diese bauliche Formensprache haben die Aegypter in den
ersten Anfängen gefunden und verstanden, die Griechen aber zu
künstlerischer Vollendung gebracht. Dagegen ist es eine fremde
Symbolik, wenn die Aegypter auch eine Säule in Form der

Lotosstaube, das Capitäl als Lotosblume gestalten, weil ihnen der
Lotos das Sinnbild der aufstrebenden Erdenkraft ist, die das
Symbol des Himmelsgewölbes, das sternengeschmückte Tempeldach, tragen soll. So anziehend es ist hier zu erkennen wie die
Aegypter unsere Ansicht von dem Bauwerke als einem Bilde des
Kosmos schon durch die bewußte That bestätigt haben, so dürfen
wir uns doch nicht verhehlen daß wir nicht unmittelbar durch den
Anblick und das ästhetische Gefühl, sondern erst durch Reflexion,
durch eine Erkenntniß des Sinnbilds und durch die Uebersetzung
desselben in den Gedanken zu jener Idee gelangen, wir dürfen
nicht verhehlen daß solch eine plastische Nachbildung eines Natur-
organismus die Grenze der Architektur sogleich überschreitet, wenn
derselbe sich nicht von selbst ganz besonders zur Erfüllung des
baulichen Zweckes eignet. Das ist hier aber keineswegs der Fall.
Die Lotosstaube ist zu schwach ein schweres Gebälk zu tragen, und
ihre aufgerichtete Knospe gibt dazu ein nach oben sich verjüngen-
des Capitäl, das die Beziehung auf die Last und die Einwirkung
derselben nicht ausspricht.

Dabei sind die Säulen zugleich raumöffnend, sie gestatten
Durchblick und Durchgang zwischen ihnen, und hierfür eignet sich
die runde Form des Schaftes, da die Kreisfläche den kleinsten
Raum einnimmt, die Ecken nicht sich in den Weg stellen und das
Zusammenrücken der Seiten aneinander zur Bildung einer Mauer
ausgeschlossen wird, was bei quadratförmigen Pfeilern nicht der
Fall ist. Die Aegypter näherten den quadratförmigen Pfeiler
durch Abstumpfung der Kanten dem Kreis, sie machten ihn zum
Acht- oder Sechzehneck, und diesem näherten wieder die Griechen
den runden Säulenstamm durch Canneliren. Hier indeß ist der
Kreis das Erste und Bleibende, und die sechzehn oder vierund-
zwanzig Vertiefungen rings um denselben herum, zwischen denen
die Punkte der Kreislinien bei den Doriern als Kante, bei den
Joniern als Streifen des Schaftes stehen bleiben, geben in der
Abwechselung mit diesen nur das entwickelte Bild des Kreises
selbst und veranschaulichen wie die einzelnen Punkte der Umfangslinie ebenso durch die Radien gleichmäßig und allseitig vom Centrum ausgestrahlt als zum Centrum hingezogen werden. Also
haben wir auch hier wieder Anziehung und Abstoßung als Grundbegriff der Malerie vor Augen: in den vorspringenden Kanten
und Streifen die Kraft ausdehnender Bewegung nach außen, in
den vertieften Riesen und Rinnen die Kraft der Anziehung nach

innen. Und während die Aegypter oft viele ihrer Säulen durch
horizontalliegende Bänder in mehrere Abtheilungen übereinander
scheiden und dadurch die herrschende Höhenrichtung auf eine un-
passende Art brechen, wird durch jene hellenische Gliederung des
Säulenstamms in eine Reihe schmaler aufwärts strebender Linien
und Flächen die Höhenrichtung noch viel entschiedener über die
Dicke der Säule hervorgehoben, und zugleich ein viel energischeres
Spiel von Licht und Schatten als durch die bloße Rundung hervorgerufen.

Ich hatte hierbei die Säule im Auge die dem rechtwinklig
auflagernden Balken zur Stütze dient, an welcher also der unge-
brochene Gegensatz von Kraft und Last zur Erscheinung kommt;
eine etwas andere Bewandtniß hat es mit der Säule oder dem
Pfeiler, wenn sie durch Bogen miteinander verbunden werden wie
in der romanischen, der gothischen Architektur. Der Bogen verbindet sie, indem er zugleich ihre Bewegung nach oben, wenn auch
in einer andern Weise und Richtung, noch fortsetzt, indem er
ihnen die Decke tragen hilft, und das Capitäl hat hier also
weniger den Abschluß als den Umschwung und die Ausbreitung
der aufstrebenden Kraft nach andern Richtungen hin zu versinnlichen. Die romanische Architektur fand nun die ebenso zweckmäßige als schöne Form des Würfelcapitäls. Es galt nämlich
das Quadrat der Grundfläche der Bogen mit dem Kreis der
Säule zu vermitteln; man setzte daher einen Würfel unter den
Bogen, rundete denselben aber nach unten hin ab, sodaß die Seitenflächen nach unten zu in einen Halbkreis ausgehen und eine bogen-
förmige Begrenzung erhalten, und von unten aufsteigend gewinnt
der Blick in der Curve des Capitäls den Anlauf zu der weiten
radförmigen Schwingung des Bogens; die schlanke Säule beginnt
sich im Capitäl zum Gewölb der Decke zu erweitern.

Ersetzte man die Säule durch den Pfeiler als Gewölbträger,
so drückte ein leicht auslabendes Capitäl gleich einem Gesimse auch
hier nur die veränderte Richtung des Aufsteigens aus, und erschien
wie ein festes Band um die Kraft der nun auseinanderstrebenden
Bogen zusammenzuhalten; die Gewölbgurten dieser Bogen aber
durften nicht aus dem nackten viereckigen Stamm erwachsen, sondern man bildete als ihre Träger an den abgestumpften Ecken
des Pfeilers und in der Mitte seiner Seitenflächen freie schlanke
Halbsäulen; der Pfeiler glich nun einer Gruppe von Säulen, die
durch einen festen Kern verbunden waren, er zeigte einen schönen

Wechsel eckiger und runder Formen, er schien sich selber sowol zum Gewölb zu entfalten, als dieses auf ihm ruht und seine Form bedingt.   In diesem Sinn hat die gothische Architektur ihre himmelanstrebenden Pfeiler gebildet; im Wechsel ihrer Umfangslinie, die den Gedanken eines elastischen Einziehens und Hervortretens veranschaulicht, könnte man eine Wiederholung der griechischen Säule mit ihren Streifen und Furchen erblicken; allein hier ist der runde cannelirte Stamm in seiner Einheit die Hauptsache, und er als Ganzes stützt den Architrav, während jeder vortretende Rundstab am gothischen Pfeiler einen bestimmten Bogen trägt, und der Kern nur zur Vereinigung dieser Gruppe von Stützen dient.   Wo der Stamm zu den Bogengurten sich verzweigend auseinandergeht, da schlingt sich das Capitäl wie ein Kranz um ihn herum.   Wenn Bötticher in seinem classischen Werk über die Tektonik der Hellenen sagt: daß sowol jedes einzelne Glied des Baues wie die Gesammtheit aller neben dem mechanisch nothwendigen Schema noch einen solchen Habitus erhalten müsse, der jedem einzelnen Gliede den Begriff einer sich beständig entwickelnden Lebensthätigkeit in dauernder Ruhe und Unveränderlichkeit, ihrer Gesammtheit aber den Ausdruck eines organisch verknüpften Ganzen verleihe, so sehen wir mit Verwunderung daß er dieser an den griechischen Tempeln gewonnenen Wahrheitsanschauung eine Verkennung der christlichen Architektur anreiht, und behauptet es fehle ihrem allerdings staunenswerthen Mechanismus die Spiegelung der ewig wahren Natur, die organische Formensprache, die dem Stoffe durch Bildung und Fügung den Anschein eines höhern idealen Lebens für den hohen geistigen Zweck, dem er dienen soll, aufzuprägen weiß.   Das organische Wechselverhältniß, der innige Zusammenhang des vielgegliederten Pfeilers und der gewölbten Decke läßt das Eine aus dem Andern erkennen, und in der Gestalt ist das Wesen und die Leistung jedes Gliedes ausgeprägt, anders als bei den Hellenen, weil eben die Leistung eine andere ist, wie ich an dem Capitäl der Säule unter der Wölbung im Unterschied von der Säule unter der wagrechten Decke oben nachgewiesen habe.

Die Mauer selbst ward in der mittelalterlichen Architektur ihrem Begriffe nach gegliedert; ihre Function, sowol die Decke tragen zu helfen als den Raum des Innern abzuschließen, erschien in klarem Unterschied und in ununterbrochenem Zusammenhange zugleich dadurch daß den Pfeilern im Innern eine pfeilerartige

Verstärkung der Mauer entsprach, und daß diese Mauerpfeiler die Gewölbträger wurden, während die Wand zwischen ihnen zurücktrat, und in dünnerer Schichte nur den Raum abschloß, deshalb auch der harte dunkle Stein dem leichten lichtoffenen Glase weichen durfte und die im Stile des Baues selbst gebildeten Fenster eintreten konnten. So ließ schon im romanischen Stil das Aeußere des Baues nicht blos durch das Portal, sondern auch durch die Gliederung der Seitenwand mittels der Pilaster, Lisenen und von Rundbogen gekrönten Fenster das Innere sicher und deutlich ahnen, wie es der gothische Stil völlig klar aussprach. Die Phantasie macht eben die structiven Erfordernisse zu Motiven der Schönheit, und wie die Dachschräge des griechischen Giebels ein Widerlager verlangt, und der Aufsatz eines in die Höhe ragengen Blattfächers oder einer Sphinx-, einer Greifgestalt die aufstrebende Kraft der Säulen noch über dem von ihm getragenen Gebälk frei ausblühen läßt, so dienen auch in der Gothik die Thurmspitzen der Strebepfeiler diesem Zweck, und bieten zugleich Raum für die Bildsäulen religiöser Helden, die sie hoch über dem niedern Getriebe der Welt als Wächter und Zierden des Heiligthums emporhalten.

Wenn das weltliche Leben der Architektur seine Zwecke setzt, so ist ihre Aufgabe das Reale künstlerisch auszuprägen und zu idealisiren; zweimal hat sie inbeß ein Ideal unmittelbar und um seiner selbst willen realisirt, im griechischen Tempel und im gothischen Dom, und dies war nothwendig, wenn es ihr gelingen sollte die Function der einzelnen Glieder des Baues in ihren Formen selbst auszusprechen, sobaß ihre Gestalt ausdrückt was sie für sich bedeuten, was sie dem Ganzen leisten und welchen Einfluß sie auf andere üben, von andern erfahren. Man hat diese Stile deshalb organische genannt und die Architektur der Renaissance als eine decorative bezeichnet, weil sie die materielle Arbeit des Baues einem Kern von Mauerwerk aufträgt, und an demselben Säulen, Pilasterstreifen, Gesimse nach antiker Art zum Schmuck anbringt. Aber das erschöpft ihren Begriff nicht. Sie entfaltet einen bewundernswürdigen Sinn für den Rhythmus der Massen, für großräumige und feine Verhältnisse und für ihre Harmonie, sie läßt die herrschende Einheit in der Mannichfaltigkeit hervortreten und das Zweckmäßige wohlgefällig werden; sie gliedert und belebt die Masse nach den Principien der Schönheit durch Säulen und Pilaster, verbindende Bogen und Gesimse, und wenn diese auch nicht selber tragen, lasten und umspannen, so lassen sie doch die organisirenden Kräfte und ihre Verhältnisse für das Auge und für die Phantasie erscheinen; sie sind kein leerer Schmuck, sondern ein sinnvoller Ausdruck des innern Wesens. Allerdings ist die Sonderung des real fungirenden Kernes, des Mauerwerks im Innern, und einer künstlerisch ideal wirkenden Gestaltung des Aeußeren eine Lockerung und Lösung des vollendet Organischen, und die Ausartung in ein willkürlich prunkendes Formenspiel, in Verwilderung und Ueberladung liegt nahe. Allerdings sind diese Pilasterstreifen oder Halbsäulen nicht selber die Träger der obern Geschosse, diese vorspringenden Gesimse nicht selber die auflagernden und zusammenhaltenden Balken, doch indem sie die innere Gliederung des Baues nach außen veranschaulichen, stellen sie die Kräfte und Verhältnisse der hinter ihnen constructiv thätigen Materie dar. Da diese Formen alle bedeutungsvoll sind, so ist der schöne Schein, mit dem sie das Werk bekleiden, kein müßig aufgehäufter Zierath, sondern der wohlgefällige Ausdruck des Wesenhaften. Das Zweckmäßige ist billiger und bleibt ebenso solid als dort wo der Kern des constructiv Nothwendigen selbst in der Kunstgestalt zu Tage tritt, und die Phantasie bewegt sich freier in der ästhetischen Verwerthung und Behandlung dessen das um der Schönheit willen gebildet wird. Das Ganze gewinnt allerdings damit ein malerisches Gepräge, und ein erfreuliches Bild fürs Auge ist die Absicht des schönen Scheines der über das Gebäude ausgegossen wird. Auch beruft sich ein Meister der Renaissance, Leo Baptista Alberti, nicht auf Triebkräfte, die im Einzelnen ausgedrückt sein sollen, sondern auf das Bild welches der Bau gewährt und auf das Auge welches dies Bild beschaut und genießt. Die Wechselbeziehung der Höhe, Breite und Tiefe im ganzen Bau wie im einzelnen Geschoß oder Gemach, die Wucht des Sockels und das Kranzgesimse des Daches verlangen nicht blos eine wohlabgewogene Verhältnißmäßigkeit, auch die stärkere oder schwächere Plastik der Formen in Pilastern oder Halbsäulen, in der Bekrönung der Fenster und Portale, ja im Ornament von Capitälen und Flächenzierathen wird von der Einheit des Ganzen aus bestimmt, und so alle Fülle des Besondern in einen Einklang gebracht, der den genannten Baumeister von einer künstlerisch durchgebildeten Fassade das Wort brauchen läßt: diese ganze Musik, tutta quella musica. Aus der Erkennung der Kunststile und ihrer Bedeutung folgt für die Gegenwart die freie, aber zweckentsprechende Verwerthung derselben. Ein Museum für antike Bildwerke baut man im griechischen, nicht im gothischen Stil; hinter einer korinthischen Vorhalle erwartet man keine Kirche. Wir brauchen die Stadt- oder Rathhäuser der Niederlande nicht nachzuahmen, wir können die mittelalterlichen Formen mit denen der Renaissance vertauschen, weil unser Bürgerthum der Neuzeit angehört. Ein Gleiches gilt für Ständehäuser, für Regierungs- und Ministerialpaläste, für fürstliche Schlösser. Hier hat die Renaissance zuerst den einheitlichen Grundplan in der klaren reichen Gliederung und die harmonische Vollendung bis zum Ornament gefunden; auf ihrer Bahn gehe man weiter. Vornehmlich Semper hat es in Dresden verstanden die Synagoge wie die Villa, die Gemäldegalerie wie das Theater sofort in ihren Grundformen und deren Durchbildung zu veranschaulichen. Dies gelingt nur wenn der Baumeister den Zweck und die Bedeutung des Baues zur Hauptsache und zum Ausgangspunkte nimmt, danach die innere Gliederung entwirft und diese dann auch statt einer willkürlichen Scheinfassade sichtbar macht, wobei er nun die symmetrischen Bildungen, die wohlgefälligen Verhältnisse, die schmückenden Verzierungen zum Ausdruck der Construction wie der Idee des Ganzen verwendet, das Sachgemäße anmuthig gestaltet.

Es soll also die architektonische Gestalt der einzelnen Bautheile ihren Sinn und Zusammenhang im Ganzen ausdrücken, und dadurch wird dem todten Mechanismus der Stempel des Geistes aufgeprägt oder ein Begriff verkörpert hingestellt, die Kernform selber ist Kunstform, und ein Gebäude in welchem sie ohne allen Schmuck, aber für sich klar und harmonisch waltet, wird zwar einen einfachen aber ästhetisch bedeutenden Eindruck machen, den man auf dem Gebiete der Sculptur einer ägyptischen Statue, auf dem Felde der Malerei einem Bilde Giotto's vergleichen mag. Wie aber die Musik an das bestimmte Wort der Poesie gern sich anlehnt und wie über der anorganischen Natur die organische sich erhebt, so liebt es auch die Architektur nicht blos selbständigen Werken der andern bildenden Künste eine Stätte zu bereiten, sondern auch diese zu ihrem Dienst zu verwenden und die eigenen Werkstücke, die einzelnen Glieder des Baues festlich zu schmücken. Das Grundgesetz hierfür ist folgendes: Das Ornament darf die wirkenden, constructiv bedeutenden Theile des Baues nicht verdecken, sondern es soll sie hervorheben und den Sinn und die

Bedeutung derselben plastisch aussprechen; es darf kein leerer Schmuck sein, sondern es soll aus der Kernform organisch hervorblühen, und indem es verkündet wie die anorganische Materie Boden und Trägerin des pflanzlichen und animalischen Lebens ist, werden doch die der organischen Welt entlehnten Formen im Geiste der Baukunst geometrisch stilisirt.

Zum belebenden Schmuck einer leeren Fläche kann die Architektur zunächst eine Verbindung der Linien verwenden, mittels deren sie die fungirenden Glieder des Baues umschreibt, sie kann in dem Wechsel des Geraden und Wellenförmigen, Runden und Edigen ein anmuthiges Spiel, in der Verschlingung, Lösung und Fortführung der Linien einen Reichthum von Formen entfalten, deren Bewegung das Auge freudig folgt, weil sie seiner eigenen entsprechen und sie zu einer behaglichen Thätigkeit einladen. In solch fortlaufendem Linienspiel, das der bunten Märchenphantasie und dem rastlosen Gewebe träumender Einbildungskraft entspricht, haben sich die Araber besonders gefallen, und es hat von ihnen den Namen der Arabesken erhalten. Wenn aber die Fläche etwas anderes soll als den Raum verschließen, wenn das Werkstück die Function hat andere zu tragen oder zu verbinden, bekrönend oder freischwebend zu erscheinen, dann wollen wir im Schmuck der es bekleidet auch ein Symbol seiner Leistung oder seines Wesens sehen. Allerdings geht dieser Schmuck aus der Verbindung mathematisch construirbarer Linien hervor, und ihre regelmäßige Wiederkehr, ihre Vereinigung um einen gemeinsamen Mittelpunkt erinnert nicht blos an die Krystallbildungen der irdischen Stoffe, sondern zeigt auch im Schema des Sterns, der kreis- und fächerförmig entfalteten Blume, des Kelchs, wie den mannichfachen und wechselreichen Gestalten der organischen Welt selbst dieser gesetzmäßig streng entworfene Typus zu Grunde liegt. Ein anderer als geometrisch stilisirter Schmuck, eine unregelmäßig gebildete Fensterrose oder ein den einzelnen Naturgegenstand äußerlich nachahmendes Blättercapitäl, würde aus der Harmonie des ganzen Bauwesens heraustreten, selbst abgesehen davon daß das in Stein, nicht in der weichen Masse gebildete Laub schon das Gepräge des Dauernden und Festen dem Materiale gemäß annehmen muß.

In der Decoration von Pilastern, Friesen, Thüreinfassungen wie von den füllenden Flächen der Wand und Decke hat die Renaissance das Glänzendste geleistet; das Plastische und das farbenreich Malerische wirken zusammen, namentlich wird die Relief-

bildung in Gyps, die Stuccatur, und die Zeichnung allo sgraffito
verwerthet: über den dunkeln Mörtelgrund wird ein heller gezogen,
in diesen ritzt man die Figuren ein, sodaß jener in den Linien-
zügen wieder sichtbar und dann auch außerhalb der Gestalten
wieder bloßgelegt wird. Verschiedene Farben heben Pilaster, Gesimse, Fenstereinfassung von der Wandfläche ab, indeß eine Haupt-
farbe herrscht, und die andern schließen ihr als Nuancen, als
verwandte Töne zum Accord sich an, während Verzierungen mit
Contrastwirkungen hereinspielen. Ein idealvegetabilisches Element
waltet vor, Uebergänge in das Thierische, Menschliche schließen
sich an, Laub- und Blütenranken umschweben figürliche Darstellungen, das Relief, die Linearzeichnung, die Farben wechseln,
und all diese Töne einigen sich zu Vollaccorden. Der Palast des
Herzogs von Urbino leuchtet voran; hier gewann Rafael seine
ersten Eindrücke; die Illusbäber in Rom kamen dazu, und was
dann er mit seiner Schule in den Loggien des Vaticans und in
der Farnesina schuf, was Peruzzi und Giullo Romano wetteifernd
mit ihm leisteten, das ist das Entzücken der Nachwelt wie es die
Freude der Mitwelt war.

Durch eine Umfassung wird etwas zusammengehalten und als
Ganzes oder als für sich bestehender Theil bezeichnet; daher die
Saumbildung bei den Gewändern und Teppichen, daher jene
Linien welche Thüren und Fenster nach innen hin begrenzen ehe
sie nach außen hin aufhören. Das Gleiche gilt von den Flächen;
parallele Streifen rahmen ihre Gestalt ein, die sich dadurch selbst
zu begrenzen scheint ehe sie thatsächlich endet; und wo die Streifen
an den Ecken zusammenstoßen, da läßt man nach innen gern eine
vermittelnde Verzierung hervortreten; ihr mag dann von der Mitte
her ein ausstrahlendes sternförmiges Gebilde antworten, zwischen
ihnen ein Wechsel von Entfalten und Umkreisen das Auge ergötzen.

Die Decke des Tempels erinnert im Mikrokosmos des Bauwerks an die Sterndecke des Himmels im Makrokosmos der
Welt; wird sie nun so gegliedert daß Balken oder Gewölbgurten
die verschließenden Theile zwischen sich schwebend tragen, so können
diese nicht besser decorirt werden als durch Sterne, die von ihrer
Mitte aus die Strahlen entsenden, und die für sich als im Raum
frei schwebend auch das einzelne Deckenfeld, abgesehen von der
ganzen Decke, sinnvoll charakterisiren. Die vom Mittelpunkt ausgehenden und wieder zu ihm zurückkehrenden Linien der einzelnen
Strahlenschemate und das allseitige symmetrische Gleichgewicht

dieser letztern bezeichnet die durch sich selbst thätige und ihre Ent-
faltung auf sich selbst bezogen erhaltende Kraft, und in dieser
Selbstgenügsamkeit das dem Weltkörper eigene Beruhen in seiner
Wesenheit.

Kleinere Glieder, welche gleich den Bindewörtern der Sprache
oder den Gelenken des menschlichen Körpers zwischen größere
Theile des Baues zum Unterscheiden und Verknüpfen eingeschoben
werden und zweckmäßig die Kernform der Platte (Abakus) haben,
werden von den Griechen mit der Mäanderlinie ornamentirt, die
schon das Gewebe der Assyrier hatte, die eine feste Gurte, ein
durch ineinandergeschlungene Fäden bereitetes Band bezeichnet.
Rundstäbe, welche die Function des Zusammenhaltens und Ver-
knüpfens haben, werden passend mit einem Geflecht gleich Riemen
ineinandergewundener Wellenlinien geschmückt oder als ein dichter
Blätterkranz gebildet.

Aus den gothischen Fialen blühen Kreuzblumen hervor; die
First- und Stirnziegel der Griechen sind mit einer Palmette, mit
fächerförmig entfalteten, frei aufgerichteten Blumenblättern verziert;
ein solcher Palmettenkranz schmückt Gesimse die nichts mehr tragen,
sondern die betönend abschließen, sodaß die Blätter hier durch
keinen Druck von oben niedergebeugt werden. Dagegen versinnlicht das niederhangende herabgebeugte Blatt eine über dem baulichen Glied ruhende, es drückende Last, und der wellenförmige
Wulst des Säulencapitäls (dessen Profillinie ich übrigens nicht
wie Bötticher von diesem Naturanalogon des Ornaments abstra-
hirt werden lasse, sondern es als Resultat des Conflicts von
Säule und Gebälk, als Ausdruck des Umschwungs der aufstrebenden Kraft fasse, welcher plötzlich Halt geboten wird, und deren
überquellende Fülle in sich selbst zurückfließt), der sogenannte
Echinus, sage ich, wird deshalb durch einen Kranz niederfallender
Blätter bezeichnet, welche die Dorier aufmalten, die Jonier im
sogenannten Eierstab plastisch hervorbildeten. Während das dorische
Capitäl stark ausladet und die Blätter tief gesenkt sind, weil die
schwere Wucht des ganzen Gebälkes auf der gedrungenen Säule
lastet, scheint die schlanke korinthische Säule mit dem leichten
Gebälk schon mehr zu spielen, und der doppelte Kranz von Akan-
thusblättern, der ihr wenig ausladendes Capitäl verziert, nickt
nur an den Spitzen hernieder, während einzelne Ranken in der
spiralförmigen Windung an die Volute des ionischen Abakus erinnern, und gleich diesem ein Ringen der Gegensätze in mehrfach

wiederholten Aufstreben der niedergebogenen Linie zeigen, deren
elastische Kraft sich endlich im Auge des Mittelpunktes sammelt.
Jene Schneckenformen nämlich an den Seiten des ionischen Capitäls gehören nicht zu diesem, sondern sind eine eigenthümliche Entwickelung der Platte zwischen Säule und Gebälk. Sie sind keine
an den Tempel versetzte Ammonshörner, wie Bischer meint, oder
keine am Altar aufbewahrte und an den Tempel übertragene Köpfe
von geopferten Widdern, wie Otfried Müller glaubt, sondern
vielmehr, wie die Seitenansicht deutlich lehrt, ein Pfühl, der auf
das Haupt der Säule wie ein weiches Polster zum leichteren
Tragen des schweren Gebälles gelegt ward, der nun zu beiden
Seiten überhing und aufgerollt erschien; die Linien dieser Windung
bilden eine Spirale, in welcher sowol das herabdrückende Moment
des Daches als das aufwärts strebende der Säule in dem schwungvollen Umkreisen des Mittelpunkts und damit an dem verbindenden, vermittelnden Glied die Wesenheit der von ihm vermittelten
Extreme sichtbar wird.

Ist die Säule Trägerin von Bogen und Stütze von Gewölben,
so wird durch diese die aufstrebende Kraft wenn auch in veränder-
ter Richtung noch fortgesetzt, und wie das steilere Würfelcapitäl
diesen Uebergang und Umschwung vermittelt, so ist statt seiner
oder neben ihm die romanische Architektur reich an Ornamenten,
die denselben Begriff versinnlichen. Um die kelchförmig sich erweiternde Säule schlingen sich Pflanzenstengel, die in Blätter aus-
wachsen und unter den Ecken der quadratförmigen Deckplatte gleich
den Ranken des korinthischen Capitäls sich spiralförmig winden,
die Rundform in die des Quadrats sanft hinüberleitend und zugleich einen leichten Druck und das elastische Gegenstreben veranschaulichend, während in der Mitte zwischen ihnen stern- oder
palmettenartige Blumen frei emporragen, da ja die verticale
Richtung auch im Bogen fortbesteht. Ein kühneres Spiel der
Phantasie läßt jene Pflanzenstengel in Schlangen übergehen oder
ersetzt sie durch Vogelgestalten und andere Thiere, die sich mit
langgedehnten Hälsen verschlingen, in umgekehrter Stellung die
Ecken bilden und Masken, selbst diabolische Fratzen in ihrer Mitte
haben. Hier wuchert allerdings das Willkürliche über dem Nothwendigen, und der klare Formgedanke birgt sich in ein groteskes
oder allegorisches Gewand. Dagegen führt die Gothik alles wieder auf das Maß des Einfachschönen. Wo ihr vielgliederiger
Pfeiler sich in die vielfachen Gewölbgurten verzweigt, da umgibt

ihn, der sich unter einer leichten Platte zur steileren Kelchform
entwickelt, ein Kranz von Blumen und Blättern, „durch welche
die edle Gestalt des Stammes durchblickt wie durch das Früh-
lingslaub der Bäume". Schnaase fügt dieser anmuthigen Vergleichung noch weiter hinzu: durch die zarte Schwingung seines
Kelchs leitet das gothische Capitäl sanft von dem senkrechten Stabe
in den Bogen über; das Blattwerk, das oft nur auf den Diensten
(den vorspringenden Halbsäulen rings um den Pfeilerkern) liegt,
aber durch deren Nähe den ganzen Schaft zu umwinden scheint,
verbindet diesen soviel als nöthig zu einem Ganzen; durch das
Spiel seiner horizontalen Schatten unterbricht es die bedeutsamen
senkrechten Linien der Gliederung und läßt sie nicht monoton
werden.

Das einfachere romanische wie das gothische Capitäl scheinen
mir auch durch ihr Ornament die Behauptung Bötticher's zu
widerlegen, daß in der mittelalterlichen Architektur alle charakte-
risirenden Extremitäten dem Kreise des blos Gedachten, des mathematischen Schematismus angehören, in keinem Falle die tek-
nische Form, den Organismus der Gliederung aussprechen. „In
Hinsicht der Kunstform muß man gestehen die Germanen seien
durch und durch energische, aber rohe, der organischen Außenwelt
oder dem bildenden Einflusse der Natur entfremdete Handwerker,
die Hellenen dagegen seien durch und durch gesittigte, aber in der
Natur eingeschlossene, nur von der Mutterbrust derselben ihren
geistigen Lebensstrom saugende Dichter gewesen; und wie nach den
Anschauungen ihres religiösen Bewußtseins ihre Götter in nimmer
alternder Jugend blühten, so sind auch ihre tektonischen Kunstformen immer so frisch und so jung wie die Natur, und werden
ebenso unverwelklich dauernd, immer so dieselben sein wie diese."
— Ich unterschreibe gern das zum Preis der Griechen Gesagte,
aber wie ich glaube daß neben dem Lorber Homer's auch ein
immergrüner Kranz für Shakespeare's Haupt gewachsen ist, daß
neben Phidias auch ein Rafael ewiger Ehren genießt, von einem
Händel, Mozart, Beethoven zu schweigen, da solche Künstler neue
Aufgaben mit gleicher schöpferischer Kraft wie ihre hellenischen
Genossen lösten, so werden wir sagen müssen: daß für das was
sie sagen wollten und nach ihrer Geisteseigenthümlichkeit und Welt-
stellung sagen konnten, die Griechen auch in der Baukunst mustergültig sind, daß aber der gegliederte Innenbau für einen geistigen
Gottesdienst und die Ueberwindung der Masse im freien Aufbau

aller Glieder wie zu einem sichtbaren Gottesreich von ihnen nicht
angestrebt, nicht vollbracht wurde, daß jedoch durch die Art und
Weise wie die Gothik dieses vollendete, der germanische Geist nicht
blos einen berechnenden Verstand, sondern eine wunderbare Poesie
entfaltet, eine Phantasie bewiesen hat, die in der Organisation des
Ganzen wie in der Durchbildung des Einzelnen nicht nachahmend,
sondern in originaler Größe Herrliches leistet.   Wir sagen mit
Platen von den venetianischen Palästen:

> Die gothischen Bogen, die sich reich verweben,
> Sind von Rosetten überblüht, gehalten
> Durch Marmorschafte, vom Ballon umgeben:
> Welch eine reiche Fülle von Gestalten,
> Wo triefend von des Augenblickes Leben
> Tiefsinn und Schönheit im Vereine walten!

Es mögen diese Beispiele die wir noch durch die Portale
und Fensterrosen des Mittelalters oder durch die Triglyphen und
Metopen der Dorier und so vieles andere vermehren könnten, zur
Erläuterung unseres Ornamentgesetzes genügen. Nur darauf möchte
ich noch hinweisen daß alle Decoration Maß halten und nicht
prunkenden Effecten nachjagen, daß sie dem Baustil selbst pro-
portional sein soll, einfacher, schlichter, strenger, minder angewandt,
wenn der ganze Bau weniger gegliedert in ernster Massenhaftigkeit besteht; aber wenn er in seiner Construction selbst eine reichere
Gliederung, eine leichtere heitere Anmuth zeigt, ziemt ihm auch
eine voller blühende, reizender entfaltete Schmückung des Einzelnen.
Die Griechen haben ihr Ornament freier und voller entfaltet,
die Renaissance hat das noch erhöht; die Gothik läßt die verticalen Streifen, die spitzen Giebel und Bogen auch im Maßwerk des
Ornaments vorwalten, und zeigt dadurch überall im Bauwerk
denselben eigenthümlichen Bildungstrieb, der die Masse belebt und
die Formen des Ganzen und seiner Construction auch im Schmucke
des Einzelnen wiederklingen läßt. Und wo Thier- und Menschengestalten hereintreten in den Bau, wie wenn Atlanten und Karyatiden statt der Säulen dienen, so müssen sie architektonisch stillsirt
werden, der Schwerpunkt muß mit der Achse ihres Körpers zusammenfallen, sie müssen in ruhiger Haltung gern zu tragen
scheinen, sie müssen gleich baulichen Werkstücken dem Gesetze der
Regelmäßigkeit, der Symmetrie folgen, und in allem Wesentlichen
einander gleich sein, denn nicht die Vielheit des individuellen

Lebens, sondern die allgemeine Grundlage der Erscheinungswelt wird in der Baukunst ideal gestaltet. Karyatiden zu individualisiren, persönliche Stimmungen ihnen zu leihen wäre falsch: sie sind als Säulen nicht mehr menschliche Frauen mit besonderm Temperament, mit augenblicklicher Empfindung, sondern typische Gestalten in ruhiger Haltung des Tragenkönnens, des Gerathtragens; sie dürfen auch keine Stellung annehmen als wollten sie eben wie Trägerinnen mit einem Sprung von bannen hüpfen; — nicht weil es die Sculptur, sondern weil es die hier herrschende Architektur untersagt.

Die Hellenen wiederholen gern ein und dasselbe Ornament an allen gleichen Theilen des Gebäudes, wie das gleiche Metrum durch das ganze Gedicht in der Wiederkehr der Verse oder der Strophen herrscht. In der romantischen Welt waltet mehr Mannichfaltigkeit, aber es bilden sich doch bestimmt wiederkehrende Gruppen, und in dem Wechsel selbst herrscht die Symmetrie, die das Verschiedene doch wieder auf ein Entsprechendes bezieht, oder um das gemeinsame gleiche Wesen spielt die Phantasie nur mit leisen Variationen, die beim Blick auf das Ganze verschwinden, beim nähern Eingehen auf das Einzelne aber eine Ahnung von der unerschöpflichen Lebensfülle des Geistes und der Natur geben wollen. In der Natur löst sich der einfache Totaleindruck eines Berges, je näher wir ihm kommen, in eine Fülle besonderer Bestimmtheiten auf. Sehen wir den Wald, so sehen wir nicht zugleich die Blattrippe, aber wenn wir vom Baum zum Zweige gekommen, so fällt uns endlich auch diese ins Auge. Alle Theile sind selbst gegliedert, aber sie gehen im Ganzen auf. So gibt uns ein griechischer Tempel in der Ferne das Bild seiner einfachen Gestalt; treten wir näher, so entwickelt sich uns das Detail der gerieselten Säulen, der Metopen, von welchem jede einen andern Schmuck hat, ja an den Palmetten und Meerlilien, welche die Thür des Erechtheions einrahmen, ist jedes Blatt individuell, nirgends blos die wiederholende Schablone.

Soll endlich das Ornament verstanden werden, so muß es den Begriff der Function deutlich aussprechen, so muß auch hier die Willkür des Künstlers sich dem Allgemeingültigen unterordnen, nicht in falscher Originalitätssucht der Erfindung des Unerhörten und Absonderlichen nachtrachten, sondern das Ewigwahre zu finden und klar darzustellen wissen. Hier ist ihm die Natur Leiterin; ihre Formen prägen die schöpferischen Gedanken des göttlichen

Geistes aus, des großen Weltbaumeisters, den Pindar schon als
den besten Künstler feiert. Und indem den verschiedenen Völkern
der Pflanzentypus ihres eigenen Landes das allgemein anschauliche
Muster und die allen zugängliche Nahrung des bildnerischen Sinnes
ist, prägt jener Typus sich in den Bauwerken ab, sodaß diese
dadurch mit der umgebenden Natur zusammenstimmen; wie das
Innere des deutschen Doms an den deutschen Eichwald, sein Thurm
an die deutsche Edeltanne erinnert, so klingt in der italienischen
Kuppel die Form der Pinie leise an, so zeigen uns die griechischen
Tempel das Blatt des Akanthus und Lorbers, während die Schilf-
staude des Nils, die Lotosblume und Palme sich an den Säulen
Aegyptens wiederfinden.

Wie der Baum im Blatt sich vervielfältigt, wie ein musikalischer Gedanke in einer Tonfigur Gestalt gewonnen hat und nun
in wechselnden Rhythmen im Adagio wie im Scherzo wiederklingt
und so die verschiedenen Theile wie ein verknüpfendes Band durchzieht, so wiederholt auch die bildende Kunst, namentlich im Geräth
und Schmuck, gern auf freie Weise das Ganze, wenigstens nach
seinem Grundmotiv im Einzelnen, wodurch jenes sich organisch
aus den mannichfaltigen und doch aufeinander hinweisenden Glie-
bern aufbaut.

Die Farben sollen mit den Formen, mit dem Wesen des Kunstwerks in vernünftigem Zusammenhang stehen, organisch mit ihnen
zusammenstimmen. Das Gleich- und Ungleichwerthige der Ornamente erhält seine Unterscheidung durch verschiedene Farben; sie
bleiben dieselben oder sie bilden Gruppen durch regelmäßigen
Wechsel, wenn z. B. innerhalb der goldenen Einfassungspolygone
die silbernen Sterne auf rothem oder blauem Grunde einander
folgen. Nahverwandte Farben sind verwendbar nebeneinander,
wenn sie nur wie Abstufungen des gemeinsamen Grundtons wirken; stehen sie ferner und machen sie doch noch nicht den Eindruck
voller Eigenthümlichkeit, wie Zinnober und Gelb, Gelb und Grün,
so wirken sie unangenehm; Blau und Roth, Orange und Blau,
Gelbgrün und Purpurviolett, Grün und Purpurroth wirken gut
zusammen, sie contrastiren ohne hart zu sein, wie Blau und Gelb,
Zinnober und Blaugrün; wir wollen den Contrast, aber nicht als
ungelösten Gegensatz, sondern mit der Hinwendung zur lösenden
Harmonie. Roth herrscht als Decorationsfarbe in Contrast zum
Grün der Natur im klaren Unterschied vom Blau des Himmels,
und weil es seinen Ton im Wechsel der Beleuchtung am besten

häll. Purpur, Gelb, Cyanblau — Carminroth, Gelbgrün, Ultra-
marin, — Zinnober, Grün, Blauviolett — Orange, Blaugrün, Purpurviolett find Farbentriaden, die Bezold als besonders gern Ver-
werthete in Gemälden, Ornamenten und Geweben aufweist.

Der Schönheitssinn der Völker hat damit begonnen daß die
Menschen den eigenen Leib schmückten, daß sie Gewand, Geräthe,
Waffen nicht blos zweckmäßig bereiteten, sondern auch sinnig verzierten. Man gibt dem Gewand wie der zusammenhaltenden
Spange einen Saum, der durch diese Betonung der Grenze die
Form abschließt und das Ganze als solches sichtbar hervorhebt;
man verziert zunächst durch gerade oder geschwungene Linien im
Zickzack und in Wellen, und bald brechen Anklänge an Pflanzen-
ranken, an Thierköpfe und Augen daraus hervor; man verfolgt
dies weiter zur Verwerthung organischer Gestalten. Das Flecht-
werk aus Bast, aus Riemen entfaltet sich von einem Mittelpunkt
aus oder bereitet ein Band, eine Matte, indem das Auf- und
Ablauchen der Streifen regelmäßig wechselt, breitere und schmälere
symmetrisch geordnet werden. Hier gewonnene Schemata ergriff
dann die Architektur um ihre Ornamente ihnen ähnlich zu machen,
und sie ist dann wieder die Lehrmeisterin des Kunsthandwerks, das
sie zu ihrem Dienst und in ihren Dienst heranzieht; es soll nun
die Geräthe zum Gebrauch des täglichen Lebens nicht blos für
dessen Bedürfnisse genügend oder zu eitlem Prunke bereiten, sondern mit dem Nothwendigen und Bedeutungsvollen der Form das
Wohlgefällige sinnig verschmelzen und die Zierathen bald aus der
Kerngestalt hervorwachsen, bald deren Gedanken lebendig veranschaulichen lassen. Auch hier sind die Griechen musterhaft. Schon
Winckelmann sagt: „Alle ihre Formen sind auf Grundsätze des
guten Geschmacks gebaut und gleichen einem schönen jungen Menschen, in dessen Geberde ohne sein Zuthun sich die Grazie bildet;
diese erstreckt sich hier bis auf die Handhaben der Gefäße. Die
Nachahmung derselben könnte einen ganz andern Geschmack einführen und uns von dem Gekünstelten ab auf die Natur leiten.
Die Schönheit dieser Gefäße bildet sich durch die sanftgeschweiften
Linien der Formen, welche hier wie an schönen jugendlichen Körpern mehr anwachsend als vollendet sind, damit unser Auge in
völlig halbrunde Umkreise seinen Blick nicht endige oder in Ecken
eingeschränkt oder auf Spitzen angeheftet bleibe.“ Tiefer aber hat
auch hier Böttcher's Tektonik der Hellenen die Sache gefaßt und
dargethan daß nicht blos die stille Musik der Linien, sondern das

innerlich Nothwendige und Organische der ganzen Bildung, die
wunderſame Durchdringung von Freiheit und Geſetz uns anſpricht
und in der Form der Zweck des Werkes zu anmuthiger Erſcheinung kommt. Da iſt nicht blos das Profil der Baſe von ſymmetriſchen Linien umgrenzt, die in ununterbrochenem Fluſſe jetzt
ſich nähern, jetzt auseinanderſtreben, ſondern der Bauch, der die
Flüſſigkeit aufnehmen ſoll, tritt auch als das Hauptſächlichſte hervor; er iſt vom Fuße getragen, der um des ſichern Standes willen
eine breite Baſis hat, von ihr aus aber ſich zuſammenzieht und
dann wieder gegen den Bauch hin erweitert. Darum mag ſeine
dünne Mitte eine Perlenſchnur ſchmücken, von der nach untenhin
ein Blätterkranz hinabſinkt, den Druck der auf dem Fuße ruhenden Laſt veranſchaulichend, während dagegen nach dem Bauch hin
ein aufſtrebender Blätterkranz ſich entfaltet und jenen wie eine
Blume in der Knospe trägt. Der Bauch verjüngt ſich nach oben
zum Hals, und dieſem ziemt wieder zum Aus= und Eingießen die
breitere Mündung, während er ſelber naturgemäß weniger Durch-
meſſer hat. Den über der Lippe ſchwebenden Deckel ziert die
Roſe, deren Blätter ſich ſternförmig zum Rande des Gefäßes
neigen. Sind Henkel vorhanden, ſo ſpringen ſie, zum Ergreifen
einladend, frei vom Gefäß ab; bei der Warwickvaſe ſind es die
Weinranken, die aus dem Rebenlaub hervorwachſen, welches das
Bacchiſche Gefäß paſſend umſpielt. Tiſche, Stühle ruhen auf
Füßen die gleich Säulen die Deckplatte tragen; aber ſie ſollen
nicht feſt am Boden haften, ſondern beweglich ſein, und an die
Stelle des pflanzenartig Eingewurzelten tritt daher die Form des
Thierfußes, der ſowol trägt als bewegt, in arabeskenartige
Pflanzengebilde übergeht und ſtatt des Capitäls daraus wieder
gern ſich den Thierkopf als Abſchluß erheben läßt. So groß die
Fortſchritte in Bezug auf die Leuchtkraft unſerer Lampen ſind, ſo
ſtillos und ungefällig iſt in der Regel deren Geſtalt, während die
antiken Candelaber ſicher auf den drei ſchwungvoll hervorſpringen-
den Füßen ruhend, gleich der Säule verjüngt und cannelirt als
zierlich ſchlanker Stamm hervorſprießen und dann zum Abſchluß
ſich becherförmig erweitern, um in die ſo bereitete Vertiefung die
Lampe aufzunehmen; das Licht blüht oben der Blume gleich.

Ich ſah in Pompeji eine Wage; die Schale ward durch die
ausgebreiteten Schwingen von vier Vögeln ſchwebend gehalten, und
um den Schwanenhals derſelben, der ſich über den Rand erhob
und wieder abſenkte, waren die Kettchen gewunden, die ſich oben

am Wagbalken einigten; Gewichtstein war der Kopf des Handels-
gottes Mercurius. Ein Jagdbecher mag an das auf der Jagd
selber erbeutete Trinkhorn erinnern, aber eine früher beliebte
Mode, silbernen Menschen- oder Ochsenfiguren den Kopf als Deckel
abzunehmen und den Rumpf mit Wein zu füllen, erscheint doch
sinnlos. Niemand trinkt aus Thürmen mit gothischen Zinnen und
normannischem Maßwerk; die Grundform soll dem Zweck des Geräthes gemäß sein.

Auf Bereitung und Schmuck der Waffen haben alte und neue
Zeit ihr Augenmerk gerichtet; auf dem Schild trug der Mann sein
Wappen und Wahrzeichen in den Kampf, oder es schreckte dort das
versteinerte Bild der Gorgone; auf dem Helm lagerte die Sphinx,
und hervorgetriebene Schlachtscenen mochten ihn verzieren. Bischer
erwähnt Sturmbock und Gewehr. „Am Sturmbock kann der
harte, spröde, dumpfe Stoß nicht besser charakterisirt sein als durch
den Widderkopf. Der Hahn am Schlosse des Schießgewehrs
schnappt vor, schlägt auf, entzündet das Feuer; das Schnappen
mag durch eine Fischform symbolisirt werden, aber mehr als
pickender Stoß aufgefaßt durch das Bild des Raubvogels, dagegen
bezeichnet der Drache zugleich den Entzündungsproceß; so belebt
sich die Waffe, und es liegt in dem treffenden Spiele des Schmucks
dieselbe Poesie wie in Beilegung persönlicher Namen, wodurch
bei den alten Völkern jede Waffe zu einem persönlichen Wesen
wurde, wodurch die Glocke, das Schiff noch heute beseelt vorgestellt wird.“

„Die Waffen zum Schutz und zum Angriff“, sagten wir mit
Falke, „wenn irgend etwas so sind sie es deren Form durch die
praktischen Zwecke bedingt ist, denn bei ihnen handelt es sich buch-
stäblich um Leben und Tod.“ Aber darum ist ja das künstlerische
Moment, soweit es die Form betrifft, kein nur zufälliges, und
ganz nebensächliches, im Gegentheil; die sinnlosen Spielereien
mit abenteuerlicher Gestaltung haben hier keine Statt, die Kunst
muß sich streng an die Aufgabe halten das Zweckmäßige schön zu
bilden, das Schwert wie die Rüstung; denn „der Kriegsmann
will glänzen, das ist seine Art und sein Recht, seine Waffe ist
ihm lieb und theuer; es ist natürlich daß er sie bräutlich geschmückt
sehen will.“ So verzierte man denn die Platten des Harnisches
mit Riesen, man ätzte Laubwindungen und Trophäen in den
Stahl und füllte die Vertiefungen mit dunklem Schwarz (Niello)
oder vergoldete die aufgezeichneten Arabesken, ja man lernte die

Ornamente in leichterm Relief aus dem harten Metall hervortreiben, wie das nach Entwürfen von Künstlern namentlich durch
die süddeutschen Plattner geschah. Von den Orientalen kam die
Tauschirkunst nach Europa, nach Damascus auch Damascinirung
geheißen. Die Zeichnung der Arabesken wird aus dem Metall
herausgravirt und zwar schwalbenschwanzartig unterschnitten, und
dann ein Gold- oder Silberdraht in die Vertiefung eingeschlagen.
Glatt und glänzend bildet das so Eine Fläche mit dem Grund und
die Farben spielen und schillern ineinander. Oder man hält die
Oberfläche rauh, legt die Fäden auf, erhitzt den Stahl und hämmert die Verzierung ihm auf. Solche Tauschirungen zieren die
Klingen der Schwerter; Griffe, Degenknöpfe, Stichplatten wurden
aus Eisen geschnitten.
    Hier mögen wir der feinen Bemerkung Lützow's gedenken daß
die anfangende Kunst strenger und stilvoller in der Symbolik des
Ornaments ist, weil es ihr noch weniger gelingt durch die Umrißlinien der Kernform selbst das Wesen klar zu veranschaulichen;
sobald sie dies erreicht, mag sie der Hülfe des Ornaments entrathen und kann dies mehr als freie Verzierung des gewonnenen
Raumes verwenden. Allein widersprechen darf der Schmuck der
Kernform niemals, und es bleibt immer das Beste, wenn er organisch aus ihr hervorblüht. So soll auch bei Metallgefäßen der
schwungvolle Contour ins Auge fallen und nicht durch hervor-
quellendes Relief unruhig unterbrochen werden, höchstens mag er
durch die Verzierung belebt erscheinen. Die Gedankenverbindung
des Ornaments mit der Bestimmung des Geräths gibt der Sache
Sinn und Poesie, wie das Hopfenblatt der Bierkanne, Rebenlaub
und Rosen dem Weinbecher, Jagdthiere dem Gewehrschrank des
Schützen, ein Laubgewinde mit Trauben und Früchten, mit
Vögeln dem Credenztisch. Unsere Zeit schwankt zwischen kahler
Nüchternheit und überladener Schnörkelei. Künstler wie Fortner
und Neureuther sollten berufen sein hier auf umfassende Weise
veredelnd einzuwirken. So wünschte ich vor 25 Jahren in der
ersten Auflage; das hat sich seitdem erfüllt, und ruhmreiche Künstler
haben das Gewerbe veredelt, Gewerbtreibende sich zur Kunst erhoben, sodaß Deutschland, München voran, den Franzosen bereits
die Wage hält, ja in vielem das Ausland überflügelt. Aber die
Gefahr liegt nahe aus dem stilvoll Schönen ins Barocke und willkürlich Formenspielende zu verfallen. Die Aesthetik stellt hier ein
Doppelgesetz obenan: es soll in der Form das Wesen und der

Zweck des Geräthes klar veranschaulicht, es soll die Eigenart des Stoffes festgehalten und verwerthet werden. Geschieht beides, dann erscheint das Erzeugniß der Menschenhand wie ein Naturgebilde und wie ein Ausdruck der Idee zugleich; der Gedanke der Sache ist gemäß dem Rohstoffe verwirklicht, es ist als ob dieser selbst sich zu dem Gedanken fortentwickelt hätte; Materie und Form stehen im Einklang. Das Nothwendige wohlgefällig sagen und den Bedingungen des Materials sich anschließen, das war ja für uns der Stilbegriff.

In gleichem Sinn hat Semper sein Buch über den Stil in den technischen Künsten geschrieben. Was er in Bezug auf den Stilbegriff erörtert, dient zugleich zur Bestätigung und zur Erläuterung meiner Darstellung (I, 609—620). Er betont die Anforderungen welche im Kunstwerke selbst begründet sind, die zu allen Zeiten sich gleichbleiben, und reiht daran die Einflüsse die wir als von außen her auf die Entstehung eines Kunstwerks wirkend bezeichnen dürfen. Eine Trinkschale z. B. wird in ihrer allgemeinen Gestalt immer und überall dieselbe sein, und im Princip unverändert bleiben, ob sie in Holz, Erz oder Glas ausgeführt wird. Die Grundidee eines Werks der Kunstindustrie geht aus dessen Gebrauch und Bestimmung hervor, und ist unabhängig von der Mode und vom Material. Sie ist das Motiv, das in der Natur selbst oder in den frühesten Formen der bildenden Menschenhand seinen Ausdruck gefunden hat; solche natürlichen und ursprünglichen Formen heißen Typen der Ideen. Ist die ganze Composition von solch einer Grundidee beherrscht, wie in einem Musikstücke das Thema durchklingt, dann sind wir befriedigt. Zweitens kommen die Materialien und die Art ihrer Behandlung in Betracht, drittens die persönlichen Einflüsse des Künstlers und Auftraggebers. Eine Arbeit hat keinen Stil, wenn das Material nicht der Bestimmung des Geräths entspricht, wenn es nicht seiner Natur gemäß behandelt ist. Tritonen, Nereiden haben Sinn an einem Brunnen, Venus und die Grazien an einem Spiegel, Trophäen und Schlachten auf Waffen, nicht umgekehrt. Man benutze das Material das sich am besten für die Aufgabe eignet; man ziehe jeglichen Vortheil aus ihm, aber man beobachte die Grenzen welche die dem Gegenstand zu Grunde liegende Idee bedingt, und betrachte das Material nicht blos als passive Masse, sondern auch als mitwirkendes Element Erfindungen anzuregen. Das Metall z. B. läßt sich hämmern, schmieden, schneiden und gießen; in all

4*

diesen Behandlungen tritt es principiell anders formbestimmend
auf. Zu diesen Bedingungen kommen noch nationale Bildungs=
richtung, historische Erinnerungen, locale Einflüsse und der Sinn
des Bestellers, sowie die Hand des Künstlers, seine Persönlichkeit
und Stimmung. Stil heißt das Werkzeug mit welchem die Alten
schrieben und zeichneten, zu dem Werkzeug gehört die Hand die
es führt und der Wille der sie leitet; damit sind die technischen
und persönlichen Momente der Entstehung eines Kunstwerks an=
gedeutet. So bedeutet das Wort Stil in einem Werke das zur
künstlerischen Bedeutung erhobene Hervortreten des Grundthemas
und aller innern und äußern Coëfficienten die bei der Verkörpe=
rung derselben bedingend einwirken. Semper sucht und findet
die Wurzeln und Keime der Kunstformen in den Anfängen der
Cultur, er verfolgt ihre Verzweigungen in der Geschichte. Wie
die Natur bei aller Fülle des Reichthums doch nur wenige Grund=
formen tausendfach modificirt, sodaß dieselben bei jeder Neugestal=
lung wieder durchblicken, so liegen auch der Kunst nur wenige
Typen unter, die aus urältester Tradition stammen. Die fossilen
Töpfe haben für die Geschichte der Cultur das gleiche Interesse
welches der Naturforscher an den Versteinerungen der Pflanzen=
und Thierwelt findet; man zeige die Töpfe die ein Volk hervor=
gebracht und es läßt sich sagen welcher Art es war und auf wel=
cher Bildungsstufe es stand. Mit Binden, Flechten, Weben,
Sticken hat die Menschheit begonnen sich Bekleidung und Ge=
räthe zu schaffen, und so sind dort die Typen und Symbole ge=
funden worden welche die andern Künste weiter verwerthen; auch
die Ausdrücke Band, Gurt, Kranz, Futter, Bekleidung, Span=
nung, Decke, wie sie bei Holzarbeiten und in der Baukunst vor=
kommen, sind von dem Geflecht oder Gewebe entlehnt das dem
Menschen zum Gewand dient. Von hier aus ist das Riemen=
geflecht als Band und Gurt, ist die Mäanderlinie, ist der Kranz
aufgerichteter oder herabfallender Blätter als Symbol der Be=
grenzung nach oben und unten in die Architektur gekommen, und
vom Teppich aus hat sich der Schmuck des Fußbodens, der
Wände, der Zimmerdecke entwickelt.

In Bezug auf die Gewebstoffe bezeichnet Semper Frische,
Glätte, Haltbarkeit als Eigenschaften des Flachses, und was diesen
widerspricht oder sie minder wirksam macht soll bei der Verarbei=
tung vermieden werden; der kühlen glatten Oberfläche entspricht
eine kühle Farbe wie die Natur sie bietet, wie die Bleiche sie zu

einem milden Weiß erhöht, oder kalte Töne, wie das Indigoblau;
der matte Schimmer des Flachses macht sich am meisten gellend,
wenn die Oberfläche des Gewebes glatt oder damascirt ist. Verzierungen in haltbarem Blau und Roth bleiben linear, mögen sie
eingewoben oder aufgestickt sein. Dagegen ist Wolle der tiefsten
Sättigung durch Farbe fähig, und verlangt volle warme Töne.
Den Hellenen war sie der liebste Kleidungsstoff, einfach, ungewür-
felt, ungemustert, und der Mantel nicht haarig befranzt, sondern
ganz allein darauf berechnet den schönsten, feinsten, vollsten Faltenwurf zu geben, dessen Entwickelung durch kein Muster gestört
werden durfte. Dagegen gestattet die Seide zumal der Atlas
lebhafteste Färbung und grelle Contraste in der Nebenstellung
verschiedener Farbentöne. Denn ähnlich wie beim Metall erscheint
die Tiefe der Falten dunkel, beinahe schwarz, und von der Höhe
reflectirt ein weißer Glanz; somit erscheint ein Dreiklang, die Localfarbe steht in der Mitte von Licht und Dunkel. Zugleich aber
spiegelt Atlas die nebengestellten Farben am entschiedensten zurück,
sodaß durch den Reflex eine Brücke gebaut wird welche die schroff-
sten Abstände vermittelt; nur stelle man solche Farben nebeneinander welche im Reflexe verschmolzen angenehme Töne hervorbringen.

Der fügsame Thon ließ in den Terracotten der Griechen die
Form herrschen, und die aufgemalten Zierathen der Gefäße, anfänglich schwarz auf gelbem, dann roth und gelb auf schwarzem
Grunde, ließen die Fläche walten, den Umriß sprechen, und vermieden Schattirung und Vielfarbigkeit; ward aber der Thon gla-
sirt, wie in der Fayence, so trat das malerische Element kräftig
hervor, „denn es ist das Wesen der Glasur daß die Farbe ein-
gesunken ist in den transparenten Ueberzug und spiegelnd aus
ihm hervorleuchtet.“ Dafür wird das Relief seiner feinern Modellirung beraubt, indem die Glasur Schärfen abrundet und Tiefen
ausfüllt. So hielten sich die Araber bei ihren Majoliken an den
leuchtenden Farbenschimmer der Arabesken, während die Renaissance
den Reichthum des Figürlichen hinzubrachte, Compositionen auf
Tellern und Schüsseln mit freier Hand gestreich hinwarf, aber
sich um die Grundform der Gefäße wenig kümmerte, und sie aus
Gegenständen des Gebrauchs zu Schaustücken machte; eine sinnvoll
anmuthige Randverzierung und ein leichtes Formenspiel in der
Mitte scheint mir hier wie bei dem Porzellan für Teller und
Schüsseln das Angemessene. Mit dem Porzellan kamen die kurz-

bauchigen runden Kannen und Tassen des Thees aus China, und
sollen die Grundform bleiben. Das Porzellan reizt zu geschweiften
Formen, da die einfach geraden oder regelmäßig runden beim
Brennen doch etwas eingebüßt werden, und die malerische Verzierung, spielend leicht behandelt, kann da gerade dienen kleine
Schäden zu verdecken. So im Roccoco, das durch ein Gleichgewicht plastischen und malerischen Schmuckes sich auszeichnet.
Die neuere Zeit nahm Porzellanplatten zur Grundlage der
eingebrannten und damit dauerhaften Gemälde, und die Napoleonische Industrie ließ in Frankreich für letztere auch große antiki-
sirende Vasen herstellen. Wir sagen mit Falke: „Der natürliche
und gesetzmäßige Gang ist der daß der Zweck die Form schafft,
das Schönheitsgefühl sie variirt ohne der Zweckmäßigkeit zu nahe
zu treten, und als Drittes erst die Verzierung kommt, der Schmuck,
welcher sich der so entstandenen Form anschmiegen muß. Umgekehrt nimmt das Empereurporzellan seinen künstlerischen Ausgang vom malerischen Schmuck, macht sich nach demselben die
Form zurecht, und die Zweckmäßigkeit kann sehen wie sie damit
fertig wird."

Ist des Glases Vorzug seine Durchsichtigkeit und Farbe, so
ist die Reliefverzierung damit ausgeschlossen, da sie die Transparenz beeinträchtigt, aber die eingeschliffenen etwas vertieften
Zierathe sind namentlich bei Bechern um so passender und reiz-
voller als sie sich beim Trinken auf dem dunkeln Wein spiegelnd
wiegen. Vergoldung und Farben kommen hinzu. Die venetianische Behandlung, die auf Feinheit und ich möchte sagen duftige
Leichtigkeit des Materials in schwungvoller Rundung sich gründet,
und die böhmische, die mit mehr Masse fester gestaltet und in
lichtbrechenden geschliffenen Kanten dem Bergkrystall sich anschließt,
sind beide stilvoll und berechtigt. Neuere Leistungen von Lobmeyer
in Wien in Glasgefäßen nach Entwürfen von Stock dürfen mit
den zierlichen Venetianern durch kräftig edle Form und anmuthige
Ornamente wetteifern. Eine dritte Technik fügt seine Glasstangen
von verschiedenen Farben zusammen, bringt die Masse wieder in
Fluß und bläst nun buntschimmernde Gefäße daraus.

Die Entwickelung des Lebens und seiner Bedürfnisse, der Fortschritt der Technologie und Industrie gestattet uns nicht die bloße
Wiederholung der antiken oder mittelalterlichen Gebrauchsgegen-
stände; solche stehen mitunter sehr fremd in unserer Gegenwart; thun
wir lieber das Unsere im Geist jener künstlerisch bessern Zeiten,

das heißt bilden wir zweckmäßig nach dem Wesen der Sache, nicht abgeschmackt nach den Launen der Mode. Lassen wir dem Trinkglas fürs Wasser seine einfache Chlindergestalt, geben wir dem Weinglas die zierlichere sich erweiternde Form auf dem dünnen, aber unten ausgebreiteten Fuß, in dessen Mitte wir es fassen um beim Anstoßen den reinen Klang hervorzubringen, lassen wir dem alten Rheinwein seinen Römer, der den Duft der Blume zusammenhaltend sich wieder am Rande verengt, nur schleifen wir keine Kanten in das Glas, in die wir uns schneiden, und geben wir im metallenen Potal der Mitte des Fußes keinen eckigen zierlich durchbrochenen Knauf, der das Anfassen erschwert. Was soll es heißen den Leuchter so zu bilden daß der Einsatz für die Kerze an einem Zweige vor einer ehernen Birne liegt, die sich öffnet und die Streichhölzer enthält? Das Tintenfaß sei so wenig eine Butterdose wie ein Teller mit einem Operngucker, oder wie ein Aestlein mit zwei Walnüssen; der kleine Zündholzbehälter weder Kurfürstkiesel noch Mohrenkopf. Die Lehne des Stuhls habe einen Schwung der dem menschlichen Rücken sich anschmiegt, und kein scharfes Schnitzwerk das in denselben sich einschneidet. Der Schrank zeige seine innere Eintheilung in der Gliederung des Aeußern, und spreche durch eine Verwerthung architektonischer Formen, wie es die Renaissance bei ihren Bauten that und auf solche Möbel übertrug. Das Gestell trete bedeutsam hervor wie es die Flächen umrahmt, die tragenden Balken mögen als Karyatiden geschnitzt, oder mit Säulen verziert sein; Laubgewinde, das von rechts nach links verbindend sich hinschlingt, trete nicht ausladend zerbrechlich vor, das Flachrelief ist am ansprechendsten und zweckmäßigsten zugleich. Für die Fläche verwandte die Renaissance am liebsten die Intarsien, indem sie Ornamente vertiefend ausschnitt und ein andersfarbiges Holz einlegte; hier bleibt die Fläche herrschend, und kann auch Ebenholz als Grund, Elfenbein als Füllung verwandt werden. Man halte Maß, man übertrage so wenig die Steinarchitektur der Palastfassade auf den Schrank wie die Holzschnitzerei der Möbel auf die Schauseite des Hauses.

Ebenso sei das Ornament nicht zweckwidrig oder sinnlos. Der Fußboden ist eine Ebene; durch mehrfarbiges Holz ihn scharfkantig erscheinen zu lassen, als ob er aus kleinen Prismen oder Pyramiden zusammengesetzt wäre, ist für den der darauf gehen soll ebenso verkehrt als wenn man Thiergestalten, Blumen und Früchte im bunten Spiel von Licht und Schatten in den Teppich webt,

daß der Fuß vor ihnen zurückscheut. Völlig unsauber, ja ekelhaft
hatte ein römischer Schlemmer den Fußboden seines Speisesaals
mit Reliefs von Speiseresten in Mosaik geschmückt. Der Teppich
entfalte sein Farbenspiel in Linienarabesken, mag es nun die Fläche
füllen, oder den Rand umsäumen, einen Stern in die Mitte
legen und um ihn symmetrische Felder bezeichnen. Anders ist es
wenn der Teppich aufgehängt die Wand schmückt, da kann sein
Gewebe Bildwerke edler Art entfalten, wie solche die Niederländer
der Renaissancezeit nach Kartons von Malern wie Rafael darstellten; so erhoben auch die alten Christen das Mosaik vom
Fußboden an die Altarnische und den Triumphbogen der Kirche.
Die Dame welche ein Sesselpolster stickt nöthige uns nicht daß
wir uns einem Menschen in das Gesicht oder ihrem Lieblingsmops
auf den Schwanz setzen. Die nürnberger Schneider ließen nicht
etwa einen Abendmahlskelch, sondern ihren Zunftpokal mit der
Darstellung von Christi Auferstehung verzieren; der Künstler machte
sich selbst über sie lustig, indem er den schlafenden Wächtern
Scheren statt der Schwerter an die Seiten gab. Der Lampen-
wie der Speiseteller sei nicht vornehmlich in der Mitte, sondern
am Rande verziert. Sodann soll das Ornament Maß halten.
Es gilt vor allem den Contour schön zu halten, und seine Linien
soll es nicht unterbrechen durch Vorspringen und Zurückfließen,
sondern ihn hervorheben und festhalten. Es soll sich einfügen,
unterordnen, einzelne Stellen, Richtungen und Verbindungsglieder
markiren, leere Flächen angenehm ausfüllen. Aber auch in diesem
letztern Falle soll es zur Sache, zum Zwecke derselben passen.
Einen Krug mag man mit Wasserpflanzen verzieren sobaß seine
Grundform sie trägt, oder ihn selbst aus Blättern derselben zu
gestalten erscheint ungeeignet naturalistisch; die zusammengefügten
Blätter vermöchten ja für sich die Flüssigkeit nicht zu halten.
Was soll es heißen einen Pfeifenkopf von Meerschaum so zu de-
coriren als ob er eine gothische Kapelle wäre, deren Fenstermaß-
werk seine Seiten umschließt, deren kuppelartiger Thurm sein
Deckel ist? Vollends, wenn der Fuß jenes englischen Tisches ein
Gladiator ist, welcher auf einem Schemel das rechte Knie, die
linke Ferse aufsetzt und wie seinen Schild die runde Platte mit
der linken Hand über sein Haupt hält, während die Rechte das
Schwert zückt, — wer sollte da nicht fürchten einen Stich zu bekommen, sofern er an diesem Tische sich niedersetzt und, was kaum
zu vermeiden ist, an den seltsamen Fuß anstößt? Oder wird der

Kämpfer aufspringen und alles zu Boden schleudern was auf
der Platte steht?

Fechner sagt mit Recht ganz entschieden, und das bestätigt
meine Auffassung: „Alle Gegenstände der Architektur und Kunstindustrie haben äußere Zwecke zu erfüllen, und so ist auch bei
allen die Erfüllung der Bedingungen äußerer Zweckmäßigkeit nicht
blos beiläufig sondern wesentlich zur Schönheit." Es gilt den
Eindruck der Zweckmäßigkeit zu dem der Schönheit zu vollenden,
die Gestalt in wohlgefälligen Linien und Verhältnissen zu bilden.
Der Kochtopf kann die Form des Weinkelches nicht annehmen
ohne seine Bestimmung zu verfehlen, ihm ziemt die cylindrische
Rundung, die bei dem Becher plump erscheint; bei diesem ist die
schwungvolle Form im Wechsel der vom dünnen Stengel nach
oben und unten erweiterten Kreise zugleich das Zweckmäßige, und
seine Bestimmung zur Tafelfreude ladet zu Verzierungen ein, die
für das Küchengeräth zwecklos sind, ja dem Gebrauch eher wider-
streiten; der geschmückte Kropfen wäre verziert mit dem Ton
auf der ersten Silbe; Fechner sagt zu ihm: Bist weder Kochtopf,
weder schön!

Der schwere Stein verlangt daß die Ornamente dem Kern nahe
bleiben und nicht dünn werden; das biegsame und doch feste Erz
gestattet es sie frei und zierlich-dünn hervorzutreiben; das leicht
schnitzbare Holz steht in der Mitte; muthe man dem Steine nicht
zu was die Leistung des Metalles ist, beschränke man dieses nicht
auf die für den Stein geeignete Stilweise. Verwende man das
Leder für Bücherdecken, Taschen, Riemen; es läßt sich pressen, mit
Golddruck schmücken; aber wenn man ein goldenes Armband, eine
Brosche bereitet, so lasse man das edle Erz nicht wie Lederriemen
durch Schnallen laufen, statt daß es dort wie eine Schlange oder
Kranz Anfang und Ende verbinden, hier ein Bild einrahmen kann.
Man lasse dem Glas seine Durchsichtigkeit und dem Porzellan
seinen milden Glanz, und behandle nicht Tassen und Kannen als
ob sie hölzerne Küferarbeit wären.

Für figürliche Darstellungen ist die Bronze besonders geeignet.
Sie verlangt fein durchgeführte Modellirung, eine glatte Ober-
fläche um den Metallglanz nicht zu beeinträchtigen und die spätere
Patinirung zu ermöglichen; der gewünschte Farbenton, der vom
Grün bis zum goldigen Braun, ja glänzenden Schwarz gehen
kann, darf nicht durch abstumpfenden Anstrich, sondern soll durch

Mischung und Behandlung des Metalls gewonnen werden; Tau-
schirung und Email schließen verzierend sich an.

Das Material des Emails ist ein mit Metalloxyden gefärbter
Glasfluß; pulverisirt oder angefeuchtet wird er auf das Metall oder
in eingegrabene Vertiefungen aufgetragen, im Feuer angeschmol-
zen und dann polirt. So verleiht das Email dem Metall den
ihm gemäßen Farbenschmuck. „Es ist Schmelz mit seiner Eigenthümlichkeit, es besitzt Feuer, Tiefe, Transparenz und Glanz."

Die edlen Metalle sind für Geräthzierath und für Schmuck
der rechte Stoff. Flüssig lassen sie sich gießen, dehnbar lassen
sie sich hämmern, zäh und fest lassen sie sich in dünnen Plätchen
behandeln, in Fäden ziehen, weich und nachgiebig lassen sie sich
prägen, schneiden, graviren; ihr Glanz und ihre Farbe ist eine
Augenweide. Aber sie verlangen auch schwungvolle Linien und
feine Durchbildung der Form; das Plumpe, Rohe erscheint wie
eine gemeine Mißhandlung. Das reine weiße Silber wird am
liebsten als Tafelgeräth verwerthet. Schalen, Kannen, Vasen,
Becher sollen aber die zweckmäßige natürliche Gestalt bewahren
und das Relief so halten daß es den Contour nicht stört, sondern
belebt; Tafelaufsätze, die der Phantasie freien Spielraum gewähren, sollen sich doch nicht ganz von ihrer Bestimmung los-
sagen, nicht wie mächtige Monumente die Tischgenossen trennen
und ihr Gespräch hemmen, nicht mit düstern Darstellungen die
Festfreude stören; als Ehrengeschenk mögen sie durch plastischen
Schmuck das Wirken des Gefeierten sinnvoll andeuten; am besten
wird es immer sein wenn sie für Blumen als Zierde des Mahles
zum Träger dienen, oder Frucht- und Confectschalen auf präch-
tigem Ständer emporheben.

Für den Schmuck des Menschen hat Gold stets die erste Rolle
gespielt. Ein solcher sei dem Gliede angemessen für das er bestimmt ist. Der Ring also ein Reif für den Finger, demgemäß
einfach und glatt, aber nach oben, wo er frei sich zur Schau
bietet, mit einem kleinen Edelstein oder mit Email in zierlich
feiner Fassung ausgestattet. Das Armband kann als breiterer
Reif gebildet und mit Gravirung belebt sein, wird aber besser
zu größerer Anschmiegsamkeit aus kleineren Gliedern zusammen-
gefügt, die wieder Email oder Edelsteine mit leichter graziöser
Fassung umgeben mögen. Das Halsband muß locker sein, das
Athmen nicht erschweren, nach abwärts, wo der Hals auf Brust
und Schulter ansetzt, sich senken können; wenn am Goldbande

dann seine Kettchen mit allerhand Zierath sich strahlenförmig ausbreiten, wie in antiker Drahtarbeit, so ist das von vortrefflicher
Wirkung; aber mit einem schwarzen Bandstreifen den Hals zertheilen und jenen mit Brillanten besetzen, deren Gefunkel die
Augen von dem Gesicht der Trägerin ablenkt und sich zur Hauptsache, die menschliche Schönheit zum Anhängsel macht, das ist ge-
schmacklos. Wie viel edler, schöner ist die bewegliche Perlenschnur
mit ihrem milden Glanze, oder rosettenartige goldene Glieder,
durchbrochen, in gefälliger Zeichnung, mit Email oder Steinchen
verziert, durch Ringlein aneinandergereiht! Zum Verschluß nach
vorn kann dann ein Medaillon dienen, ein Relief oder Miniatur-
gemälde, ein Mosaikbild, in anmuthiger Fassung. Nicht die
Schwere des Stoffs, die Feinheit der künstlerischen Bearbeitung
stehe im Vordergrund. Daran reiht sich dann die Fibula der
Alten, die Brustnadel oder Brosche. Die Griechen decorirten
und umgaben die Scheibe gern mit Filigran; eine Camee, Mo-
sail kann ihre Mitte bilden; Email und Metall in anmuthiger
Verbindung machen altnordische Arbeiten bewundernswerth.

Warum tragen doch die Halbbarbaren, vornehmlich die Orientalen durch guten Geschmack in Formen und Farben auf den
großen Industrieausstellungen den Sieg so häufig über die civili-
sirten Europäer davon? Weil sie in jahrhundertelanger Uebung
das dem Material und dem Zweck der Sache Gemäße gefunden
haben und es treu bewahren. Statt sie äußerlich nachzuahmen
wollen wir dies Princip uns aneignen und auch wir werden wieder Stil gewinnen.

In Bezug auf Mannichfaltigkeit der Farben im Flächenorna-
ment hat Falke vortrefflich geschrieben. Er unterscheidet die doppelte Weise der Europäer und der Orientalen. Der Europäer
hält auf Klarheit, Deutlichkeit und Bedeutsamkeit der ornamen-
talen Zeichnung, sei sie freies Linienspiel oder biete sie pflanzliche
und animalische Gestalten; Grundfläche und Ornament treten für
sich hervor, ihm genügt eine Ecken= und Randverzierung und ein
Stern, eine Rosette in der Mitte, wo der Orientale den Teppich,
die Buchdecke, den Plafond ganz mit Verzierung überzieht. Die
Schönheit der Zeichnung verstärkt der Europäer durch den Contrast der Farbe; beides wirkt zusammen, aber jedes Element besteht für sich. „Die orientalische Weise geht von der Beobachtung aus daß nebeneinandergestellte Farben, wenn das Auge
ferner und ferner tritt, sich auf der Netzhaut mischen, und zwar

in der Weise wie es auf dem Farbenkreisel geschieht, nicht aber
so und in den Tinten wie bei der Mischung der Pigmente in den
körperlichen Farben. Es gibt aber noch einen andern Unterschied.
Die Mischung der Pigmente ergibt einen einzigen gleichmäßigen
Ton, die Mischung der Farben auf der Netzhaut aber behält stets
ein inneres schimmerndes Leben; die Farbe wird nicht todt und
stumpf, sondern bleibt lebendig und spielt. Und das ist aus de-
corativem Gesichtspunkt gewiß ein großer Vorzug. Aus ihm hat
die orientalische Kunst ihre hauptsächlichsten Reize geschöpft; sie
hat ihr System, ihre Decoration der Harmonie darauf gegründet,
wie man ihre Art im Gegensatz zur europäischen Decoration der
Contraste nennen kann. Ihre eigentliche Tendenz ist es die Farben so zu vertheilen daß sie bereits in gewöhnlicher Entfernung
des Beschauers sich im Auge mischen und in eine tonreiche Harmonie zusammenfließen. Sie stellen nicht die Zeichnung, das
Ornament, der Grundfläche, der Grundfarbe gegenüber, sondern
sie heben diese durch die Vertheilung gewissermaßen auf, und
lassen sie nur als eine Farbe neben der zweiten oder neben den
übrigen mitwirken. Dabei verliert freilich die Zeichnung an Bedeutung, doch ist sie deshalb keineswegs gleichgültig, wenigstens
nicht überall; es gibt auch orientalische Arbeiten wo die Arabesken
von bewundernswürdiger Kunst und Feinheit sind. Dies gilt z. B.
gleich von den goldtauschirten Gegenständen, Arbeiten von schwarzem Eisen oder grauem Stahl mit ein- oder aufgeschlagenen Gold-
fäden, welche mit schönstem Schwung der Linien die höchste Zierlichkeit verbinden. Und dennoch laufen die Fäden so eng nebeneinander daß man wol bei näherer Betrachtung die kunstvolle
Composition deutlich unterscheidet, bei einiger Entfernung aber
Ornament und Grundfläche zu einem goldig schimmernden gemeinsamen Effect sich zusammenmischen. Von diesem Effect machen
die indischen Brokatstoffe einen höchst glücklichen Gebrauch. Sie
wählen kleine, dicht sich drängende, aber regelmäßig angeordnete
Muster und durchschießen sie so mit der farbigen Seide daß das
Gold und Silber des Musters den blauen, rothen, violetten Ton
des Grundes annimmt, die Farbe des Grundes aber wieder golden
und silbern schillert; das Metall wird farbig und die Farbe erhält Metallglanz." Auf dem gleichen Princip ruht der Effect
der vielfarbigen gedruckten Baumwollstoffe Indiens, der Shawl-
gewebe Persiens und Kaschmirs. Die Bildung des Ornaments
ist meist gleichgültig. Die Farben sind in unbestimmten Figuren

durcheinander gebracht, die Farbenflecke durch Contouren von einer
dritten Farbe auseinandergehalten, auf den ineinanderschwebenden
Farbenreiz kommt es an.

Auf den Wänden der Alhambra ist solcher Farbenreiz die
Hauptsache; doch die Form ist nicht vernachlässigt; die Decoration
aber ist auf dreifachen Standpunkt berechnet. „Wer auf dem
fernsten Standpunkt steht der sieht die glänzenden Farben in einen
allgemeinen coloristischen Schimmer zusammenfließen, aber durch
denselben, ihm Halt, Form, Symmetrie gebend, erblickt er die
großen geometrischen Figuren, durch breite Farbenbänder gebildet.
Tritt der Beschauer näher, so sieht er schön gezeichnete Arabesken
die Flächen innerhalb dieser geometrischen Figuren erfüllen und
sich durch die Bänder derselben hindurchschlingen. Kommt er noch
näher, auf einen Standpunkt wo die Möglichkeit der Unterscheidung des Details gegeben ist, so erblickt er die gestreckten schmalen
Flächen der Bänder oder die kleinen Flächen, welche die Arabesken
blätterartig darbieten, wiederum, um auch sie nicht leer und todt
erscheinen zu lassen, von Ornament belebt (auch sinnvolle Sprüche
sind eingeschrieben). Das ist das dritte System. So ist das
Auge, wo immer im Gemache es sich befindet, vor eine vollkommen ornamentale Wirkung gestellt. Es sieht überall ein reiches
Farbenspiel voll Leben und Wechsel, aber es sieht dasselbe auch
überall in weiser Ordnung und ruhiger Harmonie."

Möbel, Geräthe, Gemälde zum Schmuck der Wände vollenden
erst durch die innere Einrichtung das Werk des Architekten; daß
hier der gute Geschmack der Hausfrau seine besondere Wirkungs-
sphäre findet, und wie das Alterthum, das Mittelalter, die Renaissance auf ihre Art das Nothwendige behaglich und erfreulich
zu machen wußten, ist auch uns wieder zum Bewußtsein gekommen. Indem wir betonen daß auch hier in dem vielstimmigen
Accord alles Besondern zu einem Gesammteindruck das Schöne,
das Rechte besteht, sind wir bereits zur Betrachtung der Architektur zurückgekehrt.

———

4. Das Bauwerk als künstlerisches Ganzes.

Wir haben im Bisherigen die einzelnen Elemente der Baukunst und des künstlerischen Baues betrachtet. Er ergab sich uns
daraus als ein organisches Ganzes, gebildet durch die Erfindungs-

kraft des Geistes im Anschluß an die Gesetze und Kräfte der
anorganischen Natur.   Das organische Ganze setzt voraus daß
die Einheit der Idee in allem Einzelnen herrscht, daß die Theile
dadurch zu Gliedern werden, weil jene sie durchdringt und auf
einander bezieht.   Die Wechselwirkung von Kraft und Last verlangt daß sie einander die Wage halten, daß unter dem massigen
Gewölbe auch ein stämmiger Pfeiler stehl, oder daß die gegliedert
sich verzweigenden Gewölbgurten auf Diensten, jenen schlanken
Halbsäulen am Pfeilerschafte, ruhen; sie will nicht daß eine
schmächtige Säule unter dem Druck eines schweren Gebälls ge-
brechlich, noch eine stämmige unter der leichten Last unnöthig oder
schwerfällig erscheine.   Wenn die gegensätzlichen Partien auf diese
Art schon durch einander bedingt sind, so werden sie andererseits
noch durch motivirende Uebergänge miteinander vermittelt, indem
zum Beispiel der spitze Thurmhelm nicht unmittelbar auf dem
quadratförmigen Unterbau aufsitzt, sondern ein achteckiges Zwischen-
glied ihn trägt.   Sie werden, wie die Knochen des menschlichen
Körpers durch die Gelenke, oder Wörter und Sätze der Sprache
durch die Bindewörter, mittels der Deckplatten oder Gesimse sowol voneinander gesondert als miteinander verknüpft.   Und die
Kunst tritt, wie wir sahen, an das mechanisch Nothwendige heran
und gibt ihm diejenige Gestalt welche die Bedeutung und Leistung
jedes baulichen Gliedes sowol für sich als für das Ganze offenbart.   So erscheint sein Wesen in seiner Form, erscheint seine
Thätigkeit als eine von innen sich entfaltende, selbstkräftige und
freie.   Nicht blos daß jeder Theil aus dem Ganzen hervorgegangen ist, in ihm seine bestimmte Stelle hat, und alle Theile in
ihrer Wechselwirkung wieder das Ganze hervorbringen, es wird
auch, wie Bötticher die Sache kühn aber wahr bezeichnet, in dem
Material das innliegende, aber im formlosen Zustand ruhende
und latente Leben zu einer dynamischen Aeußerung gelöst, zu einer
statischen Function genöthigt, und ihm dadurch eine höhere Existenz, ein ideales Sein verliehen.   Durch die Kunstform wird der
Begriff jedes Gliedes offenbar, erhält sein todter Stoff den Reflex
eines organisch Belebten, eines statisch Wirkenden im Zustande
dauernder Ruhe und Unveränderlichkeit; die Materie ist jetzt ein
vom Geiste Gezeichnetes geworden.   Wie die griechische Mythe
sagt daß die Steine erklangen, auf welchen beim Bau der Mauer
von Nisa Apollon's Leier geruht, so verkündet die durch des
Bildners Hand gestaltete Materie ihr Thun und Leiden im

Dienste des Geistes, dessen Gedanke damit in ihr sichtbar wird und sie belebt.

Daß die verschiedenen und vielen Theile ein Ganzes bilden, muß nun aber auch an ihnen sichtbar werden, und diese Einheit des Mannichfaltigen erscheint in der Architektur durch die Symmetrie. Sie beruht nicht blos darauf daß gleichartige Theile auch gleichgestaltet sind und regelmäßig wiederkehren, wie am dorischen Tempelfries die Triglyphen und Metopen, oder die Fenster eines Hauses und ihre Zwischenräume, sondern sie setzt einen Mittelpunkt und eine Linie der Mitte voraus, die gleich der Achse des Krystalls das Ganze in zwei Hälften scheidet, deren jede das Spiegelbild der andern darstellt, sodaß einzelne Theile einer Hälfte jetzt untereinander verschieden sein können, aber ihnen stets ein Gleiches in der andern Hälfte an einer eben so weit von der Mittellinie entfernten Stelle entspricht. So kommen in der Vielgestaltigkeit des Besondern die Mannichfaltigkeit und der Formenreichthum des Lebens zu ihrem Rechte, aber nicht minder behauptet und beweist die Einheit ihre Herrschaft dadurch daß die Theile einander entsprechen; es ist jetzt die Kraft der Einheit, die von der Mitte aus sich vielfach entfaltet, aber in der entsprechenden Wiederholung des Mannichfaltigen und in der Entfernungsgleichheit seiner Stelle auf beiden Seiten ihre eigene Obmacht in allem Unterschied bekundet und dadurch die Harmonie der Schönheit verwirklicht.

Die Einheit im Unterschiede, diese Grundbedingung alles ästhetisch Wohlgefälligen, waltet also in der Architektur durch die Symmetrie. Hier ist nun noch das zu beachten daß die Linie der Mitte, von der aus beide Seiten gleich sind, nicht ins Leere fallen darf, weil sie sonst das Ganze in zwei für sich bestehende Hälften theilen und damit die Einheit aufheben würde; sondern sie muß Hälften des Giebels, der Bogen, der Fenster oder Thüren miteinander verknüpfen, die für sich ohne die andern gar nicht bestehen können, sie vielmehr fordern und auf sie hinweisen, wodurch das Ganze als die herrschende Einheit der Theile erscheint. So hat die rechte und die linke Seite des menschlichen Körpers jede ihr Auge, ihren Arm, ihr Bein; aber diese Glieder sind nicht blos in gleicher Entfernung von der Mitte, auch ihre Stellung ist gleichmäßig nach der Mitte gerichtet, sodaß das Auge der rechten Seite keineswegs das der linken in gleicher Weise wiederholt, sondern wie dessen Spiegelbild besteht; und dann sind im Gesicht schon allein Stirn, Nase, Mund, Kinn beiden Seiten in

einer Art gemeinsam daß hier die Trennung kein selbständiges
Gebilde, sondern zwei durchaus einander fordernde Hälften hervorbringt. Fällt die Theilungslinie eines Gebäudes in die Achse
eines Pfeilers, der rechts und links durch Bogen mit der Mauer
verbunden ist, so kann schon ein Bogen den andern als Widerlager voraussetzen, allein man wird doch jeden als von seinem
Halbpfeiler selbständig getragen ansehen, und es tritt eine Schei-
bung und Trennung ein; geht aber die Linie der Mitte durch die
Mitte eines Verbindungsbogens, trifft sie den Schlußstein seines
Gewölbes, alsdann ist es auch für den Anblick völlig unmöglich
daß eine Hälfte ohne die andere bestehe, und auch aus diesem
Grunde ist die Giebelform für die Bekrönung der Schauseite eines
Gebäudes von besonderm Werthe, weil die eine schräge Linie des
Daches die andere gegenstrebende Stütze voraussetzt und ihr Zu-
sammentreffen die Einheit beider Seiten bekundet.

Eine höhere Vollendung wird erzielt, wenn die Mitte selbst
als symmetrische Einheit, die Seiten als symmetrische Gruppen
gebildet sind. So hat die rechte und linke Seite des Angesichts
Auge und Wange für sich, aber auch die Mitte tritt in der Nase
hervor, deren rechter und linker Flügel sich zu einem Ganzen zusammenschließen. Aehnlich wird der Mittelbau eines Schlosses,
dessen Mittellinie Giebel, Fenster und Pforte theilend verknüpft,
von zwei Seitenflügeln eingerahmt; ebenso stehen die beiden Thürme
zu den Seiten des Portals einer Kirche, über welchem der Scheitelpunkt seiner Bogen und der spitze Winkel des Daches die zusammenhaltende Einheit anzeigen. Diese Einheit selbst ist wie verkörpert in dem Einen Mittelbau, während die Zweiheit, der Unterschied in den Flügeln oder Thürmen repräsentirt wird, die aber
dadurch daß sie einander gleich sind, oder abspiegeln, die Herrschaft
der Einheit bezeugen.

Die ägyptischen Tempel aus der Blütezeit des neuen Reichs
(um 1500—1300 v. Chr.) haben etwas Symmetrisches in der
Pylonenfassade: zwei thurmartige schräg ansteigende Baumassen
nehmen das Eingangsthor gleich Flügeln in ihre Mitte; im Innern aber herrscht ein Einschachtelungssystem, das keinen umfassenden An- und Ueberblick gestattet, und die Zusammenhäufung von
Hallen, Sälen und Kammern erlaubt die Hinzufügung neuer und
ähnlicher Gemächer. Der hellenische Tempel dagegen ist von einfacher Symmetrie und von klar in sich abgeschlossener Vollendung,
gleich einer Statue; der romanische, der gothische Dom wird

mehr einer malerischen Composition ähnlich, die Gliederung ist viel reicher, schon der Grundriß durch die das Mittelschiff begleitenden Seitenschiffe, die durch Querschiffe vermittelte Kreuzgestalt und den halbkreisförmigen oder polygonen Chorabschluß erscheint so mannichfaltig, daß hier, wie bei der Pflanze neue homogene Blätter hervorsprießen, auch neue Anlagen von Altarnischen oder Seitenkapellen möglich werden, die aber sich nicht blos dem Stil, sondern auch der Symmetrie des Ganzen ein- und unterorbnen müssen, damit nicht der Reiz des malerischen Wechsels die strenggesetzliche Würde der Architektur überwuchernd beeinträchtige.

Wir haben früher schon betrachtet wie im Verhältniß der Länge, Höhe und Breite und bei der Eintheilung dieser Dimensionen bald einfache Zahlen, bald der goldene Schnitt walten; die ideale Einheit des kunstschönen Baues muß sich aber auch hier geltend machen, die Grundstimmung des Volksgemüths in einer Grundrichtung sich offenbaren, die über die andern Dimensionen überwiegt, sodaß durch die Proportion der großen Linien zugleich ihr Werth für die Idee bestimmt wird. So erhebt sich der mittelalterliche Dom mit der gläubigen Andacht und Sehnsucht der Gemeinde von der Erde zum Himmel, und daraus folgt das Vorherrschen der Verticallinie; die Höhe der einzelnen Schiffe ist größer als ihre Breite, und stufenförmig schwingt sich der Blick von den Seitenschiffen zum Mittelschiff, von diesem zu den Thürmen empor. Der Hellene fühlt sich heimisch und wohl auf der Erde, und der Glanz der Gegenwart muß ihm Ersatz bieten für das ungelichtete Dunkel der Vergangenheit und Zukunft; darum soll auch sein Tempel sich auf der Erde mit sicherm Behagen einladend ausbreiten, darum überwiegt die Horizontallinie, die Länge des Architravs ist größer als die Höhe der Säule, und das Dach scheint sich selbst herabzusenken, nur schirmend seine Schwingen über das herrliche Gebäude auszubreiten. Indem aber alle diese Linien in einem gesetzlichen Verhältniß stehen, sehen wir sie in geistgeordnetem Rhythmus dahinfließen, und der Contrast der senkrecht aufstrebenden Kraft mit der umspannend auflagernden Horizontale wird in der schräg sich zusammenneigenden Form eines geraden Daches versöhnt oder durch die Bogenwölbung anmuthig gelöst, während eine sichtbare Mitte als Ziel und Ausgangspunkt aller Linien erscheint.

Vorwalten soll die verticale oder horizontale Richtung, nicht ausschließlich herrschen, sondern sich mit der andern versöhnen. Wie der Grieche die Horizontale des Daches mit den frei aufblühenden Palmetten, die Giebel mit Akroterien krönt, so wird hinter den Fialen der Mauerpfeiler und hinter den Spitzgiebeln über den Fenstern doch jene zusammenhaltende Horizontale auch in der Gothik sichtbar; kleine Horizontalen betonen die Absätze der aufstrebenden Pfeiler und Thürme. Wir finden die Triebkraft übertreibend wenn in der Faßade des Kölner Domes alles empor- geht, und ein spitzbogiges Fenster in der Mitte jene herrliche Rose ersetzt, die uns in der französischen Gothik und vor allem am Straßburger Münster Erwin's von Steinbach entzückt; sie gewährt dem Aufwärtsstreben ein Centrum um das es sich bewegt, und wirkt dadurch zugleich beruhigend auf unser aufgeregtes Gemüth; wir sind harmonisch befriedigt.

Noch können wir schließlich als einen Beleg wie die Griechen das starre Material zu beleben und das Werk als den Aufbau freier Kräfte darzustellen verstanden, ein Resultat neuer, ganz ge- nauer Messungen an einigen der herrlichsten Denkmale der Blüte- zeit des Alterthums mittheilen. Der Eindruck der Einheit und festen Ganzheit des Tempels ward dadurch erhöht und verstärkt, daß alle aufstrebenden Linien an Säulen und Gebälk nicht völlig senkrecht genommen wurden, sondern eine leise pyramidalische Neigung nach innen, nach der Dachfirst hin erhielten, sodaß also nicht blos jede Säule sich von unten nach oben etwas verjüngt, wie wir früher auseinandergesetzt, sondern diese Verjüngung nach außen hin durch die um ein ganz Weniges schrägere Haltung der Säule noch gesteigert erscheint. Ebenso theilen die Wände des Tempels hinter den Säulen diese Neigung, als ob sie kaum merk- lich nach der Vereinigung hinstrebten, die durch die schrägen Dachlinien des Giebels endlich vollzogen wird; ebenso ist an den Triglyphenblöcken und am Architrav nirgends ein rechter Winkel, sondern der untere ist spitz, der obere stumpf, weil Architrav und Fries die nach einwärts zusammengehende Wendung der Säulen fortsetzen. Wie bei der Säule das breiter ausladende Capitäl einen elastischen Gegenschwung gegen die Verjüngung bildet, so treten die kleineren Verbindungsplatten sammt der Auslabung des schirmenden Daches auf entgegengesetzte Weise vorwärts oder aus- wärts gerichtet hervor; aber ihre Ausladungen stehen doch um einen oder einige Zoll mehr nach innen, als es der Fall sein würde, wenn Säule und Gebälk sich senkrecht über den Boden erhöben. Die Ecksäulen sind dabei ein wenig dicker als die andern und die Zwischenräume folglich neben ihnen etwas schmaler als sonst; sie sollen die Hauptträger, die Haltpunkte des Ganzen sein, und würden auch unbedeutender als die andern erscheinen, wenn sie ihnen ganz gleich wären, da sie sich nicht von dem dunkeln Hintergrunde der Mauer abheben, sondern vom hellen Licht des Himmels umflossen werden. Ferner, wie in den getrennt aufstrebenden Gliedern die Vereinigung in einer gemeinsamen Mittellinie ganz leise anklingt, so zeigen die tragenden wie die umspannenden und lastenden Horizontallinien der Basis und des Gebälks ebenfalls eine Schwellung; wie Wand und Säule sich gegen außen stemmen, gegen innen zusammenneigen, so stehen sie nicht auf einer wagrechten Fläche, sondern der sie tragende Stufenbau senkt sich nach den Ecken und schwingt sich nach der Mitte empor, und diese Bogenlinie wiederholt sich natürlich im Gebälk, das auf den Säulen ruht; die Horizontallinie ist auch hier nicht starr, sondern erhebt sich von beiden Ecken aus in einer ganz sanft anschwellenden Bogenkrümmung. Am stärksten wird diese an der schmalen Seite unter dem Giebel bemerklich; es ist als ob dort wo in seiner Mitte die großen Statuen als Schmuck des Frontons stehen, ihre Schwere eine leise elastische Gegenwirkung verlangte, wie auch Kugler feinfühlend andeutet, indem er in diesen Bogenlinien der Basis und des Gesimses die Absicht der griechischen Kunst erkennt der Gesammtmasse des Gebäudes den Eindruck lastender Schwere zu nehmen. Die Grundfläche, auf der alles ruht, schwingt selber sich etwas empor, als ob sie gern trage, dem Druck freiwillig sich entgegenhebe. Das Gefühl eines lebendigen Hauchs ist über das Ganze ausgegossen, ohne daß das Auge die Krümmungen und Schwellungen als solche erfaßte.

Das Lebendige, das logisch nicht zu Erschließende, mathematisch nicht zu Errechnende der freien Geistesthat und der individuellen Selbstkraft, das nur durch Erfahrung wahrgenommen wird und allem Schönen eigen ist um es vom Bande der Nothwendigkeit und von allem Zwang zu lösen, und statt der Knechtschaft des Gesetzes ihm die Freiheit der Kinder Gottes zu ertheilen, — es tritt uns auch hier entgegen, um so wirksamer je unmerklicher; es durchbricht die allgemeine Regel nicht, aber es spielt um sie her und läßt uns gleichmäßig das herrliche Formengefühl im Gemüth der Hellenen wie die technische Sicherheit und Kunstfertigkeit ihrer Werkmeister und Handwerker bewundern, die alles Einzelne diesen

5*

im Ganzen kaum wahrnehmbaren Schwingungen und Neigungen
gemäß zu gestalten wußten.   Denn bei der Schmalseite des Par-
thenons beträgt die Schwellung an den Stufen auf hundert Fuß
genau einen Viertelfuß, an der Langseite etwas weniger, und am
Gebälk ist sie wieder geringer als am Unterbau.   Die Neigung
der Säulen daselbst beträgt bei einer Höhe von 34½ Fuß nicht
ganz 1½ Zoll.

Das architektonische Kunstwerk, das wir jetzt nach seinen Elementen und nach seiner Totalität betrachtet haben, stellt den ersten
Sieg des Geistes über die Masse dar; er prägt ihr seine Formen
auf, aber sie bleibt noch als Masse wirksam, und in der räumlichen Ausdehnung erscheint der Sieg der Idee um so größer je
mehr Materie ihr unterworfen und von ihr bewältigt worden ist.
Daher liebt es die Architektur auf den Eindruck des Erhabenen
hinzuarbeiten und den Menschen dadurch in das Reich des Idealen
und seiner unendlichen Macht zu erheben, daß diese als herrschend
in einem Werke auftritt, gegen dessen Größe seine eigene sinnliche
Natur oder sein Körper verschwindend klein erscheint, dessen Anblick also unsere sinnliche Natur überwältigt, indem er unsere
Seele zur Anschauung einer höheren idealen Macht erhebt, deren
siegreiche Verherrlichung eben das staunengebietende Werk ist.
Daher die weit energischere Wirkung des im Großen ausgeführten
Baues im Unterschied von dem kleinen Modell.   Solch massen-
hafter Umfang des einzelnen Werks wird schon von der Sculptur
sehr ins Enge gezogen, wenn sie auch die drei Dimensionen und
den schweren Stoff noch beibehält, während die Malerei nur den
Schein der Körperlichkeit durch die Modellirung von Licht und
Schatten gibt, und statt der Dinge selber ihr Spiegelbild im
menschlichen Auge darstellt, wie dasselbe von uns nach außen
reflectirt wird.   So haben wir in der Reihenfolge der bildenden
Künste einen Stufengang des Idealisirens und Vergeistigens der
Materie, deren Massenhaftigkeit als solche, wie gesagt, in der
Architektur noch bedeutsam in Betracht kommt.   Wie ihre Wucht
und Ausdehnung hier erscheint und wirksam wird, so unterwirft
sie andererseits der Geist der Strenge des Gesetzes und macht die
festen Normen des Maßes in Symmetrie und Gleichheit der einzelnen Theile ganz entschieden geltend; alle Abweichungen der
Willkür bleiben ausgeschlossen, in der regelmäßigen Wiederkehr
alles Besondern und in seiner klaren Ordnung zeigt sich die herrschende Einheit des Ganzen, sodaß die andern Künste hier das

Gepräge des strengen Stils vorfinden, und diesen im Anschluß an die Baukunst am leichtesten bewahren, aber auch nothwendig bewahren müssen, wenn sie dem monumentalen Charakter derselben nicht widersprechen wollen. Sie ist, wie der große Architekt Semper sagt, die Vereinigung aller Zweige der Industrie und Kunst zu einer großen Gesammtwirkung und nach einer leitenden Idee.

Und wie die Architektur die anorganische Materie zum Haus des Geistes zusammenfügt, so bereitet sie auch den Schwesterkünsten eine Stätte, damit zugleich Sinn und Bedeutung des Bauwerks durch dieselben noch klarer und bestimmter ausgesprochen werde. Der Anfang dazu geschieht schon, wenn dem architektonischen Werkstück das Ornament aufgemalt oder eingemeißelt wird; der Fortgang ist daß die Flächen oder Standorte, welche die Baukunst bietet, mit selbständigem Bildwerke geschmückt werden. Solche Flächen waren an der Außenseite des dorischen Tempels die Metopen zwischen den Triglyphen des Frieses, oder es war der ununterbrochen gleiche ionische Fries, der daher bei den Alten auch Zophoros, Träger der Darstellungen individuellen Lebens, hieß; eine solche Fläche war bei jedem hellenischen Tempel vor allem das große Giebelfeld an der Schau- und Rückseite des heiligen Baues. Betrachten wir in dieser Hinsicht beispielsweise eine der wunderbarsten Schöpfungen des Künstlergeistes, den Parthenon zu Athen. Er war der Tempel der Pallas Athene, der Jungfrau (Parthenos), der Schutzgöttin Athens. Ihr Bild von Gold und Elfenbein stand innen in der Cella; aber außen in den Giebelfeldern prangten, hoch emporgetragen von den Säulen und eingerahmt von den Dachgesimsen, zwei große Gruppen, die eine das erste Auftreten der in voller Rüstung aus dem Haupte des Zeus geborenen Göttin unter den Göttern des Olymps, die andere ihren Sieg über Poseidon darstellend, der mit ihr um die Schutzherrschaft Athens gestritten und die Rosse geschaffen hat, die sie ihren Liebling Erechtheus bändigen und zügeln lehrt, während sie den Oelbaum hatte aufsprießen lassen. Unter diesen Statuengruppen und um den ganzen Tempel herum waren die Platten der Metopen des Frieses mit hoch ausgearbeiteten Reliefs geschmückt. (Die Triglyphen waren ursprünglich die vorspringenden Enden oder Köpfe der Deckenbalken, die Metopen der offene Raum zwischen ihnen, den man später durch eine Platte verschloß.) Die 92 Metopen nun enthielten Darstellungen von Thaten

der Göttin selbst, oder von Helden die ihr dienten und die sie
begünstigte, wie Theseus und Herakles, Perseus und Bellerophon,
neben Bildern die sich auf den Cultus der Göttin bezogen, sodann
Darstellungen aus dem Kampf der Lapithen und Kentauren, der
in mythischer Zeit ein Vorbild war von dem Sieg menschlicher
Gesittung über die Barbarei, und denen sich als sein geschicht-
liches Nachbild Scenen aus den Perserkriegen anreihten, welche
dieselbe Idee aussprachen. Dann war die ganze von der Säulenhalle umgebene Wand des Tempels oben an ihrer Außenseite mit einem ununterbrochen fortlaufenden Friese gekrönt, und
dieser zeigte den panathenäischen Festzug des Volks zum Heiligthum seiner Göttin, eine kunstverklärte Schilderung des attischen
Lebens in seiner edelsten Aeußerung und vollsten Blüte. Auf
diese Art stellte der herrliche Bau mit seinen Bildwerken ein zu-
sammenhängendes Ganzes dar, eine und dieselbe Idee war architektonisch und plastisch ausgeprägt, eine Offenbarungsweise der
Kunst trug und erklärte die andere, und der Genius des Phidias
feierte in Verbindung mit den Baumeistern Iktinos und Kalli-
krates einen Triumph, angesichts dessen ein halbes Jahrtausend
nach der Vollendung des Baues Plutarch begeistert ausrief:
„Wie dieser Tempel von Anfang an in seiner Schönheit bestand
als ein ewiges Werk, so bleibt er auch jetzt noch in seiner Erhabenheit frisch und jung; und so webet es über ihm wie ein
Blütenduft immerwährender Jugendschönheit, immerdar unberührt
durch die Zeit, den Hauch und die Seele alterloser Neuheit be-
wahrend.“

In Aegypten, in Ninive, in Persepolis hatten die Wände der
großen königlichen Palastsäle vorzugsweise die Bestimmung Träger
der Bilder und der Bilderschrift zu sein, die wie in einem umfassenden Epos die Thaten des siegreichen Herrschers und die
Huldigung der Nationen erzählten und zur Schau stellten. Die
christliche Kirche liebt es besonders an ihren Portalen dem Ein-
tretenden sogleich die Gestalten ehrfurchtgebietender Glaubenshelden
und Scenen aus dem Leben des Heilandes, seine Geburt wie
seinen Opfertod in Statuen und Reliefs entgegenzuhalten, während
im Innern bei der Basilika und dem romanischen Bau die Wand-
flächen, bei dem gothischen die hohen Fenster den Ort bieten, wo
die Malerei in mannichfaltigen Bildern in Uebereinstimmung mit
der Religion die Erscheinung des Ewigen und die Verklärung des
Natürlichen der Anschauung offenbaren, in Uebereinstimmung mit

der Architektur gemütherhebend und harmonieverbreitend wirken
kann. So hat Cornelius in der Ludwigskirche, um nur einige
Werke unserer Zeit zu erwähnen, Gott den Vater als Welt-
schöpfer, dann des Sohnes Menschwerdung und Kreuzigung, das
Weltgericht und das Reich des Geistes in der Gemeinschaft der
Heiligen und Seligen dargestellt; so zeigt die gothische Kirche in
der Auvorstadt zu München an ihren Fenstern, wie der spererer
Dom an der pfeilergetragenen Wand des Mittelschiffs das Leben
der Maria in ihrem Bezug auf das Leben des Heilandes, und
damit eine Reihe der bedeutendsten Scenen aus diesem selbst.

Wie die Baukunst Sculptur und Malerei bei ihren Schöpfungen zur Mitwirkung heranzieht, so soll sie auch die Naturumgebung in das Auge fassen; denn die Lage eines Gebäudes stärkt
oder schwächt gar wesentlich den Eindruck den es für sich macht.
Der Poseidonstempel zu Pästum in der Nähe des Meeres mit
dem Kranz der Berge hinter sich, der Parthenon auf der Höhe
der Akropolis, so viele mittelalterliche Burgen, der Hradschin zu
Prag, der Dom zu Orvieto brauchen nur genannt zu werden.
Bei einer Verbindung einzelner Bauanlagen tritt eine Rücksicht
auf Perspective, Prospect und malerische Wirkung ein, wie man
sie auch im Sande der Mark für die Schloßbrücke in Berlin dennoch erzielt und erreicht hat, während früher in München leider
wenig Rücksicht darauf genommen ward. Auch für die Straße ist
die schnurgerade Linie lange nicht alleingültig; eine leis geschwungene Curve oder Wellenform gestattet eine vollere Ansicht mit Licht-
und Schattenwirkungen.

Indem uns die Architektur ein sichtbares Bild von dem einträchtigen Zusammenwirken unsichtbarer Weltkräfte und von der
gestaltenden Herrschaft des Geistes in der Natur gibt, indem sie
die Lebensthätigkeit der ihre Function veranschaulichenden Glieder
des Baues durch das Gleichgewicht ihrer verschiedenen Strebens-
richtungen im Zustande unveränderlicher Ruhe zeigt, indem sie
allen Reichthum des anmuthig ausgearbeiteten Einzelnen und
Mannichfaltigen an die Regelmäßigkeit großer Linien und symmetrischer Wiederkehr bindet und die Einheit im Unterschiede zur
Erscheinung bringt, wirkt sie ebenso erhebend als beruhigend und
befriedigend auf unser Gemüth, das an ihrem Werk die Macht
des Maßes und die Lösung der Gegensätze in der Harmonie des
Ganzen verehren und erkennen lernt.

5. Der Baustil als Ausdruck des Zeit- und Volksgeistes.

„Was ist heilig?" fragt Goethe einmal in einem Distichon, und antwortet: „Das ist's was viele Seelen zusammenbindet." Hegel hat an diesen Anspruch angeknüpft um Beginn und Wesen der Baukunst zu bezeichnen; das Heilige, erklärt er, mit dem Zweck dieses Zusammenhalts und als dieser Zusammenhalt habe den ersten Inhalt der selbständigen Baukunst ausgemacht. Er erinnert dabei an die Erzählung vom babylonischen Thurmbau: sie läßt die Völker zusammentreten um ein ungeheures Werk zu Stande zu bringen, und das Erzeugniß ihrer Gesammtthätigkeit soll zugleich das Band sein, das sie aneinander festhalte wie die Steine im Bau aneinandergefügt sind; der Bau soll gen Himmel ragen, daß sie ihn auch aus der Ferne sehen und sie sich nicht zu weit von ihm, als dem sichtbaren Mittelpunkt ihres Gemein-lebens, entfernen oder gar ihn aus den Augen verlieren und sich zerstreuen. Zunächst wäre solch ein Bau nur ein äußeres Zeichen; wenn aber an ihm dasjenige selber erscheint was die Menschen innerlich verbindet, wenn sie ihr gemeinsames Wesen in ihm aus-prägen, so wird das Werk ihrer Gesammtthätigkeit zugleich ein Symbol und Bild ihres Gesammtlebens, ein Kunstwerk in welchem der Volksgeist als solcher sich darstellt.

Den Einheitspunkt ihres Bewußtseins haben die Menschen aber in allgemeinen wesentlichen Anschauungen und Gedanken; sie haben ihn in dem religiösen Gefühl, in der Idee von Gott und in der Gottesverehrung, in den sittlichen Regungen und Gesetzen, die sich als Sitte und Recht ausprägen und dadurch selbst die zusammenhaltende Ordnung des Lebens werden. Der Mensch ist ein geselliges Wesen; ihm ist nicht gut daß er allein sei; nicht in der Einsamkeit, nur in der Gemeinschaft mit andern kann der einzelne seine Bestimmung erreichen, seine ursprüngliche Anlage verwirklichen, seine Persönlichkeit ausbilden; viele ideale und ma-terielle Güter müssen ihm von andern zum Mitgenusse dargeboten werden, wenn er seine Eigenthümlichkeit entwickeln und durch sie ein besonderes Gut für sich und die andern erarbeiten soll. Die wesengleiche Natur aller bringt es mit sich daß der einzelne, der zum Selbstbewußtsein kommt und sich ausspricht, zugleich den andern verständlich wird. Im Verkehr der Menschen bildet sich durch den Austausch der Gedanken und die Wechselwirkung der Persönlich-keiten eine gemeinsame geistige Atmosphäre. In diese wird jedes

Kind hineingeboren, es athmet in ihr, es empfängt ihre Cultur
schon mit dem Erlernen der Sprache, in welcher der Schatz von
Anschauungen, Empfindungen und Ideen eines Volks niedergelegt
und ausgeprägt ist. So steht der Mensch in seinem Volke, und
so scharf sich auch seine Individualität kenntlich macht, er ist
innerhalb der gemeinsamen Bildung erwachsen, er trägt deren
Farbe und ist selber ein Glied in der goldenen Kette der Ueberlieferung, die sich von Geschlecht zu Geschlecht schlingt, um das
einmal Errungene zu bewahren und dadurch einen Zusammenhang
und einen Fortschritt in der Geschichte zu ermöglichen. Unter
gleichem Himmelsstrich, in gleichen Naturumgebungen, auf gleichem
Boden haben die Glieder eines Volks auch gleiche Anschauungen
von der Außenwelt, und diese wecken dann auch gleiche Ideen im
Geiste; sie machen gemeinsame Lebenserfahrungen, äußere wie
innere, und all dies bildet eine gemeinsame Auffassungs-, Hand-
lungs- und Darstellungsweise, deren Maß und Form sich über
alle Einzelnen erstreckt, deren Wesen wir als Zeitgeist oder Volksgeist bezeichnen.

In der Natur herrscht das Gattungsmäßige, dessen instinctive
Gewalt die Individuen durchdringt und leitet, im Geiste tritt die
Persönlichkeit frei und selbstbewußt auf. Aber der Geist ist nicht
naturlos, und so beginnt die Geschichte gerade mit der Naturbestimmtheit der ganzen Völker, aus deren Gesammtcharakter erst
allmählich die Individuen für sich hervortreten um ein eigenes
Leben zu führen, eigene Ideen zu verwirklichen. Aber auch da
sind wiederum diejenigen Persönlichkeiten die größten und bedeutendsten welche nicht etwa ganz Absonderliches, nur ihnen Zu-
kommendes wollen und wirken, sondern welche das aussprechen
was in den andern gleichfalls schlummert und erstrebt wird, das
vollbringen was für alle die Forderung der Zeit und des fortschreitenden Lebens ist, das darstellen was allen Licht und Freude
schafft. So beginnt die Kunst mit der Volkspoesie, in welcher
der Einzelne das Organ des Ganzen ist, das Individuum der
Gemeinschaft sich unterordnet, die Stimmung, die Erfahrungen,
die Anschauungen derselben ausspricht, sodaß das auf diese Art
aus dem Volk hervorgehende Lied vom Volk sogleich verstanden
und fortgesungen wird. Der Kunstdichter dagegen will seine Individualität, seine Gefühle, seine Weltanschauung darstellen, statt
des überlieferten nationalen Stils sucht er nach eigenen Formen;
er wird das Höchste leisten, wenn er dabei dem Volke sich anschließt,

das dort allmählich Erwachsene und Geworbene künstlerisch selbstbewußt zum vollendeten Ganzen macht und dem überlieferten Stoff
die eigene wahlverwandte Seele einhaucht. Im Volksepos sehen
wir die aufgehende Morgenröthe der Cultur; an das Volksepos
schließt die Architektur sich an.

Die Architektur bringt nicht das Individuelle, subjectiv persönliche, sondern allgemeine Kräfte und Gesetze zur Darstellung.
Die allgemeinen Stimmungen und Beziehungen des Geistes veranschaulicht sie durch die allgemeinen Kräfte und Gesetze der Natur,
wie diese die anorganische Materie gestalten und durchwalten, das
Chaos zum Kosmos bilden. Deshalb hebt sie das Nothwendige,
Rechte und Allgemeingültige klar hervor und schließt das Willkür-
liche und Zufällige aus, während die andern bildenden Künste das
persönlich Individuelle in seiner Freiheit und Selbständigkeit im
Anschluß an die einzelnen Naturorganismen und deren besondere
Wesenheit und Thätigkeit darstellen. Das Persönliche ist in der
Architektur untergeordnet, der Baumeister dem Volksgeist, den
Forderungen des Cultus, der nationalen Sitte, wie im Bauwerk
die Einzelglieder dem Maß und der Macht des Ganzen. Sie sind
Theile, nicht selbständige Individuen, sie streben nach Individualität, sie wollen so geformt und gestaltet sein, daß ihre bauliche
Function wie eine freie Leistung ihrer selbst erscheint; aber „die
Unmöglichkeit dieses Strebens nach Individualität zu erfüllen vermählt der unbedingten Consequenz des architektonischen Werks, die
mit jedem Schritt höherer Entwickelung zunehmen muß, einen
elegischen Hauch, einen Ausdruck der Sehnsucht, der unser persönliches Mitgefühl mehr als es ohnehin der Fall sein könnte in Anspruch nimmt". (Kugler.)

Alle Bauwerke der Erde nennt Eggers in einer Denkrede auf
Schinkel einmal das Aufwachsen ihrer unorganischen Masse nach
der jedesmaligen Beschaffenheit der geistigen und sittlichen Cultur.
Damit hängt zusammen daß diese das Werdende und Wachsende
ist, während die Natur sich gleich bleibt. Darauf beruht das
sentimentale Gefühl, wenn wir in der Landschaft die architektonischen Zeugen der Vergangenheit in den Architekturwerken herein-
ragen sehen, und es erhält seine Wärme dadurch daß die Formen
derselben zu einem ernsten Zweck erfunden worden, während nur
zum Spiel wie eine Theaterdecoration in eine Gegend hinein-
gesetzte Ruinen erkältend wirken. Und indem ein Volk das Material verwerthet das die Natur ihm unmittelbar im Holz oder

Marmor, im Sand- oder Backstein bietet, redet es eine uns an-
heimelnde Muttersprache der Architektur.

In der Architektur macht sich die persönliche Individualität des
Künstlers weniger geltend als in den andern Künsten; viele arbeiten mit ihm, er schafft für das Volk, er ist vom Stil des Jahrhunderts getragen, und mehr als anderwärts ist es hier sichtbar
wie bei allem Großen der Genius nur an der Spitze der Gesammtthätigkeit steht. So ist selbst der Plan des Kölner Doms nicht
mit Einem Schlage fertig gewesen; die neuern Forschungen machen
es vielmehr ziemlich gewiß daß zuerst nur ein großartiger gothischer
Chor im Anschluß an den ältern Bau beabsichtigt war, und hier
hielt der Meister sich im wesentlichen an die Kathedrale von
Amiens. Dann scheint erst in der Folgezeit der Gedanke gereift
zu sein diesem Chor auch die Westseite in gleichem Stil organisch
zu verbinden, und das gelang einem neuen Meister mit größerer
Consequenz und Harmonie als die französischen Vorbilder zeigten,
indem dem fünfschiffigen östlichen Raum nicht ein dreischiffiges,
sondern ein gleichfalls fünfschiffiges Langhaus vorangestellt und die
Kreuzform mit voller Klarheit veranschaulicht ward. Auch im
Detail, namentlich im Maßwerk und andern Verzierungen zeigt
sich ein Fortschritt zu freierer und vollerer Entwickelung, die indeß
nirgends einen Sprung macht, nirgends etwas Frembartiges
bringt, sondern das Gegebene nur zu größerm Reichthum anmuthig entfaltet. So wird in der Fülle die Einheit bewahrt, und
das Werk, neuerdings in gleichem Geiste ausgebaut, zeigt wie kein
anderes auf herrliche Weise die Gemeinsamkeit nicht blos von
Zeitgenossen, sondern von mehrern Generationen in der Vollendung eines Baues, und dies, sagt Schnaase mit Recht, ist für die
Architektur etwas Größeres und Schöneres als die Genialität eines
vereinzelten Künstlers.

Ich kann nunmehr auf mein Werk über die Kunst im Zusammenhange der Culturentwickelung verweisen, das nach der Lage
der Sache allerdings mehr darstellend denn betrachtend geworden
ist, die Grundzüge der Philosophie der Kunstgeschichte aber dennoch enthält. Dort habe ich die Bilder der einzelnen Nationen
entworfen und von der Volksseele aus die Entstehung und Ausbildung der Formen entwickelt; dort habe ich stets gezeigt wie im
Baustil eine Nation oder eine Geschichtsepoche zuerst ihren symbolischen Ausdruck gewonnen hat. Beispielsweise will ich darum
hier zur Erläuterung nur des dorischen Tempels und des gothischen

Domes gedenken. Nach Maßgabe der in ihren Epochen tonangebenden Kunst waltet dort die plastische, hier die malerische
Schönheit vor; dort mehr einheitliche Klarheit, hier mehr Fülle
des Mannichfaltigen, dort Gleichgewicht von Kraft und Last, von
Form und Materie, hier eine Ueberwindung des Stoffes in der
Veranschaulichung der siegreichen Herrlichkeit des in und über ihm
waltenden Geistes.

Der Grieche freut sich des irdischen Daseins, er fühlt sich
heimisch hienieden, es ist ihm wohl in der Gegenwart, er pflückt
die Lebensblüte des Moments, sucht denselben von Grund aus zu
genießen, wie Anakreon, oder ihn mit dem Sonnenlicht des Ruhms
und der Weihe der Idee zu bestrahlen, wie Pindar. Das Jenseits, die Frage nach dem Woher und Wohin, ist ihm dunkel, er
wendet lieber den Blick davon hinweg, und wie Achillens bei
Homer das Königthum im Schattenreich der Todten gern mit dem
Knechtsdienste im Hause eines Lebendigen vertauschen möchte, so
verlangt der griechische Geist in der Religion wie in der Philosophie die Erkenntniß der eben bestehenden Wirklichkeit und ihrer
schönen Ordnung weit mehr als die Einsicht in den Grund und
Quell ihres Seins und Werdens; die Platonischen Ideen wie die
olympischen Götter sind die in sich beruhenden Musterbilder der
Welt und Weltwesen. Ein solches Idealbild des Kosmos im
Gleichgewicht von Kraft und Last ist auch der griechische Tempel;
vor ihm, in ihm soll uns nicht die Ahnung eines geistigen Myste-
riums durchschauern, sondern das Gesetz der Natur in freudiger
Klarheit kund werden. Die Horizontallinie herrscht vor, er lagert
sich ruhig, behaglich, sicher auf der Erde; hier ist des Geistes
Heimat, keine Sehnsucht hebt und trägt ihn über das Irdische
empor; statt der himmelanstrebenden Thürme breitet das Dach,
wie ein Adler seine Schwingen, sich schirmend aus über das Gebäude. Der Kraft der Säulen wird Halt geboten und ein Maß
gesetzt durch den Architrav, jenen Hauptbalken, der sich über sie
alle erstreckt, sie umspannt, verbindet, auf ihnen lastet. Er ist
für sie was das Schicksal in der Weltanschauung der Griechen für
die Menschen ist, sie stehen unter ihm und müssen ihn tragen, sie
thun es mit Muth und als ob sie die eigene Bestimmung erkannt
hätten, aber sie stehen unter seiner Herrschaft, die sich an ihnen
manifestirt.

Nach des Menschen Bild haben die Dichter, haben die Plastiker
die Götter gestaltet. Pindar singt: „Es ist ein Geschlecht der

Götter und Menschen, wir athmen beide Einer Mutter Brust
entsproßt; doch das Menschliche ist das Vergängliche, im ehernen
Himmel dauern die ewigen Wohnungen; aber durch Macht des
Gemüths und Gestalt vergleichen wir uns den Göttern." So ist
denn auch der Tempel nicht sowol der Bau für die gemeinsame
Gottesverehrung des Volks, sondern in Wahrheit ein Haus des
Gottes, die Wohnung seines heiligen Bildes. Der Ausgangspunkt für den Tempel ist darum das menschliche Haus, ist der
Bedürfnißbau; aber derselbe wird in das Ideal erhöht, wird nach
seinem Begriffe gestaltet, und nicht wie die menschliche Wohnung
mit Axt und Säge aus Holz, sondern aus Stein erbaut, die
Holzconstruction aber nicht im Steine nachgeahmt, sondern vielmehr das Ganze und Einzelne dem Wesen des Materials gemäß
gebildet. Das Geistige und das Stoffliche stehen in inniger
Wechselwirkung: ein ewiges Haus für den Gott soll als Weih-
geschenk von den Menschen errichtet, der dauernde, feste Stein im
Anschluß an seine eigene Natur dazu geformt werden.

Der Geist ist in Griechenland Eins mit dem Leibe, die Leibesschönheit herrscht in der Kunst, ihre Kraft siegt in Olympia; die
Innerlichkeit des Gemüthslebens, das Ewigweibliche kommt nicht
zu gleichem Rechte, die Cultur ist eine vorwiegend männliche, auf
das äußere öffentliche Leben gerichtet, die Bürger sind nicht ihrer
selbst, sondern des Staats, hinter dessen Forderungen und Gewäh-
rungen das Haus und die Familie zurücktreten. So ist nun im
Tempel vornehmlich auch das Aeußere schön gestaltet; die welt-
offene, einladende, prangende Säulenhalle, die den Tempel umgibt, ist das Charakteristische, die Cella des Götterbildes ist ihr
gegenüber klein und einfach. Die Außenseite trägt im Giebelfeld,
in den Metopen, im Fries der Mauer die plastischen Bildwerke,
die ursprünglich als ihr integrirender Theil gedacht sind; sie stellen
das Wesen und Walten der Gottheit dar, und zeigen es der Welt.

Dagegen verlangt der eine allwaltende geistige Gott des
Christenthums auch einen geistigen Dienst, der Tempel ist da
nicht die Wohnstätte seines Bildes, sondern der vom Geräusch der
Welt geschiedene Versammlungsraum der Gemeinde, die selber sich
dem Ewigen weiht, in der er gegenwärtig ist. Da mag zunächst
das Aeußere schmucklos bleiben, aber wie das Herz, die Innerlichkeit des Gemüths gereinigt und zum Ebenbild Gottes gestaltet
wird, so gilt es auch im Bau einen Innenraum zu gliedern, und
die Basilika beginnt damit daß in der Längenrichtung vom Ein-

gang bis zum Altar hin rechts und links eine Reihe von Säulen
durch Bogen verbunden werden, und so einen mittleren Theil bezeichnen, an den zu beiden Seiten Schiffe von der halben Breite
sich anlehnen. Und wie die Seele betend sich über das Irdische
himmelan emporschwingt, so waltet nun statt der Horizontale die
Höhenrichtung; die Säulen sind von keinem Architrav belastet, sie
entfalten sich in den Bogen zu der oberen, von Fenstern durchbrochenen Wand des Mittelschiffs, das die Seitenschiffe mächtig
überragt, gleich ihnen viel höher und breiter ist. Oder es steigt
über gewaltigen, durch Bogen verbundenen Säulen gleich dem
Himmelsgewölbe die Kuppel empor. Aus diesen römischen und
byzantinischen Anfängen entfaltet sich der mittelalterliche Kirchenstil.
Er behält die Längenrichtung bei, bezeichnet aber dadurch ein
Centrum daß er durch ein Querschiff die Kreuzgestalt gewinnt; er
ersetzt die Säulen durch schlanke Pfeiler, und den Pfeilern im
Innern stellt er statt einer massigen Mauer sie gliedernde Mauerpfeiler entgegen, zwischen denen die Wand nur Raumverschluß ist,
und dem Licht durch große Fenster Zutritt gewährt; er wölbt
auch die Decke, er läßt ihre tragenden Gurten aus demgemäß gegliederten Pfeilern hervorsprießen und wechselseitig die Bogen
einander spannen und stützen; so wird alles Lastende überwunden,
und der ganze gothische Bau erscheint nun aus lauter verticalen
Werkstücken gebildet, die sich dadurch zum Ganzen verbinden daß
auch die zusammenhaltende Decke die Höhenrichtung noch fortsetzt
und die Gewölbsteine wechselseitig einander schwebend halten. Und
wenn der romanische Rundbogen das Auge aufwärts und hoch
wieder abwärts leitete, so vollendet sich die Höhenrichtung im
Spitzbogen dadurch daß hier die beiden Schenkel an ihrer obersten
Stelle einander schneidend zusammentreffen und mit sich selbst auch
das Auge hier emporhalten. So sind auch die Fenster durch das
Stab- und Maßwerk in der verticalen Richtung verziert, und
Spitzgiebel über ihnen zwischen den überragenden, fialengekrönten
Strebepfeilern unterbrechen beständig die Horizontale des Daches.
Die Thürme aber mit dem durchbrochenen Helme blühen in der
Kreuzblume aus und vollenden im Gegensatz zu dem schräg sich
niedersenkenden Giebel des hellenischen Tempels das Aufwärtsstreben des gothischen Doms, der die Sehnsucht der Seele nach
dem Ueberirdischen symbolisirt. Das Innere nun, großräumig,
vielgegliedert wie es ist erfüllt das Gemüth mit dem Ahnungs-
schauer des Unendlichen, und erfreut das Auge mit dem mannich-

faltigen Spiel von Licht und Schatten, mit dem Zauber des Helldunkels durch die Fenster, die nach außen düster im Innern die
Gestalten und Begebenheiten der heiligen Geschichte farbenglühend
entfalten.

Das christliche Volk soll nicht Masse sein, jeder Einzelne soll
als selbstbewußtes Glied im Gottesreiche bestehen, die tiefere Poesie
des Wissens, die Macht des eigenen Denkens entfaltet sich innerhalb
der religiösen Weltanschauung, und diese Ueberwindung der Masse
in selbständiger Gliederung, in eigenthümlicher Lebensgestalt jedes
Einzelnen, im innigen Zusammenwirken und wechselseitigen Erbauen
aller Theile, dieser Aufschwung der Seele zum Unendlichen und
diese Entfaltung des Gemüths im Reichthum der Welt hat im
gothischen Dom die entsprechende Erscheinungsform gewonnen, die
Romantik des christlich mittelalterlichen Geistes hat sich in ihm
selbst das herrlichste Denkmal geschaffen.

Vortrefflich sagt ein großer Architekt unserer Zeit, Gottfried
Semper: „Die Menschengeschichte würde nur von chaotischen Zuständen der Gesellschaft zu berichten haben ohne das jeweilige
Eingreifen bewegender und ordnender Kräfte, mächtiger Einzel-
erscheinungen oder Körperschaften, die mit dem gewaltigen Uebergewicht ihres Geistes die dumpfen gärenden Massen lenken, sie
zwingen sich um weltgeschichtliche Ideenkerne zu verdichten und bestimmte geregelte Bahnen anzutreten. Die Geschichte ist das suc-
cessive Werk Einzelner, die ihre Zeit begriffen und den gestaltenden Ausdruck für die Forderungen der letztern fanden. Wo aber
immer ein neuer Culturgedanke Boden faßte und als solcher in
das allgemeine Bewußtsein aufgenommen wurde, dort fand er die
Baukunst in seinem Dienste um den monumentalen Ausdruck dafür zu bestimmen. Ihr mächtiger civilisatorischer Eindruck wurde
stets erkannt — und ihren Werken mit bewußtem Wollen derjenige
Stempel aufgedrückt der sie zu Symbolen der herrschenden religiösen, socialen und politischen Systeme erhob."

B. Die Plastik.

1. Ihr Begriff.

Die bildende Kunst gestaltet die Materie im Raume für die
Anschauung, indem sie den Geist verkörpert und sein Wesen und
Walten sichtbar erscheinen läßt; den eigenthümlichen Formen des

Naturlebens muß das geistige entsprechen, wenn die Kunst beider
innige und ursprüngliche Harmonie offenbaren soll. Wir haben
nun zunächst in der Außenwelt die unorganische Natur, wie sie
durch Schwere und Bewegung in ihrer Massenhaftigkeit besteht
und die Grundlage für das individuelle Dasein bietet; wir haben
auf ideatem Gebiet den allgemeinen Geist des Volks oder der Zeit,
der die Substanz und Atmosphäre für die besondern Verhältnisse
gewährt, und wir sahen wie die Architektur die ausgedehnte feste
Materie in der Scheidung von Kraft und Last nach dem Gesetz
der Schwere gliedert, durch die Macht des Maßes beherrscht, die
Grundstimmungen der Nationen und Jahrhunderte in ihr durch
den Gegensatz und die Verbindung der Linien ausprägt und in
ihrem Werk ein Abbild des Kosmos gibt, wie derselbe vor der
Seele der Menschen als das zweckvoll geordnete Ganze und die
Wohnstätte des Geistes steht, indem sie jenes zum Haus und
Symbol des Gottes errichtet, und dann auch allgemein menschlichen
Ideen einen Ausdruck verleihen lernt, während sie zugleich dem
Bedürfniß und seinen Forderungen genügt. Aber die anorganische
Natur findet den Mittelpunkt und die Durchdringung ihrer aus-
einanderliegenden Kräfte im individuellen Organismus, in dessen
Gestalt die Seele als leibbildende Lebenskraft sich selber gegenständlich wird, der sich vom Boden losreißt und freibeweglich
wie eine kleine Welt selbständig für sich erscheint; und der allgemeine Geist hat seinen Träger und seine Verwirklichung im persönlichen, im einzelnen Selbstbewußtsein, das als das innenwaltende Centrum aller besondern Gedanken und Strebungen seine
sie beherrschende Einheit und Freiheit erfaßt und sich in der Totalität der eigenen Wesenheit gegenwärtig ist. Die Darstellung des
persönlichen Geistes und seiner in sich gesammelten Kraft in dem
individuellen Organismus der Natur ist die Aufgabe der Plastik.

Wenn wir den Begriff einer Kunst bestimmen wollen, so dürfen
wir nicht von demjenigen ausgehen was die Künste miteinander
gemeinsam haben, sondern wir müssen das ins Auge fassen was
jeglicher besonders und unterschieblich zukommt. Die Malerei hat
ein plastisches Moment und das Malerische spielt in die Sculptur-
werke herein; die Poesie mag der Musik wohllautender Verse nicht
entbehren, aber der Klang, die Tonschönheit als solche haben keine
vorwiegende Geltung, sondern nur insofern sie im Worte Gedanken ausdrücken. Das Charakteristische der einzelnen Kunst zeigt
sich in denjenigen Höhenpunkten die sie allein erreicht, wo es ihr

keine andere gleichthun kann, und auf diese müssen wir blicken,
wenn wir zur klaren Erkenntniß gelangen wollen.

Wenn wir sagen daß die Sculptur den individuellen Organismus der Natur in seiner Selbständigkeit erfaßt, während die
Architektur die anorganische Materie gestaltet, und die Malerei
die Wechselwirkung des organischen und unorganischen Lebens hervorhebt, so folgt sogleich für erstere daß die Pflanzen als solche
ihr nicht eignen, da diese mit der Wurzel im Boden haften und
in der bauenden Thätigkeit ihres Wachsthums fortwährend sich
nach außen entfalten, statt sich innerlich zusammenzuschließen. Sie
stehen in der Mitte zwischen der animalischen und anorganischen
Welt, und bereiten die Stoffe der letztern zur Nahrung für die
erstere. Die Architektur nimmt sie daher zum Ornament, das aus
dem strengen Gefüge des Baues hervorsprießt oder hervorblüht,
und die Malerei wendet sich ihnen mit Vorliebe zu, da sie das
Organische und Anorganische vermitteln. Wenn die Plastik Thiere
bildet, so gewahren wir den Typus der Gattung, einen allgemein
gleichen Geist in allen Individuen derselben Art, aber noch nicht
den persönlichen Geist, noch nicht die selbstgesetzte Originalität des
Individuums. Diese tritt erst im Menschen auf. Während das
Thier zur Erde gebeugt dahinwandelt, richtet der Mensch sich
empor, und sein aufrechter Stand und Gang ist das fortgesetzte
Werk seines Willens, sodaß dieser sogleich in der äußern Erscheinung sichtbar wird. Die ganze Gestalt und Bildung des menschlichen Leibes ist der fühlenden denkenden Seele gemäß; der Geist
hat in ihr der Materie sich eingebildet, er ist in ihr gegenwärtig
und sich selbst gegenständlich, und je höher und reiner er sich entwickelt und ausbildet, desto bestimmter unterscheiden sich Form
und Ausdruck seiner eigenthümlichen Gestalt von andern, mit denen
sie den Typus der Gattung oder des Volks gemeinsam hat. Und
der Plastiker ergreift den ganzen in sich gesammelten persönlichen
Geist um ihn im ganzen Leibe, in der vollen runden Körperlichkeit auszudrücken, nicht blos im malerischen Scheine der Wirklichkeit, — im Leibe, dem Bau oder Gewächs der Seele, nicht blos
deren Haus, sondern deren eigene Realität und sinnliche Erscheinung darzustellen. Die Plastik zieht zwar die Masse der Materie
ins Enge und trachtet nicht mehr gleich der Baukunst überwältigend durch solche zu wirken, wiewol auch bei ihr das
Gewöhnliche geistig überragende Gegenstand, der Gott oder Held,
leiblich größer gebildet wird, aber sie behält doch die allseitige

raumerfüllende Ausdehnung und Schwere. Sie verlegt den
Schwerpunkt ins Innere der Gestalt, die frei beweglich auf
ihm ruht.

Hier ergibt sich uns sogleich ein wichtiges Gesetz und Kenn-
zeichen für das Wesen der Plastik. Die bildende Kunst gestaltet
im Raum, sie kann das wechselnde Leben in der Zeit und das
Nacheinander der Bewegung nicht darstellen; sie gibt nur das
Nebeneinander der Dinge in einem bestimmten Augenblick, den sie
aus dem Flusse der Zeit hervorhebt und verewigt. Die Architektur nimmt gar keine Rücksicht auf das zeitliche Leben; die
Sculptur und Malerei erkennen bereits die Untreunbarkeit von
Zeit und Raum, und halten einen Zeitpunkt im Raume fest; die
Musik wallet nur im Flusse der Zeit, in der verrauschenden Folge
der Töne; die Poesie erzeugt durch die Schilderung von Handlungen auch das Bild der sie vollbringenden Gestalten. So weisen
auch Plastik und Malerei durch die Erscheinung im gegenwärtigen
Augenblick auf die ihr vorausgegangene, sie bedingende, auf die
ihr nachfolgende, aus ihr sich ergebende Bewegung. In der
Architektur ist alles Besondere im Ganzen festgehalten und durch
die Kraft der Schwere gebunden. Wo wir diese Gebundenheit
auch in der Plastik gewahren, wie in den unbeweglich mit geschlossenen Armen und Beinen sitzenden Kolossen der Aegypter, da
wallet noch das Wesen der Architektur in den Werken der Sculptur, da sehen wir noch nichts von der selbständigen Freiheit des
individuellen Lebens. Wenn dagegen der Mercur Johann's von
Bologna nur mit dem Ballen des einen Fußes auf einer metallenen Stütze befestigt ist, während der Arm erhoben ist und der
übrige Körper sich vorbengt, sodaß die ganze Gestalt, übrigens
hohl, der Stütze durch das massivere linke Bein bedarf, so ist
das mehr malerisch als plastisch, zumal auch der Hauch des Bo-
reas, der den Mercur tragen soll, als unsichtbare Luft sich nicht
gut durch ein dickes Metallstück in einem offenen Munde darstellen läßt.

Hier begegnet uns diejenige Seite des Stilbegriffs welche
Rumohr hervorhob und zum Ausdruck des Ganzen machen wollte,
in ihrer Berechtigung. Er nannte den Stil ein zur Gewohnheit
gediehenes sich Fügen in die innern Forderungen des Stoffs, in
welchem der Bildner seine Gestalten schafft. Dem Plastiker ist
das Schwebende, Fallende, Sausende versagt, aber nicht aus
einem sittlichen Grunde, denn die Malerei hat es mit Glück an-

gewandt, ſondern wegen der Schwere des Stoffes, welchen die
Sculptur verarbeitet. Dieſer verlangt daß die Statue in der
Stellung bleiben könne, die ihr gegeben iſt, daß ſie nicht zu fallen
drohe, und dadurch beunruhigend ſtatt beruhigend auf das Gemüth wirke. Als nach jahrhundertelanger Verirrung der Bildhauer Thorwaldſen den Koloß des Phidias auf Monte Cavallo
in Rom ſcharf ins Auge faßte und nun ſeinen Theſeus ſchuf, der
ſicher und feſt auf den Füßen ſtand und dem Beſchauer unverrückbar erſchien, weil der Schwerpunkt ins Innere der Geſtalt
fiel, da war der plaſtiſche Stil im Aeußern wiedergewonnen.

Dieſem Aeußern entſpricht das Innere, dem materiellen Stoffe
der darzuſtellende Geiſt. Der aber iſt in der Plaſtik das perſönliche Selbſtbewußtſein wie es ſich in ſeiner Einheit und Ganzheit
erfaßt, der Charakter der ſicher auf ſich ſelbſt beruht; nicht die
einzelnen Regungen der Gefühle oder des Willens, nicht beſondere
Vorſtellungen oder Gedanken der Vernunft ſind es was der
Plaſtiker abbilden will, ſondern die Totalität des Geiſtes wie ſie
die ganze Geſtalt des Leibes erbaut und ſich dauernd in dieſelbe
ergoſſen hat, und die Perſönlichkeit erſcheint nicht in ihrer von
dem Allgemeinen ſich abſondernden Subjectivität, ſondern als
deſſen Gefäß und Träger. Die Malerei, die Poeſie gehen auch
zur Darſtellung von Individualitäten fort welche mit dem göttlichen Geſetz in Widerſpruch treten; die plaſtiſchen Naturen bleiben in Harmonie mit der ſittlichen Weltordnung, ſie ſind von
deren Gehalt erfüllt, er macht die Subſtanz ihres eigenen Lebens
aus. Eitle, haltloſe, kleinliche Menſchen ſind kein Stoff für den
Bildhauer, ebenſowenig innerlich gebrochene oder ſolche deren Gedanken und Thaten nicht zuſammengehen; es müſſen Menſchen
aus Einem Guſſe ſein, wenn ihr Bild ihm gelingen ſoll. Sehr
treffend ſagt Viſcher hierüber: „Das derb Feſte der Form wird
zum Ausdruck der Charakterfeſtigkeit, der ſittlichen Gediegenheit,
die Schärfe der farbloſen Form zu der männlichen Beſtimmtheit,
die nicht ins Unbeſtimmte zerfährt, ſich verflüchtigt, das unbewegt
Bewegte zur ehrfurchtgebietenden Selbſtbeherrſchung; die Schwere,
die zunächſt dem Materiale angehörig unwillkürlich auf die dar-
geſtellte Geſtalt ſo übertragen wird, daß dieſe als ihres phyſiſchen
Schwerpunkts vollkommen mächtig erſcheinen muß, ſie wird nun
unwillkürlich noch tiefer hineingetragen und bedeutet das ſichere,
nimmer wankende Ruhen im ſittlichen Centrum des Lebens.“ So
hat auch Leſſing ſelber durch ſeine plaſtiſche Perſönlichkeit mit-

6*

geholfen daß seine Statue unter Rietschel's Hand zu der gelungen=
sten ward die bisjetzt einem deutschen Dichter gesetzt ist, während
Schwanthaler an Jean Paul, Gasser an Wieland keine ihrer Kunst
so zusagende Persönlichkeiten hatten.

Wir werden also die Ruhe nicht aufgeben, welche Winckelmann
als ein Merkmal griechischer Bildwerke aussprach; wir werden sie
als das in sich Beruhen des Geistes festhalten und dafür auch
die entsprechende körperliche Stellung fordern. Solche in sich ge=
schlossene ruhige Gestalten wie sie ein Triumph der Plastik sind
— man denke nur an die Tempelbilder und Ehrenstatuen der
Alten — erscheinen in einem Gemälde schwerfällig oder starr;
denn die Malerei liebt besondere Gemüthserregungen, die sich
durch körperliche Bewegung kundgeben, die Plastik aber sammelt
das ganze Seelenleben in sich selbst um es in selbstgenugsamer
Hoheit durch die in sich befriedigt ruhende Gestalt erscheinen zu
lassen. Ihre Werke treten deshalb auch nicht gegen den Beschauer
heran um sich ihm aufzudrängen, sie reden nicht zu ihm wie die
Personen des Dramas, sie klingen und bringen nicht in ihn ein
wie die Töne der Musik, sondern stumm und regungslos ver=
schließen sie ihr Leben in sich und wollen daß man zu ihnen
herankomme, daß man sich sinnend in sie vertiefe, daß man ihr
Wesen verstehen lerne; sie wirken nicht unmittelbar aufs Gefühl,
erst wenn sie durch die Anschauung aufgenommen und begriffen
worden, bieten sie sich dem nachhaltigen Genusse dar.

Aber daß man diese Ruhe nicht mit Starrheit verwechsle!
Wie der Wille als des Geistes Wirken das Vermögen freier und
neuer That ist, so muß die plastische Gestalt bewegungsfähig sein,
wir müssen es ihr ansehen daß sie sich bewegt hat und wieder be=
wegen wird. Wenn ich aber die Last meines Oberkörpers stehend
auf beide Füße gleich vertheile, dann bin ich unbeweglich, dann
kann ich nicht sofort einen Schritt machen, sondern ich muß erst
die Wucht des Leibes auf das linke Bein hinüberwerfen, damit
das rechte frei werde. Daher war es ein von den alten Schrift=
stellern rühmend erwähntes Verdienst des Polyklet, daß er es im
Princip festsetzte das Gewicht des Körpers auf dem einen Schenkel
ruhen zu lassen; dadurch erscheint der andere frei beweglich, der
so gestellte braucht nicht erst seine Lage zu ändern ehe er einen
Schritt thun kann, er vermag es sogleich und unmittelbar. Und
wenn dann der eine Arm nach dem Gesetz der Schwere gesenkt,
der andere aber mehr oder weniger erhoben oder vorgestreckt ist,

wenn das Haupt etwas geneigt wird, ſo gewinnen wir den Begriff der Bewegung in der Ruhe. Ich glaube daß dies für die Tempel-bilder der Götter wie für die Ehrenbildſäulen großer Männer in Griechenland feſtſteht und als Geſetz der Plaſtik feſtgehalten wer-den muß, ſofern ſie, was ihre eigenthümliche Stärke ausmacht, Einzelgeſtalten als die Verkörperung ihrer Idee und der Totalität ihres Lebens darſtellt.

So nimmt ſie die Mitte ein zwiſchen der bewegungsloſen Archi-tektur, in der nur die Schwere herrſcht, und der Malerei, die beſondere Gemüthsbewegungen oder die Menſchen in Wechſel-beziehung und Wechſelwirkung aufeinander zur Erſcheinung bringt und ſich vom Geſetz der Schwere in ſchwebenden Figuren entbin-den kann, weil ſie ſtatt der vollen runden Körperlichkeit nur den Schein der Dinge wiedergibt wie er mittels der Lichtempfindung im menſchlichen Auge erzeugt wird. Auch die Griechen haben die richtige Mitte erſt dadurch gefunden daß ſie durch das Wagniß eines gegenſätzlichen Sprunges aus der ägyptiſchen Starrheit zur Wiedergabe heftiger dreiſter Bewegungen kamen. Es wird ſchon als Dädalos' Werk bezeichnet daß ſeine Statuen gingen und han-delten, das heißt ſchreitend und mit erhobenen Armen gebildet waren, und wo ſie Handlungen in Gruppen veranſchaulichten, waren die Geſtalten in der Stellung welche die innere Bewegung und die That verlangt. Feuerbach hat in ſeinem Vaticaniſchen Apollo dies nachdrücklich hervorgehoben. „In den Gymnaſien, in den heiligen Kampfſpielen zu Olympia", ſagt er, „ging die Schönheit des Nackten dem Künſtler in ihrem vollen Glanze auf, aber es war eine Schönheit im freieſten kühnſten Schwunge der Bewegung. Und ſo kam dort wol nichts vor was für den grie-chiſchen Meißel zu gewagt geweſen wäre. In ſchwebenden Stellun-gen von Faunen und Tänzerinnen ſcheint oft das Körperliche ganz und gar in luftige Bewegung verflüchtigt; in den Statuen raſen-der Bacchantinnen muß ſich der höchſte denkbare Schwung der Bewegung mit dem Ausdruck der heftigſten Exaltation zu einer Wirkung vereinigt haben die wir wol kaum mehr einem Gemälde geſtatten dürften. Nichts lag außer dem Bereich des griechiſchen Künſtlers als der Tod der ägyptiſchen Ruhe, ſei es nun daß er für den Genuß eines längern Beſchauens bildete, oder alles Leben und die ganze Fülle der Seele in einen einzigen Moment und für einen entzückenden Augenblick zuſammenfaßte."

Dieſe Sätze ſind vielfach nachgeſprochen worden; um ihrer

relativen Wahrheit willen bedürfen sie einer näheren Bestimmung
und Berichtigung. Wir geben zu daß Myron's Diskuswerfer auf
der Spitze eines einzigen Moments schwebt; aber keineswegs ist
er „zur gewaltsamsten Stellung verdreht". Er gleicht einer gespannten Feder, wir glauben den Augenblick erwarten zu können
wo er aufspringen und vorschnellen wird; aber gerade dieser Punkt,
den der Künstler wählte, zeigt die in sich gesammelte, ja gespannte
Kraft, es ist der Augenblick vor der That, und damit ein Moment der Ruhe; der Diskuswerfer befindet sich in einer Lage in
der er verharren kann, und dadurch tritt im bewegten Leben dennoch die Ruhe ein, und wir haben wieder ein Allgemeines vor
Augen, die Arbeit und Lust des Diskuswerfens, dargestellt durch
einen jungen Mann dessen ganzes Wesen darin aufgeht, der darin
sein Vollgenüge findet; der Schwerpunkt liegt nicht außerhalb des
Bereiches der Gestalt, sie hält sich in einem symmetrischen Gleichgewicht. Myron's Läufer Ladas, der die Hand nach dem Kranz
ausstreckte, während der Athem seinen Lippen zu entfliehen schien,
war auf andere Weise in einer ähnlichen Lage. Die Kraft erreicht
den Punkt wo sie nicht weiter kann, es ist wie der Zusammenstoß
zweier aneinanderschlagender Wellen, die ihre Bewegung gegenseitig aufheben und eine Pause eintreten lassen. Die gesammte
Lebensthätigkeit ist hier wie dort auf einen Punkt zusammengedrängt, dieser Punkt aber gerade dadurch ein Augenblick der
Ruhe; alle Glieder sind betheiligt und ihr Zusammenwirken von
verschiedenen Seiten her erhält das Ganze im Gleichgewicht. So
ist der Apoll von Belvedere, so der Laokoon aufgefaßt. Dieser
hat sich heftig gegen die Schlangen gewehrt, da empfindet er den
tödlichen Biß; in tiefem Seufzer zieht er den Athem ein, die
Brust hebt sich empor, sie wird sich der Luft im nächsten Moment
vielleicht in einem Schrei entladen, aber jetzt schreit er nicht; denn
Laut könnte ja auch die Plastik nicht wiedergeben, aber er ist in
der Natur selbst für die gewählte Stellung unmöglich. Das
Schreien ist die Bewegung des Ausathmens, im Seufzen ein Moment des Stillstandes vor demselben im Einathmen. Dieser Still-
stand ist das ruhige Bild einer gewaltsamen Erregung. Ich freue
mich der Bestätigung dieser meiner Theorie durch den geistvollen
Anatomen Henle; auch dieser faßt die Haltung Laokoon's als beherrscht von dem Charakter kritischer Ruhe, der Erstarrung zwischen
Steigen und Sinken motorischer Energie. „Die Beine haben sich
gestemmt und gewunden um den Verschlingungen zu entweichen;

ſie ſind unentfliehbar niedergezwungen. Die Arme haben mächtig
angefaßt und ſich vom Körper abgeſtemmt um die Thiere zu entfernen; ſie reichen nicht aus. Während das Thier im Behagen
des Biſſes ruht, zuckt durch alle Muskeln des Mannes, die eben
noch arbeiteten, eine unverkennbare Erſtarrung in der Lage die
ſie gerade in dieſem Augenblick eingenommen hatten. Dazu paßt
die krampfhafte Hintenüberreckung des Kopfes, und endlich, den
Totaleindruck prägnant zuſammenfaſſend, die Haltung der Haut
über den ſtieren Augen, die man nicht ſchöner ſchildern kann als
Winckelmann gethan hat: «Unter der Stirne iſt der Streit zwiſchen Schmerz und Widerſtand, wie in einem Punkte vereinigt,
mit großer Wahrheit gebildet; denn indem der Schmerz die
Augenbrauen in die Höhe treibt, ſo drückt das Sträuben gegen
denſelben das obere Augenfleiſch niederwärts und gegen das
obere Augenlid zu, ſodaß daſſelbe durch das übergetretene Fleiſch
beinahe ganz bedeckt wird.» So ſtellt uns das Ganze einen gewaltigen Kampf dar, der im verzweifelten Zuſammenſinken enden
muß; es ſtellt ihn uns dar in der Geſtalt des einzigen Augenblicks in welchem er ſich dem Auge deutlich zeigen kann, im Momente des kritiſchen Stillſtandes. Wir erkennen deutlich daß Streben und Leiden ſich zwar im Augenblick hin- und herwerfen, aber
doch noch mit edler Gewalt gegeneinander ſtemmen, wie wenn
zwei Ringer momentan ſtillſtehen, weil keiner den andern nieder-
drücken kann."

Jeder Moment der Bewegung der ſich nicht feſthalten läßt,
der nur ein Uebergang zu andern iſt die das geſtörte Gleichgewicht wiederherſtellen, bleibt der Plaſtik verſagt, und das ſind
die meiſten Momente der Kampfſpiele, die auch dem griechiſchen
Meißel „zu gewagt" geweſen wären, weil der Beſchauer das Gefühl erhalten hätte es ſei der Geſtalt unmöglich ſo zu verharren,
ſie müßte zuſammenſtürzen, wenn nicht ein anderes Glied ihres
Leibes durch eine neue Bewegung das geſtörte Gleichgewicht
wiederherſtellte. Wo dieſes hergeſtellte Gleichgewicht aber ſichtbar
wird, da herrſcht Maß und Ruhe in der Bewegung. Unſer
Gehen iſt ein fortgeſetztes Fallen, indem das ſtützende Bein ſich
vorwärts neigt, während das erhobene wie ein Pendel in der
Luft ſchwingt; der Körper würde ſtürzen, wenn nicht das ſchwin-
gende Bein jetzt aufgeſetzt würde; das hintere Bein wird dann
vom Boden gelöſt, durch die Streckung des Fußes ertheilt es dem
Körper eine Wurfbewegung, die ihn vorwärts ſchleudert und hin-

werfen würde, wenn nicht das nun vorwärts schwingende Bein zur rechten Zeit aufhielte und auftröte. Hier gibt der Plastiker keineswegs die vielen Momente in denen das Gleichgewicht aufgehoben ist, sondern den in welchem es eben wiederhergestellt wird, oder den Ausgangspunkt der vorwärts schleudernden Thätigkeit, die aber erst im Begriffe steht ihre Aufgabe auszuführen.

Was die Bacchantin des Skopas angeht, auf die Feuerbach anspielt, so sagen allerdings die Epigramme daß Skopas sie gleich dem Gott in Raserei versetzt habe, sagt Kallistratos daß sie vom Begeisterungsrausch erfüllt sei. Ihr Haupthaar war gelöst, eine in der Wuth zerfleischte Ziege trug sie in der Hand; die Hauptsache aber war der Ausdruck einer leidenschaftlichen Begeisterung, und da diese eine göttliche war, so hat sie sicherlich nicht die Linie des Maßes und der Schönheit überschritten, denn die Grazien waren den Griechen die Ordnerinnen jedes Werkes unter den Göttern, wie Pindar ausdrücklich bezeugt. Und was den Ausdruck der körperlichen Bewegung betrifft berufen wir uns auf die treffliche Erörterung Brunn's in der Geschichte der griechischen Künstler: „Wie es im menschlichen Körper keinen Theil gibt welcher eine Bewegung bewirkt ohne daß ein anderer Theil bestimmt wäre dieselbe aufzuheben oder im entgegengesetzten Sinne auszuführen, so gibt es auch keine Bewegung welche nicht eine Gegenbewegung voraussetzte um vermittelst derselben das durch die erstere gestörte Gleichgewicht wiederherzustellen. Indem nun bei heftiger geistiger Erregung der Geist dem Körper nur den Antrieb zu einer gewissen Bewegung im allgemeinen gibt, nicht aber jedes Glied desselben im einzelnen sozusagen überwacht und beschränkend regelt, so entwickelt sich dieser erste Anstoß in der gegebenen einheitlichen Richtung ungehemmt bis in die äußersten und feinsten Theile unter voller Entfaltung aller dabei verwendbaren Kräfte. Aber stets darf diese Entwickelung nur bis zu der Grenze vorschreiten welche jenes Gesetz der Natur gezogen hat, um dort angelangt sofort in die rückgängige entgegengesetzte Richtung umzuschlagen. Und gerade je unwillkürlicher eine solche Bewegung, je einheitlicher der ursprüngliche Anstoß ist, desto schärfer und unmittelbarer wird sich das einfachste Gesetz des körperlichen Gleichgewichts bethätigen und dem Auge offenbar werden."

Weit entfernt also daß, wie Feuerbach meint, hier selbst das von uns der Malerei Gestattete überboten worden wäre, blieb vielmehr auch das Werk des Skopas, wie wir aus erhaltenen

Reliefdarſtellungen ſchließen dürfen, innerhalb der Grenzen der
Plaſtik, indem es jenen Höhenpunkt der Bewegung ergriff, wo
widerſtreitende Kräfte einander die Wage halten und dadurch ein
Augenblick der Ruhe und des Gleichgewichts gegeben iſt. Dieſer
Höhenpunkt iſt überhaupt das von der zeichnenden Kunſt zu
Faſſende, wenn das Bild lebendig wirkſam das Geiſtige deutlich
ausſprechen ſoll. Das Haltmachen auf bloßen Durchgangs- und
Zwiſchenſtationen iſt ungenügend. Wer die Thätigkeit des Hebers
darſtellen will der gibt dem ſchwerbewaffneten Arm die Lage daß
er eben den weiteſten Punkt des Zurückfahrens und Ausholens
erreicht hat und nun im Begriff iſt nach vorwärts zu ſchwingen;
in verſchiedenen Zwiſchenſtufen würde man eher meinen daß er
beute oder daß er zurückfahre, als daß er haue. Auch die Schaukel
kann uns ein Beiſpiel jenes ſchwebenden Gleichgewichtsmomentes
auf der Höhe der Bewegung ſein; die Schwungkraft erreicht den
Gipfel in dem Augenblick wo die Schwerkraft ſie überwältigen
wird. Und malen wir uns ſchaukelnde Geſtalten, ſo glauben wir
immer daß dieſer Höhenpunkt dargeſtellt ſei, wie hoch oder niedrig
er auch liegen möge. — Was unſer Auge deutlich auffaſſen ſoll
das muß in Ruhe ſein, oder wir müſſen einen bleibenden Eindruck dadurch gewinnen daß wir ſelber der Bewegung folgen,
ſonſt reizt das Bild fortwährend verſchiedene Punkte der Netzhaut,
und die wechſelnden und nachwirkenden Affectionen derſelben ver-
wiſchen ſich. Wir ſehen den Blitz nicht als das was er iſt, als
elektriſchen Funken, ſondern als Zickzackſtreifen, weil er ſo raſch
hintereinander verſchiedene Nervenfaſern berührt daß die Reizungen derſelben ſich verbinden; ſo malt man denn auch dieſen
Eindruck. Das Ohr iſt der Sinn für das Nacheinander, das
Auge für das Nebeneinander; die Phantaſie faßt beides zuſammen,
für ſie ſchildert die Poeſie das bewegte Leben, während ſeine Bewegung als ſolche in der Muſik, ſeine Geſtalten als ſolche in der
bildenden Kunſt dargeſtellt werden; die Bewegung iſt hörbar, die
Ruhe ſichtbar.

Der Ausdruck der freien Individualgeſtalt alſo verlangt daß
die Stellung nicht ſchlaff oder ſchwer, der Schwerpunkt aber ſo gelegt ſei daß die Glieder frei und beweglich werden; die Kunſt darf
nicht lügen wollen, und daher darf ſie keinen Zeitpunkt feſthalten
in welchem ein Beharren unmöglich wäre; ſie kann nur diejenige
Bewegung darſtellen welche zur Ruhe kommt oder eben beginnen

wird; sie erfaßt einen Ruhepunkt in der Bewegung oder einen
von dem die letztere leicht ausgehen kann.

Die Plastik isolirt die organische Individualgestalt, sie hebt sie
für sich hervor als einen Mikrokosmos, der sich selbst genug ist.
Der Ausdruck des sehnsüchtigen Verlangens oder unruhigen Strebens ist unplastisch, weil er die Persönlichkeit in der Beziehung
auf anderes darstellt. Der auf sich selbst beruhenden, in sich geschlossenen Leiblichkeit entspricht die selbstgenugsame Hoheit des in
sich befriedigten Geistes. Das ist gerade das Wesen der Plastik
daß das ganze Innere im ganzen Aeußern völlig und deutlich
erscheint, daß im Leibe nichts gleichgültig oder müßig, in der
Seele nichts verborgen oder der Ahnung überlassen bleibt, sondern
daß alles klar hervortritt und die Erscheinung ganz von der Idee
durchleuchtet wird. Diese Sättigung der Idealität mit Realität,
diese Verklärung der Wirklichkeit, dieses deutlich Entfaltete und
dann abgeschlossen in sich Vollendete nennen wir das Plastische
auch in den andern Künsten, z. B. in der Sophokleischen Poesie,
in der Gluck'schen Musik, in Rafael's Gemälden oder im hellenischen Tempel. Die Plastik erweist sich hier als diejenige der
Künste welche den Begriff der Kunst vorzüglich rein ausprägt,
deren Verständniß daher für die ästhetische Ausbildung von höchster
Wichtigkeit sein muß. In ihr offenbart sich die naturwüchsige
Harmonie des Leibes und der Seele, des Begriffs und der materiellen Erscheinung. Der Gedanke ist ganz in Erz oder Stein
eingegangen, ganz und deutlich verwirklicht worden; im einzelnen
Werk haben das Geistige und Sinnliche sich versöhnt und zur
Totalität des Seins durchdrungen, die nun nichts mehr bedarf
und darum in sich Genügen und Ruhe findet. Die Ruhe der
Sculptur läßt sich selbst von dieser Seite aus begründen, aber sie
ist auch hier der durch die Bewegung gewonnene Frieden.

Wenn du, Natur, eine Gestalt bilden willst
Vor den Augen der Welt wie viel du vermagst darzuthun,
Ja dann trage der Liebling
Deiner unendlichen Milde Spur.

Alles an ihm werde sofort Ebenmaß,
Wie im prangenden Lenz von Blüthen geschwellt jedes Glied,
Huldreich alle Gebärden,
Alle Bewegungen sanft und leicht.

Aber in sein Schwärmergesicht prägest du
Den lebendigen Geist und jene wiewohl fröhliche
Doch kaltblütige Gleichmuth,
Wiegend in Ruhe Begier und Kraft.

Platen.

Die Seele ist leibbildende Lebenskraft; so wird sie von der Plastik dargestellt wie sie im Bau des Körpers und mit ihm erwachsend sich selber gegenständlich macht, sodaß das innere Weben der Gedanken seinen Einfluß auf die Gestaltung des Leibes übt und diese selbst das Geistige trägt und bedingt. Da findet der Muth seinen Sitz in der Brust, die er sich frei und kräftig gewölbt, da der Heldenwille sein Organ an dem muskelstarken Arm; da darf keine schwammige formlose Fettmasse sich breit machen, da wollen wir nicht ein dürftig dürres Knochengerüste in steifer Starrheit sehen, sondern die Macht und Frische des gestalteten Lebens, dessen reicher Strom sich freudig ergießt und mit aufquellender Kraft die vom Geist umschriebene Form ausfüllt. Hier erkennen wir daß Schönheit das volle mangellose Sein ist. Mit Recht sagt daher Schelling in seiner classischen Rede über das Verhältniß der bildenden Künste zur Natur: daß die echte Kunst gleich der Natur die Seele sammt dem Leib zumal und wie mit Einem Hauche schaffe, und die Plastik das Höchste in dem vollkommenen Gleichgewicht zwischen Geist und Materie erreiche. Gibt sie der letzteren ein Uebergewicht, so sinkt sie unter ihre eigene Idee herab; ganz unmöglich aber scheint daß sie die Seele auf Kosten der Materie erhebe, indem sie dadurch sich selbst übersteigen müßte. Der vollkommen plastische Bildner wird zwar, wie Winckelmann bei Gelegenheit des Belvederischen Apollo sagt, zu seinem Werke nicht mehr Materie nehmen als er zur Erreichung seiner geistigen Absicht bedarf, aber auch umgekehrt in die Seele nicht mehr Kraft legen als zugleich in der Materie ausgedrückt ist; denn eben darauf beruht seine Kunst das Geistige ganz körperlich zu machen. Die Plastik kann daher ihren wahren Gipfel nur in solchen Naturen erreichen deren Begriff es mit sich bringt alles was sie der Idee und Seele nach sind jederzeit auch in der Wirklichkeit zu sein. Die Kraft, wodurch ein Wesen nach außen besteht, ist mit der wodurch es nach innen wirkt und als Seele lebt, vollkommen gleich abgewogen. Die Plastik gibt den Einzelorganismus als Mikrokosmos, sie zeigt die Schönheit des Weltalls auf Einem Punkt. Während die Natur den Reichthum ihrer Herrlichkeit in

einer Fülle einander ergänzender Exemplare auseinanderlegt, und
die Malerei ihr sich anschließt, stellt die Plastik den Gattungstypus und das gemeinsame Ideal dar und hebt die bleibende Norm
hervor, welche dem beständigen Wechsel der Formen im zeitlichen
Fluß der Entwickelung zu Grunde liegt oder als Ziel vorschwebt;
sie erfaßt den Blütenmoment des Daseins um ihn in der Durchdringung von Geist und Materie zu verewigen, sie verleiht dem
Ideal als dem Musterbild der Dinge im göttlichen Geist unmittelbar sinnliche Realität.

Ewig klar und spiegelrein und eben
Fließt das zephyrleichte Leben
Im Olymp den Seligen dahin;
Monde wechseln und Geschlechter fliehen,
Ihrer Götterjugend Rosen blühen
Wandellos im ewigen Ruin.
Zwischen Sinnenglück und Seelenfrieden
Bleibt dem Menschen nur die bange Wahl,
Auf der Stirn der hohen Uraniden
Leuchtet ihr vermählter Strahl.

Diese schöne Schiller'sche Strophe ist im Anblick der plastischen
Meisterwerke gedichtet. Und angesichts der hellenischen Plastik
sprach Winckelmann sein berühmtes Wort von der hohen Schönheit: „Sie ist von höherer Geburt wie die himmlische Venus,
von der Harmonie gebildet, beständig und unveränderlich wie die
ewigen Gesetze von dieser; eine Gesellin der Götter ist sie sich
selbst genugsam, bietet sich nicht an, sondern will gesucht werden;
mit den Weisen allein unterhält sie sich, und dem Pöbel erscheint
sie störrisch und unfreundlich; sie beschließt in sich die Bewegungen
der Seele und nähert sich der seligen Stille der göttlichen Natur."
Das was Schiller die Wirkung des Schönen nennt, was wir als
ästhetische Stimmung bezeichnen können, das harmonische Gleichgewicht in welchem wir unserer sinnlichen und geistigen Kraft zugleich
mächtig sind, zu empfänglicher Hingabe und selbstbestimmter Thätigkeit gleich fähig und aufgelegt, — der Künstler hat es, meine
ich, in den plastischen Meisterwerken, in ihrer ruhigen Totalität,
die zugleich Beweglichkeit ist, selber dargestellt.

Der Blütenpunkt einer Persönlichkeit ist aber nicht allein in
der ersten Jugend zu sehen; wenn der geistige Charakter der einer
gereisten Männlichkeit ist wie bei Zeus, dem Vater der Götter
und Menschen, so wird die Vollreife männlicher Jahre in seinen

Zügen, in ſeinen Bartloden ſichtbar werden; aber die blühende
Wange und das reichwallende Haar werden die unerſchöpfte Kraft
der Jugend verkünden. Vor dem Angeſicht der Juno Ludoviſi iſt
es uns unmöglich ſie jünger oder älter zu denken oder ihr ein
beſtimmtes Alter zuzuweiſen; die lede Friſche ihres Weſens in
jeder Lebensregung läßt ſie als Jungfrau, die ſittliche Würde und
ernſte Hoheit des Geiſtes als die in die Rechte des Weibes ein-
getretene Königin der Götter erſcheinen; ſie iſt die Gemahlin des
Zeus, die nach des Gatten Umarmungen im Quell Kanathos ihre
Glieder badet und ſtets wieder als Jungfrau hervorſteigt. So iſt
auch der Belvederiſche Apoll nach dem Wort Homer's „unſterblich
geſchaffen in ewig blühender Jugend". Windelmann ſpricht vollkommen wahr von dem ewigen Frühling der hier die vollkräftige
Männlichkeit bekleidet; die verſchiedenen Altersſtufen ſind, wie
Feuerbach nachgewieſen hat, zu einem Geſammtbild zuſammen-
gefaßt, und haben dadurch aufgehört Momente des Wechſels und
der Vergänglichkeit zu ſein. Der rundliche Bau der Glieder, die
Weichheit und Einfachheit der Linien, mit welcher die Formen auseinandertreten, die holde, faſt mädchenhafte Rundung der bartloſen
Wangen gehören der Unſchuld der Frühjugend an; und dabei
tragen die Glieder einander mit ſtrebender Kraft empor, der Kern
des Knochenbaues iſt feſt, die Verhältniſſe ſind die des ausgewach-
ſenen männlichen Körpers, und die Stärke der Schenkel, die ſtolze
Entſchiedenheit der Stellung, der erhabene Siegesblick des Auges
unter dem Ernſt der gedankenvoll gewölbten Stirn verkünden die
Reife des Lebens in ihrer über das Gewöhnliche erhabenen Pracht
und Größe.

Wie die Plaſtik das zeitlich einander Folgende in einem Augenblick der Gegenwart verewigt, ſo ſchafft ſie für das im Raum
vieltheilig Vorhandene eine Geſtalt als Repräſentanten, etwa wie
die Thierſage nur von Einem Fuchs, Einem Wolf und Einem
Löwen redet. Wenn der Maler den Lohn des Siegers darſtellen
will, ſo zeigt er uns den Feldherrn an der Spitze des Heeres,
gefolgt von überwundenen Feinden, das Volk ihm entgegenjubelnd,
Jungfrauen ihm Kränze bringend; es wird ein figurenreiches Bild.
Der Bildhauer gibt uns nur die Statue des Siegers und ſchafft
eine einzige Figur, die den Preis des glücklich beſtandenen Kampfes
verleiht und ſelber veranſchaulicht, die den Sieger bekränzende
Victoria. Der Begriff des Sieges hat in ihr Geſtalt gewonnen
und iſt nichts Heidniſches oder Chriſtliches, ſondern ein allgemein

Menschliches, immerdar Geltendes. Rafael malt die Schule von
Athen, Phidias bildet den Minervakopf, um das die Wahrheit
erkennende selbstbewußte Geistesleben auszudrücken. So hat Sophokles nur wenige typische Charaktere, während Shakespeare in
der Mannichfaltigkeit der Einzelzüge wie der einander ergänzender
Personen sich auszeichnet.

Aber die Plastik sammelt nicht blos aus einer Menge einzelner
Gestalten die bedeutendsten Züge um den Gattungstypus festzu-
stellen, wie dies den spätern Griechen und den Römern, oder doch
den hellenischen Meistern unter ihnen, mit der keltischen und germanischen Nationalität herrlich gelang, sondern sie hat auch das
was die geistige Individualität im Laufe des Lebens entfaltet zur
Einheit des Charakters zu concentriren. Der Plastiker und der
Dichter verfahren hier gerade entgegengesetzt. Homer, Shakespeare,
Goethe schildern uns die Eigenthümlichkeit ihrer Helden durch die
Thaten die sie thun, durch die Art und Weise wie sie in verschiedenen Lebenslagen reden und handeln oder die Dinge aufnehmen; die Größe des Dichters zeigt sich darin wie die Seeleneigen-
thümlichkeit doch alle Worte durchklingt, alle Handlungen die
Stetigkeit des Charakters wie ein rother Faden durchzieht. Der
Plastiker muß diesen Mittelpunkt hervorheben und im festen Gepräge so hinstellen daß wir aus seinen Formen die Möglichkeit
der verschiedenen Handlungen ebenso herauslesen, als wir bei dem
Dichter die Einheit in der Thatenreihe und den nacheinander folgenden Lebensäußerungen erkennen können. Die Alten bewunder-
ten den Euphranor, weil er in seinem Paris zugleich den Richter
der Göttinnen, den Entführer der Helena und den Mörder des
Achilleus dargestellt. Wir haben hier nicht an Attribute zu denken, welche diese verschiedenen Eigenschaften und Handlungen symbolisch angedeutet hätten; der Meister hatte die verschiedenen Seiten dieses complicirten Charakters erfaßt und im Ausdruck seiner
Statue so in der Schwebe gehalten, daß bald die eine, bald die
andere bei längerer Betrachtung vorherrschend wurde; er hatte
den Paris so gebildet daß man von demselben sowol das Urtheil
im Schönheitswettkampf der Göttinnen erwarten durfte, als seine
eigene Schönheit, die das Herz der Helena bezaubern konnte, doch
männliche Kraft genug besaß um den tödtenden Pfeil auf den
strahlendsten Helden abzuschießen. Dieser Mord war hinterlistig,
sein Wirken selbstsüchtig; Paris enthält die große, aber gewissen-
lose Begabung einer Alkibiadesnatur, und auch in der Statue des

Alkibiades wollen wir ebenſo den leichtſinnigen Verführer als den
genialen Feldherrn und geiſtvollen Liebling des Sokrates ſehen.

Das Schickſal hat Alexander den Großen den Homer verſagt,
der durch Lieder von ſeinen Thaten die Entwickelung ſeines Geiſtes
würdig geſchildert hätte, aber hat ihm den Lyſippos und den
Apelles gegeben, die in genialer Auffaſſung ſeiner Züge das Bild
des wunderbaren Jünglings ausprägten, der kühn und ſtark wie
ein Löwe und mit der Empfänglichkeit des Gemüths für Kunſt
und Wiſſenſchaft einem ſchwärmeriſch begeiſterten und begeiſternden
Dionyſos gleich die Welt eroberte. Plutarch erzählt daß er nur
von jenen Meiſtern abgebildet ſein wollte; ſie allein vermochten
ihn in ſeiner Totalität darzuſtellen; andere konnten nur eine Seite
ſeiner Natur abſpiegeln. Der Kopf Alexander's war etwas nach
der linken Seite geneigt und blickte aufwärts; ſein Auge hatte
etwas ſchwimmend Feuchtes, wie es die Alten der Aphrodite
liehen; Lyſippos mußte dies beizubehalten, aber mit der Geiſtes-
größe des Helden und dem Mannhaften, Löwenmäßigen ſeiner Erſcheinung zu vereinigen; der Ausdruck ſchwärmeriſcher Begeiſterung
milderte die Stärke des Helden, und mit dem geſenkten und doch
gen Himmel blickenden Haupt ſchien er dem Vater Zeus zuzu-
rufen: die Erde unterwerfe ich mir, du walte im Olymp! Wie in
den Helden des Volksepos ein Nachklang der Götterſage mit den
hiſtoriſchen Ereigniſſen, mit den großen Männern der Wirklichkeit
verſchmilzt und aus Siegfried's leuchtendem Wölſungauge und aus
der klaren Reinheit ſeiner Natur ſowol als in ſeinem Geſchick der
Sonnengott noch deutlich hervorſtrahlt, ſo hat auch Lyſippos mit
der bis in einzelne Mängel und Gebrechlichkeiten der irdiſchen
Erſcheinung treuen Porträtähnlichkeit ein Götterideal innigſt verknüpft. Jene herrliche Alexanderbüſte des Capitols zeigt uns den
Siegeswonnetaumel des Heldenjünglings auf der Höhe ſeiner
Laufbahn; auch hier iſt die Schwäche der linken Seite, nach der
das Haupt ſich hinſenkt, nicht vermieden, aber wie der alles über-
ſchauende Sonnengott blickt er begeiſtert über zwei Welttheile hin,
deren Geſchick er lenkt; aus der Binde um ſeine Locken ergießen
ſich ſieben Strahlen; das Haar bäumt ſich über der Stirn empor
und wallt wie Löwenmähnen herab, dem Urbild ähnlich das Phidias von Zeus geſchaffen.

2. Der Stil der Plastik.

Giordano Bruno faßte das Sein nicht wie Spinoza als ruhende Substanz, sondern als Gestaltungskraft; er war darin der Vorläufer von Leibniz und unserer neuern Philosophie. Spinoza schrieb nur dem allgemeinen Wesen und Grund der Dinge das wahre Sein zu; die Dinge selber waren ihm nur Beschränkungen und Modificationen von jenem, und weil alles Einzelne nur dadurch als ein solches bestehen und erkannt werden kann weil es von andern unterschieden ist, also den Raum der andern nicht einnimmt, gewisse Eigenschaften derselben nicht hat, so behauptet er alle Bestimmtheit sei eine Verneinung. Allein wir müssen dem entgegensetzen: daß die Form der Dinge nicht dadurch hervor gebracht wird daß man äußerlich von ihnen abschneidet und sie zurechtstutzt, sondern daß die innere Bildungskraft sich zugleich entfaltet, zugleich zusammenhält, und in der Formbestimmtheit sich selber verwirklicht. Damit ist dieselbe gerade Verneinung des Endlosen, des Unbestimmten, des Nichts, und Bejahung der eigenen Natur, Selbstbekräftigung und Vollendung der eigenen Anlage. Im göttlichen Verstand sah Bruno die allgemeine Ursache und Form des Universums; die Platoniker, sagt er, nannten ihn den Werkmeister, Orpheus nannte ihn das Auge der Welt, weil er alles durchschaut und von innen und außen den Dingen Haltung und Ebenmaß verleiht; wir nennen ihn den innerlichen Künstler, weil er von innen die Materie bildet und gestaltet. Den göttlichen Verstand bezeichnet Bruno als die Seele der Welt; um zur vollendeten Kunst zu gelangen, sagt er anderwärts, müssen wir uns der Weltseele vermählen, damit ein ebenso lebenskräftiges als vernunfterfülltes Werk geboren werde; die Weltseele aber ist überall gegenwärtig und ganz in allem, sodaß wir auch im Kleinsten nicht blos ein Bild der Welt, sondern die Welt selber haben, und wenn wir im Bunde mit jener künstlerisch bilden, so wird die Natur selber die Formen von innen heraus gestalten.

Ich habe diese Sätze vorausgesandt um danach die Errungenschaft unserer Untersuchung über die Plastik folgendermaßen zusammenfassen zu können. Die Plastik veranschaulicht den persönlichen Geist im Einzelorganismus; ohne Ueberfluß und Mangel wird Form und Bewegung zum klaren Ausdruck des Selbstbewußtseins und Willens, in welchem Pflicht und Neigung ver-

ſöhnt ſind und die Stetigkeit des Charakters gewonnen iſt; in
ungezwungener Grazie erſcheint der reine Begriff der Geſtalt ohne
die Zeugen irdiſcher Bedürftigkeit als das ſelbſtgeſetzte Maß innerer Bildungskraft.

Die Seele wirkt ſich ſelber eine ſichtbare Geſtalt, indem ſie
ſtets andere und andere Atome der Materie in den Umkreis des
eigenen Lebens hereinzieht und wieder ausſcheidet; dieſe wechſelnden Stoffe ſind nicht unſer Leib, ſondern nur das Mittel ſeiner
Verwirklichung; er iſt die eine in ſich mannichfach gegliederte und
lebendige Form, die durch die Atome in die Erſcheinung tritt, wie
die Geſtalt des Hauſes durch die Bauſteine, die nach der Idee
und für den Zweck deſſelben herangeſchafft, bereitet, geſchichtet und
geordnet werden. Und dieſen idealen Leib, dieſe im Wechſel der
Stoffe ſich erhaltende Form ergreift die Plaſtik und prägt ſie
einem bleibenden und feſten Material ein, um ſo den perſönlichen
Geiſt im Abbild leiblich zu verewigen. Das werdende Leben in
ſeinem Proceß kann ſie nicht nachahmen, aber das in der Natur
um dieſes Fluſſes willen ſelbſt Wandelbare der Geſtalt kann ſie
feſthalten, der Vergänglichkeit und dem Wechſel entreißen und
dauernd ausprägen. Dieſen reinen Begriff der Geſtalt aber
ſtellt ſie dar nicht wie durch äußere Hemmung in ſeine Schranken
zurückgedrängt, ſondern als durch eigenes Maß der Bildungskraft
begrenzt.

Der Plaſtiker iſt ohne Reflexion davon überzeugt daß das
Zerrinnen und Zerfließen ins Unbeſtimmte eine Schwäche, ſich ein
Maß zu ſetzen und Maß zu halten aber Kraft iſt, er erfaßt in
der Selbſtbeſtimmung das Weſen des Geiſtes und ſieht in der
Schärfe und Beſtimmtheit der Form das Gepräge des in ſich ſelbſt
entſchiedenen Charakters, die Erſcheinung originaler Schöpfermacht.
Und da er nur Einen Punkt der Zeit feſthält, nur Eine Geſtalt
bildet, ſo will er nicht das Ringen, ſondern das errungene Ziel,
nicht den Kampf, ſondern den Frieden zeigen; er will das Vollendete darſtellen, weil nur dieſes dem Beſchauer genügen und an
ſich ſelber ein Genüge haben kann. In der Leibesſchönheit offenbart er den Adel des Geiſtes, die Sinnlichkeit adelt er durch den
Geiſt, deſſen verklärendes Licht eben ſie ſchön macht. Die Innigkeit des Gemüths vertieft ſich in der Plaſtik nicht in ſich ſelbſt,
noch concentrirt ſich die Aeußerung des Seelenlebens in Blick und
Wort, ſondern ergoſſen in die ganze Geſtalt und deren thatvolle
Beſtimmtheit macht es ſie zum Spiegel und Auge des ganzen

Geistes, der hier nicht eine vorübergehende Regung im flüchtigen
Mienenspiel, sondern eine bleibende Gesinnungsweise, eine sittliche
Idee in festen Zügen ausprägt und die Totalität seines Wesens
in der Totalität des Leibes, in der vollen runden Körperlichkeit,
raumerfüllend und raumbegrenzend, äußerlich verwirklicht und zur
Erscheinung bringt. Die unveränderlichen Gesetze der organischen
Schöpfungskraft offenbart die Plastik ohne Hemmung und Stö
rung in ihrem freien Glanz; sie beseitigt alles Zufällige oder nur
Vorübergehende. Nicht eine besondere Erregung der Gefühle,
vielmehr die allgemeine Gemüthsbeschaffenheit ist im Geistigen die
Aufgabe ihrer Darstellung. Besondere Erregungen äußern sich
wol körperlich im Mienenspiel, aber dies fliegt flüchtig vorüber,
und wenn man es festhalten wollte, würde es seine Natur ver
lieren und zur steifen Grimasse werden; ihm ein unvergängliches
Bestehen in Erz oder Marmor zu verleihen wäre ein Widerspruch.
Die Sculptur gibt einem Angesicht den Ausdruck der Heiterkeit,
der Lebenslust, und wir erfreuen uns daran; wollte sie es lachen
lassen, würde es uns, da sie die Bewegung des Lächelns nicht
geben kann, widerlich angrinsen. Nicht die lächelnde, sondern die
das Lächeln liebende (φιλομειδής) Aphrodite hat Praxiteles, hat
Kleomenes gebildet.

Nur das der Verewigung Werthe und Fähige soll verewigt
werden. Die Musik kann Dissonanzen einführen um sie aufzu
lösen und in der Ueberwindung des Misklangs durch seine Fort
führung zur Harmonie diese um so energischer triumphiren und
jubeln zu lassen; die Poesie kann das Böse und Verkehrte dar
stellen wie es sich selber zerstört und zum Gerichte wird oder am
eigenen Widerspruch zu Grunde geht und dadurch dem Guten und
Rechten den ernsten Sieg in der Tragödie, den heitern Sieg in
der Komödie selber bereiten hilft; die Malerei kann in einer Fülle
einander ergänzender Gestalten auch das Häßliche zum Contrast
für das Schöne neben dasselbe wie eine hervorhebende Folie, wie
einen dunkeln Grund für die lichte Farbe hinstellen und es so
demselben dienen lassen, oder sie kann durch eine Reihe von Ein
zelbildern stufenweise das Auge zum Anblick der Vollendung empor
führen und diese dadurch um so verständlicher machen. Die
Plastik aber, welche den Einzelorganismus des Geistes als eine
Welt für sich hinstellt, muß auch die Herrlichkeit der Welt in ihm
entschleiern und feiern; sie muß das Einzelne zum Ideal erhöhen
oder das Ideal als solches, die ewige Idee als das Musterbild

der Erſcheinungen, unmittelbar im Einzelnen veranſchaulichen. Das
Widerwärtige, das Häßliche hat in ihr keine Stelle, weil ſie es
weder im Fortgang einer Entwickelung auflöſen noch durch andere
ſchöne Formen überwinden kann.

Die Griechen verſinnlichten in den Gorgonen die Schreckgeſtal=
ten der Nacht mit ihrem unheimlichen Grauen, deren Anblick das
Blut erſtarren macht und den Leib verſteint. Mit breiter Naſe,
mit dicken Wangen, mit Schweinshauern und Schlangenhaaren,
zunächſt zähnefletſchend in wildem Grimm, zugleich die Zunge aus
dem Munde ſtreckend in grinſendem Hohn, ſo finden wir ihr Bild
am Anfange der griechiſchen Kunſt auf einer Metope des Tempels
von Selinus. Aber nachdem Phidias die Idealbildung der Plaſtik
gefunden, machte Skopas gleich Sophokles aus den Erinnyen
Eumeniden, wohlwollend Gnädige, denn das Gewiſſen iſt immer
gut, der Schmerz der Reue ein Heil für die Seele und die Qual
des Gewiſſens das rettende Gericht, der Weg zur Wiedergeburt.
Die Furien wurden als kurzgeſchürzte Jägerinnen gebildet, welche
mit weitausgreifenden Schritten ihr Opfer wie ein Wild verfolg=
ten, unerbittlichen Ernſt im weiblich ſchönen Angeſicht; nicht Ab=
ſcheu, ſondern heilige Scheu und Ehrfurcht ſollen ſie erwecken;
auch ſie ſind göttliche Weſen, und darum bei aller Furchtbarkeit
mit dem Adel ebenmäßiger Form ausgeſtattet. Und ſo ward das
Zerrbild der Meduſe nun auch zur Rondaniniſchen Maske (jetzt
in München), einem Werk in dem die Auflöſung des Häßlichen
ihren Triumph feiert. Jetzt wird ſie als eine urſprünglich an=
muthige Jungfrau gedacht, die aber am Altar der Pallas ſelbſt
ſich der Umarmung Poſeidon's hingegeben; die Göttin bedeckte das
keuſche Antlitz vor dem Anblick des Frevels mit der Aegis, und
die Königstochter ward im Momente der Luſt ſelber vom Schauer
des Todes erfaßt; die Lippen lechzen um die dunkle Tiefe des
Mundes nach dem entſchwindenden Leben, mit anfänglicher Weh=
muth ſtarrt das brechende Auge ins Weite; durch das langwal=
lende Haar winden ſich Schlangen wie eine unheimliche Zierde,
ſie verflechten ſich unter dem Hals, und eingerahmt von dem
dunkeln Schatten, den ſie werfen, glänzt der Marmor des An=
geſichts mit der Bläſſe des Todes. Es iſt eine urſprünglich edle,
großartige, aber gefallene Natur, die den angeborenen Adel auch
in der Verwilderung der Luſt und in der Angſt des Todes nicht
verliert, ſondern in den feſten Zügen der Geſtalt bewahrt, und
gleich einer untergehenden Sonne das Auge des Beſchauers an ſich

7*

fesselt. Auf dem Reliefbild der Medusa in der Villa Ludovisi
schließt sich ihr Auge im Todesschlummer, und das Schauerliche
im Auflösungsproceß des Lebens geht über in jene verklärende
Ruhe des Todes, die uns aus den Widersprüchen und Kämpfen
der irdischen Welt entstrickt und den Widerschein eines höhern
Friedens um sich verbreitet. Dies fehlt bei Schlüter's Masken
der sterbenden Krieger am Berliner Zeughaus, welche Leib und
Noth des Kriegs veranschaulichen.

Als ein anderes Beispiel von der Ueberwindung des Häßlichen
betrachten wir die Satyr-, Faun- und Silensgestalten wie sie
Praxiteles feststellte. Da ist die Teufelsähnlichkeit dieses halb-
thierischen und nichtsnutzigen Geschlechts mit seinen Bocksfüßen
und Bocksprüngen nicht mehr zu sehen; der Faun, am Baumstamm
angelehnt, in süßer Ruhe träumend und sinnend, ist vielmehr eine
über alles Gemeine erhabene Verkörperung dieses behaglichen Zustandes selbst; der schlauchähnliche Silenos blickt mit Humor und
Selbstironie auf den Weinschlauch unter seinem Arm, aus dem
aber jetzt ein Wasserbrunnen fließt, oder er wiegt liebevoll das
Bacchuskind als den Freudebringer einer bessern Zeit auf dem
Arme. Wenn dort die äußere Gestalt von einem Hauche der
Schönheit umflossen ist, so leuchtet hier ein Gedanke sinnvoll aus
den weniger wohlgefälligen Formen hervor, wie die göttliche Seele
des Sokrates aus der verhüllenden Körperlichkeit.

Wir können noch an die Büste dieses Weisen selbst erinnern,
verweilen aber lieber bei der des Aesop, die wir dem Genie des
Lysippos oder seines Schülers Aristodemos verdanken.

Ich war Sklav' und Krüppel am Leib, in bettelnder Armuth
Gleich dem Iros, und doch liebten die Götter auch mich,

läßt ihn ein altes Epigramm sagen. In anspruchslosen Thier-
geschichten hielt er den Menschen einen so klaren Spiegel ihres
eigenen Thuns und Treibens vor, daß er den Weisen Griechenlands beigesellt wurde; er wird als zwerghaft verkrümmt geschildert, aber die äußere Mißbildung hat gerade seinen Geist gereizt
in sich zu gehen und im Scharfsinn und Witz der Dialektik seine
Stärke zu bezeugen. Form und Haltung des Gesichts weist auf
die Verzerrung des Leibes durch den Höcker hin, aber in der
Feinheit und Sinnigkeit des Auges überstrahlt der Reichthum des
Gemüths die gebrechliche Armuth des Körpers; wir lachen nicht
über die Mißgestalt, wir betrachten ihn mit Rührung und Mitleid,

weil ein so kluger Kopf an diesen krüppelhaften Leib gebunden ist, und wünschen ihn doch auch nicht anders, weil die Seele, die ihre Kraft im Aufbau eines vollen schönen Leibes befriedigt, nicht leicht zu einer eigenthümlichen Verfeinerung gelangt, zu der sie durch die Verkümmerung des körperlichen Lebens selber als zu einem Ersatze hingeleitet wird. Indem der Künstler eins an das andere knüpft, eins aus dem andern entwickelt, überwindet er das Häßliche dadurch daß der Ausdruck geistiger Kraft in selbstbewußter Klarheit siegreich aus der gedrückten und verkrüppelten Form und über sie sich erhebt. Wir werden nicht abgestoßen, sondern angezogen, möchten gern den schalkhaften und treffenden Worten lauschen die diese Lippen versprechen.

Wenn sich der Begriff einer Kunst vorzugsweise nach dem bestimmt was von ihr allein geleistet wird, worin sie es den andern Künsten zuvorthut und deren Hülfe nicht bedarf, so werden wir trotz mancher neueren Einsprache mit Lessing und Winckelmann daran festhalten daß die Darstellung der Leibesschönheit die Aufgabe der Plastik ist, und daß schon hieraus die Ruhe und beruhigende Macht ihrer Werke folgt. Ich sage Leibesschönheit, da im Schönen stets das Geistige, die Idee einbegriffen ist, und darum der Leib die Seele ausdrückt, das charakteristische Wesen derselben veranschaulicht; aber die sinnlich tastbare formale Wohlgefälligkeit wird doch betont. Die Poesie ist die Kunst des Gedankens, sie offenbart den Geist wie er durch Wort und That in der Folge der Zeit das innere Wesen entfaltet und verwirklicht; wollte sie was gleichzeitig im Raume nebeneinander vorhanden ist schildernd beschreiben, so erführen wir doch nur eins nach dem andern; aber gerade die Uebereinstimmung des Mannichfaltigen zur Einheit des Ganzen, das Zusammensein der Erscheinungen würde uns entgehen oder der eigenen Phantasie überlassen bleiben. Eben dies zu veranschaulichen ist Sache des Bildners. Zur Beschreibung eines Gesichts reicht für die einzelnen Theile die Sprache nicht aus; die Worte: feine Nase, glatte Stirn, volles Kinn, edler Mund, ermangeln doch der scharfen Bestimmtheit, und wie dann die einzelnen Theile zusammenwirken das gerade ist die Hauptsache. Homer verzichtet darum auf das Ausmalen von Helena's Schönheit, er schildert sie nur in ihrer Wirkung, wenn selbst die troischen Greise es begreiflich finden daß um solch ein Weib zehn Jahre lang ein Völkerkampf gestritten wird, und erregt dadurch unsere Phantasie sich ein Bild von ihr zu ent-

werfen. Der Maler Zeuxis stellte nicht, wie Graf Caylus wollte,
begierlich blickende Graubärte um sie herum, sondern gab nur die
Gestalt der Helena in harmonischer Entfaltung ihrer reizenden
Glieder, und durfte jene Worte Homer's unter sein Werk schreiben.
Das Gleichniß Plutarch's behält seine Gültigkeit: „Wer mit dem
Schlüssel Holz spalten und mit der Axt Thüren öffnen will, ver=
dirbt nicht sowol beide Werkzeuge, als er sich auch des Nutzens
beider beraubt."

Der Plastiker, sahen wir, stellt in der ganzen Gestalt den
ganzen Geist des Menschen dar, den Charakter oder die Grund=
stimmung des Gemüths (τὸ ἓν καὶ μέγα ἦϑος, wie Aristoteles
sagen würde), nicht einzelne vorübergehende Regungen oder Be=
wegungen; aber wie die Ruhe des Körpers eine bewegungsfähige
sein mußte, so braucht er auch im Geiste die Affecte nicht zu ver=
meiden, wenn er sie unter der Herrschaft des Selbstbewußtseins
hält und dieses als in und über ihnen waltend zeigt, und wenn
er die Aeußerung der Affecte durch die leibliche Geberde innerhalb
der Grenze der Schönheit geschehen läßt. Reinigende Läuterung,
Mäßigung und Bindung des Charakteristischen oder Leidenschaft=
lichen unter die allgemeingültige Linie der Schönheit und unter
die stille Macht des sittlichen Geistes tritt hier als das Gesetz der
Kunst hervor, die nicht Nachahmung, sondern Verklärung des
Lebens ist.

Winckelmann sprach über den Laokoon das berühmte Wort:
„Sowie die Tiefe des Meeres allezeit ruhig bleibt, die Oberfläche
mag auch noch so wüthen, ebenso zeigt der Ausdruck in den Fi=
guren der Griechen bei allen Leidenschaften eine große und gesetzte
Seele." Lessing knüpfte daran folgende Erörterungen: Schönheit
war ihnen das höchste Gesetz der bildenden Künste. Daraus folgt
nothwendig daß alles andere, wenn es sich mit ihr nicht verträgt,
gänzlich weichen, und wenn es sich mit ihr verträgt, ihr wenig=
stens untergeordnet sein müsse. Es gibt Leidenschaften die sich in
dem Gesicht durch die häßlichsten Verzerrungen äußern und den
ganzen Körper in so gewaltsame Stellungen setzen daß all die
schönen Linien, die ihn in einem ruhigen Stande umschreiben,
verloren gehen. Dieser enthielten sich also die alten Künstler ent=
weder ganz und gar, oder setzten sie auf geringere Grade herunter,
in welchen sie eines Maßes von Schönheit fähig sind. Wuth
und Verzweiflung schändete keins von ihren Werken; Zorn setzten
sie auf Ernst herab, Jammer ward in Betrübniß gemildert.

Soweit ſich Schönheit und Würde mit dem Ausdruck des Schmerzes bei der Opferung Iphigenia's verbinden ließ, ſo weit trieb ihn
Timanthes; den Jammer, der ſich durch Verzerrungen äußert,
verhüllte er.

Es galt den griechiſchen Meiſtern die beſtimmten maßgebenden
Eigenſchaften des Weſens zu finden und ſie in charakteriſtiſcher
Form auszuprägen, indem alles entfernt wurde was den herr-
ſchenden Eindruck ſtören oder ſchwächen konnte. Haltung, Geberde,
Miene ſollte nichts Vorübergehendes, Zufälliges, ſondern der Ausdruck des Bleibenden, des Weſenhaften ſein. Die heitere Ruhe,
die der Stoiker wie der Epikureer als das Ziel des Denkens und
Lebens anſtrebt, ſie wollte das Volk in den Idealen der Plaſtik
verwirklicht ſehen.

Blicken wir auf das Geiſtige zurück, ſo iſt ein überwältigender
Affect deshalb unplaſtiſch, weil er das Gleichgewicht der Seele,
ihre Faſſung aufhebt und den idealen Schwerpunkt verrückt, weil
der Menſch außer ſich geräth und die Freiheit verliert, und deshalb ſtatt der harmoniſchen Totalität vielmehr der Selbſtverluſt
des Geiſtes unter der Gewalt eines einſeitigen Triebes oder äußern
Einfluſſes erſcheint. Da wird dann auch das Angeſicht nicht vom
Ineinanderſpielen verſchiedener Kräfte belebt, ſondern eine einzige
hat alle herriſch unterworfen und peinlich gefeſſelt; der Ausdruck
des alleinigen Affects erſcheint als verzerrender Krampf, die Züge
ſelber erſtarren. Der Künſtler muß daher über die Leidenſchaft
die Faſſung der Seele triumphiren laſſen, er muß in der augenblicklichen Erregung doch die Herrſchaft des Gemüths zeigen und
den aufbrauſenden Affect unter die Willensmacht der ſittlichen
Freiheit bändigen; dadurch wird dann auch in der äußern Erſcheinung das Gleichgewicht nicht zerſtört, ſondern ſiegreich über die
drohende Störung hergeſtellt, dadurch das Ebenmaß bewahrt und
die nothwendige Ruhe in der Bewegung gewonnen.

Iſt die urſprüngliche Anlage der Geſtalt von dem feſtgegrün-
deten Adel der Form getragen, ſo werden die Wellen der Herzens-
erſchütterung über ſie hinzittern ohne ſie zu verletzen oder zu ent-
ſtellen, ſo wird durch dieſe doch der dauernde Kern hindurchſchim-
mern. „Die feſte Norm des griechiſchen Profils", ſagt Anſelm
Feuerbach, „beſonders aber die Linie der Stirn und Naſe, iſt ein
unerſchütterlicher Damm, welchen der reißendſte Strom der Leidenſchaft nie ganz durchbrechen kann; es liegt außerhalb der Grenzen
ſelbſt der blos phyſiſchen Möglichkeit einem griechiſchen Profil die

stürmische Gewalt des Ausdrucks mitzutheilen, deren jeder andere Kopf, z. B. der römische, fähig ist, wo die bloße ruhige Form schon als ein natürlicher Prototyp der Leidenschaft erscheint; dafür ist aber auch an einem griechischen Kopf der feinste Zug entscheidend."

Hören wir wieder unsern Lessing; er sagt übereinstimmend mit dem was wir früher über die leibliche Bewegung festgestellt, jetzt ein Aehnliches in Bezug auf vorübergehende Seelenerregungen: „Ein einziger Augenblick erhält durch die Kunst eine unveränderliche Dauer; so muß er nichts ausdrücken was sich nicht anders als transitorisch denken läßt. Alle Erscheinungen zu deren Wesen wir es nach unserm Begriff rechnen daß sie das was sie sind nur einen Augenblick sein können, alle solche Erscheinungen, sie mögen angenehm oder erschrecklich sein, erhalten durch die Verlängerung der Kunst ein so widernatürliches Ansehen, daß mit jeder wiederholten Erblickung der Eindruck schwächer wird und uns endlich vor dem ganzen Gegenstand ekelt oder graut." — Drückt dagegen der Bildhauer das Vermögen des Affects aus, aber gehalten von der einheitlichen Stimmung des Gemüths, oder zeigt er die geistige Freiheit wie sie über die sich empörende Leidenschaft Herr geworden, so enthüllt er uns das Leben der Seele auf eine würdige Weise, und wir werden ihre Erhabenheit um so mehr bewundern je größer das Leid ist aus dem sie sich erhebt, je stärker die Aufregung die sie bemeistert. Aber nicht das Leid, nicht die Aufregung als solche, sondern die Erhebung, diese Bemeisterung, diese Verklärung des Kampfes in den Sieg wird der Ausgangs- und Zielpunkt der Plastik sein.

Noch in der Zeit nach Alexander dem Großen haben die griechischen Künstler in Pergamos selbst in den Bildsäulen der Barbaren, und zwar in der Darstellung eines verzweifelten Untergangs in der Schlacht, diese Herrschaft des Geistes meisterhaft ausgedrückt. Ich meine jenen Gallier in der Villa Ludovisi, der das getödtete Weib zu seinen Füßen mit dem linken Arm hält und kühnen Trotzes voll gegen die siegreichen Feinde hinblickend seine Freiheit im Tode bewahrt, indem er sich das Schwert in die Brust stößt; ich meine den sterbenden Fechter des Capitols, der auf den Schild dahingesunken die todwunde Brust mit dem rechten Arm stützt und im Schmerze des Unterliegens als ein braver Soldat im Gefühl der Ehre sich würdig zu lassen weiß. Diese Männer sind innerlich vom Sturm leidenschaftlicher Ge-

fühle durchwühlt, aber es ſind Heldennaturen, deren Willen in
unbeugſamer Stärke und Hoheit mit todüberwindendem Muthe
ſich und den Leib aufrecht erhält; dieſe Männer ſind als Barbaren dargeſtellt, die ihre Leidenſchaft entfeſſeln um in gewaltſamem
Ringen ein Ziel zu erreichen oder zu zerſchellern, und dennoch
bewahrt ſie das in ſich gefaßte Selbſtbewußtſein vor der Schmach
der Knechtſchaft, ſie triumphiren im Untergang und erheben ſich
in das Reich der Freiheit. Es iſt nicht körperlicher Schmerz oder
gar Furcht vor dem Tode was aus den Zügen des ſterbenden
Fechters ſpricht, ſondern ein geiſtiges, tiefes Weh, was ihn, den
galliſchen Heerführer, ergriffen hat, weil er am Entſcheidungs-
kampf der Seinen keinen Antheil weiter nehmen kann, indem
bereits die Faſern, die ſonſt der Sitz der energiſchen Spannkraft
ſind, erſchlaffen und aus dem Lebensverbande weichen. Dagegen
rafft der andere noch einmal alle Stärke zuſammen um im letzten
Augenblick der Freiheit ſie ſich für die Ewigkeit zu retten; es
iſt kein Selbſtmord haltloſer Verzweiflung, ſondern ein erhabener
Opfertod.

Herrlicher und einleuchtender noch als bei dieſen realiſtiſch
behandelten hiſtoriſchen Geſtalten erſcheint die Erhebung des Gemüths aus der Verſtrickung in den Kampf des Lebens wie ſie die
Siegesfreude des Apolls von Belvedere zeigt, die idealiſtiſche Verkörperung eines dichteriſchen Gedankens. Wie die Sonne aus den
Wetterwolken tritt er in ſtolzer Klarheit uns entgegen, von der
vollbrachten That kehrt er zur ſeligen Ruhe ſeiner Göttlichkeit
zurück; noch aber erſcheint er durch ſeine kühne Stellung in lebhafter Bewegung, indem er eben von dem linken Fuß ſich umkeh-
rend, die Wucht ſeines Körpers auf den rechten geworfen hat; er
iſt nicht ſtill in ſich verſenkt und abgeſchloſſen, ſondern von einem
Affect erfüllt, der ſeine Thätigkeit nach außen gewandt hat, und
ſtatt der architektoniſchen Strenge der alten Cultusbilder, welche
einen Beſchauer erwarten der ſich in ſie vertieft, ſchreitet er uns
mit überraſchender Macht entgegen, bringt auf uns ein wie der
Ton der Muſik, und iſt von einem maleriſchen Reiz umfloſſen.
Wir können das zugeben, auch Feuerbach hat es gethan, ohne uns
die Luſt an dem wundervollen Werk ſtören zu laſſen, und wenn
wir den Begriff und das Geſetz der Plaſtik auch vorzugsweiſe
auf den epiſchen Stil der Phidias begründen, ſo brauchen wir
darum die dramatiſche Lebendigkeit dieſer Statue, die eine reiche
Handlung in einen hiſtoriſchen Moment concentrirt, noch keine

theatralische zu nennen, und dürfen namentlich was die über die einzelne Erregung sich kundgebende Macht des einen und ganzen Geistes betrifft, in Winckelmann's Hymnus einstimmen, wo es heißt: „Von der Höhe seiner Genügsamkeit geht sein erhabener Blick wie ins Unendliche weit über seinen Sieg hinaus. Verachtung sitzt auf seinen Lippen, und der Unmuth, welchen er in sich zieht, blähet sich in den Nüstern seiner Nase und tritt bis in die stolze Stirn hinauf. Aber der Friede, welcher in seiner seligen Stille auf derselben schwebt, bleibt ungestört und sein Auge ist voll Süßigkeit wie unter den Musen, die ihn zu umarmen suchen."

Die lächelnde Miene der alterthümlichen Götterbilder erscheint uns steif und kalt, und bei den äginetischen Helden mitten im Kampf ein Widerspruch; ich glaube daß sie von dort hierher übertragen ist, daß sie dort die Seligkeit der leicht hinlebenden Götter und ihren Blick der Gnade für die verehrenden Menschen ausdrücken sollte, hier den freudigen Gleichmuth, der den Heros auch in der Noth des Schlachtgetümmels nicht verläßt; zugleich eine naiv symbolische Andeutung von der Heiterkeit der Kunst gegenüber dem Ernst und Schmerz des Lebens.

Wie aber die Kunst selbst in das Leid eingeht um es darstellend zu läutern und zu verklären und dadurch eine seelenreinigende Macht über das betrachtende Gemüth zu üben, davon ist uns die Niobe das bewunderungswürdigste Beispiel. In der Hoheit ihrer Gestalt, in dem anmuthigen Fluß der Linien die sie umschreiben, in dem emporgerichteten Arme sehen wir die ursprüngliche Größe der Königin, die dadurch zum Uebermuth verleitet ward; der Stolz der Mutterliebe gab ihr ein vermessenes Wort ein, nun sucht sie unter der Wucht der Schicksalsschläge noch das jüngste Kind mit der Innigkeit der Mutterliebe rettend zu schirmen. Schmerzerschüttert blickt sie nach oben, nach den Göttern empor, als ob sie mit ihnen rechten wollte; da fühlt sie das Walten der ewigen Gerechtigkeit und bewahrt ihre Größe in der würdevollen Ergebung, mit der sie ihr Verhängniß trägt. Gleich fern von Trotz wie von zerschmelzendem Leid und demüthiger Bitte ist sie in dem Augenblick aufgefaßt wo der unwillkürliche Thränenstrom hervorbrechen wird; darauf deutet das Zusammenziehen der Augenbrauen in der Mitte und die zuckende Bewegung des innern Theils der untern Lider; noch behauptet sie ihre Fassung, und die edle Größe ihrer ganzen Natur bürgt uns dafür daß der Schmerz

ihr zur Sühne wird. Wie eine Sophokleiſche Tragödie ſteht ſie
vor uns da, die verſchiedenen Gemüthsbewegungen begrenzen und
mildern einander zu einer tief harmoniſchen Wirkung.

Von der Niobe ſcheint auch Schelling bei der Aufſtellung des
Satzes ausgegangen zu ſein daß die Leidenſchaft von der Schönheit ſelbſt gemäßigt werden ſoll. Der Erregung des Affects ſoll
eine poſitive Kraft entgegengeſetzt werden. Wie die Tugend nicht
in der Abweſenheit der Leidenſchaften, ſondern in der Gewalt des
Geiſtes über ſie beſteht, ſo wird Schönheit nicht bewährt durch
Entfernung oder Verminderung derſelben, ſondern durch die Gewalt der Schönheit über ſie. Die Kräfte der Leidenſchaften müſſen
ſich alſo wirklich zeigen, es muß ſichtbar ſein daß ſie ſich gänzlich
empören könnten, aber durch die Gewalt des Charakters nieder-
gehalten werden, und an den Formen feſtgegründeter Schönheit
wie Wellen eines Stromes ſich brechen, der ſeine Ufer eben an-
füllt, aber nicht überſchwellen kann. Die Urkraft des Gedankens,
die ſittliche Weihe des Herzens kann ſich in ruhigem Zuſtande, ſie
kann ſich lebhafter noch im Kampf bewähren; die Schönheit der
Seele zeigt ſich vornehmlich durch ihre Macht über die Leidenſchaften, deren Sturm den Frieden des Lebens unterbricht.
Schelling weiſt darauf hin, wie es gegen Zweck und Sinn der
Kunſt geſündigt wäre und Mangel an Empfindung im Künſtler
ſelbſt verriethe, wenn er die Kraft des Schmerzes oder empörten
Gefühls zurückhalten wollte; ſchon dadurch daß die Schönheit auf
große und feſte Formen gegründet zum Charakter geworden iſt,
hat ſich die Kunſt das Mittel bereitet ohne Verletzung des Ebenmaßes die ganze Größe der Empfindung zu zeigen. Denn wo
die Schönheit auf mächtigen Formen wie auf unverrückbaren Säulen ruht, läßt uns ſchon eine geringe und jene kaum berührende
Veränderung ihrer Verhältniſſe auf die große Gewalt ſchließen,
welche nöthig war ſie zu bewirken. Noch mehr heiligt Anmuth
den Schmerz. Ihr Weſen beruht darauf daß ſie ſich ſelbſt nicht
kennt; wie ſie nicht willkürlich erworben wird, geht ſie auch nicht
verloren, und ſteht als ungeſuchte Hüterin bei der leidenden Geſtalt. Die Seele aber tritt auch im Tode ſiegreich hervor, indem
ſie ihr Band mit dem ſinnlichen Daſein auflöſt um ihr göttliches
Theil zu bewahren. Aeußere Gewalt kann ihr nur äußere Güter
rauben, nicht das ewige Band wahrhafter Liebe zerreißen. Nicht
hart und empfindungslos oder die Liebe ſelbſt aufgebend zeigt ſie
vielmehr dieſe ſelbſt im Schmerz als die das ſinnliche Daſein

überdauernde Empfindung, und erhebt sich so über den Trümmern
des äußern Lebens oder Glücks in göttlicher Glorie.

Der Laokoon dagegen ist ein Aeußerstes der Plastik; der Ausbruch des Schmerzes ist größer als die Macht des Geistes; das
Motiv wechselseitiger Liebe zwischen dem Vater und den Söhnen
ist zu wenig hervorgehoben, die Gruppe ist mehr vom Künstler
wohl berechnet und durch die umwindenden Schlangen gebunden,
als innerlich durch die eigene Wesenheit gegliedert und geeint. Mit
überlegter Weisheit haben die drei rhodischen Meister nicht Brust
und Leib des Vaters und der Söhne von Schlangen umschnürt
sein lassen, wodurch bei dem Anblick wulstiger Massen das be-
ängstigende Gefühl des Erstickens in uns wachgerufen würde, sondern die Füße und Arme sind umstrickt, die Organe der Bewegung
und Kraftäußerung sind gehemmt, und dadurch mitten im heftigsten Kampf Halt und Ruhe, oder wie durch eine Fesselung hergestellt. Indeß was Goethe an dem Werke preist, es sei ein
fixirter Blitz, eine Welle versteinert im Augenblick da sie gegen
das Ufer anströmt, das verkehrt sich mir zum Tadel, indem hier
ein Moment dauernd befestigt ist in welchem wir weit mehr die
Macht eines Affects in der physischen Anspannung der Muskeln
und dem Angstschrei der Natur als die das Leid durch Fassung
und Ergebung oder Erhebung überwindende Seele und die siegreiche Freiheit des Geistes sehen. Die wohl abgewogene Symmetrie der Composition gibt uns etwas von der Beruhigung, die
das heftige Pathos, der geistige und körperliche Schmerzenskampf
entbehrt; eine milde Wehmuth wird dadurch über das Werk ausgegossen; oder, wie Vischer urtheilt, Laokoon leidet so schrecklich,
daß der Ausbruch des die physische und moralische Qual nieder-
kämpfenden Willens in der That weniger in irgendeinem besondern
Zuge als in dem ungestörten Adel aller Form und Bewegung, in
der reinen Form und der Auge und Sinn beruhigenden Kreis-
schwingung aller Linien der ganzen Gruppe als ein unsichtbar
sichtbar ergossener Geist keuscher Grazie zu suchen ist. Nur daß
doch die Anstrengung des Moments die Muskeln alle im Einzelnen übermäßig hervortreibt und auch im Gesicht die größern
Flächen auf Stirn und Wange zerreißt; nur daß die Kunst wie
der Meißel — nach Brunn's trefflicher Erörterung — der Muskel-
faser stets ihrer Länge nach folgt, dieselbe mit großer anatomischer
Kenntniß hervorhebt, aber auch diese Kenntniß der Meister zur
Schau trägt, die Weichheit der feinen Uebergänge vermissen läßt

und die Hülle des Fettes und der Haut vernachläſſigt, die in der
Natur das Einzelne zu größern Maſſen zuſammenfaſſen, ſcharfe
Abſätze vermitteln und die Wirkſamkeit der beſondern Muskeln
mehr ahnen als materiell erkennen laſſen. So ſehe ich im Laokoon
eine mit entſchiedenſtem Erfolg auf den Effect gearbeitete Darſtellung des Affects, mehr ein Werk ſcharfen und feinen Verſtandes
als des begeiſterten Genius.

Es iſt höchſt bewundernswürdig wie Winckelmann, der doch
nur Werke ſpäterer Zeit oder Copien aus den erſten Blütentagen
der helleniſchen Sculptur vor Augen hatte, das urſprüngliche
Weſen und Grundgeſetz derſelben erkannte, und das einfach Große
im Ganzen wie im Einzelnen forderte. Denn wie die Einheit des
Geiſtes in ſeiner Totalität, ſo ſoll auch die Einheit der leiblichen
Erſcheinung in ihrer Gliederung hervortreten, und in allen einzelnen Gliedern muß wieder das Bedeutende als ſolches klar ausgedrückt und als die zuſammenhaltende und beherrſchende Form
der weitern feinern Detailbildung dargeſtellt werden. Die innere
Größe will in äußerer Kraft und Fülle erſcheinen und ſich nicht
zerſplittern und in Nebendinge auflöſen laſſen; wo das Beſondere
für ſich gelten will und prätenliös aufſpreizt, da entſteht die Auflöſung des plaſtiſchen Ideals in der Ueberladung und eiteln Ge-
fallſucht der Zopfmanier. Aber ebenſo iſt der plaſtiſche Geiſt voll
Charakter, und dieſer verlangt die feſte Beſtimmtheit der Körperform, ſtatt des ſchwammig Zerfließenden oder jener ſchlangen-
artigen weichen Fettmaſſen der indiſchen Götterbilder, denen das
feſte Knochengerüſte und die ſtraffen ſchwellenden Muskeln zu fehlen ſcheinen, während jenes von den Aegyptern, dieſe von den
Aſſyriern zur Hauptſache gemacht werden, bis erſt die Griechen
alle Elemente zum Einklang bringen.

Der Sinn für architektoniſche Strenge bei den Aegyptern war
aber der rechte Ausgangspunkt für den plaſtiſchen Stil; denn wenn
dieſer auch zur Freiheit des perſönlichen Lebens fortgeht, ſo gibt
er dieſelbe doch nicht als Willkür und Einſeitigkeit des Indivi-
dualismus, ſondern als Erfüllung des Geſetzes der Nothwendigkeit. Er ſucht alſo nach den feſten Maßen, nach einem Kanon
für den Bau des menſchlichen Organismus, der in ſeiner rhyth-
miſchen Gliederung überall in ungleiche Theile geſondert wird, die
aber durch die vollendetſte Proportion untereinander verknüpft ſind,
indem ſich ſtets der kleinere zum größern wie der größere zum
Ganzen verhält. Kleine Abweichungen dieſer Grundnorm geben

einen charakteristischen Ausdruck, größere erscheinen aber sogleich als häßlich. Es war die große Bedeutung Polyklet's in der Kunstgeschichte daß er die Schönheit der Form als solche in der Menschengestalt durch die Wahrheit einer gesetzmäßigen Bildung vor allem herzustellen suchte. Wie er einsah daß das Maß das Beste sei, so sagte man von ihm er allein habe die Kunst in einem Kunstwerke dargestellt, so ward er der Lehrer aller Zeiten nach ihm. Der menschliche Körper ist aber in verticaler Richtung ein symmetrisches Ganzes, das aus zwei aneinandergefügten Hälften besteht, deren eine wie das Spiegelbild der andern erscheint. Im wirklichen Leben wird durch Uebung und Arbeit gewöhnlich die rechte Seite mehr ausgebildet; die Kunst wird diesen Unterschied nicht machen, sie wird vielmehr hier im Grundbau die mathematische Regelmäßigkeit und im Unterschiede des Gleichen bei verschiedener Haltung und Stellung die Einheit bewahren.

Schönheit ist Größe und Ordnung, sagte der griechische Weise, der von plastischen Kunstwerken umgeben, von ihren Eindrücken erfüllt war. Die Größe aber verwirklicht sich dadurch daß die Hauptlinien, welche eine Gestalt umgeben, sich in ununterbrochenem Fluß in ihrer Ganzheit geltend machen, sodaß diese nicht wie aus verschiedenen Bestandstücken zusammengesetzt, sondern das Mannichfaltige als der Wechsel ihrer einigen Bewegung erscheint; die Ordnung wird sichtbar, wenn die Hauptteile sich klar in umfassenden Massen voneinander abheben und unterscheiden lassen. Mit größerer Deutlichkeit als in der gewöhnlichen Natur wird demnach der Bildner die Furche des Rückens und die Mittellinie einzeichnen die von der Halsgrube nach der Beckenspalte hin die Brust von unten nach oben symmetrisch theilt, aber auch die drei Querlinien angeben die jene stufenförmig durchschneiden. Die Oberfläche des Körpers ist nirgends eigentlich rund, nirgends ganz platt; sie nähert sich der ebenen Fläche auf der Brust des Mannes, der Halbkugel bei dem weiblichen Busen, sie tritt in Linien die dem Kreisausschnitte verwandt sind an der Schulter, der Hüfte, dem Sitzmuskel hervor. Der Bildner läßt das Flächenhafte wie das Runde bestimmt erscheinen, weiß es aber durch sanfte Uebergänge so zu versöhnen daß die Einheit des Ganzen nicht zerstückelt wird. Der weich gerundete Unterleib wird von der Brustfläche über ihm wie von den Bewegungsorganen unter und neben ihm bestimmt gesondert, die Leistenlinie schärfer angegeben als es in der Natur gewöhnlich ist. Die herrschenden Bewegungs-

musteln der Arme und Beine ſchwellen in ihrem Zug deutlich
hervor. So gewinnen wir mehrere größere Partien, die aber bei
der Stellung und Bewegung des geſchmeidigen Leibes bald mehr
bald weniger ſich geltend machen. Die Gelenkabſätze des Knochen-
gerüſtes beſtimmen die Ausdehnung der großen Muskelzüge; ſo
wirkt das Skelet als charakteriſtiſche Grundlage durch die ganze
Geſtalt hin, ohne daß im Werk der Kunſt das Weiche und Feſte
geſondert wäre. Wo die Knochen ſchärfer hervortreten und dicht
unter der Haut liegen, läßt auch der Künſtler ihre Gegenwart
unter der umſchließenden Hülle wahrnehmen, und gewinnt dadurch
Energie, Wahrheit und mannichfaltiges Leben. Elnbogen, Schultern, Knie, Knöchel bilden in ſeiner Schärfe angedeutet die Punkte
von denen die Muskelzüge beginnen, durch deren Anſchwellen dann
Kraft und Fülle der Form hervortritt, während die Stellen ihrer
Anſätze eingeſenkt die Leichtigkeit des Skelets angeben, und ſo die
impoſante Energie mit Zierlichkeit und ſchlanker Feinheit verbunden
wird. Die Hauptflächen welche den Körper umgrenzen, die Haupt-
muskeln die ihn tragen und bewegen, werden möglichſt anſchaulich
hervorgehoben, wenn alles Zufällige oder für das innere Leben
Unweſentliche ausgeſchloſſen oder untergeordnet iſt. Dies verleiht
der ganzen Darſtellung höhere Klarheit, ohne daß das Detail
vernachläſſigt oder die Friſche der Natur einem abſtracten und
conventionellen Idealismus aufgeopfert würde. Die Knochen bilden Hebel, indem ſie ſich gegenſeitig zu Stützpunkten dienen und
die Bewegungsmuskeln an zwei verſchiedenen Knochen anhaften,
die ſie durch Zuſammenziehung einander annähern. Indem dieſe
Muskeln nun über das Gelenk hinwegſetzen und an den Knochen
des benachbarten Gliedes ſich anſchließen, verlängern ſie für das
Auge das Glied dem ſie eigentlich angehören, und indem auch
von jenem zu dieſem ein Muskel ſich erſtreckt, kann er von der
einen oder von der andern Seite jenes größer erſcheinen laſſen.
Im Spiel der Bewegungen entwickeln ſich hier vielfache Reize.
Das ſich Durchkreuzende hält ſich die Wage, die convexe Linie
umſchließt die concave. Emeric David, der in einer gekrönten
Preisſchrift: „Recherches sur l'art statuaire" dieſes und anderes Detail genau unterſucht und geſchildert hat, verweiſt namentlich auf die Incinanderfügung der Beine und Schenkel. Die innere
Curve des Schenkels ſteigt herab bis unter das Knie, wo der
Schneidermuskel anſetzt, die äußere Curve des Beins ſteigt bis
über den Kopf des Schenkelbeins hinauf; die Knieſcheibe iſt klein,

die Sehnen sind kurz, das Knie wird leichter, die beiden Haupt-
partien erscheinen länger. Wie hoch erscheint der Schenkel des
Apoll von Belvedere! das Bein wie leicht, stark und bereit sich
zum Himmel aufzuschwingen durch die Verwerthung dieser Erkennt-
niß! Ihr gemäß das System der Natur in der Verbindung der
Glieder fühlen zu lassen bewirkt eine solche Illusion, daß man die
Proportionen des Unterkörpers bei der gedachten Statue über das
Normalmaß vergrößert glaubte.

Dann müssen die Nebenpartien selbst dazu dienen den Eindruck der Hauptpartien zu verstärken, wie wenn das Anschwellen
einer großen Muskellinie durch ein sanftes Wellenspiel in immer
höhern Stufen vor sich geht, dieses letztere aber doch so beherrscht,
daß nicht eine Folge verschiedener Contouren, sondern ein einziger
Contour aufgefaßt wird. Das Feine bildet man so fein, das
Starke so stark als möglich, und sie werden gerade im Contrast
einander zur Geltung bringen, wenn es dem Künstler gelingt zugleich das Gegensätzliche durch vermittelnde Uebergänge zur Einheit zu versöhnen. Was das noch feinere Detail der Adern und
Hautfalten angeht, so sind die Alten in der Angabe wie im
Uebergehen gleich bewundernswerth. Am verklärten Leibe des selig
ruhenden Götterbildes, an den Gestalten aufblühender Jugend erscheinen sie nicht, oder nur dann wenn die Anstrengung der Handlung sie hervortreibt, und in dieser Beziehung ist z. B. die an
Laokoon's Hals vorschwellende Ader von großer Wirkung, oder
sind die Brüche der harten schwieligen Haut am Fuße des sterbenden Fechters bedeutsam für die Bezeichnung einer rauhern Bar-
barennatur. Bei Thieren erscheinen die Adern, als die Röhren
die den Lebenssaft leiten, stärker, weil bei ihnen der Ausdruck
sinnlicher Lebenskraft, nicht die Darstellung geistiger idealer Cha-
raktereigenthümlichkeit die Aufgabe ist. Das arbeitvolle Mannes-
alter drängt Adern und Sehnen mehr hervor bei den Menschen,
wie bei dem Farnesinischen Hercules, während die Götter leicht
dahinleben. Aber überhaupt dürfen die Adern nicht durch einen
überhäuften Wechsel von Licht und Schatten die Fläche, die sie
durchziehen, unruhig machen, sondern durch ihr Erscheinen und
Verschwinden können sie die Fläche bereichern und beleben, wenn
sie die allumspannende Haut erhöhen, oder von ihr bedeckt bleiben.
Denn die Natur hat die Lagerung der Knochen und Muskeln in
ihrer Schärfe durch die Ansätze des Fettes gemildert, die besonders dem weiblichen Körper die größere Formenfülle und Formen-

weichheit geben, und von der Sculptur nicht vernachläſſigt werden
dürfen, weil ohne ſie der Leib in magerer Dürftigkeit baſtünde,
zumal ſelbſt der Laokoon eben wegen der virtuoſenhaften Muskel-
darſtellung einen Anflug von der Trockenheit anatomiſcher Prä-
parate ſchwerlich verleugnet. Das Ganze aber umhüllt die Haut
mit elaſtiſcher Dehnbarkeit, ſodaß alles unter ihr liegende durch-
ſchimmert, aber in ſeiner Mannichfaltigkeit von einer gemeinſamen
Einheit umſchloſſen iſt.

Wollen wir noch Einzelnes beachten, ſo kann bei dem Haar
nicht die Beſonderheit jeder einzelnen feinen Röhre wiedergegeben
werden, ſondern die Darſtellung ſeines Eindrucks als eines Ganzen in ſeinen Gliederungen und Maſſen mit ſeinen Lichtern und
Schatten iſt die Aufgabe der Kunſt. Dann müſſen wir wieder
darauf zurückkommen daß die Sculptur den ganzen in ſich geſammelten Geiſt im ganzen in ſich geſchloſſenen, auf ſich beruhenden
Leibe veranſchaulicht, daß ſie daher auf die Totalwirkung aller
Glieder, nicht auf die vorwaltende Durchbildung des Angeſichts
allein zu ſinnen hat. Die Geſchichte beſtätigt dies. Die Sculptur
beginnt als die Kunſt der Leibesſchönheit mit dem Körper als
ſolchem, und dieſer iſt bei den äginetiſchen Statuen ſchon meiſter-
haft durchgebildet, während den Köpfen noch der geiſtige Ausdruck
mangelt, und es war die That des Phidias auch dieſen in ſeiner
Charakterbeſtimmtheit aufzufaſſen und in feſten großen Zügen auszuprägen, es war die That des Skopas und Praxiteles auch
Seelenſtimmungen und Gemüthserregungen im Marmor auszuſprechen. Dagegen beginnt die chriſtlich germaniſche Malerei mit
dem Ausdruck des innern Lebens, dem allmählich auch die Formen des Geſichts gemäß werden, während der übrige Körper in
der Zeichnung noch ſtarr und unſchön bleibt und erſt ſpäter in
die Harmonie des Seelenausdrucks und des Angeſichts hineingezogen wird.

Lavater eifert gegen das griechiſche Profil und nennt es ein
langweilges Einerlei, das die perſönliche Beſtimmtheit der Phy-
ſiognomie unmöglich mache; wir erkennen in ihm das echt ideale
Geſicht der Plaſtik und preiſen den Schönheitsſinn der Hellenen,
der den ioniſchen Typus des runden großartigen Kinns, der gerad
abſteigenden Naſe, der einfach und ſanft ſchwellenden Wangen-
fläche, der mäßigen Stirn zum Ausgangspunkte ſeiner Idealbildung nahm. Denn dieſe Formen zeigen nicht blos den möglichſt einfachen Schwung der Umrißlinien in ununterbrochenem

Zuge, sondern sie haben noch die eigenthümliche Bedeutung daß die Einheit der beiden Gesichtspartien, der Stirn und der Augen, die dem geistigen Ausdruck vorzugsweise Träger sind, und der untern Theile, die mehr dem sinnlichen Leben dienen, wie der Mund als Organ der Nahrungsaufnahme, daß ihre Einheit dadurch sichtbar und klar zu Tage tritt, indem die Nase ohne jenen tiefern Einschnitt, der das Gesicht in zwei Hälften sondert, die Linie der Stirn ruhig und sicher hinabträgt und in diesem Zusammenhang mit der Stirn einen geistigen Charakter gewinnt, indem wieder der scharf markirte und stets bedeutungsvoll geschwungene Augenbrauenbogen als die Fortsetzung der Linien erscheint, die den breiten Rücken der Nase begrenzend von unten emporsteigen und in symmetrischer Verzweigung die innere Hälfte des Gesichts der Stirn fest anschließen, ja einfügen. Von reich wallendem Haar wird das Oval der heitern Stirn umkränzt, die nicht überragend hoch gebildet wird und nur für den Ausdruck gewaltiger Willensenergie in stärkerer Wölbung über dem innern Augenwinkel hervorquillt. Die kürzere Oberlippe, die vollere untere lassen leicht geöffnet den Mund als das Organ des freien Athmens, als das Organ der Rede erscheinen, und geben einem kräftigen, ausdrucksvoll belebenden Schatten Raum. Hegel bemerkt hierzu daß bei der Thätigkeit der Sinne, besonders beim strengen, festen Hinblicken auf einen Gegenstand, der Mund sich schließt, bei dem blicklosen, freien Versunkensein dagegen leise sich öffnet und die Mundwinkel sich nur um ein Weniges herunterneigen. In der sorgsamen Modellirung des Ohrs und der Andeutung seiner knorpeligen Beschaffenheit erkannte Winckelmann ein Kennzeichen für die Echtheit und Originalität antiker Statuen. Der anmuthig belebte Wechsel des Scharfen in der Zeichnung des Augenbrauenbogens, der Nasenkanten, der Augenlider und des Weichen in Wange, Kinn und Lippen, Stirn und wallendem Lockenkranze verleiht dem Ganzen architektonische Festigkeit und Klarheit beim Reize naturfreudiger Fülle.

Das Auge verdient noch eine besondere Beachtung. Die Sculptur, welche allein durch die Form wirkt, kann die Farbenunterschiede des Weißen, des Augapfels, der Pupille nicht wiedergeben, sie kann den Blick nicht ausdrücken, diese innigste Zusammenfassung des Gemüths und der seelenvollen Empfindung in blitzähnlicher Lebensäußerung, und braucht es nicht, wenn sie in der That die ganze Wesenheit des Geistes darstellen soll wie dieselbe

in die Totalität der Leiblichkeit ergoſſen, in der Materie verkör=
pert, nicht in ſich ſelbſt concentrirt erſcheint; ſie braucht es nicht,
weil der in die Welt hinausblickende oder ſie durch das Auge in
ſich aufnehmende Menſch hierdurch in Wechſelwirkung mit ihr
ſteht, durch die Plaſtik aber gerade als ſelbſtändiger und ſelbſt=
genugſamer, in ſich abgeſchloſſener und befriedigter Individual=
organismus abgebildet werden ſoll. Die ganze Geſtalt ſoll in der
Sculptur in ihrer vergeiſtigenden Durchbildung und Beſeeltheit
zum Spiegel des Geiſtes, oder, nach Hegel's ſinnvollem Worte,
zum Auge werden, das in klarer Schönheit das innere Leben ver=
körpert ausſpricht. Doch nennt Otfried Müller mit Recht auch
in der Plaſtik das Auge den Lichtpunkt des Geſichts; er fügt
hinzu daß die alten Künſtler ihm durch einen ſcharfen Vorſprung
des obern Augenlides und eine ſtarke Vertiefung des innern Augen=
winkels ein lebendiges Lichtſpiel, durch ſtärkere Oeffnung und
Wölbung Großheit, durch mehr aufgezogene untere Augenlider das
Schmachtende und Zärtliche, das ſogenannte Schwimmende oder
Feuchte zu geben verſtanden. Das Auge liegt ferner im Bildwerk
tiefer als in der Natur, die Stirn erſcheint dadurch bedeutender,
und gegen den ſo bewirkten Schatten erhebt ſich wieder die ver=
ſtärkte Wölbung. Beim Apoll von Belvedere, bei der capitoli=
niſchen Alexanderbüſte noch mehr, iſt das Oval des Auges ſo
gebildet daß die Fläche des Augapfels ſich ein wenig in ihrer
Rundung aufſteigend aus der Partie erhebt die vom Weißen ein=
genommen wird, und dann wieder die Mitte der Pupille etwas
eingeſenkt iſt und dadurch dunkler erſcheint; das Ausdrucksvolle
beider Köpfe wird dadurch wunderbar geſteigert, und ich ſtehe nicht
an, dies als das rechte Verfahren der Plaſtik gegenüber dem in
neuerer Zeit gewöhnlichen Einritzen der Umrißlinien von Pupille
und Augapfel auch für Porträtbüſten aufzuſtellen. Die Pupille
zu vertiefen, einen lichten Punkt aber doch erhaben ſtehen zu laſſen
iſt eine effectvoll maleriſche Hülfe.

Nach dem Urtheile der Alten war Phidias zwar vor allem
groß durch die Darſtellung der Idee, durch ein poetiſches Schaffen;
aber ſie rühmten auch die Präciſion und Schärfe ſeiner Formen;
er ſchuf ſie der Natur nach, wie ſie gemäß ihrem Weſen und
Zweck durch die Erforſchung ihres Bildungsgeſetzes erkannt wer=
den. Brunn hat auch dieſes Verdienſt des Meiſters in der „Ge=
ſchichte der griechiſchen Künſtler‟ erörtert und hinzugefügt daß wer
ſelbſt den Heraklestorſo des Belvedere mit dem Ilyſſos oder

Theseus vom Parthenon vergleiche, sich schwerlich des Eindrucks
erwehren könne daß dort die einzelnen Formen, namentlich in ihren
Begrenzungen, der Schärfe und Bestimmtheit entbehren, daß die
elastische Spannung, das lebensvolle Ineinandergreifen der Muskeln fehle und an die Stelle kräftiger Fülle häufig Geschwollenheit
und Gedunsenheit getreten sei, während hier alles gleich einer
tadellosen Pflanze erwachsen, ohne üppige Auswüchse oder Dürftigkeit dem eigensten Wesen gemäß gestaltet ist. Als Danneder
die Sculpturen vom Parthenon betrachtete, da meinte er sie seien
wie über die Natur geformt, und doch habe er nie das Glück
gehabt eine so große, so herrliche Natur zu sehen. Auch Flaxman
pries die Lebenswahrheit der Phidias'schen Reliefs; man könne
sich kaum überreden, meint er, daß sie nicht lebendig seien, man
unterscheide die Härte und Schärfe der Knochenformen von der
Elasticität der Sehne und des weichen Fleisches. Die Wahrheit
des Lebens ist hierdurch wieder an die Stelle des falschen, ab-
stracten, akademischen Ideals getreten, dessen Regel man von über-
arbeiteten oder geglätteten Werken späterer Zeit, oder von den
mehr flüchtig und decorativ ausgeführten Nachbildungen römischer
Marmorarbeiter abgeleitet und hergenommen hatte.

Der große deutsche Philosoph stimmt mit jenen Bildhauern
überein, indem er zugleich nicht will daß man die Erwerbungen
Lord Elgin's (er brachte bekanntlich die Bildwerke des Parthenon
nach London) wie einen Tempelraub tadle, sondern das Verdienst
anerkenne daß er die Schöpfungen aus Phidias' Geist und Werkstatt für Europa gerettet habe. Hegel sagt von der Sculptur:
„Sie faßt das Wunder auf daß der Geist dem ganz Materiellen
sich einbildet und diese Aeußerlichkeit so formirt daß er in ihr sich
selbst gegenwärtig wird und die gemäße Gestalt seines eigenen
Innern darin erkennt. Er weiß dabei daß die Beseelung, der
Zauber der Lebendigkeit und Freiheit nur durch die redliche Treue
und gründliche Genauigkeit in der Durchbildung alles Einzelnen
erreicht wird." Er sagt angesichts der hellenischen Meisterwerke:
„Das Auge, indem es sie anschaut, kann zunächst eine Menge
Unterschiede nicht deutlich erkennen, und erst bei gewisser Beleuchtung kommen dieselben durch einen stärkern Gegensatz von Licht
und Schatten zur Evidenz oder werden erst im Tasten erkennbar.
Allein obgleich diese feinen Nüancen sich beim nächsten Anblick
nicht bemerken lassen, so ist der allgemeine Eindruck den sie hervorbringen doch nicht verloren. Sie kommen theils bei einer

andern Stellung des Beschauers zum Vorschein, theils ergibt sich daraus wesentlich das Gefühl der organischen Flüssigkeit aller Glieder und ihrer Formen.　Dieser Duft der Belebung, diese Seele materieller Formen liegt allein darin daß jeder Theil für sich in seiner Besonderheit vollständig da ist, ebenso sehr aber durch den vollsten Reichthum der Uebergänge in stetem Zusammenhang nicht nur mit den zunächst liegenden, sondern mit dem Ganzen bleibt.　Dadurch ist die Gestalt auf jedem Punkt vollkommen belebt, auch das Einzelnste ist zweckmäßig, alles hat seinen Unterschied, seine Eigenthümlichkeit und Auszeichnung, und bleibt doch in durchgängigem Fluß, gilt und lebt nur im Ganzen, sodaß sich dieses selbst in Fragmenten erkennen läßt, und solch ein abgesonderter Theil die Anschauung und den Genuß einer ungestörten Totalität gewährt.　Die Haut scheint weich und elastisch und durch den Marmor selbst glüht noch die feurige Lebenskraft.　Dieses leise Ineinanderfließen der organischen Umrisse, das sich mit der gewissenhaftesten Ausarbeitung ohne regelmäßige Flächen oder etwas nur Kreisrundes zu bilden verbindet, gibt erst jenen Duft der Lebendigkeit, jene Weiche und Idealität aller Theile, jenes Zusammenstimmen, das als der geistige Hauch der Beseelung sich über das Ganze breitet.“

Noch erinnere ich daran daß der erblindete Greis Michel Angelo sich in den Vatican führen ließ um tastend sich an dem organischen Gefüge griechischer Göttergestalten zu erfreuen, Goethe aber, voll jugendlicher Manneskraft, die Bewunderung der Naturschönheit und der Kunst verbindend, in den römischen Elegien sang:

Nun genieß' ich den Marmor erst recht, ich denk' und vergleiche,
Sehe mit fühlendem Aug', fühle mit sehender Hand.

—　—

3. Idealismus und Realismus.　Götter-, Menschen- und Thierbildung

Wie eine falsche Theorie das Wesen der Kunst in die Nachahmung der Natur setzt, so gibt es auch naturalistische Künstler, die sich zunächst an das Aeußere der Erscheinungen halten und dieses mit allen Zufälligkeiten, Mängeln und Schlacken wiedergeben.　Wir werden das bedingte Recht dieser Auffassungsweise in der Malerei würdigen, welche die ganze Breite des Daseins in ihr Bereich zieht und die Dinge gerade als Erscheinungen dar-

stellt; in der Plastik ist der Naturalismus Curiosität oder Entartung, da ihre Aufgabe darin besteht das Ideal als solches zu
verwirklichen oder das Wirkliche in sein Ideal zu erhöhen. Sie
verlangt eine stilvolle Behandlungsweise auch wo sie vom Gegebenen ausgeht; sie stellt nicht das wechselnde Leben im weichen Stoff,
sondern das Dauernde und Bleibende im festen Material dar.
Aber nur das der Verewigung Werthe soll verewigt werden. Wie
Vieles, was im Flusse des Lebens vorübergeht und ausgeglichen
wird, stört uns wenn es sich uns beständig vor Augen stellen
will! Jene Ausgleichung der Zeit soll die Kunst durch Läuterung
der Form vornehmen, sie soll uns ein Bild des Unvergänglichen,
der ewigen Gegenwart geben. Schon des Lysippos Bruder
Lysistratos hatte vorzugsweise der Aehnlichkeit nachgetrachtet und
das Gesicht lebender Menschen in Gips abgedrückt; aber das gewährt keinen Anblick des Lebens, sondern nur eine Todtenmaske.
Das Weiche wird so platt gedrückt, das ganz Aeußerliche der Haut
erscheint als das Hauptsächliche, und die Zufälligkeiten der Oberfläche werden trotz ihrer Bedeutungslosigkeit für den Geist oder
die gestaltende Lebenskraft als etwas Bedeutendes markirt, welcher
Widerspruch sich zur Peinlichkeit und Häßlichkeit steigern kann.
Die Plastik dagegen erfaßt die Grundbedingungen der Gestalt in
dem Knochengerüste, in den Muskeln, denen die umspannende
Haut Freiheit und Maß der Bewegung zugleich verleiht, indem
sie das Besondere mildernd und verrinnend umschließt. Der wahre
Künstler sieht mit begeisterter Seele, mit scharfblickendem Auge in
den Formen der Natur den Ausdruck schaffender Lebenskraft;
darum sind sie ihm in ihrer Bestimmtheit theuer und heilig; aber
er erkennt sie nach Sinn und Zusammenhang, und geht gleich der
Natur vom innern Wesen aus, indem er dem Geiste den entsprechenden Leib bildet, und zwar nicht dem sich entwickelnden
Geist den werdenden und wechselnden, sondern den in der Stetigkeit des Charakters beharrenden, den bleibenden und in sich vollendeten Leib bildet.

Aber auch für die Plastik besteht der doppelte Ausgangspunkt
aller Kunst, und dadurch ein zweifacher Kreis von Kunstwerken.
Sie kann mit der Idee, mit der geistig angeschauten reinen Wesenheit beginnen und ihr eine sinnenfällige Gestalt bilden, die nur
so viel Materie und Formbestimmtheit erhält als zur Darstellung
des allgemeinen Gedankens nothwendig ist, oder sie kann den
wirklichen Menschen, das wirkliche Ereigniß der Geschichte, sowie

die Aeußerung der besondern Volkssitte ergreifen um den Kern
der Individualität, um die bleibende Wesenheit und den normalen
Typus der Handlungen und Zustände auszuprägen. In diesem
Falle wird sie schärfer individualisiren, und vom Charakteristischen
aus zum Erhabenen und Schönen aufsteigen; in jenem Falle wird
Hoheit und Anmuth der Form das Erste sein und nur so viel
von besonderer Natur aufgenommen werden als zur persönlichen
Offenbarung einer allgemeinen Idee nothwendig ist, oder wie
Winckelmann in Bezug auf den Apoll von Belvedere sagt: „Gehe
mit deinem Geist in das Reich unkörperlicher Schönheiten und
versuche ein Schöpfer himmlischer Natur zu werden, um den Geist
mit Schönheiten die sich über die Natur erheben zu erfüllen; denn
hier ist nichts Sterbliches noch was die menschliche Dürftigkeit
erfordert. Der Künstler hat das Werk gänzlich auf das Ideal
gebaut und er hat nur eben so viel von der Materie dazu genommen als nöthig war um seine Absicht auszuführen und sichtbar
zu machen; keine Adern noch Sehnen erhitzen und regen diesen
Körper, sondern ein himmlischer Geist, der sich wie ein sanfter
Strom ergossen, hat gleichsam die ganze Umschreibung dieser
Figur erfüllt."

Betrachten wir zuerst die Verkörperung des Gedankens oder
die Darstellung des geistig angeschauten Ideals, so bemerken wir
zunächst daß dieselbe zwischen dem Symbol und der Allegorie in
der höhern Mitte und auf der einen und rechten Stelle der Wahrheit und der echten Kunst steht, wie ich das schon im Hinblick auf
die Plastik in der Lehre von der Phantasie durch den Begriff des
personificirenden Idealbildens dargethan. Die Plastik hat ihren
Stil und ihre Vollendung gefunden als sie die in der Phantasie
des griechischen Volks vorgebildeten lebendigen Götterideale ähnlich
wie Homer künstlerisch gestaltete, als ihr demnach die Aufgabe gestellt war innere geistige Anschauungen auch für das Auge zu verwirklichen. Dieser geschichtliche Ausgangspunkt ihrer Blüte bestätigt das ästhetische Gesetz des Idealisirens.

In der wahren Kunst sind Gedanke und Erscheinung in Eins
geboren; das Innere, Geistige ist im Aeußern, Sinnlichen klar
und ganz gegenwärtig, und diese Harmonie führt den Beweis
daß Geist und Natur die doppelte Offenbarung eines gemeinsamen
Urquells, der göttlichen Wesenheit, sind. Die plastische Idealbildung gestaltet darum nicht gegen das Gesetz und die gott-
gewirkten Formen der Natur, sondern in ihnen und durch sie; die

Versöhnung des Geistes und der Natur ist ja die Schönheit. In der Natur nun finden wir den beseelten, aufgerichteten Organismus, den Leib des Menschen, als die Erscheinung des persönlichen Geistes; in seinen Zügen prägen sich Eigenthümlichkeiten des Charakters, in seinen Bewegungen und Geberden Gemüthserregungen und Empfindungen aus. Dies erfaßt der Plastiker, und wo er Leben und zweckvolle Thätigkeit in der Natur sieht, ahnt er den darin waltenden Geist; wo er im Reiche des Geistes das Wirken allgemein waltender Mächte gewahrt, gibt er ihnen eine Persönlichkeit zum Träger und veranschaulicht sie, so gut wie jene seelenvollen Naturerscheinungen, in der Naturgestalt des Geistes, in der menschlichen. Denn das ist ja der Kunst eigenthümliches Wesen das Allgemeine zu individualisiren, die innen waltende unsichtbare Kraft in einem organisch entsprechenden Leibe sichtbar zu machen. Im plastischen Idealbild haben wir eine Verkörperung des Begriffs in naturwahrer Form; es ist keine Allegorie, denn die Erscheinung spielt nicht auf etwas anderes an, sondern drückt das eigene innere Wesen klar und erfreuend aus; es ist kein Symbol, denn das Natürliche erweckt nicht blos die Ahnung oder Erinnerung an ein verwandtes Geistiges, sondern das Geistige ist durch die Naturformen selbst völlig ausgeprägt.

Früh schon hatten die Griechen ihre Götterbilder durch bestimmte Kennzeichen und Attribute zu unterscheiden gesucht und einen Typus allmählich festgestellt; die Idealbildung aber geschah durch Phidias und seit ihm dadurch daß man die innere Wesenheit des Gottes, die Idee welche man in ihm verehrte, in ihrer Tiefe zu ergründen und ihr gemäß die Formen der Menschengestalt so zu wählen und organisch zu verbinden verstand, daß sie durch dieselben dem anschauenden Geist sich offenbarte. Cicero schon sagt von Phidias: dieser habe seinen Zeus nicht nach den Formen eines einzelnen Menschen gestaltet, sondern in seinem Geist habe ein vorzügliches Bild der Schönheit geruht, welches er angeschaut, in welches er sich versenkt, nach dessen Aehnlichkeit er seine Kunst und seine Hand gelenkt habe. Der Künstler denkt in Formen; wenn er den Gottesbegriff dialektisch entwickeln und dann die passenden Züge suchen wollte, würde er statt einer poetischen Schöpfung ein kaltes und trockenes Machwerk zu Stande bringen. Jene Anschauung des Gottes mit dem Auge des Geistes, der Phantasie, ist das Erste der Kunst; sie stieg aber vor Phidias' Seele empor als er einen Sänger die Verse Homers' vortragen hörte, welche erzählen wie Thetis zu Zeus für Achilleus fleht, und Zeus ihrer Bitte Gewährung verheißt:

> Sprach's, und Gewährung winkte mit dunkelen Brauen Kronion.
> Und die ambrosischen Locken des Königs walleten nieder
> Vom unsterblichen Haupt; da erbebten die Höhn des Olympos.

Hier knüpft Brunn an, indem er bemerkt: Diese Worte geben nicht ein Bild von der Gewalt des Zeus in allgemeinen Zügen, sondern sie bieten etwas ganz Concretes. Der Dichter nennt ganz bestimmt die Augenbrauen und das Haupthaar. Das Erbeben des Olymp, in welchem uns allerdings die Idee von der Macht des Zeus in ihrer ganzen Hoheit vor die Seele tritt, ist nur die Wirkung von der Bewegung jener Theile, durch welche er seinen Willen kund thut. Den Augenbrauen und dem Haar mußte die Kraft innewohnen eine solche Wirkung zu erzeugen. In diesen Theilen gewann die Idee des Zeus bei Phidias zuerst Körper; mit diesen Grundformen war dann alles übrige in Harmonie zu setzen; der Künstler bildete es so wie es sich nach den Gesetzen des menschlichen Organismus im Verhältniß zu den gegebenen Formen gestalten mußte. Das Wirken des Geistes auf den Körper findet in dessen Formen seinen beständigen Ausdruck; ein bestimmter geistiger Charakter offenbart sich durch bestimmte Züge und vorzugsweise auch an bestimmten Körpertheilen. Dieser Theil in dieser Form ist vorzugsweise der Träger dieser Idee, und daß er in seiner größten Schärfe und Bestimmtheit erfaßt werde ist die Grundbedingung für die Lösung der künstlerischen Aufgabe; das andere wird dann nach den organischen Gesetzen der Natur hinzugebildet, und das Werk zeigt uns dann die Naturkraft selbst in ihrem Schaffen nach höherer Nothwendigkeit, in ihrem reinen und vollkommenen Wirken. Das Werk gewinnt dadurch allgemein gültige Wahrheit und Geltung, es wird zu einem objectiven Bilde der Idee, das jeder erkennen und die Folgezeit bewahren muß.

Ich eigne mir diese Erörterung an, suche sie aber zu vervollständigen. In der Homerischen Stelle und im Zeus des Phidias (wir halten uns an das die Gegensätze steigernde Nachbild in der Büste von Otricoli, und ich verweise zugleich für die Darstellungen der verschiedenen Götterideale auf die hundert Blätter in E. Braun's Vorschule zur Kunstmythologie und auf den Atlas von Overbeck) liegt noch etwas mehr als der Ausdruck der Allmacht. Bei Homer ist der den Olympos Erschütternde zugleich der Gnä-

bige, liebreich Gewährende; aber eben seine Huld ist von solcher
Macht getragen, daß die Bewegung seiner Locken den Berg erbeben macht der die Wohnungen der Götter trägt. Und so hat
ihn Phidias aufgefaßt; es ist der Gewaltige, aber nicht schreckend,
sondern mild und gnadenspendend. Zeus ist den Hellenen der Begründer und Träger der sittlichen Weltordnung wie der Naturgesetze; er hat die wilden titanischen Mächte unter das Gesetz gebändigt und ist selbst der Hort der Freiheit; er ist der ursprüngliche Lichtgott und allumspannende Himmel, er schwingt den Blitz
und schreckt mit dem rollenden Donner. Diese natürlichen und
geistigen Elemente durchdringen sich bei ihm, und der Künstler
muß das gemeinsame Centrum dieser Eigenschaften ergreifen, von
hier aus sie in scharfer Charakteristik darstellen und zu einem
schönen Ganzen verschmelzen. Die verschiedenen Seiten der göttlichen Wesenheit müssen sichtbar vorhanden sein, aber nicht äußerlich nebeneinander, sondern ineinander wirkend, gleich dem Einklang
verschiedener Töne in einem Accord. Während die christliche
Wissenschaft seit Jahrhunderten zu begreifen trachtet wie sich Gerechtigkeit und Gnade in Gott versöhnen, löste Phidias bildend und
darstellend den Hellenen das Räthsel wie sich mit der ehrfurchtgebietenden Strenge die himmlische Heiterkeit und Milde im Vater
der Götter und Menschen vereint; sein Zeus ist der Götterkönig,
der seine Macht im Kampf befestigt hat und nun in friedhafter
Majestät den Sieg verleiht.

Die Stirn der Büste ist hoch geschwungen und stark modellirt;
Weisheit und Wille thronen hier; unten ist sie mächtig vorgewölbt,
und zeigt die Energie und Festigkeit des Charakters; nach oben
steigt sie frei empor, und das Haar, das löwenmähnenartig zu
beiden Seiten herabwallt, bäumt sich über der Stirn wie von
elektrischer Strömung erregt, sodaß es die Profillinie der Stirn
aufwärts fortsetzt und empfindungsvoll zum Ausdruck mitwirkt.
Für die geistige Klarheit dieses Angesichts wäre ein kraus verworrenes, für die vordringende Thatkraft ein schlicht gescheiteltes
weiches Haar gleich unangemessen. Diese kühn aufstrebenden und
dann ruhig niederwallenden Locken umkränzen das Antlitz auf eine
wunderbar entsprechende Weise. Die Augenbrauen bilden einen
flachen Bogen, der aber nach außen stärker gewölbt ist, und nach
innen zu dem Auge näher, nach außen ferner wie gewöhnlich in
der Natur sich als Grenze der Unterstirn dahinschwingt; dadurch
würde eine Bewegung dieser Brauen leichter und größer, sobald

die Stirn sich zusammenfaltete und sie aufwärts zöge. Die Augen schauen ruhig und groß in die Ferne. Der Mund ist zu einem milden Lächeln leise geöffnet, die vollblühende Wange strahlt von der ewigen Jugend der Unsterblichen, und wie das Haupthaar die Größe der Stirn, so erhöht der Bart die Majestät des energisch vorspringenden Kinns, das er in krauseren Locken umspielt, die mit dem Haupthaar contrastiren und sich ihm doch anschließen, und so die untere und obere Hälfte verknüpfen. Mächtig erhebt sich die Nase zwischen den Brauen und senkt sich mit breitem Rücken in festen Linien herab; ihre leicht geschwellten Flügel sind halb gebläht. Wie die Büste vor uns steht wirkt ihre urgewaltige Erscheinung ebenso niederschmetternd und demüthigend, als der heitere Ausdruck erhebt und beseligt. Wir sehen den Zeus der seine Macht auch in schrecklicher Entfaltung bewährt hat, wir ahnen die furchtbare Möglichkeit daß es wieder geschehe; aber mit einem Lächeln des Erbarmens, mit einem Blick der Ruhe schaut er uns an, und im architektonisch festen und edeln Maße seiner Züge spiegelt sich uns die von ihm sicher begründete Weltordnung. Aber es könnten sich in ihnen auch die heftigsten Seelenregungen erschütternd ausdrücken. „Wenn diese Stirn sich runzelt", sagt der Archäologe Overbeck, „diese Brauen sich nach der Mitte zusammenziehen, der Lockenkranz aufgeregt wallt und wogt, so wird das Antlitz finster und schrecklich wie die Wetterwolke, während aus den Augen Blitze sprühen, und die von innerer Bewegung geschwellte Nase das Zürnen der Stirn auf die untern Theile überträgt." Doch nur die Anlage zum furchtbar Gewaltigen ist vorhanden, und durch das volle gesunde Behagen der Wange und des Kinns wird sie aufgewogen und zu heiterm Ernste gemildert, während sie wieder dem gnadenreichen Lächeln des in sich beseligten Gottes Hoheit und Würde verleiht.

Polyklet mag mit dem großen runden offenen Auge begonnen haben, um die „hoheitblickende" Here zu bilden, aber auch im Gipsabguß der Juno Ludovisi erkannte Schiller's genialer Blick die wundervolle Verschmelzung von Hoheit und Grazie zu harmonischer Totalität: „Es ist weder Anmuth noch ist es Würde was aus ihrem herrlichen Antlitz zu uns spricht; es ist keine von beiden, weil es beides zugleich ist. Indem der weibliche Gott unsere Anbetung heischt, entzündet das gottgleiche Weib unsere Liebe; aber indem wir uns der himmlischen Holdseligkeit aufgelöst hingeben, schreckt die himmlische Selbstgenügsamkeit uns zurück. In

sich selbst ruht und wohnt die ganze Gestalt, eine geschlossene
Schöpfung." Bei Homer und Vergil erscheint die Göttin han-
delnd und ihre Worte sind oft voll heftiger Leidenschaft; zum Verständniß ihres Wesens müssen wir diese plastische Entfaltung ihrer
Natur im Zustande der Ruhe zu Hülfe nehmen, und wir werden
dann bei Homer nicht vergessen daß es die Ehegöttin ist welche
mit Recht auf die Heiligkeit und Unverbrüchlichkeit des Gesetzes,
die Reinheit des Lebens bringt, und den Troern zürnt und Strafe
verhängt, weil sie die Sache des Ehebrechers Paris zur ihrigen
gemacht haben, und werden andererseits mit heiliger Scheu zu
der strengen Hoheit ihres Angesichts emporsehen und uns hüten
daß das große Wort, das auf ihren stolz geschwungenen Lippen
thront, nicht zu einem richtend verdammenden für uns werde.
Polyklet hat das Ewigweibliche, wie es sich in der schönen Seele
durch die Versöhnung von Pflicht und Neigung darstellt, er hat
die anmuthige Lebensfülle der Jungfrau in ihrer vollen Reife
durchdrungen mit dem Ernste und der Gesinnungsfestigkeit, welche
die Gemahlin des Zeus zur Wächterin des Sittengesetzes macht.
Wenn Phidias nach Homer's Vorgang die Urgewalt des Mannes
bei Zeus durch den Ausdruck der Gnade milderte, so gab Polyklet
dem Liebreize des Weibes Ernst und Würde durch den geistigen
Adel der sie beseelt. Braun hat an die Homerische Stelle erinnert, Ilias XVI, 440, wo sie den Zeus ermahnt, nicht gegen den
Spruch des Schicksals seinem geliebten Sarpedon Rettung und
Hülfe zu verleihen, weil ein Act der Willkür von seiner Seite die
ganze sittliche Weltordnung zerstören und auflösen könne, indem
die andern Götter dann einen Vorwand zur Eigenmächtigkeit erhielten. In der Vorschule zur Kunstmythologie schildert er die
Büste der Villa Ludovisi auf folgende meisterhafte Weise: „Während Here in den göttlichen Gesängen des Dichters die Leidenschaft mit Sturmesgraus erfaßt und sie einem vielbewegten Meer
vergleichbar erscheinen läßt, entfaltet sich im Marmor ihr Charakter mit einer Ruhe die jedes fühlende Herz mit heiligem
Schweigen erfüllt. Die Strenge ihres Blicks wird gemildert
durch die Blütenpracht weiblicher Schönheit. Diese offenbart sich
uns hier in ihrer ganzen wundersamen Eigenthümlichkeit. Die
Verschmelzung der entgegengesetzten Eigenschaften, die wir beim
Zeus angestaunt haben, und die das göttlich Unnahbare gleichzeitig so gnadenreich anziehend erscheinen lassen, ist im Ideal der
Here nicht wie dort ein durch Kämpfe Errungenes, sondern ein

auf dem Wege angeborener Entwickelung Gewordenes. Alle Theile
entfalten ſich wie die Blätter einer Blume harmoniſch vor unſern
Blicken. Nirgends gewahren wir ein Hemmniß ſolch edeln Wachs=
thums. Die ſanft gewölbten Augenbogen fließen mit den zarten
Umriſſen des Naſenbeins in eine liebliche Curve zuſammen. Die
weitgeöffneten gewaltigen Augen, welche Homer in ſeiner naiven
Ausdrucksweiſe den ſchwarz funkelnden Augen des Stiers ver=
gleicht, machen im Marmor den Eindruck zweier Edelſteine, welche
Licht aufſaugen und dann mächtig zurückſtrahlen. Der Mund iſt
charaktervoll und bei aller faſt an Herbigkeit grenzenden Strenge
der Sitz anmutsreicher, aber dabei würdevoller Ueberredungsgabe.
Die vollen breiten Maſſen des Angeſichts zeigen eine ſtrotzende
Fülle, nirgends aber läßt ſich eine Spur wuchernder Fettbildung
wahrnehmen. Das Kinn und die Stirn bilden die beiden Brenn=
punkte dieſes göttlichen Ovals. Der letztern dient der zu beiden
Seiten herabwallende Strom der Haarwellen zum erhabenſten
Schmuck. Eine wollene Binde hält den üppigen Wuchs der Locken
zuſammen, und eine mit Palmetten geſchmückte Stirnkrone bringt
die prachtreiche Erſcheinung nach oben hin zum harmoniſchen
Abſchluß.''

Wiederum dem Phidias verdanken wir die Ausbildung des
Minervenideals. Ihre ſtrenge Jungfräulichkeit, die ſich der hin=
gebenden Liebe verſchließt, könnte hart erſcheinen, wenn ſie nicht
die Göttin der Weisheit, die Lehrerin und Pflegerin aller edeln
Bildung wäre und dadurch einen Inhalt gewönne der ihr Weſen
völlig ausfüllt, ſodaß ſie keiner Ergänzung bedarf. Derſelbe In=
halt des Weſens hätte einem männlichen Gott verliehen leicht zu
Trockenheit und Schulmeiſterlichkeit führen können, während in
der Friſche ihrer jungfräulichen Natur nun nicht blos die unbe=
fleckte Klarheit des Aethers perſonificirt, ſondern auch das Licht
des Geiſtes, der Gedanke wie er in voller Rüſtung dem Haupt
des Genius entſpringt, in ſeiner nie alternden Macht verkörpert
erſcheint. Sie ſucht nicht nach Erkenntniß, ſie iſt im Beſitz der
Weisheit die das Leben lenkt. Die männliche Thätigkeitsrichtung
gibt ſich nicht blos darin kund daß ſie des Mannes Schild, Helm
und Speer führt, auch die Bruſt iſt flacher, die Hüfte ſchmaler,
die Taille ſtärker gebildet als bei andern Göttinnen; denn „es iſt
der Geiſt der ſich den Körper baut''. Die Stirn iſt hoch und
beſonders nach oben entwickelt, die Naſe fein und feſt gebildet und
gerade herabſteigend, Kinn und Wange ſind von geringer ſinnlicher

Fülle, das Auge mäßig geöffnet mit scharfem, durchdringendem Blick. Der tiefsinnig erhabene Ernst in den Zügen der Jungfrau und wieder die heitere Ruhe im harmonischen Linienzug geben auch hier das Bild einer Lebenstotalität, die gleich der Platonischen Idee den Reichthum in sich gesammelt enthält welchen die Natur in vielen einander ergänzenden Erscheinungen ausbreitet.

Eine andere, jüngere Generation griechischer Künstler hat einen Kreis von jüngern Göttern gestaltet, Apollon und Balchos, Aphrodite und Eros. Hier sehe ich Seelenzustände oder Gemüthsstimmungen im Marmor eine ideale Gestalt gewinnen, und im Unterschied von dem epischen, Homerischen Geist des Phidias den Selbstgenuß der Empfindung auf eine lyrische, oder den Ausdruck des bewegten Innern in einer That auf dramatische Weise ausgeprägt. Diese Götter erscheinen selbst von den Gaben erfüllt, beseelt und beseligt, die sie den Menschen verleihen. Der Eros des Praxiteles, von dem wir ein Nachbild im Vatican bewundern, ist der Jüngling auf jener Entwickelungsstufe wo die Liebe als Sehnsucht nach dem Ideal erwacht; er geht auf in der Poesie dieser Stimmung; sein Haupt ist sanft geneigt, ein sinniger Ernst thront auf der glatten Stirn, ein schwermüthiges Lächeln spielt um seine Lippen; wir lesen in seinen Zügen die Bilder der Sehnsucht, die herzerfreuend vor seiner Phantasie vorüberziehen. Der zarte geflügelte Jüngling, der mit seinem Pfeile die Herzen trifft, ist selbst schön um Liebe zu erwecken, aber auch selbst in deren süßes Träumen versenkt.

Hier geht der Künstler von der Anschauung aus daß auch einzelne vorübergehende Gemüthsbewegungen, wenn sie oft wiederkehren und zur Gewohnheit werden, dann auch dem Körper sich einwohnen, sodaß dieser die häufigen Eindrücke bewahrt und ihm bestimmte Mienenzüge geläufig und zum bleibenden Ausdruck werden. Das Ergriffensein der Seele von einer Leidenschaft erscheint als ein sittiges, das wahre Wesen Durchdringendes, und wenn allerdings der Charakter als Kern und Achse des Geistes dem Knochengerüste des Leibes verwandt und in den festen Theilen verkörpert erscheint, so werden nun die Seelenstimmungen durch die Gestaltung der weichen beweglichen Theile vorzugsweise sich kund geben; der Körper selbst wird in größerer Fülle derselben bestimmbarer erscheinen, und statt der deutlichen Schärfe der Form sich mehr mit dem Reiz aufquellender und ineinander verfließender Linien schmücken. Balchos nähert sich noch mehr der weiblichen

als Pallas Athene der männlichen Geſtalt. Er iſt in das behagliche Träumen eines leichten ſeligen Weinrauſches verſunken, aber
zugleich erfüllt von deſſen begeiſternder, das Gemüth von allen
kleinlichen Sorgen löſender, vom Kummer entſtrickender Kraft;
das Gedeihen der Natur verkündet die Jugendblüte ſeines Leibes,
und doch liegt etwas Schwermüthiges in ſeinem Auge, wie die
Luſt der Weinleſe von der Trauer über das dahinſcheidende Jahr
begleitet, wie die Traube gekeltert und im Faſſe eingeſargt wird,
wenn der klare feurige Wein uns erfreuen ſoll. Der Gott der
ſchwärmeriſchen Naturfreude verleiht zugleich die Begeiſterung der
tragiſchen Poeſie und iſt der Mittelpunkt der Myſterien und der
Weihen, die nach dem Leib der Erde ein Leben ſeliger Verklärung
hoffen laſſen.

Apollo hat mehr von männlicher Jugendkraft, die Klarheit des
künſtleriſchen Selbſtbewußtſeins waltet bei ihm über der Entzückung
der Begeiſterung, wenn er als Muſenführer voll dichteriſchem
Enthuſiasmus die Laute ſchlägt; ſeine Geſtalt iſt nicht gleich der
des Baldhos in träumeriſchem Behagen aufgelöſt, ſondern von
innerm Schwung gehoben, ſodaß auch das Antlitz ſich nach oben
kehrt, während das Singen nicht ſowol durch einen aufgeſperrten
Mund ausgedrückt wird, der wahrlich doch kein Ton wäre, ſondern durch die Spannung und Thätigkeit der Hals- und Lippen-
muskeln, die den Ton moduliren und bemeiſtern. Es iſt als ob
eine Pindar'ſche Hymne zugleich mit dem Flug des Enthuſiasmus
und dem Kunſtverſtande des weiſen Dichters in menſchlicher Geſtalt verkörpert worden und der Rhythmus der Verſe in dem der
Glieder uns vor Augen getreten ſei. Dramatiſch iſt der Apoll
von Belvedere, und die Totalität des Geiſtes hier in der Verſchmelzung der Affecte des Kampfzornes und der Siegesfreude
dargeſtellt; ſo bricht das Licht triumphirend aus dem Dunkel der
Nacht hervor.

Die Richtung auf Totalität, wie ſie der plaſtiſche Idealbildner
nach meiner Auffaſſung bewährt, hat Schiller auch in den Künſt-
lern ſinnig hervorgehoben, wenn er ſagt:

> Höher ſtets zu höhern Höhen
> Schwang ſich das ſchaffende Genie;
> Schon ſieht man Schöpfungen aus Schöpfungen erſtehen
> Aus Harmonien Harmonie.
> Was hier allein das trunkne Aug' entzückt
> Dient unterwürfig dort der höhern Schöne;

Der Reiz der diese Nymphe schmückt
Schmilzt sanft in eine göttliche Athene;
Die Kraft, die in des Fechters Muskel schwillt
Muß in des Gottes Schönheit lieblich schweigen,
Das Staunen seiner Zeit, das stolze Jovisbild,
Im Tempel zu Olympia sich neigen.

Wie die Liebe durch Schönheit entzündet wird mußte die
Göttin der Liebe selbst im Glanze der Schönheit strahlen; die
Liebe aber, die sie weckt und verleiht, fühlt sie auch selbst, sie ist
von der Wonne des eigenen Wesens beseligt, das zugleich Sehnsucht und Genuß, zugleich Sieg und Hingabe ist. Wie die Knospe
aus der Hülle des Kelches tritt, so fällt hier das Gewand, und
Praxiteles stellt die ganze reizende Herrlichkeit der weiblichen Gestalt uns unverschleiert vor Augen. Mit Recht hat Friedrichs in
seiner Schrift über Praxiteles von solcher Anschauung aus ihn
gegen den Vorwurf Brunn's vertheidigt, daß er im Streben nach
Lieblichkeit und Anmuth die ernste Würde des Ideals vernachlässigt habe. Seine Aufgabe war gerade die Verkörperung milder
Seelenstimmungen, die auch eine sich einschmeichelnde wohlgefällige
Form verlangten; aber während der Blick auf dieser behaglich
ruhte, vertiefte sich der Geist zugleich in die geistige Anschauung
des Wesens der Liebe als des Bandes aller Dinge. Man vergleiche die Nachbilder seiner Knidischen Venus mit manchen spätern Darstellungen, und sie werden in keuscher Weihe dem sinnlich
Reizenden gegenüberstehen; man vergleiche sie selbst mit der Mediceischen des Alcomenes, und sie werden neben dem lieblich Zarten zugleich die Hoheit der Göttin offenbaren. Das ganze Wesen
Aphrodite's ist seelischer Natur und verlangt daher einen andern
Ausdruck als die geistige Pallas Athene. Ihr Blick geht nicht
mit senkrecht durchbringender Kraft auf Einen Punkt, sondern das
vom heraufgezogenen untern Lid begrenzte Auge scheint zu schwimmen und mit einem schmachtenden Verlangen ins Unbestimmte zu
schauen; das zierliche Haar, der schlanke Hals, der volle Busen,
die vorschwellenden Hüften, das weiche Ineinanderfließen aller
Formen verleihen ihr das Siegel reiner Weiblichkeit in deren eigenthümlicher, vom Manneseharakter unterschiedenen Erscheinung. Sie
ist das Bild der Liebe, die nicht das Ihre sucht, sondern ihr Glück
im Beglücken findet, in der Huld die sie gewährt, aber auch in
der Holdseligkeit des eigenen Wesens genießt.
Mit einer wunderbaren Erhabenheit der Anmuth steht die

Venus von Melos den andern Statuen der Göttin gegenüber; sie zeigt noch den Nachklang von Phidias' Stil, und ich sehe am liebsten ein Werk des Skopas in ihr. Sie ist noch zur Hälfte bekleidet, das Gewand wird von der hervorragenden Hüfte gehalten, die es verstärkt, während es in lieblichem Faltenspiele niedergleitet und von dem etwas erhobenen linken Knie wieder aufgezogen wird, selbst ein Widerschein von dem sanften Walten und der zauberischen Schönheit der Göttin. „Ueberall sehen wir die Herrlichkeit der weiblichen Bildung zu jener duftigen Fülle gelangen welche die vollkommen erschlossene Blüte verkündet. Jeder Zug von Selbstsucht ist getilgt, und sie gibt sich selbst an die Lüfte hin, die sie sehnsüchtig aufzusuchen scheinen, und welche sie mit ambrosischem Kuß entläßt. Dieser Moment des Lebensmaies ist so reich, so groß, so berauschend, daß alle drei Factoren des irdischen Daseins zu einem einzigen werden, und daß in der wunderbaren Erscheinung sich gleichsam die ganze Zukunft so ankündigt, als ob es weder eines weitern Erschließens bedürfe, noch die Blüte ihre wahre und volle Bedeutung in dem Reifen der Frucht zu erwarten habe." (Braun.) Aber in dem Angesichte der Göttin, wie in dem sichern Stand (sie ruht auf dem rechten Fuß und hat den linken etwas erhöht gestellt) und in ihrer ganzen Haltung ist etwas so männlich Ernstes und unerschütterlich Festes, so Selbstbewußtes und Siegesgewisses ausgedrückt, daß man in ihren zertrümmerten Armen den Schild des Kriegsgottes sich gedacht hat. Wie der rauhe Sinn des Mannes im Verkehr mit Frauen zu sanfter Sitte gelangt, wie unser Gemüth sich mit dem verähnlicht womit es viel und gern sich beschäftigt, so hat hier die weibliche Natur einen sichern Halt und eine erhabene Stimmung im Anschluß an den muthigen Mann gewonnen; sie triumphirt über ihn, indem sie sich ihm hingibt, ihn in das eigene Herz aufnimmt, mit ihm Eins wird. Man hat deshalb auch aus der Stellung und Haltung auf eine ihr entsprechende Mannesgestalt geschlossen, mit der sie zur Gruppe verbunden war. So steigert sich auch dieses Bildwerk zu jener harmonischen Lösung der Gegensätze in einer Totalität, und lebt vor uns in einer Herrlichkeit die von nichts anderm im Reiche der plastischen Kunst übertroffen wird.

Eine andere Weise der Idealbildung finden wir bei Polyklet und Myron, die sie der Folgezeit vererbten. Polyklet war vorzugsweise Menschenbildner, und trachtete den Typus der menschlichen Gestalt im Ebenmaß ihrer Glieder, in der Kraft ihrer

Jugendfrische, wie ein Muster für die Wirklichkeit und die Künstler hinzustellen, in seinem Speerträger zu zeigen wie ein Knabe mit männlicher Stärke gerüstet ist, in seinem die Siegesbinde sich umwindenden Jünglinge aber die Grenze anzugeben wie weit ein solcher noch das Zarte der Jugend auch in der Ringschule bewahren kann. Er gab dem jungfräulich vollen Körper der Amazone jene kriegerische Ausarbeitung der Bewegungsmuskeln zu einer Schärfe der Form, die auch noch am Nacken und den Schultern sichtbar wird und selbst den Knochenbau derber macht. Er bildete diese Gestalten im Zustande der Ruhe; Myron dagegen suchte nicht sowol einen bestimmten Augenblick einer Handlung zu copiren, als vielmehr das Wesen einer Thätigkeitsweise aufzufassen und es auf dem Höhepunkt der Entwickelung festzuhalten: das Laufen, das Diskuswerfen als solches ward von ihm dargestellt.

Eine dritte Idealbildung findet und verbindet die Züge welche einen bestimmten menschlichen Charakter ausdrücken und dem überlieferten Wirken nun auch die wirkende, ihrer Erscheinung nach aber verloren gegangene Persönlichkeit wieder zugesellen. Den Uebergang von den Göttern zu den geschichtlichen Menschen machen die Helden der Sage, Göttersöhne oder Heroen, auf welche Züge des Götterlebens vererbten, Herakles und die Dioskuren, Achilleus und Aias. Herakles, der in der Schule der Noth die Götterwürde errang und in freiwilliger Dienstbarkeit arbeitet, zeigt die gewaltige Kraft des Athleten in den gleich Hügeln gelagerten, gleich gespannten Bogen straff angezogenen Muskeln; sein Nacken war stierähnlich, sein Haar kraus, die ganze Bildung die der gereisten Männlichkeit, während Achilleus wie der Kriegsgott in jugendlicher Schöne prangte und zugleich den Seelenfrieden, das Erbtheil seiner Mutter, im stillen Einklang aller Züge trug. Die Büste Homer's gehört in diesen Kreis; sie ist mit einer leibhaftigen Naturwahrheit ausgestattet, daß wir den Vater der griechischen Poesie wie einen persönlichen Bekannten in ihr begrüßen. Es ist ein Greisenantlitz; der Sänger hat dem Leben klar ins Auge geschaut, dann ist er erblindet, aber um unbeirrt von den Störungen des Augenblicks das große Bild des Heroenthums innerlich anzuschauen und leidenschaftsfrei in seinem Liede wiederzugebären. Er hat als wahrer Dichter den Kampf und den Schmerz seiner Zeit getragen, und sie haben ihre Furchen auf seine Stirn gegraben, aber er hat vor allem das eine freie große Nationalgefühl seines Volkes wohllautend ausgesprochen, er hat

das Ringen des Bewußtseins zum Frieden der olympischen Götterwelt geleitet, und so ist der Schimmer seliger Verklärung über
ihn ausgegossen und zur Milde der Weisheit ist seine Begeisterung gereist.

Wie der Grieche Oedipus das Wort gesprochen daß der Mensch
die Auflösung für das Räthsel der Sphinx des Orients sei, so
erfaßten die alten Bildner nicht blos das Menschliche in seiner
Würde und Anmuth, sondern die Gestalt des Menschen ward
ihnen wie zum Leibe der Götter so auch zum Leibe der Natur-
mächte, und sie sahen z. B. im befruchtenden Wellenleben des
Flusses einen wohlthätigen Flußgott, den sie als ruhig dahin-
gelagerten Jüngling oder Mann gestalteten. Schon Phidias hatte
es mit dem Ilissus gethan und den Ton angegeben; wir haben
aus der Römerzeit einen Nil, der sich jenem würdig anschließt.
Die Spannung der Muskeln wird gelöst und dadurch für die Gestalt selbst ein ruhiger Linienfluß gewonnen; die Figur wird, auf
einen Arm gestützt, so gelagert daß sie wie ein niederwallender
Strom sich selbst zu ergießen scheint, und dies wird dann in Haar
und Bart, wie bei dem Nil, in Uebereinstimmung mit dem Ganzen noch besonders hervorgehoben. Wie aber die Wogen des
Meeres als Poseidon's weißmähnige Rosse galten, so schufen
Myron und Skopas für ihre wechselnden Formen auch Gestalten
in dem Formenwechsel der thierischen Bildung im Uebergang von
Stier, Roß, Löwe, Panther in den Fisch mit Schweif und Flossen,
ähnlich wie wir in der Arabeskenverschlingung von Thier und
Pflanze ein Bild ihres Wechsellebens haben, das der ahnende
Tiefblick der Künstler erkannte, das die neue Wissenschaft nachgewiesen hat. Jene Wesen aber erhalten dadurch Werth, daß wie
Schorn treffend bemerkt hat, der Beschauer sich von der Möglichkeit der Existenz so organisirter Geschöpfe überzeugt fühlt, weil er
einen in allen seinen Theilen harmonischen Charakter vor sich hat.
Solch eine Gestalt kann nicht durch mühselige Berechnung zusammengesetzt werden — sie ist ein Geschöpf der Phantasie und wird
von ihr geboren wie durch Zauberkraft; — aber die Phantasie
darf nicht in leeren Träumen spielen, sie muß genährt sein von
Erkenntniß und Anschauung aller lebendigen Dinge. Und so stellt
denn auch Goethe in der Metamorphose der Thiere dem Künstler
die Aufgabe mit geistigem Auge zu schauen und solche Urgestalten
zu verkörpern wie der Schöpfer des Pferdekopfes vom Parthenon,
welcher durch eine besondere Stellung der Augen so übermächtig

9*

und geisterartig aussieht als wenn er gegen die Natur gebildet
wäre. Und doch hat der Künstler eigentlich ein Urpferd geschaffen,
mag er solches mit Augen gesehen oder im Geist erfaßt haben;
uns wenigstens scheint es im Sinn der höchsten Poesie und Wirklichkeit. — Ganz ähnlich äußern sich Schnaase und Waagen, ohne
Goethe oder einer den andern zu citiren; der Eindruck, den jener
Pferdekopf in seiner scharfen, großflächigen Behandlung macht,
drängte auch mir sich unabhängig auf: so würde die Natur bilden, wollte sie nicht im weichen, wechselnden Fleisch, sondern im
festen Marmor ein Roß entstehen lassen. Es ist das verkleinerte
Urpferd, die Ausprägung der Gattungsidee als des Musterbildes
für die unter ihr begriffenen Individuen.

In dieser streng stilisirten Weise sind Löwen, Rosse, Stiere
von den Alten, und in neuerer Zeit erstere von Thorwaldsen
meisterhaft behandelt worden. Die realistische Art, in welcher
moderne Franzosen und spätere Griechen groß sind, beginnt damit,
die Erscheinungsweise des Thieres naturtreu nachzubilden, indem
sie in Ausdruck und Haltung den Charakter oder die Gewohnheit
desselben hervorhebt; denn in den Thieren erscheinen bestimmte
seelenhafte Elemente in einer einfachen Ausschließlichkeit und Naturnothwendigkeit, die dem Plastiker das Aufgegangensein des Geistigen im Materiellen als dankbaren Stoff entgegenbringen, und
wir brauchen nur den Löwen, den Hund, den Eber, das Roß, den
Fuchs, den Adler zu nennen, um sofort die Erinnerung an
Menschengesichter wach zu rufen, die nach dem Typus derselben
geformt erscheinen. Mit Menschen zusammengestellt bieten sie bald
anziehende Contraste, bald Steigerungen des verwandten Begriffs.
Das Roß sympathisirt mit dem Reiter. „Wenn Herkules den
kretischen Stier bezwingt, so sehen wir in ihm das Stierähnliche,
zum menschlich Heroischen erhoben, über die in Formen verwandte
rein thierische Erscheinung siegen; wenn er dagegen eine Hirschkuh zu Boden drückt, so meint man ihre zarten schlanken Glieder
unter der im vollen Gegensatz wirkenden Wucht des gedrungenen
Heldenleibs krachen zu hören; aber freundlich tränkt der ruhende
Bacchus den Panther, in welchem das Heiße, Leidenschaftliche,
Formenweiche des Gottes thierisch ausgeprägt ist, und Apollon
und Artemis, die hirschähnlich schlanten, spannen das willige Hirsch-
paar vor ihren Götterwagen.“ (Vischer.) Wenn Inder und
Aegypter auf den Menschenleib den Thierkopf setzen, und den
Ganesas sogar den tief herabhängenden Elefantenrüssel tragen

laſſen, ſo iſt dies ein Widernatürliches, während das Menſchen-
haupt auf dem Thierleib, die Sphinx der Aegypter oder die palaſt-
bewachenden, geflügelten Stierlöwen der Babylonier und Perſer
mit dem Menſchenhaupte eine Erhebung des Niedern, gemäß dem
Stufengang und der Sehnſucht der Creatur nach der Offenbarung
des Geiſtes, ausdrücken. Die Verſchmelzung von Roß und Mann
im Centauren iſt das plaſtiſch Schönſte von derartigen Werken,
einheitlich durch die Seelenſtimmung und den ſchwunghaften Linienzug des Ganzen.

Der Ausgang von der Wirklichkeit und das Verlangen ſie
genau zu beobachten und mit treuem warmem Sinne für das Individuelle, Eigenartige und Perſönliche aufzufaſſen und darzuſtellen,
ergab ſich durch das Porträt, durch den Wunſch des Volks oder
der Familie die theuern Züge eines großen, eines geliebten
Menſchen aufbewahrt und nach dem Tode gegenwärtig zu haben.
Der Fortſchritt von dem überlieferten alterthümlich ſtarren Tempel-
ſtil zur Lebenswahrheit und Bewegung ward durch die Statuen
derer vermittelt die nach dreimaligem Sieg im Hain von Olympia
aufgeſtellt wurden und ein erkennbares Bild des Siegers und ſeiner
Thätigkeit geben ſollten. Dennoch blieben die Griechen ihrer idealen Richtung getreu. Der Römer Quintilian tadelte angeſichts
ſo vieler andern Porträtſtatuen den Demetrius, einen Naturaliſten
der Zeit des Phidias, daß er mehr nach Aehnlichkeit als nach
Schönheit getrachtet, und ſtellte die Schönheit, die Harmonie des
Geiſtigen und Sinnlichen im Ebenmaße der wohlgefälligen Form,
damit auch als das Geſetz der griechiſchen Porträtbildung auf.
Dionyſios von Halikarnaß erklärt daß kein echter Künſtler ſich
dazu erniedrige die Natur im Unweſentlichen der Adern, Milch-
haare, Leberflecken und Warzen nachzuahmen, und Plinius knüpft
an die Statue in welcher Kreſilas die Züge des Perikles der
Nachwelt überlieferte, das maßgebende Wort: es ſei bewundernswerth wie die Kunſt der Plaſtik edle Männer noch edler mache.
Aus dem Weſen der Plaſtik wie aus der Anſchauung der bedeu-
tendſten Leiſtungen ergibt ſich daß der Künſtler vor allem die
geiſtige Bedeutung und den Charakterkern der darzuſtellenden Perſönlichkeit zu erkennen und dann diejenigen Züge aufzufaſſen hat
in welchen derſelbe zu Tage getreten iſt, die geiſtige Anlage in ganzer
Schärfe ſich offenbart, die Gemüthsſtimmung ſich verfeſtigt hat.
Dieſe Züge hat er als die leitenden, tonangebenden hervorzuheben,
ihnen das andere anzuſchließen, oder er hat das gegenwärtige

Aussehen wiederzugebären und zu verklären zu jenem Einen
Musterbilde für die wechselnde zeitliche Entwickelung; er hat den
Menschen aufzufassen wie er im Lichte der Ewigkeit vor den Augen
Gottes steht, seinen Ferner oder Genius sich in ungetrübter Klarheit, in ungehemmter Freiheit verwirklichen zu lassen, es selbst
aus der geistigen Natur und aus der Zeit des Wirkens zu entnehmen ob er ihn als Jüngling, Mann oder Greis am entsprechend-
sten darstellen kann.

Die alten Griechen verfuhren freischöpferischer; die Zeit nach
Alexander, das Römerthum, die germanische Welt, in der das
Persönliche in seiner Eigenart mehr hervortritt, in seiner Originalität und Einzigkeit aus der Umgebung sich abhebt, brachte auch
hier einen größern Realismus, ein Streben nach individueller Bestimmtheit mit sich. Wo diese aber im Aeußerlichen ihr Heil sucht
und gar das zunächst ins Auge Fallende übertreibt, wird sie zur
Caricatur, und wo sie am Monumentalen sich mit gefälliger For-
menglätte genügen läßt, wird sie fad, flau und langweilig. Es
muß in dem Künstler etwas Ebenbürtiges sein mit dem Helden;
darum wollte Alexander nur von Lysippos und Apelles abgebildet
sein. „Wäre ich nicht Eroberer und Herrscher, so möchte ich
Bildhauer sein“, soll einmal Napoleon geäußert haben. Canova
hat es verstanden Napoleons Typus festzustellen, wie Danneker
den Schiller's, Rauch Friedrich's des Großen, Rietschel den
Lessing's. Dieser Lessing ist die gelungenste Dichterstatue der
Neuzeit, ein würdiger Genoß des in Terracina gefundenen Late-
ranischen Sophokles. Da sind die wirklichen Züge, der Charakter
des Volks und der Zeit bewahrt und doch stehen beide selbstbewußte, maßvolle Genien so groß und sicher da als ob sie freie
Idealgebilde wären. — In dem Buch über Roms Ruinen und
Museen hat Emil Braun gezeigt was selbst die Geschichte durch
die Betrachtung der Porträtbüsten des griechischen und römischen
Alterthums gewinnen kann um jenen lebendigen Mittelpunkt zu
erkennen, von dem aus die Thaten der Männer sich wie Strahlen
ausbreiten und ihre Schicksale bedingt waren. Aeschylos und
Demosthenes, Perikles und Aspasia, Alexander und Cäsar, Cicero
und Augustus werden uns von Angesicht bekannt und wir erhalten
einen Schlüssel zum Verständniß ihrer Werke wie durch eine persönliche Begegnung. Die Helden der Geschichte sind zu ewigen
Trägern des sie beseelenden Gedankens geworden.

Und nicht blos die Hochberühmten, auch die Sinnesweise des

Volks lernen wir auf solche Art kennen. Ich theile in dieser Beziehung die Schilderung mit, welche Braun von der Bildnißgruppe
eines römischen Ehepaars im Vatican entwirft. „Wenn wir die
Menge unbekannter, aber fast ausnahmslos charaktervoller Köpfe
durchmustern, die gegenwärtig das tobtliegende Kapital unserer
Museen bilden, kann es uns bei einiger Aufmerksamkeit kaum entgehen daß wir nur durch einen solchen Anblick von dem staunenswerthen Reichthum an vollwichtigen und erlebnißreichen Persönlichkeiten einen Begriff, ja eine leibhaftige Anschauung zu gewinnen
im Stande sind, indem von diesen die Geschichte völlig schweigt.
Denn ihr ist es nicht beschieden uns außer den namhaft bezeichneten Individuen mehr als die Massen und vereinzelte Züge von
Bürgertugend und Heldenmuth vorzuführen. Hier aber gliedern
sich vor unsern Augen jene unübersehbaren Mengen, von deren
ständigem Charakter wir ebenso eine Idee haben wie von der
Mannichfaltigkeit die sie neben demselben darbieten. Der römische
Nationalausdruck scheint selbst in den vorgerückten Kaiserzeiten sich
in zahlreichen Einzelwesen vom alten Schrot und Korn unverändert erhalten zu haben, und in die Heiligthümer des durch die
strenge Sitte bewachten Familienlebens ist vielleicht der Geist
der Neuerung und Verweichlichung so wenig eingedrungen wie in
die Hütten von Trastevere und der entlegenen Gebirgsgegenden.
Von jener Innigkeit und Treue, welche die in den undurchbrech-
baren Verhagen des ehelichen Beisammenseins und stillen Zusam-
menwirkens Jahrhunderte lang mit steter, gleicher Gesinnungstüch-
tigkeit geherrscht hat, gewährt uns diese ausdrucksvolle und gut
gearbeitete Bildnißgruppe eine lebendige Anschauung. Als befänden sie sich bereits der Ewigkeit gegenüber halten sie sich einander
bei der Rechten gefaßt, und die treue Gattin legt traulich die linke
Hand auf die Schulter ihres Ehegemahls. Der Kopf des letztern
zeigt eine so kräftige Naturwahrheit daß wir ihn leibhaftig vor
uns zu sehen meinen. Das kurzgeschorene Haupthaar, das faltenreiche ernste Gesicht, die Toga und der Siegelring am kleinen
Finger in der linken Hand machen den altväterlichen Römer auf
den ersten Blick kenntlich. Ihm ist keine andere Empfindung bekannt als solche welche unter der Controle der Pflicht stehen.
Tugendhaft und nur für den Staat zu leben ist ihm zur andern
Natur geworden. In dem Gefühl der Pflichttreue findet er seine
einzige Beseligung. Dieses theilt mit ihm sein zärtlich ergebenes
Weib, aber bei ihr nimmt es eine andere Färbung an. Während

ihnt das häusliche Glück nur der feste Punkt ist, von welchem aus
er sich immer von neuem in das Geschäfts- und Staatsleben
stürzt, stellt sich ihr dieses ganze Erdendasein im mikrokosmischen
Gesammtbild der Thätigkeit und des Berufs ihres Gatten dar.
Sie lebt nur mit ihm, in ihm und für ihn. Ihre Seele scheint
mit der seinigen in der Art verwachsen zu sein daß sie mit ihm
vergehen würde, sobald er von ihrer Seite gerissen werden sollte.
Solche große sittliche Eigenschaften machen es begreiflich wie die
Römer zur selbstherrschenden Nation berufen und auserwählt sein
konnten, wie bei ihnen der Rechtsbegriff eine solche Bedeutung
erhalten und durch sie zu solcher Macht gelangen mußte, daß er
noch heute unübertroffen dasteht."

· Dies leitet uns zu dem Genre hinüber, in welchem der Bildhauer einen Zustand der Sitte oder des naturgemäßen Handelns
belauscht und mit sinnigem Behagen an der Naivetät, Harmlosigkeit
oder Lebenstüchtigkeit desselben ihn wiedergibt. Wir verstehen
unter dem Genremäßigen das Allgemeine, was sich täglich und
stündlich wiederholt und das gewöhnliche Dasein ausfüllt, während
das Historische ein Einmaliges von ungewöhnlicher Bedeutung
bezeichnet, z. B. das Arzneinehmen eines Kranken, und Alexander
der Große der den Becher trinkt welchen ihm der als Giftmischer
verdächtige Freund gereicht, Scenen in denen das in allen Schlachten Vorkommende wiedergegeben wird, und der Entscheidungskampf
Konstantin's gegen Maxentius. Die rossebändigenden Dioskuren,
der Knabe der sich den Dorn aus dem Fuße zieht, der Diskus-
schleuderer, sie gehören in diesen Kreis der Darstellungen allgemeiner Thätigkeitsweisen, die der Künstler in der Natur beobachtet
und mit aller Treue für das Besondere doch so auffaßt daß sich
das Gebaren vieler anderer darin abspiegelt. Er wird hier den
Typus besonderer Nationalität wiedergeben, in dieser Winzerin die
Deutsche, in jener Spinnerin die Italienerin erkennen lassen, aber
stets das Zufällige und Momentane mit dem Naturgemäßen und
Immergeltenden in Eins bilden.

Das eigentlich Geschichtliche stellten die griechischen Meister der
voralexandrinischen Zeit durch sein mythisches Vorbild dar, ähnlich
wie Pindar die Stammheroen heranzieht, wenn er einen Sieger
im Kampfspiel preisen will. Der Troianische Krieg galt als Beginn des Streites zwischen Asien und Europa so für das Symbol
der Perserkriege, und die Helden von Marathon und Salamis
wurden im Giebelfeld des Minervatempels auf Aegina durch die

vor Troia vertreten. Die Barbaren ſind hier gleich den Amazonen auf andern Bildwerken nur durch das Coſtüm bezeichnet,
nicht durch eine abweichende Geſtalt oder eigenthümliche Züge.
Anders ward es in der Zeit nach Alexander, wo der Anblick ſo
vieler fremder Nationen den Sinn für das Nationalcharakteriſtiſche
ſchärfte und die Wirklichkeit ſelbſt ſich zur heroiſchen Größe, zum
Wunder der Poeſie ſteigerte. Als König Attalus von Pergamum
dem kriegeriſchen Wanderzug der Kelten oder Gallier ſiegreich
widerſtanden und ſeine rettende That durch Statuengruppen gefeiert wurde, da ſetzten ſich die Künſtler die Aufgabe jene Feinde,
die der Schrecken der Völker geweſen, auch ihrer Erſcheinung nach
kenntlich zu machen, und jetzt ſind der ſterbende Fechter oder die
mit ihm zu verbindende bereits erwähnte Gruppe der Villa Ludoviſi nicht blos durch das vorn kurze ſtruppige Haar, das Diodor
den Roßmähnen vergleicht, durch den Schnurrbart in dem ſonſt
glatten Geſicht, oder durch das Geflecht des Halsringes deutlich
bezeichnet, auch die Körperbildung entfernt ſich von dem helleniſchen Schönheitsideal um die Stammeseigenthümlichkeit deutlich
hervortreten zu laſſen. Es ſind zunächſt Krieger, Männer von
einer derbern maſſigern Körperkraft als der geſchmeidige, in der
Ringſchule gebildete, aber von der Cultur verfeinerte Grieche; die
Haut iſt feſter, minder elaſtiſch, reich an Brüchen und hornartigen
Schwielen, ſodaß ſie Zeugniß gibt von rauhem Himmel wie von
harter Arbeit; das Geſicht entfernt ſich vom griechiſchen Profil
und unterbricht deſſen ſtetigen Linienfluß durch markirte Einſchnitte.
Der Künſtler verfuhr muſtergültig, und ſtatt das erſte beſte Modell eines Kelten zu copiren, abſtrahirte er den nationalen Typus,
geſtaltete dieſen zum Ausdruck wilder, trotziger Heldenkraft; auch
das minder Vollkommene konnte aufgenommen werden, indem es
der Einheit einer neuen Idee untergeordnet wurde. An die Stelle
der reinen Schönheit trat die geſchichtliche Wahrheit, aber ihrem
innern Weſen nach vom Charakteriſtiſchen aus der Schönheit zu-
gebildet.

Ein Gleiches gilt von der hohen trauernden Frau in der Halle
der Landsknechte zu Florenz, die Göttling paſſend Thusnelda genannt hat; es gilt von einer capitoliniſchen Büſte, die Braun auf
Arminius gedeutet hat; wir haben im ſichtbarſten Unterſchied von
den Römern die Züge des Germanenthums, etwas Naturfriſches
und Gemüthsinniges zu gleicher Zeit.

In dieſem Sinne haben auch neuere Bildhauer verfahren; es

ist nicht ein falscher Naturalismus, der auf das Aeußerliche der
einzelnen Erscheinung sieht, sondern ein gesunder Realismus, der
in der geschichtlichen Wirklichkeit das Bedeutende und Große erkennt
und es zum Ausgangspunkte der Darstellung macht um es so
schön als möglich zu gestalten.

------

4. Maß, Material und Farbe.

Die Statue wird als eine Welt für sich auch aus der gewöhnlichen Umgebung entrückt und auf eine eigene Basis gestellt; mag
dieses Piedestal nun mit Reliefs geschmückt sein, welche die Thaten
und Eigenschaften des in der Gestalt ausgeprägten Wesens und
Charakters historisch oder symbolisch entfalten, immer muß der
Eindruck der Statue der herrschende bleiben, weil sonst die Einheit verloren geht, oder die Hauptsache selbst um des Beiwerks
willen da zu sein schiene. Die Basis des olympischen Zeus er-
stattete der Höhe wieder was diese durch das Sitzen des Gottes
verlor; er hätte aufstehen und von der Basis wie von einer hohen
Stufe hinabsteigen können; sie stand im Verhältniß zu seiner
Größe. Die nicht schon durch den Tempel abgeschiedene, sondern
auf dem Markt oder im Freien aufgestellte Statue verlangt eine
Basis die sie über das Treiben der Welt erhebt; aber am großen
Friedrichsdenkmal in Berlin überwiegen diese mehrfachen Absätze der
verjüngt ansteigenden architektonischen Massen mit ihren vielen
Bildwerken die Reiterstatue des Königs selbst, oder lassen sie doch
nicht zu der erwarteten und ihr gebührenden Wirksamkeit kommen,
während an Schlüter's Monument des großen Kurfürsten richtigere
Verhältnisse walten als an der sonst so reichen und vortrefflichen
Meisterarbeit Rauch's. Da alle Kunst durch sinnliche Mittel wirkt
und der Eindruck der äußern Erscheinung dem Begriff des Wesens
im denkenden Geist entsprechen soll, so ist es nicht zu tadeln, sondern zu loben daß der Heldenkönig selbst die Krieger und Staatsmänner ebenso dem Maße nach sichtbar überragt, als er in der
Geschichte der ruhmreich vor ihnen hervortretende und ihnen zum
Theil erst die Ehre verleihende Genius ist, der seiner Zeit seinen
Namen gegeben hat.

Wenn die Plastik mit Recht nur das Große und der Verewigung Werthe erfaßt und das an sich Gewichtige im wuchtvollen
Material gestaltet, so ergibt sich daraus für sie um so mehr das

Geſetz die Statue über das gewöhnliche Maß etwas zu erhöhen, als dieſelbe ſonſt nicht einmal in der Lebensgröße, ſondern kleiner erſcheinen würde. Erhaben nennen wir das Schöne, wenn von den Elementen, die ſein Weſen in der Erſcheinung ausmachen, die Größe zuerſt und vorwiegend zur Wirkung gelangt. Da ſich alle Kunſt über das Gewöhnliche erhebt, ſo beginnt ſie mit dem räumlich Großen, ehe ſie noch vermag das innerlich und geiſtig Bedeutende auch innerhalb des gewöhnlichen Maßes durch eigenthümliche Formen auszuſprechen; ſie ſtellt den Gott oder den irdiſchen Herrſcher im Koloſſe dar. So finden wir indeß nicht blos jene architektoniſch ſtreng ausgeführten rieſigen Bildwerke der Aegypter, auch der Zeus von Olympia war ſo groß daß er das Tempeldach eingeſtoßen hätte, wenn er aufgeſtiegen wäre, und die Vorkämpferin Pallas auf der Akropolis von Athen überragte den Parthenon. Die weltbeherrſchende, über irdiſche und menſchliche Kraft weit hinausgehende Macht und Weſenheit dieſer Götter verlangte nach einem ſinnenfälligen Ausdruck, und ſo klar auch ein Phidias durch Wahl und Behandlung der Formen die ideale Natur in ihrer Ewigkeit auszuſprechen verſtand, für die unmittelbar überwältigende Wirkung auf jedes Gemüth war es nothwendig daß der Menſch als Sinnenweſen neben der leiblichen Gegenwart jener Götter ſich klein und nichtig erſcheinen mußte, während er dann geiſtig durch ſie zu ihnen erhoben ward. Unſere Phantaſie wird nicht ſo ſehr zur ſelbſtſchaffenden Thätigkeit angeregt, wenn ihr Gegenſtände in gewöhnlicher Ausdehnung entgegentreten; das überraſchend Mächtige aber ruft ſie wach, und ebenſo wenn ein bedeutender Inhalt in großartigen Formen, aber in geringem Umfang dargeſtellt iſt; denn hier fühlen wir uns getrieben die Ausdehnung zu vergrößern und eine innere Anſchauung zu erzeugen, deren Umfang dem erhabenen Inhalt gemäß wird.

Bei Göttern die mehr dem Gemüthsleben angehören und mehr im einzelnen Herzen als im Ganzen der Welt oder des Staats als ſolchem ihre Macht bekunden, bei Apoll und Dionyſos, bei Eros und Aphrodite verſchmähte die gereifte Kunſt mit Recht das Uebermaß des Koloſſalen und wirkte durch den Ausdruck der geiſtigen Weſenheit in den entſprechenden Formen, und verſtärkte die Größe wie bei den Statuen großer Männer in der Art daß ſie in ihrer architektoniſchen oder ſonſtigen Umgebung nur nicht klein, ſondern immer von großartig edler Bildung erſchienen. Bei allen durch Geiſteskraft wirkenden Menſchen iſt dies das Richtige; das

Koloffale kann hier nur dann äfthetifch gerechtfertigt werden, wenn
der Held in feiner Thätigkeit felbft die Vorftellung des Maffen-
haften hervorruft, wie ein Alexander und Cäfar, ein Friedrich der
Große und Napoleon, „bei denen man an die Hunderttaufende
denkt die fie in den Kampf geführt, an die Millionen deren
äußeres Schickfal fie entfchieden, deren Heereszüge felbft für die
Phantafie des betrachtenden Menfchen von quantitativer Erhabenheit find". Stahr, der in feinem Torfo diefe Bemerkung macht
und mit Winckelmann von dem räumlich Ausgedehnten Einheit und
Einfachheit fordert, beftimmt die Grenze für das Koloffale vollkommen richtig: „Das Koloffale wird ungeheuerlich fobald ein
Sculpturwerk dergeftalt fich an Größe einem Architekturwerk nähert
daß der Befchauer keinen Standpunkt mehr findet die Formen
deffelben zu erfaffen, weil er fie in der Nähe nicht als Ganzes
aufchaut und in der Ferne ihm das Einzelne zerfließt." Aber wie
mochte Stahr zugleich von dem Erhabenen fagen: „es überfchreite
das genau begrenzte Maß der Verhältniffe des Gebildes, jenes
Maß welches für jede Sphäre des Lebens aus deren Qualität
hervorgeht; es überfchreite diefes Maß, und zwar ins Unendliche,
während es doch dem Widerfpruch feines Wefens gemäß die Form,
alfo das begrenzte Maß fefthalten muß!" Welche Phrafen! Das
Erhabene foll das Maß ins Unendliche überfchreiten und es doch
fefthalten; das ift allerdings ein Widerfpruch, aber derfelbe exiftirt
nur in den Köpfen der Aefthetiker die eine bereits von Burke begonnene falfche Begriffsbeftimmung zum vollften Unverftand ge-
fteigert haben. Das Erhabene gehört zum Schönen und der erhabene Gegenftand ift alfo ein folcher in welchem Begriff und
Erfcheinung einander decken; eine Erfcheinung die ihren Begriff
nicht ausfpricht, ein Begriff der fich nicht verwirklicht, find nicht
erhaben, fondern mangelhaft; alles Schöne hat in feiner Form-
beftimmtheit eine gewiffe Größe, und wenn diefe fo mächtig ift
daß das andere neben ihr klein erfcheint, wenn es vorzugsweife
und unmittelbar durch fie auf uns wirkt, heißt es erhaben. Es
kann allerdings unfere Phantafie beflügeln zum Gedanken des Unendlichen, indem es fie dem Gewöhnlichen mit Sturmesgewalt
entreißt und in Schwung verfetzt, aber es felbft ift nimmer das
Maßlofe, denn Maßlofigkeit ift nicht Kraft, fondern Schwäche;
und nur durch die in der Fülle erfcheinende Einheit, nur durch
die das Maffenhafte felbft befiegende, geftaltende Idee befteht das
Erhabene. Je mehr aber das Bildwerk in feiner Größe fich dem

Bauwerk nähert, desto architektonisch strenger muß es stilisirt sein; genrehafte Motive, eine naturalistische Behandlung stimmen nicht mit dem kolossalen Maße.

Um ein plastisches Werk herzustellen macht sich der Künstler zuvörderst das Modell aus weichem Thon, der sowol das Wegnehmen wie das Hinzufügen bequem gestattet und bildsam sein muß; im Innern muß ein Gerüst von Metallstäben den nöthigen Halt gewähren. Ueber dies Modell wird nun eine Schicht flüssigen Gipses gelegt, sodaß sich in demselben die Gestalt vertieft ausprägt; dies ist dann die Form, in welche wiederum Gips eingegossen wird, der erstarrt und nun das ursprüngliche Thonmodell treu wiedergibt. Natürlich wird die ganze Form bei größern Werken in kleinere Stücke zerlegt und auch aus solchen nach dem Guß das Werk zusammengesetzt. Von dem so gewonnenen Gipsmodell überträgt man nun auf den Steinblock mittels des Zirkels eine Reihe fester Punkte, zwischen welchen der Arbeiter den Stein behaut und dem Künstler vorbereitet. Sollte ein Erzguß gemacht werden, so bildeten die Alten einen Kern von Gips und Ziegelmehl und trugen auf diesen die feinere Ausführung in Wachs auf; über dasselbe wieder zog man eine äußere Form wie einen Mantel; dann schmolz man das Wachs heraus und ließ an seine Stelle das Metall einströmen. Jetzt hämmert man feuchten Formsand an das Modell an und gewinnt so einen Mantel, der gleich der Gipsform die Gestalt vertieft enthält; man zerlegt diesen Mantel in Stücke und füllt die Form mit Thonplatten aus von der Dicke die das Erz haben soll; innerhalb dieser Thonplatten macht man den festen Kern; dann nimmt man dieselben weg, baut außerhalb des Kerns den Mantel wieder auf und läßt in den hohlen Raum zwischen beiden, wo früher der Thon war, das Erz einströmen.

Das dem Begriff der Plastik entsprechende Material ist dauernde feste Materie, Stein und Erz. Nach Michel Angelo's Ausspruch wird die Natur aus dem Stein durch Ablösen der sie bergenden Hülle herausgehauen. Das Holz hat keine gleichmäßige Structur, sondern durch das Wachsthum haben seine Fasern eine bestimmte Richtung; dazu ist es der Verwitterung leicht ausgesetzt, wenn man nicht durch Anstrich oder Metallüberzug die Näße abhält. Die Holzschneiderei trägt wie die Holzarchitektur einen primitiven und ländlichen Charakter, und schließt sich mehr an Bauten oder Geräthen den Bedürfnissen des Tages verschönernd an, als daß sie in der Weise freier Kunst selbständige Werke

schüfe, in welchem Fall das Material zur Färbung oder Vergoldung reizt. Das Alterthum bildete über einem hölzernen Kern
seine berühmten und glanzvollen Kolossalstatuen aus Elfenbein und
Gold, indem jenem die nackten Theile zufielen. Es war ein
Nachklang orientalischer Pracht und das Bestreben den Göttern
selbst die kostbarsten Stoffe zu weihen; aber die Zusammensetzung
aus kleinen Stücken war schwierig, die Erhaltung erforderte viel
Sorgfalt, wie beim olympischen Zeus das Anfeuchten mit Oel
mehrfach erwähnt wird. Die Folgezeit, das Mittelalter wie die
spätern Jahrhunderte verwandten das Elfenbein für kleine zierliche
Arbeiten, für Reliefs zu Bücherdeckeln oder zu fein ausgeschnitzten
Cabinetbildwerken.

Der weiche Thon erhärtet durch Trocknen und Brennen; aber
indem er hierbei Feuchtigkeit abgibt, schwindet die Masse zusammen und werden die Formen stumpfer und die Verhältnisse selbst
mitunter geändert, sodaß der Thon oder die gebrannte Erde (terra
cotta) für Herrichtung des Modells oder für gröbere, an der
Architektur verwendete, auf die Ferne berechnete Arbeiten beschränkt
bleiben. Auch seine trockene Naturfarbe reizt zum Bemalen, was
für Ziergeräthe bei dem weißglänzenden Porzellan sein Recht hat.
Ein farbiger Anhauch wirkt da wie ein Sonnenblick in der Landschaft. Der weiße Gips erscheint kreidig und todt gegenüber dem
Marmor; man verwendet ihn zu Abgüssen, die sich leicht herstellen
lassen, jedoch ein Nothbehelf bleiben, der das Original nicht erreicht,
aber formenstrenger und genauer als ein Kupferstich das Gemälde
oder die Zeichnung ersetzt. „Der höchste Hauch des lebendigen,
jünglingsfreien, ewig jungen Wesens verschwindet im besten Gipsabguß", sagte auch Goethe angesichts des Apoll's von Belvedere;
das marmorne Urbild selbst nannte er grenzenlos erfreulich. Bischer
sagt vom Gips mit schneidender Härte: „Alle Formen treten mit
roher Wahrheit hervor, alles Flüssige, Geschmeidige verschwindet;
es ist der kahle, fahle, klanglose Eindruck, den alle erdige, breiige,
dann verhärtete Substanz macht." Daher stearinisirt man neuerdings den Gips, das macht die Oberfläche gleichmäßiger, und gibt
ihm einen wärmern Ton.

So bleibt uns der Kern des Erdkörpers selbst, Stein und
Metall. Wir erinnern uns eines Ausdrucks von Schelling, daß
im Metall Klang und Licht zur festen Masse geronnen sei, ein
Ausdruck der seiner naturwissenschaftlichen Richtigkeit entbehrt, aber
ästhetische Wahrheit hat. Das schwarzgraue Eisen erscheint zu

lichtarm und düster, die edeln Metalle sind zu stofflich werthvoll und ziehen leicht das Interesse von der Form ab. Nur der rohe Sinn legt auf die Kostbarkeit oder den Glanz des Stoffes plastischer Werke ein Gewicht; die künstlerische Form erst adelt das Material, und wo sie es gethan hat da ist es Barbarei noch mit dem Stoff prunken zu wollen. Nero ließ eine eherne Alexanderstatue des Lysippos einmal vergolden, aber noch empörte sich der Geschmack des Volks dagegen, und der Ueberzug mußte wieder herabgenommen werden. Die Griechen erfanden für das Erz der Statuen eine Mischung von Kupfer, Zinn und Wismuth, die Bronze, die einen warmen Ton, einen lebendigen Lichtschimmer, auf bräunlicher Unterlage einen matten Goldglanz hat, und durch das Alter selbst mit einem edeln Roste, der grünen Patina, mehr geschmückt als verunstaltet wird. Von den Steinen ist der Granit zwar sehr hart und dauerhaft, dafür aber auch sehr schwer zu bearbeiten, und er entbehrt bei seiner Zusammensetzung aus Feldspath, Quarz und Glimmer der einen, gleichen und nicht auffallend hervortretenden, sondern gedämpften Farbe. Polirt spiegelt er und wird für die Formbestimmtheit wieder dem Anblick ungünstig. Der körnige Sandstein, bräunlich, gelblich, grau, grünlich erscheint in jeder Hinsicht geeigneter, nur daß sein Farbenton doch oft der Idealität weniger günstig ist und ein gröberes Korn die letzte Feinheit nicht so gestattet wie der weiße krhstallinische Kalkstein, der sich als das ideale Material der Plastik von Natur darbietet. Mit Recht hat man von der Unschuld, von dem milden Lichtgeist des reinen weißen Marmors gesprochen, und darauf hingewiesen daß er nicht minder durch den goldig warmen Ton, den er mit der Zeit annimmt, wie durch die Durchsichtigkeit der kleinen Krhstallkörner an seiner Oberfläche für das Durchscheinende und Weiche des Fleisches und der Haut sich besonders eignet. Die Spiegelglätte des Erzes verlangt schärfere, stärkere Markirung der tastbaren Form, und diese stimmt wieder mit der realistischen Darstellungsweise; der Marmor gestattet und veranlaßt das Ineinanderfließen der Linien und Flächen und damit die Verschmelzung des Einzelnen zum harmonischen Ganzen. Töllen bemerkt daß ein Erzabguß der Mediceischen Venus fast glatt und flau erscheine, während die Wiederholungen von Erzbildern in Gips leicht höckerig aussehen. Andererseits kommt manche Erzstatue uns vor als wäre sie erst in Sandstein ausgeführt und dann abgegossen, während das Erz Haare, Gewänder viel leichter, feiner,

wallender zu behandeln gestattet als der Stein, der sofort gebrech-
lich erscheint wenn man ihm Aehnliches zumuthet. Dabei ladet
der Marmor den Künstler ein dem Werk die äußerste Vollendung
zu geben, nachdem der Handwerker vorgearbeitet hat, während bei
dem Erzguß das Handwerksmäßige dem Künstlerischen nachfolgt.
Und noch einen andern Vorzug muß das Erz dem Marmor überlassen: „das sanfte Verhauchen der hellen und dunkeln Partien,
die Abstufungen von Licht und Schatten, den sanften Zauber der
Reflexe." (Feuerbach.) Wie Myron für die scharfe Bezeichnung
der Form in seinen Ringern und Läufern das Erz, so wählte
Praxiteles für seine leis aneinander schwellenden runden weichen Bildungen des weiblichen oder jugendlich männlichen Götterleibes den
Marmor, der durch die Oberfläche, wie im Leben die Haut, die
Knochen, die Muskeln gleichsam durchschimmern und ahnen läßt,
und seitdem ist für alle Idealschöpfungen der Marmor das Material der Plastik geblieben.

Die richtige Behandlung der Form wird auch in der Plastik,
im Erz und Marmor, die menschliche Haut vom Gewand, im
Gewand selbst durch Structur, Weiche, Glätte, Art des Fallen-
wurfs Leinwand, Wolle, Seide unterscheiden. Schon Homer bemerkt vom Schilde des Achilleus dort wo er den Ackerbau schildert:

Hinter dem Pflug schien dunkel das Land, dem geackerten ähnlich,
Ob aus Golde gemacht, so wundersam war es gebildet.

„Thon ist Leben, Gips ist Tod, Marmor und Erz sind Auferstehung!" Diese Worte eines bildenden Künstlers hat Berthold
Auerbach in einer mit unserer Auffassung übereinstimmenden Weise
also commentirt: „Thon ist Leben! Diese bräunliche Farbe des
Thons, dieser flüssige Glanz der bis ins Kleinste vertheilten Feuchtigkeit gibt dem Thongebilde eine Bewegung, so zu sagen ein
organisches Getriebe, das sich dem Belebten nahestellt. Jenes
Wort der biblischen Schöpfungsgeschichte, wonach Gott den ersten
Menschen aus Erde bildete und ihm den Odem einblies, erweckt
auch eine künstlerische Anschauung, wenn wir uns das Gebilde aus
Thon denken. Der Thon in seiner Festigkeit, Zähigkeit und
Schwere steht dem organischen Leben am nächsten. Der Humus,
die Dammerde, von der eigentlich das Pflanzenleben abhängt,
würde nicht das Gleiche darstellen, sie würde zu locker erscheinen,
und zusammengeballt zu dunkel und schwer. Der Thon hat das
Fleischige durch die Dichtigkeit, und er hat etwas von der

Befreiung des Stofflichen zu organischer Belebung durch das innere flüssig gewordene Bewegtsein. — Gips ist Tod! Der Gips hat etwas Kaltes, Trockenes, Gestandenes, ja fast Gefrorenes. Er gibt die Form wieder mit einer von nichts anderm erreichten Treue; aber es ist die bloße Form, keine Spur von jenem Rieseln der innern Bewegung; und ich meine man könnte sich ein Gebilde von Gips nicht zum Leben erwachend denken. Man sieht ihm das Bröckliche, Zerbrechliche an, er steht dem Organischen spröde gegenüber. — Marmor und Erz ist Auferstehung! Jenes flüssige Leben, das im Thon wenn auch gesteigerter, doch zugleich auch vergänglicher erscheint, jener Lebensglanz, der in Marmor und Erz eine Immanenz gewonnen, die sie eben vor allem zur monumentalen Fassung des Lebens eignet. Die Flüssigkeit ist leuchtender Glanz geworden, das strömende Leben, das beim Thon das Wasser in sich hat, ist in diesem Glanze des Marmors und Erzes zur Plastik fixirt. Die todte Starrheit des Gipses ist überwunden, und die dem Leben relativ so nahestehende flüssige Beweglichkeit des Thons ist inwohnend und fest geworden und, wenn man so sagen kann, zu einem absoluten Ausdruck gekommen. Dieser Stoff erinnert nicht mehr an das reale Leben, und doch hat er Leben in sich, er sieht sich geschmeidig, weich und biegsam an trotz der in ihm gegebenen Festigkeit. Das was im Thon als Flüssigkeit glänzt ist hier zu einem unvergänglichen, gemilderten und doch gehobenen Ausdruck des Stoffs in sich geworden. Es ist nicht das wirkliche Leben, sondern das auferstandene."

Den Glanz des Erzes durch Feilen und Raspeln zu brechen, wenn anders nicht eine rauhe Oberfläche zur Bezeichnung eines Wellenstoffes oder ähnlichen Materials gewählt wird, heißt dem Erz seinen Vorzug rauben. Es ist glänzend, spielt in Reflexen und Glanzlichtern und wirft leise Schatten. In diesem Gegensatz wird alles Rohe und Stumpfe unerträglich, während die feine Durchbildung der Form mit eigenthümlicher Lebendigkeit erfreut. Flüchtige skizzenhafte Behandlung ist überhaupt in der Plastik nicht am Orte, hier am wenigsten. Da die Gußhaut matt und körnig aus der Form kommt, so soll man sie nur da lassen wo ein solcher Ton erwünscht ist, außerdem aber sie zwar nicht poliren, aber glätten, daß der Erzglanz zu Tage kommt, und diese durch Ciselirung bewirkte Ebenheit der Oberfläche ist wieder die Ursache daß die Patina, der edle Rost, sich ansetzt, während in die kleinen Furchen Staub und Rost sich eindrängt, das Werk schwärzt, und so der grünlich milde Schimmer der spätern Tage verhindert wird.

Die Farbe des Marmors, des Sandsteins, des Erzes spricht unser Auge eigenthümlich an und gibt dem Werk den Ausdruck einer Stimmung. Das milde Lichtweiß des Marmors ist an sich der sinnlich symbolische Ausdruck idealer Reinheit; im Glanz des Erzes zeigt sich eine mehr spröde, aber innerlich gediegene Natur. Von dem Gott der Unterwelt, welchen Bryaxis geschaffen, rühmten die Alten daß ein dunkler Farbenton dem düster ernsten Charakter des Gottes entsprochen habe. Aber immer verlangen wir daß an dem naturbestimmten Material die reine Form des Lebens als solche durch die Plastik gesetzt werde. Die verschiedenen Farben des menschlichen Leibes sind innerlich bedingt durch den Lebensproceß und seinen Stoffwechsel; gerade dies aber kann die Kunst nicht wiedergeben. Es ist eine der eigenthümlichen Schönheiten der Natur daß auch in diesem beständigen Werden und Vergehen uns die Gestalt zugleich mit der Wärme und Harmonie der Farben erfreut. Die Plastik aber hebt gerade die vollendete Formschönheit aus diesem Wechsel rein heraus und stellt sie als ein Ewiges und Unvergängliches, als das dem werdenden Leben vorschwebende Urbild dar; sie kann ihr Ziel nur erreichen, wenn sie alle Kraft auf diese Form als solche wendet und in der Vollendung einer unsterblichen, unalternden Leibesschönheit ihren Triumph feiert jenseit der Gebiete wo andere Künste mit ihr wetteifern oder sie besiegen könnten. Der Mensch ist kein angestrichener Klotz oder Stein, aber die gemalte Statue wird gar leicht dazu; sie bleibt hinter der Natur zurück und lügt ein Leben das sie nicht hat, und der Widerspruch der Unbeweglichkeit und Starrheit mit diesem Heuchelscheine wirkt, wie bei den Wachsfiguren, keineswegs erhebend oder erquickend, sondern abstoßend, ein gespenstiges Grauen erregend; der Widerspruch und die Lüge sind häßlich. Und so bleiben auch die eingesetzten silbernen Augen im Erz, die eingesetzten farbigen Steine als Augen im Marmor „abscheulich, und wenn es hundertmal Griechen waren, die sie einsetzten", wie Vischer mit Recht sagt. Auch die Griechen haben das Ideal der Schönheit erst erarbeiten müssen, und hier und da sind die irdischen Schlacken auch bei ihnen hängen geblieben.

Wenn man den holzgeschnitzten Götterbildern wirkliche Kleider anzog, so mochte man auch das Gesicht bemalen; das sind die

tiubifch rohen Anfänge der Kunst. Die Stoffverschiedenheit von
Elfenbein und Gold entsprach in einer freiern und edlern Weise
dem Unterschiede des menschlichen Körpers und der Gewandung.
So gab man bis in die Praxitellische Zeit hin dem Fleisch und
dem Beiwerk einen verschiedenen Ton; man färbte die Reliefplatte,
auf der die Bildwerke sich erhoben, damit sie deutlicher erschienen,
man umsäumte Gewänder und Waffen oder gab dem Haar einen
Farbenanflug; aber wie in der vollendeten Architektur blieb die
Hauptsache, der eigentliche Kern des Ganzen in einfacher Formschönheit wirksam, während an den Triglyphen und Metopen oder
Ornamenten der Glanz des Goldes und der Farbe verzierend ein-
trat. Sobald eben die Sculptur nicht die Außenwelt copiren,
sondern das Urbild oder Ideal derselben darstellen will, muß sie
dasselbe in seiner Reinheit auffassen, und darf es nicht in die Regionen des Scheins und die vielfache Bedingtheit des vergänglichen
Lebens versetzen.

Die Orientalen, die in ihrer Sculptur die historischen Urkun-
den der Ereignisse in Stein meißelten, mochten dieselben auch mit
der Farbe des Lebens anstreichen; die Griechen verfuhren viel poetischer; sie hielten in ihrer Heroensage das allgemein Menschliche
und immer Gültige fest und bildeten es aus und machten den
Mythus zum Symbol und Spiegel der Wirklichkeit, deren Gesetz
und Wahrheit in ihm ausgeprägt war, frei von den Zufälligkeiten
und Unzulänglichkeiten des Tages. Die Griechen empfanden plastisch, und wenn sie nun dem allgemein Wahren einen Anflug und
Schein von individuellem Leben und äußerer Realität gaben, so
hatten sie zuvor der strengen Form und dem Begriffsgemäßen
Genüge gethan, während für uns, die wir naturalistischer und
malerischer empfinden, die Farblosigkeit der Renaissancesculptur
der Ausgangspunkt und das Gesetz geworden. Dem goldenen
Schmuck von Zierathen wie die lichten Farbentöne und Farben-
säume kann man mit Feuerbach als eine zarte Vermittelung des
Ewigbleibenden in der Statue mit dem bunten Glanze in der
Erscheinung, als sanfte Uebergänge aus dem geheimnißvollen
Tempel der Kunst in das helle Gebiet der Wirklichkeit gelten
lassen. Sie öffneten das Kunstwerk gegen die Einbildungskraft
des Beschauers, lockten auch das blödere Auge durch den Zauber
des Sinnenreizes in die ernstere Betrachtung des höheren poetischen
Schauens. Eine bunte Irisbrücke verbindet den Sitz der Olympier
mit der Erde.

Wir haben aus dem Mittelalter Bildwerke von Deutschen und Italienern, Terracotten und Holzschnitzereien, die von Haus aus malerisch empfunden waren und auch malerisch in der Art ausgeführt sind daß eine wirkliche plastische Modellirung statt des künstlerischen Scheins von Licht und Schatten zur Grundlage der Farben dient. Sie können im Einzelnen anziehend sein, im Ganzen waren sie vom Uebel, namentlich für die deutsche Kunst, die den Sinn für den großartigen Adel und die Schönheit der reinen Form der musikalischen Stimmung oder der charaktervollen Bestimmtheit und persönlichen Lebendigkeit nachsetzte. Indem die Plastik sich malerische Hülfen aneignete, ermangelte sie der eigenen Formdurchbildung und erreichte das ihr gesteckte hohe Ziel nicht, sondern barg ihr eigenes Werk unter einem Kreideüberzug, auf den dann die feinern Partien malerisch aufgezeichnet und colorirt wurden; und die Malerei entbehrte wieder der plastischen Vorbilder in einer einfach bedeutsamen Formensprache und ließ die formale Schönheit hinter dem Streben nach individuellem Ausdruck und Naturwahrheit zurückstehen. Die Griechen, die Italiener rangen sich los und kamen durch Unterscheidung und Reinerhaltung der einzelnen Künste und Kunstmittel zu der Vollendung, welche die Germanen dann auch erfaßten. Die Plastik stellt die Form dar, das Objective, das selbstgesetzte Maß und die Verwirklichung der innern Bildungskraft; in der Farbe spricht sich nicht sowol die eigene, selbstgenugsame Wesenheit der Dinge, als ihr Verhalten zum Licht aus, damit eine Wechselwirkung des Individualorganismus mit den allgemeinen Naturpotenzen; diese darzustellen wird die Aufgabe der Malerei. Die Farbe ist nichts Gegenständliches, in der Außenwelt für sich Vorhandenes, sondern eine Empfindung des Beschauers, ein Subjectives. Die Malerei stellt die Dinge dar als Erscheinungen, oder das Spiegelbild der Dinge im Auge und in der Seele des Menschen; die Plastik gibt die Dinge in ihrer Objectivität, das heißt in ihrer für sich seienden gegenständlichen Wirklichkeit. Die Farbe ist malerisch-subjectiv, die Form plastisch-objectiv.

Aber ist der schneeweiße Marmor, ist die gespensterhafte Farblosigkeit des Gipsabgusses das Rechte? Kaum wird das jemand bejahen. Wenn man den Gips mit Stearin tränkt, so verliert er nicht blos das Kreidige, sondern auch das Kalte, er kommt dem Elfenbein näher, er wirkt wärmer. Und so fragt man billig ob es zwischen der völligen Monotonie und der bunten Wachsfigur

nicht ein berechtigtes Mittleres gibt. Ein feinsinniger Farben-
künstler, Eduard Magnus, ruft uns die Venus von Melos vor
die Einbildungskraft wie sie als Gipsabguß frisch aus der Form
gekommen, wie sie im Marmor, in goldiger Bronze, in gebranntem Thon eben fertig geworden; würden wir nicht wünschen daß
doch erst die Stunde da sei wo das Metall minder blendend, der
Marmor weniger neuschimmernd, der Gips auf den Höhen etwas
geglätteter erscheinen wird, sobaß der Eindruck des Kunstwerks uns
mehr beruhigt und wohler thut? Der Neuheit und Monotonie
der Oberfläche ziehen wir eine andere vor, welche eine durch Alter
und Gebrauch hervortretende Mannichfaltigkeit hat; das Gefühl
wünscht die Patina. Bezeichnet sie uns die Veränderung welche
Zeit und Gebrauch auf das Material üben, so spielt hier der
Zufall günstig und ungünstig, und sie hat auch ihre Nachtheile.
Bei dem Marmor, der Terracotta, vollends beim Gips werden
die Höhen dunkler, die Tiefen bleiben hell; Nasenspitze, Stirn, das
obere Haar werden schmuzig und trüb, während die Natur und
das ursprüngliche Kunstwerk hier das hellste Licht hat. Viel glück-
licher erscheinen bei der Bronze die Tiefen undurchsichtig, von Rost
bekleidet, während die Höhen durchsichtigen Glanz bewahren, wenn
nicht etwa grüne Flecken und Streifen störend hervortreten. Und
doch nimmt man sie gern in den Kauf. Denn alle Eintönigkeit
wirkt langweilig und widerstrebt der Natur, die stets voll Mannichfaltigkeit ist. Wo fände sich in ihr etwas wie das ganz gleichmäßige weiße Einerlei des Gipsabgusses? Das ist nicht die Verklärung des Lebens, sondern die isolirte Starrheit des Erstor-
benen. Und da verlangt denn nun Magnus mit glücklichem Ausdruck eine Patina die das Kunstwerk nicht verwirrt und schädigt,
sondern die mit Bewußtsein herbeigeführt ihm nur wohlthätig sei;
das erwünschte Etwas soll dem Kunstwerk mit einsichtigem Verständniß, mit weiser Ueberlegung hinzugefügt werden. Der erste
Schritt dazu ist in der Kunstindustrie und Kunst geschehen. „Wenn
man Silber oder galvanoplastisch mit Silber überzogenes Kupfer
den Dämpfen von Schwefelwasserstoff aussetzt, so bedeckt sich das
Silber mit einer schwarzgrauen Haut. Durch geschicktes Putzen
eines so behandelten Reliefs, einer Medaille, auch sogar vollrunder
Sculpturen werden die Höhen, wo der dunkle Ueberzug zuerst entfernt wird, heller und leuchtend, während alle Tiefen undurchsichtig
und dunkel bleiben. Man erhält in dieser Weise einen überraschend brillanten Effect. Aehnlich versteht man es in neuerer

Zeit, besonders in Frankreich, die Bronzen durch die Zusammen-
setzung des Gusses selbst sowie nachher durch die Behandlung mit
Beizen und Säuren mannichfaltig zu färben und durch eingeriebenes
Graphit zu beleben; Haar, Gewand und Nebendinge von etwas
verschiedenerm Ton als der des Fleisches, die Höhen durch Putzen
überall heller, von glätterer Oberfläche. Man hat es in der
Gewalt das Kunstwerk vom hellsten Goldton bis zum tiefsten
Braun, ja nach der Naturfarbe des Gegenstandes herzustellen.“
Hier bleibt die Form durchaus das Herrschende, aber die Monotonie wird aufgehoben und gerade dadurch der Eindruck der Formen erhöht. Ein Silberanflug an der Stelle des Weißen im
Auge, eine andere Farbe des Gewandes, Schmuck von Gold, Silber, Perlen und farbigen Steinen können recht gut mit Zweck und
Maß angewandt werden; ein braunbronzener Nubier mit dem
weißen Marmortuch über dem Haupte, warum sollte er als Othello
verwerflich sein? Rauniz mußte bei seinen Kaffeeköpfen die Farbe
charakteristisch wiederzugeben, indem er den Gipsabguß vergoldete
und man die Farbe auftrug. Sollte man diesen Fingerzeig nicht
auch bei Marmorwerken benutzen? Allerdings wird die Sache bei
dem hellen weißen Gestein viel schwieriger. Aber die Griechen
ließen sich nicht abschrecken. Wie wir ein Gedicht bei dem Vortrag der Declamation oder des Gesangs durch ausdrucksvolle
Accente beleben, so verfuhren sie auch mit ihren Marmorwerken.
Von der Hand eines Italieners sah ich den Kopf einer Bacchantin; das Gesicht hatte einen leisen Anflug von Röthe, die Haare
von Blond, der Epheukranz von Grün; das wirkte kaum als
Farbe, die Formen traten nur sogleich deutlicher hervor, und auf
dem Ganzen lag ein Schimmer verklärten Lebens. Ein schwerer
Anstrich mit Deckfarben ist freilich roh und barbarisch. Wird aber
bei Gewand und Fleisch ein Farbenton angeschlagen, so verlangen
alsbald auch Mund und Auge, die lebenathmenden, lebenstrahlen-
den, so verlangt das Haar den Accent den die Natur diesen Partien gegeben hat, die ja auch den Blick des Beschauers zumeist
auf sich ziehen. Und da bietet das Auge die gefährliche Klippe.
Je vollendeter die Form, desto eher thut die Farbe des Guten
zu viel. Wir wollen ja auch keine Musik zu den Versen der
Goethe'schen Iphigenie; wir lesen die Pindar'schen, die Sophokleischen Chöre; der Grieche sah sie von tanzend bewegten Menschen
mit Gesang dargestellt; die Musik hob den Rhythmus hervor, die
ausdrucksvolle Geberde steigerte die Accente des Vortrags. Und

ein Meister wie Praxiteles zog unter seinen Schöpfungen diejenigen vor die noch durch die Hand des Malers Nikias gegangen.
Ein heller warmer Ton, wie ihn der Marmor im Süden allmählich annimmt, wurde ihm gewiß durch jene circumlitio gegeben, die als ein technischer Ausdruck der Alten wol ähnliche
Ausdehnung haben konnte wie die von Magnus vorgeschlagene
künstliche Patinirung; das Frostige des Weißen wollte man nicht,
man verlangte gegenüber dem bestimmten Eindruck, den es macht,
nach einem indifferenteren, der nicht das Material, sondern mittels
desselben die Gestalt zur Anschauung bringt. Und über diesem
mannichfach abgetonten Marmor ein leiser verklärender Schimmer
des warmen Lebens wie würde er uns das Sculpturwerk ver-
traulich nahe bringen ähnlich wie den Griechen!

Fechner betont daß bei der Farblosigkeit der Plastik die Kunst-
gewöhnung ein Hauptfactor der Kunstwirkung sei. Wie Musik
und Poesie im Gesang sich vortheilhaft verbinden, so glaubt er
dasselbe von Form und Farbe in der Sculptur. Immer wird
die Form herrschen müssen und die Farbe sie hervorheben und
nicht für sich die Natur nachahmen. Eine angestrichene Statue
läßt das Colorit hinter der Vollendung der Form zurückbleiben,
ein dicker Farbenauftrag verdeckt Feinheiten der plastischen Ausführung. Auch Fechner gesteht daß angesichts der classischen
Marmorwerke er es sich nicht vorstellig machen könne wie sie durch
irgendeine Bemalung gewinnen sollen, möge solche der Natur ab-
gelauscht oder kunstvoll componirt sein, der keusche Reiz werde
durch Buntheit beeinträchtigt, der reine Zug der Form durch
Farben unterbrochen.

Jedenfalls wird, wenn wir Büsten und Statuen wieder viel-
farbig behandeln wollen, der strenge plastische Stil nothwendig
sein; die malerischen Effecte, welche die heutige Kunst erzielt, noch
mit Farben naturalistisch verbunden, würden zu leicht die Lebens-
lüge der Wachsfiguren statt der Lebenswahrheit erreichen. In
einer Stelle bei Ovid heißt es von Atalante:

Rückwärts wehte die Luft der flüchtigen Sohle Bekleidung,
Flatternd bewegten die Bänder sich unter dem Knie mit bemaltem
Saum, und wallte das Haar um den elfenbeinernen Nacken;
Ueber des Leibs jungfräuliches Weiß ergoß sich die Röthe
Anders nicht als wenn auf schneeweiß schimmernde Halle
Farbigen Widerschein hinwirft ein purpurner Vorhang.

Das ist es: farbiges durchscheinendes Licht, wie vom Reflex sonnenbeschienener Flächen auf den Marmor geworfen, oder der Schimmer des zarten Farbentons, der sich dem Marmor mittheilt, wenn das Licht durch rothe, blaue, grüne Gewebe hindurchgeht, es ihn erreicht. Gottfried Semper bemerkt zu obiger Stelle: „Das Bild des Dichters ist gleichsam in die antike Polychromie eingetaucht, die Form ist mit transparenten Farben gesättigt, Form und Farbe sind Eins. Nur der Schmuck, das Haupthaar, die Kniebänder lösen sich von der Localfarbe besonders ab und sind emaillirt. Es scheint daß dem Dichter das Werk eines Plastikers vorschwebte." Neuerdings geben uns die kleinen feinen Terracotten wie sie namentlich in Tanagra so gut erhalten sind, Beispiele von der Behandlung der Griechen, und die Rococo-figürchen von Porzellan haben von selbst ganz ähnliche leichte coloristische Belebung erfahren. Dagegen finde ich es geradezu verwerflich, wenn ein neuerer Künstler seinen Marmorkopf mit Metall überzog, gar vergoldete, und dann bemalte; das heißt edles Material verderben. Warum bleibt man da nicht beim Gipsabguß, den man bronzirt und colorirt, oder nimmt wenigstens ordinäres Gestein? Ueberhaupt mögen unsere Plastiker an die Meister der Renaissance denken, an Michel Angelo und San-sovino, an Vischer und Goujon, die durch die Form allein alles auszusprechen, das Seelische in Haltung und Bewegung, in Geberde und Miene der Gestalt ausdrucksvoll und schön zugleich dar-zustellen verstanden.

---

5. Nacktheit und Gewandung.

Der wahre Künstler bewährt sich in der Wahl des Stoffes; er erkiest für seine Kunst den ihr gemäßen Gegenstand, der sich durch sie und ihre Mittel völlig und am besten darstellen läßt. Der Takt des Genius zeigt sich in diesem sichern Treffen des Rechten, wenn ein Mozart das Empfindungsleben der Seele musi-kalisch im Don Juan oder Figaro ausspricht, aber den Faust und Hamlet den Dichtern überläßt, da die Gedankenkämpfe dieser Geister zu ihrem Ausdrucke das Wort verlangen. Der griechische Gott hatte eine Naturgrundlage, Zeus den Aether, Poseidon das Meer, Apollo die Sonne, und war zugleich sittliche Macht und freies Selbſtbewußtſein; beides durchdrang einander, und die Künſtler ſchufen dem perſönlichen Geiſte einen organiſchen Leib, in deſſen realen Formen das ideale Innere völlig aufging, ſodaß nichts blos angedeutet und der Ahnung überlaſſen blieb, ſondern alles offenbar und klar ward. Es beſtand kein Bruch zwiſchen Geiſt und Natur, ſondern eine urſprüngliche Harmonie. In der chriſtlichen Religion dagegen ward der Menſch aus einem Ver- ſunkenſein in die Aeußerlichkeit und die Luſt der Welt zur Ein- kehr in ſich ſelbſt und in den unſichtbaren Gott berufen; aus der Knechtſchaft der Sünde und den Banden der Sinnlichkeit ſoll er ſich in die Freiheit des Geiſtes erheben. Da bedurfte es einer Kunſt welcher die Materie nur als Erſcheinung gilt, welche den Ausdruck des Gemüths und die weltüberwindende That ſtatt der Leibesſchönheit und in ſich befriedigten Ruhe erfaßt und aus dem Gegenſatze die Verſöhnung werden läßt, und Fieſole, Michel Angelo, Rafael und Dürer malten.

Wenn nun die Sculptur nicht ſowol den in ſich geſammelten und im Seelenblick des Auges concentrirten als den in den ganzen Leib ergoſſenen Geiſt darſtellt, ſo liebt ſie es auch den ganzen Leib zu zeigen, für deſſen Herrlichkeit im organiſchen Gefüge aller Glieder ihr das Auge aufgegangen iſt; ſie liebt das Nackte, weil eben der Menſch, das Meiſterwerk der Schöpfung, ſchöner iſt als todter Stoff, der ihn umhüllt, und weil ſie die Schönheit des Univerſums in Einem Bilde zeigen will. Die Nacktheit der Kunſt iſt aber Paradieſesunſchuld; wo ſie das Sinnliche als ſolches her- vorhöbe um der Lüſternheit der Begierde zu ſchmeicheln oder ſie gar zu reizen, da hätte ſie den Geiſt verloren oder geopfert, da hörte ſie auf freie Kunſt zu ſein und würde eine Dienerin der Ueppigkeit, da gäbe ſie ſtatt des Einklangs des Realen und Idea- len vielmehr die von der ſittlichen Weihe entblößte Natur, deren Frivolität ſtatt der Schönheit die Häßlichkeit erzeugt. Wo aber die ſinnliche Erſcheinung von der Idee durchleuchtet und verklärt iſt, wo ſie nichts anderes ſein will als deren ſichtbare Darſtel- lung, da wirkt ſie mit ihrer Anmuth beſeligend auf das Gemüth, während der Geiſt ſich ſeiner eigenen Würde und geſtaltenden Kraft bewußt wird. Gerade das ſinnliche Leben als ſolches in ſeinem Werden, in ſeiner raſch pulſirenden Wärme kann die bil- dende Kunſt gar nicht wiedergeben; in dem Augenblick den ſie feſthält iſt es zum kalten Tod erſtarrt und grinſt uns lügneriſch an; das an ſich Ewige der geiſtigen Weſenheit in einem gleich-

falls unsterblichen, dem Wandel entzogenen Leibe zu offenbaren
ist die Aufgabe der Plastik. Sie stellt den Leib als einen Tempel
des heiligen Geistes dar. Mit der kühlen Weihe, die ihr eignet,
hat die Flamme der Begierde nichts gemein. Gerade weil sie
durch die Form allein wirkt, weil sie den reinen Begriff der
Gestalt wiedergibt, weil sie nicht bloße Naturnachahmung ist und
dem Reize der Farbe entsagt, kann sie keusch und lauter die unverschleierte Schönheit des Leibes zeigen.

> Und jene himmlischen Gestalten,
> Sie fragen nicht nach Mann und Weib,
> Und keine Kleider, keine Falten
> Umgeben den verklärten Leib.

Das ist das Recht der Plastik das man ihr nicht verkümmern
darf. Wir stecken alle nackt in unsern Kleidern, und wenn die
Plastik die Gestalt für sich bildet, so legt sie die Hüllen ab, mit
denen wir uns in Bezug auf andere, oder auf Klima und Wetter
umgeben; sie stellt den Menschen dar wie er ist, und braucht die
Gewandlosigkeit nicht zu motiviren, wie die Malerei, die ihn in
seinen Beziehungen zur Welt auffaßt, die Nacktheit durch das
Bad oder die Entkleidung durch einen bestimmten Zweck veranlaßt zeigt.

Eine andere Frage ist wie weit sie selber davon Gebrauch
machen will. Blicken wir auf die erhaltenen Werke des Alterthums, so finden wir verhältnißmäßig wenig nackte Figuren. Nie
ist es einem Griechen eingefallen den Staatsmann, den Redner,
den Dichter, den Denker unbekleidet in einer Statue aufzustellen,
und der Bildhauer der es heute thun wollte, der uns Washington
oder Napoleon, Shakespeare oder Schiller nackt wiedergeben wollte,
würde eben mit dem Geist und der Sitte dieser Männer in
Widerspruch treten statt ihn verherrlichend zur Erscheinung zu
bringen. Canova's nackter Napoleon wenigstens erscheint der
Wirklichkeit entwurzelt im Hof der Brera zu Mailand. Es war
nicht ihre Art sich vor dem Volk zu entkleiden, ihre Schenkel
und Bauchmuskeln sollen hier nicht in Betracht kommen; der
Ernst, die Arbeit des innern Lebens hat sie bedeutend gemacht.
Sie lebten unter einem Himmel der den Menschen nöthigt sich
gegen die Unbill der Witterung zu schützen und zu umhüllen; sie
lebten unter einer Sitte welche diejenigen Theile des Körpers
die den blos sinnlichen Functionen dienen, schamhaft bedeckt und

dem Blick entzieht, und nur diejenigen frei läßt die einen geistigen
Ausdruck haben oder für die Zwecke des Geistes thätig sind.

In der Ringschule, bei den Kampfspielen warf der Grieche das
Gewand ab, das ihn gehemmt hätte, und hier entfaltete sich in
der Thätigkeit selbst das Ineinanderspielen der bewegten Muskeln
in seiner Pracht und Kraft. Den Sieger, den ein Denkmal verherrlichen sollte, wollte man nun auch in der ganzen Leiblichkeit
sehen, die den Sieg gewinnen konnte, oder in seiner siegreichen
Thätigkeit selbst; seine Ehrenstatue war nackt, und dies war der
Sache, war der Sitte gemäß. Die Künstler, die den Laokoon von
Schlangen umschnürt in Marmor auszuhauen gedachten und sich
gerade die Darstellung der Muskeln in diesem Kampf zur Aufgabe machten, hätten ihren Zweck nicht erreichen können, wenn sie
dem Opferpriester sein Gewand gelassen hätten. Hermes der
Götterbote trägt die geflügelten Sandalen, aber sein Lauf ist durch
kein Kleid erschwert, und wenn er als der Gott der Palästra
aufgestellt wird, so soll sein eigener schlanker behender Körper das
Vorbild für die Jünglinge sein, die dort ihre Kraft üben, und
wir sehen den unverhüllten Bau seiner Glieder, er hat das Gewand nur über einen Arm geschlagen. Die Kampfthätigkeit der
äginetischen Statuen oder der Kentauren und Lapithen am Parthenon nimmt den ganzen Leib in Anspruch; darum verhüllte ihn
kein Rock und keine Beinschiene. In der Aphrodite soll die weibliche Schönheit in ihrer Göttlichkeit erscheinen; darum mußte sie
ihr Gewand endlich ganz ablegen, aber Praxiteles nahm hierfür
das Motiv des Bades, und Kleomenes bildete die dem Meer ent-
steigende neugeborene (Mediceische) Venus mit der Bewegung keuscher Grazie. Die Göttin der Weisheit oder der Ehe zu entkleiden ist nie einem Griechen in den Sinn gekommen. Dagegen
wird wiederum die Unschuld des Kindes in ihrer Unbefangenheit
durch die Nacktheit selber ausgedrückt, und die frischaufblühende
Jugendschönheit eines Apoll, Bakchos, Achilleus kann sich ihrer
erfreuen, während der Zeus des Phidias die gewaltige Brust, den
unnahbaren Arm zeigt, aber um den Leib und Schoß das gold-
strahlende Gewand geschlungen hat.

Die Bekleidung wird dem wahren Künstler nicht zum Nachtheil oder zur Hemmung, er weiß vielmehr aus ihr Vortheil zu
ziehen. Sie verbindet ein Anorganisches mit dem Organischen,
einen Stoff, der dem Gesetz der Schwere folgt, mit der geistigen
Kraft, die ihren Leib frei aufrichtet und bewegt, und läßt durch

jene Folie die beseelte Gestalt im Unterschiede vom Unbeseelten
um so bestimmter hervortreten. Es ist ein architektonischer Rhythmus der Linien der uns in den Falten der Gewänder ergötzt;
aber wie er auch nach eigenem Gesetz sich entwickelt, das Motiv
dazu hat er von der organischen Gestalt und ihrer Bewegung
erhalten, und er bleibt ihr dienstbar um sie auf die eine oder die
andere Weise hervorzuheben. Denn die Haltung des Körpers
bedingt das Gewand, und in der Art wie er es trägt zeigt sich
der Charakter des Tragenden bald in seiner schlichten Einfachheit,
bald in seiner stolzen Würde, bald in seinem Sinn für zierliche
Anmuth.

Aeußerlich hat der Künstler bei der Draperie für Einheit in
der Mannichfaltigkeit zu sorgen, damit in dem Ungezwungenen und
wie Zufälligen die Ordnung erscheine und diese selbst gleich einem
Spiel der Natur sich entfalte. Er hat ein großes Ganzes ins
Auge zu fassen und in einige klar gesonderte Hauptmassen zu gliedern, und diese durch die Nebenfalten nicht zu brechen, sondern zu
verstärken und zu beleben. Von innen her aber soll es die Gestalt sein die als die Trägerin des Gewandes dasteht, deren
Grundformen also für dasselbe bestimmend sind. Der auf der
Schulter befestigte Mantel fällt durch sich selbst herab, soll aber
die Gestalt nicht verbergen, sondern durchscheinen lassen. Der
Arm z. B. unterbricht den Faltenzug, zieht den Mantel an die
Hüfte heran, ein vorgesetzter Fuß stellt sich ihm entgegen, und
nun werden über diesen hervorragenden Körpertheilen große freie
Flächen oder Wölbungen sichtbar, um welche die Außenlinien in
tiefen Seitenfalten wie Schattenfurchen sich hinziehen und dadurch
die Körperform eher verstärken als verhüllen. Die Stellung ist
nicht verdeckt, sie ist durch die Gewandung vielmehr klar ausgesprochen, und der Sinn des Beschauers wird auf die geistige
Bedeutung, auf den Gedanken hingewiesen der sie hervorgerufen,
und in einem Reichthum von Wellenlinien werden die vielfach
großen Züge wie von immer neu anschwellenden Wogen getragen
und belebt. Eine Bewegung die der Körper macht theilt sich dem
Gewande mit und wirkt in ihm nach; es flattert um die Tänzerin,
es fliegt zurück hinter dem dahinsprengenden Reiter, ja es bewahrt
noch einen ihm gegebenen Anstoß, wenn auch der Körper bereits
eine andere Stellung einnimmt, sodaß auf diese Weise die seiner
Lage vorhergehende Thätigkeit durch die Falten des Kleides bezeichnet werden kann. Zugleich pflanzt sich der an einem Punkte

gegebene Anſtoß weithin fort wie Ringe im Waſſer, und ſo konnte
Goethe ebenſo dichteriſch als treffend von einem „tauſendfachen
Echo der Geſtalt" reden.

Man hat mit Vorliebe auch die Art und Weiſe nachgebildet
wie ein naſſes Gewand ſich eng dem Körper anſchmiegt, und wenn
ſie nicht zur Regel und zum durchgehenden Princip werden konnte,
wie bei der koloſſalen Flora zu Neapel geſchehen iſt, ſo hat man
doch ſtets einen Anklang an dieſe Weiſe bewahrt, und mit Recht,
denn die Geſtalt ſoll durchſcheinen und das Organiſche bedingend
auf das Unorganiſche einwirken. Freilich ein verſchleiertes Geſicht
zu meißeln, wo man hinter der herabſinkenden Hülle die Züge zu
ſehen glaubt, iſt mehr Kunſtſtück als Kunſtwerk. Dagegen darf
der Bildhauer von dem Spiel des Lichts Vortheil ziehen, wenn
nicht blos die Schattenfurchen die Rundung noch verſtärken, ſondern durch den Schatten, den der Körper auf die faltenreiche
Draperie wirft, dieſem ein dunkler Grund bereitet wird, auf dem
er hell ſich abhebt, oder wenn er von den Reflexen der Falten
noch beleuchtet wird. Emeric David hat hierauf zuerſt hingewieſen
und zwar bei Betrachtung des Apoll's von Belvedere, der durch
den feſten Schlagſchatten, den er auf ſeine Chlamys wirft, ſie ſich
ſelbſt zum contraſtirenden Hintergrund macht, während er von
ihr mild verklärende Lichtreflexe empfängt.

Durch das Gewand um die Schenkel erhält der Zeus des
Phidias die maſſige ſichere Baſis für die wuchtvolle Bruſt und
das ehrfurchtgebietende Haupt. Aus dem Gewand, das von den
Hüften abwärts ſie umſließt, wächſt die Meliſche Venus wie eine
Blume aus dem Kelch empor; ein Theil der Falten ſinkt ſenkrecht
herab, ein anderer gewinnt eine ſchräge Richtung, indem er von
dem etwas erhobenen linken Oberſchenkel nach dem rechten Bein
hinzieht; der Unterkörper iſt nicht verhüllt wie von einem Vorhang, ſondern ſeine Gliederung bleibt ſichtbar, ſie ſchimmert durch
und wird von den Wölbungen und Einſenkungen des Gewandes
mehr verſtärkt als verborgen. Das Architektoniſche und Organiſche
verſchmelzen zu einem harmoniſchen Ganzen. Gewandſtatuen wie
der Sophokles in Rom und der Aeſchines in Neapel gewähren
bei der Vergleichung, für die man ſtets das Original des einen
mit dem Gipsabguß des andern begleitet hat, einen hohen Genuß.
Im Unterſchied vom vaticaniſchen Demoſthenes, deſſen Gewand in
einfach ſtrengem Faltenzug die Charakterfeſtigkeit und innere Würde
des Staatsmanns abſpiegelt, deſſen ſcharf angezogene Unterlippe

den Naturfehler des Stotterns (wie auch bei Michel Angelo's
Moses) noch andeutet, den er mit unbeugsamer Willenskraft über-
wand, im Unterschied von Demosthenes zeigt Aeschines ein glattes,
freies Gesicht, das keine Spur von verzehrender Geistesarbeit
trägt, sondern die Lust des sinnlichen Behagens und das Glück,
die Gunst einer leichten Naturbegabung athmet. Die Gestalt ist
von einnehmender Gefälligkeit und zeigt unter dem eleganten
Faltenwurf, der sie vom Haupt bis zu den Füßen umfließt, eine
Neigung zum Feistwerden. Nach alter Rednersitte ist die rechte
Hand in das Obergewand eingewickelt, und dieses erscheint in zierlichen, glatt angezogenen Falten so reich daß diese für sich unsere
Aufmerksamkeit in Anspruch nehmen, wir mehr auf das Kleid als
auf den Mann achten, mehr die Erscheinung des äußerlich Ge-
winnenden als durch Geistesgröße Anziehenden haben. Gerade
wegen dieser zierlichen Ordnung in der Fülle der Faltenmasse hielt
man diese früher Aristides genannte Statue für ein Muster der
Gewandbehandlung, bis jener Sophokles entdeckt wurde, der nun
im Lateran uns durch die erhabene Anmuth seiner Erscheinung ein
Bild von der Herrlichkeit des Perikleischen Athens gibt. Das ist
der Sophokles welcher als schönster Jüngling den Siegesreigen
von Salamis angeführt, dann aber der weisheitsvolle Dichter
geworden ist, der die ehrfurchtgebietende Stimme des tragischen
Schicksals mit einem Zauber des Wohllauts ausgestattet, daß er
noch heute jedes Herz gewinnt. Wie sein Geist ist seine ganze
Gestalt klar entfaltet und in sich selbst sicher beruhend, unverrückbar in ihrem Maß, ihrer Harmonie. Die Stirnbinde zeigt den
siegreichen Dichter, das Gesicht ist so heiter wie bei Aeschines,
aber zugleich tiefgeistig, seherisch; von seinen Lippen scheint einer
der sinnvoll ergreifenden Chorgesänge zu tönen, während sein
Auge die Bewegung des Chors leitet die ihn plastisch veranschaulichen. In vollendeter Mannesschöne steht er selbst vor uns wie
seine Werke. Der rechte Arm ruht im Gewand, das unter demselben eingebogen und unter der rechten Hand weg mit seinem
Ende über die linke Schulter geworfen ist, wie wir es heute noch
oft im Süden bei Männern aus dem Volke sehen, deren stolze,
ungezwungene Haltung uns überrascht. Der linke Arm, ebenfalls
vom Gewand umflossen, ist in die Seite gestemmt, und wie dadurch der Ausdruck des auf sich selbst Gestelltseins noch gesteigert
wird, so hilft es mit dazu daß die Gewandmassen so stramm angezogen sind und die Gestalt nicht verhüllen, sondern hervor-

heben und von ihren glatt hervorragenden Stellen wie eine vielstimmige musikalische Begleitung der melodischen Körperformen
in die Senkungen sich mit schattenreichen Faltenlinien verbreiten.
Hier ist das Gewand, das bei Aeschines etwas anspruchsvoll sich
geltend machte, gerade in seiner Anspruchslosigkeit zu bewundern,
indem es dem Gliederbau folgt und die Motive seiner eigenen,
selbständig fortwirkenden Entfaltung von ihm empfängt und im
Anschluß an die Wohlgestalt des Innern selbst zu einem wohlgeordneten Ganzen wird. Dort macht das Kleid den Mann,
hier spricht sich auch im Gewand der Adel des Tragenden harmonisch aus.

Der Belvederische Apoll tritt dem Beschauer aus der Gewandung frei entgegen; die Chlamys ist von großer Wichtigkeit für
den Gesammteindruck und selbst meisterhaft behandelt. Feuerbach
sagt sehr gut: „Wie treffend ist in diesem Aufstreben der Gestalt
und diesem niedersinkenden Faltenschlage der Gegensatz eines Gebildes das in lebendiger Kraft sich selbst hebt und trägt und
eines Körpers ausgedrückt welcher dem blinden Gesetz der Schwere
gehorcht! Schon daß durch die sanft gewölbte Masse dieser Draperie die große Lücke zwischen dem erhobenen Arm und dem Körper des Gottes gefüllt, und die Schärfe des Winkels, die durch
diese Haltung sich gebildet hat, gemildert und ausgeglichen wird,
ist beachtenswerth. Der äußere Umriß des ganzen Kunstwerks
hat dadurch bei der reichsten Mannichfaltigkeit mehr Einheit erhalten; er ist mehr in sich zusammengefaßt und abgerundet. Zugleich findet zwischen der Chlamys und dem Baumtronk eine ent-
fernte Wechselwirkung statt, welche dann auch wieder diesem zugute
kommt. Wie die Chlamys der linken Seite und obern Hälfte
der Statue mehr Füllung gibt, so sättigt der Baumtronk auf den
entgegengesetzten Punkten das Auge mit entsprechender Masse. —
Und nun die Art selbst in welcher die Drapirung des Vaticanischen Apoll's behandelt ist! Die einzige große Partie von der
Agraffe bis zum niederhangenden Ende der Chlamys hat an
Schönheit und Größe, an Wechsel in Ruhe und Bewegung kaum
ihres gleichen. Wie ein geschmeidig gediegener Schlangenkörper
wälzt sie sich erst langsam über Brust und Schulter, verschwindet
hier dem Auge, bis sie feierlich niedersinkend unter dem Arm
wieder zum Vorschein kommt, dann eine Weile in der Schwebe
getragen sich von neuem in schöner Wölbung emporhebt, über den
Arm sich schlägt und nun in gerader Linie rasch in die Tiefe

stürzt. Auf dem Arme begegnet ihr in entgegengesetzter Richtung
und mit entgegengesetztem Charakter die zweite Hauptlinie der
Draperie. Wie ein Blitzstrahl möchte man sagen fährt sie in
flackerndem Zickzack nieder und verliert sich dann nur allmählich
in sanftern Schwingungen. Dem Zug der Falten über Brust
und Schultern entspricht die Partie welche den Arm überschlägt;
aber wie jene sich zur horizontalen Lage neigen, so neigt sich diese
zur senkrechten. Mit dem frei niederhängenden Ende der Chlamys
harmoniren die Falten, welche sich von der Schulter unter die
Achselgrube ziehen, aber diese sanft ausbeugend, jenes Ende gerad-
linig und senkrecht. In den mittlern Partien der Chlamys, jenen
Auslabungen, welche durch die doppelte Bewegung des Nieder-
sinkens des gewichtigen Stoffs und des Hinaufziehens desselben
über den Arm entstanden, haben sich jene großen Schwingungen
unter dem Arm wiederholt, aber nun fast zu Winkeln gebrochen,
scharf, gedrungen und mit sparsamer ausgetheilten Linien. Unten
verlieren sie sich ganz, indem hier der Stoff ruhig seine natürliche Lage und Breite wiederherzustellen sucht. Aber wie eine hohe
Welle, wenn sie niedersinkt, noch über die Fläche des Meeres
nachwirkt und in immer sanftern und weitern Kreislinien sich nur
allmählich verliert, so zittert hier die Bewegung der Hauptpartien
bis zum äußersten sanftgekräuselten Saume fort. Von zarten
Mittellinien beleuchtet mildert diese Fläche zugleich die herbere
Kraft der Lichter und Schatten, welche sich in den Hauptmassen
sammelten, und täuscht mit der Wirkung eines reichen und milb
schimmernden Purpurstoffs. — Was nur immer der Kunstverständige von der Darstellung eines Gewandes zu fordern berechtigt
ist, die ungezwungene Leichtigkeit der Natur ohne die Verwirrung
derselben, Mannichfaltigkeit und Einheit, leicht übersehbare Massen
und Unterordnung der Nebenpartien, alles dieses findet sich am
Vaticanischen Apollo im höchsten und schönsten Sinn erfüllt."

Für die künstlerische Behandlung des Gewandes kam allerdings den Griechen ihre Tracht selbst so günstig entgegen daß wir
sie auch hierin als das vorherbestimmte Volk der Plastik erkennen;
denn wie die Culturverhältnisse und Zeitumstände für das Auftreten und den Bildungsgang des einzelnen Genius nothwendig
mit dessen Begabung und Mission in verwandtschaftlicher Beziehung stehen müssen, sodaß man aus seinem rechtzeitigen Erscheinen den Beweis der Geschichte für das Walten einer Vorsehung, eines selbstbewußten und der Welt zugleich einwohnenden

Gottesgeistes führen kann, so bedarf auch jede Kunst für eine
originale Blüte den Boden des Lebens und eine Wirklichkeit die
ihr entgegenkommt und sich wie von selbst der idealisirenden Darstellung bietet. Wir können im Tragen unserer Gewänder weniger
unsern Sinn zeigen; sie sind vom Schneider gemacht, sitzen gut
oder schlecht nach Maßgabe der Verfertigung, und bilden eine
Art von Futteralen, deren wir oft mehrere übereinander anziehen. Und was für ein Bild gäbe das Hineinsteigen in die
Hosen oder das angestrengte Heraufziehen der Stiefel im Unterschiede vom Anlegen der Beinschiene oder dem Sandalenbinden,
das dem griechischen Künstler Motiv für eine Statue sein konnte!
Die Kleider sind aber auch für sich fertig gemacht und das Tuch
kann nicht im Faltenwurf seiner Natur folgen, sondern wird durch
die Nähte und Knöpfe von seiten des Schneiders bestimmt, ist
für sich meist eng und dürftig, ohne sich doch wieder den Gliedern
des Körpers elastisch anzuschmiegen.

Dagegen konnte der griechische Künstler den hemdartigen Leib-
rock (bald kurz, ohne Aermel und von Wolle, bald lang und
weit, mit Aermeln und von Leinwand, χιτών) weglassen, wie es
vielfach die nicht verweichlichten Männer zumal in der warmen
Jahreszeit thaten, und dann war das ganze Gewand ein großes
einfaches viereckiges Tuch, der Mantel ein Ueberwurf, in dessen
Umlegen und Tragen man den Feingebildeten vom Unbeholfenen
unterscheiden konnte. Man hielt ihn zunächst mit dem linken Arm
fest, warf ihn über dessen Schulter, über den Rücken und zog
ihn dann bald über, bald unter dem rechten Arm nach dem linken
herum. Statt dessen trugen Jünglinge und Reiter auch einen
Rundkragen (χλαμύς, der sich von Thessalien aus verbreitete),
der auf der rechten Seite der Brust durch Knopf oder Spange
befestigt ward und in zwei flügelartigen Zipfeln längs der Schenkel
herabfiel. Der ionische Frauenrock war faltenreich, weit und lang,
sodaß er aufgegürtet werden mußte; der dorische war kurz, ein
Stück Wollentuch ohne Aermel, auf den Schultern durch Span-
gen festgehalten, an der linken Seite nur theilweise zusammen-
genäht und um die Schenkel offengelassen. Der Frauenmantel
war dem der Männer ähnlich; häufig genügte der Rock allein,
namentlich zu Hause. Da war es möglich daß durch straffes Anziehen der Gewänder die Körperformen unter der faltenlosen
Fläche hervortraten, und wiederum dann im Faltenwurf das Tuch
seinem eigenen architektonischen Gesetze gemäß sich gestaltete. So

ward die ideale, d. h. der Idee der plastischen Kunst gemäße
Tracht für sie gewonnen und von den Künstlern bis auf den heu
tigen Tag gern für ideale Statuen angewandt. Der Künstler
wenigstens welcher irgendeine allgemein geistige Macht ihrem Begriffe gemäß individualisirt und gestaltet, wird sowie er sie bekleidet sich jener Tracht nicht sowol als der griechischen denn als der
einfachen und sachgemäßen bedienen.

Anders stellt sich die Frage wenn historischen Personen eine
Porträtstatue geweiht werden soll. Hier kommt zuerst der idealistische und der realistische Ausgangspunkt in Betracht; sollen sie
ihrer reinen Bedeutung oder ihrer wirklichen Erscheinung nach
dargestellt werden? Im ersten Fall steht die freie Wahl der Bekleidung nach ästhetischen Zwecken offen, wie sie z. B. Bettina
von Arnim für ihr Goethedenkmal verwendet hat; im zweiten
fordern wir den Anschluß an die Tracht der Zeit, und wollen wir
und soll die Nachwelt den Mann erblicken wie er der Mitwelt
erschien. Denn auch für die Art des geistigen Wirkens ist die
äußere Erscheinungsform der Persönlichkeit nicht gleichgültig, und
ein Dichter im Frack ist ein anderer als der im Kaftan. Da
gilt es denn für die frühere Zeit der Nationaltracht das möglichst
Plastische abzugewinnen, das in ihr Charakteristische so zu behandeln wie es den Gesetzen der Gewandung am gemäßesten scheint.
So verfuhren schon die Griechen, und der Künstlermantel eines
Rafael oder Dürer ist von Schwanthaler sinnvoll und schön behandelt worden ähnlich wie manches Mittelalterliche. Mit roman-
tischem Geist hat er die echtritterliche Tracht plastisch aufgefaßt
und für die Charakteristik der Persönlichkeiten verwerthet. Die
anschließenden Beinkleider, das anschließende Panzerhemd, das
knappe Wams jener Zeit können leicht so wiedergegeben werden
daß durch gewölbte Flächen und eingefurchte Falten das Muskelspiel des Körpers nicht verborgen, sondern in seinen großen Zügen noch verstärkt wird. Der Ueberwurf des Mantels zeigt dann
in größerer Freiheit daneben das Architektonische und der eigenen
Schwere Dahingegebene, in welchem die allgemeine Grundbestim-
mung der Gestalt ebenso wiedertönen kann als er ihr zugleich zum
umgrenzenden, ihre Totalität hervorhebenden Rahmen dient. Selbst
den Panzer kann der Bildhauer so behandeln daß in ihm der
kriegerische Geist als der seinen Leib selbst fest machende und sich
in Erz rüstende gefühlt wird.

Treten wir aus den Tagen der Nationaltracht in die Jahr-

hunderte der durch die civiliſirte Welt verbreiteten wechſelnden
Moden, ſo wäre der Bildhauer freilich übel daran, wenn er ſich
an die zufälligen Geſchmackloſigkeiten einzelner Jahre halten müßte.
Allein gerade hier iſt ſeine Aufgabe wieder die Läuterung und
Reinigung der Erſcheinungswelt. Für die Generationen, für ganze
oder halbe Jahrhunderte liegt innerhalb der einzelnen kleinen Veränderungen etwas Bleibendes, deſſen Bild eben in dem beſtän-
digen Wechſel geſucht wird, weil es dem freilich ſein ſelbſt hierin
nicht bewußten Geiſt der Zeit gemäß iſt, und in den bunten
Modefarben bricht ſich das einfache Licht der Sitte. Dies hat der
Künſtler herauszufinden, der ſeinen Helden nicht abbilden ſoll wie
er an einem gewiſſen Tag gerade angezogen war, ſondern wie er
die eigene Individualität in der äußern Weiſe ſeines Jahrhunderts
verwirklichte. Das Friedrichsdenkmal von Rauch und Rietſchel's
Leſſing ſowie mehrere Kriegerſtatuen des Erſtgenannten und Thorwaldſen's Byron haben hier glücklich den rechten Weg eingeſchla-
gen. Dabei auf den Mantel verzichten wollen, den wir ja tragen,
weil in ſeinen conventionellen Falten ſich doch die Langeweile der
Unproductivität gering begabter Bildhauer nicht verhüllt, hieße in
der Poeſie den Vers verbannen, weil ſchlechte Reimer vergeblich
in ihm das Weſen der Poeſie geſucht. Ein Streit wie Schiller
und Goethe zu bilden ſeien iſt nur durch die doppelte That zu
ſchlichten, wie es glücklicherweiſe auch geſchehen iſt. Sie waren
auf das Ideale gerichtete Naturen, ſie traten die Erbſchaft des
Griechenthums für die chriſtlich germaniſche Welt völlig an, ihr
Geiſt bewegte ſich in antilen Formen, und das ideale Gewand des
Alterthums darf darum auch ihr Leib tragen. Andererſeits waren
ſie Deutſche und Söhne des 18. Jahrhunderts, in volksthümlicher
Größe die Bannerträger der gegenwärtigen Bildung, und ſomit
iſt die Forderung berechtigt die in ihrer Erſcheinung den Ausdruck unſerer Sitte und unſers Lebens nicht entbehren will. Nur
daß der Künſtler es verſtehe dieſen in ſeinem weſenhaften Charakter zu ergründen, und nach dem Begriff der Plaſtik, nach dem
Geſetz der Schönheit darzuſtellen. Denn ſonſt würde man an
den Ausſpruch erinnert den Goethe that, als er einmal eine ſeiner
Büſten ſah, angethan mit einer Weſte in die er die Hand geſteckt
hielte: „So würde ich mich ſchämen vor meinem Herzog dazu-
ſtehen, geſchweige vor Welt und Nachwelt.“ Vor der Statue
muß uns das Gefühl der Gegenwart und der Ewigkeit des Ab-
gebildeten ergreifen.

11*

Das Material des Gewandes kann der Plastiker selbst ohne Farbenhülfe durch die Form der Falten und durch die weichere, mattere, oder glänzend glatte Behandlung der Oberfläche bezeichnen. Baumwolle gibt dünnes leichtes Gefälte; Leinwand, steifer und schwerer, bricht eckig und legt die geraden Falten nah aneinander; Wolle, dicker, dichter im Gewebe, fließt weich und wellig dahin in schwungvoller Rundung, Seide bricht knittrig, klein, scharfkantig und ist glänzend glatt, mit Gold durchwirkt im schweren Brokatstoff hat sie schroffe tiefe Falten. Das tritt z. B. in den Frauengewändern der Fürstinnen am Grabmal von Kaiser Max in Innsbruck prächtig hervor; auch die Stickerei und die Spitzen sind treu wiedergegeben. Im Marmor der Giebelstatue des Parthenon aus Phidias' Werkstatt unterscheiden wir das feine Gerinnen des leinenen Unterkleides (Chiton) von den breiteren gerundeten Falten des wollenen Mantels (Himation); auf römischen Statuen in Marmor, wie in Erz zu Innsbruck, ist der eherne Panzer anders behandelt als das Wollengewand, auch Lessing's Rock ist in der braunschweiger Statue von Rietschel von der seidenen Weste gar wohl zu unterscheiden, und so ist nicht blos ein Kragen von Pelz, sondern auch einer von Sammt darstellbar.

Schließlich können wir hier noch der Attribute Erwähnung thun. Sie mochten ursprünglich ein Beiwerk sein welches auf eine symbolische Weise die Gestalt kenntlich machte, deren objectives, allgemein gültiges Ideal noch nicht gefunden, die noch nicht durch ihre eigenen Formen deutlich genug bezeichnet war. So waren Adler, Pfau, Eule gleich einer Inschrift neben Zeus, Juno, Minerva. Auch die vollendete Kunst hat Attribute beibehalten, sie dann aber organisch mit der Composition des Ganzen und mit der Gestalt in der Art verknüpft daß sie durch die Situation derselben bedingt erscheinen. Apollon der siegreiche Kämpfer hat den Bogen, der Musenführer die Leier nicht sowol als äußerliches Beiwerk, denn als das Mittel seiner Thätigkeit, seiner Wesensoffenbarung. Der Mensch webt ja nicht blos Stoffe der Natur zu einem Gewand, er bereitet sich auch Werkzeuge zur Vollführung seines Willens, und je zweckmäßiger sie gebaut sind desto mehr zeigt sich der Wille und sein Vollbringen in ihnen. Zeus führt den Stab der Macht, Pallas Athene die Lanze, Poseidon den Dreizack, Bacchus den Thyrsus, und die Art wie sie solche schwingen oder sich daran anlehnen macht diese Attribute zu einem organischen Bestandstücke der Composition. Aber noch weniger

als das Gewand darf das Attribut die Geſtalt beſchweren oder
verdecken. Die Künſtler begnügen ſich deshalb auch wol mit
ſeiner Andeutung. In der Hand Apoll's oder auch der ſinnenden
Penelope genügt ein Stück des Bogens; der Helm auf dem
Haupte des Kriegsgottes, oder des Achilleus, oder der äginetiſchen
Streiter bezeichnet den ſchlachtgerüſteten Helden, während ſonſt
die nackte Geſtalt dem kampfgeſtählten Leib in ſeiner Jugendfriſche
vor unſern Augen enthüllt. Schwerlich hat die meliſche Aphrodite
mit der breiten Fläche des Aresſchildes ihren ſchönen Oberkörper
bedeckt; ſie griff doch wol mit der Rechten nach dem Gewande,
während die Linke den Apfel emporhielt. Den Sieger ſchmückt
ſein Kranz, den bildenden Künſtler kann das Modell eines
ſeiner Werke, den Muſiker und Dichter die Leier oder die Rolle,
die Schreibtafel und der Griffel als Werkzeug ſeiner eigenthümlichen Thätigkeit bezeichnen.

C. Einzelſtatue, Gruppe und Relief.

Die Plaſtik veranſchaulicht den perſönlichen Geiſt in ſeiner
Totalität durch die ganze volle runde Körperlichkeit, ſodaß in deren
Formen das ſelbſtgeſetzte Maß ſeiner Bildungskraft erſcheint und
in der unmittelbaren Harmonie des Innern und Aeußern die
Schönheit ſich offenbart, indem in der Einzelgeſtalt als ſolcher
das Ideal verwirklicht wird. Dieſe, der Individualorganismus,
iſt daher auch vorzugsweiſe Gegenſtand für die Plaſtik, hier leiſtet
ſie das Höchſte. Sie prägt den Charakter oder die Grundſtim-
mung der Seele in feſten und unvergänglichen Zügen aus und
ſtellt das in ſich Vollendete als das in ſich Befriedigte dar. Der
plaſtiſche Geiſt iſt der ſelbſtgenügſame; die Sehnſucht des Herzens,
die demüthige Hingabe an ein anderes, wenn auch höheres, iſt
ſogleich ein maleriſches Motiv, indem der Menſch durch ſie nicht
als eine Welt für ſich, ſondern in ſeiner Beziehung auf etwas
außer ihm erſcheint. Die Sculptur des Mittelalters trägt ſolch
maleriſches Gepräge, ſie legt auf den Ausdruck das Hauptgewicht,
während in den muſtergültigen Werken des Alterthums die Leibesſchönheit vorherrſcht.

Die Plaſtik bildet Körper im Raum und deutet die Bewegung
nur an; die Geſtalt iſt Hauptſache, und um des vollſtändigen

Einklanges willen, der in ihrem innern Leben und ihrer äußern Erscheinung waltet, wird sie mehr selig in sich versenkt als in die Kämpfe des Geistes und die Verwickelungen der Welt verstrickt sein. So die Cultusbilder, welche die Götter in heiterer Majestät sitzend, in Ehrfurcht gebietender Würde dastehend oder gnadenreich zu dem verehrenden Volk geneigt darstellen; so die Bildsäulen großer Männer, die nach ihrer ewigen Bedeutung in der Geschichte den Adel und die Hoheit des Geistes durch die charakteristische Haltung des Körpers ausprägen und gleich verklärten Genien im Kampf der Zeit gegenwärtig sind und dem drangvollen Ringen nachwachsender Geschlechter den Frieden des erreichten Zieles veranschaulichen. Wählt der Künstler eine bestimmte Situation für die Gestalt, so muß die Handlung stets ihrer Natur und Wesenheit gemäß sein und dazu dienen dieselbe zu entfalten. Hier kann das leibliche wie das geistige Leben den Anfangspunkt bieten. Im erstern Fall soll die Handlung dem menschlichen Körper Gelegenheit geben das organische Gefüge seiner Glieder in einem bedeutungsvollen oder wohlgefälligen Rhythmus zu entwickeln. Phidias bildete im Wettstreit mit Kresilas und Polyklet eine Amazone. Es galt den durch den Krieg gestählten Körper der Jungfrau in einem energischen Muskelspiel zu zeigen. Kresilas nahm das Motiv daher daß eine an der Brust Verwundete den Arm erhob, den Kopf senkte, um nach der Wunde zu blicken; Phidias ließ seine Heldin sich waffnen: sie nimmt den Bogen über die Schulter; dadurch ist die linke Hand am untern Ende desselben gesenkt, die rechte aber über den Kopf erhoben, das Haupt etwas rechts geneigt, der linke Fuß ein wenig gelüftet, die ganze Vorderansicht frei, alle Glieder aber in einer klar entfalteten Thätigkeit. Das Motiv, daß der Knabe sich einen Dorn aus der Fußsohle zieht, läßt ihn sitzen und den rechten Fuß auf den linken Schenkel legen und in einer milden Spannung die gelenke Geschmeidigkeit seines Körpers hervorheben. Die im Bade lauernde Aphrodite des Vatikans hat Braun in der Vorschule zur Kunstmythologie wie zum Beleg für unsern Satz geschildert: „Halb kniend, halb hockend schaut sie in die Spiegelfläche des klaren Quells zurück, in dessen kühlen Gewässern sie die zarten Glieder gebadet hat. Indem sie sich gleichsam in ihre eigene Gestalt einhüllt, kommen die schönen Umrisse des herrlichen Gliederbaues nur noch deutlicher zu Tage. Die lieblichste Mannichfaltigkeit entwickeln die vielfach geschwungenen Linien, welche zu einem rein harmonischen Abschluß gelangen.

Während in der aufrechten Stellung andere Schönheiten entfallet
werden, erscheinen in der von dem Künstler hier gewählten die
verschiedenen Formen des zart gegliederten Götterleibes in den
engsten Raum zusammengedrängt, um sich vor den geistigen
Blicken des Beschauers am so klangreicher wieder aufzulösen.
Denn in der That wüßte ich die vielen Modulationen der mit
einem wunderbaren Zartgefühl für Eurhythmie angeordneten Umrisse mit keiner andern Erscheinung treffender zu vergleichen als
mit den Klangfiguren, welche zauberhafte Töne so zu sagen als
ihre irdische Hülle dem Auge, nicht mehr dem Ohr vernehmbar
in der Körperwelt, die von ihnen durchströmt und begeistet worden ist, zurücklassen. So wie in der beflügelten Sprache der
Dichter die Einheit des Gedankens unter üppiger Bilderpracht
häufig unterzugehen droht, aber nur um als höhere Harmonie
belebter und ausdrucksvoller zu sich selbst zurückzukehren, so sehen
wir auch hier die Wunderbildung der menschlichen Gestalt durch
eine verschränkte Gliederbewegung scheinbar zwar auseinandertreten,
aber gerade in diesem bunten Wechselspiel der Linien ihr ange-
borenes Gleichgewicht als unzerstörbar bewähren. Das reiche
Lockenhaar ist auf dem Scheitel in einen Knauf zusammengebun-
den, während eine Binde die gescheitelten Haarmassen zusammenhält. Augen und Mund lassen die dieser Göttin eigenthümliche
Weichheit des Ausdrucks wahrnehmen, durch den sie, indem sie
keiner Kraft Widerstand entgegensetzt, alle Mächte des Himmels
und der Erde überwindet und sich unterthänig zu machen weiß."

Ist es des Künstlers Absicht eine Willensrichtung oder Regung
des Geistes durch die Haltung des Körpers und dessen bestimmte
Bewegung auszudrücken, so gilt es ohne Ueberfluß und Mangel
das Innere in das Aeußere zu übersetzen; er wird nur solche Gedanken nehmen die sich durch Stellung und Bewegung aussprechen
lassen, also plastisch darstellbar sind, und wird alles zweck- und
bedeutungslose Gebaren ebenso wie die steife Unbehülflichkeit vermeiden. Thorwaldsen's Maximilian sitzt hoch zu Roß, er lenkt
es mit der sichern Hand, in der er auch die Zügel des Staats
festhält; die erhobene Rechte deutet vorwärts dem Volke die Bahn
zu weisen die sein gesetzgeberischer Geistesblick für das angemessenste
erkannt hat. Thorwaldsen's Adonis erwartet die liebende Göttin;
an den Speer gelehnt athmet er Ruhe nach der Bewegung der
Jagd und versinkt in ein Sinnen, das uns mit Wehmuth an die
rasch verwelkende Frühlingsblüte erinnert, deren schönheitbeglückte

Pracht und kurzes Leben sein Mythus darstellt. Rauch bildete die Helden der Befreiungskriege: Scharnhorst, der den Gedanken der Volksbewaffnung und Heerverfassung dachte, steht ruhig sinnend da; Bülow wartet auf das Schwert gestützt des Beginnens der Schlacht, er ist die verkörperte Widerstandskraft; Blücher als Marschall Vorwärts bringt mit gezücktem Schwert voran, den Fuß auf eine eroberte Kanone setzend verjagt er die Feinde, der stürmische Sieger. Es wird nicht eine bestimmte Situation nachgebildet, sondern eine solche freigeschaffen welche die Totalität des Charakters ausdrückt.

Wie wir in Bezug auf die Affecte das Gesetz entwickelten daß die Einheit des Selbstbewußtseins in der Herrschaft über sie sichtbar werden müsse, wie das Wesen des Geistes in der Freiheit besteht, so verlangten wir für den Körper eine bewegungsfähige Ruhe; er sollte gleich der Seele den Mittel- und Schwerpunkt in sich selbst haben, aber nicht gebunden, sondern leicht beweglich erscheinen. Die Plastik kann die Bewegung als solche nicht darstellen, sie gibt immer eine an demselben Ort verbleibende Gestalt, aber sie kann und soll einen fruchtbaren Augenblick ergreifen, der am meisten das Vorausgegangene wie das Künftige ahnen und erschließen läßt, und einen Ruhepunkt bietet bei welchem man gern verweilt, weil er reiche Aussichten bietet. In der Haltung selbst aber soll keine soldatisch starre Dressur, kein äußerer Machtbefehl des Geistes über den Körper sichtbar werden, der Wille nicht einer anorganischen Masse sein Gesetz architektonisch aufprägen, sondern das sinnliche Leben soll als das beseelte im ungezwungenen Spiel seiner Bewegungen sich von selbst dem Geiste anschmiegen, ihn bereitwillig aufnehmen, im scheinbaren Spiel des Zufalls und der Individualität ungesucht das Allgemeingültige und Rechte hervorbringen und dadurch sich mit der Grazie schmücken, die auch das Erhabene nicht entbehren mag, weil es ohne sie starr und ungefüg und nicht das Schöne in der ersten und vorwaltenden Offenbarungsweise der Größe wäre.

Lessing und Hegel haben den ersten und leichten Beginn einer Handlung oder die Rückkehr in die Ruhe nach der That das der Sculptur Gemäße genannt. Lessing sagt im Laokoon daß ein prägnanter Moment gewählt werden müsse, weil nur ein einziger Augenblick dargestellt werden könne, und dieser nicht blos erblickt, sondern betrachtet, eingehend und wiederholt betrachtet werden soll. Dasjenige nur allein, setzt er hinzu, ist fruchtbar was der Ein-

bildungskraft freies Spiel läßt. Je mehr wir ſehen deſto mehr
müſſen wir zu ſehen glauben. In dem ganzen Verfolg eines
Affects iſt aber kein Augenblick der dieſen Vortheil weniger hat
als die höchſte Staffel deſſelben. Ueber ihr iſt weiter nichts, und
dem Auge das Aeußerſte zeigen heißt der Phantaſie die Flügel
binden und ſie nöthigen, da ſie über den ſinnlichen Eindruck nicht
hinauskann, ſich unter ihm mit ſchwächern Bildern zu beſchäftigen.
Und Hegel lehrte: „Die Sculptur muß nicht ſo darſtellen wie
wenn Menſchen durch Ehon's Horn mitten in Bewegung und
Handlung verſteinert oder gefroren wären. Im Gegentheil muß
die Geberde nur ein Beginnen und Zubereiten ausbrücken, oder
ſie muß ein Aufhören und Zurückkehren aus der Handlung in
Ruhe bezeichnen.‟ Die Beſtimmung iſt gewiß richtig. Der zu
neuem Aufſprung bereit daſitzende, in die Ferne ſpähende Mercur
von Erz in Neapel, der Apoll von Belvedere, der Sauroktonos,
jene Amazonen ſind aus ſo vielen einige der bekannteſten Beiſpiele.
Nur muß noch jener Höhenpunkt der Thätigkeit im Gleichgewicht
widerſtrebender Kräfte, den ich früher als einen Punkt momen-
taner Ruhe erwieſen habe, gleichſam die ſichtbare Peripetie einer
Handlung (dieſen Begriff aus der Theorie des Dramas erläutert
die Poetik) als ebenfalls berechtigt hereingenommen werden, und
in Bezug auf Leſſing möchte ich noch die Frage aufwerfen, ob
nicht die Phantaſie, ſtatt gebunden zu werden, in ihrer Freiheit
ſich befriedigt ſieht, wenn ihr ein Gipfelpunkt des Lebens, über
den es im Umkreis der Schönheit kein Jenſeits gibt, mit aller
Energie, aber innerhalb der Harmonie der Form vor Augen geſtellt wird. Shakeſpeare und Michel Angelo, Rafael und Beethoven
könnten in andern Künſten Zeugniß geben daß ſolches der Fall
iſt, ein glückliches Wagniß des Genius, aber innerhalb eines
Ganzen, das eine Reihe von Zwiſchenſtufen und mildernden Accorden um ſolch ein Aeußerſtes verſammelt, während die Plaſtik in
der Einen Geſtalt ſtets mehr das ſittliche Gleichmaß des ganzen
Lebens als deſſen Anſpannung in einem Ausbruche der Leidenſchaft barzuſtellen hat.

Doch auch die eine zwiſchen oder in der Bewegung ruhende
Geſtalt kann ein energiſches Spiel ſich zuſammenneigender und
auseinanderſtrebender Linien entfalten und mannichfache Contraſte
löſen. Dies zeigt ſich zunächſt an den ſymmetriſchen Gliedern.
Der eine Fuß iſt nach vorn erhoben, der zurückgebliebene ſteht
feſt, der eine Arm iſt ausgeſtreckt, der andere hängt ruhig am

Körper herab. Die Lösung der Gegensätze ergibt sich dadurch im
Gleichgewicht des Ganzen, daß dem Unterschied von rechts und
links der von unten und oben wieder contrastirt, indem über dem
tragenden Fuß der Arm dieser Seite thätig ist, aber unter dem
ruhenden Arme der Fuß der andern bewegt wird. Die Venus
von Melos hat den linken Fuß erhöht und vorgeschoben, dafür
den Oberkörper etwas zurückgebeugt, den Kopf aber vorwärts
gewandt, sodaß die Linie des Halses mit der des Nackens eine
Wölbung bildet, und die Arme sind nach links und vorn erhoben.
Der Apoll von Belvedere wendet sich zur Rechten, aber der linke
Arm beharrt noch ausgestreckt mit der Aegis, welche das die
Gallier vor Delphi erschreckende Gewitter symbolisirt, nach links
hin ist noch der Kopf gerichtet. Indem Zeus sitzt, ist sein Oberkörper hinter die Kniee zurückgezogen, aber das Haupt neigt er
wieder vor, und der eine Arm hat zu seiner Stütze das Scepter
mit dem Adler, während der andere auf der Hand die Siegesgöttin trägt. In dieser Mannichfaltigkeit erscheint der Körper freibeweglich um seine Achse, während die hervortretenden Gegensätze
einander die Wage halten. Die vierfüßigen Thiere schreiten und
traben so daß Vorder- und Hinterfüße stets im Kreuz tragen und
erhoben sind. Wenn wir den Raum welchen eine in einer bestimmten Situation entfaltete Gestalt einnimmt, durch eine senkrechte Linie halbiren, z. B. wenn wir die rechte Profilseite der
Melischen Venus in dieser Weise theilen, so ergibt sich der weitere
Contrast, daß die eine Hälfte mehr die tragende und träge Masse
enthält, die andere die in Bewegung gesetzten energisch belebten
Glieder, und da haben denn diese wieder an jener den festen Halt,
der auch auf uns sogleich beruhigend wirkt.

Wir können die Gleichheit der entsprechenden Glieder in der
Symmetrie des Körpers den Takten der Musik oder des Metrums
vergleichen; sie bildet das Gerüste des Gesetzes, von dem getragen
sich das individuelle Leben in seiner Eigenthümlichkeit und Freiheit
gestaltet, sodaß es bald auf raschere, bald auf langsamere Weise,
bald anstrebend, wie im iambischen oder anapästischen Aufschwung,
bald trochäisch oder baktylisch absinkend sich bewegt. Die sechs
Doppellängen des Hexameters werden im ersten Verse der Aeneide
mehrmals in der Art aufgelöst daß zwei Kürzen an die Stelle
einer Länge treten, die ihr aber gleich gerechnet werden, sodaß der
Vers in sechs Takte gegliedert ist:

‿‿|‿‿|‿|‿|‿‿|‿‿

Hier halten die in zwei Kürzen aufgelöſten und die bewahrten
Längen einander das Gleichgewicht; wo mehr Längen ſtehen wird
der Gang ruhiger, langſamer, wo mehr Kürzen raſcher.   Aber
indem die einzelnen Worte nun nicht mit den Verstakten endigen,
ſondern aus einem in den andern übergehen, und wir doch nach
den Worten leſen und nach jedem Worte abſetzen, ſo entſteht in
dem angegebenen Vers innerhalb ſeines Maßes eine eigenthümliche
Bewegung, die wir die rhythmiſche nennen können, der Melodie
vergleichbar die durch die Takte der Muſik hin ſich ergießt, und
dadurch eben nicht leiermäßig wird daß die für ihre Entwickelung
bedeutenden Töne auf Noten fallen deren Stellung nicht immer
durch den Takt markirt wird.   So ſprechen wir den Anfang der
Aeneide:

> Arma virumque cano Troiae qui primus ab oris
>
> ‿‿|‿‿|‿‿|‿‿|_ _|_ _|‿‿|‿‿

Wir haben ein erſtes Abſinken, dann aber in vier Takten ein Auf-
ſteigen, ein Anſtreben, das erſt am Ende ſich wieder ſenkt, wir
haben iambiſchen Rhythmus im Hexameter.   In vielen andern bei
Vergil iſt das Metrum daktyliſch, das heißt die Takte beſtehen
aus einer Länge und zwei Kürzen, aber der Rhythmus iſt ana-
päſtiſch, das heißt die Worte ſind durch zwei Kürzen und eine
Länge gebildet auf welcher der Ton ruht, oder choriambiſch, indem nur verbindende, überleitende Längen zwiſchen den Choriam-
ben zu ſtehen ſcheinen.

> Semper honos nomenque tuum laudesque manebunt
>
> ‿‿‿|_‿‿‿|_‿‿‿|_‿‿‿|
>
> Obstupui, steteruntque comae
>
> ‿‿‿|_‿‿‿|_‿‿‿|

In dieſem Widerſtreite des Taktmäßigen und des Rhythmus wird
gerade der Reiz und das Leben des Verſes geboren, der ſein Geſetz
bewahrt, aber es auf ſtets neue und freie Weiſe erfüllt.

Auf ähnliche Art nun gibt ſich der Rhythmus der Bewegung
in den Bildwerken kund, wenn die ſymmetriſch gleichen Glieder
auf unterſchiedene Weiſe entfaltet werden, während die urſprüngliche Gleichheit in ihrer Geſtalt erhalten bleibt, wenn die wohl-
abgewogenen Verhältniſſe der einzelnen Glieder nach ihrer Größe
in mannichfaltige Lagen gebracht, durch dieſe zwar verſchleiert
werden, aber dennoch durchſchimmern.   In Proportion und Sym-

metrie haben wir das mathematiſch Beſtimmbare, das Geſetz,
gleich dem Takt und den Versfüßen; die Bewegung ruft um die
feſte Geſtalt einen veränderten Fluß der Linien hervor, und bringt
die Anmuth des wechſelnden Lebens und eine höhere Harmonie
mit ſich, wenn die einander entſprechenden Contraſte ſich zur Einheit ergänzen und der Zuſammenhang aller Glieder untereinander
hervorgehoben wird, wenn die Beugung oder Streckung des einen
in ihrer Energie ſich den andern mittheilt oder ſie zum Gegen-
wirken aufruft, welches das Gleichgewicht erhält. Die ſtrenge
Symmetrie in der Gleichheit beider Seiten gab den ägyptiſchen
Werken das Starre und Architektoniſche, das die Griechen löſten
und mit der Freiheit des Rhythmus belebten ohne das zu Grunde
liegende Maß zu verletzen.

Der in ſich befriedigte Individualorganismus bietet in dem
plaſtiſchen Kunſtwerk dem umwandelnden Beſchauer eine ganze
Fülle von Anſichten und Bildern, die auseinander hervorzuquellen
ſcheinen, und das allſeitig Schöne iſt das Sachgemäße, weil es
hier auf die ganze Geſtalt als Verwirklichung einer geiſtigen
Lebenstotalität ankommt. Dies giebt der Plaſtik das Gepräge vor-
zugsweiſer Objectivität, während wir bei dem Gemälde die Welt
mit dem Auge des Malers und von ſeinem Standpunkt aus ſehen
müſſen, und ſeine Subjectivität dadurch im Werke ſelber herrſcht.
Statuen auf einen beſtimmten Standpunkt des Beſchauers zu
berechnen, wie es vom Meiſter des Apoll's von Belvedere geſchehen iſt, dem wir von ſeiner linken Seite entgegentreten ſollen,
iſt ſchon ein maleriſches Element in der Sculptur. Ein ſolches
macht ſich entſchieden in der Gruppenbildung geltend und im
Relief, welches die Zwiſchenſtufe zwiſchen beiden Schweſterkünſten
bildet.

Wenn man Figuren nicht blos äußerlich zuſammenſtellt, ſo
verlangen wir eine Beziehung zwiſchen ihnen zu ſehen, ein Wechſel-
verhältniß, das nicht blos als verborgener Sinn der Verbindung
zu Grunde liegt, ſondern auch in der Haltung und im Ausdruck
das Ganze durchbringt. Da können zunächſt zwei Geſtalten einander ergänzen und völlig ineinander aufgehen, ſodaß jedes dem andern die ganze Welt iſt und ſie dieſe auch uns in ihrem geſchloſſenen Wechſelleben darſtellen, wie Amor und Pſyche in der capitoliniſchen Gruppe, oder es kann der Dreiverein der Grazien uns
auf Einen Blick die drei Seiten der menſchlichen Geſtalt enthüllen,
während derſelbe Geiſt der Anmuth jede einzelne beſeelt, ſich aber

ſeinem Weſen nach in dem ungezwungenen Sichanſchmiegen der
Einzelnen aneinander viel tiefer und voller offenbart als es durch
Eine noch ſo holdſelige Statue möglich geweſen wäre. Denn wir
lieben das Anmuthige, weil es ſelber ein Abglanz der Liebe iſt,
und dieſe durch ein ſeliges Geben und Nehmen im innigen Wechſel-
bunde beſteht.

Weit weniger befriedigt mich die im Alterthum nicht ſeltene
Gruppenbildung, in welcher eine Perſönlichkeit die Hauptſache iſt
und die andere nur als Motiv der Stellung, der Bewegung, des
Ausdrucks beigefügt wird, ſodaß dieſe Nebenperſon auch kleiner
behandelt zu werden pflegt, wie in den Kämpfen des Hercules
Gegner weit unter dem Maße des Heroen bleiben. Der Gallier
mit ſeinem getödteten Weibe, Menelaos mit dem Leichnam des
Patroklos ſind in dieſer Beziehung richtiger behandelt und geben
im Contraſt mit dem Tode ein um ſo ſchlagenderes Bild von der
Energie des Lebens. Bei den berühmten und herrlichen Roſſe-
bändigern auf Monte Cavallo in Rom iſt das Uebergewicht der
Dioskuren über die Pferde nur groß genug um ſie als Götter-
jünglinge erſcheinen zu laſſen; in der petersburger naturaliſtiſchen
Gruppe machen die Männer den Eindruck von Stallknechten.

Werden drei Geſtalten zur Gruppe verbunden, ſo entwickelt ſich
daraus in einfacher Weiſe die pyramidale Form der Compoſition,
wenn die Hauptfigur in der Mitte ſteht und die beiden andern in
freier Symmetrie ſich ihr unterordnen und anſchließen. So die
in tiefes Nachdenken verſunkene Geſtalt des Mediceers Lorenzo
zwiſchen den auf den Sarkophag ſich lagernden Geſtalten der
Morgenröthe und des Abends in dem herrlichen Denkmal welches
Michel Angelo ſchuf. So das Denkmal dreier Schweſtern von
Steinhäuſer, ſo, um ein allbekanntes Werk zu nennen, der Laokoon. Hier haben wir Beginn, Mitte und Ende, Steigerung und
Löſung. Der Vater iſt auch der Idee nach die Hauptgeſtalt, die
Söhne zur Rechten und Linken ordnen ſich ihm unter; der eine
iſt noch unverletzt, der andere erliegt bereits dem erlöſenden Tode,
während der Vater eben im Kampf der Abwehr die verderbliche
Wunde empfängt. Die Schlangen mit ihren unentrinnbaren Um-
ſchnüren geben ſich als Vollſtrecker der göttlichen Gerechtigkeit
kund, die ihr Ziel zu finden weiß, und halten das Ganze auf
das engſte zuſammen, während doch jede einzelne Figur für ſich
klar entfaltet wird. Dies letztere iſt bei der Gruppe des Farne-
ſiſchen Stiers ſo wenig wie bei der Amazone von Kiß der Fall,

die mehr einen Knäuel und eine undeutliche Masse dem ersten
Blick bieten und erst allmählich beim Umwandeln als ein zusam-
mengesetztes Ganzes für sich selbständiger Organismen erfaßt werden. Der Stier ist dort vortrefflich gebildet, aber der Sieg furchtbarer thierischer Gewalt über die menschliche Kraft ist keine poetisch
wirksame und wahre Idee.

In noch reicherer Entfaltung erscheinen diese pyramidalen
Gruppen in den Giebelfeldern der hellenischen Tempel. Sie sind
ein architektonischer Schmuck und das Gesetz der Symmetrie
waltet darum über ihnen, sodaß um die Figuren der Mitte gleich-
viele zur rechten und linken Seite und zwar in einer entsprechenden Stellung, Lage oder Handlung erscheinen; sie sind plastische
Werke, und darum ist jede einzelne Gestalt für sich so durchgebildet, vollendet und in sich geschlossen, daß sie auch gelöst aus
der Gruppe als eine sinnvolle und vortreffliche Statue für sich
dastehen kann, wie dies ja leider in unsern Museen der Fall ist,
wo wir nur die Trümmerreste alter Herrlichkeit bewundern, aber
die sitzenden Göttinnen, oder der Theseus, der Ilissus vom Parthenon, der bogenspannende Hercules, der auf seinen Schild hin-
sinkende Held der Agineten auch für sich einen hohen Genuß,
eine klare Befriedigung gewähren.

Betrachten wir nach diesem doppelten Gesetz die erhaltene
Aeginetengruppe der münchener Glyptothek. Hier steht Pallas
Athene in der Mitte; ihre geistige Gegenwart lenkt die Schlacht;
sie ist ruhig wie ein Tempelbild in der Bewegung der Kämpfer.
Sie erscheint frei und groß, und die Orgelpfeifenregelmäßigkeit
der mit den Giebelbalken herabsteigenden Linie wird zu einer sym-
metrischen Welle gebrochen, indem zunächst neben der Göttin
Patroklos niedersinkt:

> Gleichwie der Mohn zur Seite das Haupt neigt, welcher im Garten
> Steht voll Körner gefüllt und beschwert vom Regen des Frühlings,
> Also senkt er zur Seite das Haupt, vom Helme belastet.
>   Ilias VIII, 306.

Von der rechten Seite her hat sich ein Troer tief vorgebeugt, um
ihn bei den Füßen zu fassen und herüberzuziehen; es galt ja den
Leichnam zu erobern. Dann stehen sich auf beiden Seiten zwei
Krieger, Aias und Hektor, speerschwingend und hoch aufgerichtet
gegenüber; neben diesen knien Speerbewaffnete; hinter jedem knie
ein Bogenschütze, wol Teukros und Paris; am Ende des Giebel-

dreiecks liegt auf jeder Seite ein Verwundeter. Innerhalb dieſer
Symmetrie entfalten ſich die Unterſchiede des perſönlichen Lebens.
So bei Patroklos und dem Troerjüngling am entſchiedenſten;
Aias bietet uns die Bruſt und wir ſehen in das Innere des
Schildes am linken Arm, Hektor ihm gegenüber zeigt uns mehr
den Rücken und die Außenſeite des Schildes, der den Arm ganz
deckt; der knieende Grieche hat die Lanze wie zum Stoß, der
Troer hoch wie zum Wurf geſchwungen; der behelmte Teukros hat
geſchoſſen, Paris mit der phrygiſchen Mütze ſetzt den Pfeil auf
die Bogenſehne; der verwundete Grieche zieht einen Pfeil aus
der Bruſt, der Troer legt die Hand auf den verletzten linken
Schenkel. Im Ganzen iſt hier wie bei aller beginnenden Kunſt
die ſtiliſtiſche Strenge, durch das Architektoniſche vertreten, vor-
herrſchend.

Phidias und ſeine Nachfolger geben dem individuellen Leben
mehr Freiheit. Wenn wir nach den Ueberreſten und Schilderungen urtheilen dürfen, ſo thronte am Parthenon Zeus in der
Mitte, und ihm zur Seite ſtand die eben geborene, aber bereits
vollausgewachſene und gerüſtete Pallas Athene, zur andern Seite
Prometheus mit dem Hammer, der das Haupt des Göttervaters
geſpalten hatte. Göttinnen, die dem Leben ſein Geſetz und ſeine
Entfaltung geben, die Parzen und die Horen, und Götter, die
ob dan Wunder ſtaunten, ſtanden und ſaßen umher; die Nacht
mit ihrem Geſpann ſenkte ſich rechts in die Tiefe des Meeres,
aus beſſen Flut links das Haupt des Sonnengottes mit den
Köpfen der gezügelten Roſſe vor ihm auftauchte die Göttin des
neuen geiſtigen Tages zu begrüßen. Der Sieg Athene's über
Poſeidon im Kampf um die Schutzherrſchaft Athens ſchmückte den
andern Giebel, eine bewegtere Gruppe im Unterſchied von der
erhabenen Ruhe der andern, wie man gern mit künſtleriſcher
Abſicht verfuhr.

Ein Hauptwerk des Skopas war die Gruppe der Meergott-
heiten welche den Achilleus nach der Inſel Leuke führen, wo er
das ewige Leben der ſeligen Helden erlangen ſoll: ein Gegenſtand
in welchem göttliche Würde, weiche Anmuth, Heldengröße, trotzige
Gewalt und üppige Fülle eines naturkräftigen Lebens zu ſo wunderbarer Harmonie vereinigt ſind, daß, wie Otfried Müller ſo
ſchön empfunden hat, auch ſchon der Verſuch die Gruppe im Geiſte
der alten Kunſt uns vorzuſtellen und auszudenken uns mit dem
innigſten Wohlgefallen erfüllen muß. Plinius nennt den Neptun,

den Achilleus und die Thetis, Nereiden, Tritonen und Seethiere
als die Bestandtheile der Gruppe. Ich denke mir den Aufbau
derselben folgendermaßen. Achilleus steht in der Mitte auf dem
Wagen, welchen Poseidon lenkt, vorwärts schauend nach den
Wellenrossen, die ihn ziehen, nach den Seelöwen, Tritonen und
andern Geschöpfen, womit die Phantasie das Meer bevölkerte,
und die nach Homer's prachtvoller Schilderung (Ilias XIII, 28)
den Gebieter erkennend und jubelnd aus der Tiefe emporspringen.
Auf der andern Seite des Achilleus seine Mutter Thetis mit einem
Nereidenreigen, aber dieser durchzogen von den Gestalten der Seethiere, wie wir es auf einem schönen Relief der münchener
Glyptothek und auf einigen der herrlichsten Wandgemälde von
Pompeji erblicken, in denen wir einen Nachklang der Schöpfung
des Skopas vermuthen dürfen. Hier gibt sich die freiere Weise
deutlich kund, das Symmetrische herrscht nicht wie eine äußerlich
regelnde Gewalt, sondern es bildet die feste Grundlage des Gesetzes, auf welcher sich das Spiel des Lebens entfaltet. Wie wir
Poseidon, Achilleus, Thetis als Hauptgruppe in der Mitte haben,
so können sich wieder einander entsprechende Gruppen auf den
Seiten ordnen.

So zeigen es auch die Niobiden, die doch wol das Werk
desselben Meisters waren. Die Mutter mit ihrer erhabenen Gestalt in der Mitte, das jüngste Töchterlein schirmend, den Arm
noch über das Haupt erhoben, um die Spitze des Giebels zu
erfüllen; die beiden Ecken wurden durch einen todten Bruder, eine
todte Schwester ausgefüllt; ein Bruder ist in die Knie gesunken
und greift nach der Wunde im Nacken, ein anderer, ebenfalls
knieend, erhebt flehend die Arme (der Ilioneustorso). Sodann
zwei Gruppen, jedesmal ein Bruder mit einer Schwester. Die
Schwester steht still und selbstvergessen da und sucht den nieder-
stürzenden Bruder mit ihrem Gewand zu decken, während er die
Linke auf einen Felsblock aufstemmt und trotzigen Muthes wie zum
Kampf gegen den unsichtbaren Verderber hinausschaut; dagegen
sinkt die verwandelte Schwester wie eine geknickte Blume mit sanfter schmerzlicher Ergebung zu des Bruders Füßen, der mit dem
um den Arm gewundenen Gewand von ihr, von sich einen zweiten
Pfeil abwehren will, nach dem er ins Weite hinschaut. Dort der
Bruder, hier die Schwester verwundet und schirmend, und in der
noch unverwundeten wie in der löblich getroffenen Gestalt die
Eigenthümlichkeit des männlichen und weiblichen Geschlechts so

beſtimmt ausgeprägt! Welche Harmonie im Ganzen und welche
gegenſatzreiche Lebensfülle, welcher Reichthum an individuellen
Motiven im Einzelnen! Auf jeder Seite ſucht ein Bruder zu ent-
rinnen, indem er einen Felſen hinanſetzt, während auf der einen
Seite eine Tochter in eiliger Haſt entflieht, auf der andern eine
eben vom Pfeilſchuß, der ihr Genick durchſchnitten hat, im Zu-
ſammenbrechen iſt. Dem Knaben mit dem Pädagogen hat vielleicht eine Pflegerin entſprochen. Die Götter, Apollo und Artemis, ſind unſichtbar; um ſo ſchauervoller und erhabener iſt die
Darſtellung ihres magiſchen Wirkens. Die Gruppe, welche in der
Wirklichkeit durch die Schranken der Symmetrie geſchloſſen war
öffnet ſich dadurch, wie Feuerbach ſchon erkannt hat, gegen ein
Unendliches, mit den Sinnen nicht Erfaßbares; ſie erſcheint an
Reichthum und Ebenmaß, an Wechſel der Formen bei der Einheit
des Stils, an ebenſo wahrem als würdevoll gemäßigtem Pathos
als die ebenbürtige Verkörperung einer Sophokleiſchen Tragödie
durch die bildende Kunſt.

Ju ſolchen Gruppen herrſcht nicht mehr wie in den geſelligen
der Grazien, der Horen, der zwölf Götter, der Heiligen, Propheten
oder Apoſtel an chriſtlichen Kirchenportalen, das Nebeneinander,
ſondern die Geſtalten ſind durch die lebendige Wechſelbeziehung
oder durch einen gemeinſamen Mittelpunkt geiſtig verbunden und
in der Stellung und Geberde der einen iſt die andere bedingt und
mitgeſetzt, und der dramatiſche Stil im Unterſchiede vom epiſchen
macht ſich auch in der Plaſtik geltend.

Wird eine Gruppe frei aufgeſtellt, ſodaß ſie von der Luft umfloſſen iſt und umwandelt werden kann, ſo ſoll ſie allſeitig ſchön
erſcheinen. Auch darauf muß der Bildhauer Rückſicht nehmen daß
ſie von einem mit der Localität gegebenen Hauptanſichtpunkt aus
klar und wohlgefällig erblickt werde. Diejenigen Theile der Figuren welche die freie Luft hinter ſich haben, heben ſich mit ganz
anderer Beſtimmtheit ab als andere die ſich vor den aus gleichem
Material gearbeiteten Partien des Kunſtwerks befinden; hier durch-
ſchneiden und bedecken ſie, ohne ſelber recht ſcharf hervorzutreten.
Hegel hat dies in ſeiner Kritik zweier neueren plaſtiſchen Werke
in Berlin bereits angedeutet und auf das Geſetz der möglichſt
ſelbſtändigen Entfaltung jeder Einzelgeſtalt hingewieſen. Er preiſt
die Victoria auf dem Brandenburger Thor wegen ihrer Einfachheit und Ruhe, und fährt dann fort: „Die Pferde ſtehen weit
auseinander, ohne einander zu bedecken, und ebenſo hebt ſich auch

die Gestalt der Victoria hoch genug über sie hinaus. Der Tieck'sche
Apollo dagegen auf seinem von Greifen gezogenen Wagen nimmt
sich auf dem Schauspielhause weniger vortrefflich aus, so kunst-
gerecht sonst auch die ganze Conception und Arbeit sein mag.
In der Werkstatt konnte man sich eine herrliche Wirkung versprechen; sowie sie aber in der Höhe stehen, fällt immer zu viel
von dem Umrisse einer Gestalt auf die andere, an welcher derselbe
nun seinen Hintergrund hat, und eine um so weniger freie deutliche Silhouette erhält als den Figuren sämmtlich die Einfachheit
abgeht. Die Greifen, welche ohnehin durch ihre kürzern Beine
nicht so hoch und frei als die Pferde dastehen, haben außerdem
Flügel, und Apollo seine Leier im Arm. Dies alles ist für den
Standort zu viel und trägt nur zur Unklarheit der Umrisse bei."
     Haben aber die Gestalten einen Hintergrund in einer Nische,
im Giebelfeld eines Tempels, so ist die Betrachtung der Rückseite
nicht möglich, so decken sich die Gestalten von der Seite betrachtet,
so wird der bestimmte Augenpunkt gegenüber der Mitte gefordert,
und damit tritt ein malerisches Princip auf, und wir werden durch
das Relief zur Malerei hinübergeleitet. Das Relief führt die vom
Beschauer abgekehrten Partien der Gestalten gar nicht aus, sondern läßt sie nur mit der uns zugewandten Seite aus der gemeinsamen Fläche hervorragen, bald wenig, sodaß die Gestalten selber
noch den Charakter der Fläche bewahren, im Basrelief, bald in
vollerer Rundung und Modellirung, im Hautrelief. Das Flachrelief nähert sich mehr der bloßen Umrißzeichnung, das Hochrelief
den selbständigen Statuen. Die ältesten ägyptischen Werke zeigen
uns die Entstehungsweise dieser Kunstform: man ritzte die Umrißlinien einer Figur tief in den Stein, vertiefte auch die von ihnen
umschriebene Figur, und strich sie mit Farbe an. Dann ging
man dazu fort die Rundung und Schwellung der Formen von
den Umrißlinien aus durch Hebungen und Vertiefungen der Fläche
anzugeben, sodaß indeß kein Theil der Figur sich über die Grundfläche der Wand erhob, vielmehr die ganze Gestalt wie eingesenkt
erschien. Die Griechen nahmen aber die Zwischenfläche bis zu den
Umrißlinien weg und ließen dadurch die Figuren sich über dem
gemeinsamen Grunde erheben.
     Das Relief ist an die Fläche gebunden; daraus folgt daß kein
einzelnes Glied sich von derselben trennen und lösen, frei in die
Luft hinausragen darf. Es wird stets eine parallele ebene Fläche
angenommen, die nirgends durchbrochen wird, und die Stellung

und Bewegung der Geſtalten wird ſo eingerichtet daß ſie ſich an
der gemeinſamen Ebene entfalten ohne dieſelbe zu verlaſſen. Die
Richtung der Hauptlinien folgt der gemeinſamen Fläche ohne ſich
auffallend zu vertiefen oder vorzuſpringen, durch welch letzteres ſie
ſich von dem Werke losreißen und nach außen ſtreben würden.
Daraus ergibt ſich wieder daß jede Geſtalt möglichſt ganz und
klar für ſich ausgebildet wird ohne daß eine einen Theil der
andern deckt und die Linien derſelben unterbricht; daß ferner kein
dichtes Figurengewimmel die ganze Fläche füllen, ſondern dieſe
ſelbſt, da ſie das Herrſchende iſt, auch ſichtbar bleiben muß.

Die Griechen haben ihre Reliefs zwar auf verſchiedene Weiſe
erhöht, bei jedem beſondern Werk aber ſtets nur eine und dieſelbe
Weiſe für alle Geſtalten angewendet; im Mittelalter und in der
Neuzeit hat man nach Art der Malerei die plaſtiſche Geſtalt nicht
rein für ſich, ſondern in ihrer Naturumgebung darſtellen wollen,
und die Unterſchiede des Vorder-, Mittel- und Hintergrundes
dadurch angedeutet daß man die zunächſt gedachten Dinge wie in
voller Rundung hervortreten ließ, das Entferntere immer flacher
und flacher bildete, und zugleich auch das Entlegene nach dem
Geſetz der Linearperſpective verkleinerte. Hier galten nicht mehr
die Dinge als ſolche in ihrer Objectivität, ſondern ſie wurden
wiedergegeben wie ſie dem Subject auf deſſen Standpunkt erſcheinen, womit dasjenige was wir als das maleriſche Princip erkennen werden ſich an die Stelle der Plaſtik ſetzte. Michel Angelo
ſtellte die Theorie auf daß ein Gemälde um ſo vollkommener ſei
je ähnlicher es dem Relief erſcheine, ein Relief um ſo trefflicher
je näher es dem Gemälde komme. Wenn dort durch dieſen Satz
eine an die Naturwahrheit heranreichende Modellirung der Formen verlangt wurde und die Malerei mit Recht nach dieſem
plaſtiſchen Moment ſtrebt, ſo wurden hier Forderungen geſtellt
die der Sculptur widerſtreben. Das Weſen derſelben wird verletzt,
wenn man ihre Grenzen zu ſehr erweitert; ohne die Vorzüge der
Malerei zu erreichen gibt ſie ihre Eigenthümlichkeit auf, das Ideal
als ſolches zu verkörpern und in der Einzelgeſtalt als ſolcher eine
Welt für ſich und die Schönheit der Welt zu offenbaren; gerade
ihre Schranke führt ſie nach oben zu dem was ſie am vollen-
detſten erreichen kann.

Töllen hat in ſeiner Schrift über das Basrelief bereits treffend bemerkt daß jene neuere Methode ihr Ziel nicht erreicht,
auch wenn die Erhebungen und Vertiefungen noch ſo ſorgfältig

gearbeitet werden. Das Flache erscheint nicht als fern, in der
Natur wirkt auch durch die dazwischen befindliche Luft die Farben-
abstufung, die dem Relief fehlt; der natürliche Schatten des stark
Vorspringenden, der über alle fingirten Fernen hinläuft, und das
überall gleich stark auffallende natürliche Licht läßt die angestrebte
malerische Wirkung doch nicht aufkommen. Zudem löst sich die
stark vorspringende vordere Figur nicht klar und entschieden vom
Grunde, wenn flachere hinter ihr erscheinen, und bei dem wechselnden Stand der Sonne werden die Schatten jener erhabenen
Figuren bald rechts, bald links fallen, bald weiter oder minder
weit sich erstrecken, und dadurch das Werk selbst für den Anblick
stets verändern. „Im Gemälde", sagt Tölken, „sind Körper,
Entfernungen, Lichter und Schatten alle gemalt, und gleichartige
Mittel vereinigen sich zu dem gemeinschaftlichen Zweck; im perspectivischen Relief sollen Kunst und Natur in einen Bund treten,
aber nur Verwirrung ist die Folge; eins wird von dem andern
zerstört." — Dennoch werden wir von Ghiberti's ehernen Thüren
der Taufkirche zu Florenz das Urtheil Michel Angelo's wiederholen dürfen: sie sind würdig die Pforten des Paradieses zu bilden.
Aber ihre Reliefs sind in Erz gegossene Gemälde, die in einer
wunderbaren Mischung von Naivetät und tiefer Empfindung mit
der seelenvollen Grazie jeder Gestalt und in dem rhythmischen
Aufbau des Ganzen etwas Einziges, nicht Nachzuahmendes bieten,
wie es einmal diesem eigenthümlich begabten Meister gelingen
mochte, der dort, wo er die Grenze der Sculptur überschritt, so
viel malerische Schönheit über sein Werk ausgoß, daß man den
Genuß derselben durch eine streng plastische Haltung nicht ein-
büßen möchte.

Durch die gleiche Auslabung erscheinen sämmtliche Figuren als
zusammengehörig und kommt die nöthige Einheit in die Mannichfaltigkeit, und gerade dadurch daß der Ausdruck einer Naturumgebung im Hintergrunde fehlt, bleibt das Selbstgenugsame und
Selbständige der Sculpturgestalt bewahrt. Wenn indeß eine
Gruppe in bewegter Composition einen dramatischen Moment veranschaulicht und in diesem eine Hauptfigur energisch hervortritt
und in der Mitte des Ganzen sich in der Vorderansicht bietet,
während ihr entgegenwirkende und nachfolgende Figuren im Profil
dastehen, so würde ich jener eine etwas stärkere Auslabung gestalten, und es könnten dann in symmetrischer Weise auch mehrere
Profile so nebeneinander stehen, daß von dem ersten ganz entfal-

teten die folgenden zur Hälfte gedeckt würden und flacher gehalten
wären, wie ja die Griechen ſo gut als der Wiedererwecker des
reinen Reliefſtils, Thorwaldſen, den Arm der uns abgelehrten
Seite, oder das zurückſtehende Bein einer ſchreitenden Figur
weniger erhöhen als die dem Beſchauer nähern und zugewandten
Partien.

Die Profilſtellung eignet ſich für das Relief aus mehrfachen
Gründen: die Figuren können dadurch einander zugewandt und
aneinander bezogen werden, ohne daß ſie von der gemeinſamen
Richtung der Grundfläche ſich entfernen. Figuren in der Vorder-
anſicht mit den auf uns gerichteten Augen verlieren den Zuſammenhang untereinander; auch ſpringen die Füße unangenehm aus
der Fläche heraus. Ferner iſt der Rücken von der Bruſt, der
Hinterkopf von dem Geſicht ſehr verſchieden, und wenn wir eine
Figur von vorn oder von hinten erblicken, können wir kaum auf
das andere ſchließen, während in der Mitte zwiſchen der rechten
und linken Seite eine Linie die menſchliche Geſtalt in zwei ſymmetriſche Hälften theilt und dadurch die Profilanſicht uns am
meiſten von ihr zeigt und eigentlich nichts verbirgt. Sodann
bietet die Profilanſicht am meiſten eine beſtimmte und in ſich ge-
ſchloſſene Linie, und der Umriß des Geſichts hebt hier die charakteriſtiſchen Theile, wie Stirn, Naſe, Mund, Kinn, ſcharf hervor,
während dieſelben bei jeder andern Anſicht ins Innere fallen und
die Außenlinie weit weniger Bedeutung hat. Deshalb ſcheint mir
das Flachrelief vorzugsweiſe zum Profil hingedrängt zu werden,
während das Hochrelief, indem es auf die Modellirung und völlige
Ausbildung der innern Partien zwiſchen den Umrißlinien ſein
Augenmerk richtet, auch ganz oder halb en face darſtellen kann.
Bei der Herrſchaft der Fläche im Ganzen ſuchten die alten Künſtler
— die Meiſterwerke aus Phidias' Werkſtatt ſind die tonangebenden geblieben bis auf den heutigen Tag — auch durch die Stellung der Einzelfiguren möglichſt große Flächen zu gewinnen, wie
ſie ihnen im Geſicht des Menſchen die Profilanſicht des Schädels,
die Stirn und Wange bot, und wo die Profilanſicht hoch und
ſchmal wurde, wie bei der Seite und Schulter, da ſuchten ſie
durch eine Wendung des Körpers möglichſt viel von der Bruſt
und ihrer Fläche zu gewinnen, wie dies namentlich der panathe-
näiſche Feſtzug am Parthenon in einem Reichthum der glücklichſten
und natürlichſten Motive bewundern läßt. Es war dies die richtige Mitte zwiſchen dem altägyptiſchen unbeholfenen Branche die

Gestalt conventionell zu verdrehen und zu verschieben um recht
viel von ihr sichtbar zu machen, und zwischen der altattischen
Weise, welche auf Grabpfeilern genau die symmetrische Hälfte
der Figur abbildete, als ob sie in der Mitte der Nase durchgesägt
und die so erhaltene Innenfläche an den Stein angefügt wäre.

Das plastische Relief dient zum Schmuck architektonischer
Füllungen, die zunächst keine andere Bedeutung haben als den
Raum zu verschließen, und unterscheidet sich dadurch von den architektonischen Ornamenten, welche die constructive Bedeutung und
Leistung eines im Gerüste des Baues hervortretenden Theiles aussprechen, wie wenn der tragende Wandpfeiler mit einer aus ihm
zur Hälfte hervortretenden, die Last auf den Kopf, die erhobenen
Arme oder den Nacken nehmenden Figur in ähnlicher Art becorirt
würde als die Säulen des Pandrosion durch Karyatiden, oder in
ägyptischen und sicilianischen Tempeln durch Atlanten, aus der
Mauer hervortretende Riesen, ersetzt sind. Das Band das den
Hals eines Gefäßes umschlingt oder ein Geräth oben zusammenhält, kann auf dieselbe Art als ein Kranz ornamentirt werden,
wie das Ende des Säulenstammes mit aufgerichteten und das
Capitäl mit herabhängenden Blättern geschmückt ist. Von den
Bauten läßt sich dies leicht auf Geräthe, namentlich durch Holzschnitzerei, übertragen, ohne daß wir mit Kugler eine eigene Stil-
art des „quellenden" Reliefs von dem anhängenden zu unterscheiden hätten. Jenes ist architektonisches Ornament, das eigentliche Relief selbständiges plastisches Kunstwerk; die Architektur bietet
ihm den neutralen Boden als freien Raum, und es wird demselben zur Zierde; durch den Inhalt seiner Darstellungen soll es
sich dem Sinne des ganzen Baues verknüpfen, nicht aber der
Function eines besondern Werkstücks zum Ausdruck dienen. Abgesehen von den Metopenplatten, die in der Regel eine Gruppe
von zwei Gestalten aufnehmen, ist das Relief ein Streifen, der
sich um den Fries eines Tempels hinzieht, der eine Wand unter
der auflagernden Decke bekrönt, der einen Brunnen umgibt, zwischen der Basis, dem Gesimse und den Eckpfeilern eines Altars
oder eines Sarkophags den Raum füllt, um eine Vase sich schlingt,
oder selbst von unten nach oben spiralförmig um eine Säule gewunden wird, wie es römischen Imperatoren und dem französischen
wohlgefiel. Durch das Relief wird indeß im letzteren Falle die
gerade Linie der Säulen in kleinen Hebungen und Senkungen auf
unruhige Weise fortwährend gebrochen, und man müßte ein Vogel

ſein und die Säule in Schraubenwindungen umkreiſen, wenn man
das Werk ordentlich betrachten und genießen ſollte. Selbſt die
kleine Zierplaſtik der Cameen, Gemmen, Münzen, Siegel gehört
in das Bereich des Reliefs, und die Griechen verſtanden eine
Fülle hochpoetiſcher oder ſinnvoll bedeutender Anſchauungen auf
dieſe Weiſe in das gewöhnliche Leben hineinzutragen und Nachbildungen großer und ruhmvoller Werke im kleinen zu vervielfältigen. Schon die Schilde des Achilleus und Herakles bei Homer
und Heſiod zeigen den idealen Kunſtſinn, welcher über den Orient
einen großen Schritt voran thut. Aegypter und Aſſyrier kannten
das Geſetz der Compoſition noch nicht, ſie erzählten in ihren Reliefs wie in einer Bilderſchrift, ſie ſtellten die Figuren nebeneinander, übereinander; die Griechen brachten Ordnung in das
Durcheinander; vom Kreis aus gliederten ſie den Raum ihm gemäß: der Mittelpunkt ward hervorgehoben, ein ſchmaler Rand
bezeichnete den Umfang abſchließend, und dazwiſchen entfalteten
ſich von der Mitte zum Rand ausſtrahlend ſymmetriſche Radien
regelmäßige Flächen begrenzend, die nun mit Bildwerk geſchmückt
wurden. Der Glaubensſchild von Cornelius hat zwiſchen ſolchen
Feldern auch die ſondernden Linien noch durch ſchmale, ein Kreuz
bildende Streifen betont.

Wie das uranfängliche Relief eine hiſtoriſche Bilderſchrift war,
ſo eignet es ſich auch heute noch ganz beſonders zum Denkmal,
wenn eine beſondere That, und nicht ſo ſehr die Totalität eines
Charakters gefeiert werden ſoll. Wir kennen dieſen z. B. bei
Winkelried weiter nicht, auch ſein Porträt iſt nicht überliefert, und
ganz plötzlich ragt er mit ſeinem Opfertod in die Weltgeſchichte.
Daß er alſo durch ein in den Urfels des Gebirgs gehauenes
Relief verherrlicht werde wie er ſich die Ritterſpeere in die Bruſt
drückt und der Freiheit eine Gaſſe macht, war ein Vorſchlag den
Ludwig Eckardt mit Sachkenntniß und Beredſamkeit verfochten hat,
dem wir immer noch die Ausführung wünſchen.

Weil das Relief ſchmücken ſoll, muß es ſich auch beim erſten
Anblick anmuthig darſtellen; der Raum muß auf eine harmoniſche
Weiſe gefüllt, die Gliederung und Gruppirung muß klar und
faßlich, jede Einzelgeſtalt dem Auge erfreulich ſein. Um des
Hauptzwecks willen haben die Griechen ſich ſogar Abweichungen
von der Naturtreue erlaubt, wie wenn am Parthenon die Verhältniſſe der ſitzenden Götter vergrößert, die der Reiter und Pferde
aber verkleinert worden ſind, um beide mit den einherſchreitenden

Männern und Frauen in gleiche Kopfhöhe zu bringen, oder wenn
die Schenkel der Reiter nicht so verkürzt sind wie bei dem Sitzen
auf dem runden Rücken des Pferdes der Fall ist, sondern nur so
wie es der Fall sein würde, wenn derselbe nicht mehr als das
Basrelief selbst sich über die Fläche erhöbe. Bewegte Kampf-
sceenen und feierliche Processionen eignen sich gleichgut, wie der
panathenäische Festzug von Phidias, der Alexanderzug von Thorwaldsen und der Kampf der Hellenen mit den Kentauren und
Amazonen am Apollotempel zu Phigalia beweisen. Schon Phidias
gab die einzelnen Momente des Zuges, wie sie in der Wirklichkeit
nacheinander sich entwickeln, als gleichzeitig nebeneinander, und
zeigte die sich erst Vorbereitenden, die bereits auf dem Weg Befindlichen, die schon Angelangten. Doch sind es bei ihm immer
andere Persönlichkeiten. Wie aber mittelalterliche Maler eine und
dieselbe Geschichte ihren Hauptvorgängen nach dadurch erzählten
daß in mehrern nebeneinander befindlichen Gruppen dieselben Figuren in veränderten Situationen wiederkehren, so haben denn auch
neuere Bildhauer, z. B. Schwanthaler, den an sich epischen Stil
in der Vortragsweise des Reliefs noch weiter der erzählenden
Poesie angeschlossen und in der fortlaufenden Gestaltenreihe auch
eine Folge von Begebenheiten dargestellt, sodaß die verschiedenen
Mythen der Aphrodite, die verschiedenen Begebenheiten des Kreuz-
zuges von Friedrich Rothbart ununterbrochen ineinander übergehen
und wie ein großes Ereigniß sich dem ersten Anblick darbieten, bei
näherm Betrachten aber sich wie die einzelnen Strophen eines
Gedichts lesen lassen.

Wie wir sahen daß in der Composition der Statuengruppe
eines Giebelfeldes anfänglich streng, dann als Grundlage für die
freie selbständige Bethätigung der Gestalten das Gesetz der architektonischen Symmetrie herrscht, so bleibt die tektonische Grundform bestimmend für die schmückenden Reliefs auch in der Ge-
räthebildung. Der Marmorthron des Dionysospriesters ist im
Theater zu Athen aufgefunden worden: die Satyrn an der Rücklehne sind in strenger Haltung als Stützen behandelt aber im
Einzelnen frei gezeichnet, die in die Seitenlehne hineincomponirten
knieenden Eroten sind bei aller Eleganz und Gegensätzlichkeit dem
architektonischen Princip eingeordnet. Die melischen Terracotten-
reliefs haben zur Füllung von Feldern zwischen Riegelwerk ge-
dient; die Mischung von alterthümlicher Gebundenheit und individueller Freiheit hat Brunn mit genialem Kennerblick verstanden und

verſtehen gelehrt. Er ſagt von zwei der bekannteſten: „Bellerophon zückt das Schwert gegen die Chimäre: ſie müßte ihm alſo
gegenüberſtehen; Perſeus hat das Haupt der Meduſa bereits ab-
geſchnitten und blickt rückwärts: wir müßten ſie alſo hinter ihm
vorausſetzen; und doch befindet ſich der eine wie der andere Held
(hoch zu Roß) gerade über ſeiner Gegnerin. Würde eine ſolche
Auffaſſung bei einer vollkommen freien Compoſition gerechtfertigt
ſein? Anders verhält es ſich wo dem Künſtler die Aufgabe zufällt eine oder mehrere Felder mit bildlichem Schmucke auszufüllen
und zu gliedern. Hier ſind in erſter Linie die Forderungen des
Raumes zu befriedigen, und je mehr der Künſtler ſich ihnen
unterordnet, um ſo mehr tritt die Phantaſie des Beſchauers er-
gänzend ein um ſich die einzelnen Momente der Handlung, welche
der Künſtler nach dem Zwange des Raumes vertheilt, nach ihren
geiſtigen Beziehungen zurechtzulegen, ſodaß in der Darſtellung
das was der Wahrheit (lieber Wirklichkeit) geradezu widerſpricht
doch künſtleriſch wahr erſcheint. Wie der Künſtler was im Raum
auseinanderfolgen ſollte übereinander ordnet, ſo vergeſſen wir auch
die zeitliche Auseinanderfolge und faſſen das Ganze in einen einheitlichen Gedanken, den des Siegs der beiden Helden über ſchreck-
liche Ungeheuer, zuſammen. Und in nicht minderem Grad als
den Inhalt beherrſcht das tektoniſche Princip auch die künſtleriſche
Form. In den beiden als Seitenſtücke gearbeiteten Reliefs tritt
es uns zuerſt und am deutlichſten entgegen in der geſammten
Dispoſition der Maſſen. Wie die Gliederung des römiſchen
Templum in ſtrengſter Weiſe auf die Kreuzung des Carbo und
Decumanus beruht, ſo haben wir auch hier in der vom Scheitel
der Seiten ausgehenden verticalen Achſe einen Carbo, und in der
horizontalen der geſtreckten Pferdekörper einen Decumanus; und
leicht empfinden wir jetzt wie die Schärfe der Formen und Stärke
der Bewegungen durch ihre Beziehung auf die mathematiſche
Grundlage des Ganzen ihre einfachſte Erklärung findet. Bis in
das Einzelne hinein, in den Formen der Chimäre, in ihrer
Mähne, an den Flügeln der Meduſe, in den Formen der Pferde,
beſonders in ihren Köpfen, macht ſich dieſer architektoniſch ſchema-
liſirende Charakter geltend, ja ſelbſt die Schlankheit und Mager-
keit der menſchlichen Geſtalten ſcheint darauf berechnet im Gegenſatz zu plaſtiſcher Rundung und maleriſcher Rhythmik recht augenfällig die Bedeutung der Linien hervortreten zu laſſen, manche
Figur, manche Compoſition möchte man faſt nur als ein belebtes,

mit den Formen organischer Wesen umkleidetes Liniengewebe
bezeichnen."

Da das Relief auf die Allseitigkeit verzichtet und an die Fläche
gebunden einen bestimmten Augenpunkt erfordert wie die Malerei,
so braucht es sich auch malerische Hülfen nicht zu versagen. Es
steht in der Mitte zwischen beiden Künsten, bildet von der Plastik
aus den Uebergang zur Malerei, und so kann schon bei der Composition das Princip der einen oder der andern vorwalten. Der
Hintergrund, von welchem die Figuren sich abheben, kann heller
oder dunkler, rauher oder glätter sein; es kann das weiße Elfenbein, die weiße Muschelschale oder der lichte Stein die Figuren
zeigen, während die Fläche blau, braun, dunkelroth zwischen ihnen
daliegt. Die Zierplastik der Cameen beruht ja auf der Verwerthung des Materials von zwei Schichten, deren Farben verschieden sind. Und der Künstler kann einen Schritt weiter gehen, er
kann den Gewändern, den Haaren, dem Fleisch einen an die Natur
anklingenden Ton geben ohne in grelle Buntheit zu verfallen. Wir
haben in dieser Weise glasirte Thonreliefs Luca's della Robbia
und seiner Schule von feinstem Reiz, in harmonischer Stimmung;
wir haben auch Holzaltäre deren Schnitzerei durch Gold und
Farbe belebt uns in mildem Glanz entgegentritt. Aber die Gefahr liegt auch nahe ein plastisch vollendetes Werk zu beeinträchtigen, wie es bei der Meisterschöpfung Knabl's, dem Hochaltar
der münchener Frauenkirche geschehen ist; die Himmelfahrt Maria's
entzückte uns im einfachen braunen Holzton; als aber der gold-
glitzernde Mantel und die angepinselten Wangen in Contrast traten
und der ruhige Fluß der Linien unterbrochen war, da wünschten
wir die Zeit herbei wo dieser bunte Flitter abgenutzt und verstaubt
sein werde, wo die reinen Formen seiner wieder ledig sein würden. Das Plastische soll immer vorwalten; wir fühlen uns abgestoßen, wenn es nach Wachsfigurenart das Leben erlügen will;
die Farben sollen die Formen hervorheben und nicht für sich
gelten wollen.

Wir haben in der Neuzeit viele Einzelstatuen bedeutender
Männer erhalten; sie stehen an passenden und unpassenden Plätzen,
und gar oft eignet sich die Gestalt des Mannes wenig für die
Plastik. Ich möchte einmal empfehlen daß man solche Denkmale
womöglich mit der Architektur in Zusammenhang bringe; wie die
Plastiker in Nischen der Glyptothek, die Feldherren in ihrer Halle
zu München stehen, so könnten Schiller, Lessing, Goethe mit dem

Theater, Feldherren und Staatsmänner will dem Arsenal und Parlamentsgebäude verbunden sein, und hier einen guten Hintergrund haben, während sie einen bedeutsamen Schmuck bereiten. Dann überlege man ob nicht statt der Statue die Büste vorzuziehen sei, deren Sockel man sinnvoll aufbauen und mit freien Gestalten und Reliefs verzieren kann, die sich bald realistisch auf die Werke des Dichters beziehen und Scenen wie Charaktere aus ihnen darstellen, bald symbolisch die Richtung und Sinnesart des Dichters und Denkers sowie sein Wirken veranschaulichen, endlich Ereignisse aus ihrem Leben erzählen können. So gebe man durch Reliefs, durch architektonische und malerische Gestaltung eines Ehrenmals vom Wesen und Wirken eines Genius Kunde, und stelle das Monument in die Nähe des Lebens und seines Verkehrs; ein Schillerbrunnen auf dem Markt, eine Uhlandsruhe am Neckar, eine Goethehalle auf anmuthiger Höhe, alle mit der Büste des Dichters, dann mit plastischem oder auch malerischem Bildwerk in der erwähnten Weise ausgestattet, wie viel reicher, phantasievoller, erquicklicher wäre das als die in der geforderten Naturtreue mitunter unschönen und in ihrer Behandlung langweiligen Erzstatuen. Ich freue mich der Zustimmung Lotze's: „Welchen Genuß haben wir von einem plumpgeschnürten Dichter im Hausrock? Und wie ganz anders würden wir doch in der Erinnerung an seinen Geist befestigt, wenn die reizenden Phantasiegestalten, die er geschaffen, uns durch eine Reihe von Bildwerken in plastischer Anschaulichkeit vorgeführt würden? Hier fände man ja den Ersatz für die verlorene Mythologie, eine reiche Welt reizender Gestalten, an deren ästhetische Realität wenigstens wir glauben, die dem gebildeten Volk aus dem Umgang mit den Führern seines geistigen Lebens vertraut sind, und für deren jede einen plastisch mustergültigen Ausdruck zu schaffen eine fast ebenso günstige Aufgabe sein würde als für die Griechen von dem charakteristischen Geiste jedes ihrer Götter die entsprechende Form seiner Erscheinung zu finden."

Wenn wir die Bildwerke des Parthenon alle zusammennehmen, so gewinnen wir eine Vollanschauung von dem Wesen und Walten der Göttin, wie von den verschiedenen Darstellungsweisen der Plastik. Als ruhige Einzelgestalt stand die Göttin im Heiligthum; in den Giebelfeldern der Ost- und Westseite die Geburt der Pallas und ihre Besitznahme von Athen durch den Sieg über Poseidon als zwei figurenreiche, auf symmetrischer Grundlage frei entfaltete

Gruppen; an den Metopen Kämpfe der Hellenen, die unter der Leitung der Göttin den Sieg der Cultur über die Barbaren und der heimischen Helden über die Feinde darstellten, Kämpfe der Lapithen mit den Kentauren, des Theseus mit den Amazonen, sodann der Griechen mit den Persern — alle in Hochrelief, Gruppen von je zwei Personen; endlich ein Streifen um die ganze säulenumstellte Wand des Tempels unter der Decke mit einer zusammenhängenden Composition in Flachrelief, den panathenäischen Festzug darstellend, die Verherrlichung der Göttin und ihres Volks durch eine immerwährende gottesdienstliche Feier. Aehnliches ist an mittelalterlichen Domen zu sehen. Hatte allerdings, nach einer feinen Bemerkung von Schnaase, die Schwäche der griechischen Götterlehre die Stärke der Kunst ausgemacht, indem diese die unbestimmten Gestalten schwankender Sagen und Naturanschauungen zu verkörpern und zu beseelen hatte, und daher mit hohem Selbstgefühl auftrat, so bemüthigte sich die christliche Kunst vor der Aufgabe die ganze volle Wahrheit der Religion in sinnlichen Formen auszuprägen; ihre Gestalten selbst ordneten sich hingebend einem Unendlichen unter, und wo man Gott und Christus selbst abbildete, da wollte das fromme Gefühl sie nicht in einsamer Größe und selbstgenugsamer Hoheit, sondern in einer innigen Beziehung zu der gnadebedürftigen Menschheit sehen. Die Fassaden aber und Portale der Dome boten Raum für Einzelstatuen, für Reihen und Gruppen wie für Reliefs, und oft gewahren wir zwischen Propheten und Aposteln die Hauptscenen der Geschichte Christi von seiner Geburt bis zur Wiederkehr zum Gericht, und darin wieder das Bild dessen was die Seele zu ihrem Heile bedarf.

Auf andere Art ergibt sich eine reiche Totalität plastischer Darstellung durch Statuen mit einer verzierten Basis. Rauch hat an den Steinmassen, die das eherne Reiterbild Friedrich's des Großen tragen, die Generale, die Staatsmänner, die Gelehrten aus dem Reich des Helden versammelt und eine Reihe von Begebenheiten aus dem Leben des Königs bald realistisch, bald symbolisch in Relief erzählt. Wir betrachten aber zum Schluß noch den Zeus des Phidias und versuchen es den einheitlichen und einigenden Gedanken für die erstaunlich reiche Fülle dieses glanzvollen Wunderwerks der Welt zu gewinnen.

Zeus, der Vater der Götter und Menschen, der Gründer und Erhalter der natürlichen und sittlichen Weltordnung, der Hort des

helleniſchen Lebens, war zugleich in Olympia der Verleiher des
Siegs bei den Kampfſpielen, die ihm zu Ehren geſeiert wurden.
So thronte er denn im Tempel, deſſen Bau nur der Rahmen
ſeines Bildes war, und wenn ſchon die koloſſale Größe deſſelben
ſeine Erhabenheit über Alles verkündete, ſo waren in der ganzen
Erſcheinung wie namentlich im Antlitz Macht und Güte, ehrfurchtgebietende Majeſtät und huldreiche Milde innigſt verſchmolzen.
Das Scepter der Herrſchaft hielt die Linke, auf der Rechten ſtand
die geflügelte Siegesgöttin, das Haupt des Gottes ſelbſt war mit
dem Olivenkranz geſchmückt, denn er hatte als der Sieger in der
Titanenſchlacht die wilden Naturgewalten gebändigt und der Welt
ein Geſetz des Friedens gewährt. Der Leib des Gottes war aus
Elfenbein gewölbt, das Gewand war von Gold, aber mit farben-
ſchimmernden Lilien und Thiergeſtalten geſchmückt, denn auch
Pflanzen und Thiere lebten durch ihn und zu ſeiner Ehre. Ebenſo
ſinnvoll als glanzreich war ſein Thron bereitet, aus Ebenholz,
Elfenbein, Gold und Edelſteinen. Der Thron ward von vier
Pfeilern als Füßen getragen, und die Reliefgeſtalten von tanzenden Siegesgöttinnen ſchmückten dieſelben. In der halben Höhe
der Füße, zwiſchen dem Boden und dem Sitzbret, zogen ſich
Querriegel von einem Fuß zum andern, und dieſe ruhten gleich
einem Fries auf der Mauer, die ſich bis zu ihnen von unten
erhob, und den Thron nicht wie ein leeres Gerüſt erſcheinen ließ,
ſondern ihm eine unerſchütterliche maſſive Feſtigkeit gewährte. Die
Schwingen die das Sitzbret trugen waren noch durch einige auf
den Querriegeln ſtehende Säulen geſtützt. Der Thron hatte Armlehnen, die Stützen derſelben vorn wurden durch Sphinxe gebildet;
die beiden hintern Pfeiler des Throns erhoben ſich zur Rücklehne,
und zu Häupten des Gottes trug der eine die drei Horen, der
andere die drei Grazien. In der Sprache der Mythologie nun
wird Zeus als der Vater der Horen und Grazien dargeſtellt, um
ihn als den Begründer der feſten Naturgeſetze wie den Verleiher
der Anmuth in freier Lebensentfaltung zu bezeichnen. Er, der
Götterkönig, vermählt ſich mit Themis, der Satzung des Rechts,
und ſie gebiert ihm die Horen: Eunomie (Wohlordnung), Dike
(Gerechtigkeit) und Eirene (Frieden); dieſe walten im Wechſel der
Stunden und Jahreszeiten, aber ſie bringen auch alles Geiſtige
zum Gedeihen und zur Reiſe, ſie ſind das Maß der Zeit als die
Norm des Werdens. Dann vermählt ſich Zeus mit der Eurynome,
der Weithinwaltenden, des Meeres liebreicher Tochter, welche die

Fülle der Natur repräsentirt, und aus diesem Bund entspringen
die Charitinnen oder Grazien, deren Wesen in freier Huld und
Anmuth besteht, die solche Güter der Welt verleihen. Glanz,
Frohsinn, Lebensblüte, in diesen Namen (Aglaia, Euphrosyne,
Thalia) spricht sich ihr Sein und Walten aus, das in Schall und
Schimmer auf den Wellen der Luft und des Aethers sich wiegt,
und alles Wachsthum zu reizender Entfaltung seiner Eigenthümlichkeit leitet. Wie schön trugen die beiden Pfeiler der Rücklehne
des Throns diese Gruppen, und wie sinnvoll war zugleich in
ihnen die Natur des Gottes ausgedrückt! Jede der Armlehnen
aber war durch eine Sphinx gestützt, und auf den Seiten an den
Schwingen des Sitzbreis war der Untergang der Niobiden dargestellt. Da tritt uns der Ernst des Lebens und die Richter-
gewalt des strafenden Gottes entgegen. Die Sphinx, die Räthsel
aufgebende, war den Hellenen das Symbol für das Räthsel des
Daseins; wer es nicht löst wird von ihm verschlungen — darum
hielten die Sphinxe thebanische Kinder in den Klauen —, aber es
sollte sich dem Menschen in der Anschauung und Verehrung des
Gottes lösen, in welchem nach Aschylos' tiefsinnigem Chorlied alles
Denkens Frieden ist. Der Hochmuth aber, der sich über die Götter
zu erheben glaubt, findet durch die Nemesis als die Macht des
Maßes die Strafe für seine Vermessenheit, wie das tragische
Schicksal Niobe's und der Niobiden mahnend lehrt.

Die Querriegel waren mit Reliefs geschmückt. Vorn, rechts
und links von den Füßen des Gottes, sah man acht Gestalten in
Stellungen welche die alten acht Kampfarten der olympischen
Spiele abbildeten, unter ihnen Phidias' Liebling Pantarkes, als
siegreicher Jüngling sich die Binde umwindend. Das war ein
Wettstreit im freudigen Spiel, über welchem Zeus siegverleihend
waltet, eingerichtet der Sage nach zur Erinnerung an Kämpfe der
Heroen im Dienste der Cultur, und so sah man denn auf den
Querriegeln der andern Seiten, nach Art des Friesbasreliefs von
Phigalia, die Schlacht des Herakles und Theseus gegen die Ama-
zonen, welche den griechischen Künstlern neben den willkommenen
Motiven des Frauenkörpers und der weiblichen und ausländischen
Tracht auch als das Symbol eines barbarischen, fremdartigen und
feindseligen Auslandes sich darboten. Unterhalb dieser Querriegel
in der halben Höhe der den Sitz tragenden Pfeiler des Throns
haben wir einen mauerartigen Verschluß zwischen diesen Pfeilern
angenommen, die gleich einer Wand aufgerichteten Schranken,

welche nach Pausanias' Bericht das Hineintreten unter den Thron und in das Innere desselben verhinderten, und die deshalb nicht mit Quatremère de Quincy und andern um die Basis des Throns herumgezogen zu denken sind, wo sie den Anblick derselben und die Wirkung des Ganzen gestört hätten, sondern nach der Stelle, wo ihrer im Bericht der griechischen Reisenden Erwähnung gethan wird, sich am Thron selbst befinden mußten, wie das auch Brunn annimmt. Diese Mauerwände waren blau angestrichen und ließen dadurch die aus Gold, Elfenbein und Ebenholz gefertigten constructiven Theile des Throns mit ihrem Bilderschmuck um so klarer hervortreten, während sie selber wie ein gemalter Vorhang zum Raumverschluß dienten. Denn auch auf ihnen waren Figuren aufgezeichnet und nach Art der alten Malerei mit einfachen Farben ohne modellirende Schattenangabe ausgefüllt.

Da die Vorderseite des Throns, von den Füßen des Gottes und von dem Schemel verdeckt, nicht gemalt war, so ordnen sich an den drei sichtbaren Seiten die von Panänus nach Phidias' Entwurf ausgeführten Compositionen in je drei Gruppen, die durch Streifen unterhalb der auf den Querriegeln stehenden Säulen voneinander geschieden waren. Herakles war Stifter der olympischen Spiele, der liebe Sohn des Zeus, sein Stellvertreter gleichsam auf Erden, ein Heiland des Heidenthums, der Held der sich durch That und Buße und Opfertod den Himmel errang. So sah man ihn denn einmal auf jeder Seite, wol in der Mitte: wie er dem Atlas die Last des Himmels abnimmt, der Ausdruck höchster Stärke, dann seinen Sieg über den Nemeïschen Löwen, die Befreiung der Natur von wilden Ungeheuern, die Sicherung der Menschheit gegen sie, endlich die Erlösung des gefesselten Prometheus: die trotzige Eigenmacht des menschlichen Geistes hat sich durch Herakles dem Willen des Zeus versöhnt; sie empfindet ihn nicht mehr als Fessel, wenn sie sich ihm freiwillig anschließt und im Bunde mit der sittlichen Weltordnung wirkt. Sodann auf jeder Seite eine Gruppe von zwei Frauengestalten: Hellas und Salamis mit dem Schiffschnabel in der Hand, das von Zeus geliebte Land der Griechen, unter seinem Walten siegreich vertheidigt durch die Salaminische Schlacht, sodaß die historischen Thaten der Griechen mit ihren mythischen Vorbildern zusammenrückten wie Weissagung und Erfüllung; Hippodamia und ihre Mutter, eine Erinnerung an das Glück des Pelops, der dem Peloponnes seinen Namen gegeben, und an das Kampfspiel in dem er den Preis,

die Hippodamia, gewonnen; zwei Hesperiden mit goldenen Aepfeln,
die in der Heraklesmythe und sonst als der Lohn für den glücklich bestandenen Streit, als der endliche süße Preis der sauern
Lebensmühe und als Liebesgabe himmlischer Huld bekannt sind.
Die dritte Stelle an jeder Seite nahmen dann folgende Gruppen
ein: des Aias Frevel an Kassandra, Achilleus der die todte
Penthesilea emporhält, Theseus und Peirithoos. Hier sind die
beiden zuletzt genannten Helden ein Bild der Freundschaft, die im
hellenischen Leben eine so große Rolle spielt, deren Beschützer Zeus
war. Dagegen reißt den Aias eine wilde Liebesleidenschaft dahin
die Kassandra im Heiligthum der Pallas zu schänden, wofür ihn
der Untergang als Götterstrafe ereilte, und das Bild erinnerte
somit an das Walten des Zeus, der die Frevel am Heiligen
rächt. Wie Theseus und Peirithoos die Freundschaft, so konnten
Achilleus und Penthesilea die Liebe repräsentiren, das Gemälde
aber auch den Sieg des Griechenthums bezeichnen, was wir nicht
mehr entscheiden können, da uns das Wie der Ausführung selber
unbekannt ist. Sicherlich aber war nichts gleichgültig an diesem
Kunstwerk, mit dem der ideenreiche Phidias seine Laufbahn be-
schloß. So schmückte der Sieg des Theseus über die Amazonen
den Schemel des Zeus, „die erste Heldenthat der Athener gegen
Fremde", wie hier Pausanias selber erklärend aufügt und Löwen
trugen diesen Fußschemel des Gottes; die Könige der Thiere
dienten dem Könige der Götter, dessen Haupt selber löwenmäßig
gebildet war.

Endlich die Basis, welche den Thron trug, war geschmückt mit
einem Reigen der Götter. Sie waren alle um den Thron des
Höchsten wie Zierathen dieses Throns versammelt; sie erschienen
als die Ausstrahlungen seiner Macht, die Entfaltungen seiner Einheit in der Personification seiner Eigenschaften und Offenbarungs-
weisen: an den Enden Sonne und Mond, dann Apollo und
Artemis, Athene und Herakles, Poseidon und Amphitrite, Hermes
und Hestia, eine Charis und wahrscheinlich neben ihr Hephästos,
und Zeus und Hera selber, wie sie alle hinblicken auf den Mittelpunkt der ganzen Gruppe, die Göttin der Schönheit, Aphrodite,
die eben neugeboren dem Meer entstiegt, geleitet von Eros, dem
Gott der Liebe, und von Peitho, der Ueberredung, der herzgewin-
nenden Redekunst. So war auch hier kein müßiges Nebeneinander, sondern die Götter alle waren auf eine Thatsache bezogen,
ein Ereigniß war dargestellt, die Geburt der Schönheitsgöttin,

und die Schönheit, die naturwüchsige Harmonie des Geistigen und
Sinnlichen, war ja der Grundbegriff des Griechenthums. Und
der Zeus der ein Gott ist neben den andern erschien an den
Stufen des Throns, auf welchem der Zeus saß zu dem als dem
ursprünglich Einen jetzt schon die gebildetsten und tiefsinnigsten
Hellenen zurückkehrten, den jetzt Perikles' Freund Anaxagoras als
den weltordnenden Geist auffaßte, von dem schon Aeschylos als
dem Gott vorzugsweise und schlechthin gesungen hatte. Der geniale
Künstler hatte vorahnend die Idee dargestellt die spätere Philosophen ausführten, daß die vielen Götter nur die auseinander-
gelegten Eigenschaften und Kräfte des Einen seien. Wie die Bilder
alle das Walten und Wesen des Zeus veranschaulichten und allseitig erschlossen, habe ich dargethan.

Mit der Tiefe und dem Reichthum des Inhalts wetteiferte die
Pracht der äußern Erscheinung. Alle Herrlichkeit der Erde diente
ihr. „Mit den großen, einfach gewölbten Massen des unverhüllten Körpers contrastirte das schmuckreiche Goldgewand und die
mannichfachen Zierden und Bilder des Throns. Der gelblich
dämmernde Lichtschein, welcher vom Golde des Kleides auf das
Elfenbein der nackten Theile überströmte, mußte diese wie mit
Lebenswärme durchdringen, oder mit dem heitern Schleier eines
überirdischen Glanzes verklären." Also Feuerbach. Und alle einzelnen Bilder dienten nicht blos die Pracht und Größe des erschei-
nenden Gottes zu verstärken, sondern auch sein ewiges Wesen zu
veranschaulichen. Bei dem ersten Anblick, sagt wiederum Feuerbach, von der kolossalen Masse des Ganzen verschlungen, entwirr-
ten sie sich dem Nähertretenden wie ein glänzendes Chaos zur
geordneten Welt des Weltbeherrschers. Innerlich mit dem Begriff
des Zeus unzertrennlich verknüpft, äußerlich immer wieder als
die untergeordneten Theile eines größeren Ganzen sich erweisend,
erschien dieses Schmuckwerk nur als die vollständige Entwickelung
einer einzigen Idee. Alles rundete sich in der Einbildungskraft
des Beschauers zu einer kunstvoll gegliederten Hymne, welche dann
in der Illusion der Gotteserscheinung selbst zum höchsten poetischen Moment, zur unmittelbaren Berührung des Göttlichen
sich erhob.

Fassen wir alles zusammen, so ist es uns kein Wunder mehr
daß die Griechen es für ein Unglück erachteten den Zeus von
Olympia nicht wenigstens einmal im Leben gesehen zu haben, daß
sie sagten sein Anblick sei ein Zaubermittel gegen die Schmerzen

des Daseins; denn er gewährte ja die Ueberzeugung von der
Gegenwart und Wirklichkeit einer harmonischen Vollendung, die
einmal erschaut das Herz mit dem Trost erfüllt daß sie auch
überall aus Widerspruch, Trübung und Halbheit sich siegreich erheben werde. Phidias sollte der Religion etwas hinzugefügt haben:
in der That hatte er die Idee des Zeus für die Anschauung des
Geistes völlig klar gemacht, ihr den kunstgerechten Ausdruck gegeben, in welchem das fromme Gefühl sich befriedigte. Auch der
Römerfeldherr Paulus Aemilius bekannte beim Eintritt in den
Tempel so im Innersten erschüttert worden zu sein als ob er den
Gott selber von Angesicht zu Angesicht gesehen hätte. Ein griechischer Dichter aber sang:

> Either sein Bild dir zu zeigen nicht Zeus selbst nieder zur Erde,
> Nun so fliegst ihn zu schau'n, Phidias, du zum Olymp!

C. Die Malerei.

1. Ihr Begriff und Stil.

Wir gingen bei unsern bisherigen Betrachtungen davon aus
daß in der Kunst das Schöne um sein selbst willen erzeugt, der
Geist in seiner Versöhnung und ursprünglichen Harmonie mit der
Natur durch die materielle Erscheinung offenbart werde. Die
Kunst stand uns dadurch nicht außerhalb des Lebens, sondern sie
gab das Wesen und die Wahrheit des Wirklichen wieder. In
diesem Fall aber muß auch das ganze Sein, das bewußte und
innere wie das unbewußte und äußere, zur Darstellung kommen,
und jeder Weise der Entfaltung des einen muß eine Form und
Art des andern entsprechen. Die bildende Kunst nun waltet im
Raume für die Anschauung, sie stellt die Anschauungen des Geistes
im Nebeneinander der Materie dar, und läßt die Idee in den
räumlichen Naturgestalten als deren Seele und organisirende formende Macht sichtbar werden. Die Außenwelt sondert sich uns
aber in die unorganische Natur, in die individuellen Organismen
und in das Wechselleben dieser untereinander und mit jener. Im
Reiche des Bewußtseins haben wir dessen allgemeine Bestimmun-

gen wie sie Allen zukommen und in der gemeinsamen Sitte als
Geist des Ganzen, der Nation oder des Jahrhunderts sich ausprägen, wir haben die Persönlichkeit des Einzelnen in ihrer Eigenthümlichkeit, in der Einheit und Ganzheit des Charakters, und
wir haben die besondern Lebensregungen, Stimmungen und Handlungen, wie sie namentlich in der Wechselbeziehung der Individuen
zueinander hervortreten. Im Zusammenwirken jenes objectiven und
dieses subjectiven Moments ergeben sich die drei Künste: die Architektur, welche die allgemeinen Bestimmungen des Geistes in den
allgemeinen Formen der anorganischen Natur gestaltet, die Sculptur, welche die selbstbewußte Persönlichkeit in der organischen Gestalt verkörpert, die Malerei, welche die Wechselwirkung der Individuen untereinander und mit der Natur in der Darstellung
der dadurch bedingten oder sie veranlassenden besondern innern
Vorgänge oder äußern Handlungen ausprägt. Hieraus wird
sich uns alles für die Malerei Charakteristische ergeben und entwickeln.

Das Gebiet der Malerei ist das weiteste unter den bildenden
Künsten; sie zieht alles Sichtbare in den Kreis ihrer Darstellung,
aber sie gibt statt der wirklichen Dinge das Spiegelbild derselben
im menschlichen Auge, sie erfaßt die Dinge als Erscheinungen.
Wir müssen uns hier zunächst daran erinnern daß Licht und Farbe
gleich dem Schall als solche nicht außer uns vorhanden, sondern
unsere Empfindungen sind. In aller Erfahrung nehmen wir zu
nächst nicht Gegenstände wahr, sondern nur die Affection unserer
Nerven, eine Veränderung unserer Zustände. Indem wir diejenigen welche wir willkürlich hervorrufen von denen unterscheiden
welche sich ohne unsere Absicht, ja oft gegen dieselbe ereignen, so
schreiben wir diesen letztern einen äußern Grund zu; und wenn
von diesem mehrere Sinne zugleich berührt werden, wenn wir
etwas zugleich hören, sehen, fühlen, wenn ferner auch andere Menschen denselben Eindruck haben, so zweifeln wir nicht an der Realität der Sache, die unsere Empfindung erweckt hat. Die Natur-
forschung lehrt uns daß in der Wirklichkeit die Schwingungen der
Luft und des Aethers vorhanden sind, deren Wellen an unser
Ohr und Auge schlagen, und so die Empfindung des Tons, der
Farbe hervorrufen; sie sind an sich lautlos und dunkel, erst im
lebendigen Organismus wird in ihrem Zusammenwirken mit den
Nerven Schall und Licht geboren. Das Auge empfängt Bilder
auf seiner Netzhaut, aber da wir allmählich schließen daß deren

13*

Ursprünge und Gegenstände nicht in uns, sondern außer uns sind, so werfen wir die Strahlen so zurück wie sie eingefallen, und stellen das verjüngte Bild in uns wieder vergrößert außer uns vor: die sichtbare Welt um uns ist der Reflex oder die Objectivirung von Eindrücken die unsere Subjectivität empfangen und gestaltet hat. Indem nun die Malerei dieses Farbenbild der Dinge oder den Widerschein der Welt im menschlichen Auge wiedergibt, will sie die Dinge nicht sowol darstellen wie sie an sich sind, als wie sie dem auffassenden Sinn und Geist erscheinen; sie stellt sie als Erscheinungen dar, in dieser Hinsicht wie in der andern wonach alles Reale sich zunächst dadurch äußert daß es seine innere Kraft entfaltet und sich einen Raum setzt und denselben erfüllt, und in der Form, mit welcher es ihn umschreibt, das eigene Wesen sichtbar macht. Ein jeder lebt in seiner besondern Welt, wie jeder an die graue Regenwand, die von den Strahlen der Sonne getroffen wird, einen eigenen Regenbogen hinsieht, indem er von seinem Standpunkt aus die Lichtreize seines Auges außer sich versetzt. So stellt denn der Maler die Menschen, die Natur nicht dar wie sie an sich sind, sondern nur wie sie von seinem bestimmten Standpunkt aus gesehen werden; dieselben Dinge würden von einer andern Seite sich ganz anders ausnehmen. Der Künstler läßt durch das Bild uns die Welt mit seinem Auge sehen. Seine Subjectivität tritt dadurch in den Vordergrund, sein Standpunkt, seine Auffassung, seine Empfindungsweise machen sich geltend, und die Malerei läßt uns kalt und ist ungenügend, wenn dies nicht der Fall ist.

Die Persönlichkeit des Architekten machte sich noch wenig geltend, sie war in ihrer Thätigkeit getragen gleich dem epischen Volksdichter von der Gesammtkraft der Nation, von dem Stil, der das Empfindungsvermögen der Zeit in Formen ausgeprägt hat, innerhalb deren der Meister sein Werk unter Mitwirkung vieler Kräfte nach allgemeinen Forderungen und Zwecken vollendet. Der Stil war nicht seine Erfindung, sondern ein naturwüchsiges Erzeugniß des Volksgeistes. Der Bildhauer trat schon mehr mit seiner Persönlichkeit hervor. Aber indem er in der Objectivität seiner Schöpfung den bleibenden Typus eines Charakters oder die Urgestalt einer Idee darstellt, muß er ihrer Wesenheit sich anschließen, und aus der Vermählung seines Geistes mit ihr das Werk hervorbringen, das nun für sich selber gelten und bestehen soll. Der Maler aber hat seine eigene Weltanschauung, und gerade diese soll er uns offenbaren; wir wollen die Dinge sehen als den Reflex seiner Seele, seine Gemüthsstimmung oder sein Geist will und soll sich durch die Gestaltung des ihm eigenthümlichen Weltbildes erschließen. Dieser mitwirkende Herzensantheil des Künstlers, dieses Recht der Subjectivität gibt dem Bilde die größere Innigkeit und Wärme, seinen directern Anspruch an unser Mitgefühl.

Hierauf beruhen auch die viel größern Unterschiede der Gemälde. Die Bildsäule des Gottes oder des Helden kann mit mehr oder weniger Vollendung gefertigt sein, aber alle Versuche haben ein gemeinsames Ideal, das der Meister erreicht und es als gültiges und dauerndes Muster für alle Zeit hinstellt; die verschiedene Geistesrichtung eines Phidias und Praxiteles zeigt sich nicht darin daß Praxiteles einen andern Zeus, eine andere Pallas bildete, die in ihrer Weise den Werken des Phidias ebenbürtig wäre, sondern darin daß er einem andern Ideal, dem der Aphrodite, die vollendete Verkörperung verleiht. Michel Angelo und Rasael haben beide Gott Vater gemalt, und indem jeder seine Geisteseigenthümlichkeit im Bild ausprägte, stellte ihn jener im Sturm, dieser im Glanz der aufgehenden Morgensonne dar. Es handelt sich in der Malerei durchaus nicht blos um den Gegenstand, sondern auch um die Subjectivität des schaffenden Künstlers; seinen Geist, seine Empfindung soll das Bild abspiegeln, denn er stellt die Welt dar wie er auf seinem Standpunkt sie sieht. Selbst bei der Abzeichnung einer bestimmten Landschaft hat er die Aufgabe den richtigen Ort zu finden, von welchem aus sie sich wie von selbst zum Bilde rundet, und es zeigt sich sein Naturgefühl und sein malerisches Vermögen in dieser Wahl des Standpunktes. Wie viel mehr gilt dies bei Geschichtsbildern, deren handelnde Persönlichkeiten erst von der Phantasie geschaffen und zum Ganzen geordnet werden müssen.

Die Plastik bildet den Typus der Verkörperung der Seele in festem Material ab, die Malerei erfaßt die einzelnen Seelenregungen, wie sie auch im flüchtigen Mienenspiel, und nicht sowol im ruhigen Bestehen und in sich Beschlossensein als in den einzelnen Handlungen und Bewegungen sich offenbaren. Denn die Malerei nimmt nicht eine Individualität als eine Welt für sich, sondern in ihrer Wechselwirkung mit andern Individualitäten, in ihrem Zusammenhange mit der Natur; äußere Einflüsse machen sich an ihr geltend und stören jenes Beruhen auf sich selbst, indem sie die

Reaction wach rufen oder eine gemeinsame Thätigkeit veranlassen. In der Architektur ist alles durch das Gesetz der Schwere gebunden und gehalten; die Sculptur löst die Starrheit der Gestalt, und indem sie den Schwerpunkt in das Innere derselben legt, gibt sie den Gliedern die Möglichkeit freier Bewegung oder stellt sie in den Punkt des schwebenden Gleichgewichts zweier entgegengesetzten Bewegungen; die Malerei kann zwar noch nicht wie die Musik die Zeitfolge als solche im Flusse der Entwickelung, noch nicht den wirklichen Fortschritt der Handlung gleich der Dichtkunst darstellen, aber sie greift in das bewegte Leben hinein und hebt einen seiner wechselnden Momente hervor, und wie sie nicht so sehr die Totalität des Charakters in ihrem Beharren, als die besondern Erregungen des Gemüths, die besondern Stimmungen der Seele und die Geberden und Handlungen ergreift, durch die sie sich kundgeben, gewinnt sie Halt und Ruhe in der Composition des Ganzen, während im Einzelnen die Lebensäußerung des Einen der Beweggrund für die Stellung und Thätigkeit des Andern wird und dadurch der veranschaulichte Augenblick einen Reichthum von Bewegungen enthüllt, indem die gegenwärtige Lage weder vorher da war, noch nachher da sein wird, sondern auf ihr Vor und Nach hinweist. In springenden, schwebenden, stürzenden, fliegenden Gestalten freut sich die Malerei ihrer eigenthümlichen Macht und Herrlichkeit, ihres Vorzuges. Denn indem sie nicht die an sich seiende Realität der Gegenstände darstellt, sondern sie nur auffaßt wie sie uns erscheinen, statt der Dinge selbst ihr Spiegelbild im Auge wiedergibt und durch das Licht die Gestalten modellirt, befreit sie sich von der Schwere, der die Sculptur in der vollen runden Körperlichkeit ihrer Schöpfungen verhaftet bleibt. Das Werk der Malerei wäre steif und starr, das den plastischen Stil streng einhalten wollte; es legte sich eine Fessel an, welche die im Licht schwimmenden Farbenbilder der Dinge nicht bindet. Das Jüngste Gericht von Michel Angelo und Cornelius, die Disputa und Transfiguration Rafael's, Kaulbach's Hunnenschlacht und Homer zeigen den malerischen Stil in dieser Freiheit der Bewegung, in dieser Lösung des Bannes der Schwere, und der vorzugsweise malerische Sinn aller dieser Meister offenbart sich nicht blos in der dramatischen Bewegtheit ihrer Compositionen, sondern auch in der Lust an schwebenden Gestalten und in der Kunst sie darzustellen.

Statt der Darstellung der einen in sich befriedigten und be-

ruhenden Gestalt erfaßt die Malerei die Wechselwirkung derselben
mit der Außenwelt; dadurch wird die Persönlichkeit zur besondern
Empfindung erregt, zu besondern Lebensäußerungen angetrieben;
die Malerei stellt also die besondern Momente dar, Geberden und
Handlungen, welche nicht das gleichbleibende Wesen des Charakters, sondern die augenblickliche Stimmung und die durch sie her-
vorgerufene Thätigkeit ausdrücken. Statt der ruhenden Einzelgestalt ist also die Gruppe in einer besondern Gemüthslage oder
Handlung das Malerische. Plastisch ist die Muse Urania, malerisch sind Astronomen die durch das Fernrohr die Gestirne beobachten; plastisch ist Ceres, malerisch sind Roberts' Schnitter.

Mit der Ueberwindung der Schwere hängt auch die der Masse
zusammen. Die Architektur wirkt durch die Massenhaftigkeit der
Gebäude; wenn auch alle Verhältnisse und Formen im Modell
eines Gebäudes richtig angegeben sind, den ästhetisch überwältigenden Eindruck gewinnen wir erst durch die imposante Größe der
Ausdehnung, gegen die wir uns selber verschwindend klein vorkommen; in der Beherrschung und Besiegung der Masse als solcher bewährt sich hier der Sieg der Idee um so herrlicher, je
wuchtvoller und ausgedehnter jene hervortritt. Selbst die Koloffal-
gebilde der Sculptur sind doch klein neben der Pyramide oder
dem thurmgekrönten Dom, und das gewöhnliche Maß der Bildsäule nähert sich dem menschlichen; es ist die Schönheit der Form
hier das Erste und Vorwiegende. Die Malerei aber gibt die
volle Körperlichkeit ganz auf; sie gestaltet nur auf der Fläche, und
der geringe Farbstoff, den sie anwendet, hat nur insofern Bedeutung als er die Aetherwellen auf eine eigenthümliche Weise bricht,
einsaugt oder zurückwirft und dadurch verschiedene Lichtempfin-
dungen in unserer Seele hervorruft. Das Licht ist hier der Träger des Kunstwerks, das an der gröbern festen Materie nur haftet,
nur einen Anhalt gewinnt, aber auf den Wellen des Aethers durch
den Farbenreiz in unserm Auge lebendig wird. Eine dünne Schicht
nebeneinander gelagerter oder miteinander verschmolzener Metalloxyde wird auf ihrer Oberfläche der Anlaß für die Lichtschwingun-
gen, die unser Auge treffen, die unser anschauender Geist wieder
zu dem Bilde verbindet, in welchem er den Geist und die Phantasie des Malers wiedererkennt.

In der Architektur hatten wir die Darstellung allgemeiner
Ideen und Geistesrichtungen mittels allgemeiner Weltkräfte unter
der Herrschaft des Gesetzes, das durch die Construction selbst in

seiner Strenge als die unverrückbare Grundlage alles Besondern erschien; die Plastik sprach das Wesen des persönlichen Geistes in der Totalität des Charakters aus, und veranschaulichte in der Gestalt des Leibes den gattungsmäßigen Typus, das ewige Ideal; die Malerei schreitet zum bestimmten Ausbruck des Individuellen und in der Besonderheit Eigenthümlichen fort, und hält sich auch bei diesem an das Momentane, indem sie selbst das flüchtigste Spiel innerer Regungen offenbart. Das Rauhe, Wilde, Zerklüftete, Zerrissene, Phantastische nennen wir vorzugsweise pittoresk in der Natur; an der glatt sitzenden neuen Uniform geht der Maler vorüber und hält sich lieber an den Bettlermantel, statt des neuen regelmäßig gebauten und gleichmäßig angestrichenen Hauses wählt er lieber die Ruine, und sucht den sorgsamen Anzug des zu porträtirenden Mädchens durch eine vom Wind zerträuselte Locke oder gelöste Schleife malerisch zu machen. Erinnern wir uns daran daß alles Leben sich nicht aus Gesetzen, sondern aus Principien, aus realen Keimen nach Gesetzen entwickelt, die jegliches mit der ihm eigenthümlichen Kraft auf eine originale Weise erfüllt, sodaß nicht einmal zwei Baumblätter oder zwei Nasen einander völlig gleich sind, wenn auch jeder Rosenstock die seiner Gattung zukommende Norm der Blattstellung genau einhält und der kaukasische Typus in allen Europäern sich ausspricht. Die Aegypter unterscheiden auf ihren Reliefs die eigene Nationalphysiognomie von der des Juden und Negers, aber sie charakterisiren die Individualitäten nicht als solche, und die griechischen Plastiker bilden im griechischen Profil ein Ideal, das dem modernen Physiognomiker Lavater so verhaßt und langweilig war, weil sich das Absonderliche in ihm nur schwer oder gar nicht ausprägt. Der Maler hält sich dagegen an jene originale Triebkraft des Einzelnen, er geht ihr nach und verhilft ihr zu ihrem Recht, und wenn Nothwendigkeit und Willkür streiten, tritt er lieber auf die Seite der letztern, weil auch in der Verirrung doch die Freiheit des eigenthümlichen Selbstes sich bethätigt. Zugleich aber steht jedes Lebendige im allgemeinen Weltzusammenhang, und die verschiedenen Individuen treffen in ihrer Entwickelung aufeinander, ihre Bahnen kreuzen sich, ohne daß dies Zusammentreffen von einem oder dem andern beabsichtigt gewesen wäre, und was wir so ohne unser Wollen und Zuthun erfahren, was sich so für uns ereignet ohne daß wir den Grund erkennen, das nennen wir das Zufällige.

Indem die Malerei das Gesammtleben und die Wechselwirkung der Dinge darstellt, wendet sie sich darum auch mit Vorliebe dieser bunten Fülle des Mannichfaltigen, diesen zufälligen
Einflüssen des einen auf das andere zu. Das Ideal der Plastik
ruhte als ein Organismus selbstgenugsam in seiner Vollendung;
der Maler taucht seine Gestalten in das Wechselleben der ganzen
Natur; eine gemeinsame Luft umfließt, ein gemeinsames Licht
umstrahlt sie alle, und reflectirt in einem tausendstimmigen Echo
von einem Gegenstande zum andern, und die Thätigkeit des Einen
wird stets zum Motiv der Bewegung oder Empfindung für das
Andere, jegliches greift theilnehmend ein in den allgemeinen Proceß
der Entwickelung, an jeglichem erscheint der ihm zufällige Einfluß
der Umgebung mitgesetzt. Das Licht öffnet die weite Welt unserm Blick, es entreißt alles Besondere seiner Vereinsamung, und
was wir als beleuchtet darstellen das ist sogleich in seinem Bezug
zur gemeinsamen Lichtquelle wie in seinem Verhältniß zu andern
aufgefaßt, in eine das Mannichfaltige umströmende und verbindende Einheit eingestimmt. Und so können wir sagen: die Malerei schildert das Individuelle der einzelnen Wesen und Kräfte in
seinem freien Trieb, in seiner originalen Entwickelung zugleich
wie es die Einflüsse der Außenwelt absichtslos erfährt. Statt
strenger architektonischer Regelrichtigkeit gilt darum das Ungeord-
nete, Trümmerhafte oder Ueberwuchernde für malerisch, wenn durch
das scheinbar Zufällige die Basis der Symmetrie und in der Zusammenstimmung des Mannichfaltigen die Einheit und das Gesetz
als Harmonie empfunden wird. Ohne dies Letztere hätten wir
Verwirrung und Zerstörung; das Schöne erfreut uns eben dann
wenn in und durch die Freiheit die allgemeine Norm der Weltordnung nicht aufgelöst, sondern erfüllt wird. Wir sehen dann
das Spiel selbständiger Kräfte wie es dem gemeinsamen Lebensgrund entsprungen ist und in seiner Regsamkeit und Fülle wieder
zusammenstimmt. Die hohle krumme Weide, trauernd an der
dunkeln Pfütze, ist zwar nicht schöner als der ewige Prototyp des
Baums, wie Cherbuliez will, aber sie ist malerischer.

Dem Willkürlichen und Zufälligen in der Außenwelt entspricht
in der Seele des Künstlers das Phantastische, indem die Phantasie sich von der Regel des Verstandes entbindet und mit den
Formen und Normen der Wirklichkeit spielt. Die Architektur kann
ihm höchstens im Ornamente einmal Raum geben; die Plastik
schließt es von der klaren Bestimmtheit ihrer Gebilde aus; wie

aber die Malerei nicht blos das helle Tageslicht sondern auch
Dämmerung und Nacht wiedergibt, und dabei der Ahnung des
Beschauers vieles überlassen muß, so erlaubt sie dem Künstler ein
freieres Spiel mit den Formen der Natur, sobald er sich nur
nicht in tolle Wesenlosigkeit und wirre Gespensterhaftigkeit verirrt
und leere Fratzen schafft, sondern die tiefsinnige Innerlichkeit des
Gemüths sich darin offenbart, wie bei Albrecht Dürer, oder das
Maß und die Harmonie der Composition und der Adel des Stils
das Einzelne wieder dem besonnenen Geiste unterwirft, wie bei
Kaulbach. Auf dem verwandten Gebiete der Poesie wäre Shakespeare vor allen zu nennen, während unsere romantische Schule
sich häufig in gehaltlose Gaukeleien oder in wahnsinnigen Spuk
verlor.

In der Architektur wie in der anorganischen Natur herrscht
Nothwendigkeit; der plastische Charakter erfüllt sich mit dem objectiven Gehalt des Wahren und Guten; in der Malerei waltet
das Individuelle in seiner Selbständigkeit, aber so daß aus Willkür und Zufall die freie Harmonie des Ganzen geboren wird.
Oder um einen geistvollen Ausspruch Schnaase's in den Zusammenhang unserer Entwicklung aufzunehmen: „Die drei Künste
schreiten in einer natürlichen Ordnung fort, jede folgende faßt ein
immer tieferes geistiges Princip auf: die Architektur nur das
Leben äußerer Ordnung, wie es auch in der anorganischen Natur
erscheint, die Sculptur das Leben des natürlichen Organismus,
die Malerei das geistige Gesammtleben der Welt. Dieses Gesammtleben aber läßt sich überall nicht in einzelnen bestimmten
materiellen Stoffen nachweisen; es rinnt nicht in bestimmten
Adern und Nervenfäden, sondern es ist durch die feinste Berührung der Dinge miteinander hervorgebracht. Es setzt dabei die
andern materiellen Regionen voraus, aber weil es an ihrer Schwere
nicht haftet und sich nur über ihnen und nachdem sie vollendet
sind entwickelt, so haben sie für dieses geistige Leben keine Bedeutung durch sich selbst, sondern nur durch ihren Schein, der
Raum, der Körper nicht wirklich, sondern nur durch seine Licht-
wirkungen, durch Perspective, Schatten u. dgl."

In dem Gesammtleben ist das Besondere dem Ganzen untergeordnet, das durch die Wechselergänzung der Einzelnen sich vollendet. Wollte die Malerei darum eine besondere Gestalt so für
sich vollenden, in ihr das Ideal so unmittelbar darstellen wie es
die Sculptur thut, so würde sie gleich dieser die Gestalt aus der

Umgebung herausheben. Wie sie aber die Umgebung in ihr Werk mit hereinzieht und zur Charakteristik auch der geistigen Individualität verwendet, so muß diese als besondere Gestalt sich wieder dem Ganzen einordnen und fügen, das andere auf sich wirken, sich in der Beziehung auf das andere darstellen lassen; die einzelne Gestalt ist hier nur ein Theil, der seine Stellung, sein Licht im Ganzen empfängt und diesem dienen muß. Deshalb kann dann auch die Malerei das Unbedeutende, ja das Häßliche in ihren Kreis ziehen, indem sie es als Glied eines Ganzen, als Bedingung und Contrast zur Schönheit aufnimmt; denn nicht die Einzelgestalt für sich gilt, wie in der Plastik, sondern das Ganze in der Mannichfaltigkeit und Wechselwirkung aller Theile, und nicht blos durch die Form, sondern auch durch die Farbe, deren Glanz und Harmonie die Mängel der Form verschleiern und verklären kann.

Wenn Teichlein einmal sagt: „Die Plastik realisirt das Ideal, die Malerei idealisirt das Reale", so können wir auch dieses Wort uns hier aneignen. Denn das Reale existirt in der Vielheit einander ergänzender, für- und miteinander lebender Wesen, und die Malerei zeigt die Schönheit und Einheit welche in der Fülle und dem Reichthum des Lebens sich offenbart, wo zwar alles Besondere für sich ein Begrenztes und Bedingtes ist, aber aus der gegenseitigen Ergänzung und Wechselwirkung aller Dinge ein in sich Geschlossenes, harmonisch Vollendetes hervorgeht. Jenes Gesammtleben kann die Malerei nur wiedergeben insofern sie auf die Materialität der Dinge verzichtet und nicht gleich der Sculptur die volle runde Körperlichkeit darstellt, sondern nur deren Erscheinung wie sie für das Auge ist. Es ist hier nicht die Macht der Schwere welche die Gestalt und ihre Glieder, welche den Aufbau des Ganzen zusammenhält, sondern der beseelende Geist, das innere Leben, welches die äußere Form bestimmt und in ihr sich ausdrückt. Das Selbst des Menschen ist für uns in der christlich germanischen Welt das Ich geworden, den Hellenen war es der organische Leib, der Geist war nur das Idol (εἴδωλον), das Schattenbild, wie es gleich am Anfang der Ilias heißt, daß der Zorn des Achilleus die Seelen vieler edeln Helden zum Hades hinabgesandt, sie selbst (αὐτούς) aber zum Raub den Hunden und Vögeln dahingegeben, wie es in der Odyssee von Herakles heißt, daß sein Schattenbild in der Unterwelt sei, während er selbst (αὐτός) im Olymp mit der Göttin der Jugend

vermählt ward. So ergriff denn der Hellene die Leibesschönheit
in ihrer Totalität und ward Plastiker, während die neuere Zeit
sich in das Seelenleben, die Gemüthsinnerlichkeit vertiefte und
sich zur Malerei wandte.

Doch würde die Malerei als Kunst und die Sicherheit ihrer
Wirkung, ihres Verständnisses völlig unmöglich sein, wenn ihr
nicht die große Wahrheit zu Grunde läge: daß ein und dasselbe
Princip, welches die Welt der Gedanken im Bewußtsein erzeugt
und zum sittlichen Charakter sich gestaltet, auch als leibbildende
Lebenskraft sich den physischen Organismus bereitet, und darum
der Körper nicht blos für die allgemeinen geistigen Thätigkeitsweisen zweckvoll gebaut, sondern auch den originalen Eigenthümlichkeiten der einzelnen Seele entsprechend ist, wie z. B. das malerische Talent mit dem feinen Farbensinn des Auges, die musikalische Empfindungs- und Gestaltungskraft mit dem genauen Unter-
scheidungsvermögen der Töne im Ohr zusammentrifft. Darum
vermögen denn auch die einzelnen Regungen der Seele sich in
Mienen und Geberden des Leibes kundzuthun, und gerade
hierauf kommt es der Malerei an, indem sie den Ausdruck des
Seelenlebens vorwiegend sich zur Aufgabe macht. Seelenspiegel
aber ist zunächst das Antlitz, und hier wieder vor allem das
Auge. Das innere Leben, das für die Sculptur im ganzen Leibe
ergossen war, concentrirt sich für die Malerei im Blick. Aus
dem Krystall des Auges leuchtet der persönliche Geist mit seiner
bleibenden Gesinnung wie mit seinen flüchtigsten Empfindungen;
da blitzt der Muth, da strahlt die Freude, da umgibt sich Trauer
und Wehmuth wie mit zartem Schleier und bricht die Begeisterung mit zündendem Feuer hervor. Unterstützt von der Be-
schattung der Augen und von der Richtung ihres Glanzes beruht
der Blick doch wesentlich auf dem Hindurchwirken des innern
Nervenlebens, welches das ausstrahlende Licht ebenso mit seiner
Empfindungsfülle begabt, wie der Sänger die Stimmung seiner
Seele, den Gehalt seiner Brust in den Luftstrom ergießt, den er
zum Ton erregt und aus dem Munde hervorsendet, sodaß ein
Geist dem andern hier im Laut und dort im Blick durch Luft
und Licht die Stimmung des eigenen Gefühls vermittelt und durch
Auge und Ohr im andern das verwandte Gefühl erweckt. Denn
Laut mögen wir jetzt nicht blos unsere Empfindung anvertrauen,
sondern durch die Artikulation machen wir ihn auch fähig zum
bestimmten Gedankenausdruck im Wort: sollte es aber einer höhern

Organisation nicht vergönnt sein auch den Aether auf eine ähnliche
Weise zu gestalten, wie der Mensch es jetzt durch die Sprache
mit der Luft vermag? Der Schmerzens- oder Freudenschrei sowie
der Gesang der Thiere ist solch ein analoger Empfindungsausdruck, über den die artikulirte Sprache sich zur Gedankenmitthei-
lung erhebt. Wesen die die vom Auge reflectirten Aetherwellen
nicht blos mit ihrem geistigen Gefühl beseelen, wie der Mensch es
vermag, sondern ihnen auch die Bestimmtheit des Gedankens ein-
bilden könnten, gewännen damit eine soviel innigere, raschere,
weitreichendere Mittheilungsweise, als die Wellen des Aethers
feiner, beweglicher, verbreiteter sind denn die der Luft. Wieviel
vermögen wir jetzt uns schon von den Augen abzusehen! Warum
sollen wir nicht ein Mehreres hoffen?

Einstweilen versteht die Malerei den Zauber des Blicks und
spricht seine Sprache. Geschichtlich lernte sie in der christlichen
Zeit, ihrer eigentlichen Aera, die Empfindung eher im Angesicht,
in der Bewegung und der durch sie bedingten Stellung des Körpers ausprägen, als sie der Schönheit der Gestalt sich bemächtigte
und ihre Rundung durch Licht und Schatten naturtreu zu modelliren verstand. Und so gilt ihr vom Leibe nur dasjenige was
zum geistigen Ausdruck dient; die übrigen Theile verhüllt sie lieber
im Gewande, um nicht durch sinnliche Reize das Auge abzuziehen
von der Hauptsache. Aber durch die Haltung des Körpers, durch
das Kleid und durch die ganze Umgebung des Menschen, die sie
in den Kreis ihrer Darstellung zieht, sucht sie das Gepräge des
innern Lebens anzudeuten, das uns durch Zeit und Ort, Berufs-
geschäfte, Einrichtungen und Verkehrsverhältnisse ebenso angebildet
wird, als wir wiederum diese Außenwelt nach unserm Sinne formen und unsern Sinn dadurch kundgeben, wie Faust in Gretchens Zimmer sagt:

> Ich fühl', o Mädchen, deinen Geist
> Der Füll' und Ordnung um mich säuseln,
> Der mütterlich dich täglich unterweist,
> Den Teppich auf den Tisch dich reinlich breiten heißt,
> Sogar den Sand zu deinen Füßen kräuseln.

So haben wir auch hier wieder das Gesammtleben, die Wechselwirkung der Innen- und Außenwelt, des Geistes und der Natur
als den rechten Begriff des Malerischen gefunden.

———

2. Perspective, Schatten und Colorit.

Die Malerei gibt das Bild der Welt wie sie Erscheinung ist, das heißt wie sie im menschlichen Auge mittels der Aetherwellen sich spiegelt, empfunden und vorgestellt wird. Die Subjectivität des Auffassenden ist hier der Mittelpunkt, von dem Alles ausgeht oder auf den Alles bezogen wird; die Gegenstände werden nicht dargestellt wie sie an sich sind, sondern wie sie auf einem bestimmten Standpunkt erscheinen. In der Architektur wirkt die Größe des Werks als solche; in der Malerei werden die Gegenstände nach ihrem Verhältniß zueinander gemessen, und die einen Zoll große Figur kann ein Riese sein, wenn die Umgebungen so klein gehalten sind daß jene in Bezug auf sie hervorragt. In der Plastik sahen wir die ganze Gestalt in ihrer vollen runden Körperlichkeit, wir konnten sie umwandeln und eine Fülle von Bildern dadurch im Wechsel der Standpunkte gewinnen; die Malerei hebt nur die von einem bestimmten Ort aus sichtbare Seite der Dinge hervor. Hier kann der Sehpunkt in gleicher Höhe mit den Gegenständen liegen, oder wir können sie von oben, wir können sie von unten wie aus der Tiefe erblicken, was man durch Vogel- und Froschperspective zu bezeichnen pflegt. So erscheinen die Dinge auf mannichfache Weise verändert oder verkürzt; aber ebenso gewähren sie durch eigene Bewegung verschiedene Ansichten, welche uns eine Gestalt nicht in der ganzen Entfaltung ihrer Ausdehnung, sondern in einer Verschiebung und Verdeckung einzelner Glieder und einem stärkern Hervortreten anderer zeigen. Der Maler, welcher dies auffaßt, stellt dadurch die Bewegung des Lebens dar, und statt der einen ruhenden Gestalt der Plastik kann er uns den Menschen in einer Menge von Figuren zugleich und damit von verschiedenen Seiten, in verschiedenen Stellungen, in stehenden, gehenden, fliegenden, stürzenden Gestalten, in ganzer Ausdehnung wie in vielfachen Verkürzungen darstellen. Es war wol nur ein Scherz wenn Giorgione einen Ritter so malte daß neben der Vorderansicht auch die Rückseite und das Profil in Spiegeln sichtbar wurde, um dadurch den Streit über die Vorzüge der Sculptur und Malerei für seine Kunst entscheiden zu helfen. Die Malerei hat ihren Vorzug darin daß sie statt der einen in sich abgeschlossenen viele aneinander bezogene Gestalten in den mannichfaltigsten Stellungen und Bewegungen, die hier durch kein

Gesetz der Schwere gebunden sind, veranschaulicht. Man denke
nur an ein Werk wie das Jüngste Gericht von Michel Angelo!
Aber man halte zugleich fest, daß hier im Kampf und Sturz der
Verdammten auch die gewaltsamsten Bewegungen und die stärksten
Verkürzungen durch die Sache bedingt und gerechtfertigt, ja gefordert sind, daß es aber eine zum Verfall der Kunst hinführende
Verirrung seiner Schüler war, wenn sie die von innerer Erregung
und Thätigkeit hervorgetriebenen, angeschwellten Muskeln nun auch
da wiederholten wo kein Grund derselben vorhanden war, wenn
sie mit gewagten Stellungen und kunstreichen Verkürzungen ihre
Bravour auch auf Altarbildern zeigten, die sich ihrem Begriff
nach dem feierlichen Ritus des Gottesdienstes anschließen und die
Gestalten darum in klar entfalteter Würde und Ruhe zeigen sollen.
Bewegungen die kein inneres geistiges Motiv haben, sind ein un-
erquickliches Zappeln und Strampeln, das die Kunst zu meiden
hat, damit die in der Sache begründete, der Idee entsprechende
Bewegung in ihrer Wirkung nicht beeinträchtigt, in ihrer Bedeutung erkannt werde.

Der realistische Maler nimmt nun einen bestimmten Augenpunkt an, von welchem aus alle Gestalten erblickt sein sollen,
sodaß man tieferstehenden auf die Köpfe, höherstehenden in die
Naslöcher sieht; die idealisirende Freiheit der Kunst aber befreit
uns in dem Raume selbst von seinen Schranken, und kommt zu
einer visionsartigen Allgegenwart, wenn sie für verschiedene übereinander sich erhebende Figuren oder Gruppen ebenso viele Augen-
punkte annimmt und sie uns damit alle Auge in Auge gerade
gegenüberstellt. Wir halten ja auch unser Auge nicht starr, sondern bewegen es und lassen es an den Gegenständen hinstreifen
um das deutliche Bild derselben zu gewinnen, und wie wir dies
innerlich erzeugt haben, so will es der Maler äußerlich darstellen,
daher die leisen Abweichungen von der mathematischen Linien-
strenge gerade bei großen Meistern, und daher ihr Recht dazu.
Auf Leonardo's Abendmahl bildet der Kopf Jesu den Brennpunkt
wo alle perspectivischen Linien zusammenlaufen, und so das Auge
auf das ideal Bedeutsamste hinleiten. Rafael hat in der Schule
von Athen für die Figuren und für die Architektur zwei Gesichtspunkte angenommen um den Figuren wie dem Bogen ihre im-
ponirende Größe zu wahren, zu gewähren. Wir blicken der
Sistinischen Madonna weder von unten in die Naslöcher, noch
den Engelknaben von oben auf den Schädel; der Künstler malt

das Bild wie wenn wir vor demselben stehend uns bewegend für
alle Gestalten die schönste Ansicht gewonnen hätten. So läßt uns
Rafael seinen verklärt in der Höhe schwebenden Christus nicht
von unten sehen, wo die Gestalt sich verkürzen müßte, und als
Correggio in einer Kuppel zu Parma die Himmelfahrt der Maria
so darstellte als ob sie über dem Haupte des Beschauers vor sich
ginge und demzufolge mit den nackten Beinen der Engelknaben
voraus trieb, so sagten schon die Zeitgenossen mit treffendem Witz:
er habe ein Froschragout gemalt. In gleicher Weise wie bei der
Transfiguration sind auf der Disputa und überhaupt im aller-
thümlichen Stil die in der Höhe thronenden Gestalten doch so
behandelt als ob der Beschauer sowol ihnen als den Kirchenvätern
auf der Erde wagrecht gegenüber wäre. Auch Cornelius und
Kaulbach haben recht gehabt ebenso zu verfahren und sich nicht
irre machen zu lassen durch einen falschen Realismus, der die
Kunst statt zur Offenbarerin des Geistes und seiner Freiheit zur
bloßen Abschreiberin der Außenwelt und der Sinneseindrücke
macht.

Sodann erscheinen uns die Gegenstände nach den optischen
Gesetzen um so kleiner je entfernter sie sind. Der meilenweit
abstehende Berg oder Kirchthurm wird von dem in unserer Nähe
befindlichen Manne überragt, das lange Gebäude scheint sein Dach
in dem Maße als es uns ferner rückt gegen die Erde hin zu
senken, die Bäume einer Allee treten für unser Auge immer
näher zusammen, die Straße wird enger und enger. Man hat
die Bestimmung des Größenverhältnisses der Gegenstände nach
Maßgabe der Entfernung Linearperspective genannt, da sie durch
geometrische Linienconstruction bestimmt wird. Hiermit hängt zusammen daß kleine Dinge nur in der Nähe gesehen werden, in
der Ferne aber unmerklich werden und verschwinden, ebenso daß
das Detail bei wachsender Entfernung sich in den Eindruck gemeinsamer Massen auflöst: wir sehen den Berg, aber nicht die
einzelnen Steine, den Baum, aber nicht die einzelnen Blätter mit
Zacken und Rippen. Die Schärfe der Umrisse verschwimmt dadurch auch ins Unbestimmte, ebenso die Körperlichkeit, an deren
Stelle die unbestimmte Farbenfläche tritt, und dies wird noch
vermehrt, weil wir die Dinge nicht durch den reinen Aether, sondern durch die mit Dünsten erfüllte und bewegte Luft sehen, die
sich wie ein Schleier zwischen uns und jene legt. Eine chinesische
Verstandesabstraction hat nun gemeint das Kleinwerden der Fernen

und das Zerfließen der Umrißlinien sei ein Fehler, eine Schwäche unsers Sehens, und gehe die Gegenstände selbst nichts an, der Maler habe es also zu meiden, zu corrigiren, und alles in seiner natürlichen Größe und scharfen Bestimmtheit darzustellen. Sie verkennt die höhere Vernünftigkeit dieser subjectivsten der bilden- den Künste, die gerade die Darstellung des vom auffassenden Sinn und Geist erzeugten Erscheinungsbildes der Welt sich zur Aufgabe setzt.

Den Eindruck und die Vorstellung der Körperlichkeit gewinnen wir in einem Zusammenwirken des Tastsinnes mit dem Gesichte. Das Licht, wie es von der himmlischen Sonne oder einer irdischen Flamme sich ergießt, trifft die ihm zunächst gelegenen oder direct zugewandten Theile eines Gegenstandes am stärksten, abgewandte Partien erscheinen schattendunkel, geneigte Flächen in verminderter Helligkeit; unser Tasten zeigt hiermit das Vor- und Zurücktreten der Flächen in Uebereinstimmung, und ohne daß wir es dann stets anwenden müssen, schließen wir aus dem Lichteindruck auf die Raumerfüllung und Raumgestaltung. Die scharfe Grenze zwischen Licht und Schatten, oder ihr Verschweben ineinander läßt uns das Eckige, Kantige vom Gerundeten und Welligen unter- scheiden. Hierzu kommt daß die in das hellere Licht hervorragen- den Theile dasselbe den in dessen Richtung hinter ihnen liegenden Partien entziehen, oder wie wir sagen einen Schatten auf sie werfen. So modellirt sich uns die Körperlichkeit in ihren Formen durch Licht und Schatten für das Auge, und die Malerei erreicht innerhalb des Umrisses der Gestalt diesen Schein der Körperlichkeit durch Schattirung, durch die dem Naturbild abgelernte Verthei- lung von Licht und Schatten. Auch hier schon gilt das Einzelne nicht für sich, sondern in seiner Beziehung zur Lichtquelle und zum Auge des Beschauers, sodaß wir sogleich wieder dieses Wechsel- verhältniß, im Unterschiede von der Selbständigkeit des Einzelnen, als das Malerische gewahren. Es thut für die Kunstwirkung der Malerei nicht gut den vollen Schein des Reliefs zu erzeugen. Die Beschauer vergessen über dem Kunststück zu leicht dann das Kunstwerk; zudem kann die Malerei weder für wechselnde Stand- punkte noch für unser Sehen mit zwei Augen, noch für Scenen von größerer Tiefe jenen Schein erzeugen; darum bleibt sie Flächenkunst.

Das Gemeinsame eines Ganzen oder das Gesammtleben offen- bart sich aber noch weiter dadurch daß jeder vom Licht bestrahlte

Gegenstand wie ein Schirm vor andern steht, denen er den An-
blick oder die Einwirkung der Lichtquelle entzieht, daß er ein per-
spectivisch verschobenes Bild von sich als Schlagschatten auf seine
Umgebung wirft, nach andern Seiten aber wieder von sich aus
Licht reflectirt.   So wird die Schattenseite des einen durch die
Lichtseite des andern in sanftem Widerschein erhellt, und besonders
durch glänzend spiegelnde Oberflächen ein vielstimmiges Echo von
Lichttönen hervorgerufen, das Grelle durch fern hereinspielende
Schatten gedämpft, das Dunkle durch hereinschimmernde Reflexe
gemildert.   Die Wechselwirkung aller Wesen in der Natur wird
auch auf diese Art dem Auge im Bild offenbar.   Und ein gemeinsames Licht umfließt alle Dinge, und während ganze Massen von
hellen und schattigen Partien sich sondern und doch wieder zum
Ganzen zusammenstimmen, tritt dieses Ganze und damit das Gesammtleben als das herrschende auch hier in der Malerei hervor.
Sie bleibt innerhalb des plastischen Princips nachahmend befangen,
wenn sie nur der Modellirung der einzelnen Gestalten als solcher
durch Licht und Schatten nachtrachtet; sie erhebt sich in ihre eigene
Sphäre, wenn sie eine Fülle von Dingen durch Licht- und
Schattenmassen gliedert und die einzelnen untereinander durch
Schatten, die sie werfen, durch Licht das sie zurückstrahlen, in
ihrer Wechselwirkung und Verbindung zu einem Ganzen zeigt,
welchem ein gemeinsam heller oder dunkler, ernster oder heiterer
Ton eine Stimmung verleiht, die sich über das Besondere in der
Art verbreitet daß es nirgends in greller Weise für sich aus ihr
hervortritt.   Licht und Schatten nehmen in ihrer Kraft und Bestimmtheit mit der wachsenden Entfernung ab, und indem dies der
Linearperspective entspricht, erhält ein Bild Haltung, wenn die
Abstufungen des Vorder-, Mittel- und Hintergrundes wohl bewahrt und durch stetige Uebergänge vermittelt sind, sodaß jeder
Gegenstand durch Größe, Formenbestimmtheit, Licht- und Schatten-
stärke zumal seine genau und klar bezeichnete Stellung im Ganzen
hat, und die Dinge der Nähe und Ferne nicht untereinander fallen, sondern ihren Stand behaupten.   Auch hier ist das malerische
Sehen das perspectivische, das nicht blos auf die Einzelgestalt,
sondern auf die Totalität des Raums gerichtete; der Hintergrund
und seine Vertiefung, die mannichfaltigen Verschiebungen und
Verkürzungen der Formen nach dem Standpunkt des Anschauenden,
die Eingliederung alles Besonderen in das Weltbild der auffassenden Subjectivität gehört zum malerischen Stil; das Gemälde gibt

uns kein mikrokosmisches Ideal der anorganischen Natur durch die anorganische Masse selbst, keine körperliche Darstellung der Leibes= schönheit, sondern es zeigt die Welt im Spiegel der Seele als deren Widerschein mittels des Lichtes, das ja auch in der Wirk= lichkeit unser Bewußtsein von einer mannichfaltigen und in sich zusammenhängenden Vielheit und Einheit der Dinge vermittelt.

Indem wir mit zwei Augen sehen, erhalten wir eigentlich zwei Bilder eines und desselben Gegenstandes, das eine etwas mehr von links, das andere etwas mehr von rechts aufgenommen; sie schieben sich also auch nicht ganz übereinander, die Grenzen gerade bleiben ungedeckt, es ist als ob wir um die Dinge ein wenig herumsehen; das Stereoskop beruht ja darauf: es gibt zwei Pho= tographien die vom Standpunkt beider Augen aufgenommen sind; indem sie in unserer Empfindung zusammentreffen, meinen wir die Körperlichkeit zu erblicken. Während die Plastik die objective Form der Gestalt in aller Schärfe und Bestimmtheit gibt, hält sich die Malerei an diesen subjectiven Eindruck, der die Grenzen etwas verschweben läßt. Sie zieht darum keinen strengen festen Linien= contour, sondern sie stellt farbige Flächen nebeneinander, die durch das Spiel von Licht und Schatten sich für uns abrunden, erhöhen und vertiefen; sie taucht auch im Bilde die Gegenstände in das gemeinsame Licht, das sie in der Wirklichkeit umfließt; sie betont statt des Einzelnen dies Ganze, das alles Besondere in sich enthält. Dürer, Holbein, Cornelius sind vorwiegend Zeichner, Correggio, Rembrandt, Rubens, Murillo, Delacroix ganz eigentlich Maler.

Soll die Darstellung von Figuren in lebhafter Bewegung nicht dennoch starr und stehend erscheinen, so darf der Maler nicht blos den einen Augenblick festhalten, sondern er muß ein weniges von vorhergehender oder nachfolgender Haltung einflechten. So haben die Gewänder der Mutter des Besessenen auf der Transfiguration Rafael's noch nicht Zeit gehabt der Bewegung des Körpers zu folgen; so ist der Schleier der Sixtinischen Madonna vom Herab= schweben noch über ihr wie ein Segel geschwellt. Auch läßt Ra= fael etwas Raum offen um die Gestalten, den welchen sie eben eingenommen hatten, den welchen sie einnehmen wollen. So schei= nen alle Gestalten eines Rubens von innerer Thatkraft erfüllt und wir erblicken das fortschreitende Leben, z. B. auf seiner Amazonenschlacht, während gar manches Bild uns vorkommt als ob eben Huon ins Horn gestoßen habe und alles wie es gerade war erstarrt sei. Peron nennt die Gemälde von David und

14*

Ingres getrocknete Pflanzen im Herbarium gegenüber den frischen Feldblumen eines Delacroix; mir erscheinen jene wie angestrichene Gipsfiguren: es ist die Ruhe der Sculptur die sie mit der Wechsel-wirkung bewegten Lebens in der Malerei verwechseln. Es kommt hinzu daß ja auf unserer Netzhaut der bewegte Körper gar nicht so scharf formenbestimmt wie der ruhende sich abprägt, daß eine rasche Bewegung den Eindruck ihrer ganzen Bahn auf jener zurück-läßt, und wir den Blitz nicht als Funken, sondern als Zickzack sehen und malen, wie wir bei einem raschrollenden Rad nur den Schimmer, nicht die deutliche Gestalt der Speichen wahrnehmen, — bestimmt gezeichnet bringen sie das Rad zum Stehen —, so wird der Maler eine zum Angriff stürmende Reiterschar anders behandeln als den wachthaltenden Reiter zu Pferd.

Das Licht aber wird, wenn es die Körperwelt berührt, von ihr modificirt, und je nach der Geschwindigkeit der Schwingungen seiner Strahlenwellen gewinnen wir den Eindruck der verschiedenen Farben. Von den Körpern wird der volle Strahl bald gebrochen bald zerlegt, bald wird ein Theil absorbirt und ein anderer reflectirt, der dann unser Auge trifft. In der Farbe erscheint uns der Körper nicht als ein außen angestrichener, sondern durch sein Verhalten zum Licht offenbart sich uns sein inneres Wesen mit jener Wärme und Frische, die einen Goethe zu dem Ausspruch veranlassen konnte: „Alle Darstellung der Form ohne Farbe ist symbolisch, die Farbe allein macht das Kunstwerk wahr, nähert es der Wirklichkeit." Er that es im Anschluß an Diderot's Wort: „Die Zeichnung gibt den Dingen die Gestalt, die Farbe das Leben." Wie ein Wesen durch seine Bewegungen die Luft in Schwingungen setzt und sich dadurch im Tone kundgibt, so sehen wir seine noch viel feinern Lebensregungen durch Vermittelungen der Aetherwellen, und empfinden sie als Farbe.

Auf Lebhaftigkeit und Glanz der Farbe beruht ein großer Theil des Reizes der Natur, und hier vermag die Kunst nicht unmittelbar mit ihr zu wetteifern, geschweige sie zu übertreffen. Einzelne Maler haben zwar gerade hiernach getrachtet und sich bemüht ihre Bilder sogar um seltener oder absonderlicher Glanz-effecte willen zu malen. Dieser Verirrung setzte Unger in der gediegenen Schrift vom Wesen der Malerei das goldene Wort entgegen: „Die wahre Kunst verschmäht das Außerordentliche, weil sie bei Ermittelung der Gesetzlichkeit des Ordentlichen vollauf zu thun findet ohne ihr Ende je zu erreichen."

Unser Auge hat das Verlangen nach dem ganzen Licht, nach dem vollen Accord der einzelnen Farbentöne; wenn es eine bestimmte Farbe sieht, so ergänzt es von sich aus die ihr entsprechende. Wir haben bekanntlich drei Grundfarben, Blau, Roth, Gelb, und zwischen ihnen liegen Violett, Orange, Grün. Grün enthält was dem Roth fehlt, die Mischung von Blau und Gelb. Orange besteht aus Gelb und Roth, ihm fehlt das Blau. Darum erscheinen uns weiße Blumen auf grünem Grund röthlich, und wenn wir ein auf weißes Papier gemaltes blaues Kreuz scharf ansehen, und dann von ihm weg auf das weiße Papier blicken, so meinen wir dort dasselbe Kreuz orange zu sehen, indem unser Auge an der gereizten Stelle jetzt die ergänzende Farbenempfindung von sich aus erzeugt. Darum erfreut es uns so, wenn die Wirklichkeit diesem Verlangen nach Harmonie entgegenkommt und an der grünen Rosenknospe in dem hervorbrechenden Blütenblatt das ergänzende Roth enthüllt. Für den Maler ergibt sich hier die Aufgabe der Farbenharmonie. Um ihretwillen braucht er die einzelnen Localtöne nicht abzuschwächen, er kann sie ihre vollgesättigte Kraft entfalten lassen, wenn er nur jeden einzelnen durch einen oder mehrere ihm entsprechende ergänzt. Die unmittelbare Befriedigung die wir vor Rafael's Madonna della Sedia empfinden, liegt neben der in sich gerundeten Composition und neben der Innigkeit und lieblichen Klarheit des Seelenausdrucks auch darin begründet daß roth, blau, gelb und die daraus gemischten Farben in einer Weise zur Wirkung kommen welche stets die eine durch die andere ergänzt; könnte man diese Farbenstrahlen im Brennglas vereinigen, wir würden die Empfindung des reinen Lichtes haben. Damit aber jede Farbe zur Wirksamkeit komme, muß die Ausdehnung, die ihr auf einem Bilde gewährt wird, im umgekehrten Verhältniß zu ihrer Leuchtkraft stehen, und das Roth z. B. einen um so kleineren Raum einnehmen, als es das Braun an Helligkeit übertrifft. Sollen bei der Verzierung einer Fläche Gelb, Roth, Blau verbunden werden, so beachte man daß sie nach der Stärke ihrer Reizung sich im Verhältnisse des goldenen Schnittes verhalten; Blau zu Roth, wie Roth zu Gelb, sodaß drei Theile Gelb fünf Theilen Roth und acht Theilen Blau die Wage halten, und auf einer 16 Fuß großen Fläche also 8 Fuß blau, 5 Fuß roth, 3 Fuß gelb sein werden. Da Violett aus Roth und Blau besteht, so werden 3 Theile Gelb, 13 Theile Violett gut zusammenwirken, oder den 5 Theilen des energischen Roth werden 11 Theile

(B + J) des aus Blau und Gelb neutralisirten Grün entsprechen. Wird eine Farbe gesättigter oder dünner und blasser als andere aufgetragen, so muß auch hier der größeren Intensität der einen durch größere Extensität der andern das Gleichgewicht gehalten werden. Wenn indeß auch ein Maler die einzelnen Localfarben treu wiedergäbe, die Gegenstände so wählte daß der volle Licht-accord erschiene, so würde sein Gemälde dennoch einem illuminirten Kinderbilderbogen gleichen. Denn beim Illuminiren wird eben das Einzelne für sich angestrichen; das wahre Malen unterscheidet sich durch die Rücksicht auf das Ganze, durch die Auffassung der gegenseitigen Reflexe, durch die Zusammenfassung alles Besondern in einem gemeinsamen Ton.

Im Bilde soll uns nicht blos die vielstimmige Harmonie der Farben einen Ersatz für den Zauber des natürlichen Lichtglanzes und einzelner lebhafter Farbenreize gewähren; der Künstler kann die Stimmung der Natur im Ganzen wiedergeben und mittels ihrer auch dem Einzelnen eine sonst unmögliche Wirksamkeit sichern. Man betrachte ein Atlaskleid von Mieris, wie es glänzt und schimmert im Bilde; man decke nun das übrige Gemälde zu, und jenes wird schmuzig und düster aussehen. Aber weil alle Farben seiner Umgebung tief und dunkel gehalten sind, erlangt es im Zusammensein mit ihnen seine leuchtende Wirkung. Unser Farben-material hat weder ätherische Reinheit noch Leuchtkraft, es strahlt das Licht zurück, aber erzeugt es nicht; der Natur, namentlich dem freien Farbenspiel im Glanz der Sonne mit Luft und Wasser gegenüber, erscheint es grell und dennoch stumpf und kalt. Unser hellster Farbstoff kann das Weiß in seiner Reinheit, aber nicht als belebenden Glanz wiedergeben. So wird es für Glanzlichter ganz naher Gegenstände aufgespart; aber um so viel schwächer es selbst ist wie diese, um so viel tiefer wird das ganze Bild zu halten sein, um so viel muß auch die Naturfarbe der andern Gegenstände abgedämpft werden.

Auch abgesehen von dem schillernden Glanz der Seide oder dem weichen milden Schein des Sammts erscheint die Farbe eines Gewandes und ebenso aller Gegenstände anders im Licht, anders im Schatten. Der letztere verdunkelt die Localfarbe und läßt sie nicht zur Geltung kommen, sondern ersetzt sie durch eine verwandte von tieferem Ton. Aber hier ist kein scharfer Uebergang bei der Wellenlinie gerundeter Körper, sondern dieselbe modellirt sich dem Auge durch die Vermittelung eines Halbschattens und sein Ver-

schweben ins Helle und Dunkle. Und so treten zwischen die beiden Farben der Licht- und Schattenpartie noch aus beiden gemischte
Uebergangstöne, die man gebrochene Farben nennt, indem in
ihnen die reine Kraft der Extreme ermäßigt oder gebrochen erscheint, und so gelingt es eine Lichtempfindung in die andere
allmählich vertlingen zu lassen. Gegen den Umriß hin wird der
Schatten des runden Körpers, z. B. einer Säule, durch das von
der andern Seite ihn umfließende Licht wieder etwas erhellt, und
darum auch wieder die gebrochene Farbe des Halbschattens angewandt, was den Eindruck einer jenseits der Grenze der Sichtbarkeit sich fortsetzenden Körperlichkeit hervorruft. Die Farben-
contraste verschiedener Dinge aber finden ihre Versöhnung und
Verschmelzung gerade dadurch daß sich in den Schattenstellen eines
jeden von ihnen schon andere Farben einstellen, und diese durch
die gebrochenen Farben der Halbschatten verbunden werden. Der
Schatten dämpft an sich die Macht einer jeden Localfarbe, und im
verminderten Lichtquantum wie in der Dämmerung nähern sich die
verschiedenen Eindrücke einander. Die friedliche Lösung der Gegensätze, die das göttliche Auge im Universum sieht, das menschliche
im Bruchstück seines Gesichtskreises oft vermißt, aber ahnungs-
reich fordert, wird auf solche Weise für das Kunstwerk im engen
Raume möglich, und indem es so das Wesentliche der Natur offenbarend hervorhebt, tritt es ihr gegenüber in sein Recht und seine
Würde.

Die Wechselwirkung der einzelnen Dinge zum Ganzen wird
unserm Auge besonders dadurch erkennbar daß jeder Körper die
Farbenstrahlen, welche seine Oberfläche zurückwirft, nach allen
Seiten hin entsendet; wir empfinden ihren Reiz in unserm Auge,
aber diese Strahlen sind ebenso auf unserer ganzen ihnen zugewandten Körperhälfte, wie in der ganzen Umgebung vorhanden,
abgestuft im Verhältniß der Nähe und Ferne. Jeder Körper
empfängt von den andern Körpern, die ihn umgeben, einen mannichfaltigen farbigen Abglanz, der zwar gegen die Macht der von
der Sonne ausgehenden Beleuchtung und der dadurch hervorgerufenen Localfarbe gering erscheint, nichtsdestoweniger aber vorhanden ist. Will man ihn deutlich sehen, so lasse man den Widerschein eines rothen, von der Sonne beschienenen Tuches auf ein
weißes Papier fallen, oder beachte wie die innerhalb einer Straße
aufgeworfenen Schneehaufen in ihren Schatten die Farbe des neben
ihnen stehenden Hauses zeigen. Die farbigen Lichtreflexe, die das

sowol durchsichtige als spiegelnde Wasser wirft, bestrahlen mit
ihrem Widerschein die Schattenpartien der Häuser an den Kanälen
Venedigs, oder der Schiffe und der Gestalten die sich auf den
Wellen bewegen. Daher verschwindet dort der eintönig dunkle
Schatten für das Auge, und die Welt erscheint so lichtklar, so
farbenheiter, so prachtvoll, daß die dortigen Maler, durch die
Natur selbst auf das Studium des Colorits gewiesen, alles hell
in Hell malen und mit Licht in Licht modelliren lernen. Und was
bei ihnen so deutlich vorlag das findet sich minder bemerklich
überall; die den Sonnenstrahlen abgewandten Theile der Körper
werden durch das zerstreute Licht, durch die beleuchtete Atmosphäre
einigermaßen erhellt, empfangen aber zugleich den Widerschein der
beleuchteten Gegenstände um sie herum und damit einen Anhauch
von der Farbe derselben. Dieses wechselseitige Beschatten und
Beleuchten der Dinge, dieses vielstimmige Farbenecho zu verstehen
und dadurch ein Bild des Gesammtlebens zu gewinnen ist die
Aufgabe des Malers.

Im Ineinanderspielen von Licht und Schatten, in ihrem Verschweben und Verzittern ineinander entsteht das Hellbunkel. Sein
Zauber besteht einmal in jenem süßen Dämmerschein, der sich
dadurch bildet daß die verschiedenen farbigen Strahlen ineinander
verschmelzen, wie in dem Innern einer Kirche mit gemalten
Fenstern; dann besonders darin daß Licht und Schatten sich vermählen, daß nirgends ein grelles Licht hervorsticht, nirgends ein
völliges Dunkel die Formen und ihre Modellirung umfängt, sondern jenes zart gedämpft und dieses durch sanften Widerschein
erhellt und verklärt wird. Lichtreiche helle Farben in Schattenpartien, lichtarme Farben an den ins Licht hervorragenden Stellen
helfen hier trefflich mit. Wir ruhen im Schatten dichtlaubiger
grüner Bäume, aber die ganze Atmosphäre ist sonnenheiter und
der Himmel blauglänzend und die goldenen Strahlen blitzen da
und dort herein und werden von den windbewegten Blättern
reflectirt. In diesem Spiel von Licht, Schatten und Farbe wird
auch die Schärfe der Formenumrisse gemildert und ein mehr
musikalischer Ausdruck des Gemüths mit seiner Empfindungsfülle
tritt an die Stelle der plastisch klaren Anschauung. So malte
Correggio seine wonnetrunkene Jo, seine büßende Magdalena in
dieser Waldesgrüne. Wenn aber die Holländer in Rotterdam und
andern Städten die Kanäle zwischen den Straßen mit einer Allee
bepflanzten, so gewannen auch sie statt der venetianischen Lichtfülle

im Kampf und der Wechseldurchdringung des Schattens der Bäume
und der Lichtspiegelungen der Wellen alle Reize eines Hellbunkels,
für die ihren Malern die Augen aufgehen mußten, und die dann
auch bei der Darstellung von Innenräumen zur Wirksamkeit kamen.
Rembrandt liebt mehr den Kampf und die Nacht, aber um auch
in der Schroffheit der Contraste noch die Harmonie siegen zu lassen
und in die tiefsten Schatten hinein doch die Formen und ihre Bewegung zu tragen und darin ebenso auf= als untertauchen zu
lassen. Doch darf man wol sagen daß bei ihm die hereinbrechende
Nacht das Licht zu verschlingen droht, während diese bei Correggio alles Dunkle verklären will.

Zum vollen Verständniß des Hellbunkels ist freilich noch die
zwiefache Wirkung der Luftperspective vorauszusetzen. Die Luft
selbst ist körperlicher Art und viele kleine Körper schwimmen in
ihr; so bildet ihre größere Masse, die sich zwischen uns und entfernteren Gegenständen befindet, immer ein Hinderniß für die scharfe
Auffassung der Farben und Formen, mehr in unserm Norden als
im hellen Süden, dessen durchsichtige Luft uns manchmal an besonders klaren Tagen überrascht, wenn wir auch unter unserm
Himmel Formen und Farben weithin in jener duftlosen Klarheit
erblicken, die von Eyck und seine Schüler auf ihren Bildern an-
wandten um die unverschleierte Herrlichkeit einer gottdurchwirkten
Natur darzustellen. Die Luft ist nicht farblos. Die fernen
Berge erscheinen uns blau, ebenso das Gewölbe des Himmels,
weil wir hier keine Localfarbe, sondern die der Luft selbst wahrnehmen. Je weiter die Gegenstände von uns abstehen, desto
dichter webt sich dieser Schleier der Luft, der die Farben jener
umzieht und sich mit ihnen verbindet oder ganz an ihre Stelle
tritt. Die Haltung, die wir für das Gemälde durch die Bewahrung der Linearperspective und der nach Maßgabe der Abstände
sich vermindernden Lichtstärke und Formenschärfe verlangten, findet
durch ihre Verbindung mit der Luftperspective und deren Abstufung ihre Vollendung; der Duft der Ferne sondert sie
von der Nähe; und doch hält die gemeinsam umfließende Luft die
Dinge wieder zusammen und erleichtert die Harmonie ihrer Wechselwirkung.

Und die Luft selbst erfährt von der Sonne oder vom Mond
wechselnde Beleuchtungen. Die kühle Frische des Morgens nach
dem Aufgang oder der warmgelbe Ton des Abends vor dem Untergang der Sonne sind allen bekannt. Sie ergießen sich über die

ganze Landschaft, über das ganze Bild, und modificiren die einzelnen Localfarben im Licht wie im Schatten eine jede in ihrer
Weise. Trefflich sagt Vischer hierüber: „Heiter und warm, trüb
und kühl, dumpf, heiß, brütend und schwer, kalt und herb, weh-
müthig, bang, düster, traurig: das alles liegt im Tone der bloßen
Licht- und Schattengebung nur wie ein ferner Anklang; jetzt legen
sich diese Stimmungen mit der sanftern und feurigern Kraft des
Bräunlichen, Röthlichen, Gelblichen, Bläulichen über das Ganze.
Der Ton kann sich zu starken Farben steigern, aber wenn Feuer
oder Sonne ein glühendes Gelb oder Roth über eine Scene oder
Landschaft verbreiten, so sind es doch nicht blos die brennenden
Hauptlichter, sondern es ist noch mehr das unbestimmtere Ver-
schweben dieser Glut in den nicht unmittelbar beleuchteten Theilen,
was den Ton bildet, und dieselbe Zartheit des Gefühls und Pinsels fordert wie feiner Silberflor einer milden Morgenbeleuchtung.
Wäre ein auffallend farbloses Hauptlicht schon an sich der ganze
Ton, so hätten jene bestechenden Modebilder in Tragantbeleuchtung,
worin besonders das beunruhigende, unkünstlerische Violett nicht
gespart ist, freilich das Geheimniß des Tones erschöpft. Zu diesem
Geheimniß gehört nun daß der Hauptton unbeschadet der Einheit
seiner Herrschaft sich in die untergeordneten Localtöne zerlege,
deren Ursache darin liegt daß die Luft an den einzelnen Stellen
theils an sich da geschlossener, gedrängter, dumpfer, dort freier,
reiner, heiterer ist, theils mit den Localfarben der Gegenstände
sich zu eigenthümlichen Farben mischt.“

Der helle oder trübe Ton des Ganzen soll der Zeichnung entsprechen, zum Gegenstand stimmen wie die Begleitung zu einem
Gesang. Aber wie Beethoven in seiner missa solemnis das
Gebet der Gemeinde um Frieden durch den Kriegslärm der Instrumente motivirt, so hat Rubens den Zug Jesu nach Golgatha
glänzend wie eine Fanfare von Licht und Farbe gemalt, wie es
für einen Triumph erwartet würde, denn als solchen wollte er den
Todesgang des Todüberwinders erscheinen lassen. So ist auch
das Martyrium des Heiligen Levinus durch das Colorit seine
Verklärung und Verherrlichung. So idealisirt der niederländische
Meister nicht wie die großen Italiener durch die Form, sondern
durch die Farbe. Das Gewöhnliche aber wird sein daß der ernste
oder heitere, furchtbare oder liebliche Eindruck des Farbenganzen,
wie es sich von fern schon dem Beschauer darstellt, der Stimmung
des Gegenstandes und seiner Wirkung auf das Gemüth entspricht,

und bei näherer Betrachtung des Einzelnen durch den Ausdruck
der dargestellten Ereignisse und Empfindungen bekräftigt wird.
Dabei ist die Summe des Lichts und des Schattens, je nachdem
eine oder die andere vorwiegt, von entscheidender Bedeutung.

Wohl hat Vischer recht hier von einem Geheimniß zu reden.
In aller Kunst ist etwas Unsagbares. Wenn sich das Innerste
Wesen wie die äußere Erscheinungsvollendung eines Werks erschöpfend in Begriffe fassen und in Worten darlegen ließe, so
wäre es ein weiter Umweg des Künstlers durch jahrelange Arbeit
etwas zu Stande zu bringen was sich mittels der Rede ja so leicht
und in so kurzer Zeit veranschaulichen und mittheilen ließe. Wie
ein Bilderbogen illuminirt werden soll das läßt sich beschreiben,
aber die naturwahre Vollendung des Colorits mit diesem Inein-
anderschmelzen der mannichfaltigen Farben im Wechselspiele so
vieler Bedingungen und in diesem allen der harmonische Einklang
zum Ganzen, das ist etwas das gesehen, empfunden und gemalt
sein will. Daß die Farben nicht blos nebeneinander liegen, sondern ineinander spielen ist die Aufgabe des Malers; die Zeit kommt
ihm dabei zu Hülfe, sie läßt unter Mitwirkung des Lichts und
der Atmosphäre das Einzelne zum Ganzen verschmelzen und verleiht dem Bild einen sanften Glanz, gleich der edeln Patina die
das Erz im Lauf der Jahre überzieht. Es ist dies der Schmelz
der Farbe, der allerdings eine sorgsame und innige Behandlung
von seiten des Künstlers voraussetzt, der die rohe Kraftäußerung
der Farbe als Bildungsmaterials, das Grelle wie das Stumpfe
das diesem anhaftet, zu bändigen versteht, wie Unger richtig hervorhebt, aber doch nicht sowol mit diesem Kenner auf Rechnung
des religiösen Herzensantheils der alten frommen Meister an ihren
Werken gesetzt werden darf, als er vielmehr die Harmonie der
Farben mit Rücksicht auf ihre Leuchtbarkeit zur Grundlage hat,
sich aber wo diese gewährt ist von selbst bildet und auch die Werke
weltlicher Meister nicht verschmäht.

In dem Worte Stimmung, das wir hier so oft anwenden
mußten, liegt ein musikalisches und subjectives Element angedeutet,
das die Malerei von der Plastik unterscheidet und sie in das Reich
der Töne und der Innenwelt des Gemüths aus dem Gebiet der
Formen und der Anschauung hinüberblicken läßt, ohne daß sie das
letztere jemals verlassen könnte. Denn wenn wir auch von Correggio sagen er sei eigentlich ein großer Musiker, dessen Gestalten
sich gleich Klangfiguren auf den hin- und herschwimmenden Farben-

wogen selig wiegen, oder nur wie die Träger des an ihnen sich offen-
barenden Farbenzaubers und der aus ihnen hervorquellenden Empfindungsfülle erscheinen, sodaß er um der Macht des Gefühls
und der Reize des Lichts willen die Composition und Zeichnung
vernachläßigt, — er bleibt doch immer im Raum, sein Werk verhallt nicht im Flusse der Zeit, sondern verharrt für das Auge
des Beschauers, und man kann daher nicht mit Hegel sagen, daß
die Malerei in die Musik übergehe, während sich allerdings bei
ihr innerhalb der bildenden Kunst die Innerlichkeit des Gefühls
als solche und die Auflösung der äußern Eindrücke im Flusse der
Zeit zu einem geistigen Ganzen bereits ankündigen, die dann in
der Musik ihre entsprechende Darstellung und Ineinsgestaltung
finden. Während der Eindruck von Gebäuden und Statuen vielfach von der Beleuchtung abhängt, ist der Maler Herr des Lichts
und seiner Stimmung; er fixirt auf der Leinwand den Farbenton
der ihm für die Sache der gemäßeste dünkt. Jeder Maler weiß
daß keine Farbe für sich allein wirkt, sondern durch ihre Nachbar-
schaft beeinflußt wird; sie sieht anders aus auf der Palette als
auf der Leinwand, wo sie mit andern zusammenkommt; es ist wie
der Geschmack des Weins durch die vorhergenossene Speise verändert wird. Complementäre Farben verstärken einander, das
Orange erhält sein höchstes Feuer wenn es neben Cyanblau steht,
Dagegen dämpft das benachbarte Blau ein lebhaftes Roth, während das Violett durch Gelbgrün bis zu Rosa gelichtet werden
kann. Eugen Delacroix verzweifelte eines Tages einer gelben
Draperie den erwünschten Glanz zu geben. Er wollte ins Louvre
fahren um zu sehen wie Rubens und Paul Veronese ihn hervorgebracht. Er wollte in eins der damaligen gelben Cabriolets ein-
steigen und bemerkte wie dessen Farbe im Schatten einen violetten
Ton hervorrief; er verabschiedete den Kutscher, denn er wußte
nun daß im Schatten eine Farbe den complementären Ton erzeugt, daß er also die Schatten im Gelben etwas violett zu halten
hatte, um ihm im Lichte seinen vollen Glanz zu verleihen. Man
bringe dasselbe hellgraue Papier auf eine weiße, schwarze, rothe,
blaue, grüne, gelbe Unterlage und es wird jedesmal ein
anderes Grau erscheinen. Man lasse ein kräftiges Roth oder
Orange auf das Auge wirken, und blicke auf ein weißes Papier,
so glaubt man ein blasses Grün, ein sanftes Blau zu sehen, das
Auge ergänzt, wie früher schon erwähnt, von sich aus als
Organ des ganzen Lichts die complementäre Farbe. Sind neben-

einanderstehende Farben nicht complementär, so bildet sich um jede
für uns eine completäre Aureole, und durch dieselbe wird jede
jener Farben leise getrübt, wie wenn beide gemischt wären; sind
die Farben complementär, so stimmt die Aureola der einen mit
dem Ton der andern ihn verstärkend zusammen. So bringt der
wechselseitige Einfluß der Farben wundersame Effecte hervor, die
ein Meister wie Delacroix wohl verstanden hat; der Zauber liegt
im Auge des Beschauers, nicht in den aufgetragenen Metalloxyden.
Die Maler nennen das optische Mischung im Unterschied von
der auf der Palette. Es kommt hinzu daß das helle Sonnenlicht
alle Farben dem weißen Glanze nähert, der tiefe Schatten sie
bräunt; diesem Umstand opfert ein Rembrandt die Farbe um des
Hellbunkels willen; er läßt sie in Licht und Schatten verschweben
und erreicht dadurch seine magische Wirkung. Hat jeder Gegenstand auf einem Bilde nur seine Naturfarbe ohne Rücksicht auf
die andern, so ist das noch keine Malerei, so fehlt die Einheit
für Geist und Auge, die durch gleichmäßige Stimmung, durch
Reflexe und optische Mischung erzielt wird, die um des Ganzen
willen complementäre Farben verlangt. Demgemäß wählen echte
Coloristen die Gegenstände, oder weichen von der Localfarbe derselben ab und modificiren sie nach den Forderungen des Wohlgefallens. So Makart.
     Wir verlangen also die harmonische Stimmung des Gemäldes
zuerst in dem Sinne daß die in ihm angewandten Farben einander
zur Totalität ergänzen und das Auge das subjectiv Geforderte
sofort auch objectiv vorfindet. Dann stellt sich ein Weiteres damit ein daß die Lichtstärke der Farben berücksichtigt wird, die bei
dem Gelben am mächtigsten, bei dem Blauen am schwächsten ist
und im Roth die Mitte hält, und daß im Bilde keine einzelne
schreiend für sich hervorbricht, sondern ein gemeinsamer Ton schon
dadurch gewonnen wird daß sie alle zugleich saftiger, vollgesät-
tigter, oder blasser, gedämpfter aufgetragen werden, daß die Stärke
der einen durch die Stärke der andern im Gleichgewicht gehalten
wird. Natürlich behalten die verschiedenen Abstufungen des Vorder-,
Mittel- und Hintergrundes dabei ihr Recht. Aber in der immerhin harmonischen Zusammenstellung stimmen die Farben, nach
dem bezeichnenden Worte des Malers Teichlein, doch erst wie die
Instrumente des Orchesters auf die Stimmgabel. „Ihre Harmonie ist noch nicht der Ausdruck einer ideellen Stimmung. Des
letztern werden sie erst fähig, wenn mit dem Brechen der ganzen

Farben die halben Töne und modulirenden Uebergänge die farbige
Melodie in Fluß bringen." Wir ſahen ferner wie der Eindruck
der Glanzlichter nur dadurch ermöglicht ward daß die umgebenden
Farben gedämpft wurden. In dieſer äußern Stimmung nun bilden ſich ſofort wieder die Stufen des Hellen, des Düſtern, des
tagig Heitern oder Trüben und wirken wieder ebenſo beſtimmend
auf unſer Gemüth, als ſie die Zuſtände, die Stimmung deſſelben
in der Seele des Malers durch das Bild offenbaren. So findet
das ahnungsreiche Dämmerleben der Gefühlswelt ſeinen Widerklang im Hellbunkel, innerhalb deſſen durch das Spiel von Licht
und Schatten die feſten Formumriſſe auf den bewegten Aetherwellen verſchwimmen und ineinander fließen. Und wie das Einzelne durch die Wechſelwirkung mit dem Andern als Glied eingefügt iſt in das Ganze, durch deſſen Leben die Lebhaftigkeit der
beſondern Farben bei aller überſchwenglichen Leuchtkraft doch gedämpft erſcheint, ſo entwickelt ſich im bunten Glanz der Außenwelt ſelbſt die Harmonie als die Löſung aller Contraſte, als der
Einklang alles Mannichfaltigen, und tritt ſomit im Bild uns die
einige Seele der Welt durch ihre Herrſchaft über alle Unterſchiede
in ihrer wundervollen Herrlichkeit entgegen. Dieſes zuſammen-
ſtimmende Spiel des Farbenreichthums, das unſer Auge ergötzt
und befriedigt, iſt in der Malerei der Erſatz für die Leibesſchönheit und ihre allſeitige Geſtaltung durch die reine Form in der
Plaſtik. Dort wie in der Architektur dient die Farbe die Form-
ſchönheit deutlich hervorzuheben, hier in der Malerei herrſcht ſie
und die Formen bieten ſich ihr zum Träger, das Gemälde wird
zum Farbenbouquet, zum Farbenaccord.

Noch ſcheint uns das Colorit des Menſchen einer beſondern
Betrachtung zu bedürfen. Diderot ſagt in ſeiner lebendigen Weiſe:
„Man hat behauptet die ſchönſte Farbe in der Welt ſei die
liebenswürdige Röthe, womit Unſchuld, Jugend, Geſundheit, Be-
ſcheidenheit und Scham die Wangen eines Mädchens zieren, und
man hat nicht nur etwas Feines, Rührendes, Zartes, ſondern
auch etwas Wahres geſagt. Das Fleiſch iſt ſchwer nachzubilden,
dieſes ſaftige Weiß ohne blaß ohne matt zu ſein, dieſe Miſchung
von Roth und Blau, die unmerklich durch das Gelbliche dringt,
das Blut, das Leben bringen die Coloriſten in Verzweiflung.
Wer das Gefühl des Fleiſches erreicht hat iſt ſchon weit gekommen,
das übrige iſt nichts dagegen. Tauſend Maler ſind geſtorben ohne
das Fleiſch gefühlt zu haben, tauſend andere werden ſterben ohne

es zu fühlen." Diderot macht selbst noch darauf aufmerksam wie sehr diese Schwierigkeit wächst, weil die Oberfläche, die malerisch abgebildet werden soll, einem denkenden sinnenden fühlenden Wesen angehört, dessen innerste geheimste leiseste Veränderungen sich blitzschnell über das Aeußere verbreiten.

Die Haut an sich erscheint weißer oder gelber, je nachdem sie feuchter oder trockener ist; daher die letztere Farbe im höhern Alter eintritt. In den Zellen der untersten Schicht der Oberhaut werden kleine Pigmentkerne abgelagert, bald weiter auseinander, bald dichter gedrängt, bald dunkler, bald lichtbräunlich. Dann verbreitet sich in seinem durchsichtigen Gewäber das Blut bis unter die Oberfläche, — das sauerstoffreiche, das in den Pulsadern aus dem Herzen kommt, hellroth, das kohlenstoffhaltige, das in den Venen nach dem Herzen strömt, bläulich oder violett. Die Venen liegen höher und sind dünner, ihre Farbe ist also die wirksamere, wo nicht, wie an den Lippen, die Haut sehr dünn und der Gefäßreichthum sehr groß ist. Die Haut nun läßt jene Pigmentkörperchen wie das Blut durchscheinen, trübt aber ihre Farbe. Das Licht, das von außen auf die Haut fällt, wird theils zurückgeworfen, theils bringt es ein in die Tiefe, auf die Pigmentschicht, auf das Blut, und kehrt von dort in der Modification zurück, die es als bräunlich, röthlich, violett dem Auge empfindlich macht, nur daß es, verbunden mit den von der äußern Haut zurückgeworfenen Strahlen, viel heller erscheint, zugleich aber durch das trübende Mittel der Oberhaut, das es durchwandert, eine schwache Beimischung von Blau erhält, wodurch der ganze Ton ins Grünliche hinüberschimmert. Je weniger Pigmentkernchen im Wege stehen, desto weißer erscheint der Teint, desto mehr wird das Blut der Adern sichtbar, und tritt z. B. die Röthe der Wangen dadurch hervor. So ist die Farbe des Menschen durch viele Ursachen bedingt, deren eine an dieser, die andere an einer andern Stelle vorwaltet, und hierdurch entsteht eine große Mannichfaltigkeit im Tone des Fleisches, die noch dadurch erhöht wird daß der Schatten, welcher auf eine farbige Oberfläche fällt, stets einen leisen Anflug von der complementären Farbe derselben zeigt, also unser Auge in der Schattenstelle den zarten Duft derjenigen Farbe erzeugt, welche sich mit der Lichtstelle zur Totalität ergänzt, auf roth grünlich, auf gelb violett, auf orange bläulich erscheint. Nehme man hierzu die Reflexe von andern Körpern und den Ton der Luft wie die Farbe der Beleuchtung nach dem Stand der

Sonne, und man wird die Schwierigkeit ermessen das menschliche Colorit wiederzugeben, und den Ruhm würdigen der den bahnbrechenden Meistern gezollt wird.

„Das Malen ist eine leichte Sache, man braucht nur die rechte Farbe an den rechten Fleck zu setzen."

---

3. Die malerische Technik im Zusammenhang mit Inhalt und Form der Darstellung.

Die Farbenharmonie ist in der Malerei eine That des idealisirenden Künstlergeistes, die Macht des Ganzen über das Einzelne in der Wechselbeziehung aller Theile; sie gewährt den Ersatz für die allseitige formale Leibesschönheit in der Plastik. Sodann gewährt die Farbe dem Künstler die Möglichkeit einer bestimmtern Charakteristik der Gegenstände, einer schärfern Bezeichnung des Ausdrucks den sie haben, des Eindrucks den sie machen. Wie verschieden spricht uns schon eine und dieselbe Gegend an, wenn bald ein düsterer Himmel auch die Erde trüb umschleiert, bald das Abendroth die Höhe mit glühendem Glanze schmückt, während die Tiefe schon in schattiger Dämmerung liegt, bald die gleiche Klarheit des warmen Sonnenlichts alles umfängt! Die Formen sind dieselben geblieben, und doch ist ihre Wirkung auf das Gemüth des Beschauers mit anderer Beleuchtung eine andere geworden. Die Farbe macht es möglich das Erröthen und Erblassen des Angesichts, wie das unter der zarten Hülle durchschimmernde edle Naß und die Kerne der Traube oder das Blinken des Lichts auf dem perlenden Wein im durchsichtigen Becher, den funkelnden Schimmer des Goldes oder den mildern Glanz des Silbers, seine Nüancen und ein flüchtig wechselndes Spiel der Erscheinungen wiederzugeben. Zwei Menschen von großer Familienähnlichkeit wird der Plastiker durch die reine Form schwer unterscheiden, man wird leicht ihre Büsten verwechseln. Aber man gebe nur dem einen die blonde, dem andern die schwärzlich bunkle Farbe des Haares, und es hängt hiermit dort das blaue, hier das braune Auge zusammen, dort werden bläuliche Adern die weiße Haut durchschimmern und ein rosiges Roth die Wangen schmücken, hier wird die Haut gelblicher erscheinen und ihre Lebenswärme wird von grünlichen oder violetten Tönen umspielt sein: niemand wird das Bild des Einen für das des Andern halten.

So führen die Farben als Darstellungsmittel den Maler zu
einer individuellen Bestimmtheit, sie weisen ihn mehr auf den
Ausdruck und auch da auf das psychologisch Begründete der wechselnden Stimmungen oder Gemüthsbewegungen hin. Wenn die
farblose Plastik das Urbild des Lebens nachschuf, so gefällt sich
die Malerei in der Auffassung und Charakteristik der Abbilder
in ihrer Mannichfaltigkeit. Sie ist realistischer als die Plastik;
statt das Ideal als solches im Einzelnen zu realisiren, idealisirt
sie das Wirkliche von der Fülle der Erscheinungen und ihrer
Naturbestimmtheit aus. Gerade auf die Abweichungen von der
reinen Schönheitslinie muß sie Nachdruck legen um der Besonderheit das eigene unterscheidende Gepräge zu gewähren; ja es ist
ihr vergönnt durch die Caricatur zu ergötzen, indem sie das
Charakteristische eines Gesichts oder einer Gestalt übertreibt und
zum einzig Dominirenden macht. Sie verleiht den Dingen den
schönen Schein und die sinnliche Verklärung durch die Harmonie
der Farben.

In dem Reize welchen die Farben jede für sich wie in ihrer
Zusammenstimmung dem Auge gewähren ist ein materielleres
Wohlgefühl enthalten als in der Erkenntniß der Form. Alles
Schöne ist als Erscheinung der Idee zugleich ein geistig Unendliches, zugleich ein sinnlich Begrenztes; als solches hat es seine
Ausdehnung in Raum oder Zeit, seine Größe, und eine Form
welche diese umschreibt, zugleich aber eine eigenthümliche Realität,
einen stofflichen Inhalt, etwas Qualitatives, das in der Form
seine quantitative Bestimmtheit empfängt. Wirkt nun in der
Architektur vorzugsweise die Größe, spricht uns in der Sculptur
hauptsächlich die reine Form an, so legt die Malerei den Nachdruck auf die Empfindung welche die stoffliche Realität der Dinge,
in ihrem Verhalten zum Licht sich offenbarend, auf unsere Sinne
macht. Durch den sinnlichen Reiz der Farbe vermittelt sich ihr,
vermittelt sie uns das Bild der Welt.

Adolf Zeising, der in seinen ästhetischen Forschungen die einzelnen Künste danach betrachtet wie sich die von ihm aufgestellten
Kategorien in ihnen aussprechen, stimmt in folgenden Bemerkungen mit unserer Entwickelung überein. Er sagt unter anderm:
„Das Reizende beruht auf einer entgegenkommenden Hingebung
des Objects an das Subject und auf einer solchen Affection der
Sinne daß sich das Subject durch die sich ihm mittheilenden stofflich sensualen Qualitäten des Objects in seinem Wesen ergänzt

und gehoben fühlt. Hieraus folgt daß eine Kunst um so mehr
Befähigung zur Darstellung des Reizenden haben muß, je näher
sie von seiten der ihr vorschwebenden Schönheitsidee und des ihr
zu Gebot stehenden Darstellungsmaterials dem Begriff der Bewegung einerseits und dem der Sensualität andererseits steht.
Der Malerei stehen in dieser Hinsicht alle jene Effecte zu Gebot
welche durch die Modificationen des Lichts und des Dunkels, des
Clairobscur und des Colorits, durch die Zauber des Incarnats,
durch die Nachbildung des Nackten und halb Verhüllten, durch
eine sinnlichere und bewegtere Behandlung der Formen, durch die
Wahl pikanter Situationen und Handlungen zu erreichen sind,
und sie ist in diesem Betracht namentlich gegen die Architektur
und Sculptur sehr im Vortheil. Insofern sie die Schönheitsidee
als die lebendige Wechselbeziehung zwischen Mikrokosmos und
Makrokosmos, zwischen Mensch und Natur, zwischen Geist und
Materie faßt, ist gerade die Welt der Sinne und Reize von we-
sentlicher Bedeutung, weil eben in ihr jene Wechselbeziehung des
Menschlichen und Natürlichen, jener zwischen Production und
Reception, Action und Reaction wechselnde Proceß des Lebens
und der Weltgeschichte vor sich geht. Sie kann sich daher, sofern
sie nur nicht gegen das Schöne überhaupt verstößt, die Darstellung des Reizenden geradezu zur Hauptaufgabe bei ihren Werken machen ohne daß sie darüber ihrer Idee untreu würde; und
auch in solchen Productionen die der Darstellung des Reinschönen,
Erhabenen, Tragischen u. s. w. gewidmet sind, wird sie nicht um-
hin können dem Reiz neben der Form und Größe eine wichtigere
Rolle als ihre beiden Schwesterkünste einzuräumen."

Aber allerdings liegt die Gefahr nahe daß eine dem Reiz
huldigende Kunst gegen die Gesetze des Schönen verstößt, indem
sie den sittlichen Adel des Geistes vergißt und eine Dienerin der
Üppigkeit wird. Nicht blos frivole lüsterne Gemälde kommen
hier in Betracht, indem sie wol das Auge ergötzen und die Sinnlichkeit erregen können, aber das moralische Gefühl beleidigen und
damit der harmonischen Wirkung des Schönen verlustig gehen;
auch das ist eine Gefahr für den Künstler daß er glänzenden
Farbeneffecten den Inhalt der Darstellung opfert und statt die
Idee der Sache und den Charakter der Persönlichkeiten gründlich
zu erfassen und zu durchdringen, sich damit befriedigt seine Gestalten zu Trägern schimmernder Lichtspiele zu machen und durch
kokette Süßlichkeit dem Auge der Menge zu schmeicheln. Das

Vorwalten des Materialismus, des sinnlichen Reizes gibt sich als
Verfall der Künste kund. Sehr richtig bemerkt auch Schnaase:
„Wenn die Malerei in dem Gebrauche des Reichthums vielfäl-
tiger Beziehungen, der ihr vergönnt ist, so weit geht daß sie auch
das Kleinliche, Spielende und Unwürdige der Natur aufnimmt
ohne es durch künstlerische Kraft zu adeln, dann sinkt sie in jene
trübe Mischung der Elemente, welcher die Kunst entfloh, zurück;
sie theilt das Geschick des Wirklichen. Sie steht dadurch in einem
umgekehrten Verhältniß zur Wirklichkeit wie die Baukunst. Diese
an das tägliche Leben sich anlehnend und daraus hervorgehend riß
sich durch Strenge und Reinheit von demselben los um sich in
den reinen Aether der Kunst zu erheben; jene vom Schein ausgehend senkt sich wieder in die Wirklichkeit zurück um ein Schein-
bild derselben zu werden."

Darum sehen wir die Malerei in ihrem Ursprung bei den
Griechen wie in der christlichen Welt an die Architektur sich anschmiegen, und in dem Schmuck großer Räume die Erfordernisse
räumlicher Schönheit, symmetrischer Gliederung, strenger Bezeichnung des Wesentlichen beobachten. Als sie aus dem Verfall sich
rettete, waren es besonders die monumentalen Werke, durch welche
ihre Wiedergeburt zur Herstellung ihres ursprünglichen Adels den
Sieg feierte. Carstens, Wächter, Schick blieben dem Volke fremd
und ohne großen Einfluß auf den Zeitgeschmack; die Casa Bar-
tholdi in Rom ward die Wiege der neuen Malerei, als ihr Be-
sitzer sie durch Cornelius, Veit, Overbeck und Schadow mit der
Geschichte Joseph's verzieren ließ. In der Glyptothek, in der
Ludwigskirche zu München konnte Cornelius durch große monumentale Werke zeigen was Stil ist, und in der Ausgestaltung der
vom Volksgemüth der alten und neuen Welt getragenen Stoffe
das Ewige und Allgemeingültige großartig und mächtig ausprägen.
Das vielfach Zerfahrene in der damaligen berliner Malerei lag
an dem Mangel monumentaler Malerwerke; das romantisch
Schwächliche oder in Bezug auf Geschichte das Genremäßige so
vieler Düsseldorfer war sicherlich dadurch mit verschuldet daß die
dortige Akademie nicht auch der Baukunst und der Plastik ihre
Pflege angedeihen ließ.

Indeß um der Gefahr der Verirrung willen brauchen wir
unser Auge nicht zu verschließen, wenn Correggio's Jo im Helldunkel des Waldes, von der Umarmung des Gottes selig entzückt,
die leuchtenden Glieder unverschleiert enthüllt; denn hier entzieht
15*

sich der Triumph der sinnlichen Lust dem Geiste nicht, noch kämpft
er gegen die Sittlichkeit an, sondern in bräutlicher Reinheit gibt
sich zugleich die Seele einem Höheren liebevoll hin, wie Goethe's
Ganymed vom Adler emporgetragen selbst die Arme nach dem
Busen des allliebenden Vaters ausstreckt. Ebenso wenig brauchen
wir zu vergessen daß auch das Detail der Wirklichkeit ein Recht
auf künstlerische Wiedergeburt hat, oder daß die Farbenpracht der
Venetianer kein eitler Pomp ist, sondern der Ausdruck der innern
Lebenskraft und Lebensfreude. Wie schon in der Sculptur eine
doppelte Darstellungsweise sich ankündigte, je nachdem der Meister
vom historisch Gegebenen oder vom geistig Angeschauten ausging,
so treten in der Malerei die Gegensätze eines idealistischen und
realistischen Stils in der Entwickelung der Jahrhunderte bald
gleichzeitig, bald abwechselnd hervor, und der letztere wird an sich
naturalistischer als in der Plastik, weil die Malerei die Wärme
des Lebens und die Bestimmtheit des Besondern und Individuellen
mittels der Farbe viel kräftiger und erkennbarer wiedergibt. Goethe
hat dies letztere in den Anmerkungen zu Diderot's Versuch über
die Malerei auf seine Weise folgendermaßen erörtert. Der Franzose sagt: „Nichts in einem Bilde spricht uns mehr an als die
wahre Farbe, sie ist dem Unwissenden wie dem Unterrichteten verständlich." Der Deutsche setzt hinzu: „Bei allem was nicht
menschlicher Körper ist bedeutet die Farbe fast mehr als die Gestalt, und die Farbe ist es also wodurch wir viele Gegenstände
eigentlich erkennen oder wodurch sie uns interessiren. Der einfarbige,
der unfarbige Stein will nichts sagen, das Holz wird nur durch
die Mannichfaltigkeit seiner Farbe bedeutend, die Gestalt des
Vogels ist uns durch ein Gewand verhüllt, das uns durch einen
regelmäßigen Farbenwechsel vorzüglich anlockt. Alle Körper haben
gewissermaßen eine individuelle Farbe, wenigstens eine Farbe der
Geschlechter und Arten; selbst die Farben künstlicher Stoffe sind
nach Verschiedenheit derselben verschieden. Anders erscheint Coche-
nille auf Leinwand, anders auf Wolle, anders auf Seide. Tafft,
Atlas, Sammt, obgleich alle von seidenem Ursprung, bezeichnen
sich anders dem Auge, und was kann uns mehr reizen, mehr ergötzen, mehr täuschen und bezaubern, als wenn wir auf einem
Gemälde das Bestimmte, Lebhafte, Individuelle eines Gegenstandes, wodurch er uns allein bekannt ist, wieder erblicken? Alle
Darstellung der Form ohne Farbe ist symbolisch, die Farbe allein
macht das Kunstwerk wahr, nähert es der Wirklichkeit."

Man kann die auf Farbe und Naturwahrheit gerichtete Behandlung die echt malerische nennen und die vorzugsweise auf die Form gewandte als plastische bezeichnen, ohne doch mit Vischer jene für das herrschende, diese für das nur relativ gültige Princip zu erklären; die Wechselwirkung beider Stile ist eine Lebensbedingung der Malerei. Denn ohne Form gibt die Farbe kein Kunstwerk und die Zeichnung ist als durchaus nothwendig auch echt malerisch. Wir werden besser zum Ziele gelangen, wenn wir vom Innern, von der künstlerischen Auffassung ausgehen.

Der Maler kann bei dem darzustellenden Stoffe zunächst dessen Bedeutung, die in ihm offenbare Idee, seinen Werth für die Welt und das menschliche Gemüth ins Auge fassen, und alles ausscheiden was die Aufmerksamkeit von dieser Bedeutung des Gegenstandes abziehen könnte. Es wird ihm, wenn er ein Kirchenbild malt, nicht auf die äußern Umstände ankommen unter welchen eine Begebenheit der heiligen Geschichte sich ereignet, sondern sie wird als etwas Ewiges vor seiner Seele stehen, und das in ihr sich verkündende Göttliche, ihren Zusammenhang mit der Erlösung und sittlichen Heilsbeschaffung der Menschheit wird er auszudrücken streben. Ebenso wird ihm in der Weltgeschichte das Bleibende, der Ausdruck der bewegenden Gedanken und Geisteskräfte, der allgemeinen Culturelemente und der historischen Idee das Erste sein, und er wird der Wirklichkeit nur dasjenige entnehmen was seinem Zwecke dient, und es diesem gemäß ordnend gestalten. Oder der Maler kann von der äußern Wirklichkeit ausgehen und die realen Verhältnisse und Bedingungen des Geschehens wiedergeben. Er wird dann auf Porträtähnlichkeit, auf das Costüm der Zeit, auf die Treue und Genauigkeit im Detail Gewicht legen, und in der Kraft oder dem Glanze, womit er die Naturwahrheit wiedergibt, seinen Triumph feiern. Hier wird also die Farbe und die mit ihr zusammenhängende Schärfe in dem Hervorheben des psychologischen Ausdrucks, dort die Composition des Ganzen, die Zeichnung, die das Wesenhafte groß und rein gestaltet, vorwalten.

Es ist dabei gar nicht zufällig oder gleichgültig für welche Gegenstände die ideale oder die naturalistische Behandlung angewandt wird. Wenn diese in einem Kampf die äußere Anstrengung die er kostet, den Schmerz der Wunden und das Getümmel der Schlacht in den Vordergrund stellt, und die Größe des Affects durch die Stärke seiner materiellen Aeußerung ausprägt, so wird dies für eine genremäßige Auffassung am Orte oder gestattet sein, und in Bildern aus der uns nahe liegenden Geschichte, bei Dingen die wir selbst gesehen, wo das Besondere allbekannt ist, wird die Costümtreue, wird das Eingehen in die kleinen Besonderheiten der Erscheinung eine berechtigte Forderung an den Künstler sein. Wo aber die Macht der Zeitferne bereits vieles Einzelne zu einigen großen Massen und Gestalten verschmolzen und mit ihrem idealen Schein verklärt hat, bei mittelalterlicher oder antiker Geschichte, wird es uns auf den Ausdruck des Geistes und der allgemeinen Culturformen ankommen. Würde hier das Beiwerk mit der Glaublichkeit und der Rücksicht auf die Wiedergabe des Stofflichen in Gewand oder Geräth ausgeführt, die wir auf Bildern der neuern Geschichte vertragen, so würde es uns mehr noch als hier vom Wesentlichen abziehen und die Beachtung des Unwesentlichen in den Vordergrund stellen. Die naturalistische Weise würde bei einer Gefangennehmung Christi sogleich an die Mondnacht denken, und würde in der Doppelbeleuchtung durch den Mond und die Fackeln der Häscher einen Licht- und Farbeneffect erstreben, der das Auge gefangen nehmen, und den Gedanken — statt auf die geistige Bedeutung der Sache, also zu dem Charakter Christi und des Verräthers, zum Judaskuß und zur opferfreudigen Liebe hinzuführen — an optische Studien erinnern und durch die Bewunderung künstlicher Reflexe ans ganz Aeußerliche fesseln würde. Nicht der Seelenschmerz der Jünger und durch ihn der Stimmungsausdruck jedes christlichen Gemüths, sondern die Thätigkeit des Haltens, Tragens, Herablassens, der Unterschied in der Bewegung lebender und todter Körper wäre bei einer Kreuzabnahme die Hauptsache. Leonardo da Vinci behandelt das Abendmahl als ob es bei Tage gehalten worden, die Gestalt Christi ist vom klaren blauen Himmelslicht umflossen; es gilt dem Meister die innere Größe des weltgeschichtlichen Moments, es gilt ihm die Bewegung der Gemüther und den Kern der Charaktere auf eine bedeutsame Weise zu veranschaulichen. Wir wissen recht gut daß sie damals nicht zu Tische saßen, daß es Abend war; aber man denke sich die Jünger um Christus halb liegend ausgestreckt, im orientalischen Costüm, bei Kerzenlicht, das sich als solches geltend macht, und man hat das Bild eines arabischen Gelages. Will man ein Beispiel aus der Poesie, so denke man sich einen Augenblick die Goethe'sche Iphigenie in der Sprache eines Götz, oder diesen in der Weise von jener redend, um ganz

klar zu erkennen wie die Behandlungsart dem Geist und Stoff
gemäß sein muß. Nicht ohne Grund schloß Cornelius in den
Zeichnungen zum Faust und den Nibelungen sich an Dürer an,
während er die griechische Mythe, das Jüngste Gericht unter dem
Einfluß des Alterthums und Italiens behandelte.

Das Ideal verlangt seine eigene Realität, nicht einen Naturalismus der ihm fremd bleibt. Vortrefflich bemerkt Fechner,
sonst ein Vertheidiger strenger Treue für Natur und wirklichen
Hergang in der Geschichte, in Bezug auf das Schwarzische Votiv-
bild vom ältern Holbein: „Hier sitzt Gottvater auf einer Art
Großvaterstuhl über Wolken als ein abgelebter Alter mit einem
ganz runzeligen, halb grämlichen, halb gutmüthigen, alles idealen
Typus, aller Würde ermangelnden Gesicht da. Nichts kann
charakteristischer sein bei Beziehung der Darstellung auf einen
derartigen menschlichen Greis, wie es denn unstreitig eine mit
vollster Wahrheit aus dem Leben gegriffene Porträtdarstellung ist,
welche als solche in hohem Grade interessirt; nichts kann weniger
charakteristisch sein wenn man sich Gott darunter vorstellen soll,
ja man findet sich dadurch empört daß man es doch soll. Einen
ähnlichen Fall bietet das Christkind in den Armen der berühmten
dresdener Madonna des jüngern Holbein dar, wenn es nämlich
ein Christkind sein soll, wie die Kenner durchaus verlangen, indem
es bewundernswürdig charakteristisch für ein elendes krankes menschliches Würmchen ist, hiermit aber die elendest mögliche Vorstellung von einem Christkinde gibt: wogegen das Christkind der
Rafaelischen Sixtina sehr wenig charakteristisch für ein menschliches Kind überhaupt, um so charakteristischer aber für die Vorstellung ist, die man geneigt ist sich von einem Christkinde zu
machen, dem seine erhabene Vorbestimmung schon aus den Augen
leuchtet. Es ist sozusagen ein Wunder von Charakteristik in
dieser Hinsicht.“

Bei den Griechen schon finden wir rasch hintereinander die
idealistische und naturalistische, die auf Form und Geist, und die
auf Farbe und Natur gewandte Auffassungs- und Darstellungsweise. Polygnot wird von Aristoteles gefeiert und allen Genossen
vorgezogen als der Maler des Ethos, des Geistes und Charakters
in einfacher Hoheit und Kraft, des sittlichen Gewichts einer That;
Plinius dagegen läßt den Ruhm des Pinsels erst mit Zeuxis und
Parrhasius beginnen. Polygnot wirkte durch die Form, er war
Zeichner und füllte die Umrisse der Figuren nur mit einem ein-

sachen Farbenton, gab Muskeln oder Gewandfalten nur durch
einzelne Linien an, aber in seiner Zerstörung Troias traten dennoch die Charaktere der handelnden Helden als erhabene Typen
menschlicher Seelenrichtungen hervor, und um den Aias der die
Kassandra am Altar ergreift, um die siegreich zerstörenden Führer
der Griechen gruppirten sich auf der einen Seite Troer die ihre
Todten begraben, auf der andern Griechen die mit gefangenen
Troerinnen bereits die Schiffe zur Abfahrt besteigen. Hier sollte
das große Ganze der Begebenheit in einer Zusammenordnung der
leitenden Persönlichkeiten und der bezeichnenden Ereignisse veranschaulicht werden. An Illusion, an eine Nachahmung der Wirklichkeit war nicht gedacht. Für den Triumph des Zeuxis dagegen
galt es daß Vögel nach den von ihm gemalten Trauben flogen,
für den noch größern des Parrhasios daß Zeuxis selbst durch einen
von ihm gemalten Vorhang getäuscht wurde und denselben weg-
schieben wollte um das unter ihm vermuthete Bild zu sehen. Hier
wurde indeß der Geist durch die vollendete Naturwahrheit der
Trauben und des Vorhangs von nichts anderm abgezogen, hier
hatte die Kunst des Machens, die Virtuosität des Scheins ihre
Stelle. Und sie übertrugen dann dieselbe auch auf Bilder des
menschlichen Lebens, wobei sie sich an ausgezeichnete Einzelgestalten, wie Helena oder Theseus, und an genremäßig aufgefaßte
Situationen und deren psychologische Charakteristik hielten. Wenn
dann Apelles und Timomachos sowol durch den Gedanken des
Werks als durch die Anmuth und Naturwahrheit der Darstellung
wirkten, so zeigten sie im Alterthum daß in der einheitlichen Durchdringung und Durchgeistigung von Form und Farbe das Ziel der
Malerei besteht.

Die Blüte der italienischen Kunst trug einen idealistischen Charakter, insofern sie der auf die Bedeutung der Sache gerichteten
kirchlichen Auffassungsweise das an der Anschauung des Alterthums genährte Formengefühl, die Schönheit der freien phantasiegeborenen Gestalt gesellte. Realistischer waren die Deutschen seit
van Eyk, welche die Individualität der sich in sich vertiefenden
Seele mit porträtähnlicher Schärfe wiedergaben, und die dem
gegenwärtigen Leben entlehnten Gestalten auch mit ihren Härten
und Besonderheiten in die von der Idee des Bildes geforderte
Stimmung und Lage versetzten. Die Venetianer und Rubens,
Murillo und die niederländischen Genremaler huldigten dann der
Lebenswirklichkeit als solcher, wußten aber mit dem frischen Auge

für das äußere Dasein auch den Tiefblick in den Kern des innern
zu verbinden. Das Element der Farbe, das im deutschen Mittelalter schon vor dem der Form gepflegt worden, feierte in ihnen
wie bei dem musikalischen Correggio seinen Triumph. Es möge
sich hier noch eine Bemerkung Unger's anschließen: „Ist es der
Stilweise der italienischen Meister entsprechend daß sie meist ent-
schiedene Localfarben wählen, indem ihr Streben nach vorherr-
schender idealer Allgemeinheit es weniger zuläßt in die speciellern
Eigenthümlichkeiten der Realität einzugehen, so macht sich bei den
Niederländern und Spaniern in dieser Hinsicht die Eigenthümlichkeit bemerkbar daß ihrer Darstellungsweise, welche mit Fest-
haltung der Idee des Malerischen den einzelnen Fall mehr als
solchen zur Anschauung zu bringen strebt, mehr die unentschiedene
Farbe zusagt; denn die malerische Entscheidung des Unentschiede-
nen bietet einem mehr artistischen Streben an sich eben das er-
giebigste Feld."

Die vollendete Kunst ist die Versöhnung der idealen Wahrheit
und Lebenswirklichkeit. Wer die einzelnen Merkmale der Naturerscheinung noch so treu aneinanderreiht erlangt damit doch noch
nicht die Lebenswirklichkeit, da der Sinn der einzelnen Theile erst
in ihrer Beziehung auf das Ganze ergründet wird, aus dessen
Einheit sie hervorgegangen sind, von der sie beseelt bleiben. Wer
dagegen der Idee keinen naturwahren Leib zu geben versteht bekundet damit daß sie ihm nur ein Schemen ist und er der Schöpferkraft entbehrt, die den Geist durch die Materie als das im Raume
sich selbst gestaltende Wesen erscheinen läßt. Wenn ein Cornelius,
ein Overbeck durch ihre ganze Eigenthümlichkeit mehr auf Composition und Zeichnung angewiesen waren, so wird man es doch
bedauern daß sie den ihnen verliehenen Farbensinn nicht in dem
Maße ausgebildet haben wie es ihre ersten Fresken in Rom ver-
sprachen. Die französische und belgische Schule ist für unsere
Zeit die andere Seite der realistischen, coloristischen Richtung, von
der in dieser Hinsicht Deutschland zu lernen hat ohne in falscher
Nachahmung die eigene Größe preiszugeben und hinter den Vorzügen der Fremde dennoch zurückbleiben. Nur ein schwächliches
oder verkehrtes Nazarenerthum meint durch Verleugnung der
Natur dem Geiste zu dienen und Saft und Kraft der Farbe
verschmähen zu dürfen, indem es das eigene Unvermögen für
Keuschheit ausgibt. Gar zu sehr ist die Heiligenmalerei schablonenhaft geworden; ein frisches Naturstudium, eine psychologische

Charakteristik gemäß der Sache und der sie durchdringenden Empfindungen soll in den typisch idealen Zügen das Werk uns menschlich nahe bringen. Male man uns die Sünderin welche Jesu
Füße mit ihrem Haar trocknet auf ähnliche Art wie uns Knaus
in die Seele der Tirolerin blicken läßt, auf deren Schos der
verwundete trunkene Bursche eingeschlafen ist! Bei den Genrebildern von Knaus, von Enhuber hat man den Eindruck als sei
man diesen Figuren oder Gesichtern schon einmal im Leben begegnet; es ist dabei ein ganz Individuelles in der typischen Haltung,
Bewegung, Geberde des Gerichtsdieners, des Strolchs, des geld-
protzigen wie des tüchtigen Bauern, was uns anheimelt; dagegen
hat man bei vielen idealistischen Bildern, namentlich moderner
Heiligenmalerei die Empfindung daß man diese Gesichter mit diesem Augenauf- und -Niederschlag zwar niemals im Leben, aber
schon oft in der Kunstwelt gesehen hat.

Es ist vielleicht hier der Ort noch ein Wort über Nacktheit
und Gewandung in der Malerei zu sagen. Da diese nicht die
Leibesschönheit als solche, sondern den Seelenausdruck darzustellen
die eigenthümliche Aufgabe hat, so wird sie denselben im Angesicht und in der Geberde concentriren, im übrigen aber die Gewandung vorziehen, indem durch die Verhüllung die Bedeutung
des Unverhüllten gehoben wird, der gemalte Körper aber nicht
wie in der Plastik die kühle Weihe des Idealen und Schönen
durch die reine Form empfängt, sondern in der Lebenswärme und
der Illusion der Farbe viel leichter dem blos sinnlich Reizenden
und Lüsternen verfällt. Wir meinen mit Vischer: daß es keineswegs der Malerei versagt sei das Wundergewächse des Körpers
auch in der Zusammenwirkung seines warmen Farbenlebens mit
dem Schwung und Fluß der Formen zu enthüllen, ohne darum
den Ausdruck höher als zu einer Stimmung unschuldiger Sinnlichkeit zu steigern; aber wir machen darauf aufmerksam, daß was
einem Tizian gelingt, „durch die Höhe der Kunst jeden Anreiz
zur Begierde im Zuschauer vor der Bewunderung des Meister-
werks der Natur niederzuhalten", nur von wenigen erreicht und
von minder reinen und hohen Geistern gar nicht einmal erstrebt
wird. — Zeigt uns die Malerei was der Mensch erlebt hat, wie
seine eigene individuelle Natur sich unter dem Einfluß der Welt,
im Kampf mit ihr und ihren Zufällen entwickelt hat, so wird
sich das alles weit mehr dem Antlitz eingeprägt haben und dort
zu lesen sein, als es im übrigen Körper zur Erscheinung kommt.

Darum tritt seine Nacktheit, diese Wonne der Plastik, nun hinter
die charakteristische oder Zeit und Ort andeutende Gewandung
und hinter den Gesichtsausdruck zurück. Gemalte nackte Figuren
lassen den Menschen doch mehr als Gattungswesen denn als geistig
durchgebildete Persönlichkeit erscheinen; ihr individualisirtes ge-
schichtliches Leben fordern wir von der Malerei, jene allgemei-
nere Schönheit von der Sculptur. Diese wählt Motive der Stellung und Haltung welche sich aus der Gestalt allein erklären,
jene läßt sie von außen erregt werden und zeigt sie in der Wechselwirkung mit andern und mit dem gemeinsamen Hintergrund, der
gemeinsamen Umgebung; wo dies letztere nicht betont und die
Gestalt für sich behandelt ist, da wird die Malerei statuarisch.
    In Bezug auf die Gewandung wird die Malerei durch die
Tracht und das Tragen die Individualität persönlich, zeitlich,
national charakterisiren; sie wird naturalistisch an der Wiedergabe
des Stoffs ihre Freude haben, idealistisch durch wohlgefügten
Faltenwurf der Plastik sich annähern, immer aber dem Momen-
tanen, Willkürlichen, Zufälligen, von außen Bedingten ihrem
Grundprincip nach mehr Spielraum gönnen. Gegen die französische Mode aus Abraham einen Abbel Kader mit Burnus und
wallendem Kopfshawl zu machen und Rebekka wie eine kaby-
lische Wasserträgerin anzukleiden bemerkt Semper sehr schlagend
daß die weitfaltigen flatternden Gewänder des heutigen Orients
ja nicht uralterthümlich, sondern ein Nachklang der griechisch-
römischen Gesittung sind, die sich seit Alexander, seit Cäsar auch
in Asien und Afrika Bahn brach. Historische Bilder haben einmal ein ideales Gepräge, und darum fordern wir für sie die Auffassung der Draperie nach dem Princip des freien Faltenwurfs
und des Massengleichgewichts, wie das die Griechen als das naturgemäße und schöne seit den Perserkriegen an ihnen selbst und in
ihren Kunstwerken zur Erscheinung brachten. Was wäre Michel
Angelo, wenn er aus seinen Erzvätern und Propheten Beduinen-
scheikhs, aus seinen Sibyllen moderne Jüdinnen aus Damascus
oder Fischerinnen aus Nettuno gemacht hätte!
    Mit der Auffassung nun steht die Ausführung im innigsten
Zusammenhange, und diese ist wieder an das Material geknüpft,
das für sie nicht gleichgültig ist, vielmehr selbst sich den verschiedenen Stilarten anschmiegt, sodaß diese durch die Eigenthümlichkeiten des Materials getragen werden. Es kommt hier sowol die
Fläche auf welche, als das Material mit welchem gemalt wird in

Betracht. Jene kann die geglättete Wand eines Gebäudes, und damit architektonisch fest und monumental sein, oder sie kann beweglich hergestellt werden, und es können dann Stein-, Metall- und Holzplatten, Pergament, Leinwand, Elfenbein und Papier, sowie auch das durchsichtige Glas verwendet werden. Darstellungsmittel sind schwarze, weiße, farbige Körper, Erdarten wie Graphit oder Metalloxyde, Kohle und Pflanzensäfte, oder das Roth der Purpurschnecke. Man kann wie bei der Zeichnung mit Kohle und Stiften die trockenen Farbstoffe verwenden und sie wie beim Pastell ineinander verwischen; man kann sie in Flüssigkeiten auflösen, auftragen und trocknen lassen, und Wasser, Eiweiß, Feigensaft, Wachs, Oel als Bindungsmittel nehmen.

Die Malerei kann als zeichnende Kunst bei der Zeichnung stehen bleiben. Formlos nebeneinander aufgetragene Farben sind künstlerisch nichtssagend, aber der bloße Umriß spricht, ja er kann für sich einen genügenden und befriedigenden Eindruck machen, wie Flaxman, Cornelius und Genelli durch meisterhafte Werke bewiesen haben. Findet doch Franz Kugler die Zeichnungen der Entwürfe für das Campo Santo in Berlin so herrlich und in sich vollendet, so durch die einfachen Linien den ganzen Sinn der idealen Anschauung aussprechend und darlegend, daß er von der größern Ausführung in der Modellirung von Licht und Schatten und im Glanz der Farbe mehr für sie fürchtet als hofft. Flaxman rief für Darstellungen aus der Antike, für Compositionen nach Homer, Hesiod und Aeschylus den Stil der griechischen Vasengemälde wieder ins Leben, und übte die Kunst mit Wenigem viel zu sagen, nur das Wesenhafte und Nothwendige und dieses darum in ungetrübter Klarheit darzustellen. Da hier die Form allein wirkt, so trägt das Werk ein plastisches Gepräge und schließt sich zunächst dem Relief an. Es gilt die Figuren möglichst ganz, voll und schön zu entfalten, sie im gleichen Lichte zu zeigen und nicht die Undeutlichkeit der Ferne hereinzuziehen, sondern das Ganze auf Einer Ebene oder mit wenigen Vertiefungen und Verkürzungen auszubreiten; denn die Schattenangabe fehlt, durch welche diese letztern erst ihren rechten Ausdruck finden. Der architektonische Aufbau der Composition im Rhythmus der Linien soll uns gefallen, und diejenigen Charaktere eignen sich für solche Zeichnungen welche gleich den Helden der Bibel oder der griechischen Poesie in schlichter Größe die Grundrichtungen des menschlichen Geistes, die Grundstimmungen der Seele ausprägen und durch ihre Thaten mit ungebrochener Entschiedenheit äußern, sodaß die Einfachheit der scharf bestimmten, in sich geschlossenen Form dem Stoff gemäß ist, und der ideale Inhalt im harmonischen Fluß und Adel der Linien offenbar wird.

Einen Schritt weiter geht die Zeichnung, wenn sie auch durch die Modellirung von Licht und Schatten innerhalb der Umrisse die Figuren rundet und die Perspective in der größern Kraft der Vordergründe, in den minder scharfen Linien der Ferne unterstützt. Hier wird eine größere Figurenfülle, eine feinere psychologische Charakteristik möglich, und wie wol die Maler solche Zeichnungen vor der Ausführung eines Bildes in Farben als Carton zu entwerfen pflegen, so haben Cornelius und Kaulbach ihre Compositionen zu den Nibelungen, zum Faust, zum Shakespeare in dieser Weise ausgeführt. Hier verlangen die Charaktere individuellere Durchbildung, schärferen und mannichfaltigeren Ausdruck als die bloße Umrißzeichnung leistet; ja auch Stimmung und Beleuchtung wirken zusammen.

Der menschliche Erfindungsgeist hat Mittel gefunden solche Zeichnungen zu vervielfältigen, indem sie in Kupfer eingegraben, in Holz geschnitten, auf Stein geätzt werden und sich dann abdrucken lassen. In der eigentlichen Malerei herrscht nicht die Linie, sondern die Fläche, die Gegenstände unterscheiden sich als farbige Flächen voneinander; die Zeichnung hat dies nachgeahmt und die Formen nicht durch scharfe Umrißlinien begrenzt, sondern nur durch hellere oder dunkle Schattentöne voneinander unterschieden und abgehoben, und Kupferstich, Stahlstich, Lithographie sind auf diese Bahn eingegangen. Die Stimmung eines Gemäldes läßt sich allerdings so auf eine weiche Art wiedergeben, und wo sie vorwiegt, wie z. B. bei Correggio, bei niederländischen Genrebildern, ist diese Weise am Ort; minder aber scheint sie da berechtigt wo die Form Hauptsache ist, und da diese durch die Zeichnung ihren Ausdruck findet, hat seit Cornelius auch die sogenannte Cartonmanier, welche die Umrisse bestimmt zeichnet und dann innerhalb derselben modellirt, ohne die ganze Figur mit Strichen zu decken, durch Amsler, Schäffer, Thäter, Keller, Eichens und andere ihre Pflege gefunden, wie sie zur Zeit der großen Meister früherer Jahrhunderte durch Dürer selbst in Deutschland, durch Marc Anton in Italien geblüht hatte, und dem Begriff der zeichnenden Kunst am besten entspricht. Wenn übrigens die mehr malerische Weise so energisch wie von Morghen und

Toschi, so geistreich wie von Desnoyers, so bestimmt in den Formen wie von Müller, so zart wie von Schäffer, Mandel, Steinla, Raab geübt wird, wenn sie bei Genrebildern auch die verschiedenen Stoffe so trefflich wiedergibt, wie das Wille vermochte, so wird nur ein abstractes Hängen an Principien sich die Freude daran verkümmern, während das mehr dem Reiz ergebene große Publikum gerade hier seine Befriedigung findet.

Die Lithographie wird nicht in den Stein eingegraben, sondern nur als Kreidezeichnung an dessen Oberfläche geheftet, und der Stein wird dann chemisch behandelt, sodaß nicht die leeren Stellen, sondern nur die bezeichneten die Druckschwärze annehmen. Das Körnige des Steins und der Kreide läßt die Schärfe des Kupferstichs nicht zu, das Bild erscheint flüssiger, leichter, und eignet sich mehr für Genrebilder als für monumentale Werke. Bei dem Holzschnitt bleiben die aufgezeichneten Linien stehen, während die Zwischenräume herausgeschnitten werden; seiner Natur nach sind ihm darum die freien malerischen Verschmelzungen versagt, aber eine charakteristische Kraft, eine „saftige Derbheit" ist dafür sein eigen, und mit Recht hat man diese Behandlungsweise aus den Tagen Dürer's und Holbein's wieder als künstlerische aufgenommen. Und wie damals diese Künstler, ja schon ein Martin Schön für diese Vervielfältigung durch Kupferstich und Holzschnitt componirten, wie gerade hier der Gedankenreichthum und der Humor, ja das Phantastische ihre rechte Stelle fanden, so gehen auch in der Neuzeit tüchtige Künstler, vor allen der liebenswürdige Richter, auf dieser Bahn. Die Eigenthümlichkeit deutscher Kunst, wie sie auf Idee und Zeichnung gebaut ist, findet hier ihr Genüge, während Frankreich und Belgien in der Durchbildung des Malerischen glänzen.

Man hat auf Metallplatten durch Einätzen der Schattenabstufungen oder durch Herausschaben der Lichtpartien die Tuschzeichnung durch schwarze Kunst oder aqua tinta nachgebildet und allerdings dadurch eine große Weichheit der ineinander übergehenden Töne und einen malerischen Effect erzielt, aber die Bestimmtheit der eingegrabenen Linien eingebüßt. Sehr ungenügend ist es sie durch kleinere oder größere Punkte in der Punktirmanier zu ersetzen, weil gerade die Linien zur Schattenangabe nicht blos in geraden Strichen nebeneinandergelegt werden, nicht blos in ihrem vollern Anschwellen oder Feinerwerden die Uebergänge aus dem Dunkeln ins Helle vermitteln, sondern in den wechselnden Rich-

tungen, die sie nehmen, in dem gerundeten Schwung ihrer Bahnen
den Zug der Muskeln oder Gewandfalten angeben, die sie modelliren, sodaß sich hier das Formenverständniß des Künstlers bewährt. Eine Strichlage kann dabei von einer andern gekreuzt und
dadurch der Schatteneindruck verstärkt, die Modellirung modificirt
werden. — Für Metallplatten ist der Stahl durch seine große
Härte zwar für große Vervielfältigung geeignet, da der Druck ihn
wenig angreift; er setzt aber dem Grabstichel viele Schwierigkeiten
entgegen, er reizt zu allzu dünnen Linien, während er die breitere
Kraft hemmt und das zartere Gefühl der Hand im Anschwellen-
lassen der Striche erschwert. Alles dies ist bei dem weichern
und doch scharfen Kupfer nicht der Fall; Energie und empfindungsvolle Anmuth der Form vermögen hier gleichmäßig zu Tage zu
kommen. Bei der Radirmethode zeichnet der Künstler auf den
bearbeiteten Aetzgrund und überläßt das Eingraben chemischen
Mitteln; für das rasch und skizzenhaft Hingeworfene wie für stimmungsvolle Wirkung geeignet gestattet doch diese Weise nicht die
Vollendung durch die lebendige Hand und das künstlerische Gefühl
des Kupferstechers. Derselbe wird also lieber die erste Anlage
einmal einätzen, dann aber sie ins Feinere aus- und durcharbeiten.
— Am raschesten und unmittelbarsten gibt die Photographie das
Original wieder, vornehmlich die Zeichnung, während die Farben
verschieden und unharmonisch durch Licht und Schatten ausgedrückt
werden. Sie hat eine weit größere Verbreitung der Kunst möglich gemacht als man früher ahnte, und die andern Vervielfälti-
gungsweisen zu gesteigertem Wetteifer aufgerufen.

Wir wenden uns mit unsern Betrachtungen über das Technische und seinen Zusammenhang mit dem Kunststil zur eigentlichen
Malerei. Wir unterscheiden Wand- und Staffeleibilder. Die
erstern werden auf das Mineral, auf den Bewurf der Mauer
ausgeführt und ihm verbunden, aber nicht durch Fett, nicht über-
firnißt, sodaß die Farbe eine große Leuchtkraft entfaltet ohne zu
spiegeln. Bei dieser Weise al fresco werden die Farben auf den
frischen, glattgestrichenen Mörtel aufgetragen und an der Oberfläche dann festgehalten durch eine dünne Schichte kohlensauren
Kalks, der sich durch Anziehen der Kohlensäure aus der Luft bildet. Die künftige Wirkung des getrockneten Bildes muß hier
erschlossen werden; ist sie mangelhaft, so bleibt alles Nachbessern
versagt, das Ungenügende muß herabgeschlagen und völlig neu
gemalt werden. Jeder Tag verlangt die Vollendung eines in sich

begrenzten kleinen Ganzen, an das die Arbeit des folgenden Tages
sich ansetzen kann. Diese Raschheit der Ausführung, diese Unmöglichkeit des Nachbesserns führt dann von selbst den Künstler dazu
auf das Erstreben feinster Farbenreize, auf kleines Detail zu verzichten, das Gewicht auf die Composition, auf das große Ganze,
auf die geistvolle Charakteristik durch die Form zu legen, und so
den architektonischen Aufbau des Bildes, die plastische Größe der
Einzelgestalten vor dem musikalischen Element der Farbenharmonie
zu betonen. Die Technik leitet zu dem monumentalen Gepräge,
welches das dem Bau fest verbundene Gemälde auch dieser seiner
Natur nach verlangt. Die Architektur wirkt durch Massenhaftigkeit, der umfassende Raum, den sie bietet, soll durch große Dimensionen ausgefüllt werden; diese widersprechen aber den kleinen
Gegenständen des gewöhnlichen Lebens, sie widersprechen einer
genrehaften Auffassung, einer humoristischen, mit dem Stoff spie-
lenden Behandlung.

Das naheliegende Beispiel eines Misgriffs sind in dieser Hinsicht die Fresken Kaulbach's an der neuen Pinakothek in München.
Daß hier die zeitgenössische Kunstgeschichte nicht mit feierlichem
Pathos glorificirt, daß in satirischen Anspielungen auch Mängel
und Verkehrtheiten hereingezogen worden, hat bei einzelnen Ge-
troffenen und bei solchen Kritikern Anstoß erregt, die dem Großen
gegenüber dem Scherz kein Recht gestatten wollen, während die
Nachwelt unsere Zeit, wenn sie sich selbst mit Grandezza den
Kranz aufs Haupt setzt, gar leicht der Eitelkeit bezichtigen, der
Geistesfreiheit des Meisters aber sich erfreuen wird, der was er
und seine Genossen gethan, auch mit Humor zu behandeln den
Muth und die Bescheidenheit hatte. Hier liegt für mich kein
begründeter Tadel, sondern ein Lob, und ich freue mich der
Skizzen von Kaulbach's Hand, die einen Seitensaal im Innern
schmücken, ich würde mich einer Ausführung derselben etwa als
Treppenfries gefreut haben; aber der kolossalen Größe der Bilder
an der Außenwand widerspricht — abgesehen von dem Mittelbild
und der Bekämpfung des Zopfs, und selbst auch hier etwas —
die genremäßige Auffassung, die hereinspielende Komik. Andererseits ist die Selbstbespiegelung der Kunst eine misliche Aufgabe,
die wieder die Ironie herausfordert. Man soll eben malen und
dichten wie man handelt und lebt, nicht wie man malt und dichtet.
Begebenheiten aus dem Leben der Maler mit einer symbolischen
und durch den Stil sie nachbildenden Bezeichnung einer Kunstperiode,

wie das Cornelius in den Pinakotheksloggien in kleinerm Maßstabe that, das ist eine andere Sache als das bloße Malen,
Bauen, Bildhauen wieder zu conterfeien.

Für monumentale Werke verlangen wir einen der Verewigung
werthen, das Volksgemüth ergreifenden oder von ihm getragenen,
das Wesen der Menschheit aussprechenden Stoff. An den Bau
gebunden sollen sie in Beziehung mit ihm stehen, in der Kirche
also die heilige, im Rathhaus die weltliche, in der Aula oder der
Kunsthalle die Culturgeschichte veranschaulichen. Wir verlangen
aber auch daß es dem Meister gelinge seine Compositionen der
Gliederung des Raumes so anzuschließen daß sie durch dieselbe
nicht beschränkt, sondern vielmehr aus ihr wie eine Blüte hervor-
gewachsen scheinen. So hat Rafael an den ununterbrochenen
Wänden eines Zimmers die Disputa und die Schule von Athen
entfaltet, den Parnaß aber von zwei Seiten sich über ein Fenster
erheben lassen und auf den ansteigenden Seiten mit Dichtern be-
völkert, während in der Mitte und Höhe Apoll mit den Musen
weilt. Auf der gegenüberliegenden Seite entspricht die Darstellung
von der Gründung des bürgerlichen und kirchlichen Rechts auf
eine frei symmetrische Weise, und die symbolischen Gestalten der
Decke, Theologie und Philosophie, Poesie und Gerechtigkeit concentriren in Einzelgestalten was die großen Compositionen der
Wände so reich und voll in lebendigen Gruppen entfalten. So
hat der Künstler auch bei den Sibyllen in der Kirche Santa Maria
bella Pace den scheinbar ungünstigen Raum sich die glücklichsten
Motive für die Composition selbst an die Hand geben lassen.
Dies hat schon Goethe richtig wahrgenommen und mit folgenden
Worten den Meister gegen schiefe Urtheile vertheidigt: „Rafael
war niemals von dem Raume genirt den ihm die Architektur
darbot, vielmehr gehört zu der Großheit und Eleganz seines
Genies daß er jeden Raum auf das zierlichste zu füllen und zu
schmücken wußte, wie er augenfällig in der Farnesina gethan hat.
Ebenso ist auch in den Sibyllen die verheimlichte Symmetrie,
worauf bei der Composition alles ankommt, auf eine höchst geistvolle Weise obwaltend; denn wie in dem Organismus der Natur
so thut sich auch in der Kunst innerhalb der genauesten Schranken
die Vollkommenheit der Lebensäußerung kund." Auch Cornelius
kann uns in der Glyptothek wie in der Ludwigskirche zum Beispiele der Raumbenutzung dienen. Brunn hat angesichts der
Wandmalerei Rafael's es geradezu als Gesetz der Composition

ausgesprochen: daß die Grundlinien der Composition zusammenfallen müssen mit den geometrischen Linien die sich im Zusammenhange der Architektur aus der Umgrenzung des gegebenen Raumes
entwickeln lassen. Ein niederes Rechteck mit darüber gespanntem
Halbkreis ist der Raum für die Disputa: das Irdische erhält in
jenem, das Ueberirdische in diesem seine Stelle; dort herrschen
senkrechte und horizontale Linien, hier wölbt sich der vertiefte
Hintergrund zur Nische; auf einer Bogenlinie thronen die Gestalten des alten und neuen Bundes, Christus bildet die Mitte,
und von den Häuptern des Johannes und der Maria zu seinen
Seiten steigt eine halbkreisförmige Glorie empor. Auf ähnliche
Art klingen die senkrechten Linien und der Bogen in der Architektur
der Schule von Athen wieder. Zwischen den Sibyllen steht der
fackeltragende Genius auf dem Schlußstein des Gewölbes, um das
sie sich gruppiren. Das Gemälde der Constantinschlacht ist wie
ein Teppich ausgespannt: der Kaiser selbst hält dort hoch zu Roß
wo die Diagonalen des Rechtecks sich schneiden; die Engel in der
Luft vertreten die Richtung und Bewegung der drei Heeresmassen
auf Erden und werden dadurch zu den lenkenden Genien der Schlacht.

In den Wandgemälden also verlangen wir einen ungebrochenen
Zusammenhang mit dem Raum, sodaß dieser wie er gegeben ist
verwerthet wird und die Bilder selbst an ihm seine architektonische
Gliederung hervorzuheben oder näher zu bestimmen scheinen, während die äußere Form für Staffeleigemälde Sache der freien Wahl
ist, und Schwierigkeiten, deren Ueberwindung dort zu Motiven
der Schönheit werden kann, hier, wo sie nicht bestehen, auch nicht
gesucht werden dürfen, weil sie sonst an sich grundlos nur ein
Prunken mit eitlem nutzlosem Kraftaufwand zeigen würden. Für
die Durchführung des Wandgemäldes aber ergibt sich die architektonische Strenge des Stils, die allem Monumentalen eignet, indem sie das geistig Bedeutende und Wesenhafte rein und voll ausspricht. Sie kann, sie wird unter Umständen mit Recht auf die
naturalistisch glänzende Durchbildung des malerischen Scheins verzichten, da sie in der Welt der Ideale lebt und webt und von
dem Eindruck des großen Ganzen die Sorgsamkeit für die Illusion
im Einzelnen leicht abzieht; zugleich aber wird diese von der
Technik kaum gestattet, die auf den Zauber der Farbe bei der
Unmöglichkeit des Uebergehens im Fresco um der Zeichnung willen
verzichtet. Die idealistische Auffassung und Ausführung gehen
also hier Hand in Hand. Die Wandmalerei will nicht die Wand

durchbrechen, den Blick in die Ferne aufthun, sondern die Ebene,
das Gewölbe als solches schmücken. Sie will nicht täuschen, sondern erfreuen, sie bleibt darum einfacher, reliefartiger als die
Tafelmalerei. Wir verlangen an Außenseiten vor allem die klare
Silhouette, die auf dem goldnen oder einfarbigen Grund sich so
deutlich abhebt wie auf dem Schwarz der antiken Vase; wo Figuren
einander decken oder durchschneiden, da werden sie undeutlich wie
Statuengruppen die in freier Luft das Gleiche thun.

Der Gegensatz gegen die großräumige Wandmalerei sind die
kleinen auf der Staffelei ausgeführten Cabinetsbilder, die auf die
Betrachtung in der Nähe berechnet die feinste Durchbildung alles
Besondern verlangen, bei denen für die Gegenstände der Darstellung selbst oft das Interesse von seiten des Künstlers erst
durch die Sorgfalt und Liebe der Ausführung geweckt werden
muß, und die Virtuosität des Machens in der Wiedergabe der Erscheinungswelt als solcher ihren Spielraum hat. In ihrer Vollendung werden sie indeß ebenso wenig des Stils als jene der Naturwahrheit ermangeln.

Wasserfarben wirken (in der Aquarellmalerei) kälter, als wenn
das Bindemittel ein fettes vollsaftiges ist. Man nahm dazu früher
Eiweiß oder Feigensaft in der Temperamalerei. Das Mittel
scheint hier etwas zu fest und zäh; es trocknet schnell, es läßt die
Farben zu wenig ineinander verfließen, bringt einen mehr ge-
strichelten Vortrag als den breiten Zug des Pinsels mit sich. Im
spätern Alterthum war die enkaustische Malerei beliebt, die man
auch in neuerer Zeit wieder versucht hat. Hier war Wachs das
Bindemittel, und man verschmolz die Farben dadurch inniger
ineinander daß man eine glühende Platte oder heiße Stifte über
das fertige Bild hinführte und so die aneinander grenzenden Töne
in Fluß und zu inniger Verbindung brachte.

Die durch van Eyck zwar nicht erfundene aber in ihrem Wesen
erkannte und ausgebildete Oelmalerei hat an sich das flüssigere
Bindemittel; sie ist für die Lebenswärme der Natur dadurch am
fähigsten daß sie untere Farben durch die obern durchschimmern
läßt und somit es möglich macht das Colorit nicht als ein an der
Oberfläche des Körpers haftendes, sondern als eine Offenbarung
ihres innern Wesens, sowie die Wechselwirkung der ineinander
verschwebenden Reflexe, oder den über die Localfarben sich aus-
breitenden Gesammtton in der Luftperspective, im Abendroth, in
der Gewitterschwüle u. s. w. darzustellen. Man untermalt ein

16*

Bild nicht blos um es nachzubessern, sondern um eine farbige Unterlage zu gewinnen, die da und dort, wie namentlich in Schattenpartien, andere, manchmal die complementäre, entgegengesetzte Farbe trägt als das vollendete Werk zeigen soll. Auch das übermalte Bild kann dann noch einmal mit durchsichtigen Farben übergangen oder lasirt werden. Die Farben selbst gestatten ein kräftiges, pastoses Auftragen, sodaß die hervorragenden Punkte selbst dadurch leuchtend werden können. Die Technik an sich reizt hier zur vollen Entwickelung des specifisch Malerischen, des Elementes der Farben; sie gründet sich auf ein sorgsames Naturstudium, und wie sie die Erscheinungswelt als solche wiedergibt wird sie auch die äußern Bedingungen und Umstände, unter denen ein Geistiges in die Erscheinung tritt, eine That sich vollzicht, ein Ereigniß sich begibt, neben ja vor deren innerer Bedeutung, deren idealem Werth ins Auge fassen und wieder zur Darstellung bringen. Dies, der realistische, auf Naturwahrheit ausgehende, auf Farbenwirkung hinarbeitende Stil ist hier berechtigt, sofern nur nicht die Sache selbst, das heißt der Zweck des Bildes und die Bedeutung des Gegenstandes dadurch beeinträchtigt wird.

Der neuern Zeit, die nach Vermählung des Idealen und Realen, des Religiösen und Historischen, der Natur und des Geistes strebt, ist eine neue Erfindung in der Stereochromie geworden. Hier wird nicht auf den nassen Kalk gemalt, sondern der Bewurf der Mauer wird, wenn er trocken geworden, abgerieben, daß er eine ebene feinkörnige Fläche bildet, und die Farben werden nur gemischt mit Wasser oder einer schwachen Wasserglaslösung aufgetragen. Hier sind Nachbesserungen im Einzelnen, sowie, wenn das Ganze einmal dasteht, zur Herstellung der Harmonie möglich; die Leuchtkraft des Kalkes bleibt bewahrt, die Spiegelung bleibt vermieden; statt des Firnisses der Oelbilder wird das vollendete Werk mit einer Auflösung von Wasserglas überspritzt, die mit der Unterlage des Mörtels sich zu steinharter Festigkeit verbindet, während die Farben unverändert bleiben, aber durch den feinen Glasüberzug gegen alle schädlichen Einwirkungen der Atmosphäre, des schwärzenden Dampfes u. s. w. geschützt sind, die den Frescobildern mit der Zeit so nachtheilig werden.

Genau angesehen kann man jedes Gemälde als ein Nebeneinander kleiner farbiger Punkte erkennen; es läßt sich also auch aus farbigen Stein- oder Glasstiften ein Bild zusammensetzen, das von fern gesehen die feinen Uebergänge nicht vermissen läßt. Wie

der Teppichwirker oder die Straminstickerin ihre Gebilde dadurch
herstellen daß sie kleine Quadrate mit verschiedenfarbiger Wolle
oder Seide ausfüllen, so verfährt auch der Mosaikarbeiter mit
kleinen Quadraten aus festem Material, die er aneinanderfügt.
Diese Werke sind vorzugsweise monumental, und finden an Fußböden, an Innenwänden und Fassaden der Kirchen eine sinnvolle
Anwendung; aber auch im Kleinen werden sie zum Schmuck in
edle Metalle gleich einzelnen werthvollen Steinen gefaßt. Der
Mosaikarbeiter verkennt seine Aufgabe, wenn er mit dem Oel-
maler wetteifern will; aber die einfach großartigen Christus- und
Apostelgestalten auf Goldgrund in der alten Basilika sind in
ihrer ehrfurchtgebietenden Strenge so großartig und machtvoll,
daß wir von einem eigenen Mosaiktypus am Beginn der christlichen Kunstgeschichte reden können, und als Wiedergabe eines
historischen Bildes von erstem Rang, wahrscheinlich der Schlacht
zwischen Alexander und Darius, die Philoxenos für Kassander
malte, und die nach Plinius keinem andern Gemälde nachzusetzen
war, ist uns der Fußboden eines Pompeianischen Hauses un-
schätzbar geworden.

Wählt man farbiges Glas zur Mosaik, so kann man die
Durchsichtigkeit des Materials verwerthen und das Bild zum
Fensterverschluß benutzen. Dies war der Anfang der Glasmalerei.
Es war in alten Zeiten leichter glänzend gefärbtes als farblos
reines Glas zu gewinnen; damit lag es nahe die einzelnen Stücke
zu einem vielfarbigen harmonischen Muster zusammenzufügen und
die Mosaik der Wände und Fußböden auch an den Fenstern fort-
zusetzen, oder die früher zu deren Verschluß angewandten Teppiche
in Glas nachzubilden. Wie diese neben dem Arabeskenornament
auch Figuren enthielten, so gab man durch die Bleieinfassung oder
eine aufgezeichnete schwarze Linie den Umriß solcher Gestalten an,
und füllte das Innere mit kleinen einfarbigen Glastafeln aus, die
man musivisch zusammensetzte. Es war diese älteste mittelalterliche Art also mehr ein Malen mit Glas, denn auf Glas; man
half nur in dunkler Farbe mit Schattenstrichen etwas nach. Diese
erste und einfachste Weise erhielt sich bis in die Mitte des
14. Jahrhunderts. Das Fenster war im Einklang mit dem
ganzen Bau durch einen Rundbogen abgeschlossen, oder durch einen
Spitzbogen und unter demselben mit Maßwerk bekrönt; mit ara-
beskenartig verschlungenen Linien, mit Maß- und Laubwerk wurden auch die Fensterscheiben verziert; sie erschienen wie aus Glas

bereitete Teppiche, auf deren Grund sich dann allmählich auch
Figuren erhoben, aber in schlichtem strengen Stil von nur geringer
Größe, gewöhnlich nur einzelne Heilige oder mehrere einfach zu-
sammengeordnete Gestalten, die aber mit ihrer Gruppe nur ein
Feld zwischen den Fensterstäben einnehmen. Die Vertheilung zu-
sammengehöriger Figuren in mehrere Felder ist schon selten, und
dann immer so daß sie sich leicht ergibt und jede Gestalt eine gewisse Selbständigkeit bewahrt, wie wenn im einen Feld Maria,
im andern der sie begrüßende Engel erscheint. W. Wackernagel,
der diese Weise für die sachgemäße und allein richtige hält, sagt
darüber: „Immer waren die Figuren nur eingeordnete Glieder
der ganzen farbenbunten Ausschmückung, sprangen nicht aus derselben grell hervor, sonderten sich von den übrigen nur insoweit
aus als sich die Abbildung einer belebten menschlichen Gestalt
natürlich und von selbst aussondern mußte; ihre Zeichnung war
ebenso streng als die der Arabesken, ja man möchte sagen selbst
in Arabeskenart gehalten, und wenn das Ende des Zeitraums
ihnen auch schon eine größere Wärme und mehr Weichheit der
Bewegung gab, die Einfachheit ward behauptet. Und so boten
die Glasgemälde bei all ihrer Buntheit doch dem Auge ein im
Gesammteindruck sich innig verschmelzendes Gemisch von Farben
und Formen, von Menschengestalten, von Blumen- und Blätter-
ranken, von architektonischen Gebilden, von bloßer Linearverzie-
rung, boten ihm einen Eindruck dar, der sich vollkommen dem der
romantischen Dichtkunst an die Seite stellen läßt. Zwischen Ge-
mäldefenstern wie denen des Kölner Doms und Gedichten wie dem
Titurel Wolfram's von Eschenbach bestand zuletzt kein weiterer
Unterschied als der der Sinne, welche hier und welche dort die
Aufnahme in die innere Anschauung vermittelten. Und wie ward
diese Farbenmusik noch reicher gestimmt durch die Bilder auf den
Altären, durch die Teppiche an der Mauer, durch die Malerei
und Vergoldung der Capitäle und Gewölbschlußsteine, durch die
goldstrahlenden, oft auch mit Bildern reich geschmückten Gewänder
der Priesterschaft!"

Ursprünglich also setzte man das Bild aus so vielen Glas-
stücken zusammen als es Farben hatte. Nachdem man größere
und farblose Glastafeln bereiten gelernt, erfand man Schmelz-
farben, die man auftrug und einbrannte, wodurch man mehrere
Farben nebeneinander gewann; und indem man die Verbleiungs-
linien den Hauptformen folgen ließ, war es nun leicht, dramatisch

bewegte Gestalten, reiche Gruppen abzubilden und sie durch Licht-
und Schattenwirkung zu modelliren. Man wagte größere Figuren,
die aus einem Feld in das andere hineinragten, und es ist dann
als ob man ein großes reiches Bild hinter einem Gitterwerke,
den Stäben des Fensters, sähe. Die Technik des Einbrennens
ward freilich schwieriger, und es trennten sich der Maler der das
Bild entwarf und der mehr handwerkliche Meister der es ausführte. Die Oelmalerei entfaltete ihre Blüte, und man suchte
ihre Reize auf dem Glas nachzuahmen. Die Bilder traten vielfach aus dem Stil der Kirche, aus der Unterordnung unter die
Architektur heraus; sie gingen dann in die Stadt- und Wohn-
häuser der Reichen über, und hier waren es besonders glänzend
ausgeführte Wappen die man liebte, mit vielfältigem auch land-
schaftlichem Beiwerk. Die Religionskriege zerstörten viele dieser
Werke und hemmten mit ihrer Verwilderung den Kunstbetrieb;
der nüchterne Sinn des 18. Jahrhunderts verschmähte die bunten
Fenster mit ihrem mystischen Dämmerschein; die Glasmalerei kam
völlig in Vergessenheit. Erst in unserm Jahrhundert ward sie
wieder erfunden, und schloß sich in Deutschland und Frankreich
der neubelebten bildenden Kunst würdig an.

Der Fortschritt der Naturwissenschaften und der industriellen
Technik läßt die Glasmalerei jetzt über die reichsten Mittel gebieten; er darf sie nicht verleiten ein virtuosenhaft prunkendes Spiel
mit ihnen zu treiben. Die Fenster müssen sich dem Gebäude anschließen, der Stil des Gemäldes dem Stil der Kirche. Man
zeichne immerhin große Gestalten, aber man suche sie zwischen den
aufwärtsstrebenden Fensterstäben so zu gliedern daß sie gar nicht
oder doch nur selten und an Stellen von ihnen durchschnitten
werden wo dieses die ganze Haltung nicht beeinträchtigt. Man
gebe der Composition eine schlichte Würde, man erfreue sich der
ungebrochenen gesättigten Farbe, die hier ihren wunderbar leuchtenden Glanz wirken läßt, und verzichte auf zu feine Details,
zu viele Modellirung; man wolle nicht durch Luftperspective und
durch landschaftliche Hintergründe den falschen Schein erwecken
als ob man aus der Kirche in die Welt hinausblicke; denn man
soll in dem Heiligthum zur Sammlung des Gemüths, zur Einkehr in Gott von den Zerstreuungen der Außenwelt abgeschlossen
sein, und dies wird ausgedrückt werden wenn sich die Gestalten
wie reliefartig auf einem eintönigen oder arabeskengeschmückten
Grund erheben, wodurch dann die Erinnerung an die raumver-

schließenden Teppiche wach erhalten bleibt. Jene vielen kleinern Figuren zwischen den Arabeskenranken betrachtet niemand leicht im Einzelnen, sie geben nur eine allgemeine Stimmung. Die gothische Kirche aber, welche die Starrheit, Massenhaftigkeit und Fläche der Mauern überwunden hat und den ganzen Bau aus lauter selbständig emporragenden Gliedern bildet, gewährt der Wandmalerei so wenig Raum daß die mächtigen Fenster natur- gemäß der Ort werden wo die heilige Geschichte in sinnvollen Bildern dem Christen sich darstellt. Nur daß die Composition in großartiger Schlichtheit der religiösen Würde nachkomme, daß auf die vielstimmige Farbenharmonie geachtet werde, und wir brauchen nicht anzustehen in Werken wie in den neuen Fenstern der Dome zu Köln und Regensburg oder der münchener Au- kirche nicht bloß die Erneuerung, sondern auch einen Fortschritt der Kunst zu begrüßen.

4. Die malerische Composition.

Die Plastik zeigte den Einzelorganismus als die Gestalt des in sich gesammelten persönlichen Geistes in sich beschlossen und vollendet, auf sich beruhend; die Malerei stellt das Leben in der Wechselwirkung der Individualitäten und in deren Zusammenhang mit der Natur dar. Der Ausdruck der Seele, der in den Ge- berden des Leibes sich ausprägenden Gemüthsbewegungen, die Entfaltung des Ideals in der Fülle einander ergänzender Erschei- nungen ist ihre Aufgabe. Das allseitig ausgeführte Sculpturwerk bietet dem umwandelnden Beschauer eine Reihe von Ansichten dar; die Malerei zeigt statt dessen viele Gestalten in mannich- faltigen Lagen, nicht bloß ruhende oder auf der Erde bewegte, sondern auch stürzende und schwebende, indem sie, wie wir sahen, nicht sowohl das Ideal unmittelbar in Einem Wesen verkörpert, als es durch die Idealisirung des Realen in der gegenseitigen Ergänzung der vielen Individualitäten veranschaulicht. So gut wie freilich die Sculptur durch Gruppe und Relief in das male- rische Gebiet hinüberreicht, kann ihrerseits die Malerei auch ein- zelne Figuren für sich darstellen. Wir werden dies bei der Be- trachtung des Porträts näher ins Auge fassen, können aber hier

schon bemerken daß die Malerei dann vorzngsweise das Gewicht
auf den Ausdruck, auf das Seelenleben legen wird, und mehr
die Offenbarung einer Geistesrichtung denn die Leibesschönheit als
solche erstrebt. Wir nennen den Moses Michel Angelo's malerisch,
weil er so bewegt aufgefaßt ist, weil er auffährt in erhabenem
Zorn über die niedrige Gesinnung des Volks, weil er also nicht
in sich befriedigt, sondern auf ein anderes bezogen ist. Kaulbach's
gemalter Moses, der den Fuß auf das goldene Kalb setzt und anf
die emporgehaltene Gesetzestafel hinweist, hat mehr plastische Ruhe,
bleibt aber malerisch durch den Ausdruck einer ekstatischen Begeisterung, die sein Gebot als eine göttliche Ordnung verkündigt, während der sinnende geistesklare Solon den Factor der menschlichen
Ueberlegung und verständigen Einsicht bei der bürgerlichen Gesetz-
gebung veranschaulicht.

Da die Malerei im Blicke des Auges und im Mienenspiel des
Seelenausdrucks mächtig ist, so legt sie nicht das ausschließliche
Gewicht auf die reine ebenmäßige Form wie die Sculptur, indem
sie auch die harten rauhen Züge, ja die an sich ungefälligen,
durch den Geist adeln kann der aus ihnen hervorstrahlt, der sie
wie ein höheres Licht überglänzt und sie verklärt, indem er über
sie triumphirt. So erfassen unsere altdeutschen Maler, van Eyck
und seine Schule, Dürer und seine Genossen, mit realistischem
Sinn die Wirklichkeit, die in der strengen Schule des Lebens
unter einem rauhern Himmel herangewachsenen Männer, deren
innere Originalität und particularistische Eigenthümlichkeit sich in
absonderlichen scharfen Zügen ausprägt, die sich nicht von der
Schönheitslinie des griechischen Profils umschreiben lassen. Aber
indem diese Gestalten die Beseligung des Evangeliums in ihrem
Herzen empfinden, indem sie demüthig vor Gott und muthig vor
der Welt bastehen, stellen sie in ihrer porträtartigen Individualität
doch ein Allgemeines und Ewiges dar, da die Tiefe und Innigkeit des Geistes um so mächtiger erscheint, wenn sie aus den
harten strengen Formen überwältigend hervorbricht. Ein Fiesole
wie ein Correggio dagegen bildete die Gestalten ganz aus der
innern Empfindung zu deren lebenbigstem Ausdruck, sodaß sie wie
Verkörperungen des sie beseelenden Gefühls erscheinen.

Für die hauptsächlichsten Träger der heiligen Geschichte hatte
sich früh ein idealer Typus festgestellt, der ihre Wesenheit aussprach; Masaccio und seine Nachfolger zogen die Lebenswirklichkeit
heran, indem sie die dargestellte Begebenheit wie mit einem Chor

von ihren eigenen Zeitgenossen umgaben, wodurch jene nicht als
ein Vergangenes, sondern als ein immerdar Gegenwärtiges anerkannt wurde. Leonardo da Vinci, Michel Angelo, Rafael fußten
ebenso auf den Traditionen der Kirche wie auf diesem Naturstudium der Florentiner und auf den Anschauungen des wieder-
erweckten Alterthums, dessen plastische Formschönheit sie mit der
Schärfe der Charakteristik und der religiösen Weihe zu verschmelzen wußten, sodaß sie selber wieder Typen und Vorbilder für die
idealistische Richtung der Malerei schufen. Treffend bezeichnet
Vischer den ungetheilten Guß und Fluß, womit ein reines Gemüth
oder ein starker Wille als stetige positive Wärme die ganze persönliche Erscheinung ausfüllt, als ihr Gebiet, den großartigen
Ernst einer einfachen männlichen Würde als eine ihrer mächtigsten
Wirkungen, während bei der realistischen Richtung auch der
Säufer, Spieler, Geizhals, Lump und Windbeutel ihren Einzug
halten, freilich nicht um im Heiligthum der Kunst zu herrschen,
sondern um zu dienen. Aber auch die ideale Malerei charakterisirt nach Art der realistischen Plastik; sie hebt an der Persönlichkeit das Gepräge des Volks, den Stempel des Standes und der
Culturformen oder äußern Lebensbedingungen hervor, die auch
am Einzelnen seinen Zusammenhang mit einem großen Ganzen
erkennen lassen, und läßt die Züge jeder besondern Kraft und
Eigenschaft zur Geltung kommen. Dies geschieht natürlich am
besten, wenn Kraft und Eigenschaft in Handlung gesetzt sind,
wenn der Maler eine Situation wählt die ihnen gemäß ist, in
der sie sich zeigen können. Nicht die in sich beruhende Totalität,
sondern die einzelnen Regungen des Gemüths, die besondern
Aeußerungen des Geistes sind das eigenthümliche Gebiet der
Malerei. Die Plastik gibt uns den idealen Typus für die Fülle
der Gestalten, die Malerei zeigt wie derselbe im Reichthum des
Lebens mannichfach entfaltet ist; die Plastik gibt das in sich gesammelte gefaßte Wesen der Persönlichkeit; die Malerei zeigt
diese in der Verschiedenheit ihrer Stimmungen, Affecte, Beziehungen, wie solche durch die Wechselwirkung mit der Außenwelt hervortreten.

Darum hat Hegel mit Recht die Situationslosigkeit getadelt,
in welcher sich die romantische Periode der Düsseldorfer Maler-
schule gefiel: es war die Schwäche der Auffassung welche die poetische Innerlichkeit als solche ausdrücken wollte, eine Mignon,
einen Edelknaben, eine Kirchgängerin als solche malte, ohne sie

in eine bestimmte Handlung zu verflechten, wo dann die Empfindung in einer anschaulichen Lebensäußerung erkennbar wird und
der Ausdruck nicht etwa in Mund und Auge sich concentrirt,
sondern die ganze Gestalt durch Haltung und Geberde sprechend
wird.   Bei Cornelius ist nichts Theatralisches, aber auch nichts
Müßiges; die packende Wahrheit seiner Bilder, die man versteht
wie man sie sieht, beruht darauf daß die ganze Gestalt sagt was
er will; man kann den Kopf, das Gesicht zuhalten, und gewinnt
doch den rechten Eindruck.   Und so brauchte Kaulbach auf dem
Thurm von Babel das Antlitz von Nimrod's Gattin nicht zu
zeigen, die ganze Gestalt ist wie eine flehende Klage vor uns hin-
gegossen; so konnte er Peter den Einsiedler und die Sänger und
Büßer um ihn in das Bild hinein nach Jerusalem schauen lassen;
denn ob sie uns auch den Rücken kehren, der fromme Eifer, die
Begeisterung der Kreuzfahrer spricht aus Haltung und Geberde
klar genug.

    Hier berühren wir sogleich die Grenze des malerisch Darstell-
baren.   Man kennt das Lied vom reichen Bauern Troll, der sich
mit seinem Hans will abconterfeien lassen.   Er sagt unter anderm:

> Mal' er mir wie Hans das Heu
> Auf den Heustall bringet,
> Und „wach' auf, mein Herz" dabei
> Brummend vor sich singet.
> Auf dem Feld von Weizen voll
> Muß mein Sohn studiren
> Wieviel ich am Scheffel wol
> Könnte profitiren.

Der zum Singen geöffnete Mund läßt sich darstellen, und man
will sogar unterscheiden welche von van Eyck's Sängern auf dem
großen Bilde in Berlin, „Die Verehrung des Lammes", Alt und
Tenor singen; auch daß sie ein Gotteslied, kein Schelmenlied an-
stimmen, läßt sich sehen, aber die Worte des Liedes lassen sich
nicht malen.   Ein junger Bauer läßt sich wol mit nachdenklicher
Pfiffigkeit zwischen Weizengarben hinstellen, aber daß er gerade
den Gewinn am einzelnen Scheffel berechnet, kann weder Zeichnung noch Farbe ausdrücken.   Dennoch zeichnete Retzsch den Hamlet
wie er den Monolog über Sein oder Nichtsein hält; dennoch malte
Hetsch die Maria wie sie nach Klopstock sich mit Porzia, des
Pilatus Gattin, über die Glückseligkeit des ewigen Lebens unter-

hält; dennoch sah ich einmal das Bild einer jungen Dame die
sich bei Rousseau Rath erholt ob es für sie wohlgethan sei aufs
Theater zu gehen, d. h. ich sah das nicht, sondern nur eine stehende
Person vor einer sitzenden, aber der Katalog der Kunstausstellung
besagte es. In dem Gemälde eines Wieners sollte man erkennen
wie Kaiser Franz seine Gemahlin das erstemal duzt.

Wenn überhaupt Bilder zu Gedichten sich nicht als Rand-
zeichnung unterordnen, sondern selbständig auftreten, dann soll der
Maler Stoff und Idee in sich aufnehmen, und sich nicht an die
Worte binden, in denen der Dichter sich dichterisch ausdrückte,
sondern soll sie auf seine Weise malerisch gestalten, und er wird
durch manches dem Dichter Unsagbare das Auge des Beschauers
entzücken, und vieles nebeneinander auf einmal ausbreiten oder
ausführlich darlegen können, was die Rede in den nacheinander
folgenden Worten nur flüchtig zu berühren, ein Wechsel des Geschehens nur anzudeuten vermochte. Ich erinnere an Ritter Kurt's
Brautfahrt von Goethe und von Schwind, und verweile bei
einigen Werken der alten und neuen Kunst, die das Gesagte erläutern werden. — Auf dem Fries der rund um das choragische
Denkmal des Lysikrates läuft, hat der attische Bildhauer eine
Scene aus dem Leben des Gottes Bacchus dargestellt. Der sechste
Homerische Hymnus besingt wie Dionysos in prangendem Jugend-
reiz am Strand des Meeres wandelte, und tyrrhenische Seeräuber
ihn für einen Königssohn hielten, ergriffen und auf ihr Schiff
schleppten, in der Hoffnung ein reiches Lösegeld für den Geraubten
zu erhalten. Sie wollten ihn binden, aber die Fesseln hielten
nicht, sondern fielen von ihm ab. Da erkannte der Steuermann
ein göttliches Wesen in ihm, und mahnte ihn freizugeben, aber
mit hartem Wort gebot ihm der Schiffsherr in die See zu stechen.
Kaum war dies geschehen, so erschienen ihnen Wunderzeichen.
Weinfluten überströmten das Schiff, ambrosischen Duft ergießend,
traubenreiche Reben, blühender Epheu rankten sich empor um Mast
und Segel, Kränze schlangen sich um die Ruder. Wie das die
Räuber sahen, hießen sie den Steuermann ans Land treiben. Aber
schon erschien ihnen der Gott auf dem Vorderende des Schiffs,
als ein Löwe laut brüllend, und in der Mitte des Schiffs richtete
sich drohend eine Bärin empor. Voll Angst und Entsetzen sprangen die Räuber über Bord und wurden, wie sie ins Meer stürz-
ten, in Delphine verwandelt. Nur der Steuermann, der weisen
Sinnes gewesen, blieb zurück, und huldvoll offenbarte sich ihm

der Gott in seiner ursprünglichen Gestalt. Die sich emporrankenden Reben, die sich ergießenden Weinfluten wären hier unplastisch gewesen, und die Verwandlung des Gottes in den Löwen hätte sich bildlich nicht darstellen lassen; die unsichtbare Wunderkraft, die vom Gott ausgeht, hätte man höchstens in ihrer Wirkung auf die Tyrrhener ahnen mögen. In der dichterischen Erzählung selbst läßt sich schwerlich ein Moment finden der das Ganze veranschaulichen könnte. Der bildende Künstler faßt die Sache also auf seine Weise. Die Scene bleibt auf dem Lande, am Meeresufer. In der Mitte des Frieses ruht auf einem Felsen der schöne Jüngling in unbefangener Göttlichkeit; er ist seiner Macht sicher, die Gefahr stört sein Behagen nicht, er spielt mit einem Löwen, der nach der Weinschale in seiner Linken verlangt. Zu jeder Seite sitzt in bequemer Ruhe ein Satyr, schreitet ein anderer mit Trinkgefäßen nach dem mächtigen Mischkrug hin, während noch andere die herandringenden Räuber niederwerfen, mit Thyrsusstäben schlagen, mit Fackeln verfolgen, in das Meer schleudern oder jagen, wo zwei bereits mit Delphinköpfen in die Fluten tauchen. Die Züchtigung ist höchst lebendig dargestellt, und indem die That der Satyrn durch Abwehr und Strafe die Herrschermacht des Gottes veranschaulicht, contrastirt sie mit dem ungetrübten Genuß des Daseins, den er für sich bewahrt; der Löwe mit dem er spielt, die Weinschalen und Weinkrüge mochten an die Verwandlung und an die Weinfluten erinnern. Die unantastbare Macht und Herrlichkeit des Gottes wie die Strafe gegen Frevler, welche sich an ihr vergreifen möchten, ist vom Bildner und vom Dichter gleich trefflich geschildert; hätte der eine dem andern ohne weiteres folgen wollen, so würde er Unmögliches versucht haben und hinter dem Vorgänger zurückgeblieben sein; so aber steht die poetische Erzählung wie die bildnerische Composition gleich vollendet da.

Einen andern Beleg geben uns Lessing's Erörterungen über die Helena des Homer, des Zeuxis, des Grafen Caylus, die wir aus dem Laokoon zusammenstellen wollen. Körperliche Schönheit, heißt es dort, entspringt aus der übereinstimmenden Wirkung mannichfaltiger Theile, die sich auf einmal übersehen lassen. Sie erfordert also daß diese Theile nebeneinander liegen, und darum kann die bildende Kunst allein körperliche Schönheit darstellen. Der Dichter, der die Elemente derselben nur nacheinander zeigen könnte, enthält sich daher der Schilderung der körperlichen Schönheit als Schönheit gänzlich. Er fühlt es daß diese Elemente nach-

einander geordnet unmöglich die Wirkung haben können die sie
nebeneinander geordnet haben, daß der concentrirende Blick, den
wir nach ihrer Aufzählung auf sie zugleich zurücksenden wollen,
uns doch kein übereinstimmendes Bild gewährt, daß es über die
menschliche Einbildung geht sich vorzustellen was dieser Mund
und diese Nase und diese Augen zusammen für einen Effect haben,
wenn man sich nicht aus der Natur oder Kunst einer ähnlichen
Composition solcher Theile erinnern kann. Darum läßt sich
Homer nirgends auf eine umständliche und stückweise Schilderung
von der Schönheit des Achilleus oder der Helena ein; aber er
weiß dessenungeachtet uns von dieser den höchsten Begriff zu
machen. Man erinnere sich der Stelle wo Helena in die Versammlung der Aeltesten des troianischen Volks tritt. Die ehr-
würdigen Greise sehen sie, und einer spricht zu dem andern:

> Das ist nicht zu verargen dem Tanaervolk und den Troern,
> Daß sie um solch ein Weib in Noth ausharren so lange,
> Einer Unsterblichen gleich erscheint sie ja wahrlich an Schönheit!

Was kann eine lebhaftere Idee von Schönheit gewähren als das
kalte Alter sie des Kriegs wohl werth erkennen lassen, der so viel
Blut und so viele Thränen kostet? Was Homer nicht nach seinen
Bestandtheilen beschreiben konnte läßt er uns nach seiner Wirkung
erkennen. Malet uns, Dichter, das Wohlgefallen, die Zuneigung,
die Liebe, das Entzücken welches die Schönheit verursacht, und ihr
habt die Schönheit selbst gemalt. Wer glaubt nicht die vollkom-
menste Gestalt zu sehen, sobald er mit dem Gefühle sympathisirt
welches nur sie erregen kann?
    Zeuxis malte eine Helena und hatte das Herz jene berühmten
Zeilen Homer's unter sein Bild zu setzen. Nie sind Malerei und
Poesie in einen gleichern Wettstreit gezogen worden. Der Sieg
blieb unentschieden, und beide verdienten gekrönt zu werden. Denn
so wie der weise Dichter uns die Schönheit, die er nach ihren Bestandtheilen nicht schildern zu können fühlte, blos in ihrer Wirkung
zeigte, so zeigte der nicht minder weise Maler uns die Schönheit
nach nichts als ihren Bestandtheilen, und hielt es seiner Kunst
für unanständig zu irgendeinem andern Hülfsmittel Zuflucht zu
nehmen. Sein Gemälde bestand aus der einzigen Figur der
Helena, die nackt bastand.
    Man vergleiche hiermit Wunders halber das Gemälde welches
Caylus dem neuen Künstler aus jenen Zeilen Homer's vorzeichnet:

„Helena mit einem weißen Schleier bedeckt erscheint mitten unter verschiedenen alten Männern; der Artist muß sich besonders angelegen sein lassen uns den Triumph der Schönheit in den gierigen Blicken und in all den Aeußerungen einer staunenden Bewunderung auf den Gesichtern der Greise empfinden zu lassen." Hier werden die Alten mit gierigem Blick gedenkhaft lächerlich und widerwärtig. Und wenn der Schleier, den die Homerische Helena beim Ausgehen umhing, sie verhüllt, so bleibt ihre Schönheit verborgen, sie, die in ihrem Glanz zu zeigen gerade die Aufgabe des Malers sein mußte. Greise vor einer vermummten Figur, die sie brünstig angaffen! In Wahrheit, das Gemälde des Caylus würde sich gegen das des Zeuxis wie Pantomime zur erhabensten Poesie verhalten.

Der Dichter kann von flammenden Augen, von einem Schwert das aus dem Munde geht, von einem Antlitz gleich einer Sonne, von Füßen wie Feuerpfeiler reden; so Johannes in der Apokalypse. Wir sehen daß seine orientalische Phantasie nicht durch die Anschauung plastischer Werke zu maßvoller Deutlichkeit der Form gewöhnt war, und Dürer begeht naiv ein Wagniß, wenn er nun das alles unmittelbar nachzeichnet; im Umriß des Holzschnitts vertragen wir auch was farbig ausgeführt unleidlich wäre. Mit sinnigem Verständniß aber hat Cornelius vermieden das Bild des Dichters ebenso wiedergeben zu wollen; er hat sich an die ihm zu Grunde liegende Idee gehalten und solche auf eine freie Art in seiner malerischen Sprache ausgedrückt. Und das ist das Rechte. So läßt auch Michel Angelo seinen Gottvater dem Adam nicht den belebenden Odem in die Nase blasen, sondern aus seinem Finger in Adam's Finger den Lebensfunken einschlagen.

Der wahre Dichter sagt uns vieles was sich nicht malen, mit Farben und Formen nicht ausdrücken läßt, aber dafür stellt uns auch der echte Maler gar manches Unsagbare vor Augen. Der Dichter, der uns Christus mit den Pharisäern zusammenbringt, muß ihre Charaktere durch ihre Reden schildern, deren Inhalt der Maler nicht wiedergeben kann. Dafür stellt uns Leonardo da Vinci das Brustbild des jugendlichen Heilands zwischen je zwei ältere Männer zu beiden Seiten, die jenem zugewandt theils in den durch die Arbeit des Denkens und Forschens gefurchten Stirnen, theils in dem Ausdruck selbstbewußter Klugheit mit der schlichten Reinheit und Klarheit Christi contrastiren, die wie ein Sonnenstrahl unter ihnen aufleuchtet und im Gegensatz zu ihnen die Poesie der Weisheit, die Mühelosigkeit der Offenbarung durch das Gottesschauen des lautern Gemüths darstellt.

Der Maler kann die Worte nicht wiedergeben die bei Shakespeare die schlafwandelnde Lady Macbeth spricht, Worte die so ergreifend kundthun wie der Warm der Gottlosen nicht stirbt und ein unverlöschbares Feuer sie verzehrt. Wenn aber der Dichter in diesem Werk den Beleg zu dem Platonischen Satze gibt daß das Böse den Menschen schlaflos macht, hat denn da der Maler Kaulbach nicht recht gethan diese Ruhelosigkeit der Seele durch das Bewußtsein der Sünde so darzustellen, daß er zeigt wie auch im Schlaf die Unselige rastlos wie ein gehetztes Wild von der Verzweiflung einhergejagt wird, der sie nicht entfliehen kann, weil die sie verfolgende Furie in ihr selbst ist, weil der Blutfleck der Mörderhand ewig vor dem Auge des Geistes steht? Wenn der Dichter seine Lady über die Bühne eilen ließe ohne ein Wort zu sagen, wäre es verkehrt; der Maler der hier die Stellung der Schauspielerin copirte, in der sie jene Worte spricht, würde hinter der Intention des Dichters zurückbleiben; besser als das zerwühlte Lager gibt uns die Ruhelosigkeit der Lady selbst ein erschütterndes Bild tiefgewaltigen Seelenleidens.

Im Verlauf derselben Tragödie zeigt Shakespeare wie Macbeth in wild sich überstürzendem Thatendrang das Gewissen betäuben will, aber dabei nur selbst innerlich veröbet, daß ihm das Sonnenlicht verhaßt wird und er den Einsturz des Erdballs wünscht; das Leben dünkt ihm nur ein wandelnd Schattenspiel, ein Märchen erzählt von einem Dummkopf, voller Klang und Wuth, das nichts bedeutet. Dies als das Ende einer so großartig angelegten Heldenkraft zu schildern, weil solche mit selbstsüchtigem Ehrgeiz sich gegen das Sittengesetz durch Mord die Krone errungen, war des Dichters Absicht, und wenn der Maler den Dichter richtig verstanden hatte, durfte er nicht den letzten Kampf, sondern mußte das Sichrüsten Macbeth's zu demselben wählen. Daß dies Kaulbach gethan, preist Ulrici mit folgenden Worten: „Der Kampf auf Leben und Tod regt nothwendig alle Körper- und Geisteskräfte, die ganze alte Heldennatur gewaltsam wieder auf, und Macbeth müßte in anscheinend ungebrochener Größe auftreten; hier dagegen in dieser gebeugten Gestalt, welcher der Diener die letzten Waffenstücke anlegt, in diesem gefurchten verhärteten Antlitz, in diesem düstern nachtumwöllten Blick, in dieser Miene des Trotzes und Grimmes sehen wir in Wahrheit den gefallenen Helden, den seine

Kampfeslust, keine Siegeshoffnung mehr begeistert, dem kein Erfolg, keine Lebensfreude mehr winkt, der zwar die blutige Krone noch festhält und sie krampfhaft in die Stirn drückt, aber nicht mehr als das Zeichen der Größe, Würde und Herrschaft, sondern als das Symbol des Verderbens und Untergangs, mit dem das Opfer geschmückt wird, nicht mehr als das höchste Kleinod einer reichen Schatzkammer, sondern als das letzte arme Besitzthum das ihm geblieben, nachdem er um ihretwillen alle Lust des Lebens, alle Schätze des Geistes und des Herzens in die Schanze geschlagen." — Daß der Maler hierbei noch die Gestalten der Ermordeten über dem Haupte Macbeth's erscheinen läßt wie sie nun vor seiner Seele stehen, wie sie ihn zu Boden drücken, war sein Recht; auch bei Shakespeare ist der Schotte Macbeth phantasievoll bis zum Visionären, und wenn in Richard III. der Dichter selbst die Geister der Ermordeten vorführt, warum nicht hier der Maler, der kein anderes Mittel hat um die Vergangenheit als in die Gegenwart hereinwirkende Macht darzustellen und die bevorstehende Schlacht zu einem göttlichen Strafgericht zu machen?

Es ist dies eine wohl aufzuwerfende Frage gegenüber einem einseitigen Realismus und Materialismus in der Auffassung der Kunst und des Lebens. Wer den Geist als selbständige Wesenheit leugnet, alles Uebersinnliche für unwahr erklärt, schneidet sich eigentlich das Schöne selbst ab, das auf dem Einklang des Unterschiedenen, des Geistes und der Natur, beruht, und den gemeinsamen Quell ihres Urstandes in Gott zugleich mit der Harmonie als dem Ziel ihrer Entwicklung zeigt. Geistererscheinungen sind Gebilde der Phantasie, die das von innen erregte Auge außerhalb des Menschen zu sehen glaubt; ganz abgesehen von dem was der Phantasie zu dieser Gestaltenbildung den Anstoß gibt, warum sollte ihr die Hand des Zeichners nicht folgen dürfen? Vischer sagt indeß sehr kategorisch §. 689 in seiner Aesthetik: „Die ausgebildete Malerei ist diejenige welche erkannt hat daß in der ganzen Natur des malerischen Verfahrens die Forderung liegt alle Stoffe in die Bedingungen der realen Wirklichkeit herein zu versetzen, also das Naturgesetz anzuerkennen und z. B. nicht eine Handlung in der Luft vor sich gehen, menschliche Gestalten auf Wolken sitzen und stehen zu lassen." Dann darf wol auch keine „ausgebildete" Dichtkunst mehr mit Shakespeare's Prinzen Heinrich sagen: „So treiben wir Possen mit der Zeit und die Geister der Weisen sitzen in den Wolken und spotten unser!" Oder wird

der Materialismus, wenn er zur Vernunft kommt, dies Wort auf
sich selbst anzuwenden den Humor haben? Die Malerei ist von
Anfang an die Darstellung der Welt als Erscheinung für den
Geist, die Darstellung der Dinge nicht wie sie an sich sind, sondern des Bildes das sich der Geist durch ihre Spiegelung im
Auge erzeugt, das er außerhalb seiner versetzt. Wer eine schwebende Gestalt wie eine auf dem Boden stehende oder gehende
zeichnet, der fehlt allerdings gegen das Naturgesetz; wer es ausdrücken kann wie sie sich durch innere Kraft über den Boden erhebt und frei bewegt, der befriedigt weil mehr eine Sehnsucht
des Geistes, welcher die Bilder seiner innern Anschauung nicht
an das Band der Schwere legt. Vischer führt fort: „Die Malerei kann noch diese mythischen Motive walten lassen, aber sie
steht nicht auf dem wahrhaft malerischen Boden." Wenn Michel
Angelo, Rafael und Correggio, wenn Tizian und Rubens, Cornelius und Kaulbach nicht auf dem wahrhaft malerischen Boden
stehen, sofern sie in der Verkörperung des Gedankens auch durch
schwebende und emporstrebende Gestalten einen Triumph ihrer
Kunst feiern, wer sind denn die echt malerischen Genies, von denen
wir das Gesetz erfahren können? Aber freilich es ist ein anderes
das Gesetz erfahren und dann im Zusammenhang der Ideenent-
wickelung begründen, als es willkürlich nach einseitigen Voraussetzungen geben; nur ist die Frage ob die Maler diesem folgen
werden. „Je stärker das Gefühl des echt malerischen Bodens ist",
fügt Vischer hinzu, „desto gewisser wird die Kunst das Mythische
ganz aufgeben und bei der ursprünglichen Stoffwelt verweilen."
Für Vischer ist die ursprüngliche Stoffwelt die äußere Realität;
wer die Geschichte der Malerei kennt der weiß daß es vielmehr
die Religion, die Offenbarung des Göttlichen und Geistigen in
der Erscheinung ist und bleiben wird, wenn auch nicht beschränkt
auf die biblische, wenn auch ausgedehnt auf alle Geschichte.

Blicken wir nach dieser Abschweifung zurück auf die erörterten
Beispiele über den Unterschied der Darstellung durch Form und
Farbe vor der mittels des Wortes, so können wir dies als das
Gesetz und die allgemeine Norm hinstellen: Nur das kann und
soll der Maler darstellen wollen was sich auf der Stirn lesen,
was sich durch Miene, Haltung, Geberde und sichtbare Thätigkeit der Gestalten sagen läßt. Die vom Mittelpunkt der Gestalt
ausgehenden Radien der Arme in ihrer Beweglichkeit mit der
Hand, von der als dem Organ der Handlung wir dieses Wort

gebildet haben, sind dabei vorzugsweise bedeutend, wie dies, um von Bildern nach außen wirkender Thätigkeit, wie in der Schlacht, abzusehen, die Betrachtung des Abendmahls von Leonardo da Vinci lehren kann. Oder man vergleiche die seelenvolle Schönheit, die klare Ruhe der Hand Christi mit der kniffigen Gemeinheit der Hand des Pharisäers auf Tizian's Zinsgroschen, wenn man den Ausdruck des Charakters in den Handformen kennen lernen will.

Hier möge ein Ausspruch Rumohr's in der Einleitung zu den Italienischen Forschungen uns weiter führen. „Durch zween wohl ineinander greifende, doch unterscheidbare und unterscheidenswerthe Beziehungen seiner Geistesfähigkeit gelangt der Künstler in den Besitz einer so klaren, so durchgebildeten und reichen Anschauung der Naturformen, als er jedesmal bedarf um diejenigen Kunstaufgaben, welche theils aus seiner innern Bestimmung, theils aus seiner äußern Stellung hervorgehen, deutlich und gemuthend darzustellen. Die erste besteht in gründlicher Erforschung der Gesetze einentheils der Gestalten, andentheils der Erscheinung solcher Formen der Natur, welche aus innern Gründen und durch äußere Veranlassungen dem Künstler näher liegen als andere. Die Forschungen dieser Art zerfallen in anatomische und optisch perspectivische. Die zweite besteht in Beobachtung gemuthender und bedeutsamer Züge, Lagen und Bewegungen der Gestalt; und diese erheischt, um fruchtbar und ergiebig zu sein, nicht so sehr sonst empfehlenswerthe Ausdauer und Gründlichkeit des Fleißes, als vornehmlich die leidenschaftlichste Hingebung an den sinnlich geistigen Genuß des Schauens."

Gewiß, so wie der im Reich der Töne wallende Musiker das sichere feine Ohr bedarf, so ist die malerische Phantasie von der Lust an der Welt der Formen und Farben getragen, und der scharfe Blick für das Gegenwärtige wie ein treues Gedächtniß für das Vergangene müssen ihr zur Seite stehen, und sind es die den Künstler auf das besondere Gebiet der Malerei hinweisen und für dasselbe zum Ausdruck seiner Ideen bestimmen und geschickt machen. Aber die Einsicht in Anatomie und Perspective bewahrt wol vor Fehlern und bringt es zu akademischer Regelrichtigkeit, und der sinnlich geistige Genuß des Schauens reizt zur Reproduction mannichfacher Gestalten in vielfältigen Bewegungen mit verschiedenem Ausdruck; wenn dieses aber mehr als ein äußerliches Copiren sein soll, so muß als Drittes und Hauptsächliches die empfindende

17*

Seele des Künstlers selbst mitwirken. Wir verlangen allerdings
vom Maler daß er das Innere des Menschen darstelle wie es sich
durch Handlungen offenbart, in denen sogleich sein Verhältniß zur
Welt hervortritt, durch die dem stereotypen Ausdruck des Charakters sich das Pathos augenblicklicher Erregung gesellt; es ist aber
immer dieser geistige Grund der Gemüthsstimmung in den wir
hinabschauen wollen, ohne den das Mienenspiel ein willkürliches
Fratzenschneiden und die Geberde eine Telegraphenbewegung wäre.
Es muß bei dem Beschauer also das sympathetische Gefühl erregt
werden um durch den Anblick der äußern Erscheinungen in sich
selbst die Seelenstimmung nachzuempfinden aus der sie hervorgegangen sind, und wenn der Künstler sich zur Darstellung wendet,
so muß er sich selbst in das Gefühl der Situation versetzen die
er bezeichnen will, und von da aus muß ihm seine Phantasie die
rechten organischen Formen mit der Lebhaftigkeit entfalten, daß er
gleichsam äußerlich nachbilden kann was innerlich vor dem Auge
des Geistes steht. Das Belauschen anderer im Zustand einer Empfindung, im Schmerz, im Muth der Begeisterung, in der Andacht nützt ihm wenig; wie das Wort des Dichters muß das Bild
aus der eigenen Seele quellen, der Künstler selbst gefühlt, in sich
erzeugt haben was er darstellen will. Ein Fiesole betete ehe er
an die Arbeit ging, und brach wol in Thränen aus wenn er die
Leiden Christi malte; darum ist ihm aber auch auf religiösem Gebiet die Darstellung der zartesten Seelenstimmung wunderbar gelungen. Wir sagen von seinen wie von allen guten Bildern sie
seien mit Empfindung gemalt, wenn wir selbst vom Bilde ergriffen werden, wenn es keine wirkungslose Copie äußerer Anschauungen ist, sondern der ihre Formen, ihren Ausdruck erzeugende
Quellpunkt, Gefühl und Phantasie, sich darin kundgibt, und die
Subjectivität des Künstlers, die sich schon in der Wahl des
Standpunkts geltend macht, in seiner Auffassung und Ausführung
hervortritt. Wie die Phantasie der Seele zunächst und zuerst unbewußt als leibbildende Lebenskraft nach eingeborenem Gesetz das
innere Wesen in äußern räumlichen Formen ausprägt, so ist auch
sie es die nun für das Empfinden und Wollen der bewußten
Seele in Blick, Geberde und Bewegung des Körpers den rechten
Ausdruck mit dem Organ des eigenen Körpers reflexionslos
hervorbringt. Sie ist besonders stark beim Künstler. Indem er
mit seinem Gefühl sich in die Lage eines Menschen versetzt, eine
Seelenstimmung nachempfindet, kann ihn die innere Erregung so-

gar bis zur nachspielenden Geberde forttreiben; jedenfalls aber
muß dieselbe sich ihm innerlich erzeugen, und sie wird es um so
deutlicher, je lebhaftere Erinnerungsbilder ihr zu Hülfe kommen.
Der Maler der sich das stolze oder demüthige Gesicht vom Modell
vormachen ließe, würde eine Maske oder eine Caricatur zeichnen;
für ihn gilt bei Idealbildern die Aufgabe daß er nach dem Ausdruck auch die Züge so forme, daß jener voll und klar, nicht blos
wie eine vorübergehende Zufälligkeit aus ihnen spricht. Wo aber
das individuell und porträtähnlich Charakteristische feststeht, da
muß das Pathos voll und mächtig sein, das jenes überwinden
und sich in ihm verwirklichen soll.

Kehren wir zum Schluß dieser vorläufigen Erörterungen, die
uns die Elemente der malerischen Composition darlegen und im
Einzelnen bestimmen sollten, zu dem Ausgangspunkt zurück, so
werden wir nicht behaupten wollen daß das Deckengemälde Rafael's in den Vaticanischen Stanzen, welches die Philosophie als
der Ursachen Erkenntniß (causarum cognitio) darstellt, mit der
Pallas von Phidias wetteifern könne, aber wir werden Rafael's
Schule von Athen dieser gleichsetzen. Der Bildhauer hat den
Begriff in Einer Idealgestalt verkörpert, des Malers Sache ist
es ihn in einer Gruppe darzustellen, die er beseelt, in deren Thätigkeit und Wechselwirkung er zur Erscheinung kommt; der Bildhauer schafft darum die Göttin, der Maler schildert uns das
philosophische Leben, indem er die großen Denker Griechenlands,
die Urheber einer freien Forschung, uns vorführt, nicht wie sie
etwa einmal zeitlich vereinigt waren, sondern wie sie ewig im
Pantheon des Geistes vereinigt sind. Wie Platon selbst die Mathematik als den Weg zur Philosophie bezeichnete, indem sie mit
Allgemeinbegriffen verkehrt, dieselben aber an eine sinnliche Anschauung knüpft, indem sie an einer bestimmten Figur ihre Lehr-
sätze beweist, die nun allgemein gelten sollen, so sehen wir auf
der Erde im Vordergrund Archimedes, der seinen Schülern einen
Satz erläutert. Wie die Musik ein Grundbestandtheil der griechischen Erziehung war, und Pythagoras die Zahlen, auf welchen
die Harmonie der Töne beruht, zu philosophischen Principien des
Weltalls machte, so ist auch er mit geistverwandten Denkern auf
der andern Seite dargestellt. Sinnende, lehrend behauptende
Männergestalten leiten uns die Stufen hinan. Dort erblicken wir
links Sokrates und Alkibiades, rechts die Repräsentanten späterer
Systeme, während in der Mitte der Halle unter dem Bogen

eines Thores Platon und Aristoteles hervortreten, jener ein
priesterlicher Greis, gen Himmel deutend nach dem Land der
ewigen Ideen, dieser ein kräftiger Mann, fest auf der Erde
fußend, Hand und Blick auf die diesseitige Wirklichkeit gerichtet;
so vertreten sie für alle Zeit den Idealismus und Realismus in
der Wissenschaft, und der Genius des Malers hat ihre gleiche
Größe, gleiche Berechtigung und die Nothwendigkeit ihrer Wechsel-
ergänzungen erkannt. Um sie zu beiden Seiten wißbegierige
Schüler, Alexander der Große unter diesen, der auch für die
Wissenschaften die Erde eroberte, von Aristoteles in die Tiefen
der Erkenntniß eingeweiht, dessen Culturreich nicht untergegangen
ist, der die Verbindung der verschiedenen Nationen in einer mensch-
heitlichen Bildung und Gesittung anbahnte. Das Ganze ist architektonisch groß und klar geordnet; in jeder Einzelfigur spricht sich
das beschauliche Leben aus, aber keine steht für sich da, sie sind
untereinander in Gruppen verbunden, die sich wieder zum Ganzen fügen.

Giotto bildete im malerischen Geist der neuern Zeit die Haupt-
richtungen des menschlichen Lebens und Geistes in der Culturentwickelung am Glockenthurm des Doms zu Florenz nicht als
Einzelgestalten, wie etwa die antiken Musen, oder als Ceres und
Bacchus, sondern er gab Gruppen in der Thätigkeit des Land-
baues, der Schiffahrt, der Sternbeobachtung, des weisen Gesprächs
oder Gesangs.

Da das Relief die Brücke von der Plastik zur Malerei schlägt,
so können wir auch die Darstellung des Bacchischen Lebens heranziehen, welche eine kleine Marmorplatte im Vaticanischen Saal
der Masken schmückt. Es liegt etwas Ueberschwengliches in der
weichen, zarten Gestalt des jugendlichen Gottes, der in der Seligkeit des Rausches die Weihe der Begeisterung genießt, während
ein hinter ihm tanzender Satyr nur den Sinnentaumel der Wein-
freude zeigt, und eine Tigerkatze in muntern Sprüngen den großen
Unterschied thierischer Erregtheit und poetischer Entzückung veranschaulicht, und als Gegensatz zu ihnen ein alter Silen, der mit
gesenkter Fackel dem Gott voranschreitet, mit einem Anflug von
Ironie die Lust des Lebens betrachtet, deren Vergänglichkeit er
durchschaut. — So zeigt uns Rafael's Transfiguration die Natur
in ihrer gewöhnlichen Weise, und zugleich in ihrer dämonischen
Verzerrung durch den besessenen Knaben, in ihrer Verklärung durch
den Heiland. Wir lernen daraus daß die Malerei den ganzen

Kreis des Daseins umspannt und wie auf einer Stufenleiter
vom Niedern zum Höhern hinführt.

Indem die Malerei in die Breite und Gegensätze des Lebens
eingeht, kann sie nun auch das Häßliche in ihr Bereich ziehen,
dessen sich die beiden Schwesterkünste enthalten mußten. Denn die
Architektur zeigt uns die Macht der göttlichen Nothwendigkeit in
der gesetzlichen Ordnung der anorganischen Natur, wo noch kein
Widerspruch subjectiven Triebs und Willens eintritt, und die
Sculptur vermeidet diesen Widerspruch, weil sie in dem einen
Wesen, das sie darstellt, ihn nicht überwinden könnte und dasselbe
darum durch directes Idealisiren in das Reich vollendeter Wesenheit erhebt. Die Malerei dagegen erfaßt gerade die Subjectivität
in ihrer freien Entfaltung und schließt darum auch das Willkürliche und Zufällige nicht aus; vielmehr ist das rein Gesetzliche für
sie starr und steif, und erst wo das Spiel individueller Kräfte
und die Einwirkung der Außenwelt auf die Gestalt beginnt, entfaltet sie ihre eigenthümlichen Reize. Wie sie die überwuchernde
Pflanzenranke der glatt geschorenen Hecke vorzieht, so mag sie
auch im menschlichen Leben die Abweichungen von der rechten
Mittellinie nicht verschmähen, sondern läßt diese errathen, indem
sie nach rechts und links hin ausbiegt, durch das Uebermaß hier
den Mangel dort ausgleicht und ein schwebendes Gleichgewicht
herstellt. Nicht daß sie das Häßliche um seiner selbst willen nähme
und ein Wohlgefallen an ihm hätte; aber wie wir in der Musik
die Harmonie um so wirksamer empfinden, wenn sie aus der Auflösung von Dissonanzen hervorgeht, so läßt die Malerei das
Widerwärtige und Gemeine dem Anmuthigen und Edeln zur Folie
dienen, damit das reine Licht sich um so energischer vom dunkeln
Grund abhebe. So haben besonders unsere altdeutschen Maler
in den Widersachern Christi auch die Brutalität der rohen Gemüther oder die Arglist der selbstsüchtigen Schlauheit und Heuchelei
scharf auszuprägen sich nicht gescheut. Das edle Bild des duldenden
den Erlösers ward durch den Gegensatz hervorgehoben und das
Böse mußte, wie überall unter der Herrschaft der sittlichen Weltordnung, auch ohne oder wider seinen Willen dem Ganzen und
Guten dienen. Und wenn die Hohngeberde, welche dort ein Kriegsknecht dem Heiland macht, ihm die eigene Gestalt zur Caricatur
verzerrt, so schlägt die Verkehrtheit sich selbst; sie wird dadurch
so lächerlich wie die gravitätische Würde mit der ein wohlbeleibter
Pharisäer die Brille aufsetzt um die Ehebrecherin zu betrachten,

oder die verbutzte Rotte die nun die schon gefaßten Steine nicht
zu werfen wagt, als Christus sagt: „Wer ohne Sünde ist der
werfe den ersten Stein auf sie."

Und diese Auflösung des Häßlichen durch das Komische kann
die Malerei sich auch da zur Aufgabe setzen wo das Schöne und
Reine nicht als solches zur Seite steht, sondern das niedere Leben
allein uns vorgeführt wird. Im humoristischen Genrebild ergötzen
uns wie in der Komödie die Verkehrtheiten des Lebens wie sie
einander selbst unschädlich machen, und der Zauber der Farbenharmonie nimmt die Widersprüche der Form in seinen idealen
Schein versöhnend auf. Wir können ihn dem wohllautenden
Rhythmus vergleichen, der in der Aristophanischen Komödie durch
den fröhlichen Festtanz der Worte erklingt, wie unvernünftig oft
der Inhalt der Rede, wie thöricht das Treiben der Redenden
sein mag.

Ein anderes Mittel zur Ueberwindung des Häßlichen in der
Form hat die Malerei in der Hervorbringung des Seelenausdrucks. Rafael scheut sich nicht, den Lahmen, welchen Petrus und
Johannes heilen, in seiner ganzen Krüppelhaftigkeit hinzuzeichnen.
Aber wie der Apostel seine Hand ergreift, da blitzt solch innige
Glaubenszuversicht aus seinem Auge, daß sein Bild weit mehr
erhebend als abstoßend auf uns wirkt, und wir meinen zu sehen
wie ein elektrischer Strom gesunder Lebenskraft vom Geiste aus
sich durch seine Glieder ergießt und sie aufrichten wird.

Das Böse oder Häßliche soll motivirt sein, die abstoßenden
Eigenschaften der Schwäche oder des Uebermuths und der Gewaltthätigkeit müssen in Verhältnissen vorgeführt werden die sie wach
rufen, wie Richard III. in der Verwilderung des Bürgerkriegs
unter einem verbrecherischen Geschlechte steht, das solch einen blu-
tigen Schnitter wie eine Zuchtruthe Gottes herausfordert. Und
mag der Künstler die Träger des Häßlichen auch als entsetzlich
oder lächerlich darstellen, er rette doch die Menschheit in ihnen,
er zeige noch anerkennendes Wohlwollen für sie. Dies thut er
dadurch daß er die Untugenden mit den bessern Seiten verbunden
zeigt und diese liebevoll ausbildet, mit der Schwäche auch die
Gutmüthigkeit und Dienstfertigkeit, mit dem Stolz auch das statt-
liche Behagen ausdrückt, wie dies Schwind denn in der Gestalt
des Vaters, in der Zeichnung der italienischen Stiefmutter und
den Schwestern des deutschen Aschenbrödels ausgeführt. Dadurch
erhebt sich die Komik zum Humor, wenn an dem Lächerlichen auch

das Werthvolle und an der Tugend die ihr anhaftende Schwäche enthüllt wird, die uns erheitert, während der darunter verborgene edle Kern uns rührt. Endlich aber muß alles Häßliche dem Schönen, alles Böse dem Guten dienen, und die besiegten Widersacher müssen den Triumph der Idee verherrlichen.

Die Subjectivität des schaffenden Künstlers macht sich nun in der Malerei dadurch zunächst geltend daß sie den rechten Augenblick für die in Thätigkeit begriffene, in Wechselbeziehung befindliche Gruppe wählt, und hierfür ist zweierlei nöthig: die malerische Darstellbarkeit des auszusprechenden Gedankens und die Entfaltung des Wesens der Sache selbst in der Erscheinung. In einem Arabeskenspiel von Randzeichnungen mag uns der Künstler seine Einfälle bieten und seiner Laune freien Lauf lassen, beim Bilde selbst soll er sich in den Gegenstand vertiefen und dessen innersten Kern und echten Gehalt zu Tage fördern. Der Höhenpunkt des geschichtlichen Lebens, der die innen waltenden Kräfte und Gefühle zum Ausbruche bringt, wird dabei auch der malerisch darstellbare sein, weil in ihm die verborgene Stimmung, der verschlossene Wille aus sich herausgehen, zur That treiben und werden, und damit in die Sichtbarkeit der Bewegung, Stellung und Geberde treten. Die Disputation Luther's auf dem Reichstag zu Worms ist nur für die redende Kunst eine mögliche Aufgabe; die Handlung gipfelt aber in dem Augenblick wo Luther sagt: „Hier steh' ich, ich kann nicht anders, Gott helfe mir, Amen!" Damit ist der Austritt aus der alten, der Eintritt in eine neue Bahn der Weltgeschichte erklärt; damit findet Luther's Antlitz und Gestalt einen Ausdruck, der des sofortigen Eindrucks auf die befreundeten, auf die gegnerischen Hörer nicht verfehlen kann. So hat ihn denn auch die schöne Zeichnung im bekannten Werke von Gustav König erfaßt, wie er mit den Füßen fest seinen Stand behauptet, wie die zurückgewandten Hände an den herabhängenden Armen das Ergreifen jeder andern Sache abweisen, wie der emporgewandte Blick des Angesichts vertrauensvoll der Hülfe Gottes sich befiehlt.

Lessing's Huß vor dem Concilium zu Konstanz ist ein herrlich ausgeführtes Bild, in der Klarheit und Feinheit der Form und des Ausdrucks aller einzelnen Köpfe bewunderswerth, alles Beiwerk technisch vollendet und doch anspruchslos: aber der Inhalt der Rede, aber Ideen und Gründe seiner Neuerungen sind nicht plastisch auszudrücken, wir sehen nur einen Redenden und viele in verschiedenen Stimmungen Hörende; um was es sich handelt sehen wir nicht, und das Ganze fällt in lauter Einzelheiten auseinander. Der Augenblick der Verdammung schon wäre ein viel wirksamerer gewesen; er hätte den Huß großartiger erscheinen lassen in der gottergebenen Ruhe der Ueberzeugung, er hätte den Vertretern der Kirche eine gemeinsame Thätigkeit gegeben ohne den Unterschied im Ausdruck der Einzelnen aufzuheben: der Fanatismus, die ernste Strenge und Würde, das Wohlleben das nicht gestört sein will, die Stumpfheit gegen den Geist wie der Glaube an das gute Recht der Kirche und die Macht ihrer Autorität konnten sich doch im Besondern entfalten; aber auch der Gegensatz der Hussiten durfte nicht fehlen und mußte neben dem Schmerz auch den Zorn und den Todesmuth mit jener Energie offenbaren, die den furchtbaren Nachekrieg vom Scheiterhaufen des Märthrers aus entzündet. Huß auf dem Weg nach dem Scheiterhaufen von demselben Meister ist der Anlage nach weit gelungener, und wiewol das Bild ebenfalls mehr psychologische Charakteristik als dramatisch bewegte Handlung zeigt, bringt es doch die Gegensätze zur Erscheinung und läßt uns ahnen daß sie sich gewaltsam entladen können.

Die Thronentsagung Karl's V. von Gallait ist ein Meisterstück der belgischen Schule. Die malerische Ausführung, ein in Deutschland, namentlich in München, vernachlässigtes Element, machte seinen Triumphzug zu einem wohlverdienten, aber die Auffassung ist dennoch mangelhaft. Der auf Oranien gestützte Karl legt segnend die Hand auf das Haupt Philipp's, der vor ihm kniet; wir sehen nicht, daß es sich um einen Thronwechsel handelt, der alte Vater könnte dem Sohn auch seinen Segen mit auf den Weg einer kriegerischen oder diplomatischen Sendung geben. Wie anders malt Shakespeare eine Kronenentsagung! Teichlein hat darauf sehr passend hingewiesen. Vor aller Augen erscheint der besiegte Richard II. vor dem sieghaften Bollingbroke. „Gebt mir die Krone!" sagt er:

　　　Hier Vetter, greif die Krone,
　　In dieser Seite meine Hand, die deine dort!
　　Nun ist die goldne Kron' ein tiefer Brunnen
　　Mit zween Eimern, die einander füllen,
　　Der leere immer tanzend in der Luft,
　　Der andre unten, ungesehn, voll Wasser.
　　Der Eimer unten, thränenvoll, bin ich,
　　Mein Leiden trink' ich und erhöhe dich.

Der deutsche Maler und Kunstkritiker setzt hinzu: „Man wird
doch wol Shakespeare nicht des Allegorisirens bezichtigen wollen,
weil er das Symbol des Königthums, welches überdies zum
Costüm der Zeit gehört, auf die Scene bringt; daß er die Krone
vor unsern Augen von einer Hand in die andere wandern läßt,
ist ein so realistisches Mittel um das Factum eines Thronwechsels
vollständig auszudrücken wie es sich ein Maler für seine sinnliche
Kunst nicht besser wünschen könnte. Und stehen dabei die beiden
Könige nicht als leibhaftige Charaktere vor uns? Läßt sich nicht
in der Stellung eines jeden vom Wirbel bis zur Zehe die wahre
Stellung beider zueinander veranschaulichen? Können wir nicht
Gedanken und Empfindungen in ihren Augen lesen und bis in die
äußerste Fingerspitze verfolgen, welche die Krone nimmt und gibt?
Und bei alledem liegt etwas mehr als das Interesse an dem
historischen Factum und den historischen Persönlichkeiten in diesem
Bild; im Besondersten ist das Allgemeinste ausgesprochen, die
tragische Idee des historischen Schicksalswechsels, freilich nicht als
eine abstracte und triviale Sentenz allegorisirt, sondern in einer
ergreifenden Realität individualisirt. Nur ein äußerst abstracter
Idealismus würde um diese Scene zu illustriren einen allegorischen
Ziehbrunnen anbringen, während der Poet echt malerisch verfährt,
das Gleichniß Richard's am Throne selbst versinnlicht und zwei
Menschen von Fleisch und Blut wie jene freud- und leidvollen
Eimer auf- und niedersteigen läßt. Wahrlich, gewissen Leuten
welche auf dem besten Wege sind aus Widerwillen gegen eine ab-
struse Idealistik in eine wahre Gespensterfurcht vor Ideen überzu-
schnappen, kann man keinen bessern Rath geben als sich von
Freund Shakespeare den Kopf zurechtsetzen zu lassen."

Auch die hiermit verbundene Betrachtung können wir uns aneignen, da sie völlig mit den bereits entwickelten Grundsätzen über-
einstimmt. „Wenn Franzosen und Belgier, wie es bei einem
Gallait und andern Bessern unter ihnen der Fall ist, den leibhaftigen Menschen nicht allein mit äußerer Naturtreue, sondern
den beseelten Menschen in der Schärfe individueller Charakterbildung und mit aller Feinheit des Ausdrucks malen, so werden
wir uns hüten ihre Kunst gehaltlos zu nennen, solange sie dabei
sei es in Darstellung einzelner Gestalten oder ganzer Versamm-
lungen nicht über die Ansprüche des Porträtmalers hinausgehen.
Greifen aber unsere verehrten Nachbarn nach Gegenständen bei
welchen es darauf ankommt mit innerlich und äußerlich bewegten

Menschen eine gehaltvolle Handlung, d. h. eine Handlung in welcher eine bedeutende Idee enthalten ist, darzustellen, dann wird es
erlaubt sein zu fragen, ob sie auch die vollendete und ausdrucksvolle Realität ihrer Gestalten zur Darstellung des ideellen Kunst-
gehaltes der Handlung zweckmäßig verwenden, oder etwa nur eine
malerische Außenseite des Vorgangs abconterfeien. Die Seele des
Gegenstandes soll den ästhetisch wirksamsten Ausdruck finden.
Allerdings handelt es sich in der Kunst zuletzt immer mehr um
das Wie als um das Was, aber die Auffassung ist nichts anderes als gerade das wichtigste künstlerische Wie."

Hat der Maler in der Auffassung den prägnanten Moment
ergriffen, so wird sich derselbe sogleich dadurch fruchtbar erweisen
daß der Zuschauer das Vorausgegangene wie das Künftige daraus
erräth und entwickelt; aber auch dem Maler muß es gestattet sein
bei größern Compositionen sowol was in der Wirklichkeit räumlich auseinanderliegt zur Einheit und Ueberschaubarkeit zusammen-
zurücken, als auch neben der Hauptsache Vorausgegangenes und
Nachfolgendes anzudeuten und Ursache und Wirkung zumal zur
Erscheinung zu bringen. „Ein Historienbild soll in Einer Situation ein Leben darstellen, es soll vor- und rückwärts deuten
und auf sich selbst beruhen für die Ewigkeit." So Feuerbach
der Maler.

Frühere italienische und deutsche Meister verfuhren hier allerdings mit einer Naivetät die ich nicht zur Nachahmung empfehlen
möchte; das Kindliche nachgeahmt wird zu leicht kindisch. Wir
haben eine Composition von Ghiberti vor uns; sie besteht aus
drei Gruppen, aber in jeder Gruppe begegnen uns dieselben Personen. Dort erhebt sich Eva, neben dem schlafenden Adam zum
Leben erwacht, wie aus ihm hervorschwebend an Gottes Hand,
links steht sie mit Adam unter dem Baum der Erkenntniß und
reicht ihm den Apfel, rechts wird sie mit ihm aus dem Paradies
verwiesen. In der Sixtinischen Kapelle empfängt auf einem Bild
von Cosimo Roselli Moses im Hintergrund die Gesetzestafeln, die
er links dem verehrenden Volk zeigt und rechts vor den Anbetern
des goldenen Kalbes zerschmettert. Das Bild von Memling, die
sieben Freuden der Maria, zeigt uns in der Mitte die drei Weisen aus Morgenland vor dem Christuskind; dieselben ziehen links
heran und rüsten rechts die Abreise, die bereits wieder sich in die
Schlucht hin verliert; aber wir sehen auch ganz fern die drei
Könige auf drei Bergen stehen, wie ihnen der Stern erscheint,

sehen von da drei Wege an einer Brücke sich vereinigen, wo jene
zusammentreffen, sehen sie im Mittelgrunde vor Herodes, sehen
sie in Bethlehem, bis sie die Krippe erkunden, in welcher der
neugeborene Heiland lag. Hier haben wir allerdings eine noch
ungeschiedene Einheit der Malerei mit der dichterischen Erzählung,
und dieses wiederholte Auftreten derselben Personen innerhalb des
gemeinsamen Rahmens mag uns bei der herzlichen Anmuth und
Schlichtheit der alten Meister anziehend erscheinen, aber der Fortschritt der Entwickelung legt hier die Kunstgebiete auseinander,
und verlangt daß die Malerei aus der Fülle der nacheinander
folgenden Ereignisse einen Moment erfasse und in diesem das
Ganze offenbare, oder auch mehrere Momente auf ebenso vielen
besondern Bildern und durch selbständige Compositionen darstelle,
wie dies letztere niemand anmuthiger thut als Schwind, dessen
sieben Raben als ein wunderbares Farbengedicht in vierzehn Strophen die Perle der deutschen historischen Kunstausstellung in München waren. Ein Schwanengesang von der schönen Melusine ist
ähnlich componirt.

Bei einer umfassenden Handlung aber läßt sich immerhin in
verschiedenen Gruppen ein Fortgang der Entwickelung andeuten,
jedoch so daß sie in bestimmter Beziehung zur Hauptsache stehen,
und daß die einmal verwandten Personen nicht mehrmals vorgeführt werden. Auf der Constantinschlacht von Rafael ist links
noch mächtiger Kampf, während in der Mitte der Sieg entschieden wird, und rechts die Christen bereits über die Brücke die
flüchtigen Feinde verfolgen. Aehnlich sah man auf der Schlacht
von Marathon, die Panaenos in Athen gemalt, links den Miltia-
des die Griechen zur Schlacht begeisternd, die dann weiter unter
der Leitung der Götter entbrennt und entschieden wird, sodaß
rechts die Perser sich geschlagen in die Schiffe stürzen. Auf einer
Rafael'schen Tapete, Paulus und Barnabas zu Lystra, sehen wir
den durch Paulus geheilten Lahmen aufrecht und sicher schreitend
die Hände dankend zu dem Apostel erheben, während ein Alter
durch Aufhebung des Gewandes sich überzeugt daß die Beine
gerade geworden; die Krücke, die jenen seither gestützt, liegt auf
der Erde. Und schon hat sich das Volk versammelt um den
Männern des Geistes und der Kraft, die es für vom Himmel
herabgestiegene Götter hält, ein Opfer zu bringen; die Flamme
brennt auf dem Altar, der Stier wird herbeigeführt und das
Beil geschwungen; da gibt Paulus durch Zerreißen seines Ge-

wandes zu erkennen wie ihm diese Verehrung ein Greuel ist, und
ein Jüngling wehrt dem Arme des Mannes der den Streich gegen
die Stirn des Opferthieres führen will. Auf den Gesichtszügen
einiger Gestalten aber, die voll Ingrimm auf die Apostel hinsehen,
lesen wir bereits die sich vorbereitende Verfolgung gegen diese.
In Kaulbach's Hunnenschlacht hat sich schon der Knäuel des
Kampfs hoch in der Luft durcheinander geschlungen, während
Einzelne am Boden erst aus dem Todesschlaf erwachen. Auf
einem Gemälde Correggio's sträubt sich ein Mädchen bräutlich
gegen den Schwan, ein zweiter umfängt Leda's holde Gestalt,
während ein dritter davonfliegt und die Schöne ihm wonnig nach-
blickt; so sind die Momente des Liebewerbens und der sinnlichen
Liebesfreude hier zugleich veranschaulicht.

Indeß wie der französische Classicismus sich im Drama lange
mit der Einheit der Zeit und des Ortes abquälte, und einen
Shakespeare als unkünstlerisch, seine planvollsten Werke als Aus-
geburten der berauschten Phantasie eines Wilden verwarf, so ist
in neuerer Zeit gegen Kaulbach behauptet worden, daß er dem
Beschauer zumuthe Reihen von Handlungen als gleichzeitig hin-
zunehmen, zwischen denen ein längerer oder kürzerer Zeitraum
verflossen sein müsse, und Situationen nebeneinandergestellt zu
sehen die gar nicht zusammengehen können. Um uns zu vergegen-
wärtigen wie groß die Noth der Juden in Jerusalem gewesen
als die Römer die Stadt einnahmen, hat der Maler im Mittelgrund unter andern hungerigen Gestalten eine Mutter dargestellt,
die im Begriff ist das eigene verschmachtende Kind zu schlachten.
Man hat behauptet es sei dieses absolut unmöglich gewesen während die siegenden Legionen ihre Adler in der brennenden Stadt
aufpflanzten. Ich will nicht einwerfen daß das Aufpflanzen der
Adler den Hunger der Belagerten noch nicht stillt, sondern ich
vindicire dem Maler ein ähnliches Recht als ich dem dramatischen
Dichter gebe, der die Begebenheiten von Monaten und Jahren
in den Stunden eines Theaterabends an uns vorüberführt, und
dabei nur die Pflicht hat die Stetigkeit der Zeitentwickelung zu
bewahren. Rafael gibt uns in der Schule von Athen ein Bild
des philosophischen Lebens in Griechenland. Wir sehen den schon
hochbejahrten Platon und den männlich kräftigen Aristoteles als
die Höhenpunkte des hellenischen Denkens und Forschens; aber
wir sehen auch von ältern Philosophen einen Pythagoras, Heraklit, Sokrates, von jüngern Gelehrten einen Archimedes und den

König Ptolemäos. Rafael, der sie so trefflich zu charakterisiren
verstand, wußte gewiß daß sie durch Jahrhunderte voneinander
entfernt lebten, und niemals alle zugleich in einer Halle versammelt waren, aber er malte sie wie sie im Pantheon des Geistes
ewig vereint sind.

In dem Augenblicke wo Jehova das Wort der Zerstreuung
über die Menschen beim babylonischen Thurmbau aussprach, werden in der Realität allerdings die drei großen Stämme noch nicht
mit ihrer eigenthümlichen Charakteristik, die sie erst im Laufe
der Jahrtausende gewonnen, sich geschieden haben und von bannen
gezogen sein; aber mit Recht hat Kaulbach dies dennoch so dargestellt, weil er die Sache anders gar nicht, so aber vortrefflich
veranschaulichen konnte. Michel Angelo malte an der Decke der
Sixtinischen Kapelle auf einem und demselben Bilde rechts vom
Baume der Erkenntniß die Schlange, die an Adam und Eva
den Apfel reicht, links den Engel, der beide aus dem Paradiese
treibt; auch da ist Thal und Strafe, Ursache und Folge unmittelbar vereint, und die Composition wird wegen ihrer schla-
genden Gewalt bewundert. Kaulbach's Auffassung der biblischen
Erzählung von der Völkerscheidung ist übrigens kein eitler Ein-
fall, wie ein Kritiker wollte, sondern sie verknüpft die geschichts-
philosophische Idee der neuern Zeit mit jener, und findet sie in
ihr angedeutet, wie dies schon Jakob Böhme im Mysterium
magnum gethan hat. Die Menschheit, die in lieblicher Harmonie gelebt, trat aus dieser Periode der noch unentwickelten Einheit heraus in ein Weltalter des Unterschieds, in welchem die
einzelnen Grundkräfte und Grundrichtungen für sich frei wurden
und einzelne Menschengruppen zu Trägern erhielten, die dadurch
als Völker bezeichnet und in ihrer Eigenthümlichkeit von andern
abgesondert waren; sie verstanden einander nicht mehr, weil sie
verschiedene Ideen in ihrem Leben und Denken ausprägten, sie
hielten wechselsweise einander für Barbaren und jedes nur sich
selbst für auserwählt, bis erst Christus vollbrachte was Alexander
der Große vorbereitet, bis er als der wiedergeborene Adam das
gleiche menschliche Wesen in der Mannichfaltigkeit der Völker, die
gleiche Gotteskindschaft aller Völker zum Bewußtsein brachte und
am Pfingstfest der heilige Geist das Wechselverständniß der Völker
in der Einheit der Liebe und Wahrheit wieder vermittelte. Jener
Act aber ist als der Beginn des Völkerlebens auch der Anfang
der Weltgeschichte, und so hat Kaulbach ihn aufgefaßt und bild-

lich vergegenwärtigt. Will man dies tadeln, so muß man auch
die größten dramatischen Werke Deutschlands, den Faust, die Iphigenia, den Wallenstein verwerfen, in welchen Goethe und Schiller
die mythische und geschichtliche Erzählung in tieferm Sinn aufgefaßt und ausgebildet haben als in den ersten Darstellungen geschehen war.

Doch ich wollte nicht sowol auf den Begriff der Auffassung
zurückkommen, als dagegen protestiren daß der Zopf der Einheit
des Orts und der Zeit, den Lessing und Schlegel für das
Drama glücklich abgeschnitten, nunmehr der Malerei angehängt
werde. Ich verlange ferner für diese letztere auch die Befugniß
eingeräumt statt der Einheit der Handlung die der Idee zu setzen,
wie schon Sophokles in der Antigone, Aeschylos in der Orestie
gethan, während die großen Dichter Englands und Spaniens es
liebten gerade in mehrern Begebenheiten und deren Verflechtung
einen und denselben Grundgedanken als gemeinsame Seele und
Schicksalsmacht zu entfalten. Der Gestaltenreichthum und die verschiedenen Gruppen sind kein Fehler des Künstlers, sobald sie zur
Offenbarung einer und derselben Idee dienen, und für die Anschauung selbst harmonisch gegliedert und geordnet sind. Cornelius
gibt auf seinem Meisterwerk in der Glyptothek zu München, der
Zerstörung Troias, in der Mittelgruppe den Untergang von
Priamus und seiner Familie, über die sich Kassandra hoch erhebt
um ein seherisches Wort über die Schicksalsfügung zu sprechen,
woran vergebens Agamemnon sie zu hemmen sucht; auf der einen
Seite sehen wir die beutetheilenden siegreichen Achäer, auf der
andern Aeneas, welcher Vater, Sohn und Penaten in die Fremde
hinwegführt; eine Dreiheit von Handlungen, symmetrisch geordnet
— wenn sie auch nicht so zugleich an Einer Stelle geschehen sein
können — gibt uns in verschiedenen Gruppen und Situationen
Ein Bild, die Darstellung einer historischen Idee dichterisch aufgefaßt in allgemeingültiger Wahrheit. Diese Einheit der Idee ist
es auch welche das Jüngste Gericht von Cornelius durchdringt,
welche Christus und die ihn umgebenden Heiligen des Alten und
Neuen Bundes, die Engel mit dem Buch des Lebens und dem
Schwert der Gerechtigkeit, das Aufschweben der Seligen, den
Sturz und die Strafe der Verdammten zum Ganzen zusammenhält und in der freien Symmetrie der Anordnung die einzelnen
Gruppen sowol für sich ordnet, als sie zugleich wie nothwendig
einander entsprechende Theile des klar überschaulichen Ganzen

erscheinen läßt. Hier haben wir nicht sowol einen einzelnen Augenblick, sondern die wichtigsten Momente, Scenen, Ereignisse des
ewig sich vollziehenden Weltgerichts werden durch und für den
Gedanken zusammengehalten. So ist es auch die Einheit der Idee,
welche die verschiednen Gruppen auf Kaulbach's Weltgeschichts-
bildern durchdringt und organisch verbindet.

Wie die Doppelhandlung in Shakespeare's Lear, die dreifachen
Begebenheiten und Lebenskreise im Kaufmann von Venedig nicht
blos äußerlich kunstvoll ineinander verflochten und durcheinander
motivirt sind, sondern auch auf dem gleichen Grundgedanken beruhen, den sie dadurch als einen solchen bezeugen welcher nicht
blos einmal, sondern immer und in allen Verhältnissen gilt, so
liebt es die Malerei das Irdische und das Himmlische zugleich
darzustellen und dieses sich über jenem erheben zu lassen, beide
Welten aber in inniger Beziehung zueinander abzubilden, sodaß
gerade ihre durch die Religion zu gewinnende Einheit und Versöhnung anschaulich wird. Die Disputa von Rafael ist eine glor-
reiche Vollentwickelung und Blüte von Keimen, die schon Jahrhunderte lang sich entfaltet hatten: auf Erden die streitende, auf
dem Wolkenbogen die triumphirende Kirche, jene durch die großen
Kirchenväter wie durch das ihnen lauschende Volk und die theils
selbständig forschenden, theils der Ueberlieferung frei sich anschließenden Männer, diese durch Christus und seine Heiligen repräsentirt, über die Gottvater in der Glorie sein Haupt erhebt, während
der Heilige Geist in Gestalt einer Taube und Kinderengel mit den
Evangelien von Christus aus zur Erde niederschweben, und die
auf dem Altar erhöhte Monstranz als das Symbol der Gegenwart des Heilands unter den Seinen die sichtbare Mitte des
Ganzen bildet. Das Ziel irdischen Ringens ist in der himmlischen
Herrlichkeit veranschaulicht, diese selbst aber dargestellt wie sie eben
sowol auf dem diesseitigen Leben ruht als dasselbe weihend und
heiligend durchdringt und überschwebt.

Die Verklärung Christi von Rafael ist ebenso das leuchtende
Vorbild einer Doppelhandlung und deren Wechselbeziehung, getragen von der Einheit des Gedankens. Schon Goethe verwun-
derte sich daß man jemals an der großen Einheit einer solchen
Conception habe mäkeln mögen. Er sagt in seiner maßgebenden
Weise: „In der Abwesenheit des Herrn stellen trostlose Aeltern
einen besessenen Knaben den Jüngern des Heiligen dar: sie mögen
schon Versuche gemacht haben den Geist zu bannen, man hat sogar

ein Buch aufgeschlagen um zu forschen ob nicht etwa eine überlieferte Formel gegen dieses Uebel könne wirksam gefunden werden, aber vergebens. In diesem Augenblick erscheint der einzig
Kräftige, und zwar verklärt, anerkannt von seinen großen Vorfah-
ren; eilig deutet man hinauf nach solcher Vision als der einzigen
Quelle des Heils. (Und, können wir hinzusetzen, ein Lichtstrahl
des Verklärten, der als die Erfüllung des Gesetzes und der Propheten zwischen Moses und Elias schwebt, ein Lichtstrahl Christi
fällt in das Auge des Besessenen und beginnt den Sieg über die
dämonische Verzerrung der Natur, leitet das Häßliche zur Schönheit zurück, verbindet den Hülfsbedürftigen und den Helfer.) Wie
will man nun das Obere und das Untere trennen? Beides ist
Eins: unten das Leidende, Bedürftige, oben das Wirksame, Hülf-
reiche, beides aufeinander sich beziehend, ineinander einwirkend.
Läßt sich denn, um den Sinn auf eine andere Weise auszusprechen,
ein ideeller Bezug aufs Wirkliche von diesem lostrennen?"

Die Einheit also wollen wir in der Vielheit sehen, sei es daß
sie nur geistig als das innere Band durch die Wechselbeziehung
der Individuen ausgedrückt wird und der Mittelpunkt ein idealer
bleibt, sei es daß eine Gestalt der Mitte auch real und sichtbar
als die Hauptsache hervortritt, um welche das Ganze sich bewegt
und ordnet, sodaß an Geist und Sinn differirende Hauptmassen
auf einander entsprechenden Stellen in freier Symmetrie sich entfalten, wie wir dies schon als die pyramidale Composition im
Giebelfelde der Tempel bei der Betrachtung der Plastik erörtert
haben. Christus als das Haupt der Gemeinde erhielt früh schon
auf den ältesten Bildwerken diese Stellung des Lehrers zwischen
zwei Jüngern. Wenn Maria das Christuskind als das fleischgewordene Wort auf dem Schoße oder Arme trägt, so wird sie
gern auf dem Thron oder auf den Wolken dargestellt, und unten
stehen dann Heilige ihr zu Seiten oder verehrende Fromme. Von
wunderbarer Geschlossenheit des Gedankens und der Form ist in
dieser Hinsicht die Sixtinische Madonna von Rafael. Maria mit
dem Christuskinde nimmt die Mitte und den obern Theil des
Bildes ein; sie erscheint wie die Blüte, während tiefer als sie zu
beiden Seiten Sixtus und Barbara sich Blättern vergleichen und
unter ihr wie Knospen die Engelsköpfe hervorschauen, von denen
die Linien aufwärts nach beiden Seiten auseinandergehen um sich
in der Hauptgestalt wieder zu vereinigen. Da dieses Bild zum
Herrlichsten gehört was Menschenhand geschaffen, so gehen wir

gern etwas näher auf den tiefen Gehalt und den wunderbar anmuthigen Ausdruck desselben ein und können dabei vielfach der Erörterung Ulrici's folgen, die bisjetzt wol die gründlichste ist.

Ulrici vergleicht diese Maria in der Glorie mit der Verklärung Christi auf Tabor; aber die Verklärung ist hier nur eine
ideale, nur die Darstellung des künstlerischen Gedankens, das
Bild des innern Lebens und Wesens der Maria, wie es beseelt
vom göttlichen Geist, von der göttlichen Liebe, als das Ideal
der vom Christenthum ergriffenen und damit über das irdische
Dasein erhobenen, geläuterten und verklärten Menschenseele erscheint. Weil eine solche Verklärung zugleich eine Entrückung und
Einverleibung in das Reich Gottes ist, nur darum erscheint der
Schauplatz der ganzen Darstellung in die Regionen des Himmels
verlegt. Aber der Himmel ist dem Gläubigen kein bloßes Jenseits;
er hat sich uns geöffnet, der Vorhang vor dem Allerheiligsten ist
aufgezogen, der Einblick uns gestattet. Der Papst hat die dreifache Krone niedergelegt, denn hier gilt nur die Reinheit des
wiedergeborenen Herzens, kein Ansehen der Person. Maria in
erhabener Jungfräulichkeit ist das Organ der göttlichen Gnade,
sie ist Trägerin des Christuskindes, aber sie ist sich der Majestät
dessen bewußt der in ihrem Arme ruht, sie hat ihn ja in sich
aufgenommen, sie ist durchleuchtet und verklärt von ihm, sie ist
durch ihn zugleich die Himmelskönigin. In Christus ist dabei die
unergründliche Tiefe des Geistes, besonders ein weltdurchschauen-
der Blick, mit den Formen und Zügen des Kinderantlitzes auf
eine ganz einzige Weise verschmolzen; der göttliche Geist ist Kind
geworden um uns in die Kindschaft wieder einzusetzen, Kind und
Mutter selbst sind das Sinnbild der göttlichen Liebe und der sie
aufnehmenden, durch sie verklärten Menschheit. Die Einkehr in
Gott, das Himmelreich ist uns aufgethan, es bedarf von unserer
Seite nur der gläubigen Aneignung, der Hingebung. Darum
erscheint die Hauptgruppe von denjenigen Gestalten umgeben in
denen vorzugsweise der christliche Glaube, das christliche Leben sich
ausprägt. Die erste derselben ist die Form in der die Kindesseele
noch ohne Verständniß, ja noch ohne bestimmtes Gefühl für die
Wahrheit des Christenthums, nur in unmittelbarer ahnender Hingebung von der göttlichen Gnade ergriffen und verklärt wird; sie
ist durch die beiden Engel gewordenen Kindergestalten repräsentirt, die auf die Schwelle der Himmelspforte sich stützen. Die
zweite Form ist diejenige in welcher das Jünglingsalter und das

18*

weibliche Geschlecht das Heil empfangen. Das Weib, das innerhalb seiner natürlichen Bestimmung sich hält, nimmt das Christenthum ebenfalls auf ohne es mit dem Verstand erkennend zu durchdringen, aber auch nicht blos in kindlich instinctiver Hingebung,
sondern in der Reinheit, Zartheit und Tiefe des Gefühls. Dasselbe gilt vom Jüngling, nur daß bei ihm das Gefühl mehr im
Drange der Seele nach den Idealen, in der Begeisterung für
das Schöne, Edle, Große sich äußert. Die heilige Barbara
vertritt diese Form des Glaubens; der Künstler hat in ihr die
keusche, zarte, gefühlsinnige, vom Schmuz des Lebens unberührte,
in die Huld und Schönheit der eigenen Seele gleichsam noch versenkte Jungfrau dargestellt. Die innige Anmuth, mit der sie zur
Gemeinde niederschaut, contrastirt mit dem Aufblick des Papstes
zu Christus; sie bildet aber zugleich einen Gegensatz zu der Erhabenheit Maria's, deren göttliche Würde durch ihr menschlich
mildes Lächeln um so wirksamer hervorgehoben wird; ihr Ausdruck ist nicht zu tadeln, er ist nicht auf dem Original, sondern
nur auf Nachbildungen etwas correggiohaft süßlich, er ist ein un-
entbehrlicher Ton im herrlichen Vollaccord des Ganzen. Im
Unterschied aber von Kind und Jungfrau ergreift der Mann das
Christenthum mit den höchsten Kräften des Geistes; er durchlebt
es mit dem forschenden Gedanken, mit dem schaffenden und
kämpfenden Willen; doch je länger er strebt und ringt, desto klarer
wird ihm daß die Fülle des Göttlichen nur in rückhaltsloser Hingebung zu gewinnen ist: der Greis wird wie ein Kind, er hebt
liebend und vertrauend den Blick zum Himmel um in stiller
Erwartung das Heil von oben und damit den Schlüssel für das
Räthsel der Welt zu empfangen. So Papst Sixtus. Diesen
Gestalten gegenüber, welche sonach die besondern Formen des
christlichen Glaubens und Lebens darstellen, bezeichnet die Madonna
selbst jene allgemeine schlechthin ideale Gestalt, die unser Glaube
annehmen wird, nachdem er durch die göttliche Liebe und Gnade,
durch das Kind auf ihrem Arm, zum Schauen der Herrlichkeit
Gottes gelangt ist. Sonach aber ruht die ganze Darstellung auf
der festen Geschlossenheit eines einigen, ebenso tiefsinnigen als
reichhaltigen und schön gegliederten Gedankens. Und wie formell
alle Figuren die vollendete Schönheit an sich tragen, in der jede
Linie, jeder Zug nothwendig erscheint, sodaß keine Aenderung
erdenkbar ist die nicht eine Entstellung wäre, so prägt auch nach
der Seite des Inhalts jene geschlossene Einheit der Grundidee

dem Ganzen denselben Charakter innerer unveränderlicher Nothwendigkeit auf, der das Kennzeichen höchster künstlerischer Meisterschaft ist.

Auch in der Symmetrie der Composition hält die größere Bedeutung der einen Seite der größern Ausdehnung der andern die
Wage, wie Rafael's predigender Paulus mit einigen Nebenfigu-
ren der reichen Zahl seiner Hörer in Athen, oder der Fels, der
Baum auf der einen Seite der Landschaft der umfangreichern
Fläche, welche die Luft, der Himmel einnimmt. Die Ueberordnung
der Hauptsache, die Neben- und Unterordnung der dienenden
Glieder wird in der Malerei dadurch erleichtert daß dieselbe nicht
alle Gestalten auf Einer Fläche zeigt, sondern das Bild perspec-
tivisch vertieft und dadurch Border-, Mittel- und Hintergrund
gewinnt. Die Natur wird in der Malerei als solche hereingezogen, nicht anthropomorphosirt oder bei Seite gelassen wie in
der Plastik; sie erscheint als der Schauplatz der Begebenheiten,
und wie wir erkannt haben daß das Bolk mit dem Lande, die
Cultur mit dem Boden zusammenhängt, der sie trägt, so verlangen wir daß auch der landschaftliche Hintergrund mit der Darstellung aus dem Menschenleben harmonire oder in einem anziehenden Contrast stehe, den die Malerei zu besonderer Wirksamkeit bringt und in der Beziehung des Gegensätzlichen aufeinander
die Einheit durchschimmern läßt. Theilnehmende Zuschauer, Figuren, die in einem laxeren Verbande mit dem Ganzen stehen
und die Selbständigkeit und Freiheit der Menschennatur bekunden,
wirken dabei ähnlich wie der Chor in der griechischen Tragödie.
Cornelius' architektonische Strenge mit ihrer klaren Ausprägung
des Nothwendigen hat diesem anmuthigen Spiel des Individuellen
selten Raum gewährt; Schnorr dagegen hat seine Freude daran,
und zwar etwas zu sehr; die stattlichen Gondoliere, die reizenden
Begleiterinnen sind auf seinem Barbarossa in Venedig, auf seiner
Begrüßung von Brunhild und Chriemhild das Hervorragende
und das Gelungenste. Rafael weiß den gemeinsamen Zug und
Ausdruck der Idee mit anziehenden Motiven eigenthümlicher Lebensentfaltung am glücklichsten zu verbinden.

Mit der sinnlichen Perspective aber muß die geistige verbunden
sein, vielmehr diese muß jener wie eine innere Bedingung der
äußern Verwirklichung zu Grunde liegen; das Hauptsächlichste
wird also am größten, das Nebensächliche oder in entfernterer
Beziehung Stehende auch kleiner erscheinen, und zwar ohne daß

die Naturwahrheit verletzt würde, indem jenes näher, dieses ferner
gestellt wird. Doch kann auch ein hervorragender Punkt in der
Tiefe des Bildes den Hauptgestalten das ersetzen was sie dadurch
an Ausdehnung verlieren daß sie nicht unmittelbar im Vordergrunde stehen. So sind Platon und Aristoteles in der Schule
von Athen durch die Stellung in der Mitte unter dem sie über-
wölbenden Bogen der Halle, umflossen vom hellen Licht, ausgezeichnet, und die Stufen führen vom Beschauer aufwärts zu
ihnen hin; der Vordergrund rechts und links ist mit Gruppen
erfüllt, vor ihnen aber frei gelassen. Karl der Große und
Wittekind auf Kaulbach's Gemälde stehen auch erst in zweiter
Reihe, aber sie erheben sich frei und groß in der Mitte, und die
vor ihnen am Boden sitzenden und lagernden Sachsen dienen ihnen
gleichsam zur Basis und entfalten sich unter ihnen in einer Bogenlinie, als deren Mittelpunkt jene sich geltend machen. Die sich
selbst verbrennende heidnische Priesterin und der beginnende Aufbau einer christlichen Kirche füllen passend zu beiden Seiten den
Hintergrund. Aehnlich sind Kaulbach's Kreuzfahrer componirt;
Gottfried von Bouillon nimmt hoch zu Roß im Mittelgrunde die
Mitte des Bildes ein; auf ihn und die vor ihm das Sakrament-
haus oder den heiligen Gral tragenden weiß gekleideten priester-
lichen Jünglinge fällt zugleich das volle Licht der Abendsonne,
während ein Wolkenschatten die Gestalten vor und neben ihnen
umfließt.

Hiermit ist denn das Dritte geleistet: auch die Lichtwirkung,
auch die Vertheilung der Beleuchtung muß die Massen sondern
und das Wesentliche hervorheben helfen. Die malerische Wirkung
darf dem Princip der Composition nicht widersprechen, sondern
muß ihm gleichartig sein, muß sogleich durch den ersten Eindruck
dem Auge sagen was bei näherm Eingehen dem Geist sich offenbaren wird, muß sogleich in der Stimmung das Gemüth wie
eine Melodie einnehmen, deren Text dann auch dem Verstande
mitgetheilt wird. Im Kampf gegen den Naturalismus, gegen
den leeren Farbenprunk hatten Cornelius und seine Freunde das
Malen in den Hintergrund treten lassen, hatte man weit mehr
von Linien als von Farben gesprochen, und so gefällt uns bei
ihnen häufig die Zeichnung, der Carton mehr als das ausgeführte Gemälde, weil das Bild ursprünglich nicht als Gemälde,
nicht farbig, sondern nur als Zeichnung im Rhythmus der
Formen gedacht war, und deshalb erst nachträglich illuminirt

warb, was dann oft den schönen großen Fluß der Linien störend
unterbrach. Da erschien eines Tags das Bild von Gallait,
Karl's V. Thronentsagung, in München, und man sah hier die
schwarz gekleidete Gestalt Philipp's sich nicht blos vortrefflich von
der hellen Treppe abheben, sondern auch in das vollste Licht gestellt, sodaß man wieder lernte was auch die alten Meister
gewußt, was der Maler Teichlein so formulirt: „Das Geheimniß Farbe und Beleuchtung zu malerischer Wirkung abzu-
runden beruht auf keinen andern Bedingungen als die Wirksamkeit der Composition. Wie hier die einzelnen Figuren und Epi-
soden der Haupthandlung sich unterordnen und im strengsten
Bezug auf sie gedacht sein müssen, so unterordnen sich die einzelnen Farbenindividuen durch Schatten und Helldunkel der Haupt-
lichtkatastrophe. Liegt es in der Natur des Kunstwerks daß es
die Menschen gruppirt und ihre Gedanken und Handlungen auf
einen Zweck, der eben ihr Inhalt ist, concentrirt, so sind concen-
trirtes Licht, harmonischer Ton und zweckmäßige Stimmung nur
der letzte specifisch malerische Ausdruck des formellen und ideellen
Componirens."

Dennoch müssen wir heute wieder hören daß die Richtung auf
den Gedanken, auf den Aufbau und die Größe der Formen sich
mit malerischer Wirkung nicht vertrage, daß man das eine oder
das andere anstreben müsse. Aber erfreut uns ein Goethe'sches
Lied weniger, wenn Reichard's oder Mozart's, Beethoven's,
Schubert's oder Mendelsohn's innig dem Sinn sich anschmiegende
Melodie die Worte trägt, oder wird nicht dadurch Empfindung
und Geist zugleich befriedigt? Der Einklang des Geistigen und
Sinnlichen ist überall das Ziel der Kunst, die vollendete Schönheit. Wo die Sucht nach brillanten Farbeneffecten das Interesse
an der Sache verschlingt, ja wo nur ein Beleuchtungszauber das
Auge blendet, daß der Geist die ideale Bedeutung des Bildes
vergißt, da werde auch ich den Stab über den Rückfall in die
naturalistische oder zopfige Entartung brechen; aber wo der Reiz
und die Kraft der Farbe, wo die Vertheilung von Licht und
Schatten in Harmonie mit der Composition stehen, und dieselbe
sogleich im ersten Eindruck wirksam machen und unserm Gefühl
unmittelbar den Ton des Ganzen angeben, seinen Organismus
nicht stören, sondern belebend hervorheben, wo die ideale Wahrheit mit der Lebenswirklichkeit sich versöhnt, da wollen wir die
Vollendung der Kunst nicht blos in der Theorie, sondern auch in

der Praxis anerkennen. Wir brauchen in der frühern Glanzzeit nicht nach Venedig zu Tizian und Paul Veronese zu wallfahrten, nicht an Correggio zu erinnern, auch die drei Häupter der italienischen Kunst, Leonardo, Michel Angelo, Rafael, verstanden zu malen. Correggio's Hellbunkel war in Leonardo's Schule vorgebildet, in der Sixtinischen Kapelle ist man von der geistigen Größe und Wucht der Deckenbilder nur zu überwältigt um sofort auch ihre malerische Trefflichkeit zu würdigen, die blos sich nicht für sich geltend macht, sondern dem Ganzen unterordnet; Rafael's Transfiguration zeigt den Contrast des Lichtes in der Höhe über den dunkleren Regionen des irdischen Lebens; der verklärte Christus gibt sich sogleich als der Lichtmittelpunkt des Bildes zu erkennen.

So gewährt denn eine gelungene Composition das leichte heitere Gefühl eines schön geschmückten Raumes, während die Kunst in den wohlgefälligen Formen ihre tiefsinnigen Gedanken ausspricht: die Linien, die sich in ihrem Flusse zu einer großartig freundlichen Arabeste zu verschlingen scheinen, lösen sich wieder auf zu dem Umriß der selbständig bedeutsamen Gestalten; aber indem diese einem Ganzen eingefügt sind, hebt und senkt sich die Welle der Gruppen in wechselvollem Reichthum und leicht erfaßlicher Symmetrie. Man betrachte die Silhouette, die äußere Umrißlinie der Figuren und ihren stetigen Zusammenhang auf Leonardo da Vinci's Abendmahl: zwei große Wellen von jeder Seite, je drei Jünger umschließend, bewegen sich gegeneinander, und finden von der Senkung in der Mitte nochmals und zwar steiler ansteigend in Christus ihren Vereinigungspunkt, den wir ebenso als den Ausgangspunkt zweier einander entsprechenden Ausstrahlungen ansehen könnten. Die Gestalten stehen wie in der Weltgeschichte innerhalb großer, bald aufwärts, bald abwärts gehender Strömungen, deren Gesetzlichkeit der Einzelne sich nicht entziehen kann; vielmehr erfüllt er mit seiner besondern Kraft und Richtung zugleich den Gang der allgemeinen Ordnung der Dinge. Wie eine niedere geradeaus strömende, und zwei höher nach den Seiten anschwellende Wellen gehen die Gruppen der Völkerscheidung vor Kaulbach's babylonischem Thurmbau auseinander. Der Mittelpunkt zeigt in Nimrod und seiner Umgebung eine ähnliche Linie; dieser doppelten Vertiefung in der Mitte hält aber die Erscheinung Jehova's mit seinen Engeln das Gleichgewicht; das Haupt Gottes erscheint wie die Spitze der Pyramide, der Blick des Beschauers

steigt nach ihm empor, und die doppelte Senkung der Mittelgruppe
in den beiden andern Theilen des Bildes ist durch die hohe Aus-
füllung der Mitte auf der dritten Stufe des Bildes schön ausgeglichen. Auch Rafael's Konstantinschlacht bietet ein äußerst
reizendes Linienspiel; man hat das Bild mit einer Symphonie
zusammengestellt; die Formen scheinen in der That wie harmonische
Tonmassen dahinzuwogen. Ruhe und Bewegung halten auf der
also gelungenen Composition sich die Wage, das scheinbare Chaos
der individuell freien Gestalten durchwaltet eine gemeinsame Ordnung, und die überwundenen Schwierigkeiten bergen sich unter die
leichte Ungezwungenheit der Meisterschaft. Ist dabei die Handlung
auf ihrer reinsten Höhe gedacht und aufgefaßt, so tritt ihre sittliche Idee zugleich vernunftbefriedigend hervor.

---

5. Stilleben, Blumen und Fruchtstücke. Thierbilder.

Die göttliche Schöpfermacht offenbart ihre Herrlichkeit im
Kleinen wie im Großen, alles Endliche wird aus dem Schos des
Unendlichen geboren und trägt das Siegel seiner Abkunft, sein
Lebensgrund ist unerschöpflich. Jede Monade, jedes Einzelwesen,
ist ein Spiegel des Universums, es steht im Zusammenhang mit
dem All und trägt dessen Spur und Zeichen in seiner Eigenthümlichkeit; wer ein Sandkorn recht durchschaute und verstände der könnte
an ihm die Gesetze des Himmels und die Geschichte der Erde
lesen. Die Offenbarung aber des Allgemeinen im Besondern, des
Unendlichen im Endlichen ist eben die That der Kunst. Es kommt
auf das sehende Auge an, und nichts ist ein Unbedeutendes.
Indem sich der Malerei die ganze Breite des Daseins erschließt,
hat sie die Aufgabe auch im Kleinen und Einzelnen das innere
Leben und das Gesetz der Natur zu entfalten. Nicht daß sie geschichtlich damit begönne, vielmehr ist stets das Ewige und göttlich
Große der Ausgangspunkt der Kunst; aber nachdem sie in diesem
das Ideal darzustellen gelernt hat, wenden sich dann einzelne
Meister auch auf das Kleine und Einzelne, wie schon im Alterthum jener Pyreikos seine Schusterbuben und Laststhiere mit Ge-
müse, früher schon Zeuxis jene die Vögel täuschenden Trauben,
Parrhasius seinen auch den Zeuxis täuschenden Vorhang malte.

Die Natur selbst concentrirt die Schönheit der Pflanzenwelt in der Blüte und in der Frucht; da will das Einzelne für sich betrachtet und genossen sein, weshalb der Landschaftsmaler nicht den Baum prangend in der Blüte oder früchtebeladen malen wird, wo das Einzelne sich wieder dem Ganzen doch unterordnen müßte, wohl aber ein einzelner Zweig, oder eine Blume, ein Pfirsich, eine Traube Gegenstand künstlerischer Darstellung sein kann. Hier gilt es nun die Physiognomie der Blume zu erfassen, das weiche, leicht verwellliche Rosenblatt von dem fleischig vollen der Lilie, den zarten Flaum des Pfirsichs von der strafferen, glänzenden Aepfelschale zu unterscheiden und den Kern in der reifen Traube durchschimmern zu lassen. Diese Lichtspiele sind schon nicht möglich ohne die Rücksicht auf die andere umgebende Welt, und der Maler wird nach dem Wesen seiner Kunst sofort auch hier sich zur Gruppe wenden, zunächst also mehrere Blumen sammt ihrem grünen Blätterlaube zum Strauß zusammenfügen, zum Kranze winden, und so ein sinnvolles Blumengedicht entfalten, ebenso verschiedene Früchte zusammenstellen, um das Wesen der einen durch das Wesen der andern hervorzuheben.

Hier ist schon mancherlei zu beobachten. Werden einmal solche Gegenstände gewählt, so ist treue Naturwahrheit, Feinheit in Form und Farbe für jeden nothwendig, zugleich aber muß das Ganze sich in schönen Linien aufbauen, die Localtöne der Farben müssen sich zur Harmonie ergänzen, es darf kein einzelner für sich hervorschreien, das individuelle Leben muß hier gedämpft, dort gesteigert werden, der größern Kraft des einen muß der größere Raum des andern die Wage halten. Um jede besondere Form nicht schablonenhaft, sondern lebenswahr zu bestimmen, um dann die weichere oder rauhere und härtere, die feste oder flüssig durchsichtige Qualität des Stoffs im Blumenblatt, im Obst auszudrücken, kann sich schon die Virtuosität des Machens zeigen und muß in hohem Grad vorhanden sein, wie bei Segher oder van Huysum; der klare Lebensblick eines Rubens ist nöthig um ein Blumen- und Laubgewinde so zu gestalten daß der innere Lebensproceß selber ausgesprochen wird; in der Ordnung des Mannichfaltigen zur Einheit verlangt das malerische Princip den Schein des Zufälligen und die Lust des Ungezwungenen, wodurch Weenix und Rachel Ruhsch vornehmlich uns erfreuen.

„Erkennst du eine Blume nach ihrem Wesen, so ist sie edler denn die ganze Welt", sagt Meister Eckhard, der deutsche Mystiker,

nachdem der größere Meister schon einen Blick in das Innere der
Natur und ihre Wunder gethan, als er seine Jünger auf die
Lilien des Feldes verwies, die ohne zu spinnen, zu arbeiten, in
Scheunen zu sammeln, aus dem rauhen Furchenfeld hervorblühen,
herrlicher als Salomon in seiner Königspracht, und uns dadurch
offenbaren daß der Grund des Lebens die Schönheit selber ist.
Es ist kein Kleines, wenn die Kunst solchem Wort nachkommen
will. Vortrefflich sagt M. Unger im Wesen der Malerei hierüber: „Es ist bereits zur Genüge dargethan wie der ganze Auf-
wand von Kunst erforderlich ist um das Leben der Materie an
sich mit Gefühl und Verständniß an den Tag zu legen. Gleichwol ist man jetzt der Meinung daß ein minder begabter Geist sich
mit mehr Recht diesem Zweige der Malerei widmen könne als
einem andern, ein Irrthum der darin seinen Grund hat daß man
den illusorischen Schein der Blumen und Früchte zum Hauptzweck
der Darstellung erhebt, und meint mit Fleiß, Sauberkeit und
Treue, die demselben zugewendet sind, alles gethan zu haben.
Daher kommt es daß auch hier wieder in der jetzigen Zeit die
feinern Fabrikate von Tapeten in dieser Hinsicht oft viel Interessan-
teres bieten als die Bilder dieser jetziger Künstler von Namen,
die bei größerer Prätension gemeinlich alles Stils entbehren,
der wenigstens bei jenen Erzeugnissen sich in einem vernünftigen
System, wodurch der äußere illusorische Schein oft in einem bedeutenden Grade technisch erzielt wird, zu erkennen gibt, anderer
Vorzüge zu geschweigen, die sich aus der praktischen Verwendung
entwickelt haben."

Eine Gruppe von Kindern, die eine volle reiche Guirlande
von Blumen trägt, gehört zu dem mir Liebsten was Rubens gemalt hat; das Bild ist eine Zierde der münchener Pinakothek.
Daneben sei noch des reizenden Goethe'schen Gedichts erwähnt:
der neue Pausias und sein Blumenmädchen.

Wie dann der Mensch die Stoffe aus den drei Reichen der
Natur nimmt und für die Zwecke der Cultur verarbeitet, so macht
auch die Malerei das also bereitete Geräth zum Gegenstand der
Darstellung. Der im durchsichtigen Glas blinkende perlende Wein,
der Glanz des Goldes oder Silbers, die Structur des Holzes
kommen hier nicht minder in Betracht, als daß ein Mensch durch
die Formen seinen Sinn und Willen in den Stoff gelegt, den
Stoff mit seinem Geiste durchdrungen hat. Der echte Künstler
wird dies nicht übersehen und wird namentlich auch in der Aus-

wahl und Zusammenstellung der Dinge den Sinn des ordnenden
Menschen ausdrücken, während er zugleich durch die Harmonie
von Formen und Farben die Idealität der Schönheit sichert.
Als Beiwerk auf Porträts haben Tizian — man denke an die
metallene Schüssel mit Früchten, die seine Tochter Lavinia emporhält — und Rafael — man denke an seinen Leo X. in Florenz —
das scheinbar blos Aeußerliche so trefflich behandelt, daß uns klar
werden kann wie alle Materie die Wirkung und Aeußerung lebendiger Kräfte ist. Holländische Meister haben aber dann in besondern Cabinetstücken das Geräth der Stube oder Küche behandelt und da namentlich auch todte, als Speise bereitete Thiere
hinzugesellt. Ihre Frühstücksbilder lassen auf das Wohlbehagen
und den Geist des Besitzers schließen. Sie reihen sich in dieser
Weise dem Sittenbild an und gewinnen selbst eine culturhistorische
Bedeutung.

Man hat solche Bilder Stillleben genannt. Unger hat das
Wort folgendermaßen gedeutet und erklärt: „Wenn in einer
natürlichen Sprachbildung schon in der Benennung einer bestimmten Erscheinung ihr Wesen sich ausdrückt, so ist der Ausdruck Stillleben solchem Sinne gemäß als sehr treffend für diejenigen Gegenstände einer malerischen Darstellung zu bezeichnen,
in denen die Lebensregung bei der fortwährenden Beharrlichkeit
ihres äußerlich ruhigen Zustandes sich nur still zu erkennen gibt.“
Nur durch die Darstellung des Lebendigen gelangt die Malerei
zum Ziele der Schönheit; das Todte als solches, wie es den
elementaren Mächten in der Verwesung verfällt, wäre das Häßliche; in dem von seiner ursprünglichen Wurzel oder seinem er-
nährenden Stamm abgeschiedenen, in dem zur Speise des Menschen
zubereiteten Thierleibe muß daher noch die Form als das Erzeugniß des Lebensprocesses herrschen. Nicht umsonst war schon
im Alterthum und dann bei den Niederländern der Hummer ein
für solche Bilder beliebter Gegenstand; die Härte der Schale, die
Schärfe der Form, die Energie der Farbe bot den erwünschten
Gegensatz gegen die ineinander verschwebenden Farbentöne und den
weichen Contour des Obstes, und ob die Maler daran gedacht
haben oder nicht, die Bemerkung Unger's hat ihr Recht: der ge-
sottene Krebs ist zwar ein Todtes, aber das Todte ist nichts
anderes als eine Wandlung der Materie, die ein neues Leben gebiert, welches sich hier trotz der beharrlich ruhigen Zuständlichkeit

der Erscheinung in der gesteigertsten Lebhaftigkeit einer Farbe zu erkennen giebt.

Die Poesie solcher Bilder endlich beruht darauf daß sie uns anheimeln, daß eine sei es festliche, feierliche, sei es behagliche Stimmung durch sie erweckt wird, weil solche in ihnen ausgeprägt ist. Der Zauber des Lichts, ein Sonnenstrahl, der sich im Wein spiegelt, das Metall umspielt und den flüssigen Inhalt der Traube verklärt, bis der Kern ihn zurückwirft, und das Helldunkel, welches über die Formen alle still dahinzittert, das sind hier nicht blos erlaubte, sondern gebotene Reize, sobald sie nur angewandt sind um das Wesen der Dinge selbst zu erschließen und im Einzelnen das große All ahnen zu lassen. Ich erinnere daran wie Jakob Böhme, der Schuhmacher von Görlitz, zu einem der größten Weisen unsers Volks erweckt ward. Wie Pythagoras durch einen aus einer Schmiede hervorschallenden Klang der Hämmer über die Theorie der Musik, wie Newton durch einen vom Baum herabfallenden Apfel über die Lehre von der Gravitation plötzlich zur Klarheit geführt wurde, so war es auch bei Böhme etwas Aeußerliches woran sich das innere Geistesicht entzündete; so soll die Kunst im einzelnen Fall das Gesetz, in der Erscheinung das innere Wesen aussprechen. Böhme sah den Glanz der Sonne von einem blank gescheuerten zinnernen Gefäß in seiner Stube gespiegelt; der jähliche Anblick des lieblichen jovialischen Scheins, wie er sich selber ausdrückt, erweckte ihm, der fortwährend in seiner Seele nach dem Schauen des göttlichen Lebensgrundes in allen Dingen rang, solch eine innere Entzückung, daß es ihm war als sei er in den Mittelpunkt der geheimen Natur eingeführt und vermöge nun ungehemmt in ihr Inneres zu blicken.

Wenn weiter bei den Thieren der freie beseelte Individualorganismus auftritt, der wie eine Welt für sich erscheint, so wird ihn die Malerei doch nicht in dieser Selbstgenügsamkeit und typischen Idealität darstellen gleich der Plastik, sondern auch hier neben dem allgemeinen Wesen besonders auf die Lebensäußerungen, auf charakteristische Bewegungen und auf die Wechselbeziehungen der Thiere zueinander und zur Naturumgebung ihr Auge richten. Es gilt auch hier hauptsächlich den Ausdruck aufzufassen und zu offenbaren, wie derselbe im Aufbau und dem Gebrauch der Glieder sich zeigt, die alle aufeinander hinweisen und zum Ganzen zusammenstimmen. Man hat in der Thierreihe einen auseinander-

gelegten Menschen erkannt; besondere Eigenschaften, Neigungen,
Affecte, die bei ihm in der Einheit des Geistes durch andere ermäßigt oder ausgeglichen werden, erscheinen dort im Fuchs oder
Löwen, im Roß, Stier, Hund, Affen, Schwein gleichsam für sich
verkörpert; das Wild in seiner frischen Naturfreudigkeit, die
reißenden Thiere in ihrer Stärke und Leidenschaft, die Hausthiere
in ihrer Vertraulichkeit mit dem Menschen zeigen ein Seelenleben, das in seiner Eigenheit belauscht sein will um in vielen
glücklichen Motiven sich verwerthen zu lassen. So kann denn das
Thier bald der Landschaft zur Staffage dienen, bald in die
menschliche Geschichte verflochten sein, wie das Pferd auf den
Schlachtbildern von Salvator Rosa und Wouwerman, dann aber
auch für sich die Hauptsache sein. Hierzu werden sich nicht sowol
die kleinen Thiere eignen, die wie die Insekten wenig Individualität zeigen und in Schwärmen leben, als vielmehr die großen
und selbständigen, deren innerer Organismus nicht im Schalen-
und Schuppenpanzer steckt, die vielmehr in der Außengestalt den
Zusammenhang, die Lebensbedeutung und Lebensfähigkeit der Glieder veranschaulichen. Da können die Thiere in paradiesischem
Frieden zusammen sein, wie bei Jan Breughel, dessen kindliches
Gemüth ähnlich wie Fiesole nur so viel von der naturwahren
Form und Körperlichkeit nimmt um die innere Empfindung auszubrücken, oder sie können sich im Feuer des Kampfes, in alle
Sehnen anspannender Thätigkeit, im Schmerz des Unterliegens,
im Eifer wüthenden Zorns und der Lust des Sieges gleich Helden
geberden, wie die Löwenjagden von Rubens, die Bärenhetze von
Snyders auf großartig geniale Weise darthun, während Landseer's
geschossene Hirschkuh auf dem öden einsamen Schneefeld, bei der
das verwaiste Kalb vergebens Schutz und Nahrung sucht, von
einer elegischen, ja tragischen Wirkung ist. Daneben malt Potter
das Rindvieh auf der Weide, wie er's im heimischen Holland sah;
„jedes Thier ist das bestimmte Porträt eines einzelnen, in welchem
die Gesammtheit geistvoll repräsentirt wird; dabei erstreckt sich die
Treue der Individualität bis auf den Blick des Auges, der bald
gutmüthig stierend, bald lebendig funkelnd, bald im schläfrigen
Behagen des Wiederkäuens mit allen Formennuancen selbst bis
zum Wimper treu dargestellt ist.‟ (Unger.) Der Hühnerhof von
Hondekoeter, Jagdbilder von Horace Vernet, die Hunde von Benno
Abam und die Pferde von Krüger, die Schafe von Verboeckhoven
und Eberle, das Wild und die Hausthiere von Voltz, von Troyon

und Rosa Bonheur zeigen alle ihre Trefflichkeit am besten, wenn sie nicht etwa statuenartig ruhige Porträts sind, sondern in bestimmten Situationen das Leben der Thiere auf eine charakteristische Weise ausdrücken. Dieses specifisch Malerische im Unterschied vom Plastischen hat Unger nicht recht anerkannt; ebenso ist der Tadel verkehrt daß Kaulbach's Phantasie in dem reizenden Fries, der die weltgeschichtlichen Bilder des neuen Museums umgibt und die Weltgeschichte wie ein Kinderspiel humoristisch darstellt, die Aufmerksamkeit weniger auf die Gewinnung des rein bildnerischen Ausdrucks animalischer und vegetabilischer Intentionen gerichtet habe; ein sinnvolles Spiel der Erfindung wie der anmuthigen Linien ist hier durch die Natur des Stoffs und der Arabeske geboten. Sein Reineke Fuchs ist nicht sowol eine Sammlung von Thierbildern als die malerische Reproduction der Thiersage. Diese bewahrt das Wesen der thierischen Natur, leiht ihr aber die menschliche Reflexion und Sprache, und so gab Kaulbach auf geniale Art der Thierphysiognomie den menschlichen Ausdruck. Die Thierdichtung schließt bei aller epischen Lust am Thierleben eine satirische Rückspiegelung der Menschenwelt nicht aus, und der Maler hat sich ihr angeschlossen und sie, die wie alle Volkspoesie kein todtes Besitzthum, sondern ein fortwachsender Schatz ist, mit seinem Sinn im Geist unserer Zeit neugeboren und fortgebildet.

---

6. Die Landschaft.

Die Landschaft ergreift das Naturleben in seiner Totalität um in den Formen des Erdkörpers und seiner Vegetation, im Wechsel von Land und Wasser, in Luft und Wolke, und in der Beleuchtung die charakteristische Weise bestimmter Gegenden oder einen Reflex menschlicher Gefühle, eine Seelenstimmung auszusprechen, und ihren rechten Triumph zu feiern, wenn beides zumal gelingt, wenn das Bild zugleich wie ein Gedicht wirkt und doch mit objectiver Naturwahrheit ausgestattet ist, wenn es die Seele des Künstlers so gut wie die der Landschaft selber enthüllt.

Das Gefühl für landschaftliche Schönheit gehört der romantischen Welt an; ihre Darstellung selbst ist der am meisten zur Musik hingewandte Theil der Malerei. In der Natur wie vor dem gelungenen Bilde werden wir zu Stimmungen erregt, für die

das Wort uns fehlt oder nicht ausreicht, die in ihrer Unsagbar-
keit dem Reich der Töne verschwistert sind. Die Alten stellten
einzelne Gegenstände in menschlicher Gestalt dar, den Fluß im
Flußgott, die Nymphe des Baums oder Quells. Die Dreade
des Bergs und Knaben mit welken Blumen im Haar trauerten
auf einem griechischen Gemälde um den todten Hippolyt; der
neuere Maler würde durch die Haltung und Beleuchtung der
Naturumgebung diese Mitempfindung ausgedrückt haben. Eine
jugendheitere Frauengestalt, die Mauerkrone auf dem Haupt, anmuthig auf einem Felsen sitzend, während ein aus den Wellen zu
ihren Füßen auftauchender Jüngling nach ihr emporblickt — so
haben die Alten die Stadt Antiochien gebildet, ihre Lage an Berg
und Fluß symbolisirt, wo der neuere Künstler den Stoff und die
Motive zu einem so großartigen als reizenden Landschaftsbild finden
würde. Oder die Landschaft ist der charakteristische Hintergrund
für die Begebenheiten der Menschenwelt, wie in den Odyssee-
bildern in Rom. Sehr treffend sagt Ottfried Müller: Der
ahnungsvolle Dämmerschein des Geistes, mit welchem die Landschaft uns anspricht, erschien den Alten nach ihrer Gemüthsrich-
tung jeder künstlerischen Ausbildung unfähig; ihre Landschaften
waren mehr scherzhaft als mit Gefühl entworfen. — Erst am
Wendepunkt des Mittelalters und der neuern Zeit wandte der
Mensch sich der Natur mit jener Aufmerksamkeit und Liebe zu,
aus der allein eine Wissenschaft und Kunst hervorgehen konnte;
er betrachtete die Außenwelt um ihrer selbst willen. Spinoza
lehrte von der egoistischen Zweckbeziehung absehen; da erschloß sich
das Gesetz wie die Schönheit der Natur dem begeisterten Blick
des Forschers und Bildners, und die freie Darstellung der Landschaft trat neben die Abbilder der Menschen und ihres Lebens.
Die landschaftliche Schönheit aber ist nicht plastisch, sondern malerisch, das heißt sie ist die auf einem bestimmten Standpunkt
sich dem Beschauer ergebende Erscheinung, die gerade dort durch
die besondere Gruppirung der Dinge dem Auge vermittelt wird;
sie beruht durchaus auf der Perspective, sie scheidet Vorder-,
Mittel- und Hintergrund, und verlangt daß jeder derselben an
sich bedeutend sei und mit den andern harmonire; dies hängt mit
der Beleuchtung zusammen, indem die Vertheilung von Licht- und
Schatten uns gar oft erst die malerischen Reize hervorhebt, ja
her........ ....en die wir vor andern schön nennen bieten
.... einzelnen Elemente oder Buchstaben dar; die

Verbindung, das lebendige Wort ergibt sich dem Beschauer, wenn er den Ort gefunden hat auf welchem die Spiegelbilder der Dinge sich in seinem Auge zu einem ansprechenden Ganzen ordnen.

Die mittelalterliche Kunst behandelte die Landschaft als Umgebung der geschichtlichen Ereignisse, die sie schilderte. Bei den Deutschen ward dieser Hintergrund zuerst in seiner Mitwirkung aufgefaßt. Van Eyck und seine Schule gaben statt des Goldgrundes, von dem sich die heiligen Gestalten der ältern Meister abheben, die lebendige Natur, den blauen Himmel, die grünende Erde mit ihren Blumen. Die Pilger welche zur Verehrung des Lammes ziehen läßt Johann van Eyck durch eine Schlucht wandern, über welcher Cypressen und Orangen wachsen; ein ernst erhabener Charakter ist dadurch ausgesprochen. Memling's Christophorus trägt das Christkind durch die Wellen zwischen nächtigen schroffgewaltigen Felsenufern, während im Hintergrunde die Morgensonne hervorbricht. Der Uebergang vom Dunkel zum Licht, die gewaltige irdische Natur, über die sich eben eine milde himmlische Klarheit ergießen will, zeigen in der Landschaft eine ähnliche Idee als die ist welche in den menschlichen Gestalten sich ausprägt. In gleicher Weise stimmen die Burgen auf den steil abfallenden Bergen, stimmen die abenteuerlichen Formen der Natur mancher Dürer'schen Bilder zu dem gewaltigen und dabei phantastischen Gedanken der Composition. Größe und Tiefe der Empfindung zeigte bei den Italienern Tizian in der Form und Belaubung der Bäume, in der blauen bergigen Ferne, in der Beleuchtung auf dem Bilde welches den Petrus Martyr darstellt. Von hier an beginnt in Italien die Landschaft frei zu werden. Seit dem 17. Jahrhundert wird sie selbständig behandelt.

Anfangs herrscht die ideale Richtung; man entlehnt der Natur einzelne Motive, einzelne Formen, das Ganze wird aus der innern Anschauung geboren und wie eine neue Schöpfung componirt. Dieser dichterischen Weise kann sich der Landschaftsmaler nie entschlagen, wenn er nicht zum bloßen Copisten und Vedutenzeichner herabsinken will; er hat eine Stimmung des Gemüths zum Ausgangspunkt und sucht diese durch ein Naturbild zu reflectiren, das als solches nicht der Außenwelt, sondern der Phantasie entstammt. Eine mehr realistische Weise wird durch schöne charakteristische Gegenden angeregt und weiß in deren auch getreuer Abspiegelung zugleich das Gemüth mit dem Widerklang einer seiner Stimmungen zu erfreuen. Vischer mag an dieser letztern Art sein besonderes Wohlgefallen haben, aber es ist wissenschaftlich unberechtigt, wenn er als Aesthetiker behauptet daß der Landschaftsmaler von einer in der Natur gegebenen Einheit ausgehen solle, daß das freie Componiren, das nur einzelne Studien benutzt, nicht eigentlich das Wahre sei. Dagegen war es schon der Grundsatz des Dresdner Friedrich: „Der Maler soll nicht allein malen was er vor sich sieht, sondern auch was er in sich sieht." Beide Weisen sind berechtigt, das Höchste wird erreicht, wenn das Naturwahre zum Ausdruck der Seele idealisirt, wenn die innere Stimmung durch naturtreue Formen ausgeprägt wird. Die idealistische Richtung war allerdings lange Zeit in der Charakteristik der einzelnen Gegenstände wenig vollkommen; wie die alten Historienmaler die Bäume conventionell behandelt hatten, so gaben auch jene allgemein gehaltene Pflanzen, die in die Höhe und Breite wachsen mit langen und spitzen, oder mit runden Blättern; die Physiognomie des Eichen- und Buchenwaldes ward noch wenig unterschieden, ebenso wenig das vulkanische von dem sanfter gerundeten neptunischen Gebirg. Erst die Erweiterung des Blicks, erst das Vergleichen der heimischen Natur mit der Fremde, die erleichterten Reisen und die Fortschritte der Wissenschaft brachten eine größere realistische Bestimmtheit mit sich, und hier hat selbst die idealistische Richtung noch ein weites Feld vor ihr, wenn sie zur Offenbarung der Gefühle bald nach der nordischen, bald nach der tropischen Natur greifen kann.

Ein Kenner und Freund der Natur, der sie mit gleicher Liebe nach ihrer Gesetzlichkeit wie nach ihrer Schönheit wissenschaftlich und künstlerisch auffaßt, Alexander von Humboldt, möge das Gesagte bestätigen und erweitern; wir lesen im zweiten Bande des Kosmos: „Alles was sich auf den Ausdruck der Leidenschaften, auf die Schönheit menschlicher Form bezieht, hat in der temperirten nördlichen Zone, unter dem griechischen und hesperischen Himmel, seine höchste Vollendung erreichen können; aus den Tiefen seines Gemüths wie aus der sinnlichen Anschauung des eigenen Geschlechts ruft schöpferisch frei und nachbildend zugleich der Künstler die Typen historischer Darstellung hervor. Die Landschaftsmalerei, welche ebenso wenig blos nachahmend ist, hat ein mehr materielles Substratum, ein mehr irdisches Treiben. Sie bedarf einer großen Masse und Mannichfaltigkeit unmittelbar sinnlicher Anschauung, die das Gemüth in sich aufnehmen und durch eigene Kraft befruchtet den Sinnen wie ein freies Kunstwerk wiedergeben soll.

Der große Stil der heroischen Landschaft ist das Ergebniß einer tiefen Naturauffassung und jenes innern geistigen Processes. Allerdings ist die Natur in jedem Winkel der Erde ein Abglanz des Ganzen. Die Gestalten des Organismus wiederholen sich in andern und andern Verbindungen. Auch der eisige Norden erfreut sich monatelang der krautbedeckten Erde, großblütiger Alpenpflanzen und milder Himmelsbläue. Nur mit den einfacheren Gestalten der heimischen Floren vertraut, darum aber nicht ohne Tiefe des Gefühls und Fülle schöpferischer Einbildungskraft, hat bisher unter uns die Landschaftsmalerei ihr anmuthiges Werk vollbracht. Bei dem Vaterländischen und dem Eingebürgerten des Pflanzenlebens verweilend hat sie einen engern Kreis durchlaufen; aber auch in diesem fanden hochbegabte Künstler, die Caracci, Poussin, Claude Lorrain und Ruhsdael, Raum genug um durch Wechsel der Baumgestalten und der Belenchtung die glücklichsten und mannichfaltigsten Schöpfungen zauberisch hervorzurufen. Was die Kunst noch zu erwarten hat und worauf ich hindeuten mußte, um an den alten Bund des Naturwissens mit der Poesie und dem Kunstgefühl zu erinnern, wird den Ruhm jener Meisterwerke nicht schmälern, denn in aller Kunst ist zu unterscheiden zwischen dem was beschränkterer Art die sinnliche Anschauung und die unmittelbare Beobachtung erzeugten, und dem was Unbegrenztes aus der Tiefe der Empfindung und der Stärke idealisirender Geisteskraft aufsteigt. Das Großartige was dieser schöpferischen Geisteskraft die Landschaftsmalerei als eine mehr oder minder begeisterte Natur-dichtung verdankt (ich erinnere hier an die Stufenfolge der Baum-formen von Ruhsdael und Everdingen durch Claude Lorrain bis zu Poussin und Hannibal Caracci hinauf), ist wie der mit Phantasie begabte Mensch etwas nicht an den Boden Gefesseltes. Bei den großen Meistern der Kunst ist die örtliche Beschränkung nicht zu spüren; aber Erweiterung des sinnlichen Horizonts, Bekannt-schaft mit edlern und größern Naturformen, mit der üppigen Lebensfülle der Tropenwelt gewähren den Vortheil daß sie nicht blos auf die Bereicherung des materiellen Substrates der Land-schaftsmalerei, sondern auch dahin wirken bei minder begabten Künstlern die Empfindung lebendiger anzuregen und so die schaf-fende Kraft zu erhöhen.“

Wenn schon die Natur die Anregung gibt daß sich der Ein-druck landschaftlicher Schönheit im Geiste des Menschen erzeugt, so macht sich die persönliche Eigenthümlichkeit des Künstlers, seine

Auffassung der Außenwelt und die in ihm vorwaltende Seelen=
stimmung ganz besonders in der Landschaftsmalerei geltend. So
liebt J. W. Schirmer die Eiche, so zeichnet Heinlein die Alpen
mit ihren dunkeln Seen, und es tritt in ihren Bildern uns die
Kraft deutscher Mannesnatur entgegen. Auch die Charakteristiken,
welche Unger und Kugler von einigen der ältern Meister entworfen
haben, gestalten sich uns leicht zum Beleg dieser Ansicht. So
zeigen die Landschaften von Rubens die Natur in saftstrotzender
Fülle und sind von dem enthusiastischen Schwung des Malers be=
seelt, der sich auch hier oft in einer übertreibenden Charakteristik
gefällt. Er liebt es darzustellen wie der Herr sich in Wettern
verkündet, aber aus der dunkeln Wolke der Regenbogen hervor=
strahlt; in der Entbindung aller Lebenskräfte der Natur offenbart
ein hoher Genius der Kunst die Allmacht des Urgeistes. Salvator
Rosa dagegen liebt das Unheimliche wilder Gebirgsschluchten;
Bäume wurzeln in den Felsspalten, ihre Zweige wenden sich
tosenden Sturzbächen zu, als lechzten sie nach Erquickung, der
Schauer der Einöde wird durch das Toben der Windsbraut erhöht.
Nicolas Poussin ist im Linienzug groß, seien es hochgewölbte
Baumkronen, seien es Berge die dieselbe umschreibt; er ordnet die
Massen in architektonischem Aufbau und schmückt die Landschaft
gern mit classischen Architekturwerken, die dann wie ein verklärtes
Abbild oder wie eine Blüte derselben bastehen; er malt die Gegend
für ein Geschlecht ursprünglicher heroischer Menschen, bei ihm
herrscht eine noch ungestörte Weltordnung, innerhalb welcher alles
Einzelne seine Bestimmung erfüllt; der Eindruck des Ganzen ist
ruhig feierliche Schönheit. Caspar Poussin ist schon etwas be=
wegtern Sinnes, das rege Naturleben im Hauch der Lüfte zieht
ihn an, sein Auge öffnet sich auch für das Geringfügige, aber er
fügt es dem Ganzen ein. Claude Lorrain malt in sonntäglicher
Stimmung; seine lichtfreudige Seele ergießt einen sich in zartem
Duft sanft abstufenden Glanz über nah und fern, die Erde
schmückt sich mit herrlichem Pflanzenwuchs, es ist als ob die Natur
zum Gottesdienst ein Feierkleid angelegt; alle Einzeltöne stimmen
zum Grundaccord der poetischen Idee, die das Bild durchdringt;
im reinen Aether wiegen sich die anmuthreichen Formen. Ruhsdael
hat das sinnigste Auge, die treuflessigste Hand für alles Beson=
dere, und weiß in jeglichem den Einen Geist der Natur auszu=
drücken; man meint den Duft seiner Vegetation einzuathmen, die
wallende Feuchtigkeit seiner Wolken zu fühlen, man empfindet die

hehren Schauer der Waldeinsamkeit, die den Germanen der Tempel Gottes war, Gottes Odem durchhaucht das Ganze. Er ist Nord- länder, Claude Lorrain Südländer, jener mystisch tiefer, gemüths- inniger, dieser voll heitern Glanzes.

Die Landschaftsmalerei hat dieses mit der Architektur gemein daß sie durch Formen der anorganischen Natur und der Pflanzen- welt Stimmungen der Seele ausspricht; aber es ist nicht sowol das ganze Volksgemüth, sondern die Sinnigkeit des Einzelnen, nicht die Geistesrichtung des Jahrhunderts, sondern die Welt- anschauung der künstlerischen Persönlichkeit was sie ausprägt, und statt die allgemeinen Gesetze und Kräfte der Welt als solche her- vorzuheben, hält sie sich an die Erscheinung der Schöpfung, an „das lebendige Kleid der Gottheit", das jene wirken. Die Land- schaftsmalerei zeigt den gemeinsamen Lebensgrund des Geistes und der Natur, weil es ihr Werk ist die Stimmungen der Seele durch Stimmungen der Natur darzustellen; sie könnte das nicht, wenn nicht beide von Haus aus einander entsprächen, im Gemüth Gottes beide ihren Quell hätten. Carus hat in seinen Briefen über Landschaftsmalerei hauptsächlich darauf hingewiesen wie die Stadien der Naturentwickelung im Wechsel der Tages- und Jahreszeiten an die menschlichen Lebensalter und deren Sinn und Bedeutung anklingen. Blühen und Verwelken, Kampf, Hemmung und Neubildung erfahren wir an uns selbst, und unsere eigenen Gefühle werden angeklungen, wenn wir jenes außer uns erblicken; wir meinen daß solche Gefühle auch die Natur in solchen Zu- ständen beseelen. In der Witterung, im klaren Blau, in der Wolkentrübung erkennen wir die bald heitere, bald düstere schwer- müthige Stimmung der Natur; wenn die Wolken sich zertheilen und die Sonne siegt, dann erquickt uns der Triumph des geistigen Lichts, der Freiheit. Aber nicht blos der Lebensaufgang am Morgen, im Frühling erregt ein muthiges Aufstreben unsers Herzens, auch die Kraft welche die Berge kühn emporthürmt reißt uns von allem Gewöhnlichen los und mit sich empor, während sanfter schwellende Hügel und breite Thalgründe mit der Abend- stille uns zu behaglicher Ruhe und friedlicher Betrachtung ein- laden.

Dieses Zusammenwirken der vornehmlich durch die Farbe in Luft und Licht ausgedrückten musikalischen Stimmung mit dem Zug der Linien, mit dem mehr plastischen Formen scheint mir das rechte Geheimniß der landschaftlichen Kunst. Der Maler muß

wissen welches Licht für welche Gegend paßt, und muß die Linien
zu Hülfe nehmen, wenn er eine Morgenhymne singen will wie
Ruysdael in seinem Buchenwald nach vorüberziehendem Gewitter,
oder eine dunkle Elegie wie jener in seinem Dämmerungsbild des
verwilderten Kirchhofs, durch den ein Bach dahinrauscht. Auf
dieser Bahn bewegt sich Calame mit seinen großen Schweizer-
bildern. Auf dieser Bahn fortgehend gelangt der Maler dahin
durch die Darstellung der Landschaft die Geschichte ahnen zu
lassen die sich auf diesem Boden begeben hat, wie Karl Ritter
aus der Natur des Landes auf die Cultur des Volks schließen
lehrt. Karl Rottmann, durch seine Auffassungsweise von Anfang
an mehr auf die Schönheit des Erdkörpers als auf den Lebens-
odem der Natur in Baum und Wald hingewiesen, gab mit plastischer Klarheit ein Bild des classischen Bodens in Italien, und
nahm dann in den griechischen Landschaften auch den vollen Glanz
der Farbe hinzu um die Pracht des Morgens, die Glut des
Abends zu entfalten. Im Zusammenwirken von Zeichnung und
Beleuchtung, von Erde und Atmosphäre zeigt er uns über der
Marathonischen Ebene ein Gewitter das der frische Wind verjagt,
ein Symbol der Schlacht die hier für die hellenische Freiheit geschlagen ward. Die zerklüfteten Höhen des Taygetus stemmen sich
zusammen, hart, fest, einträchtig wie die alten Spartaner selbst,
und ragen gleich ihnen muthvoll in den reinen Aether empor.
Wie geheimnißvoll steht die Sonne hinter dem Wolkenschleier,
während ein magischer Schein auf der Ebene von Eleusis liegt
wo die Menschen dem Licht entgegenwandeln; es wird uns zu
Muthe als sollten wir eben jetzt in die Eleusinischen Mysterien
eingeweiht werden. So wirken diese Bilder wie gesungene Lieder:
wie da die Klarheit des Worts zur Melodie, so gesellt sich die
objectiv treue Form eines bestimmten Landes, einer bedeutenden
Gegend zu der Stimmung in Luft und Licht, zur Harmonie der
Farbe und deren Zusammenklang mit dem Gedanken des Bildes.

Um den Gedanken des Bildes näher anzugeben haben manche
Maler auch menschliche Figuren in einer bestimmten Situation
oder Handlung in die Landschaft hineincomponirt, welche das auf
directe Weise sagen was in dieser symbolisch ausgedrückt ist. Man
ging so weit geschichtliche oder poetische Ereignisse zur Staffage zu
nehmen: in eine Landschaft, welche die Stimmung von Shakespear's
Macbeth andeuten, die Burg vorführen, die Naturumgebung schildern sollte, wo ein so gearteter Held erwachsen sein mochte, zeich-

nete Koch den siegreichen Feldherrn selbst hinein, während um
das Felsenschloß die Hexen ihren Reigen schlingen; in eine wild-
gewaltige, trotzige Gebirgswelt setzte Reinhard den angeschmiedeten
Prometheus; Lessing verlegte ritterlich novellistische Scenen in
deutsche Eichenwälder. Wiewol hier beides zusammen componirt
ist, so fehlt leicht die künstlerische Einheit, das Interesse wird von
der Natur auf die Geschichte, von der Geschichte auf die Natur
hingezogen; ist die Naturdarstellung für sich wohlgelungen, so wird
die Geschichte überflüssig; diese ist wieder zu klein und nebensäch-
lich, als daß sie das Wesentliche sein könnte und die Gegend ihr
nur zum Hintergrund diente. Ein großes Ereigniß aber zum
Nebenwerk der Naturschilderung zu machen ist gegen die Wahrheit
und Würde des Geistes. Vollends peinlich wird es, wenn ein
französischer Maler den Sonnenuntergang auf dem Meer in einer
tropischen Gegend mit allem strahlenden Farbenzauber schildert,
und ein Boot zur Staffage macht, dessen Insassen vom Hunger
getrieben einen ihrer Gefährten verzehren; hier geht Natur und
Menschenwelt ganz auseinander. Wenn dagegen auf einem Bild
A. Zimmermann's die Beleuchtung des Blitzes in einer Wetter-
nacht Faust und Mephistopheles auf feuerschnaubenden Rossen am
Hochgericht vorbeisausend zeigt, so ist das Plötzliche, Blitzähnliche,
Vorüberrauschende jener Scene in Goethe's Gedicht doch sinnvoll
aufgefaßt; und ein Morgen im Paradies, oder Moses auf Nebo,
Abraham's Einzug ins gelobte Land oder Hagar in der Wüste
sind biblische Scenen, die eine bedeutsame Landschaft verlangen,
sodaß deren gelungene Ausführung dem religiösen Sinn Schirmer's
Veranlassung zu einer ganzen Reihenfolge biblischer Landschaften
werden konnte, die in der Natur die Stimmung widerspiegeln
sollen, welche die Begebenheit der heiligen Geschichte in uns erregt.
Aber wenn auch Abraham der den Isaak opfern will, oder die
Offenbarung in seiner Seele daß Gott am Opfer des Willens
ein Genüge findet, als solche biblische Landschaften dargestellt
werden sollen, so ist das ein Fehlgriff, da sich diese Processe des
geistigen, geschichtlichen Lebens nicht durch Naturformen aussprechen
lassen, noch Gegenden sich finden für deren Eindruck das entscheidende Wort in jenen Scenen gesprochen würde. Auch in der
Odyssee spielt die Landschaft bedeutsam mit, und Preller hat dies
mit sehr gut gezeichneten Figuren und Gruppen in trefflichen Bildern veranschaulicht, die einen mehr epischen Zug neben den
Stimmungsbildern Schirmer's haben. Die Gestalten erscheinen

hier wie die plastische Darstellung des Naturgeistes selbst, sie
wachsen aus der Gegend hervor, sie stimmen wunderbar mit
ihren Linien zusammen.

Gewöhnlich wird indeß die Landschaft als solche das Erste
sein, und dann muß das belebte Geschöpf aus ihr hervorgehen.
So erhebt im Waldesdunkel eines Lessing'schen herrlichen Bildes
der Reiher im Bach seinen Hals und wendet sich nach der andern
Seite hin, so tritt auf einem andern Bild das Reh aus dem
Dickicht in der Abendkühle, und auf dem quer überhangenden
Baumstamm sitzt die Eule, dem Abendlicht abgewandt, und wartet
der Dämmerung, die für ihr Auge hell sein wird. Oder der
Jäger steigt über die Felskappe im Morgennebel, Heerden weiden
auf den Auen, Schwäne schwimmen im See. Eine Darstellung
menschlicher Zustände oder Handlungen die ein Immerwiederkehren-
des, Allgemeingültiges bezeichnen, schließt sich dann leicht der
Landschaft an und eignet sich besser für sie als jene einmaligen
und für sich selbst bedeutenden geschichtlichen oder dichterischen Begebenheiten. So hat Richter eine Landschaft gemalt, im frisch-
grünen Wald das Kirchlein auf der Höhe, dann im Mittelgrund
Häuser am Hügel und ein freier Blick in die Ferne; der Himmel
sonnig blau, die ganze Stimmung sonntäglich rein und heiter.
Da tritt ein Brautzug aus dem Helldunkel des Waldes, Kinder
springen ihm voran und bewegen sich unter den Blumen des
Vordergrundes, und vom nahen Hügel her ruft die Jugend, die
dort gelagert, ihren freudigen Gruß. Hier sehen wir die Zeit des
Jahres im Verein mit der ihr entsprechenden des menschlichen
Lebens; die Natur hat ein hochzeitlich Gewand angethan, das
Ganze klingt in der Innigkeit und Sinnigkeit alles Einzelnen
wieder und zu einem wohllautenden Accord zusammen.

Das Ungewöhnliche, die winterliche Schneedecke oder der
Mondesglanz über einer Gegend, erfordert besondere Studien und
soll nicht um sein selbst willen gesucht, sondern stets aus der Idee
des Ganzen geboren und mit dem plastischen Theile des Bildes
in Einklang gesetzt werden. Der Mondschein hat etwas Traum-
haftes und kann ebenso die stille Friedensruhe ineinander ver-
schmelzender Linien wie groteske Formen durch sein Licht erhöhen.
In dieser Beziehung haben Schleich und Morgenstern ihn behandelt, ersterer überhaupt in der Poesie der Beleuchtung, letzterer
auch in der Darstellung der Ebene bewundernswerth. Die laue
Mondnacht auf dem Meere von Venedig, von Stange ruft uns

die eigenthümliche Herrlichkeit der Lagunenstadt und ihre Poesie
zauberhaft vors Auge. Der Klosterkirchhof im Winter, wo der
Mönch ein Grab gräbt, war eine schwermüthige Todtenklage, die
Lessing mit dem Pinsel niederschrieb.

Das Wellenleben des Meeres, aufgewühlt und massenhaft im
Sturm, ruhig sich ausbreitend als ein wiegender Spiegel der
Ufer unter blauem Himmel, der flüssige Krystall der Woge und
die sich fortpflanzende Bewegung der aufschwellenden, absinkenden
Linien bietet an sich so viele Reize und so viele Schwierigkeit, daß
tüchtige Meister, ein Backhuysen, Gudin, Achenbach, ihm ihre
beste Kraft gewidmet, und die Wunder des Meeres in ähnlicher
Vielseitigkeit und Größe veranschaulichen wie Lord Byron sie am
Ende des Childe Harold besungen hat.

Wenn Architekturwerke in der Landschaft stehen, so folgen sie
natürlich als ein Theil dem Gesetze des Ganzen. Die Ruinen
des Rheins, die Tempel in Athen oder Pästum erhöhen den
romantischen Reiz, die einfache Erhabenheit einer großen Natur.
Innenansichten der Städte, Gassen und Märkte, Innenansichten
der Kirchen verlangen die feinste Luft- und Linearperspective, und
erheben sich in der Magie der Beleuchtung über die bloße Vedute,
wenn es uns dort heimisch, hier feierlich zu Muthe wird, wenn
das Herz in der Außenwelt das Echo seiner Gefühle findet.

---

7. Das Genre. — Das Porträt.

Wenden wir uns zu der malerischen Darstellung des persönlichen Geisteslebens, indem wir aus dem Gebiete der Natur
kommen, so erinnern wir uns sogleich daß wir dieses letztere in
der Kunst nie ganz verlassen, da sie stets das ideale Innere in
den Formen der äußern Realität verwirklicht, und die Malerei
das Geistige veranschaulicht wie es durch den Ausdruck und die
Geberde der Gestalt, wie es durch Handlungen in die Sichtbarkeit tritt. So ist die Persönlichkeit des Menschen nicht blos mit
einem Leibe begabt, sondern sie steht durch ihn auch im Zusammenhang mit der Natur und unter deren Gesetzen, und wir können
unterscheiden zwischen der Persönlichkeit die in ihrer Selbstbestimmung ihre geistige Eigenthümlichkeit als etwas Originales erar-

beitet und in Thaten, die nur ihr angehören, ein Reich der Freiheit gründet, und zwischen dem Naturleben des Menschen, das
allen gemein ist, und den Gattungscharakter unsers Geschlechts in
seinem Thun und Treiben auf eine mehr instinctive Weise ausprägt. Was dort geschieht ist so nur einmal da, was hier sich
begibt ist das gleich dem Naturverlauf sich Wiederholende; dort,
in den Helden der Geschichte, concentrirt sich die Kraft des Volks,
und neue Principien sind der Quell, neue Ordnungen das Ziel
des Kampfes; hier im täglichen Leben gehorcht die Menschheit den
Forderungen des Tages, dem Herkommen der Sitte, und schafft
im engen Kreis das tausendfach Kleine, welches dem einzelnen
Großen die Möglichkeit seiner Größe gewährt.

Demgemäß hat man zwischen Genre- und Historienmalerei
unterschieden. Im Wort Genre ist das Generelle, das Gattungsmäßige bezeichnet, und man wird wol den französischen Ausdruck
beibehalten; Gesellschaftsbild, wie Hagedorn und Schnaase sagen,
erinnert zu wenig an die Natur; Sittenbild, wie Vischer will,
hebt zwar das Gewohnheitsmäßige hervor, „das ursprünglich ein
Erzeugniß der Freiheit, durch die Gesammtheit des Beitrags der
unendlich vielen Einzelnen und durch Verjährung zu einer Art
zweiter Naturnothwendigkeit wird", umfaßt aber keineswegs alles
was man zum Genre rechnet. Suchen wir statt um Worte zu
hadern lieber den Begriff möglichst genau und klar zu bestimmen.
Historisch nennen wir was sich in seiner Eigenthümlichkeit so her-
vorragend, so bedeutend für die Culturentwickelung der Menschheit
erweist daß sie dasselbe in der Erinnerung bewahrt, Persönlichkeiten und Ereignisse die sich darum einen Namen unter dem Volk
machen, weil dieses sein Geschick durch sie bedingt sieht. Dem
entgegen steht dann das gewöhnliche Leben der Menschen, wie sie
in der Sorge für das Irdische den Tag hinbringen, wie sie den
allgemeinen Normen gemäß ihr Dasein ausfüllen; dem die Welt
fortbildenden und umgestaltenden einzelnen Ereignisse treten die
bleibenden Zustände gegenüber, die einmal gewonnenen Formen
und Normen, in denen das Thun und Treiben der Individualitäten sich bewegt. Die Kunst ist stets Verschmelzung des Besondern und Allgemeinen. Sie gibt im Geschichtsbild den persönlichen individuellen Charakter, das einzelne Ereigniß, aber solche
Charaktere und Thaten in denen die Gesammtkraft der Zeit, der
Nation sich concentrirt, die darum für das Allgemeine von Bedeutung sind und die Wesenheit unserer Natur gerade auf einem

Höhenpunkt ihrer Aeußerung offenbaren; das Genrebild gibt den Ausdruck der allgemeinen Verhältnisse, aber belauscht in ihnen gerade das Augenblickliche und Particuläre, das absonderliche Spiel der Willkür innerhalb einer Thätigkeitsweise, welche die Persönlichkeiten sich unterordnet, sie nach sich modificirt.

Der Genremaler beobachtet das Gepräge welches Stand und Beruf dem Menschen aufdrücken; er belauscht den Schuhmacher wie den Soldaten, den Bauer wie den Staatsmann in den Zügen welche ihn als das Glied dieser seiner Lebenssphäre darstellen; er bringt die Menschen in Lagen welche diese ihre gemeinsame Bestimmtheit erkennen lassen; die Situation herrscht vor der Eigenthümlichkeit der Personen, die Darstellung des Aeußern, der Umgebung erhält ein größeres Gewicht, und es werden Gattungscharaktere gebildet, die nach Lessing's Wort mehr die personificirte Idee eines Charakters als eine charakterisirte Person erkennen lassen. Nicht dasjenige Charakteristische sucht der Genremaler was in seiner Eigenthümlichkeit nur einmal vorkommt, nur einer einzigen Persönlichkeit angehört, sondern was den gemeinsamen Typus ganzer Lebenskreise ausmacht. Der Historienmaler erfaßt die ursprüngliche innere Eigenthümlichkeit seines Helden, eines Alexander, eines Moses, eines Paulus, um von dort aus die Handlungen zu begründen die nur ihnen angehören; in diesen aber wie in ihnen selbst weiß er eine Idee, einen der großen Grundgedanken des geistigen Lebens und seiner Entwickelung zu veranschaulichen; der Genremaler wird Umgebungen, Umstände, Situationen wählen in welchen die Natur des Feldherrn, des Predigers, des Diplomaten sich nach ihrem allgemeinen Begriff äußert; er wird nicht die Schlacht bei Issus oder Waterloo darstellen, sondern eine Kampfscene, in der statt der einzelnen bestimmten That vielmehr die Thätigkeitsweise des Kämpfens, Situationen des Angriffs und der Abwehr, der Flucht und des Sieges zur Erscheinung kommen, wie sie in jeder Schlacht sich finden und wiederholen können. Und diese Thätigkeitsweise ist eine verschiedene nach Zeit und Sitte; anders ficht der Lanzknecht des Dreißigjährigen Kriegs, anders der Ritter des Mittelalters, anders die Napoleonische Garde und die Phalanx der Macedonier, die Art der Waffen bedingt deren Führung. Und so tritt das Individuelle wieder ein, und der Nachdruck den der Genremaler auf das Aeußere, sowol in der treuen Bewahrung des Costüms wie in dessen sorgfältiger Ausführung legt, erhält seine Rechtfertigung. Wie es nach dem

französischen Sprichwort für die Kammerbiener keine Helden gibt,
so können auch die Träger der Geschichte genremäßig behandelt
werden, wenn sie nicht nach der historischen Idee und Bedeutung,
sondern im Verkehr und den Beschäftigungen des gewöhnlichen
Lebens aufgefaßt und in die Scenen desselben verflochten werden.
Die Genremalerei verhält sich hier zur geschichtlichen wie der historische Roman und die Novelle zum Epos und zur Tragödie: auch
jene schildern die Atmosphäre einer Zeit, die Culturelemente eines
Volks, und veranschaulichen sie dadurch daß erfundene Persönlichkeiten sich frei in ihnen bewegen und ein individuelles Geschick in
ihnen erfüllen; auch der Roman und die Novelle gehen ins
Kleine und Detaillirte und verleihen dem Gebilde der Phantasie
möglichst viel Naturwahrheit oder Costümtreue, während der
Epiker, der Dramatiker in großen Zügen die Wirklichkeit idealisirt
und die Kerugestalt ihrer Eigenthümlichkeit poetisch verklärt. Wenn
man aber einen Friedrich den Großen immer nur tabackschnupfend,
oder speisend, oder flöteblasend malt, so geräth man in Gefahr
den königlichen Helden und tonangebenden Herrscher zu einer
komischen Figur zu machen, statt ihn in seiner geschichtlichen Bedeutung zu kennzeichnen.

Am liebsten wird der Genremaler gerade das tägliche und gewöhnliche Leben der Menschen, welche nicht in die Jahrbücher der
Geschichte ihren Namen eingezeichnet, zum Gegenstand wählen,
und es nach allen seinen Beziehungen, in Ruhe und Aufregung,
in Freud und Leid vor uns entfalten und dadurch gerade die
allgemeine Seins- und Sinnesweise, die Natur der Gattung ausdrücken. Daß niemand dies gering achte! Denn was das Wohl
und Wehe von Millionen ausmacht, was der Inhalt ihres Lebens
und Strebens ist, das muß auch ein bedeutender und wichtiger
Stoff des Künstlers sein, und die Malerei selbst ist erst in den
Vollbesitz ihrer Mittel gekommen als sie dieser unmittelbaren
Wirklichkeit sich anschloß. Der Künstler hat hier wiederum die
Aufgabe tiefer zu blicken als die Menge, und in dem scheinbar
Geringfügigen den großen Gehalt, im Gewöhnlichen eine neue
und darum überraschende Bedeutsamkeit zu erkennen und darzustellen. In der Villa Albani befindet sich das antike Relief eines
Fleischerladens, mit Thieren, Blumen und Lorberzweigen so
reich verziert wie das noch heute die Pizzicaruoli in Rom zu thun
pflegen. Der Mann wird von einer derben Frau bedient, die
am Zahltische sitzt und die Hand nach geschlachtetem Geflügel

ausstreckt. Der Künstler läßt nun eine vornehme Dame eintreten, um den Ruhm des Geschäfts zu verkünden, dessen Namen und Lob bestehen werden, solange der Pol die Sterne weidet, indem sie mit feierlicher Mimik auf die als Inschrift angebrachten Vergilischen Verse deutet:

Polus dum sidera pascit
Semper honos nomenque tuum laudesque manebunt.

Mit solchem Humor ehrt die Kunst das gewöhnlich für niedrig Geachtete.

Auch das Alltägliche läßt das Menschenherz bis in seine innersten Falten offenbar werden. Sehr schön sagt H. J. Fichte in seiner Ethik: „In jedem einzelnen Gut ist das höchste Gut wie in einem Keime eingeschlossen und läßt sich von dort aus gewinnen. Wenn nur einmal wie durch plötzliche Eingebung die Tiefe und Fülle des geistigen Lebens, die Quellen verborgenen Glückes uns offenbar würden, welche in dem schlichtesten Menschenverhältniß liegen sofern es mit ethischer Würde behandelt wird, so würden wir von Bewunderung ergriffen werden vor dem geistigen Reichthum und geheimen Segen, den die göttliche Liebe gerade in die kleinen und scheinbar geringen Verhältnisse gelegt hat." Diesen geheimen Segen, diese verborgene Herrlichkeit zu offenbaren ist die Aufgabe der Kunst. Man denke an so manch herzinniges Volkslied und seine Melodie, oder an die Art und Weise wie der Dichter Sterne in seiner Empfindsamen Reise allen Dingen und Ereignissen eine anziehende Seite abzugewinnen und unsere Theilnahme für sie zu erlangen weiß. Wie bei Sterne, wie bei Cervantes tritt auch bei den Malern solcher Bilder des menschlichen Naturlebens der Humor in sein Recht; seine Sache ist es gerade auch in barocken Formen einen echten Gehalt zu offenbaren, im Großen das Kleine und im Kleinen das Große und Echte zu zeigen, auch mit dem Gewaltigen zu spielen, weil es angesichts der göttlichen Allmacht und Unendlichkeit doch ein Verschwindendes ist, und in dem niedrig Geachteten den ewigen Lebensgrund zu offenbaren, dem es entspringt und der ihm einwohnt; seine Sache ist es in der komischen Auflösung des Verkehrten nicht die Vernichtung, sondern den Sieg, die Herstellung des Guten und Wahren zu zeigen, im Scherze den Ernst zu bewahren und in Thränen zu lächeln.

Nur ein beschränkter Sinn kann in dem Eintritt der Genre-

malerei und ihrer vorzugsweisen Pflege im 16. und 17. Jahrhundert einen Verfall der Kunst erblicken. Es galt dem Welt-
wirklichen neben dem Idealen und Religiösen in der Kunst gerecht
zu werden, und die Wärme, die Liebe mit der die Meister ihre
Bilder ausführten, zeigt kein sinkendes Leben, sondern ein auf-
blühendes. Es ist die Freude an einem tüchtigen gediegenen
Volksthum die ihnen den Pinsel in die Hand gibt, die Erkenntniß daß auch im Diesseits, auch in der Gegenwart das Heil zu
finden, daß ein Göttliches in allen Dingen ist; in ernster Sammlung des Geistes zeigen die Künstler uns neue und neue Welten
der Wahrheit, und wo sie die Sphären des niedern Lebens auf-
suchen, da schildern sie es in höherm Sinne, daß es sich in
naiver Sorglosigkeit gleich den Naturwesen vor uns entwickelt,
daß die Noth des Daseins überwunden wird, sei es durch ein
harmloses Sichfügen, sei es durch keck aufsprudelnde Aeußerungen der Kraft und Lust, bei deren sich selbst zerstörendem
Uebermaß die Weisheit des Künstlers auch in der Schellenkappe
sich verkündigt.

Wir finden vortreffliche Werke in Venedig von der Hand
Giorgione's, Tizian's, Paul Veronese's, die durch Großheit der
Auffassung und der Formen sich an die Historienmalerei anschließen, hin und wieder auch, wie die Gastgelage des letzt-
genannten Meisters, noch Christus an den Tisch der Edeln aus
der Lagunenstadt setzen, die dann vor ihm ihre Macht und Pracht
im heitern Genuß des Augenblicks entfalten. Mit derselben Kraft
und Wärme wie Cervantes in der Poesie erfaßt Murillo das
spanische Volksleben in der Malerei. Daß das Genre den
Menschen nach seiner Naturseite ergreift, legt er dar, indem er
besonders die Kinderwelt zum Stoffe nimmt. Wie prächtig er sie
und in ihr den Menschen schildert, hat Hegel so vortrefflich in
seinen Vorträgen über Aesthetik dargethan, daß man stets vor den
Bildern an die Worte des Philosophen erinnert wird, der sonst
auf den Gedankeninhalt in der Kunst das meiste Gewicht legt. Er
spricht von den Bettelungen der münchener Pinakothek und sagt:
„Aeußerlich genommen ist der Gegenstand aus der gemeinen
Natur; die Mutter laust den einen Jungen, indeß er ruhig sein
Brot kaut; zwei andere auf einem ähnlichen Bilde, zerlumpt und
arm, essen Melonen und Trauben. Aber in dieser Armuth und
halben Nacktheit gerade leuchtet innen und außen nichts als die
gänzliche Unbekümmertheit und Sorglosigkeit, wie sie ein Derwisch

nicht besser haben kann, in dem vollen Gefühl ihrer Gesundheit
und Lebenslust hervor. Diese Kummerlosigkeit um das Aeußere
und die innere Freiheit im Aeußern ist es welche der Begriff des
Idealen erheischt. In Paris gibt es ein Knabenporträt von
Rafael; müßig liegt der Kopf auf den Arm gestützt und blickt
mit solcher Seligkeit harmloser Befriedigung ins Weite und Freie,
daß man nicht loskommen kann dies Bild geistiger froher Gesundheit anzuschauen. Die gleiche Befriedigung gewähren uns
jene Knaben von Murillo. Man sieht sie haben keine weitern
Interessen und Zwecke, doch nicht aus Stumpfsinn etwa, sondern
zufrieden und selig, fast wie die olympischen Götter, hocken sie am
Boden; sie handeln, sie sprechen nicht, aber sie sind Menschen aus
Einem Stück, ohne Verdrießlichkeit und Unfrieden in sich, und bei
dieser Grundlage zu aller Tüchtigkeit hat man die Vorstellung es
könne alles aus solchen Jungen werden."

Murillo malte noch die Gestalten lebensgroß, die Holländer
zogen sie ins Kleine, suchten aber durch sorgfältigste Behandlung
gerade im Kleinen groß zu sein. Vortrefflich hat wiederum Hegel
den Geist und die Volkszustände charakterisirt, denen diese Genrebilder entspringen, die sie abspiegeln. „Die Holländer haben den
Inhalt ihrer Darstellungen aus sich selbst, aus der Gegenwart
ihres eigenen Lebens erwählt, und dies Präsente auch durch die
Kunst noch einmal verwirklicht zu haben ist ihnen nicht zum Vorwurf zu machen. Was der Mitwelt vor Augen und Geist gebracht wird muß ihr auch angehören um ihr ganzes Interesse in
Anspruch nehmen zu können. Um zu wissen worin das damalige
Interesse der Holländer bestand, müssen wir ihre Geschichte
fragen. Der Holländer hat sich zum größten Theil den Boden
darauf er wohnt und lebt selbst gemacht, und ist ihn fortwährend
gegen das Anstürmen des Meeres zu vertheidigen und zu erhalten
genöthigt; die Bürger der Städte wie die Bauern haben durch
Muth, Ausdauer, Tapferkeit die spanische Herrschaft abgeworfen
und sich mit der politischen ebenso die religiöse Freiheit in der
Religion der Freiheit erkämpft. Diese Bürgerlichkeit und Unter-
nehmungslust im Großen wie im Kleinen, im eigenen Lande wie
ins weite Meer hinaus, dieser sorgfältige und zugleich reinliche
und nette Wohlstand, die Frohheit und Uebermüthigkeit in dem
Selbstgefühl dies alles ihrer eigenen Thätigkeit zu verdanken, ist
es was den allgemeinen Inhalt ihrer Bilder ausmacht. Die
geistige Heiterkeit eines berechtigten Genusses, welche selbst bis in

die Thierstücke hereingeht und sich als Saltheit und Lust hervorkehrt, diese frische, aufgeweckte Freiheit und Lebendigkeit in Auffassung und Darstellung macht die höhere Seele solcher Gemälde aus."

Wir können auch noch an den Sinn für Häuslichkeit erinnern, der dem Norden und der neuern Zeit mehr eigen ist als dem Alterthum und dem Süden, um dann mit Schnaase die zwei Hauptklassen und ihre verschiedene Darstellungsweise zu betrachten. Die eine, heißt es in den Niederländischen Briefen, liebt die derben komischen Motive. Sie wählt daher gern Gegenstände aus den niedern Kreisen der Gesellschaft, wo Sitte und Bildung die Ausbrüche der gewöhnlichen Natur weniger hemmen, und sucht diese Scenen welche auch die gewöhnliche Mäßigung und Zurückhaltung verbannen: Schenkstuben, Bauernhochzeiten, Märkte, Tage der Ausgelassenheit, wo jeder sich tummelt so gut er kann, wo auch ein plumper Scherz verziehen wird, oder — wenn er mißfällt — der Streit nur neuen Stoff zum Lachen gibt. Es ist eine Welt derben, sinnlichen, aber gutmüthigen Wesens; sie erscheint, können wir hinzufügen, mehr wie ein Naturzustand als ein Werk der selbstbewußten Freiheit, auch die Fehler erscheinen als ein Erzeugniß der Umstände, als ein Ausbruch der Natur, dem wir weniger den moralischen Ernst der Zurechnung entgegensetzen, als daß wir uns lachend darüber erheben. — Andere Meister halten sich in dem Kreise der mittlern wohlhabenden Stände, in ruhigen Vorfällen, wo höchstens Spuren von innerer Erregung sind und schon die Sitte starke Ausbrüche verhütet. Und wie die Sitte verbirgt was sie nicht völlig vertilgen kann, so üben diese Maler sich in versteckten Andeutungen; sie führen uns in die Mitte der Handlung und lassen die kleine Novelle, von der wir ein Bruchstück sehen, errathen. Die schalkhafte Sinnigkeit mit der sie dies thun zeigt uns ebenso wie dort die derbere Komik, daß die Meister in der freien Region der humoristischen Weltanschauung leben.

Die stille Häuslichkeit, das gesellschaftliche Leben der höhern Stände verlangt eine feine sorgfältige Ausführung des Einzelnen, eine gewisse Zartheit des Pinsels und der Farbenwahl, und das Helldunkel der Hintergründe entspricht vollkommen der halb verschleierten Andeutung über den Zusammenhang der Geschichte; jenem rohern, sorglosen Treiben sagt eine kecke leichte Auftragung, ein geistreicher Pinsel zu. Schnaase erzählt wie Gerhard Dow

einmal an einem Besenstiel drei Tage gemalt habe, und fügt die
folgenden sehr richtigen Bemerkungen hinzu: „Wenn Denner uns
einen greisenhaften Kopf in fast natürlicher Größe mit allen
Runzeln vor Augen bringt, so ist das allerdings widerlich, weil
er dadurch gerade das Untergeordnete am Menschen heraushebt,
das Geistige zurücksetzt. Ebenso wenn van der Werff Handlungen einer heroischen Zeit mit so feinem Pinsel und sorgfältiger
Glätte darstellt, so wird der Contrast der weichlichen Auffassung
gegen die großartige Naturwelt, welcher der Gegenstand angehören soll, störend sein. Nicht so bei den holländischen Genre-
malern. Das leblose Hausgeräth kann nicht dadurch verlieren,
wenn seine mechanisch gebildete Form mit allen Einzelheiten
wiedergegeben wird. Es hat keine innere Seele, die unter dieser
Körperlichkeit verschwände; in seiner Brauchbarkeit für fremde
Zwecke liegt sein Werth, und mithin gerade in der Ausarbeitung
seines Aeußern. Bei der menschlichen Gestalt verbietet schon der
kleinere Maßstab eine so genaue Ausführung, nur daß, wie es
der Ton des Ganzen mitbringt, dieselbe Zartheit des Pinsels angewendet ist. Bei den leblosen Gegenständen entspricht die feine
Ausführung der innigen Bekanntschaft mit ihnen, welche die
ruhige Häuslichkeit gibt. Das Ganze des Hauses wird durch
die Ordnung und die vollendete Natürlichkeit des Einzelnen zu
einem Körper, der durch den Bewohner belebt ist, in ihm seine
Seele hat. Die sorgsame kostbare Ausmalung ist daher nicht
überflüssig, sie ist nöthig, wie an einem Juwel die äußern
Flächen zu vollendeter Glätte geschliffen sein müssen, damit das
innere Licht desto heller glänze. Die scheinbare Nachahmung der
Natur ist nicht um der Natur willen, sondern gehört vielmehr
zum Stil der Kunstgattung. Hierbei ist denn aber auch die
Darstellung im sehr verkleinerten Maßstabe wesentlich um der
Auffassung des Lebens, nicht in der größern Bedeutung der Geschichte, sondern in der gemüthlichen Enge des Hauses, zu entsprechen."

Den Engländern verdankt die Genremalerei die Fortbildung
einer gründlich psychologischen Charakteristik, welche Hogarth mit
der Schärfe des moralisirenden Witzes in das Caricaturartige
hinüberleitet, während Wilkie wieder den Zweck des Kunstwerks
in die Schönheit setzt, die Innerlichkeit der verschiedenen Personen
aber durch eine spannende Situation zu entschiedenster Aeußerung
bringt. Schrödter, Enhuber, Kirner, Ramberg, Bürkel, Meyer-

heim, Dannhauser, Waldmüller, Baulier, Knaus und andere
haben in Teutschland die niederländische Weise zeitgemäß erneut
und bald mit einem Jan Steen oder Terburg, bald mit Woo-
werman oder Brouwer einen ruhmvollen Wettkampf begonnen.
Naivetät der Auffassung, Feinheit der Durchbildung und der
über dem Ganzen waltende freie Geistes- und Liebesblick des
Humors entschädigen bei ihnen für die Plattheit, die Tendenz-
jagd oder das prosaische Abconterfeien des schon im Leben Un-
angenehmen und Widerlichen, was sich so vielfach für Genremalerei ausgibt.

Wenn frühere Genremaler nur ihre eigene Zeit im Sittenbild abspiegeln, so entspricht es dem auf die Culturgeschichte gerichteten Geiste der Gegenwart daß die Künstler auch vergangene
Zustände wieder beleben und sie malerisch ausbeuten, z. B. Lessing
das Mittelalter, die Zeit der Religionskriege, A. Menzel die
Periode Friedrich's des Großen. Und wie die Landschaftsmalerei
den mehr geographischen Charakter angenommen hat und die
Natureigenthümlichkeit bestimmter Gegenden künstlerisch auffaßt,
so sind die Genremaler ethnographisch geworden und gestalten
das Volksleben der verschiedenen Nationen. Eine große Ausbeute
gewannen in dieser Beziehung die Franzosen durch die Eroberung
Algiers, die das Beduinenthum für die Maler recht eigentlich
mit erwarb. So sagt auch Vischer: „Merkwürdig bezeichnend
ist es für die moderne Zeit wie die Kreise wachsen. Italienisches
Gesindel, Soldaten, dann holländische Bauern, Bürger und Vornehme waren bei der Entstehung des Zweiges fast der einzige
Stoff; der naturwissenschaftliche, entdeckende, ferneröffnende, kos-
mopolitische, jede Form des Menschlichen in sein tiefes und
weites Interesse ziehende Geist der Zeit hat nun aber in raschem
Fortschritt alle Länder Europas, Asien, Afrika, Amerika erschlossen
und sammelt in immer weiterm Wandertriebe, wie Herder die
Stimmen der Völker, den malerischen Honig aus der fernsten
Blume. Dabei ist es ein Hauptzug daß das Menschliche besonders in denjenigen Zuständen Würdigung findet welche den Charakter vorgeschichtlicher oder patriarchalischer Natureinfalt tragen,
oder in den Naturzustand zurückgetretene Reste aller Cultur darstellen. Dieses Interesse ist dasselbe wie das am Volksleben; die
Cultur entwickelt, aber sie zertheilt auch; wir suchen den Natur-
hauch, den Waldesduft, das reine Quellwasser im Ursprünglichen
und Ungetheilten."

Wenn nun einerseits der Genremaler auch die vorübergehende
Lebensäußerung belauscht und fixirt, und in der Wiedergabe des
Stoffs, im Glanz des Metalls oder im Schiller des Atlaskleides
seinen Ruhm findet, so kann er sich andererseits in das innere
Leben, in den Kern des Volksgemüths vertiefen, die bedeutendsten
Züge des Nationalcharakters zu einem harmonischen Totalbild
verschmelzen und in ideal gehaltenen, von einem Gedanken getragenen Compositionen den Geist des Volks verkörpern, sodaß
das Genre durch den Adel der Formen und die Würde der Behandlung wie durch den Gehalt der Darstellung in das Historische
hineinragt. Nach dem Vorgange der Venetianer, Murillo's und
des gewaltigen Rubens ist der Genius Leopold Robert's, eines
der größten unter vielen trefflichen Malern der Franzosen, auf
dieser Bahn vorangeschritten und hat das italienische Wesen auf
eine classisch stilisirte Weise künstlerisch gestaltet. Es sind Römer,
mit der Ernte beschäftigt, venetianische Schiffer, die die Abfahrt
rüsten, neapolitanische Winzer; der oberitalienische, der römische,
der neapolitanische Typus ist klar ausgeprägt und nach der Seite
seiner Kraft, seiner Poesie, seiner Schönheit entwickelt, es ist eine
edle, große Gottesnatur die vor uns steht; der Ernst einer ge-
fahrvollen Seefahrt, ein Hauch von Schwermuth der die Grazie
der Römer noch anziehender macht, die feurige Lebenslust der
Weinlese in schwärmerischer Anregung unterscheidet geistig die
verschiedenen Stämme; entsprechend diesem Inhalt ist die Composition gehalten und die Schönheit als das Ziel der Kunst im
rhythmischen Aufbau des Ganzen wie in jeder einzelnen Gestalt
erreicht. Jener herrliche junge Mann, der vor der Deichsel
zwischen den Büffeln sich anlehnt, gehabt er sich nicht so natürlich heldenhaft, daß er ein Cincinnatus der Neuzeit werden
könnte? Oder sollte die Anmuth dieser Santarellotänzerin nicht
jedes Auge entzücken? Hier ist Naturwahrheit, aber in der Verklärung der Kunst, Poesie der Wirklichkeit. Die Bauern aus
dem bairischen Gebirg die Foltz malt, die Oberhessen von Becker,
die Helgoländer von Jordan sind allerdings ohne den Adel der
idealen Form und ihrer Natur nach realistisch kräftiger behandelt,
aber diese drei Maler suchen wie Robert den National- und
Stammescharakter der in sich gediegenen Naturen in Zusammenhang mit dem Boden auf dem sie sich entwickelten, in bald mehr
ruhigen, bald bewegtern Situationen darzustellen und das geistig
Bedeutende wie das Tüchtige in der Körperlichkeit zu ergründen

20*

und harmonisch zu gestalten. Der Böhme Czermak hat es ihnen in einem tragisch erschütternden Hussitenbilde und neuerdings Defregger in seinen prächtigen Tirolern gleichgethan. Meissonier's Feinheit und Taberna's culturgeschichtliche Wahrheit sind berühmt.

Dies ist die rechte Brücke vom Genre in die Geschichte; eine falsche ist die Vermischung beider Gebiete: die Darstellung welthistorischer Begebenheiten ohne den Ausdruck ihrer Idee, aber mit besonderer Rücksicht auf die Aeußerlichkeit, die aus der Hagar eine Beduinin macht, Christus im Tempel als ein gescheites Judenjüngelchen unter ganz naturalistisch behandelte bärtige Hebräer stellt, und überall mehr auf die Kleider als auf die Männer sieht; oder dann andererseits die Einmischung so individueller Züge in das allgemein Zuständliche, daß man neben der Thätigkeitsweise überhaupt nach der bestimmten That, den bestimmten Helden fragt.

Eine andere Mittelstellung nimmt das Porträt ein, das sich von dem Genre dadurch scharf abscheidet daß es vor allem die bestimmte Individualität in ihrer Eigenthümlichkeit und Einzigkeit nachbildet, dieselbe aber doch in einer ruhigen Zuständlichkeit auffaßt, die nicht eine besondere Stimmung oder Handlung, sondern das bleibende Wesen und die Stetigkeit des Charakters ausspricht. In dieser Hinsicht grenzt das malerische Bildniß an das plastische, von dem es sich aber darin unterscheidet daß es auf den Ausdruck, auf die Verkörperung des Seelenlebens als solchen den Nachdruck legt, während der Bildhauer den festen Typus der Form in der Leibesgestalt als eine Läuterung und Verklärung der Natur in ihrer Einheit mit dem Geiste darstellt. Um des Ausdrucks willen beschränkt sich der Maler ungleich lieber als der Plastiker auf das Gesicht, und er hat vor diesem den Blick voraus, in welchem das ganze Innere sich als in einem leuchtenden Punkte sammelt und die Spitze der Persönlichkeit selbst aus dem Auge hervorblitzt.

In der Porträtmalerei scheint die Kunst den Zwecken und Forderungen des Lebens dienstbar, aber sie scheint es nur; der Meister wird eben in jeder Individualität einen Strahl aus dem ewigen Urlicht, einen Gedanken Gottes erkennen, und nicht sowol die vorliegenden Formen äußerlich abschreiben, als vielmehr dem schaffenden Geiste sie nachbilden; er wird die Gesinnung, den Charakter des Menschen auffassen und diesen in der danach

geeignetsten Haltung zeichnen, den innern Gehalt in den Zügen
ausprägen. Realistischer als der Bildhauer wird dennoch der
Maler das blos Zufällige ausscheiden und das wirklich Werthvolle in schlackenlosem Metallglanz zu Tage fördern. Die blos
handwerklichen Copisten werden in neuerer Zeit mit Recht durch
die Maschine verdrängt; daß aber das Daguerreotyp oder die
Photographie in der Regel so wenig befriedigen, daß schöne und
geistvolle Menschen gewöhnlich uns darin häßlicher, geistloser vorkommen, beweist daß die bloße Naturtreue des Augenblicklichen
nicht genügt, daß wir ein Totalbild des Menschen sehen wollen.
Doch übertrifft die Maschine in der Hand des Künstlers, der die
lebende Persönlichkeit in die ihr passende und dabei wohlgefällige
Stellung zu bringen, ihren charakteristischen Ausdruck zu erlauschen,
Draperie und Umgebung geschmackvoll anzuordnen versteht, die
Maschine, sage ich, übertrifft in der Hand eines Hanfstängl die
gewöhnlichen Bildnisse der meisten Porträtmaler.

Das künstlerische Porträt gibt das Gesicht als Gebilde der
Seele; es schmeichelt nicht in dem Sinne daß es alle scharfen und
prägnanten Züge abschwächt und zu fader Süßlichkeit verflacht,
die Gewandung den Gesichtern gemäß modejournalmäßig behandelt
und im Haar die widerliche blauschimmernde Spiegelung der
Pommade glänzen läßt, wohl aber in jenem andern daß es das
Antlitz zum vollen Ausdruck des Geistes und Charakters durch-
arbeitet und den Menschen in der guten Stunde, im glücklichen
Lichte, nach der positiven Seite seiner Natur auffaßt. „Wenn
der alte Schadow nicht so aussieht wie dieses Bild, so ist er es
nicht“, sagte man treffend in Berlin von einem Porträt, das
Begas gemalt. Radowitz nannte einmal das gute Porträt keine
Beschreibung eines Gesichts, keinen gemalten Steckbrief, sondern
ein Gedicht über das Gesicht. Es soll das Bleibende im Beweglichen darstellen, weder die bloße Nachahmung der vorübergehen-
den, noch die der feststehenden Züge sein, sondern beide ineinander
verschmelzen.

Das Spiel unserer Gesichtsmuskeln begleitet unsere Gemüthsbewegungen, und sehr richtig bemerkt Leixner daß die hier in
Thätigkeit kommenden Muskeln, oft geübt, endlich auch dann aus
den sie umgebenden Partien hervortreten, wenn sie sich im Zustande der Ruhe befinden, und so dem Gesicht einen bestimmten
Charakterzug aufprägen. Der Geist arbeitet die Stirn des Denkers aus, daß sie das Antlitz beherrscht; er läßt die untern Theile

auf dem Gesichte des Genußmenschen hervortreten; er verschleiert das Auge des Melancholikers; er leiht dem Blick das ruhige Leuchten eines klaren stolzen Selbstgefühls; er prägt auf das Angesicht den Stempel des Hochmuths, der Spottlust, der Bescheidenheit, der Milde. Solche bezeichnende Merkmale muß der Künstler erkennen, aus einer Reihe von Augenblicksbildern dasjenige festhalten oder zusammensetzen welches die Innerlichkeit am klarsten ausdrückt. Die Stellung und Beleuchtung, die er dem Kopfe gibt, die Art wie er ihn durch den Hintergrund aus seiner Umgebung hervortreten läßt, zeigt den Meister.

Warum sind alle Porträts von der Hand Rafael's so bedeutungsvoll anziehend, so schön? Gewißlich galten nicht alle Personen die er malte dafür, gewißlich hat er die individuelle Aehnlichkeit nicht geopfert; sondern er sah die Menschen wie sie vor dem Auge Gottes stehen, er sah das Ebenbild Gottes in ihnen, und indem er die ideale Wahrheit ihres Wesens in ihren Zügen veranschaulichte, mögen wir uns nicht trennen von jenen Unbekannten eines verflossenen Jahrhunderts, die in ihrer verklärten Gestalt wie freigeschaffene Kunstwerke in ein höheres Dasein uns erheben, während sie zugleich so befreundet und menschlich nah uns anschauen.

Die italienischen Meister zeigen auch auf diesem Gebiet ihren Sinn für formale Schönheit; sie porträtiren mehr in plastischem Stil, stellen das Werthvolle klar und leicht hin und lassen das andere sich ihm anschmiegen. Deutsche und spanische Meister, ein Holbein, Dürer und Velasquez, erfassen das Leben naiver, unmittelbarer, und erreichen durch die sorgfältige Ausführung des Details jenes Einzige der Individualität und dadurch den Ausdruck ihrer Bedeutung, von dem jene ausgehen. Ein Glück ist es für den Porträtmaler wenn er ausgezeichnete und große Männer zu malen bekommt, deren geschichtliche Wucht, deren idealer Werth dann das Bildniß in die historische Sphäre hebt. Tizian's Ariost offenbart ebenso die ganze anmuthreich und sinnvoll unterhaltende Poesie dieses herrlichen dichterischen Erzählers, als wir vor seinem Karl und Philipp von Spanien mit forschendem Nachdenken verweilen. Die diplomatische Feinheit seiner Zeit, welche die innern Erregungen und Tendenzen unter scheinbarer Ruhe und Glätte dem oberflächlichen Beschauer verbirgt, dem tieferblickenden aber kundgibt, zeigt uns van Dyck in vielen seiner Bildnisse. Der Geist der Reformationszeit mit ihrer innern Arbeit spricht **aus**

Bildern Holbein's des Jüngern, mag er höher Gestellte mit selbstbewußter Würde oder bürgerliche Männer mit ehrbarem Ernste
darstellen. Seine darmstadt-dresdener Madonna zeigt dabei eine
wundervolle Verschmelzung von Porträt und künstlerisch freier
Composition, von Familien- und Heiligenbild, indem Maria in
ihrer Mütterlichkeit als die Schirmerin der Familie erscheint,
während Bürgermeister Meyer und die Seinen fromm und schlicht
zu ihr aufblicken, in der wir die verklärten Züge eines Gliedes
dieser Familie selbst zu erkennen glauben.

Apelles, gleich groß durch den Gedanken seiner Werke wie
durch die von keinem seiner Nebenbuhler übertroffene Anmuth der
Form, sollte bekanntlich nach dem Willen Alexander's des Großen
allein den Helden malen, der Griechenland über die Nationalitäts-
schranken hinausführte um ein Weltreich der Cultur zu stiften.
Apelles aber suchte ihn als den Träger und die Verkörperung
seines welthistorischen Gedankens aufzufassen: der König führte
als der Gebieter der Erde durch die Macht seines Geistes und
Willens den Blitz des Zeus, er stand wie der aufgehende Sonnengott zwischen den Dioskuren als der Bringer eines neuen Mensch-
heitstages, er fuhr auf dem Triumphwagen, dem der Dämon des
Kriegs gefesselt folgte, denn der Kampf der Eroberung war bei
ihm nicht Zweck, sondern Mittel für die Verbrüderung der Völker
in humaner Bildung und Gesittung. Wir erinnern uns leicht
dabei wie David den jugendlichen Napoleon malte, der die Revolution gebändigt hatte und dem höchsten Ziel zustrebte: ruhig auf
wildem Pferd mit der erhobenen Rechten nach der Spitze des
St.-Bernhard deutend. Ein Porträt voll tragischer Wucht ist
der Napoleon in Fontainebleau von Paul Delaroche.

Auf diese Weise kann der Maler wie der Plastiker das Porträt
großer Männer deren Züge nicht überliefert sind frei schaffen,
indem er sich in ihr Wesen vertieft und kraft der Phantasie dieses
sich seinen Leib gestalten läßt. Die Propheten und Sibyllen
Michel Angelo's, Kaulbach's Moses und Solon gehören hierher;
sie sind Einzelbilder aus einem Cyklus historischer Gemälde. Oder
nehmen wir die vier Dürer'schen Apostel als die Hüter des Evangeliums, wie sie zugleich die Grundrichtungen des geistigen Lebens
ausdrücken, Johannes das poetisch Beschauliche, Petrus das auf
die Thatsache, auf den Buchstaben Gewandte, Beharrliche, Lukas
das Rascherregte, Paulus den schwertgewaffneten Muth des Gedankens. Auf dem Titelblatt der großen Passion zeigte Dürer

Christus selbst nackt auf einem Steine sitzend, das majestätische
Haupt mit Dornen gekrönt und voll göttlichen Erbarmens zum
Beschauer gewandt: ein Bild des fortwährenden Leidens durch
die Sünde der Welt, von der er erlöst.

B. Das Geschichtsbild.

Das Geschichtliche bestimmte sich uns bereits im Unterschiede
vom Genre- oder Gattungsmäßigen als das Einzige und Ein-
malige, als die bestimmte That einer eigenthümlichen Persönlichkeit, als das Erzeugniß von deren charakteristischer Originalität.
Zugleich aber ergaben sich von allen Begebenheiten des Lebens
und unter allen Menschen nur diejenigen als geschichtlich die durch
ihre Bedeutung für das Ganze sich der Erinnerung der Menschheit einprägen, in denen also immer ein Ewiges und Allgemeines,
eine umfassende Idee verwirklicht wird. Geschichtlich sind die
Genien und Handlungen in welchen die Kraft des Volks sich
sammelt, der Geist des Jahrhunderts sich ausdrückt, oder durch
welche für die Menschheit neue Bahnen des Entwickelungsganges
eröffnet werden. Wäre die Geschichte nun, wie fatalistische oder
materialistische Lehren behaupten, nichts als ein Mechanismus,
dessen Getriebe im Ineinandergreifen seines Räderwerks nach
äußerer Nothwendigkeit sich vollzieht, so würde die Malerei, welche
überall das Individuelle und Freie sucht, in ihr keinen Stoff
finden. Wäre die Geschichte nur das Spiel menschlicher Willkür
im Widerstreit ihrer Interessen, Leidenschaften und Berechnungen,
wie ein kurzsichtiger Pragmatismus oder eine diplomatische Schein-
weisheit meint, so würde dem Gewirr der sich kreuzenden Begebenheiten und gegeneinander arbeitenden Figuren die Einheit und
das Maß des innern Gesetzes fehlen, wodurch die künstlerische
Schönheit erst möglich wird, und das unerquickliche Durcheinander
würde in seiner Ordnungslosigkeit unmalerisch sein. In ihrer
Wahrheit ist die Geschichte, wie wir bei ihrer Betrachtung sahen,
ein sittlicher Organismus, ein Ganzes das durch den Willen freier
Individuen hervorgebracht wird, welche einem gemeinsamen Lebensgrund entsprungen sind und von dessen Einheit fortwährend getragen und durchdrungen bleiben, sodaß sie einander verstehen und

einander ergänzen, sodaß der Plan des großen Weltgedichts jedem eingeboren ist, weil Ein Geist in Allen waltet, jeder Einzelne aber in der Erfindung und Ausführung seiner Rolle seine Bestimmung erfüllt, und je nachdem er es gut oder schlecht, selbstsüchtig oder liebevoll thut, von den andern unterstützt oder bekämpft wird. Kraft des göttlichen Geistes herrscht ein unverbrüchliches sittliches Gesetz und bestimmt den Gang des Ganzen wie den Lebensanfang, das Lebensmaß jedes Einzelnen; dieser kann sich mit jenem durch eigene Entschließung in Einklang und in Widerspruch setzen, mit seinem Willen oder ohne seinen Willen dem Weltplane dienen, der im Endresultate stets erfüllt wird, indem auch der Despot eine Zuchtruthe in Gottes Hand ist und der Druck die Volkskraft zum Sieg der Freiheit treibt. Die Entfaltung der persönlichen Freiheit innerhalb der sittlichen Weltordnung, die Vollführung des Guten und Wahren durch die individuellen Willensregungen und die originale Triebkraft der Geister bedingt die Schönheit der Geschichte. Sie zu veranschaulichen ist die Aufgabe der historischen Malerei.

Diese geht darum von der Idee aus, welche die Seele der Ereignisse und das Pathos der handelnden Helden ist, und läutert das Wirkliche zu deren vollendeter Erscheinung; sie gibt jedem Einzelnen den eigenen Geist und die ihm eigenthümliche Betheiligung an der gemeinsamen Geschichte, und ordnet alle Einzelnen so daß sie ein harmonisches, reiches und in sich geschlossenes Ganzes ausmachen. In der architektonischen Gliederung der Massen zeigt der Künstler die Herrschaft der Weltordnung, die sich jedes Wesen als ein Glied einfügt und die Totalität aller wie einen zusammenhängenden Organismus darstellt, in welchem stets das Eine auf das Andere hinweist, und was nur um seiner selbst willen da zu sein scheint doch zugleich im Ganzen für das Ganze lebt. So kann man die Bilder Leonardo da Vinci's stets wie Eine große Gestalt betrachten. Er gewährt dem Einzelnen die volle Freiheit der Handlung, den kräftigen Ausdruck seines Innern, aber er ordnet die Einzelnen so zusammen daß alle Linien sich zu einigen großen Zügen und Formen verbinden, welche zuletzt in einem gemeinsamen Centrum einmünden oder von ihm ausstrahlen; daher die Einfachheit in der Fülle und in der lebhaften Bewegung doch die feierliche Ruhe. Wenn die Malerei nichts will als Ereignisse bekunden, dann bleibt ihr Werk eine Bilderschrift, wie bei den Aegyptern; der echt künstlerische Trieb

erregt die Seele das sie innerlich Erfüllende zu bilden, weil es
schön ist, und das wirkliche Ereigniß ist ihr nur das Mittel
und die Veranlassung die Erscheinung im Licht der Ewigkeit
oder die Idee in der sinnenfälligen Form und zeitlichen Verwirklichung darzustellen und so das Ziel der Schönheit zu erreichen. Große Charaktere, Typen des Seelenlebens erfordert das
Geschichtsbild, das Ethische ist sein Ausgangspunkt und Ziel.

In diesem Sinne ist jedes historische Gemälde religiös, denn
es veranschaulicht ein göttliches Walten mitten in dem Strom der
Welt und knüpft das Endliche an das Unendliche, stellt es als
dessen Offenbarung hin; es führt den Geist des Einzelnen zum
Geist der Geschichte, es setzt das Göttliche im Menschen in Verbindung mit dem Göttlichen außer ihm und zeigt ihm die Weltregierung nicht als blindherrisches Schicksal, sondern als liebevolle
Vorsehung, die Alles wohl macht. In diesem Sinn fassen wir
die Worte eines neuern Malers, Wilhelm Schadow's: „Ehe der
Mensch durch Ungehorsam gegen die Gebote Gottes in den sündigen Zustand verfiel, lebte er in jenem Lande wo die Poesie und
Kunst heimisch sind. Seine angeborene Natur war das Leben im
Guten und Schönen; erst als er durch die Schuld des Ungehor-
sams aus diesem seligen Orte vertrieben wurde, erkannte er den
unendlichen Werth des verlorenen Schatzes, durch die Sünde die
Tugend, durch die Häßlichkeit die Schönheit, durch das innere
Elend den innern Frieden. Seit jener Zeit lebt in dem Herzen
des Menschen eine unbefriedigte Sehnsucht in diesen seligen Zustand zurückzukehren, und wenn du ein schönes Kunstwerk siehst,
eine schöne Musik oder ein schönes Gedicht vernimmst, so sind alle
diese Dinge Klänge aus jener ursprünglichen Heimat, welche in
der begeisterten Seele des Menschen widertönen. Der Baum der
Poesie blüht zwar immer fort im Paradiese, doch neigen sich bei
günstigem Winde die Zweige desselben so tief zur Erde um ihren
Blüthenduft auf besonders begabte Seelen auszuhauchen. Dann
entstehen die classischen Werke von ewigem Gehalte.“

Solche classische Werke zeigen stets die Immanenz des Göttlichen im Menschlichen. Ihre volle Verwirklichung durch Persönlichkeit, That und Leben erhielt dieselbe in Christus: das ewige
Wort ist Fleisch geworden, Himmel und Erde sind versöhnt; das
Christenthum ist nicht blos Lehre, sondern Geschichte, und diese
Geschichte offenbart das Wesen und Walten Gottes. So wurde
sie der Ausgangspunkt der neueren Historienmalerei, die hier

einen Stoff und in dessen Gestaltung eine Blütenhöhe fand wie beides der Sculptur in dem phantasiegeborenen Götteridcal der Hellenen war zu Theil geworden. Von diesem Mittelpunkt der Geschichte aus eröffnete sich der Malerei der Blick auch auf den Umkreis um unter allen Völkern und in allen Jahrhunderten die großen Thaten Gottes in Kämpfen und Leiden der Menschheit darzustellen. Historische Idealität, die Aufgabe der Kunst in der Gegenwart, ist als gottinnige Humanität der religiösen Weihe theilhaftig.

Ein anderes ist der kirchliche Stil. Er setzt das Werk in Verbindung mit der Architektur des Gotteshauses, das Altarbild in Zusammenhang mit dem Altardienst; wie der Ritus eine symbolische Handlung in überlieferten Formen darstellt und der Mensch sich deren Geist aneignen und in ruhiger Sammlung, in der Demuth der ernst gestimmten Seele vor Gott hintreten soll, so verlangt auch das Bild den Ausdruck der gemessenen Ruhe, der feierlichen Würde; es soll dem Beschauer die göttliche Gerechtigkeit, die göttliche Liebe veranschaulichen, vor der keine Schuld besteht, die aber selbst auf Erden erschienen ist, damit wir die Kindschaft empfangen. Diese Menschwerdung Gottes, das fleischgewordene Wort als das Christuskind, dessen Trägerin Maria ist, oder Christi Sieg über den Tod durch die Kreuzigung oder Auferstehung, und daneben die Gestalten von Männern und Frauen die auf Erden nach dem Heil gerungen und den guten Kampf gekämpft, die nun aber im Sieg und Frieden verklärt dem Christen seine Aufgabe und den Preis von deren Erfüllung veranschaulichen, dies wird der in strengem Stil zu behandelnde Gegenstand der Altarbilder sein. Sinnliche Lust und leidenschaftliche Erregung sind hier ausgeschlossen.

Dagegen war es kein Verfall der Kunst, wenn schon Masaccio, Luca Signorelli, van Eyck die Breite und Fülle des Lebens und eine drangvolle Bewegung auch in Gemälde aus der biblischen Geschichte hineinführten, wenn Rafael hier die Pforte zur weltlichen Historienmalerei fand und Tizian und Rubens das Heilige in den vollen und naturwahren Formen der Weltwirklichkeit veranschaulichten, obgleich freilich der Stil für Altarbilder bis auf die Tage verloren ging wo Overbeck und seine Freunde ihn wiederfanden. Die neuere Kunst lernte dann durch Cornelius und Kaulbach, durch Hippolyt Flandrin und Deeger die Wirklichkeit so tief erfassen, so innig empfinden und so klar darstellen, daß das

Göttliche in ihr als die allbeseelende Macht des heiligen Geistes
aufgeht, der auch das wahre Wissen und Wollen der Menschen
selbst ist.

Nach der Verschiedenheit des Stoffes und der Auffassungsweise ergeben sich auch in der Malerei drei Arten, die an das
Epische, Lyrische, Dramatische in der Poesie erinnern. Im Epos
herrscht das Objective als das Gegenständliche, die in sich begründete Wahrheit und Wirklichkeit; in der Lyrik spricht sich das Subjective als das Innerliche und der einzelnen Persönlichkeit An-
gehörige aus; das Drama arbeitet beides ineinander, es schildert
Begebenheiten wie sie als Thaten aus dem Willen und Charakter
hervorgehen, und führt die Innerlichkeit des Gefühls zur Handlung. Eigen ist dem Epos der gemeinsame Zug und Geist in
Allen, während im Drama der Held mit dem Schicksal in Kampf
geräth und ein besonderes Recht vertritt, ein besonderes Gut für
das allein geltende und höchste erklärt; im Epos herrscht das
Nebeneinander, das Drama verflicht die streitenden Mächte ineinander; das Epos verweilt mit ruhiger Betrachtung auf dem
Vergangenen, das Drama erregt die Spannung auf das Zukünftige einer werdenden That, die sich gegenwärtig vor uns entwickelt; das Epos breitet sich aus, das Drama concentrirt alle
Kräfte in ihrer Wechselwirkung auf einen gemeinsamen Brennpunkt.
Ich verweise darüber auf die Poetik; hier wollen wir etwas näher
betrachten wie die Sache sich malerisch gestaltet. Es ergeben sich
daraus Zustandsbilder, Stimmungsbilder, Thatbilder: Gruppen
idealer oder realer Gestalten veranschaulichen einen Grundbegriff
des Lebens, eine Thatsache der Wirklichkeit in ruhiger Haltung;
Gefühle thun sich in ausdrucksvollen Mienen und Geberden kund;
die zu einer Begebenheit zusammenwirkenden Kräfte äußern sich
in freier Bewegung in Spannung und Lösung eines Conflicts,
in augenfälliger Beziehung auf ein gemeinsames Centrum.

Episch sind einzelne Figuren, die gleich plastischen Werken die
Größe des in sich gesammelten, in sich beruhenden Charakters ausdrücken, wie Michel Angelo's Sibyllen und Propheten: mächtige
Gestalten, von einer überwältigenden Hoheit des Geistes erfüllt
und beseelt, stark genug um den Schmerz der Menschheit zu tragen, groß genug um sich über die Schranken des Raumes und
der Zeit zu erheben. Das Epische macht sich zumal in ihrer
Gemeinsamkeit geltend; es ist der gleiche Inhalt, der in mannichfachen Modificationen nebeneinander durch sie zu Tage kommt.

Episch sind die großen Wandgemälde Rafael's, die Disputa, die
Schule von Athen, der Parnaß. Hier ist Apoll mit den Musen
unter Dichtern und Dichterinnen, dort sind die Weisen des Alterthums versammelt; das poetische, das philosophische Leben wird
nach seinem Begriff, nach seinem ewigen und allgemeinen Wesen
offenbar vor dem ruhig anschauenden Geiste, den nicht eine besondere Stimmung oder Spannung erregt, der in die reine Lust
der Betrachtung eines Zustandes versetzt wird. Ein Gleiches gilt
von der Disputa, welche die christliche Theologie durch die streitende und triumphirende Kirche darstellt, und die wir mit der
Transfiguration auch zu dem Ende vergleichen können, um die
dramatische Bewegung und Verknüpfung von dem stillern Neben-
einanderstehen einer epischen Darstellung zu unterscheiden.
Von hier aus geschieht der Fortgang zu Handlungen, die alle
Gestalten vereinigen ohne einen Gegensatz und Conflict zu zeigen,
wie jene berühmten belgischen Bilder von Gallait und Biesve, die
Thronentsagung Karl's V., die Unterzeichnung des Compromisses,
und überhaupt die Repräsentationsgemälde, bei welchen theils die
Porträtähnlichkeit gefordert, theils die Aeußerlichkeit der Erscheinung bei dem gewöhnlich mangelnden innern Gehalt sorgsam und
treu ausgeführt wird. Diese letztern hat Vischer passend Cere-
monienbilder genannt, und den epischen Stil besonders in den
historischen Gemälden gefunden in welchen das Zuständliche, For-
melle, Gewohnheitsmäßige, Massenhafte vorherrscht und weniger
das schlechthin Entscheidende der That und der aus der Tiefe sich
entschließende Geist zum Vorschein kommt. Hotho macht daneben
auf die Darstellung von Ideen aufmerksam welche die ganze
Menschheit angehen, die daher als ein gemeinsamer Zug alle ergreifen und die Mannichfaltigkeit der Gestalten bewältigen. Er
weist auf das berühmte Altarblatt der Gebrüder van Eyck hin:
„Kaiser und Könige, Ritter, Blühende, Einsiedler, Päpste, Bischöfe,
Heilige und Laien der verschiedensten Nationen ziehen herbei und
sammeln sich um das Lamm Gottes. Jede besondere Gestalt
scheint nur mit ihrem Glauben in innerer Heiligung beschäftigt,
die Verschiedenheit der Charaktere ist unendlich, Stellung und
äußerer Habitus von vielseitigem Reichthum, und doch streben
alle sichtlich nur demselben Ziel entgegen, der Zug desselben
Geistes durchdringt sie als die gleiche Substanz, in der sie allein
zur Darstellung gelangen; ja selbst Hügel und Klüfte, Wald,
Städte, Himmel und Gewölk drücken so sehr eine und dieselbe

Tiefe der Anbetung aus, daß außerhalb dieser Alles tragenden
Seele auch das für sich Vereinzelte zu seiner selbständigen Gültigkeit kommt.   Würden diese Farben, diese Formen zu Tönen,
tausendstimmig wie am heiligsten Feiertage des Herrn erklänge
unzersplittert aus Herzen und Mund der ganzen Menschheit derselbe Choral zu Gottes alleiniger Ehre.   So unvergänglich episch
ist der einige Geist Gottes in seiner Gemeine auf Erden nie wieder gefaßt und dargestellt.“

Episch sind die großen Bilder Orcagna's im Campo Santo
zu Pisa, der Triumph des Todes und das Jüngste Gericht; hier
zeigen sich zwar die Gegensätze der reichen Lebenslust, der tod-
verlangenden Armuth, der heitern Jugendblüte und des Grauens
der Vernichtung, die Gegensätze der Seligen und Verdammten,
aber nicht sowol in einem gemeinsamen Mittelpunkte gegeneinander
wirkend', vielmehr auseinandergehalten durch das Wort des Heilands, das die Guten und Bösen scheidet, oder durch die Sorglosigkeit, in der die Glücklichen den nahenden Tod nicht ahnen.
Auch das Jüngste Gericht von Cornelius trägt dieses epische Gepräge, während Michel Angelo im Einzelnen auf erschütternde
Weise Empfindungen der Seele malt, den Kampf der Bösen darstellt die den Himmel stürmen wollen, und eine dramatische Concentration dadurch hereinbringt daß Christus selbst zornvoll das
Wort der Verdammung spricht, das mit seinem Schrecken auch
die Seligen durchbebt.   Episch in dem gemeinsamen Zug des
Geistes in einer conflictlosen Bewegung sind auch Kaulbach's
Kreuzfahrer oder sein Homer.   Episch im Unterschiede der Gestalten, aber ohne die ineinander wirkende That, sondern so daß
die Wirkung und Erregung von Einem ausgeht und den andern
sich mittheilt, ist Rafael's Predigt des Apostels Paulus in Athen,
mehr als Lessing's Huß in Constanz, bei welchem Bilde die Gemeinsamkeit nicht recht Herr geworden ist über die meisterhafte
Durchbildung des Individuellen.   Episch endlich ist selbst noch
ein Gemälde des Kampfes, sei es der Schlacht oder einer Rau-
ferei, wenn der allgemeine Zustand des tobenden Gewirrs, der
über eine Masse sich hinerstreckt, mehr genremäßig vorgeführt wird.

Eine alterthümlich naive Behandlung gab, wie wir früher
sahen, die sich aneinanderreihenden Scenen einer Begebenheit als
verschiedene Gruppen eines und desselben Bildes, namentlich im
Mittel- und Hintergrund, wie Memling die Freuden Maria's,
wie Luini auf dem großen Gemälde der Kreuzigung in Lugano die

ganze Paſſion und die Auferſtehung. Angemeſſener iſt jedenfalls
die Bilder zu zerlegen und dann architektoniſch zu verbinden, wie
Schwind die Form des Altarſchreins für ſein Aſchenbrödel aufgenommen hat.

Das lyriſche oder Stimmungsbild ſtellt einen Empfindungsgehalt des Gemüths durch eine einzelne oder durch mehrere Geſtalten dar, die ganz in ihm aufgehen. Madonnenbilder gehören
hierher, welche die Beziehung Maria's zu Chriſtus hervorheben,
ſei es daß die Innigkeit der ſeligen Mutterliebe, ſei es daß der
Schmerz über den Leichnam des Herrn zum Ausdruck kommt.
Die Todtenklage um den vom Kreuz abgenommenen Chriſtus
haben Quintin Meſſys, Giotto und Perugino ergreifend ausgeſprochen, ein großartig lyriſches Pathos durchdringt auch die
Grablegung von Tizian, während allerdings hier zugleich eine
bewegtere Handlung beginnt, die bei der Kreuzabnahme von
Rubens noch mehr zur Hauptſache wird und damit in das Epiſche
oder Dramatiſche hinübergeht. Zurbaran's Johannes und Maria,
die in der Nacht des tiefen Leides vom Kreuze des Heilands
heimwärts wandeln, die büßende Magdalena wie die in der
Wonne bräutlichen Entzückens ſchwelgende Jo von Correggio
zeigen die Auflöſung der Seele in einer einzigen Empfindung.
Lyriſch iſt der Jubel der gen Himmel fahrenden Maria und der
ſie begleitenden und empfangenden Figuren, die alle von geſtei-
gerter Empfindung bewegt ſind, in der Domkuppel zu Parma
von Correggio dargeſtellt. Ein gefühlvolles Sinnen über das
Schickſal liegt in den trauernden Juden von Bendemann, dem
trauernden Königspaar von Leſſing; Marius auf den Trümmern
von Karthago weiſt dagegen drohend in die Zukunft und gewinnt
dadurch eine tragiſche Spannung; ähnlich Cromwell am Sarge
Karl Stuart's, gemalt von Delaroche. Es iſt die mehr objective
Lyrik wie ſie in der Ode oder Elegie den Gehalt der Außenwelt
in ſich reflectirt, aber nicht in bloßer Anſchauung ſpiegelt, ſondern ihn nach ſeinem Werthe für die Empfindung der Perſönlichkeit, in ſeiner Untreubarkeit vom Gefühle ſchildert, und in deſſen
Ausdruck das Begebenheitliche ahnen läßt was vorausgegangen
iſt und nachfolgen wird. Ein lyriſcher Hauch weht in vielen
Bildern Luini's, des Malers der Holdſeligkeit, und durchdringt
ganz und gar die Werke Perugino's, der mit ſeinen umbriſchen
Genoſſen ſich an die ſchlichte Compoſitionsweiſe der erſten chriſtlichen Zeit anſchließt, die Figuren aber, die dort in epiſcher Ruhe

und Großheit dastehen, mit der Wärme der Empfindung beseelt.
Vischer nennt sehr bezeichnend das tiefe Insichsein der von dem
Geheimniß der Menschwerdung verzückten Seele das Ideal Perugino's. „Der Meister stellt dem aus goldener Wolke von jenseits
herüberleuchtenden Wunder nur wenige Figuren zur Seite, zarte
träumerische Jünglinge und Jungfrauen in lieblich huldvollem
Reigen, und läßt sie mit unsagbarer Wehmuth und trunkener Andacht zum Himmel empor oder auf das zu ihren Füßen in Blumen liegende Christkind herniederschauen." Die Andacht am Kreuz
von Fiesole unterscheidet sich durch den vorwiegenden Empfindungsausdruck der wenigern Gestalten von der epischen Verehrung des
Lammes, die van Eyck gemalt; die ernste Sabbatstille der Andacht,
die Beseligung des eigenen Herzens gibt überhaupt Fiesole's Bildern den Stempel lyrischer Innigkeit. Bei den Bildern dieser
Maler geht die Grundstimmung der Seele durch die Gestalten
hindurch, und in jeder einzelnen Linie ist die Empfindung des
Meisters sichtbar.

Hotho erwähnt als Beispiele des rein Lyrischen, welches Inhalt und Ausdruck der Stimmung durch keinen äußern Anlaß
gegeben sein, sondern blos aus dem Gemüthe selbst entspringen
läßt — neben dem dornengekrönten Christus und der Mater
Dolorosa Guido Reni's in ihrer duldenden Klage, in ihrem
himmelaufblickenden Schmerze — das Titelblatt Dürer's zur
großen Passion als das Tiefste was sich erreichen läßt. „Christus
mit der Unterschrift:

O homo, sat fuerit tibi me semel ista tulisse!
O cessa culpis me cruciare novis!

Einen mächtig hinstrahlenden Heiligenschein um das gesenkte
Haupt, lange Locken über die linke Schulter hingeringelt, kräftiges Barthaar um Kinn und Lippen; die dornenumschlungene
vorstehende Stirn, die Brauen, die edle feine Nase, der Mund
— alles in Schmerz; mit der rechten Leidenshand das seelen-
leidende Haupt gestützt; zusammengezogen, gebeugt die ganze Gestalt, sitzt er auf niedrigem Denksteine da, als sei er lebend aus
dem Grabe gestiegen und traure die langen Jahrtausende hindurch über die Sünde der Welt, die ihn nicht leiblich mehr, doch
um so peinvoller geistig ohne Unterlaß in Banden schlage, geiße,
verrathe und kreuzige. Es ist die vergangene Passion als unver-

gängliche Gegenwart. Ein dauernder Schmerz der Liebe, eine unaufhörlich anklagende Klage, ein ewiges Sinnen über das Mysterium der Sünde und Versöhnung, und doch zugleich durch so innige Seelenvertiefung der Schmerz des Einen wirklichen Sohnes in Stellung, Form und Geberde ausgedrückt, daß bei so scheinbar epischem Stoffe lyrischer nichts zu erfinden ist."

Da die dramatische Darstellungsart die Begebenheit als der Innerlichkeit der Gesinnung entspringende That, da sie die Empfindung, die Leidenschaft der Menschen ausdrückt wie sie in Handlungen übergehen, so eignet ihr größere Bewegung als der lyrischen, mächtigeres Pathos als der epischen Weise. Sie giebt den Conflict streitender Mächte und damit die Wechselwirkung, durch die sie vorzugsweise malerisch ist, während in der epischen Weise das plastische Princip, namentlich der Reliefstil nachklingt, in der lyrischen aber Stimmungen walten die zum voraus auf die Musik und Poesie hindeuten. Hauptsache der dramatischen Composition ist die Hinwendung aller thätigen Kräfte auf ein gemeinsames Ziel um das sie ringen, auf das sie sich beziehen, das somit als das geistige oder auch sichtbare Centrum, als der Brennpunkt des Ganzen erscheint; damit tritt etwas Momentanes an die Stelle des Bleibenden in der epischen Auffassung, aber ein Augenblick der die Frucht der Vergangenheit und der Same der Zukunft ist und so auch ausgeführt werden muß; denn dies ist wiederum dramatisch daß die That in ihrem Entstehen und ihrer Folge sich in lebendiger Gegenwart vor uns entwickelt. Jene Concentration aber beschränkt die Menge der Figuren, sodaß auch in dieser Hinsicht das dramatische Bild wie das Gedicht die Mitte zwischen Epos und Lyrik einnimmt.

Eine dramatische Composition ist Rafael's kreuztragender Christus, bekannt unter dem Namen lo spasimo di Sicilia. Der Schmerz in Johannes, Maria, den andern Frauen möchte lyrisch erscheinen, aber er geht schon in den ausgestreckten Armen der Mutter zur bewegten Aeußerung fort; das Lyrische ist wie in vielen Tragödien als Moment des Ganzen vorhanden. Der Zug bewegt sich nach Golgatha, ein Fahnenträger zu Roß führt ihn an, andere Reiter folgen; dies könnte episch erscheinen. Aber da ist Christus in der Mitte des Bildes unter der Kreuzlast niedergesunken; die Seinen zu seiner Linken wenden sich ihm mit theilnehmender Klage zu, während ein Kriegsknecht ihn am Stricke emporreißen will, ein anderer feindlich die Lanze zuckt,

Simon von Kyrene aber ihm das Kreuz von der Schulter zu
heben sich anschickt. Da ist ein entschiedener Gegensatz gefunden,
aber alle Kräfte und Empfindungen concentriren sich um den
Heiland, dessen Geist und Liebe über das körperliche Unterliegen
triumphiren, dessen Antlitz der ideale wie der sichtbare Mittelpunkt des Bildes ist, sodaß es die andern fast in der Linie des
Halbkreises umgeben.

Eine andere dramatische Composition von gewaltiger Energie
und bewunderungswürdigem Aufbau ist der Tod des Ananias
auf einer Rafael'schen Tapete. Auf einem durch mehrere Stufen
erhöhten Raum stehen die Apostel voll Adel und Würde. Links
bringen Gemeindeglieder ihre Habe dar, während eine verschmitzte
Frau das unterschlagene Geld zählt. Sie ahnt noch nicht das
Schicksal ihres Gatten, den um des Betrugs und der Lüge willen
das göttliche Strafgericht schon getroffen, daß er in krankhafter
Lähmung niedergestürzt ist. Entsetzt fahren die Umstehenden auseinander und beugen sich vor der Hand des Herrn, wodurch zugleich die Mitte vor den Aposteln freier wird, sodaß die ganzen
Gestalten sichtbar und von einer Bogenlinie von Figuren im Vordergrunde eingerahmt sind. Petrus hat das vernichtende Wort
gesprochen, Jakobus deutet nach oben, beide groß wie zürnende
strafende Götter, während rechts von ihnen im Mittelgrunde die
Vertheilung des gemeinsamen Gutes an die Armen durch Johannes mit innigster Liebe vollzogen wird. Alle Saiten der Empfindung sind angeschlagen, der Grund und die Folge der That sind
mit dem lebendigsten Ausdruck des ausgebrochenen Conflicts verbunden, und über dem tragischen Ausgang des Bösen waltet ver-
söhnend die Liebe mit ihrem heitern Frieden fort. Auch die Er-
blindung des Zauberers Elymas durch Paulus vor dem Proconsul
Sergius ist in ihrer Plötzlichkeit von einer dramatisch erschütternden Wucht, und das Bild stellt die beiden streitenden Mächte, den
falschen und wahren Propheten im Vordergrunde in einiger Entfernung so gegenüber daß zwischen ihnen im Mittelgrund der
Proconsul mit seinem Gefolge wie ein theilnehmender Chor der
Handlung zuschaut.

Daß häufig die Entscheidung weltgeschichtlicher Kämpfe auf
dem Schlachtfelde geschieht, daß da der Conflict in seiner Bewegung, in unmittelbarem Zusammentreffen der Parteien sichtbar
wird, macht Schlachtbilder neben der epischen Ausbreitung auch
für dramatische Concentrirung besonders geeignet. Nur daß man

nicht meine es mit Pulverdampf und Schwadronen gethan zu
haben, wie so viele Maler, die diesen und jenen Namen unter
ihre Bilder schreiben und ebenso gut einen andern setzen könnten,
die für das Genre nicht Feinheit, für die Geschichte nicht Idee
genug haben und auch dem Taktiker doch die Karte nicht ersetzen.
Wir müssen die geistigen Leiter sehen, wenigstens einen von ihnen,
wenn der Gegner auch mehr in seinen Wirkungen erscheint; so
bei Steuben, dessen Napoleon bei Waterloo den fünften Act einer
Tragödie darstellt, so groß und so lebendig daß ich ihm kein
anderes französisches Schlachtbild an die Seite zu setzen weiß.
Hoch und fest hält der Kaiser zu Roß in dem Getümmel, seine
Bahn geht nicht mehr vorwärts, aber er schaut darein wie
ein Mann der sein Schicksal sich selbst bereitet hat und es zu
tragen weiß.

Plinius sagt von dem Gemälde des Philoxenos, einer Schlacht
zwischen Alexander und Darius, daß es keinem andern Werk
eines Malers nachzusetzen sei; wir dürfen dieses Urtheil auf die
pompeianische Mosaik übertragen und in ihr eine Nachbildung des
Originals erblicken. Als Goethe kurz vor seinem Tode die Zeichnung sah, äußerte er sogleich: „Mitwelt und Nachwelt werden
nicht hinreichen solches Wunder der Kunst würdig zu commen-
tiren, und wir werden genöthigt sein nach aufklärender Betrachtung und Untersuchung immer wieder zur reinen einfachen Bewunderung zurückzukehren.“ Es ist der Sieg des Hellenenthums
über Asien; die zermalmende Niederlage wird für die Perser durch
den Tod ihres Feldherrn herbeigeführt, Alexander selbst entscheidet
durch seinen Lanzenstoß das Ganze. Feurigen Muthes, des Sieges gewiß, stürmt er mit wenigen Getreuen hinein in die Masse
der Barbaren. Bereits war das Pferd des Perserfeldherrn nieder-
gestochen, er will abspringen, schon hat ihm ein Vasall ein anderes
muthschäumendes Roß herbeigeführt, da trifft ihn Alexander's
Speer. Mit Entsetzen sieht das Heer daß jetzt alles verloren ist.
Eine wilde Flucht beginnt, der Wagenlenker des Königs will die
Rosse weg aus dem Getümmel treiben, das theure Haupt des
Fürsten retten; Darius aber selbst denkt nicht an sich, voll tiefen
Schmerzes um den niedergestürzten Feldherrn, seinen Bruder
Oxathres, lehnt er sich über den Wagen nach ihm hin. Der
Aufschrei des Schreckens, das Getümmel des Kampfes und der
Flucht, die Leidenschaft des Sieges und das Mitgefühl des
Schmerzes, alles ist im Einzelnen meisterhaft ausgedrückt; aber

das Größte bleibt doch das Ganze, indem sich in einen Augenblick, eine entscheidende That alles concentrirt, nach einem Centrum alles hinstrebt oder von ihm ausgeht. Gleich herrlich wie
die geistige Organisation ist die äußere Durchführung der Composition in der Klarheit und Ordnung, welche die Hauptgestalten bestimmt hervorhebt und die Idee zu vollster Anschaulichkeit
bringt. Die Constantinschlacht von Rafael, die Hunnenschlacht
und der Sieg bei Salamis von Kaulbach, der Kampf um Patroklos' Leiche von Cornelius, auch Compositionen von Rethel
und Rahl dürfen sich wol dem antiken Bilde vergleichen, und für
das worin sie etwa demselben nachstehen, eigenthümliche Vorzüge
in die Wagschale legen.

Soll endlich die weltgeschichtliche Bedeutung eines Ereignisses
uns veranschaulicht werden, so muß sein Zusammenhang mit der
Vergangenheit und Zukunft hervortreten, so müssen die innen
waltenden idealen Mächte, wie sie im Herzen der Menschen leben
und vor dem geistigen Auge des Sehers stehen, auch dem Beschauer des Bildes entschleiert werden. Die Malerei wird dadurch allerdings geschichtsphilosophisch, aber sie gibt eine poetische
Philosophie der Geschichte gleich den historischen Sagen in der
Jugendzeit der Völker; wie diese schafft die Kunst dem Geist der
Geschichte einen idealen Leib und offenbart Sinn und Bedeutung
der großen Ereignisse in einzelnen strahlenden Bildern, die in der
Wirklichkeit wurzeln, aber zum Ausdruck vom Charakter des
Volks und der Zeit idealisirt werden. So ist das Nibelungenlied
der Mythus vom Völkerkampf und Völkeruntergang in der
Völkerwanderung, und Dietrich von Bern mit seinem Geschick
das Bild des ganzen Gothenthums. Die Volkssage ist daher ein
Gebiet in welchem die neuern Meister sich mit so viel Glück bewegen, weil sie ihnen vorarbeitet. Wo sie das nicht thut da
vollbringt dann die Phantasie des einzelnen großen Künstlers was
das Werk des Gesammtgeistes, des Volksgemüths in den Jugend-
tagen der Nation gewesen war. Die dichterisch verklärte Volkssage, die Nibelungen und der Faust, dann die Ilias war der
Born der Begeisterung aus welchem Cornelius trank. Die Sage
ist auch Kaulbach's eigenthümliches Gebiet; hier fand sich sein
Genius als er die Hunnenschlacht malte, und in der Erzählung
des Damascius von einem Geisterkampfe der Römer und Hunnen
den Kampf der Geister einer alten und neuern Zeit, überreifer
Cultur und roher Naturvölker erkannte, der sich durch die

ganze Weltgeschichte hinzieht; die Ausprägung dieser Idee brachte
Maß und Ruhe in das Gewirr, das gespenstisch Phantastische
ward dem Geist der Geschichte dienstbar, und an die Stelle
des unheimlich Grauenvollen trat das Erhabene, das großartig
Schöne.

Gelingt der Darstellung das Weltgeschichtliche, so muß in den
Einzelgestalten zugleich der Nationaltypus ausgeprägt sein und
jeder Einzelne in freier Selbständigkeit zugleich den Geist des
Jahrhunderts repräsentiren und als das autonome Glied einer
sittlichen Weltordnung bastehen; die Persönlichkeiten in ihrer
Eigenthümlichkeit und Lebensfülle müssen zugleich als Vertreter
von Weltaltern, als Culturträger erscheinen. So sind Faust und
Helena in Goethe's Dichtung lebenswirkliche Individualitäten und
zugleich die Repräsentanten der Vermählung des antiken Griechenthums mit dem germanischen Mittelalter. Man betrachte die drei
Gruppen auf Kaulbach's Völkerscheidung, wo die Stammväter
der Rassen auf geniale Weise wie Personificationen von der Sitte
und dem geschichtlichen Geiste der Semiten, Hamiten und Japhe-
titen erscheinen.

Hat nun in der Auffassung der Geschichte die Volksphantasie
die zerstreuten Züge der Wirklichkeit bereits zu einzelnen typischen
Gestalten zusammengedichtet, so wird der Maler diese aufnehmen,
wie Kaulbach mit dem ewigen Juden bei der Zerstörung Jerusalems gethan hat. Er unterschied sein Bild von der Verwüstung
irgendeiner beliebigen orientalischen Stadt durch die Römer, er
hob das Ereigniß als ein weltgeschichtliches in seiner Bedeutung
hervor, indem er neben dem Untergang des alten Judenthums
im hohenpriesterlich heldenhaften Eleazar die Zerstreuung der
Juden in alle Lande durch den Ahasverus, und den Fortgang
des Christenthums, das nun Weltreligion ward, durch die ab-
ziehende Christengruppe darstellte, welche zugleich ein Element der
Hoffnung, des Friedens, der Versöhnung in die Tragödie und
deren Schrecken und Greuel bringt; der siegreiche Titus, der
brennende Tempel sind die Bedingungen für die Verwirklichung
der drei angedeuteten geschichtlichen Ideen; die Propheten in den
Wolken aber sehen nun ihre drohenden Weissagungen erfüllt;
ihre zürnenden, mahnenden Gestalten standen damals vor der
Seele der Juden, ihre Erscheinung zeigt uns die gegenwärtige
Zerstörung im Zusammenhange mit der Vorzeit, wie der Dichter
gewiß von ihnen geredet und sie, wenn auch nur metaphorisch,

heraufbeschworen hätte zu Zeugen des Geschicks, das sie vorher
verkündigt. Und wenn Aeschylus die Qualgedanken des Mutter-
mörders Orest in den Eumeniden auf die Bühne bringt, warum
soll dem Maler die Veranschaulichung der Dämonen des ewigen
Juden verwehrt sein? War ferner die Zerstörung Jerusalems
kein Gottesgericht? Hat die Vorsehung nicht die ersten Christen
gnadenvoll und sichtbar geführt? Hatten die Christen nicht in
ihrem gottergebenen Bewußtsein, in dem Frieden ihres Glaubens
und Vertrauens den guten Genius, der sie geleitete? Wenn da
der Maler die Engel als Diener der göttlichen Gerechtigkeit und
Liebe sichtbar einführt, so thut er nur was seines Amtes ist.
Der Einwand daß unsere Zeit nicht mehr an die Realität solcher
Engel glaube, trifft nicht, auch wenn wir seine Behauptung
gelten ließen, die wol für viele, aber lange nicht für alle richtig
ist. Denn die damalige Zeit hat an solche Engel geglaubt und
ihre Bildung, ihre Seele soll uns dargestellt werden; und dann
handelt es sich nicht um die thatsächliche Realität solcher Wesen,
sondern um die poetische Wahrheit, es handelt sich darum ob
eine unleugbare Idee durch sie klar und angemessen veranschaulicht wird. Shakespeare, den man im Unterschied von den Griechen wie von der mittelalterlichen Poesie als den Dichter der
Weltwirklichkeit bezeichnen kann, hätte recht gut in Richard III.
es mit Worten aussprechen können, daß alle Mordthaten des
Despoten ihm zu so vielen Flüchen, seinem Gegner Richmond
zu so vielen Segenswünschen geworden, diesem die Herzen des
Volks gewonnen und jenem entzogen; und dennoch läßt Shakespeare die Geister der Ermordeten zwischen den Zelten der feindlichen Feldherren erscheinen und macht die Traumgesichte dieser
letztern auch dem Zuschauer sichtbar, weil er will daß derselbe
ein Gottesgericht in ihnen erkennen soll. Vollends der Maler
hat kein anderes Mittel uns das Hereinwirken der Vergangenheit in die Zukunft und die innern Anschauungen der handelnden
Personen sichtbar und klar zu machen als die Darstellung solcher
Erscheinungen; aber er hat auch die Aufgabe gleich Shakespeare
uns die wirkliche Welt, die wirklichen Menschen so zu schildern
daß wir die Gebilde aus der übersinnlichen Welt wie mit ihren
Augen sehen und an die Geistererscheinungen glauben, weil sie
eine Wahrheit ausdrücken und durch die Idee des Ganzen wie
durch die Gemüthszustände der dargestellten Personen motivirt
sind. Solche Motivirung aber wird niemand Kaulbach's himm-

lischen Heerschaaren abstreiten können. Getragen von den Tonwellen der Homerischen Gesänge nahmen die olympischen Götter
in der nunmehr bleibenden schönen Gestalt vom hellenischen Tempel Besitz; vor dem Auge der begeisterten Kreuzfahrer erschien
Christus in der Glorie mit den Märtyrern Jerusalems um jene
zum siegreichen Einzug in die heilige Stadt einzuladen.

Es hieße die Malerei zur bloßen Copistin erniedrigen, die
Darstellung der Weltgeschichte nach deren Sinn und Bedeutung
ihr versagen, wenn man ihr das Recht verweigern wollte gemeinsam mit der Wirklichkeit auch die idealen Beziehungen derselben
bildlich auszudrücken; das Recht der freien Gestaltenschöpfung
zur Verkörperung der Gedanken, das die Phantasie des Volksgeistes im Mythus übt, nimmt jetzt der Genius des einzelnen
Künstlers für sich in Anspruch; er wird um so besser sein Ziel
erreichen, je mehr er im Zusammenhang mit der Tradition der
Jahrhunderte im Sinne des Volksgemüths wirkt und die allgemeinen waltenden Mächte im Anschluß an den Glauben der Zeit
und die Ueberlieferung des Volks neu und eigenthümlich zu verkörpern weiß.

Die Grenzen der seitherigen Malerei, nicht die Grenzen dieser
Kunst überhaupt werden damit überschritten, sie werden erweitert
nach Maßgabe unserer Cultur, die überall den Geist, die Idee in
freier Weise erkennen und darstellen will. Dies Geistige, das
Sublime des Gehalts, ist schon bei Cornelius vorschlagend; es
bei Kaulbach mit dem Stichwort Gedankenmalerei abfertigen zu
wollen ist Gedankenlosigkeit. Es kommt darauf an daß der Gedanke poetisch, seine Verleiblichung naturwahr, das Ganze schön
sei. — Der Geist der Sache, die Idee wie sie das Mannichfaltige
durchherrscht und ordnend beseelt, wird am leichtesten in cyklischen
Darstellungen zu Tage gefördert. Schon das Mittelalter liebte
es darum die Bilder in der Kirche in Zusammenhang zu setzen
und in den Hauptmomenten aus der Geschichte Christi ihre Bedeutung für das Heil der Seele hervorzuheben. Oder Benozzo
Gozzoli schilderte an der einen Wand des Campo Santo zu Pisa
die Bilder des Lebens, Geburt, Kinderspiele, Jugendschicksale,
Liebe und Ehe, Krieg und Häuslichkeit, Land- und Weinbau,
Städtegründung und Städteverwüstung, Fluch und Segen in den
Gemälden des Patriarchenthums nach der biblischen Erzählung.
Michel Angelo malte an der Decke der Sixtinischen Kapelle die
Weltschöpfung, an der einen Seitenwand das Jüngste Gericht,

und während die großen Scenen aus der Geschichte von Moses,
Christus und den Aposteln an den Wänden und auf Teppichen
hervortraten, malte er unterhalb der Decke die stille Erwartung
des Heils durch die Ahnen Christi, seine Verkündigung durch
Sibyllen und Propheten. In Rafael's Stanzen des Vaticans
sehen wir bald Rettungen der Kirche aus drohender Gefahr,
bald den Sieg des Christenthums. Das bedeutendste Zimmer
stellt das menschliche Geistesleben dar, wie es sich durch Religion
und Philosophie, durch Recht und Kunst ausprägt. Symbolische
Gestalten verkörpern diese Ideen an der Decke. Kleinere Bilder
neben ihnen erläutern sie: neben der Theologie sehen wir den
Sündenfall, neben der Poesie die Strafe des Marsyas, neben
der Gerechtigkeit das Urtheil Salomo's, neben der Philosophie
eine weibliche Figur die den Erdball betrachtet. An den Wänden
dann sehen wir die Disputa, den Parnaß, die Schule von Athen,
die wir bereits besprochen haben, und als Darstellung des
Rechts Kaiser Justinian, dem das bürgerliche Gesetzbuch gebracht
wird, während Papst Gregor IX. daneben einem Advocaten das
kanonische reicht; über beiden die Gestalten der Stärke und der
Mäßigung. Wie prächtig hat Cornelius die gewölbte Decke im
Göttersaale der Glyptothek zu München gegliedert, und vom
Mittelpunkt aus die vier Elemente, Jahres- und Tageszeiten in
immer größern Bildern ausstrahlen lassen! Aehnlich ist die
Fülle der Compositionen im Wechsel der grauen und farbigen
Gemälde um die Hochzeit von Peleus und Thetis im Heldensaal
entfaltet; und wie wohl thut die Verbindung der beiden Bilder
von Hektor's Abschied und von der Bitte um seine Leiche durch
Priamos vor Achilleus, indem beide in freier Symmetrie ein-
ander entsprechen! Wie sinnvoll Cornelius die Götter- und
Heldensage der Griechen, die Geschichte der christlichen Malerei,
das Christenthum als Reich des Vaters, des Sohnes und des
Geistes in der Glyptothek, Pinakothek und Ludwigskirche in
München gezeichnet hat, wie geistreich Kaulbach die Culturentwickelung der Menschheit im neuen Museum zu Berlin schildert,
dies bildet ja mit den Entwürfen für das Campo Santo in
Berlin die Höhenpunkte der gegenwärtigen Kunst. Hauptmomente
erscheinen in großen dramatischen Bildern; kleinere geben überleitende oder minder bedeutende Scenen; symbolische, historische
Einzelgestalten heben die geistigen oder sittlichen Mächte und einzelne große Männer hervor, und die Gedankenfülle, welche durch

jedes mächtige Thema im Künstler rege wird, läßt er in bald
tiefsinnigen, bald humoristischen Arabesken ein reizendes Spiel
entfalten. Da wird das Auge vom Einzelnen erfreut, das Gemüth edel und anmuthig angesprochen, während im Genuß des
Ganzen der denkende Geist sich befriedigt und erhoben fühlt.
Diese beseligende und harmonische Einwirkung aber auf den ganzen Menschen ist der höchste Triumph der Kunst, ist die Weihe
der Schönheit.

————

II. Die Muſik.

Die bildende Kunſt ſtellt Anſchauungen des Geiſtes im Raume dar; ſie idealiſirt die unorganiſche wie die organiſche Natur nach ihrer ſichtbaren Erſcheinung, ſie zeigt wie eine innere Weſenheit Princip der Form iſt und durch deren Eindruck auf unſer Auge uns zum Bewußtſein kommt, weil in der Geſtalt der Dinge die Seele derſelben ſich verkörpert hat. Den Volksgeiſt nach ſeinen allgemeinen Stimmungen und Grundrichtungen, den perſönlichen Geiſt in der Einheit und Ganzheit ſeines Charakters, die Wechſel-wirkung der Menſchen in einzelnen Handlungen und dadurch ihre beſondern Lebensregungen ſehen wir in der Architektur, Plaſtik, Malerei offenbar werden; Hand in Hand damit geht eine fort-während Ueberwindung der Maſſenhaftigkeit, das Bild wirkt zu-letzt durch ſeine an einer Fläche haftende Pigmentkörperchen als das Mittel um durch Modification der Lichtſtrahlen in unſerm Auge, in unſerer Empfindung das Gefühl der Farben und ihrer Harmonie im Zuſammenklang mit dem Schwung der Linien und dem Gehalt des geſchilderten Gegenſtandes hervorzurufen. Die Kunſt wird immer ſubjectiver. Aber ihr Werk ſteht doch fertig für ſich da und wartet des Beſchauers; es genügt daß er vor daſſelbe hintritt und ihm Auge und Herz öffnet, und mit einem Schlage wird es in ihm lebendig und das Schöne in ihm ver-wirklicht. Das Werk für ſich beharrt in ſeiner Vollendung im Raum. In der Architektur iſt die bildende Kunſt Raumgeſtal-tung ohne alle Rückſicht auf die Zeit; und wenn auch die Plaſtik das Bewegliche oder die Möglichkeit der Bewegung in der Ruhe hervorhebt, ſo bleibt die Statue doch unverrückbar in ihrer

Stellung und Lage; wenn auch die Malerei in das bewegte Leben hineingreift, so kann sie doch immer nur einen Moment der fortschreitenden Entwickelung wiedergeben, so hält sie doch das gerade jetzt nebeneinander Befindliche so für immer fest, und wie verständlich auch sie das Vorhergehende oder Nachfolgende andeute, wie klar sie auch ahnen lasse woher der Zug der Linien kommt und wohin er strebt, den Fluß der Bewegung vermag sie nicht darzustellen. Darum fordern wir, daß die bildende Kunst nicht das Vergängliche nachahmen wolle, sondern das Bleibende und Ewige, die innere Wesenheit, ergreife, und ihr als dem Princip der Form in der organischen Gestalt einen in sich vollendeten und darum bleibenden Ausdruck gebe; das Anderswerdende in einem Werk darstellen zu wollen welches dennoch dasselbe bleibt, ist ein vergebliches und in sich widerspruchsvolles Bemühen; das rechte Ziel der bildenden Kunst ist darum Darstellung nicht der sinnlich wechselnden, sondern der ewig seienden Natur der Dinge, ihrer Idee.

Die Künste werden groß durch Selbstbeschränkung. Nur dadurch erkennen wir in der Ausdehnung und deren Formen das ideale Wesen, daß wir uns einmal auf sie allein beziehen, daß wir ganz in der Anschauung des Gegenwärtigen, das darum ein Dauerndes sein muß, aufgehen. Dafür verlangt und erhält die Zeit ihr Recht, und wir bedürfen und haben eine zweite Kunst, die unsere Anschauung gar nicht an feste Formen im Raume fesselt, sondern vielmehr ganz und rein zeitlich ist, in einem rastlosen Wechsel die Zeit für uns erfüllt, und dem Strome des Lebens dadurch gerecht wird daß sie ihm in einem vorüberrauschenden Werk sich ergießen und entfalten läßt. Das Auge ist darum Sinn des Raumes, weil es eine große Fülle von Dingen nebeneinander auf einmal übersieht und aufeinander bezieht, das Ohr Sinn der Zeit, weil es vornehmlich die nacheinander folgenden Töne hört und durch deren Wechsel die Veränderungen der Dinge und den Fluß der Lebensentwickelung überhaupt, damit das Wesen des Zeitlichen und des Werdens uns vorführt und zum Bewußtsein bringt.

Die bildende Kunst giebt uns die bleibende Gestalt, das dauernde Resultat innerer Bildungskraft, die Vollendung des Seins; die Musik offenbart das werdende Leben der Idee oder den Entwickelungsproceß des Seins, und in ihm die Schönheit, indem sie in der Mannichfaltigkeit des Wechsels die innere Einheit bewahrt und

jene dadurch ordnet und zu einem in sich geschlossenen und befriedigenden Ganzen macht. Wir vernehmen in der Musik die
Bewegung des gestaltlos gestaltenden Lebensgrundes, während die
bildende Kunst uns zeigt wie er Gestalt gewonnen hat, weshalb
sie das Vollendete, von den Schlacken der Endlichkeit gereinigt,
als ein Unvergängliches dem Zeitstrom entreißt; die Musik dagegen stellt die Schönheit des Werdens, den Gestaltungsproceß
selbst als einen organischen und wohlgefälligen dar. Die Musik
gibt so wenig feste sichtbare Formen als der bildenden Kunst eine
fortschreitende Bewegung möglich war; sie verkündet vielmehr nur
den Rhythmus der Bewegung, den Gang der Entwickelung, nur
das innere Wogen, Treiben und Drängen der bildenden Lebenskräfte in ihrer Entfaltung, in ihrem Ringen nach Gestaltung,
und erfreut uns mit der Harmonie die sich fortwährend aus dieser
rastlosen Wechselwirkung immer neu entbindet, indem sie die Gegensätze löst und das Vergehende in das Entstehende so hinüberleitet daß wir die durch den Wandel selbst sich entwickelnde Einheit erkennen.

Soll aber das Bild des Werdens dem Wesen des Werdens
entsprechen, so muß es selbst als ein immer nur Werdendes, niemals als ein im Sein Beharrendes erscheinen, so muß es selbst
vorüberfließen und nur im zusammenfassenden Geist als Ganzes
wirklich sein, wie ja nur das bewußte Selbst die wechselnden
Gefühle in sich zur Lebenstotalität verknüpft, — so muß das
Bild des Werdens, sage ich stets von neuem durch schöpferische
Thätigkeit hervorgebracht werden, sowie das Werden selber ja
deren fortwährende Verwirklichung ist. Dieser Forderung genügt
die Musik. Sie waltet im Reich der Töne. Der Schall aber
ist ein Ausdruck von der Bewegung der Dinge, er verhallt sogleich und ändert sich mit ihr. Das innere Erzittern der Gegenstände pflanzt sich durch die Luft, durch unser Ohr und unsere
Nerven zu uns selbst fort, und versetzt uns in ähnliche Bebungen, die in uns zur Empfindung werden. Die Zustandsänderung
der Dinge oder das Werden ist Bewegung und gibt sich durch
Bewegung kund, durch eine Folge von Tönen, die in ihrer Höhe
und Tiefe, ihrer Stärke und Schwäche, ihrem schnellern oder
langsamern Gange die Natur des Entwickelungsprocesses abspiegeln, aber auch mit ihm selbst vorüberrauschen, denn Entstehen
und Vergehen durchdringen einander im Werden, die Blüte verwelkt daß die Frucht reife, und der in ihr gebildete Same ver-

weset in der Erde um den frischen Keim hervorzutreiben. Alles
fließt und wir baden nicht zweimal in demselben Flusse noch als
dieselben, sagt Heraklit.   Das Werden aber kann nur durch ein
Werdendes dargestellt werden.

So ist es denn die Bewegung der Welt und des Gemüthes
was in der Musik uns erschlossen und zur Schönheit verklärt
wird, oder vielmehr zeigt sie wie in der Bewegung der Welt und
des Gemüths das gleiche innere Wesen, die eine göttliche Natur
sich enthüllt, sodaß darum in der äußern Bewegung, die wir hervorrufen, unser Seelenzustand sich ausprechen oder durch den Ton
der Dinge ihr Leben uns verständlich werden kann.   Darstellung
der Idee in sinnenfälliger Erscheinung ist Aufgabe der Musik,
weil sie Kunst ist.   Sie erfaßt die Idee als das Princip des
Werdens und enthüllt darum in der Zeitfolge der Entwickelung
das eine sich entfaltende Sein; sie offenbart das Entwickelungsgesetz des Lebens wie es alle Dinge beherrscht, und das Besondere wie es innerhalb dieses Gesetzes sich regt und verwirklicht.
Sie gibt das Bild der von einem Mittelpunkt aus sich entfaltenden, im Kampf sich versöhnenden, zum Ganzen sich formenden
Kräfte der Natur wie des Geistes, sie zeigt uns die Vielheit, den
Widerstand und Streit der einzelnen Lebensmächte, die Gegensätze
ihrer Entwickelung, aber als Kunst hat sie die Schönheit zum
Ziel, und darum läßt sie aus dem Kampf den Frieden hervorgehen und zuletzt alle einzelnen Bewegungen in einem gemeinsamen Schlusse zusammenkommen, wodurch sie uns dann den gemeinsamen Lebensgrund derselben veranschaulicht.

Wie in dem von uns ausgestoßenen Schrei Klage oder Wonne
laut wird, so verstehen wir den Hülfs-, Schmerzens- und Jubel-
ruf der Welt außer uns, und werden unmittelbar inne daß wir
Eines Wesens mit ihr sind, daß in den Tonbewegungen die Gemüthsbewegungen sich ausdrücken und empfunden werden.   Und
so nennt Richard Wagner mit Recht die Musik „die zweite Offenbarung der Welt, das unaussprechlich tönende Geheimniß des
Daseins“.   Es ist die innerste Seele der Welt die gleich unserer
Seele ihren Lebensdrang offenbart, und wir fühlen uns Eins
mit ihr.

Die Betrachtung eines Lebendigen zeigt uns dasselbe in beständiger Veränderung, aber zugleich gewahren wir ein Dauerndes
in allem Wechsel; das bloße sich Verbinden und Trennen der
Stoffe füllt den Begriff des Lebens noch nicht aus, vielmehr sind

die verschiedenen Zustände und der Uebergang von einem zum andern von einer bleibenden Einheit getragen die sich zu ihnen bestimmt, die sie an sich und aus sich setzt, die in ihnen nacheinander das eigene Wesen zu Tage fördert. Alles Leben ist Entwickelung innerer Wesenheit, es ist das Sein das im Werden sich
entfaltet und die vorübereilenden Momente des Wechsels als das
in ihnen sich Erhaltende auch zusammenfaßt, wie unser Selbst im
Wandel der Gefühle besteht und seiner bewußt wird. Demgemäß
gibt die Musik kein bloßes Aggregat aufeinanderfolgender Töne,
kein Gewirr von Klängen, sondern sie stellt das Ideal der Lebensbewegung dar, sie offenbart daß dieser ein Gedanke zu Grunde
liegt, und durch die Idee als die innenwaltende, sich erhaltende
seelenhafte Einheit organisirt sie den Fluß des Werdens. Durch
die Töne erfüllt sie die Zeit, und die ist ja ihrem Begriffe nach
keine leere Form oder für sich bestehende Wesenheit, sondern die
Erscheinung der sich nacheinander entfaltenden Thätigkeit des
Seins. Und in diese so erfüllte Zeit und ihren Wechsel bringt
die Musik Ordnung durch den Rhythmus der Tonbewegung, Einheit durch die Harmonie gleichzeitig erklingender Töne, Schönheit
durch eine solche Entfaltung derselben daß in ihrem ganzen Gang
und Verlauf eine Idee sich entwickelt, und dadurch der Entwickelungsproceß gesetzlich frei, organisch und beseelt erscheint.

Goethe nennt einmal dies das große Geheimniß des Lebens:
daß nichts entspringt als was schon angekündigt ist und daß die
Ankündigung erst durch das Angekündigte klar wird wie die Weissagung durch die Erfüllung. Dies Wesen der Entwickelung offenbart uns die Musik; und darum erschien dem Dichter die Würde
der Kunst am eminentesten, weil sie keinen Stoff habe der ab-
gerechnet werden müßte, weil sie ganz Form und Gehalt sei und
alles veredle was sie ausdrücke.

In dem befruchteten Ei beginnt eine Bewegung, und sie läßt
innerhalb des einen und gemeinsamen Ganzen da und dort Formen auftreten, immer klarer und bestimmter werden, zusammenkommen, verschmelzen und verwachsen, dann wieder in neue Unterschiede auseinandertreten, sich umbilden, und endlich ist die
Gestalt des vielgegliederten Organismus hervorgebracht. Sie war
der leitende Zweck aller Bewegungsvorgänge, sie das Ziel dem
diese nachstrebten, das sie verwirklichen wollten, dadurch stehen
alle im Zusammenhang miteinander, und die Entwickelung der
nacheinander folgenden Formen, auch der wieder aufgelösten, wird

dadurch zu einer gesetzmäßigen, zu einer organischen, oder der
Begriff der Entwickelung wird dadurch erfüllt als der eines Werdens nicht durch äußerliche Zusammensetzung und Veränderung,
sondern durch ein nach und nach geschehendes Auseinanderlegen
des innerlich Angelegten kraft eigenen Triebes und seiner Selbst-
gestaltung. So erklingt von einem Grundton aus die Fülle der
Töne, der Wechsel ihrer Verbindungen, der Gang ihres Auf- und
Abwogens; das unterscheidet sie von dem Geräusch daß der Wohllaut des Zusammenklangs beweist die unterschiedenen sind füreinander da, daß ein Zusammenhang in ihrer Folge herrscht, wodurch das Künftige in dem Vergangenen vorgebildet ward und
mit Nothwendigkeit aus dem Gegenwärtigen hervorwächst, daß
jetzt die Tonreihen sich scheiden und jede für sich besonders wirkt,
aber nur um doch wieder zusammenzukommen und einträchtig ein
gemeinsames Ziel zu erreichen, ein gemeinsames Ganzes darzustellen. Die Pflanze sproßt aus dem Keim hervor und wie einmal die Form und Stellung der Blätter, der Zweige begonnen
hat, ist auch allem folgenden Wachsthum seine Norm und Richtung gegeben; in der Blüte werden die Blätter, die am Stengel
nach und nach hervortraten, um einen Mittelpunkt gesammelt und
mit frischerer Farbe geschmückt, in der Frucht kehrt der Keim vervielfältigt und bereichert zu sich selber zurück. So wird das
Thema, ein kernhaft und klar ausgesprochener musikalischer Gedanke entfaltet, erweitert in fortwährenden Umwandlungen, die
ihm immer neue Reize verleihen, aber die Grundmelodie klingt
immer wieder durch, sie wird wiederholt, aber sie erscheint mit
frischem Schmuck, in anderer Modulation, in anderm Lichte, und
am Ende vereinigt sich alles zur vielfältigen und einträchtigen
Darstellung des Ursprünglichen. Auf gleiche Weise wird das
geistige Werden, Streben und Vollbringen, werden die Bewegungen des Gemüths und die Geschicke der Seele, die Kämpfe
der Geschichte mit ihren Schmerzen aber auch mit dem Sieg der
Wahrheit und Freiheit dem organischen Verlaufe nach abgebildet
und der ethische Organismus spiegelt sich in der harmonischen
Verflechtung selbständiger Lebensmelodien.

Es waren die gesetzlichen Verhältnisse in der Bewegung der
Himmelskörper, welche Pythagoras ein göttliches Ohr als Har-
monie der Sphären genießen ließ; die Musik offenbart uns den
Rhythmus, die melodische, im Zusammenwirken so vieler Kräfte

zugleich harmonische Entwickelung der Lebensbewegung der Welt,
von der Goethe so tiefsinnig wie anmuthig singt:

> Wenn im Unendlichen Dasselbe
> Sich wiederholend ewig fließt,
> Das tausendfältige Gewölbe
> Sich kräftig ineinanderschließt,
> Strömt Lebenslust aus allen Dingen,
> Dem kleinsten wie dem größten Stern,
> Und alles Drängen, alles Ringen
> Ist ewige Ruh' in Gott dem Herrn.

Der Schall beruht auf Bewegungen durch welche ein Körper
von sich ausgeht und wieder zu sich zurückkehrt, durch welche er
innerlich erzittert und schwingt; die Luftwellen die er erregt schlagen an unser Ohr und pflanzen sich in unsern Nerven fort und
werden in unserm Gehirn wieder zur Einheit zusammengefaßt;
dadurch wird die Seele zu einer Empfindung erweckt, die wir als
Ton bezeichnen. Er ist rein, wenn die Schwingungen die ihn
bilden in stetigem Rhythmus zu- und abnehmender Bewegung,
in gleicher Stärke, in gleicher Schnelligkeit, in gleicher Entfernung
voneinander eintreten, und so macht schon der reine Klang uns
Freude durch die ihm einwohnende Gesetzlichkeit, durch die aus
der Mannichfaltigkeit der Schwingungen sich ergebende Einheit der
Empfindung, in welcher die Bewegung ihr Ziel findet und zu sich
selbst kommt. Verschiedene Töne nun, deren Schwingungszahlen
auf einem einfachen Verhältnisse beruhen, klingen gut zusammen,
und so ist es auch wohllautend für uns wenn solche nacheinander
vernommen werden; es scheint einer auf den andern hinzuweisen,
das Ohr fordert einen zu dem andern, und die Seele ergeht sich
in diesem zunächst sinnlichen Spiel von Harmonien oder harmonischen Tonfolgen mit einer natürlichen Klangfreudigkeit. Dieser
sinnliche Reiz des Wohllautes, dessen sie nicht entrathen kann, ist
die Basis der Musik, aber es webt und waltet darin verborgen
schon ein ideales Gesetz, eine mathematische Verhältnißmäßigkeit,
die uns vernehmlich macht wie alles nach Zahl und Maß geschaffen und bestimmt ist, und danach hat auch schon am Beginn
des philosophischen Denkens Pythagoras die Ordnung des Weltalls
durch die Harmonie der Sphären bezeichnet.

Eine Tonreihe in ihrer Folge hebt sich und senkt sich nach
Höhe und Tiefe der Töne, sie verweilt länger in bestimmter

Richtung und biegt rascher dann wieder um, und durch Klänge von mannichfaltiger Dauer und Stärke bildet sie auf diese Weise eine Linie, deren Gang die verschiedenen Punkte bald wellig ineinander verschleifen, bald im Zickzack miteinander verbinden und die eigene Richtung in scharfen Ecken ändern wird, je nachdem naheliegende Töne miteinander verschmelzen oder entferntere schroff abgesetzt erscheinen; und wenn diese werdende Linie zu ihrem Anfangspunkt zurückkehrt, so können wir im Geist die ganze Reihe der nacheinander folgenden Töne zur Einheit zusammenfassen, und in der so hervorgebrachten Tonfigur ein in sich geschlossenes Ganzes, eine organische Gestalt haben. Das organisirende Princip einer solchen aber ist immer die Seele. Es ist der Gestaltungsdrang der Seele der sie die innern Zustände offenbaren läßt. Dies geschieht einmal auf dem Wege der Geberde, und wer dieser räumlich sichtbaren Formgebung zugewandt ist, wird selber mehr in Anschauungen leben oder zum bildenden Künstler werden, oder es geschieht durch die Stimme, die so recht unmittelbar die Stimmung im Schrei des Schmerzes oder der Lust verkündigt, und nicht blos einen überwältigenden Moment festhält, sondern auch das Werden des innern Zustandes in seiner Veränderung durch entsprechende Töne hinaussingt, und wer diesem werdenden Leben der Gemüthsbewegung sich hingibt der erfreut sich am seelenvollen Klang oder wird Musiker. Die Grundlage und den Trieb zur Darstellung bildet beidemal die Totalität des Seelenlebens, und beidemal ist es die Phantasie welche als die formende Kraft des Gemüths den Gehalt desselben äußert und zur Erscheinung bringt; tritt eine andere auffassende Persönlichkeit oder die Rücksicht auf sie hinzu, so ist der Zweck der Thätigkeit in der Mittheilung beidemale daß derselbe Gemüthszustand auch in jener erweckt werde, einmal durch die Anschauung einer Gestalt im Raum, das anderemal durch das Hören der Töne in der Zeit.

Wir sind physiologisch organisirt um bestimmte Empfindungen mit bestimmten Lauten auszudrücken. Jeder Seeleneindruck beeinflußt die Muskeln der Stimmorgane mittels der erregten Nerven, und gibt dem Laute seinen eigenthümlichen Klang; die Höhe oder Tiefe der Stimme, der langgezogene oder kurz abgerissene Ton, wie sie so von Natur aus der Brust hervorbrechen, werden eben im Gesang künstlerisch behandelt und verwerthet. Das Erzittern im Zorn, in der Freude, in der Angst und Hoffnung gibt sich auch im Beben der Stimme kund; da läßt die

Spannung der Muskeln nach, während Muth, Entschlossenheit,
Lebenslust sie anspannen, und fester bestimmte Bewegungen des
Körpers hervorrufen, die sich gleichermaßen in ähnlichen Tönen
kundgeben. Sanfte friedliche Empfindungen fließen ruhig dahin
und verschmelzen miteinander, wie die Töne die ihnen folgen.
Die Trauer, die Ruhe hat ihr langsames, der Thatendrang, die
Lust das rasche Tempo, und ebenso den eigenen Rhythmus, dort
absinkend, hier anstrebend, dort in kleinern, hier in größern
Tonintervallen. Der Componist ist sich dessen nicht bewußt, als
Künstler nimmt er was die Natur ihm bietet, ohne überlegte Wahl,
und verwerthet es für seine Zwecke. Aufgabe der Wissenschaft ist
es das allmählich zum Bewußtsein zu bringen und zu begründen.
     So ist denn der seelenvolle Ton von Haus aus Empfindungs-
ausdruck, und wie wir im Denken das Gesetz und den Geist der
Sachen ergründen, so vernehmen wir ihre Innerlichkeit im Klang,
so wird uns darin ihr Zustand gemüthlich offenbar. Die Tonkunst wird damit die Darstellung der verschiedenen Lebensstimmun-
gen in ihrem Verlauf, das verklärte Abbild des Selbstverwirk-
lichungsprocesses der Wesen, oder ihrer Lebensmelodie. Gerade
das innere Wogen und Wallen der Gemüthskräfte, denen noch
keine Schranke gezogen ist, die noch in keine feste Form gebannt
sind, vernehmen wir in den gestaltlosen Tönen und in ihrer niemals beharrenden, immerdar werdenden Weise. Die Musik aber
zeigt uns wie jede individuelle Triebkraft in der allgemeinen Gesetzlichkeit die Bedingungen ihrer Entwickelung findet und diese
innerhalb der Ordnung des Ganzen vollzieht. Die Stimmung
des Kampfmuths und ihr Verlauf ist anderer Art als die der
stillen Entsagung, der Zorn hat einen andern Rhythmus als die
beruhigende Milde, anders offenbart sich die aufjauchzende Seligkeit als das schmachtende Sehnen der Liebe, anders diese selbst,
wenn sie mehr sinnlich, wenn sie mehr geistig, wenn sie die volle
gesunde Blüte des ganzen Daseins ist. Der Musiker ist der Seher
der die Seele der Welt, diese in ihrem Innern vorhandene Musik,
durch die Hülle der Dinge erblickt und uns durch die Darstellung
im Reiche der Töne das Wesen in seinem Werden, Weben und
Leben zur Anschauung bringt. Die Musik beginnt mit dem Lied.
Es ist aber der Ausdruck von Gemüthsbewegungen, nicht willkürlich erdacht oder erfunden, sondern aus der Menschennatur geboren und durch den Verklärungstrieb der Seele erzeugt. So
singt der Vogel in den Zweigen wie Lust und Drang des Lebens

ihn treiben, und die menschliche Seele, der Erinnerung und des
Vorausschauens mächtig, läßt die Klänge nicht zerflattern, sondern
verbindet sie zum lieblichen Ganzen. Die Musik als Kunst wäre
nicht ohne die Musik die jeder in ihm selbst hat; sie entbindet das
in der Natur und im Gemüth Liegende, sie hebt es für sich rein
und voll und klar hervor, und verleiht so auf ihre Weise dem
Ideal eine unmittelbare und entsprechende Verwirklichung. Wir
könnten die Stimme der Natur nicht verstehen, wenn wir nicht zu
ihr gehörten, wenn Gott nicht die Natur dem Menschen ins Herz
gelegt hätte. Weil nichts Menschliches uns fremd ist, wird durch
die Darstellung des Lebenslaufs einer Stimmung dieselbe in uns
erweckt und von uns verstanden. Das Werden der Welt aber ist
ein organisches, weil es seinen Grund in dem einen Göttlichen
hat, und weil Gottes Gemüth in der Herrlichkeit der Schöpfung,
im Reiche der Natur wie des Geistes offenbar wird, ist es möglich daß sie der Inhalt der Musik werde und in der Harmonie
der Töne die freie schöne Form gewinne.

Die Melodie wird wie alles Kunstschöne aus dem Gemüth,
aus der einheitlichen Lebenstotalität des sinnlich geistigen Menschen
durch die Phantasie erzeugt; sie verklingt wie sie gesungen wird,
aber man kann sie in der Erinnerung bewahren und wieder neu
erschallen lassen, man kann sie aufzeichnen. Das musikalische
Kunstwerk ist jedoch als Musik nicht fertig in den Noten, wie das
plastische im Stein oder Erz der Statue vollendet ist, sondern
jenes muß vielmehr durch eine lebendige Persönlichkeit stets wiedergeboren werden, wenn es als Musik in der Seele laut werden
soll. Vor dem Bilde brauchen wir nur das Auge aufzuschlagen
um es sofort in uns aufzunehmen, die Noten aber erklingen dem
Ohr nur wenn sie gesungen oder gespielt werden. Die Musik
bedarf immer von neuem einer reproducirenden Persönlichkeit, die
sie mit der eigenen Stimme oder mit Tonwerkzeugen ausführt.
Die Kunst verlangt dabei aber statt einer mechanischen oder geist-
losen Reproduction eine verständnißinnige, seelenvolle. Das Gefühl
des Sängers, des Spielers durchbebt dessen Nerven, und pflanzt
sich so in die Töne fort; diese aber haben kein Leben außer der
Empfindung, sie entstehen vielmehr erst in ihr; die Schwingungen
der Luft zittern in unsern Nerven nach, versetzen uns selbst in
ihre Bebungen, und diese rufen eine Empfindung hervor; die
zweite, dritte Schwingungssumme weckt wieder eine andere Empfindung. Indem aber diese Summen selbst untereinander in

einem Verhältniß stehen, eine gesetzliche Folge haben, so wird auch
die Reihe unserer Empfindungen eine in ihrer Mannichfaltigkeit
einige. Die Melodie erzeugt sich in unserer Seele dadurch daß
der Verlauf unsers Gefühls selbst ein melodischer wird. Die
Töne warten nicht ab ob wir an sie herantreten wollen, sie dringen auf uns ein, umfluten uns, setzen sich fort in uns, und auf
dieser nervenerschütternden Gewalt beruht die elementare Macht
der Musik, in der sie allen andern Künsten überlegen ist. Andere
Kunstwerke verlangen mehr daß wir für sie gestimmt sind, die
Musik stimmt uns nach ihr. Mögen wir uns gespannt oder er-
schlafft verhalten, sie weckt zur Thätigkeit, sie löst den Bann und
versetzt uns in ihren eigenen Fluß hinein. Die Seele ist das
Centrum unsers Lebens, leibgestaltend und empfindend sowie alles
Geistige und Bewußte in sich hegend; darum erschüttern Gemüthsbewegungen von innen heraus die Nerven auf ähnliche Weise wie
Tonschwingungen sie von außen her nach innen erregen; die Ner-
venbewegung pflanzt sich ebenso zum Gemüthe fort wie die Gemüthsbewegung zu den Nerven. Die Seelenstimmung ist der
Grund für leibliche Bewegungen wie für geistige Handlungen, sie
führt darum auch die einen in die andern über und wird durch
die einen wie die andern selbst wieder bestimmt.

Wenn bei der Betrachtung der bildenden Kunst viel von der
Stimmung abhängt, die wir mitbringen, so überträgt das Musikstück die seinige auf uns, indem nur die ersten Töne auf eine
ihnen fremde Empfindung treffen, die folgenden aber sofort, da sie
ja selber als Empfindungen in uns erzeugt werden, unser Inneres
in ihren Verlauf hineinziehen. So reißt es uns von Gefühl zu
Gefühl unwiderstehlich fort, so versetzt es uns in den bald freudig
bewegten, bald langsam trauernden Gang seines eigenen Tempos
und bestimmt auch dadurch unsere innere Temperatur; nur in der
Gemüthswelt weilend, nicht durch die Bilder der Außenwelt sich
und uns zerstreuend, wendet es sich unmittelbar an den innern
Sinn, und bezaubert ihn mit seinen Harmonien. Lesen wir ein
Gedicht, so besteht für uns während wir geistig genießen vielleicht
eine unangenehme Sinnenwelt mit Lärm, mit widrigen Formen
um uns; sehen wir ein Bild, so ist es nur ein kleiner Theil des
Raumes wohlgegliedert, anmuthig gefärbt, daneben aber der andere ohne allen Reiz; hören wir aber Musik, so wird die ganze
Zeit für uns auf eine kunstreich schöne Weise erfüllt, so werden
wir für eine Weile ganz in eine rhythmisch geordnete, geistigfreie,

harmonischreiche, reine und in sich vollendete Weise des Seins hineingezogen; wir hören nichts anderes als sie, damit ist sie für unsere Empfindung allein da; so ist unsere Empfindung selbst voll und ganz, und wir sind Genossen der Weltharmonie die uns umgibt, die uns selber durchklingt und durchdringt. Das Ideal- leben, nach dem wir voll Sehnsucht ringen, auf das wir in den Störungen, Wirrnissen und Schmerzen des gegenwärtigen Da- seins hoffen, in der Musik ist es verwirklicht; alle Wesen sind füreinander da und alle Mannichfaltigkeit klingt harmonisch zu- sammen; alle freie Bewegung ist geordnet, alle Dissonanzen lösen sich in vielstimmigen Wohllaut auf, und aus dem Quell des Ge- müths steigt die Schönheit beseligend empor.

In aller Kunst ist der ganze Mensch thätig, wird der ganze Mensch ergriffen. Die Malerei gibt uns im Raumbild eine An- schauung der Wahrheit in sinnenfälliger Form, und dadurch er- weckt sie unsere Gedanken, erhöht sie unser Lebensgefühl und ge- währt ihm eine glückliche Befriedigung. Die Poesie spricht durch das Wort zu unserm Denken, aber als Kunst veranschaulicht sie die Gedanken und ruft sie die Bilder der Dinge in unserer Vor- stellung hervor, und durch die Ideen wie durch die Leidenschaften, die sie schildert, wirkt sie auf unser Gefühl, und dies ist beseligt wenn ihr Werk zum in sich vollendeten und beruhigten Abschluß kommt. Die Musik aber ist zunächst Tonempfindung, so erregt sie unmittelbar das Gefühl, und mittels desselben erst Anschauung und Denken. Ohne uns Bild und Wort zu geben läßt sie ein werdendes Leben seine anmuthige Bewegung auf unser Gemüth übertragen, in dessen Bewegungen fortsetzen, in ununterbrochenem Flusse in uns ein glückliches Ziel erreichen. Wie die Klangfiguren auf der hallenden Glasscheibe tauchen dann auf den Wogen der Töne die Anschauungsbilder der Seele hervor, und die Stimmung in welche wir durch die Musik versetzt werden, erregt unsere Ge- danken, sei es daß wir jene selbst uns zum Bewußtsein bringen, sei es daß unsere Vorstellungen durch sie eine eigene Richtung, einen Anstoß freier Fortentwickelung erhalten. Das Tempo unsers Lebens, der Rhythmus unsers Seins wird unmittelbar geregelt und harmonisirt, wir werden selbst zur Schönheit innerlich wieder- geboren, die Seele wird nicht durch Bilder der Welt und nicht durch Gedanken mittelbar in ihrem Sein berührt, sondern un- mittelbar in ihrem Selbstgefühl erregt und ergriffen.

Der Dichter führt uns dadurch zu seiner Stimmung daß er

den Gedanken derselben ausspricht, die Vorstellungsreihe angibt
auf welcher sie beruht, oder die Handlungen zu denen sie treibt;
in Bildern der Natur und des Lebens weiß er ein Symbol derselben aufzustellen.   Nur wer die Sehnsucht kennt weiß was ich
leide! sagt Goethe's Mignon, und versucht nun uns das Wesen
der Sehnsucht klar zu machen, indem sie uns erzählt, daß der
Freund der sie liebt und versteht, in der Ferne sei, und sie darum
einsam und freudlos am Firmament nach jener Richtung hinsieht
die er eingeschlagen, Schwindel sie ergreift, und ihr Eingeweide
zu brennen beginnt.   Oder dieselbe Mignon schildert uns die
Herrlichkeit Italiens in leuchtenden Zügen, damit wir verstehen
warum sie dahin ziehen möchte, wie heiß das Verlangen ist das
sie dahin treibt.   Oder wir ahnen in der Fichte, die den Winter-
traum von der Palme im glühenden Wüstensande träumt, in dem
Schwan, der um die Wasserlilie, welche dem Mondlicht den Kelch
verschließt, den Wellenkreis ziehend sein Leben in melodischen
Klängen verhaucht, wir ahnen darin ein Geheimniß der Menschenbrust mit seiner Qual und seiner Wonne.   Der Musiker dagegen
gibt uns sofort unmittelbar den Ausdruck einer seelenhaften Innerlichkeit und läßt diese vor uns und in uns sich entwickeln; die
bestimmten Anlässe und Folgen, die gerade der Dichter bezeichnet,
kann die Musik nicht darstellen, aber sie zieht uns dafür in den
Verlauf der Stimmung hinein, sie läßt deren Melodie in uns
lebendig werden.   Der Bildner stellt die gewordene Gestalt in
fester Form vor uns hin, und läßt die Kraft uns ahnen die sie
hervorgebracht, und den Weg auf dem sie ins Dasein trat; der
Musiker dagegen läßt uns dem Weg, den er uns führt, uns das
Ziel erschließen, und überläßt es unserer Phantasie die Gestalt
zu entwerfen, deren innere Kraft er in dem organischen Verlauf
ihres Bildungsprocesses kundgethan.   Sein Werk spricht durch
den Klang zu den Sinnen, durch die Melodie zum Gemüth, durch
die ihm zu Grunde liegende Gesetzmäßigkeit und kunstreiche Verarbeitung der Grundidee zum Verstande; und was die Sinne anspricht ist ein dem Verstand und seinem Gesetz Gemäßes, was die
Seele befriedigt ein dem Ohre Wohllautendes.

Unsere Vorstellungen, unsere Handlungen entspringen einem
innern geheimen Keime, der ist vorhanden ehe er in That und
Wort sich ausdrückt; ihn ergreift der echte Musiker, er gibt unsern
Seelenzustand als solchen kund und entfaltet ihn in seiner Bewegung.   Stimmungen und Zustände eines geistigen Wesens sind

nicht blos unbewußt und gedankenlos, sondern auch selbstbewußt
geistig; so wird die Musik gleichfalls zum Ausdrucke des Geistes.
Wie dieser die Welt anschaut, wie er sein Denken und Wollen
zum Charakter gestaltet hat, was die Ziele seines Strebens sind,
all das ist ihm kein Aeußerliches, all das macht sein Wesen aus,
bestimmt seinen Zustand, bedingt seine Seelenstimmung. All das
klingt mit, wenn er diese musikalisch kundgibt. Freilich fehlt hier
der zum Wort als dem Träger des Gedankens artikulirte Laut,
und der Ton gilt nur als Ton nach seinem Klang, seiner Stärke,
seiner Dauer, seiner Lage, nicht als Zeichen oder Symbol eines
Begriffs, sondern nur als Empfindungsausdruck. Aber wenn wir
auch unsere Gedanken uns im Worte klar machen, wenn sie auch
erst unterschiedliche Bestimmtheit dadurch erlangen daß wir sie aussprechen, so vollzieht sich doch keineswegs das ganze Geistesleben
in der Sprache, und gerade darum sind ja bildende Kunst und
Musik vorhanden, weil vieles Unsagbare sich dennoch bilden und
singen läßt. Die Idee ist nicht blos Gedanke, sie ist auch gestaltende Lebenskraft, und wie sie in räumlicher Form sich verwirklicht das kann nur sehr mangelhaft beschrieben, das kann nur
durch Veranschaulichung für das Auge uns auf eine vollkommene
Weise offenbart werden. Ebenso ist die Idee Princip und Maß
des werdenden Lebens, das nirgends in fester Form erstarrt, nirgends thatlos verharrt, sondern in beständigem Wechsel das Gegenwärtige vergehen und das Zukünftige aus ihm entstehen läßt, alles
eben Gewordene wieder auflöst, die Fülle des innern Wesens nach
und nach aus Licht ruft und in ihrer gesetzlichen Folge und in
der Einheit dieses Verlaufs sich zeitlich verwirklicht. Wie die
Welt fortwährend sich neu erbaut und ihre Ordnung in der Bewegung besteht, dies und die Eintracht im Ringen aller Kräfte
kann nur das zeitlich sich entfaltende Tongebäude auf die rechte
und befriedigende Art uns kund. Die Harmonie der Klänge in
ihrer Fülle, in ihrer Mannichfaltigkeit müssen wir hören, die
Gestalten im Reiz ihrer Linien, in ihrer Wechselwirkung, im
Glanz und in der Zusammenstimmung der Farben müssen wir
sehen, das beschreibende Wort reicht da nimmer aus; was es nur
nacheinander berühren und andeuten kann, das soll ja gerade
einmal zusammen vor unserer Seele stehen, in seinem Einklang
vernommen werden. Und wie vieles ist in uns vorhanden, das
wir wol fühlen und ahnen, aber nicht in das deutliche Wort
fassen können! In der Sprache vermögen wir immer nur einen

Gedanken in seiner Allgemeinheit zu entwickeln, was dabei in uns vorgeht, wie unser Gemüth dabei gären und wogen mag, Leiden= schaftlichkeit oder Friede der Seele, wird wol, wenn wir das Wort laut aussprechen, im Klang der Stimme einigermaßen unterschei= nen, das ist aber das in die Rede hineinspielende musikalische Element, und die Mufit macht das hier blos Begleitende zur Hauptsache, sie ist es die diese wortlose Tiefe und Innigkeit des Herzens, diese in einen Gedankenverlauf verwobenen Stimmungen des Gemüths, diese Fülle von gleichzeitig vorhandenen, aber in der Sprache des sondernden Verstandes nicht auf einmal aus= drückbaren Inhaltsbestimmungen des fühlenden Geistes jede für sich und doch in ihrem Zusammensein in der Fülle der Töne darlegt.

So offenbart die Mufit Geist dem Geiste. Sie ist für den Geist. Erst das Selbstbewußtsein als das Dauernde im Wechsel der Zustände und Empfindungen faßt die Mannichfaltigkeit und Folge der Töne, der innern Erregungen zur Einheit des Ganzen zusammen; erst das Selbstbewußtsein vermag kraft der Erinnerung und des Vorausblicks eine Melodie zu hören, zu verstehen, zu genießen. Wir ahnen aus den ersten Klängen die Fortsetzung, finden uns bald bestätigt, bald getäuscht in unserer Erwartung, im rechten Kunstwerk aber übertroffen und dadurch erhöht und beseligt; unsere Phantasie eilt der Tondichtung voraus um von ihr dann befriedigt zu werden, unser Selbstbewußtsein wiederholt in sich das überlegte, kunstverständige Schaffen und Formen des Mufikers, und so ist der volle Genuß auch hier nicht ohne die selbstthätige Reproduction des fühlenden Geistes.

Die Mufit entbehrt für sich der speciellen Gedankenbestimmt= heit; aber wo sie derselben bedarf, da gesellt sie sich der Poesie und der selbstbewußte Mensch singt dann nicht blos Laute, sondern Worte. Die Mufit ist darum aber für sich auch nicht blos Volks= sprache, sondern Weltsprache. Sie gibt wie alle Kunst im Be= sondern das Allgemeine, in diesen von uns gehörten Klängen eine Lebensmelodie, welche ein Entwickelungsgesetz der Welt, der Natur wie des Gemüths, in der Tonfolge allverständlich ausprägt. Die Mufit ist nicht unbestimmt, sie gibt ganz klar und bestimmt, viel besser als man es sagen kann, die Entfaltung eines wesenhaften Lebens in freier Ordnung, die Verwirklichung eines idealen Stre= bens in der dadurch mit Wohllaut erfüllten Zeit. Wenn sie auch nicht ein besonderes Ereigniß mit seiner Umgebung schildern kann, so erlöst sie dafür aus den Schranken der Endlichkeit, aus den

Engen des umgrenzten Daseins, und indem sie das harmonische
Rauschen des allgemeinen Lebensstromes vernehmen läßt, und uns
eintaucht in seine Wogen, offenbart sie doch Weh und Wonne des
ganzen Seins. Das kann sie nur als Weltsprache, darum hat sie
keine besondern Worte. Sie genügt dem Bedürfnisse des Geistes
sein inneres Weben und Wollen und Schaffen auch ohne Rücksicht
auf die Besonderheit der Erscheinung kundzuthun. Der Geist
will auf den Schwingen der Freude sich über das Irdische erheben, er will im Leibe selbst die allwaltende Liebe fühlen und
damit den Schmerz in Wonne verklären. Diese seine Sehnsucht
befriedigt die Musik. Vom Körper entbunden schweben die Klänge
frei dahin, und ihre Verschiedenheit löst sich im Einklang auf.
Das Gefühl von einem Zusammenklang unserer geistigen Tendenzen mit dem Naturverlauf, das wir erlangen wenn wir einen
Zweck erreichen und ein Wunsch uns erfüllt wird, diese Wahrheit
der Harmonie der Welt, diese Wirklichkeit des Glücks, diese Seligkeit des Lebens darzustellen ist der Triumph der Tonkunst. Die
Musik ist hierbei so wenig unbestimmt wie ihr Inhalt, aber weil
dieser allgemeiner Art ist, gibt sie ihm folgerichtig auch den allgemeinen Ausdruck und verhält sich dabei zum Besondern und
seiner Darstellung wie die Buchstabenformel einer Gleichung zu
deren Ausführung durch Ziffern, durch benannte und unbenannte
Zahlen. An die Stelle der einzelnen Buchstaben können nun
mannichfache Zahlenwerthe treten, aber ihr Verhältniß bleibt
dasselbe, das Gesetz ihrer Beziehung, ihr Ineinanderwirken und
das Resultat desselben ist in der Formel allgemeingültig und verständlich ausgedrückt. Auf diese Weise gibt uns die Musik das
Ideal der Lebensbewegung oder die reine verklärte Form des
Werdens, wie uns die Plastik die Idealbilder der Organismen
darstellt als die reine Form der gewordenen Gestalt des Geistes,
wie uns die Architektur das Grundgesetz der Ausdehnung und
Schwere und damit jeder raumerfüllenden Wesenheit in dem Gegensatz und Gleichgewicht von Kraft und Last durch den Gegensatz
und die Versöhnung der sichtbaren Linien veranschaulicht, wie uns
die Poesie im Drama das Räthsel der Weltgeschichte löst, und
Schicksal und Charakter, sittliche Nothwendigkeit und Freiheit in
ihrem innigen Zusammenhange darlegt. Wie dann im Liebeslied
des Dichters jedes liebende Herz sich spiegelt und wiederfindet, so
bringt jeder seinen individuell bestimmten Lebensinhalt heran zu
der universalen Form der Musik, und wie wir Ziffern an die

Stelle der Buchstaben in der Formel setzen, so sagt ihm die Musik
verständlich wieder was er erfahren hat, er vermag das Besondere
herauszuhören, weil es in dem Allgemeinen begriffen ist und sein
Gesetz darin hat, und zugleich wird das Besondere damit in den
reinen Aether der Schönheit erhoben. Die Musik ist ebenso bestimmt wie die Malerei ein Ausdruck einer Gemüthsbewegung,
und kann so wenig wie diese den besondern Inhalt oder die Veranlassung sagen, dazu brauchte sie Worte, die wieder die Stimmung nicht ausdrücken. Die übrigen Künste schildern die Veranlassung einer Stimmung oder die Worte, die Geberden, die
Handlungen die aus ihr folgen; die Musik drückt die Art der
Gemüthsbewegung unmittelbar aus; sie überläßt der Phantasie
was dort zur Erscheinung kommt, offenbart was dort der im Verborgenen wirkende Grund oder das Ergebniß der Erscheinungen
und Vorstellungen ist. Wollen wir den Eindruck der Instrumentalmusik aussprechen, so thun wir es durch die Bezeichnung von
Situationen, Gefühlen, Gedanken; die Musik hat diese nicht dargestellt, sondern nur Stimmungen, Bewegungen gegeben; der
Hörer nennt dasjenige was ähnliche Seelenzustände in ihm hervorruft oder woburch er solche sich klar macht. Ein träumerisches
Sehnen nach überschwenglicher Seligkeit kann durch die Geschlechts-
liebe und kann durch religiöse Schwärmerei entstehen, und wenn
ein Musikstück jene Sehnsucht ausdrückt, kann der eine dadurch
an sein Minnegefühl, der andere an seine fromme Begeisterung
erinnert werden.

Die Musik ist Weltsprache, doch hat in ihr jedes Volk seine
eigenthümliche Mundart, und drei Völker vornehmlich haben zu-
sammengewirkt jene auszubilden: die Italiener mit ihrem formalen
Schönheitssinn pflegten vornehmlich die mit Wohllaut gesättigte
Gesangsmelodie; die Deutschen die tiefsinnige Harmoniegestaltung
und die Ausbrucksfähigkeit der Instrumente; die Franzosen die
Energie und Feinheit rhythmischer Accente und declamatorischer
Deutlichkeit. Aber die Errungenschaften der Völker werden hier
am leichtesten Gemeingut der Menschheit. Bei den großen Meistern
wirken die erwähnten Elemente ineinander; denn einseitig wird
die italienische Weise zu leicht conventionell und ohne individuelle Seelenhaftigkeit; die deutsche zu contrapunktischer Kün-
stelei; die französische zu mehr verständiger als anmuthreicher
Charakteristik; wo aber die Bestimmtheit des Ausdrucks mit dem
Abel und der Lieblichkeit der Melodie und der Fülle der Har-

monie sich verschmelzen, da erblüht die Schönheit im vollen Sinne des Worts.

Lazarus, in seiner sinnigen Weise als Psycholog von unsern seelischen Vorgängen ausgehend, hat neuerdings auch der Musik eine lichtvolle Untersuchung gewidmet, die vieles von mir Erörterte bestätigt, und anderes durch sorgfältige Analyse zur Klarheit bringt; indem er besonders die Apperception heranzieht, die Thätigkeit des Geistes alles Neue an in ihm Vorhandenes anzuknüpfen und es dadurch sich verständlich zu machen. Seine Bestimmungen, denen ich beipflichte, mögen hier eine Stelle finden. Zunächst ist uns eine Reihe von sinnlichen Reizen gegeben, die durch unsere subjective Thätigkeit zu Empfindungen werden. Was sich als inneres Ereigniß an diese anschließt oder aus ihnen folgt das stammt aus unserm Innern und ist ein Ergebniß unsers wirkenden Wesens: wir fassen die Töne als zusammengehörige auf, ihre Gruppen als Glieder eines Ganzen, Accorde werden zum Rhythmus, zur Melodie, zur Harmonie. Diese Verknüpfung vollzieht sich gewöhnlich gleichzeitig mit dem Hören der einzelnen Klänge, wir hören ihre Tongebilde und die in ihnen gegebenen Tonverhältnisse, die Intervallen, die Klangfarbe, das Tempo, der Rhythmus gelangen zur Wahrnehmung. Dadurch werden die Tonreihen zu bestimmten, von andern unterschiedenen Gebilden, und diese sind der Gegenstand unsers ästhetischen Urtheils, indem sie unser Wohlgefallen oder Misfallen erregen, und auch dies vollzieht sich gewöhnlich ohne daß es von der Auffassung merkbar getrennt wäre, wenn es auch zumeist nicht in der Form der Vorstellung, sondern des Gefühls auftritt. Unser Gemüth ist angenehm belebt und befriedigt, oder unangenehm beunruhigt und verletzt. Das gilt von allen ästhetischen Eindrücken, auch von der bildenden Kunst und Poesie: wir erfassen das Schöne in der Form des Gefühls, und daraus entfalten sich Begriffe und die Erkenntniß der Gesetze, und das echte Kunstwerk bewegt und befriedigt nicht blos unser ästhetisches Denken, sondern lebt vor allem in unserm Gemüth. Und ähnlich ist es ja auch mit dem Rechten und Guten; auch hier ist das ethische Gefühl der Quell, und wie auch die Rechtsbegriffe den Geist erleuchten, das Gefühl ist Keim und höchste Blüte der sittlichen Idee.

Die Tongebilde sind aber nun nicht ruhende Massen, ihre Verhältnisse nicht die eines passiven Daseins, sondern sie werden als active dynamische Erscheinungen apperripirt, es sind Formen und Verhältniſſe der Bewegung die wir wahrnehmen. In der bildenden Kunſt ſind es nur die in Wahrheit ruhenden Formen in einem Moment des fortſchreitenden Lebens, in der Muſik bringen die wirklichen Bewegungen in unſere Nerven, in unſere Seele hinein. Aber die Seele iſt nicht leer, ſie hat längſt Anſchauungen und Vorſtellungen gebildet, und nach der Aehnlichkeit mit ſolchen faßt ſie die Tonbewegungen und ihre Verhältniſſe auf und bezeichnet ſie ſprachlich als Rauſchen, Wogen, Steigen, Fallen, Hemmen, als ſtark, mild, plötzlich, gemach; und nehmen wir die Analogie innerer Vorgänge hinzu, ſo hören wir in den Tönen ein Sehnen, Locken, Koſen, Scherzen, Rufen und Antworten, Drohen und Mahnen, Klagen und Jubeln.

Die Tonformen erhalten demnach einen beſtimmten ſinnlichen und ſeeliſchen Charakter, der ihnen aus andern ſinnlichen und ſeeliſchen Formen, die in unſerm Innern bereits vorhanden ſind, nach dem Maße der Analogie auf dem naturgeſetzlichen Wege des Apperceptionsproceſſes zuwächſt; oder die Tonvorgänge bedeuten für uns ſolche Vorgänge von anderer Art, mit denen ſie die gleichen formalen, quantitativen und dynamiſchen Verhältniſſe beſitzen. Die Tonanſchauungen werden zum Spiegelbild von Geſichtsanſchauungen und Vorſtellungen von gleichen Verhältniſſen: Wallen und Wogen, Eilen und Zögern, Anwachſen und Hinſchwinden ſind die gleichen Vorſtellungen, die in uns von Gefühlselementen in der Gemüthsbewegung, von erregten Waſſermaſſen oder von Tönen in der Muſik erzeugt werden. Die Auflöſung von Diſſonanzen in der Muſik iſt in Bezug auf den Act der ſich in unſerer Seele ereignet und aus dem Verhalten ſeiner Theile zueinander ſeine individuelle Geſtalt empfängt, das Gleiche wie die Ausgleichung kämpfender Kräfte in der Natur oder die Löſung eines dramatiſchen Conflicts in der Kunſt.

Nun gleiten aber die Tonanſchauungen nicht wie Bilder auf der Oberfläche der Seele vorüber, ſondern ſie dringen in dieſelbe ein; ſie wird von ihr ergriffen und in eigene Zuſtände verſetzt, die wir als Gefühle oder Stimmungen bezeichnen, je nachdem ſie als beſondere Gruppen von Vorſtellungen oder als die Geſammtthätigkeit der Seele ſich ergeben. Dieſe pathetiſche Wirkung der Tonanſchauungen unterſcheidet Lazarus von der äſthetiſchen der Tonverhältniſſe. Dem rein nervöſen Eindruck der Töne geſellen ſich Erinnerungen, und die wunderbare Wirkung eines Glockengeläutes, eines Waldhorns, des Kuhreigens, einer ſchlichten Volksweise beruhen darauf, mit wenigen Klängen kann eine Orgel, eine menschliche Stimme uns überrieseln und Mark und Bein erschüttern; bei den Gesichtsempfindungen fragen wir nach den Dingen und Ereignissen die wir wahrnehmen, bei den Gehörempfindungen sind es die Töne selbst die uns beschäftigen, uns erschüttern oder beseligen. Beim Sprachlaut eilen wir vom Klang zur Vorstellung des Worts, ihr Inhalt verdrängt die Empfindung; der musikalische Ton gilt als er selbst, die seelische Erschütterung als solche wirkt auf uns, die elementare Gewalt wird veredelt in den wohlgeordneten Tonreihen, ihre melodische und harmonische Schönheit bietet den freien und lichtvollen Genuß über der nervösen Erregung. Die Anschauung der besondern Gegenstände in der bildenden Kunst erweckt besondere Gefühle, die Musik hat allgemeine Stimmungen der Freudigkeit, der Wehmuth zur Folge. In den Farben und Linien des Gemäldes sehen wir den Baum, den kämpfenden Reiter, den Gewitterhimmel; die Musik stellt keine Gegenstände, keine Ereignisse dar, sie gibt uns eben Tonreihen in gesetzlichen Verhältnissen und Bewegungen, aber sie werden zum Symbol für analoge Naturerscheinungen; und die durch sie hervorgerufenen Gemüthsbewegungen sind denen verwandte oder gleich, welche bestimmte Ereignisse in uns hervorbringen, hervorgebracht haben, und nach dem Reichthum und der Erregbarkeit des geistigen Inhalts in unserer Seele kann ein Musikstück uns tief und ergreifend erscheinen, das einem andern wenig sagt, weil es bei ihm nichts findet an das es anklingt. Wir beurtheilen aber ein Tongebilde auch nach den innern Erfolgen in der symbolischen Apperception, sowie sich nicht minder unsere Stimmungen nach dieser richten. Denn jede Stimmung ist das Ergebniß aller gegenwärtigen bewußten oder unbewußten Vorgänge in der Seele. Durch unsern Apperceptionsproceß werden die Tonreihen von analogischen Gefühlen und Vorstellungen begleitet, durch die sie für uns einen geistigen Inhalt gewinnen; wir sehen in ihnen Farbenpracht oder graues Einerlei, eine heitere oder düstere Beleuchtung, wir denken in ihnen Lebenszustände und Ereignisse, friedlose Leidenschaft oder weise Mäßigung und Sinnesklarheit. Von dem ähnlichen Verhalten unserer Subjectivität zum Gegenstande bei der Geschmacksempfindung übertragen wir die Süßigkeit auch auf Augen oder Melodien, und Blumen auf das Grab Ophelia's streuend sagt die Königin: Der Süßen Süßes. Nach dem was uns selbst beseelt fassen wir die Welt auf. Wir

fagen: der Sturm heult, die See raft, und schieben ihnen damit
etwas von einem fühlenden leidenschaftlichen Wesen unter; so
faffen wir die Tonreihen wie handelnde strebende Personen auf,
die miteinander ringen und dann einträchtig sich verbinden; wir
erfüllen die Tonbilder mit analogem, aus Natur und Geist stam-
mendem Inhalt und umkleiden diesen Gehalt mit ihren Formen.
Plastische und historische, von Ideen und Gemüthsbewegungen erfüllte Anschauungen sind es die wir als den Inhalt der Tonreihen
aus ihnen zu empfangen glauben, weil sie beim Anhören jener
mit Nothwendigkeit in uns auftauchen, denn alle Apperception
beruht auf einer Verwandtschaft entweder des aufzufassenden Objects mit andern Erscheinungen, welche uns sonst gegeben waren,
oder des von ihm empfangenen subjectiven Eindrucks mit den in
uns von andern Gegenständen erzeugten Empfindungen. Daher
gibt jeder den Tonreihen eine Deutung und Bedeutung gemäß
den innern Erlebnissen seiner eigenen Natur, welche wesengleiche
Gesetze mit andern Menschen und zugleich eigenartige Stimmungen
hat. Der Einzelne braucht dabei keine bestimmten plastischen,
ethischen, theoretischen Gedanken an das Musikstück zu knüpfen, es
braucht ihm nicht zum Bewußtsein zu kommen welchen Inhalt es
für ihn bedeutet; dunkle Vorstellungen keimen auf ohne zur Klarheit
zu kommen; im ungeheuren Schachte des Unbewußten wird eine
Gruppe, eine Schicht von Vorstellungen angeregt, aber sie über-
schreiten in ihrer Bewegung die Schwelle des Bewußtseins nicht
und ermangeln so der Beleuchtung des anschaulichen Denkens.
Der vielgestaltige Inhalt welchen Vaterland, Liebe, Erlösung bei
jedem haben wird an irgendeinem seiner Elemente durch eine
Tonreihe, durch Stimmungsverhältnisse angeregt, und je dunkler
die Vorstellungen, desto energischer und bestimmter sind die Gefühle welche sie begleiten. Je unbestimmter die Bedeutung ist
die wir einem Tongebilde beilegen, um so tiefer und einflußreicher
kann seine Wirkung auf das Gemüth sein. Von der Stimmung
der Heiterkeit beim Anhören eines Haydn'schen Menuets gibt die
unwillkürliche physiognomische Bewegung auf dem Gesichte der
Hörer Zeugniß; sie ist das Gleiche, Gemeinsame; ebenso der Ausdruck der Andacht bei einem Choral; und hier kann die Seele der
religiösen Vorstellungen bestimmter Art ebenso enthalten wie dort
der erquickenden Lebensbilder.

Zu der rein ästhetischen, der pathetischen und der symbolischen
Auffassung der Musik kommt noch ein Viertes, das sich an ihr

Werk anfügt ohne noch ganz zu ihm zu gehören: in unserm Geiste steigen schwebende und schwankende Erinnerungsbilder und Gedanken auf, in unserm Gedächtniß erwachen frühe Erlebnisse, oder unsere Phantasie wird zu neuen Spielen mit Gedanken und innern Anschauungen angereizt. Sie sind für das Musikstück selbst zufällig, sie sind verschieden nach den Hörern; aber wir schätzen das Tongebilde doch auch danach wie innige Gefühle, wie reiche Vorstellungen durch dasselbe erweckt werden.

Noch ein Fünftes fügt Lazarus hinzu. Unsere Sinne sind geöffnet und mannichfache Reize bringen auf sie ein; die sichtbare Welt zeigt uns neben Gleichgültigem und Unschönem eine Mannichfaltigkeit zweckvoller wohlgefälliger Gegenstände vom Krystall bis zum beseelten Menschen; die bewegte Luft schlägt mit ihren Wellen an unser Ohr, aber hier ist alles chaotisch, etwa der Vogelgesang hebt sich als ästhetische Erscheinung aus dem Geräusch hervor, in welchem kein Zweck, keine Ordnung für uns offenbar wird; das Werden und Wachsen in der organischen Natur vollzieht sich schweigend. Jetzt erklingt Musik, und unsere geistige Atmosphäre ist mit der physischen auf einmal verändert; die Bewegung der Luft ist eine gesetzlich geordnete, schönheitgebärende, der ganze Raum ist für uns mit akustischer Ordnung und idealer Gestaltung erfüllt, alle Anwesenden sind auf gleiche Art in eine gleichgestimmte Gemeinde verwandelt. Ohne von der Natur oder andern Geisteswerken zu entlehnen hat die Kunst auf originale Weise Rhythmus, Melodie, Harmonie geschaffen und in uns hervorgerufen. Diese geistige Erfüllung, Belebung und Idealisirung der ganzen Atmosphäre, in der wir athmen, diese Durchbringung und Sättigung der sinnlichen Umgebung mit den freien Formen der Schönheit ist es wol besonders weshalb der Culturmensch in allen Stunden festlicher Erhebung und gemüthbewegender Feier der Musik nicht entrathen mag.

In der Sprache ist der Begriff nicht an den Klang der Wörter gebunden, die ja bei andern Völkern anders lauten; man kann Dichtungen übersetzen, und eine Horazische Ode bleibt auch aufgelöst in Prosa noch Poesie, während eine Mozart'sche Sonate zum nichtigen Geräusch würde, wenn man ihre Rhythmen und Harmonien umwandeln wollte, wie Lasaulx mit Recht bemerkt, wiewol er zu viel behauptet, indem er den Ton in der Musik nicht ein Zeichen der Empfindung, sondern die Sache selbst nennt; derselbe Ton kann auch anders klingen, man kann eine Melodie auf

verschiedenen Instrumenten spielen; in der zum Ganzen geordneten Tonreihe spiegelt sich die Bewegung der Welt und des
Gemüths.

Ehe ich nun zur Erörterung des Besondern fortgehe, scheint
es mir geeignet und erforderlich zur nähern Begründung dieser
meiner Principien der Philosophie der Musik eine Reihe anderer
theils verschiedener theils verwandter Ansichten zusammenzustellen
und dadurch, sei es erörternd, sei es polemisirend, das Gesagte
zu erläutern.

Vor Jahren machte ein Büchlein „Vom Musikalisch-Schönen"
ein Aufsehen, das dadurch zu erklären war daß die Musikkenner
gewöhnlich nicht philosophiren und die Männer philosophischer
Bildung um musikalische Dinge selten sich zu bemühen pflegen.
Schon die ersten Zeilen zeigen daß wir es mit einem Schriftsteller
zu thun haben welcher die Kant'sche Kritik entweder ignorirt oder
für einen überwundenen Standpunkt hält, nicht in dem Sinne,
daß man von demselben aus weiter gegangen wäre, sondern daß
man ihn für falsch ansieht. Hanslick sagt in Bezug auf die Behandlung ästhetischer Fragen: „Der Drang nach objectiver Erkenntniß der Dinge, soweit sie menschlicher Forschung vergönnt
sind, mußte eine Methode stürzen, welche von der subjectiven Empfindung ausging, um nach einem Spaziergang über die Peri-
pherie des untersuchten Phänomens wieder zur Empfindung zurück-
zugelangen." Aber wenn die philosophische Untersuchung nicht
von Voraussetzungen, sondern vom unmittelbar Gewissen und von
der ersten Thatsache ausgehen soll, so ist das doch unser Gefühl
vom Schönen, und ich hoffe durch die That dargethan zu haben
daß die Lehre von der Idee des Schönen deshalb mit diesem Gefühl beginnen muß, daß sie aus der Natur desselben erkennt wie
es im Zusammenwirken bestimmter Objecte mit uns entsteht, daß
sie diese Objecte untersucht und von ihnen aus nachweist wie sie
aufgenommen in unsere Subjectivität das Schöne als unser Gefühl hervorbringen. Töne, Farben sind ja nicht in oder an den
Dingen als solche fertig vorhanden, sondern sind unsere Empfindung, und eine Auffassung des Schönen ohne Rücksicht auf diese
hängt also völlig in der Luft und ist ein haltlos leeres Gerede.
Allerdings ist das Schöne nicht blos subjectiv, sodaß es ohne
Object zu Staube käme oder nur für den Einzelnen und seine
vorübergehende Empfindung wäre, sondern es hat seine objective
Grundlage in der Wirklichkeit und ist allgemeingültig, es waltet

und zeigt sich nicht blos in der Endlichkeit und Sinnlichkeit, sondern ideenoffenbarend genügt es den idealen Forderungen und Bestimmungen des geistigen Lebens und erhebt uns in das Ewige und Allgemeinwahre. Es wird uns nicht auf dem Wege vermittelnden Nachdenkens, es wird weder vom Künstler noch in uns durch Reflexion hervorgebracht, sondern unmittelbar durch das Gefühl in seinem Werth für unser Wesen bestimmt, erfaßt und mit unserm eigenen Wesen verschmolzen; es wird aus der Totalität des Gemüths geboren, es stellt die Totalität des Seins, die Einheit des Geistes und der Natur in sich dar, und befreit uns von aller Einseitigkeit indem es uns mit der Harmonie des All-Einen und Ganzen beseligt. Was Musik ist erfahren wir also nur in unserm Gefühl, der Blinde weiß nichts von der Farbe. Ohne die sinnliche Empfindung könnte der Verstand an den Schwingungszahlen der Luftwellen, an deren Verhältniß und Rhythmus sich erfreuen, zum Ton, zum Wohl- und Vollklang werden sie nur in uns. „Ergründet man das Wesen des Weins indem man ihn trinkt?" fragt Hanslick. Schwerlich wird uns die beste chemische Analyse sagen wie der Wein schmeckt und wie er auf uns wirkt, wenn wir ihn nicht trinken.

Der folgende Satz bei Hanslick lautet: „Kein Pfad führt ins Centrum der Dinge, aber jeder muß dahin gerichtet sein." Daß man einen Weg dahin richtet wohin er nicht gelangen kann, ist eine neue Weisheit, es ist der Weg der den Begriff des Musikalischen ohne Rücksicht auf das Gefühl finden will. Die Erzeugung des Schönen um der Schönheit willen durch sinnenfällige Darstellung der Idee ist der Zweck jeder Kunst; die Idee ist der Inhalt, sichtbare Formen, Farben, Töne, Worte sind das Material und Mittel seiner Gestaltung. Die Idee als das Princip und Maß der Form im Raume verwirklicht ist das Werk der bildenden Kunst, die Idee als das Princip der Entwickelung in der Zeit empfunden ist das Werk der Musik, die Idee als das lebendige Wesen der Dinge begriffen und ausgesprochen ist das Werk der Poesie. Hanslick dagegen sagt: „Tönend bewegte Formen sind einzig und allein Inhalt und Gegenstand der Musik." Das ist als ob man sagte: Eitler Wahn das religiöse Leben, die Aneignung des Christenthums durch das Gemüth, die dadurch bereitete Weihe der Seele in der Sixtinischen Madonna, die Macht der Glaubensbegeisterung in Pauli Predigt zu Athen, das Prophetenthum und seine Hoheit an der Sixtinischen Decke sehen zu wollen:

farbige ruhige Formen sind einzig und allein Inhalt und Gegenstand der Malerei! Dabei sieht man aber nur die Außenseite der
Dinge, die auch das Thier wahrnimmt, nicht das Wesen, das der
Menschengeist erfaßt. Hanslick entwickelt sich weiter und vergleicht
die Musik der Arabeske und dem Kaleidoskop. Es gibt Musikstücke auf welche dies paßt, sie sind aber ein Klangspiel unter-
geordneter Art, und die Musik erschöpft sich so wenig darin als
die Malerei blos im Linienspiel und Farbenreiz beruht; Farben
und Linien sind nur das Veranschaulichungsmittel des geistigen
Lebens, des Seelenausdrucks im Bilde. Wenn Hanslick dann
sagt: „Der Hauptunterschied ist daß das unserm Ohr vorgeführte
Tonkaleidoskop — die Musik — sich als unmittelbare Emanation
eines künstlerisch schaffenden Geistes gibt, jenes sichtbare aber als
ein sinnreich mechanisches Spielzeug", so hebt er damit, wie er oft
thut, seinen Satz wieder auf, und widerspricht sich selbst, denn
die Emanation des künstlerisch schaffenden Geistes — was kann
sie anders sein als Geist? Damit ist künstlerisch geschaffener Geist
Inhalt der musikalischen Formen, und das ist meine Ansicht.
Wäre die Musik nur eine tönende Arabeske, so könnte sie so
wenig wie der Tanz zu den eigentlichen Künsten gerechnet werden,
die mit der Philosophie und der Religion das Höchste in unserm
Leben sind. Sehr richtig hat bereits Ambros in seiner Schrift
über die Grenzen der Musik und Poesie gegen die Herabwürdi-
gung der Tonkunst protestirt. Brächte sie, sagte er, nur die physikalische Nervenreizung hervor — und mehr könnte sie nicht, wenn
sie ohne idealen Gehalt wäre —, so befänden wir uns ihr gegenüber auf dem Standpunkte eines galvanisirten Froschschenkels.
Ihre Wirkung allein in den Rhythmus setzen hieße den Eindruck
eines Trauerspiels von Sophokles dem Versmaß zuschreiben.
Das Wesen der Musik nur in der anmuthigen Tonverbindung
suchen hieße die Malerei auf bloße Darstellung von Körperformen
beschränken.

    Es gibt gar keine Form als solche, die allenfalls wieder der
Inhalt für eine andere Form wäre oder für sich allein als ihr
eigener Inhalt bestünde; die Form ist vielmehr überall Inhalts-
bestimmung, und der Inhalt tritt in ihr und durch sie aus dem
Nichts der Bestimmungslosigkeit in das wesenhafte und wirkliche
Sein. Die Form ist das selbstgesetzte Maß innerer Bildungskraft, das Wesen bringt sich in ihr auch für uns zur Erscheinung,
und daß der Geist seinen musikalischen Inhalt ganz und voll in

der Tonform offenbart, darauf beruht die musikalische Schönheit; das unterscheidet die Melodie vom leeren Klingklang, daß sie der phantasiegeschaffene in sich geraubte Ausdruck des fühlenden Geistes ist, welcher eine Stimmung nach ihrer Natur und ihrem Verlauf künstlerisch vollendet in ihr kundthut, in ihrem Rhythmus und Wohlklang die Harmonie der Welt vernehmen und das Gesetz ihrer Entwickelung empfinden läßt.   Nun Hanslick wird sagen er gebe ja zu: „die Formen welche sich aus Tönen bilden, seien nicht leere, sondern erfüllte, nicht bloße Linienbegrenzung eines Vacuums, sondern sich von innen heraus gestaltender Geist". Allein damit widerspricht Hanslick seinem Fundamentalsatz; denn dann sind nicht tönend bewegte Formen der einzige Inhalt der Musik, sondern der Geist ist es, und die Tonreihe ist die Form seiner Offenbarung. Es stimmt ganz mit unserer Ansicht überein, wenn er anderwärts sagt: „Als Schöpfung eines denkenden und fühlenden Geistes hat eine musikalische Composition in hohem Grade die Fähigkeit selbst geist- und gefühlvoll zu sein.   Jede Kunst hat zum Ziel eine in der Phantasie des Künstlers lebendig gewordene Idee zur äußern Erscheinung zu bringen." Vollkommen einverstanden.   So ist auch Hegel's Ansicht: Die Hauptaufgabe der Musik sei die Art und Weise wiederklingen zu lassen in welcher das innerste Selbst seiner ideellen Seele nach in sich bewegt ist; Herz und Gemüth, diesen einfachen und concentrirten Mittelpunkt des ganzen Menschen, erfasse sie, bringe sie in Bewegung, zur Darstellung.   Nach Hegel will gerade die Musik die Innerlichkeit dem Innern faßbar machen. Er sagt ganz vortrefflich: „Die eigenthümliche Aufgabe der Musik besteht darin, daß sie jedweden Inhalt nicht so für den Geist macht wie dieser Inhalt als allgemeine Vorstellung im Bewußtsein liegt, oder als bestimmte äußere Gestalt für die Anschauung vorhanden ist, sondern in der Weise in welcher er in der Sphäre der subjectiven Innerlichkeit lebendig wird.   Dieses in sich eingehüllte Leben und Weben für sich in Tönen wiederklingen zu lassen oder den ausgesprochenen Worten und Vorstellungen hinzuzufügen und die Vorstellungen in dieses Element zu versenken um sie für die Empfindung und Mitempfindung neu hervorzubringen, ist das der Musik zuzutheilende Geschäft."

Hanslick selber fährt fort: „Die Musik ist ein Spiel, aber keine Spielerei.   Gedanken und Gefühle rinnen wie Blut in den Adern des ebenmäßig schönen Tonkörpers: sie sind nicht er, sind auch nicht sichtbar, aber sie beleben ihn.   Der Componist dichtet

und denkt; nur dichtet und denkt er in Tönen." Dann ist aber
die Tonkunst eben nicht inhaltlos. Nach unserer Ansicht stellt der
Musiker einen Inhalt, das bewegte Leben, das sich weder durch
feste Formen noch durch Worte recht bezeichnen und genügend beschreiben und sagen läßt, seinem Gemüthsgehalte nach in Tönen
dar. Er denkt in Tönen wie der Maler in Formen und Farben,
der Dichter in Worten.

So wie der Materialismus den Geist und die sittlichen Ideen
leugnet, begegnet man jetzt auch in den Besprechungen der Künste
der Ansicht welche die naturalistische Darstellung der Außenwelt
für das allein Wahre erklärt und den Idealismus wie einen un-
zeitgemäßen Zopf abschneiden möchte. Ein moderner Kunsthisto-
riker meint der Architekturphilosophie spotten zu dürfen, die in den
Formen einen Sinn findet, im Tempel ein Symbol für das
Wesen des Gottes, dem er geweiht ist, und ein Denkmal des
Volksgeistes sieht; das materielle Bedürfniß, der gegebene Stoff,
die handwerksmäßige Ueberlieferung soll alles gethan haben.
Der Katzenjammer der Ernüchterung, der nach dem Rausch von
1848 über die schwachen Seelen gekommen, die Erschlaffung nach
der Ueberspannung gab den Glauben an die Idee auf, weil einige
Ideale nicht sofort verwirklicht werden konnten; man fragte nicht
was ist wahr und recht, sondern was ist Dogma und Satzung,
um es gedankenlos anzunehmen, während der Dienst der freien
Wahrheit vielleicht brotlos sein dürfte. Diese trübselige Verkom-
menheit hat dabei die Stirn sich für gesunden Realismus gegenüber hohlen Träumen auszugeben und eine neue Epoche von sich
zu datiren. Die Unfähigkeit den Geist zu verstehen glaubt ihn
leugnen und das für einen wissenschaftlichen Fortschritt erklären zu
dürfen. Weil diese Richtung sich an Hanslick anschließt, obwol er
ihr fern steht, weil seine Behauptungen ungeprüft weiter gegeben
werden, ohne daß man beachtet wie sie beständig sich selbst corrigiren, deshalb war es nöthig sie kritisch zu betrachten.

Aber was hilft das? Trotz dieser Kritik hat Heinrich Adolf
Köstlin in seinem Buch über die Tonkunst sich wieder für Hanslick
ausgesprochen. Niemand wird ihm leugnen daß das musikalische
Kunstwerk ein Schönes von ganz specifischem Charakter sei; niemand es bestreiten, wenn er fordert daß man seiner Kunst zumuthe einen Inhalt darzustellen welcher außerhalb ihres Gebietes
liegt. Aber er fährt fort: „Wenn man vom Maler nur fordert
was Pinsel und Farbe leisten können, also Darstellung sichtbarer

Gegenstände und Gestalten, wenn man vom Bildhauer billigerweise nicht mehr fordert als was Marmor und Meißel leisten
können, körperliche Gestalt in gewissen Momenten der Bewegung,
so darf man von der Musik billigerweise zunächst auch nichts weiter
fordern als was Töne leisten können: schöne klingende Formen."
Da wird aber das Beste, die Seele, vergessen. Gibt denn uns
der Maler nicht mit seinen Farben den Ausdruck der Liebe, der
Mutterfreude, der Glaubensbegeisterung, des Schlachtenmuthes?
Veranschaulicht uns der Bildhauer nicht in Erz und Marmor die
Idee des Gottes, den Charakter des Helden, die Stimmung seines
Gemüthes, welche durch die Körperbewegung sich offenbart? So
unterscheidet sich die Melodie vom gefälligen Klingklang durch den
Empfindungsgehalt und den Gedanken, der durch sie die Tongestalt
gewinnt, und nicht blos zum Ohr, sondern zur Seele spricht. Die
Töne vermögen „die in der Menschenbrust verschlossene Welt"
nur dann zu erschließen, wenn der Musiker diese in sie hineingelegt hat, gerade wie der Maler und sein Werk aus demselben
Grunde dasselbe thun. Aber völlig können wir Moritz Hauptmann
beipflichten: „Dieselbe Musik wird verschiedene Wortauslegung
finden können, und von keiner wird zu sagen sein daß sie die
eigentliche und die ganze Bedeutung der Musik enthalte; diese
ist eben aufs bestimmteste nur in sich selbst enthalten. In der
Kunst soll die Erscheinung selbst wirken, nicht das was wir uns
dabei zu denken haben." So leuchtet auch die Glaubensbegeisterung des Apostels Paulus in Rafael's Darstellung seiner Predigt
in Athen unmittelbar aus seinen Augen, aus seiner ganz erregten
Gestalt; was er redet kann der Maler nicht darstellen, so wenig
wie der Dichter sagen kann auf welche Weise diese Gemüthsstimmung durch die seelische Geberde in die sichtbare Erscheinung tritt.
Dem Musiker kommt die Idee in schönen Melodien, dem Bildner
in schönen Linien entgegen; jener denkt in Tönen, dieser in Formen; aber sie denken und empfinden, es ist geistiger Inhalt, nicht
blos Klang und Farbe in ihren Werken.

Es gab allerdings eine Periode in der Musik welche an der
Entfaltung der Tonformen um ihrer selbst willen ein Wohlgefallen
hatte; es war die Zeit wo die Harmonie in die Kunst trat, einseitig geübt und erforscht ward, wo man um ihretwillen die
Stimmen sich bewegen, auseinandergehen und wieder verbinden
ließ, Dissonanzen bildete und auflöste und ein melodisches Motiv
von ein paar Tönen vorwärts und rückwärts und in verschiedenen

Höhen und Tiefen ausführte; wir werden in solchen scholastischen
Tongeweben keinen verborgenen Sinn und keine besondere Bedeutung suchen. Und doch haben wir in aller Harmonie sogleich ein
Geistiges.. Darum nennt Marx jene contrapunktliche Arbeit um
ihrer selbst willen nicht sowol eine tönende Arabeske, als vielmehr
ein krhstallisches Tongewächs: wir erfreuen uns doch dabei wie
am Krhstall der das Mannichfaltige beherrschenden Einheit in
der Shmmetrie, und im Wohllaut offenbart sich uns ein Gesetz
des Seins. Auch der Franzose Charles Beauquier in seiner
Philosophie de la musique meint der Eindruck der Musik aufs
Ohr vergleiche sich dem des Kaleidoskops aufs Auge; eine Shm-
phonie sei ein Gebilde vielfarbiger Linienspiele und verschlungener
Arabesken, das nach und nach enthüllt werde. Véron erinnert
dagegen daran wie doch die Werke der großen Tonkünstler mit
ihren Charakteren, ihren Lebensgewohnheiten übereinstimmen, und
wie nach eigenem Bekenntniß Mendelssohn's die Musik für ihn
eine so ernste Sache war daß er sich nicht für berechtigt hielt
solche über ein Motiv zu machen von dem er sich nicht innigst durchdrungen gefühlt, sie würde ihm wie eine Lüge vorgekommen sein; denn
Noten haben einen so bestimmten Sinn wie Worte, wenn er auch
durch Worte nicht ausdrückbar ist. Unwillkürlich hervorbrechender
Gesang ist ja eben der Erguß eines bestimmten die Seele bewegenden Gefühls, und ergreift die Töne die sich ihm naturgemäß
bieten; der kunstreiche Gesang ist die Idealisirung dieser Gemüths-
und Ideenbewegung.

Aber so wenig wie die Natur beim Krhstall ist die Musik bei
diesen Tongeweben stehen geblieben; wie die Pflanzen hervorsprießen singt das Volk seine Lieder und entfaltet in ihnen eine
freie anmuthige Melodie, welche aus dem Keim einer Stimmung
hervorblühend diese entwickelt und zu einem befriedigenden Abschluß
bringt. Das lebendige Wesen, welches zum Selbstgefühl kommt
und darin seiner eigenen Zustände inne wird, hat den Trieb und
Drang sich und Andern dies gegenständlich zu machen. Diesem
Triebe genügt die Stimme, in ihr gibt sich die Stimmung des
Gemüths kund. Der bloße Schrei des Schmerzes und der Freude
wechselt schon wie Leid und Lust sich steigern oder mindern; er
wird zum Singen, wenn ein klar überschauender Geistesblick den
Verlauf eines innern Erlebnisses erfaßt und durch die Stimme in
einer Reihe von Tönen kundzugeben sucht, wenn die Phantasie
mit freier schöpferischer Lust beim Wogenschlage der Empfindung

folgt und ihrem Werden, der Bewegung des Gemüths einen wohllautenden Ausdruck verleiht.   Die Seelenstimmung, ein inneres
Wohlbehagen will sich selbst genießen, darum muß sie sich entfalten, sich selber gegenständlich und vernehmlich werden.   Die Saiten
des Gemüths erklingen, und das Leben der Seele ergießt sich in
die Töne.   Wir legen unsere Empfindung in den Ausdruck unserer
Stimme hinein, und der uns Gleichgeartete, Mitfühlende wird
durch die Eigenthümlichkeit des Lautes zu ähnlicher Stimmung
erweckt.   Hier ist Musik die Kunst der Seele, deren Selbstgefühl
durch den Widerhall ihrer Regungen sich darstellt.

Kann die Musik den innern Bewegungscharakter eines Gefühls
ausdrücken, wie die Formalisten zugeben, dann ist das Tongebilde
eben nicht blos ein Gleichniß, sondern die Darstellung der bewegten Seelenstimmung, wie dieselbe sich ja schon im Vogelgesang
ergießt.   Und darum gerade kann Köstlin schreiben: „Das künstlerische Wohlgefühl, welches beim Anhören eines in Schönheit
leuchtenden Musikstückes unser ganzes Sein mit magnetischer
Wärme durchströmt, ist durch keinerlei Reflexionen vermittelt, es
entsteht blitzartig durch die Berührung des auffassenden Geistes
mit dem in den Tönen webenden tonlichen Idealleben."   Die
wohlgeordnete Reihe der Tonempfindungen erzeugt sich unmittelbar
in unserm Gemüth, wir sind miterlebend in ihren Verlauf hineingezogen, nicht durch ein Gleichniß zu einer Seelenstimmung veranlaßt, sondern durch ihren naturgemäßen Ausdruck ihrer selbst
inne geworden.   Ja, es ist das Idealleben des Geistes in Tönen,
das sich völlig nur in ihren Formen verwirklichen kann, was das
Wesen der Musik ausmacht, und nur so kann uns der Kunstgenuß
idealen Lebenszufluß gewähren.

Eine Seelenstimmung machen wir uns klar und bringen wir
uns zum bestimmten Bewußtsein durch den Gedanken, oder wir
äußern sie durch eine That; aber in ihrem Wesen erfassen wir sie
durch das Gefühl, denn es ist die Selbstinnigkeit der Seele, fühlend wird sie des eigenen Zustandes inne.   Wird die Bewegung
der Innerlichkeit äußerlich, so ruft sie den Ton hervor, und in
einer Tonreihe bildet ihr Verlauf sich ab.   Die Anschauung von
Gegenständen oder die Entwickelung von Vorstellungen läßt das
Wesen der Seele nicht ungerührt, bleibt ihm nicht äußerlich, sondern geht in uns vor und hat ihre Resonanz im Gemüth; der
Zustand der Seele ist ein anderer bei der guten That als bei der
schlechten, ein anderer beim Anblick des Sonnenunterganges am

Meere als vor einer finstern Schlucht, ein anderer bei dem Gebanken an Erwerb als bei dem an die Unsterblichkeit. Die Musik
malt nun weder jene Gegenstände, noch spricht sie diese Gedanken
aus, aber sie offenbart die Stimmungen in welche sie uns versetzen. Die bildende Kunst zeichnet einen Gegenstand um die
Lebenskraft, den Geist ahnen zu lassen die ihn geformt haben, sie
läßt aus der Stellung und Lage des Körpers die Bewegung und
den Willen erschließen die jene veranlaßt haben; die Musik spricht
eine innere Bewegung in ihrem Werden aus und erregt dadurch
unsere Phantasie die daraus hervorgehende Gestalt sich zu entwerfen. Sie versetzt uns in die Stimmung des Sängers, und
wir ahnen aus deren Eigenthümlichkeit was ihn froh oder traurig
gemacht hat. Unsere Gefühle wie wir sie Liebe, Haß, Zorn, Begeisterung nennen, sind schon in Worte gefaßt, sind schon gedacht;
die Musik kann weder diese gedankenmäßige Bestimmtheit noch die
Vorstellungsreihe ausdrücken welche das Gemüth zur Leidenschaft
oder zur Neigung erregt; dafür vermag aber das Wort nicht zu
sagen wie uns in der Sehnsucht oder in dem Enthusiasmus zu
Muthe ist. Diese Wärme des Gefühls geht dafür ein in die
Musik, sie offenbart das Auf- und Abwogen unserer Innerlichkeit
in der Empfindung. Auch unsere idealen Anschauungen und reinen
Gedanken spiegeln unsern Seelenzustand oder geben ihm ihre
Stimmung; wir erfassen sie in ihrer Bedeutung für unser Selbst
unmittelbar im Gefühl, und die Bewegung, die durch sie uns
wird, erklingt in Tönen; so spricht die Seele ohne Wort zur
Seele. So componirte Mendelssohn Lieder ohne Worte. Allerdings kann die Musik weder sagen: „Ich liebe dich!“ noch: „Es
ist heute trübes Wetter.“ Aber anders ist die Stimmung der
Seele im Freudvoll und Leidvoll der Liebe, anders wenn sie beachtet wie ein schwerer Herbstnebel die Natur belastet, und eben
die Resonanz der Wahrnehmungen und Gedanken im Gemüth
offenbart uns die Tonkunst, indem sie den Naturlaut der Stimme
künstlerisch entwickelt und durchbildet. Anders empfindet der Denker im Ringen mit dem Zweifel um das Geheimniß des Daseins
und in der Beseligung der selbstgefundenen Wahrheit, anders das
Landmädchen, wenn es den Burschen zum Tanz unter der Linde
trifft. Der Genius Beethoven's hat auch für jenes den musikalischen Ausdruck gefunden, während dieses bereits in der Weise des
Ländlers erklingt. Bei Beethoven redet man kaum von Tonspiel,
lieber von Tonsprache.

Ein Brief Felix Mendelsohn's kommt uns zur Erläuterung trefflich zu statten. „Es wird so viel über Musik gesprochen und so wenig gesagt. Ich glaube überhaupt die Worte reichen nicht mehr hin dazu, und fände ich daß sie hinreichten, so würde ich am Ende gar keine Musik mehr machen. Die Leute beklagen sich gewöhnlich, die Musik sei so vieldeutig; es sei so zweifelhaft was sie sich dabei zu denken hätten, und die Worte verstände doch ein Jeder. Mir geht es aber gerade umgekehrt. Und nicht blos mit ganzen Reden, auch mit einzelnen Worten, auch die scheinen mir so vieldeutig, so unbestimmt, so misverständlich im Vergleich zu einer rechten Musik, die einem die Seele erfüllt mit tausend bessern Dingen als mit Worten. Das was mir eine Musik aus-spricht, die ich liebe, sind mir nicht zu unbestimmte Gedanken um sie in Worte zu fassen, sondern zu bestimmt. So finde ich in allen Versuchen diese Gedanken auszusprechen etwas Richtiges, aber auch in allen etwas Ungenügendes. Das ist die Schuld der Worte, die es nicht besser können. Fragen Sie mich was ich dabei gedacht habe (es handelte sich um seine Lieder ohne Worte), so antworte ich: Gerade das Lied wie es dasteht. Das Wort heißt dem Einen nicht was es dem Andern heißt, während das Lied in Einem dasselbe Gefühl erwecken kann wie im Andern, ein Gefühl das sich aber nicht durch dieselben Worte ausspricht. Re-signation, Melancholie, Lob Gottes, Parforcejagd — der Eine denkt dabei nicht das was der Andere; dem Einen ist Resignation was dem Andern Melancholie; der Dritte kann sich bei beiden gar nichts recht Lebhaftes denken. Ja wenn Einer von Natur ein recht frischer Jäger wäre, dem könnte die Parforcejagd und das Lob Gottes ziemlich auf Eins hinauskommen, und für den wäre wirklich und wahrhaftig der Hörnerklang auch das rechte Lob Gottes. Wir hören davon nichts als die Parforcejagd, und wenn wir uns mit ihm darüber noch so viel herumstritten, wir können nicht weiter. Das Wort bleibt vieldeutig, und die Musik verstünden wir beide doch recht."

Händel hat eine Tondichtung zur Feier der Musik geschaffen, das Alexanderfest. Das Lied des Timotheus ruft jetzt im Preise des Bacchos zu behaglicher Lust, jetzt in der Schilderung vom Sturz der Perser zu Demuth und Mitleid, jetzt im Lydischen Brautgesang zu schmelzender Liebe; dann werden die Bande des Schlummers mit einer Wucht gebrochen die ein Jahrhundert aus dem Schlaf wecken könnte, und mit wilder Begeisterung wird die

Brandfackel in Persepolis Hallen geschleudert. Aber indem Händel uns diese Zustände miterleben läßt, ist er selbst zum Timotheus geworden, haben wir wie sein Alexander gefühlt. Darauf weist auch Ambros hin, und danach hätten die Forkel, Marpurg, Heinse und Andere recht, welche die Aufgabe der Musik in die Erregung von Affecten, Leidenschaften, Empfindungen setzen. Allein der Zweck jeder Kunst ist nicht beliebige Gefühlserregung, sondern die Schönheit, das Wohlgefühl des Schönen in dem Einklang von Geist und Natur, in der Vollendung des Seins; und so hat auch Händel viel mehr gethan als blos jene Empfindungen erweckt; er hat uns ein ideales Abbild der Gemüthsbewegungen gegeben, er hat sie, von Schlacken geläutert, vom Erdenstoff und aller Zufälligkeit entkleidet, zu reiner Form verklärt, und nun ihren Verlauf, ihren Beginn, ihr Wachsthum und ihren Abschluß in einem harmonischen Ganzen wohllautend offenbart, und dadurch uns selbst in das Reich der Harmonie, der freien Gesetzlichkeit erhoben, uns beseligt. Die Lust des Trinkers konnte die Musik nicht durch Bezeichnung des Chierweins schildern, ebenso wenig die Erinnerung an die Macht und den Sturz der Perser, namentlich des Darius aussprechen; aber wie Helden zu Muthe ist bei dem Klang des Bechers und bei der Betrachtung des tragischen Schicksals, das hat Händel dargethan, das hat er unmittelbar durch seine Töne in unser Gemüth verpflanzt. Niemand wird die Melodie „Töne sanft du lydisch Brautlied" mit jener andern verwechseln die da anhebt: „Reißt ihr Bande seines Schlummers"; niemand wird die Klänge welche des Perserkönigs Tod begleiten für ein Trinklied halten, und dem Meister gegenüber würde Hanslick sich vergeblich den Spaß machen die Texte oder die Namen der Lieder zu verwechseln. Wenn wir auch die Worte nicht hören oder nicht verstehen, es wird uns bei den Tönen so zu Muthe wie es auch durch die Worte geschehen kann, wenn wir sie in unserm Gemüthe lebendig machen; das Gefühl und seine Wärme wird aber durch die Töne unmittelbar erweckt. Händel hat es verstanden nicht blos den organischen Verlauf einer Gemüthsbewegung in der Melodie darzuthun, sondern auch die Charaktere der Stimmungen auszuprägen und sie mit derselben Meisterschaft zu zeichnen, wie ein Phidias und Praxiteles das Wesen der verschiedenen Geistesrichtungen in ihren Götterbildern sichtbar gestalteten. Auf dieser Bahn sind Haydn, Mozart, Beethoven fortgeschritten; da ist kein bloßes Tongewebe um des Klanges willen, da ist Ausdruck des Seelenlebens in seinen Höhen und Tiefen, aber nicht als Nachahmung der Wirklichkeit, nicht als bloße Wiederholung, sondern als freie Idealschöpfung, als wohllautende Offenbarung der ewigen Natur und organischer Lebensentfaltung.

Ich finde eine Bestätigung dieser Ansicht bei Marx, der in seiner Schrift über die Musik des 19. Jahrhunderts sich also ausspricht: „Sobald unsere Kunst aus der Sphäre der schwankenden Stimmungen in die höhere tritt wo festgehaltene psychologische Stimmungen zu wahren Lebens- und Charakterbildern werden, ist für sie der Tag höherer Wahrheit und höhern Daseins, der Schöpfungstag angebrochen. Denn Wahrheit setzt einen bestimmten Inhalt voraus, den wir wahren und bewähren wollen; jedes Dasein muß sich vom Allgemeinen sondern und als eigenes Fürsichsein abschließen; Schaffen heißt Gestalten, nicht unbestimmt Ergießen. Das Mittelalter mit seinen Lattre, Palestrina, Allegri bis hinein in die altitalienische Oper hat im ganzen nur formell gestalten können; seine Contrapunkte verliefen wie sie mußten, seine Harmonien stellten sich aneinander gleich krystallenen Gefäßen das geweihte Wort des Gottesdienstes lauter zu fassen und der Gemeinde vorzuhalten, gleichsam eine Monstranz aus Silberklängen. Erst Händel gibt festere Charakterbilder; bewußt und mächtig tritt die treffende Bedeutung der Tonverhältnisse in seinen Gesängen hervor. Niemand aber hat vor- und nachher in treuester Auffassung des Charakteristischen es dem Sebastian Bach gleichgethan. In den Recitativen seiner Matthäischen Passion ist schlechthin kein Ton anders als in reiner und voller Wahrhaftigkeit nach der schärfsten Bedeutung des Tonverhältnisses gesetzt … Wir wollen gern zugestehen daß unsere Kunst nicht befähigt ist ein Object sofort deutlich und vollständig vor das Auge zu bringen, wie Poesie und Bildnerei. Dafür hat sie vor dieser die Macht fortschreitender Entwickelung, vor jener die Möglichkeit gleichzeitiger Rede verschiedener und entgegengesetzter Charaktere voraus. Sie vermag nicht zu nennen, zu definiren wer du bist; aber sie führt alle Regungen deines Gemüths wie sie sich vernehmbar machen vorüber, und daraus fühlen und enträthseln wir wer und wie du bist. Und sie stellt dich mit deinen Gleichen und deinen Gegnern zusammen und führt euch Alle wie ihr lebt und euer Leben aushaucht und aushallt uns vorüber, daß wir das Dasein und Wesen des Einen an dem der Andern in Fülle vernehmen. Es ist ein fortschreitender Monolog ganz von dialogisch-dialektischem Inhalt erfüllt, zwei- und mehrseitig wie die Dialogen Platon's."

Hanslick's Polemik ist im Recht, wenn sie gegen die Meinung geht als ob die Musik die materielle Erregung von Leidenschaften, die realistische Abschilderung von Empfindungen zur Aufgabe habe; allein er hat schon nicht mehr recht, wenn er sagt die Darstellung bestimmter Gefühle liege nicht in den Mitteln der Tonkunst, da nur auf der Grundlage von Vorstellungen und Begriffen unsere Hoffnung oder Sehnsucht sich anfbauen. Aber in allen hoffenden, sehnenden, strebenden Stimmungen liegt ein Allgemeines und zugleich sie voneinander Unterscheidendes, das wir mit Worten schwerlich recht zu schildern vermögen, das man eben empfunden haben muß, wenn man es kennen soll, das aber in jeder Liebe, in jeder Hoffnung und Lust der Erfüllung oder Wehmuth der Entsagung wiederklingt, auf welche verschiedenartige Gegenstände oder Vorstellungen sie sich auch beziehen mögen; das Gefühl aber ist die Form durch welche uns die Bestimmtheit unsers Zustandes bei jenen Anlässen und Bewegungen zur Wahrnehmung kommt, und hier ist der Musiker der Seher der die innerste Seele des Sehnens, Hoffens, Liebens, Zürnens versteht und sie nicht durch ein Bild symbolisirt, nicht durch ein Wort äußerlich bezeichnet und dem Verstande benennt, sondern uns dadurch offenbart daß er den vom Wesen der Sache bedingten Rhythmus der Entwickelung dieser Zustände entfaltet, in einer Tonreihe ihre auf- und absteigende Bewegung laut werden und uns dadurch sie miterleben läßt. Haben wir schon ähnliche Gemüthsbewegungen erfahren als die sind welche der Musiker in der Tonbewegung spiegelt, so wird diese sofort die Erinnerung an jene in uns wach rufen, wir werden sie verstehen. Dem Vandalen sind die Götterbilder eines Apollo, einer Minerva freilich nichts als Stein, Rafael's Verklärung Christi nichts als ein Lappen Leinwand mit allerlei Oelfarben bestrichen; er sicht wol männliche und weibliche Gestalten, aber den Geist der Statuen und Bilder versteht und erkennt nur wieder wer ihre Idee in eigener Seele erfahren und gedacht hat. Geist und Gemüth wird nicht mit Augen und Ohren, sondern nur mit Geist und Gemüth aufgefaßt. Auch ein Wort ist nur Schall; erst wenn wir den mit ihm verknüpften Gedanken selber gedacht, sagt es uns etwas; es kann uns nur anregen daß wir den Gedanken des Redenden wieder in uns selber erzeugen. Auch das Wort ist immer ein Allgemeines, das wir mit unsern besondern

Anschauungen erfüllen, z. B. die Vorstellung Baum mit den Bildern der Bäume die wir gesehen haben; auch das Wort kann uns das Besondere nicht sagen, darauf müssen wir deuten, das muß den Sinnen gegenwärtig sein.

Ich kann nun durch eine meisterhafte Erörterung von Helmholtz meine Auffassung bestätigen. „Das unkörperliche Material der Töne ist viel geeigneter in jeder Art der Bewegung auf das feinste und fügsamste der Absicht des Musikers zu folgen als irgend ein anderes noch so leichtes körperliches Material; anmuthige Schnelligkeit, schwere Langsamkeit, ruhiges Fortschreiten, wildes Springen, alle diese verschiedenen Charaktere der Bewegung und noch eine unzählbare Menge von andern lassen sich in den mannichfaltigsten Schattirungen und Combinationen durch eine Folge von Tönen darstellen, und indem die Musik diese Arten von Bewegungen ausdrückt, gibt sie darin auch ein Bild derjenigen Zustände unsers Gemüths welche einen solchen Charakter der Bewegungen hervorzurufen im Stande sind, sei es nun daß es sich um Bewegungen des Körpers oder der Stimme, oder noch innerlicher um Bewegung der Vorstellungen im Bewußtsein handeln möge. Jede Bewegung ist uns ein Ausdruck der Kräfte durch welche sie hervorgebracht wird, und wir wissen instinctiv die treibenden Kräfte zu beurtheilen, wenn wir die von ihnen hervorgebrachte Bewegung beobachten. (Wir verstehen die Welt, ihre Formen und Bewegungen von uns aus, weil wir in ihr stehen, wie ich gleich im Anfang der Aesthetik dargethan.) Dies gilt ebenso und vielleicht noch mehr für die durch Kraftäußerungen des menschlichen Willens und der menschlichen Triebe hervorgebrachten Bewegungen wie für die mechanischen der äußeren Natur. In dieser Weise kann dann die melodische Bewegung der Töne Ausdruck werden für die verschiedensten menschlichen Gemüthszustände, nicht für eigentliche Gefühle — darin müssen wir Hanslick recht geben, denn es fehlt der Musik das Mittel um den Gegenstand des Gefühls deutlich zu bezeichnen, wenn ihr nicht die Poesie zu Hülfe kommt, — wohl aber für die Gemüthsstimmung, welche durch Gefühle hervorgebracht wird. Das Wort Stimmung ist offenbar von der Musik entnommen und auf Zustände unserer Seele übertragen; es sollen dadurch eben diejenigen Eigenthümlichkeiten der Seelenzustände bezeichnet werden welche durch Musik darstellbar sind, und ich meine wir können es passend so definiren daß wir unter Gemüthsstimmung zu versehen haben den allgemeinen

Charalter den zeitweilig die Fortbewegung unferer Vorstellungen an fich trägt, und der fich dem entsprechend auch in einem ähnlichen Charalter der Bewegungen unfers Körpers und unferer Stimme zu erkennen gibt. Unfere Gedanken können fich fchnell oder langsam bewegen, fie können ruhelos und ziellos herumirren in ängstlicher Aufregung, oder mit Bestimmtheit und Energie ein festgesetztes Ziel ergreifen, fie können fich behaglich und ohne Anstrengung in angenehmen Phantasien herumtreiben laffen, oder an eine traurige Erinnerung gebannt langsam und schwerfällig von der Stelle rücken in kleineren Schritten und kraftlos. Alles dies kann durch die melodische Bewegung der Töne nachgeahmt und ausgedrückt werden, und es kann dadurch dem Hörer, der diefer Bewegung aufmerksam folgt, ein vollkommeneres und einbringlicheres Bild von der Stimmung einer andern Seele gegeben werden als es durch ein anderes Mittel, ausgenommen etwa durch eine fehr vollkommene dramatische Nachahmung der Handlungsweise und Sprechart des geschilderten Individuums geschieht.'' Uebrigens fagt fchon Aristoteles daß Rhythmen und Melodien fich den Gemüthsstimmungen anpaffen, weil fie Bewegungen find wie auch die Handlungen. Schon die darin liegende Energie beruht auf einer Stimmung und macht eine Stimmung; Bewegungen find thatkräftig, Thaten aber die Zeichen der Gemüthsstimmung. Helmholtz verweist ferner darauf daß auch andere Arten von Bewegungen eine der Mufik ähnliche Wirkung hervorbringen, wie die Welle des Meeres oder Wafferfalles. Die rhythmische Bewegung, die doch im Einzelnen fortwährenden Wechsel zeigt, ruft eine behagliche Ruhe ohne Langeweile, weil in beständig frischer Anregung hervor, den Eindruck eines mächtigen, aber geordneten und schöngegliederten Lebens.

So gibt die Mufik den gefetzlichen Verlauf einer Lebensbewegung in der Melodie, und ihr Werk ist wie jedes echte Kunstwerk ein Ideal, das heißt die reine Form, die Urgestalt für viele irdische Erscheinungen, die fich mannichfach getrübt, zerstückelt, gebrochen darstellen mögen, die aber ihr Wesen doch durch die Theilnahme an dem Allgemeinen haben. Die Naturfreude im Frühling wie fie das Herz erweitert, wie fie ein friedliches Behagen verleiht und dann in Dank und Lob die Seele zu Gott erhebt, fie kann von Taufenden auf taufendfältige Art erfahren werden, fie hat aber ihre Norm, die fie von dem Heldenthum unterscheidet, welches den Kampf der Geschichte kämpft und im

Wechsel von tiefer Trauer über die Noth der Zeit und von kühner
Siegeslust mitten im Todesgrauen der Unsterblichkeit entgegen-
schreitet. Beethoven hat beides musikalisch offenbart, er ist darüber hinausgegangen wie es etwa dem Einzelnen dabei zu Muthe
ist, er ist der Dolmetscher der Menschheit geworden, er hat aus
ihrem Herzen heraus diese Lebenskreise entfaltet, er hat deren
Idee durch die Reihe und den Zusammenklang der Töne auf eine
herzgewinnende, herzerfreuende Weise verkündet, indem er diese
Idee die Wahl der Klänge und den Rhythmus und die Folge
derselben beherrschen und dadurch in das sinnlich Hörbare hinein-
gehen ließ. Die Ueberschriften Sinfonia pastorale und eroica
leisten uns den Dienst der Unterschrift oder des Katalogs in einer
Gemäldegalerie; auch hier hilft es uns zum Verständniß und Genuß, wenn uns die Erzählung bekannt ist und der Gegenstand,
welcher dem Bilde zu Grunde liegt, wenn wir jene nicht erst
mühsam enträthseln müssen wie bei manchen Compositionen aus
dem Alterthum auf pompejanischen Wandgemälden oder etrurischen
Vasen. Ohne die Kenntniß der Apostelgeschichte würden Rafael's
Tapeten uns wol durch große Gestalten und prachtvolle Gruppen
imponiren, ähnlich wie Beethoven durch Tonmassen; wir sind
aber sogleich viel gefördert, wenn wir hier die Namen Ananias,
dort Paulus in Athen lesen. Dann aber wollen auch diese Bilder nicht blos einen bestimmten einmaligen Vorgang, sondern sie
wollen ein göttliches Verhängniß oder die Macht der Glaubensbegeisterung darstellend verherrlichen, sie verwirklichen das Allgemeine und Ideale in einer bestimmten Situation; so die Musik
in bestimmten Klängen, Tonfolgen und Accorden. Beethoven
hatte die eroica bekanntlich anfangs Bonaparte genannt; in diesem großen Manne war ihm das Heldenthum offenbar geworden,
und dieses, nicht einzelne Thatsachen, Jahreszahlen oder Ereignisse wollte er musikalisch darstellen. Die Namen Dante, Tasso,
Schiller erwecken uns sogleich den Gedanken an eine eigenthümliche und doch allgemeine Lebensmelodie, und auf diese will Liszt
hindeuten, wenn er seinen symphonischen Dichtungen jene Namen
verleiht.

Ganz irrig wäre es freilich wenn man annehmen wollte das
Gefühl producire die Musik. Das thut immer nur die Phantasie;
die Composition ist deren künstlerisch bildende Thätigkeit, und wenn
die Melodie auch unwillkürlich aus den Tiefen des Gemüths ent-
quillt, das Motiv durchzubilden, das Ganze symmetrisch abzurun-

ben, die Harmonie hinzuzufügen, alles zur Einheit schön zu gestalten ist Sache der Ueberlegung, des selbstbewußt arbeitenden
Geistes, der die Gesetze der Kunst und die Natur seiner Mittel
kennt. Aus seinem Schöpfungsbrange gehen die Tonreihen hervor
wie in der bildenden Kunst die tiefempfundenen Linien, welche eine
sichtbare Gestalt umschreibend sie seelenvoll erscheinen lassen. Es
ist das Leben der Seele, der Seele der Welt oder des einzelnen
Menschen, das in den Tönen uns aufgeschlossen wird, das uns
dadurch zur Empfindung kommt, dessen Gefühl dadurch in uns
erweckt wird. Die Phantasie eines Mozart versetzt sich in den
Seelenzustand eines Don Juan, Octavio, Cherubin, einer Donna
Anna und Elvira, einer Susanne und Zerline; sie läßt uns den
eigenthümlichen Puls- und Herzschlag dieser Charaktere vernehmen,
sie zeigt uns deren inneres Wesen nicht wie es im Leibe bleibend
räumliche Gestalt gewonnen hat, sondern wie es als ein Werdendes in der Zeit sich entfaltet, sie gibt dieser die Zeit setzenden
und erfüllenden Lebensbewegung eine sinnliche Erscheinung durch
die zeiterfüllende Tonbewegung, nicht in der Weise einer äußerlichen Copie, sondern wie es der Würde der Kunst zukommt in
der Weise einer freigeschaffenen Verklärung. Hanslick gibt es zu
daß die Musik die Dynamik der Gefühle darstelle: sie vermag die
Bewegung eines psychischen Vorganges nach den Momenten:
schnell, langsam, stark, schwach, steigend, fallend nachzubilden.
Nun gut, so kommt es ja nur darauf an die specifische Bewegung
der Liebe, des Hasses, der Hoffnung, der Sehnsucht zu erfassen,
und wenn das dem Musiker gelingt, so werden wir wieder im
Steigen und Fallen, Anschwellen und Verhallen der Töne die Linie
gezeichnet sehen, die allmählich die bestimmte Gestalt dessen umschreibt was in der Seele lebt, und weil diese Gestalt sich sowol
in unserer Anschauung als in unserer Empfindung unmittelbar erzeugt, so werden wir dadurch in unserm Gefühl des Gefühls des
Musikers oder des Charakters inne in dessen Situation seine Phantasie sich versetzt hat.

Es sind also nicht für sich fertige mit besonderm Inhalt erfüllte Gefühle, die der bewußte Mensch nicht ohne Vermittelung
seiner Gedanken hat, was in der Musik zur Darstellung kommt,
sondern die Lebensbewegung idealer Wesenheiten oder der Seele
in besondern Zuständen, und hier ist es wiederum der allgemeine
Verlauf solcher Zustände der in diesen hörbaren Klängen kund
wird, den wir dadurch in seiner Reinheit und Allgemeinheit fühlen.

In seiner sinnig geistvollen Weise hat auch Lotze einmal erörtert wie wir auf mannichfaltige Art die Befriedigung unserer Wünsche, die Erlangung eines Ziels durch Anstrengung und durch das freundliche Zusammentreffen mit einer uns entsprechenden Weltlage er fahren, wie dadurch das Gefühl des leichten Gelingens oder des streitend errungenen Sieges als das den verschiedenen Erfahrungen Gemeinsame sich uns erzeuge; das habe die Musik auszusprechen, und so stelle sie das tiefe Glück dar welches in diesem Gange der Welt liegt. Dadurch erhebt sie uns über die Schranken der endlichen Realität, kann aber ebenso das Gemüth, das einseitig ihr huldigt, den praktischen Bedürfnissen entfremden und zu einer gegenstandlos verschwimmenden Sentimentalität führen. Klavierspielerinnen; sagte eine geistreiche Frau, haben es dahin gebracht ihren Müßiggang hörbar zu machen. Die Alten stellten deshalb mit Recht der musikalischen Bildung die gymnastische zur Seite. Jean Paul, dessen Dichtung das musikalische Element zu sehr auf Kosten des plastischen auszeichnet, hat das Wesen der Tonkunst richtig verstanden, wenn er begeistert sie fragt: „Bist du das Abendwehen aus diesem Leben oder die Morgenluft aus jenem? Ja deine Laute sind Echo, welche Engel den Flötentönen der zweiten Welt abnehmen um in unser starres Herz; die Harmonie fern von uns fliegender Himmel zu senden; sie ziehen uns von melodischen Fluten in Fluten und sinken mit uns in die fernen Blumen ein, die ein Nebel aus Düften füllt, und im dunkeln Dufte glimmt die Seele wieder an wie Abendroth ehe sie selig untergeht. — — O ihr unbefleckten Töne, wie so heilig ist euere Freude und euer Schmerz! Denn ihr frohlockt und wehklagt nicht über irgendeine Begebenheit, sondern über das Leben und Sein, und euerer Thränen ist nur die Ewigkeit würdig, deren Tantalus der Mensch ist. Wie könntet ihr denn, ihr Reinen, im Menschenbusen, den solange die erdige Welt besetzt, euch eine heilige Stätte bereiten oder sie reinigen von irdischem Leben, wäret ihr nicht früher in uns als der treulose Schall des Lebens, und würde uns euer Himmel nicht angeboren vor der Erde!‘“· — Ganz ähnlich sagt Novalis: es werde dem Geist vaterländisch zu Muthe, er fühle sich auf Augenblicke in seiner Heimat, wenn er Musik hört und nicht an die Bilder der Gegenstände, die Schranken der Endlichkeit erinnert wird. So nennt Krause Musik die allgemeine Himmelssprache, und Hand schreibt in seiner Aesthetik der Tonkunst: „Aus allem Endlichen und Bedingten spricht zu dem Herzen des

Menschen der Geist des Unbedingten, die ewige Wahrheit, die unendliche Freiheit, die Gottheit; und wie dieser Geist Eins wird mit seinem Geiste und er ihn in sich trägt und von ihm durchdrungen, erhoben und beseligt wird, dies macht den Inhalt seines Gefühls aus, welches dann in Tönen sich ausspricht. So bezeugt die Musik das Dasein der Idee in unserm Innern, erhebt uns über das Endliche und versichert uns des Antheils an einem über die Beschränkung von Raum und Zeit hinauswirkenden Leben. Was uns in erhabener und schöner Musik in tiefer Seele ergreift benennen wir als ein Unaussprechliches; es ist die Unendlichkeit selbst, die uns aufnimmt und die wir in uns tragen. In dieser Erhebung über alles Irdische, in einer Region wo kein Wort mehr zureicht, wirkt ein der Musik eigenthümlicher Zauber. . . . Die bildende Kunst gibt den Ideen Körper und strebt so das Göttliche zu vermenschlichen, die Musik dagegen sucht das Sinnliche in Geistiges zu verwandeln und das Menschliche zu einem Göttlichen umzuschaffen; sie löst das Räumliche in Zeitliches, das Ruhende in Bewegung auf, und führt dem idealen Leben und der Freiheit zu, in welchem reinere Geister dem Genuß der Unsterblichkeit hingegeben sind."

„Kein Bild, kein Wort kann das Eigenste und Innerste des Herzens aussprechen wie die Musik; ihre Innigkeit ist unvergleichlich, sie ist unersetzlich, ein rein selbständiges, in reiner Eigenkraft bestehendes Wesen." Diesem Satz aus Vischer's Aesthetik stimmen wir zwar bei; wenn er aber die Gefühle als den Stoff und Inhalt der Musik bezeichnet, so müssen wir wieder daran erinnern, daß das Gefühl selber eine der Formen ist durch die wir den Inhalt des Seins ergreifen und uns aneignen, und daß vielmehr gesagt werden muß die Idee sei Inhalt der Musik wie jeder Kunst, und zwar speciell nach der Seite ihres Werdens und Lebens, ihres Entwickelungsprocesses in der Zeit. Den Wahn daß die Zeit dem Geiste und dem Idealen nicht eigene, und nur eine Form der Körperlichkeit sei, hoffe ich aber schon anderwärts beseitigt zu haben, denn ohne das Nacheinander der Zeit keine Entwickelung, kein Leben; das ideale Wesen in seiner Selbstverwirklichung setzt eben die Zeit indem es sich successiv entfaltet, und es erfüllt die Zeit mit seiner Dauer. Die Ewigkeit ist nicht die Ruhe des Todes, sondern die immerwährende Gegenwart, ihr Sein ein beständiges Werden.

Vischer ist über die Falschheit der Hegel'schen Dialektik nicht

zu belehren gewesen, er will daher die Musik aus der Malerei
herleiten, als ob die Malerei nicht aufhören würde zu sein, wenn
sie jemals in Musik übergegangen wäre! Er behauptet daß eine
Scheidewand zwischen uns und dem Bild bestände, und daß daraus
ein tiefer Mangel der Malerei fließe. Allein das Gemälde erzeugt
sich ja mit seinem Farbenzauber in uns, auf der Leinwand sind
nur Metalloxyde vorhanden, und die Saiten einer Violine bleiben
sammt dem Fiedelbogen ebenso gut außer uns wie die Pigmente;
die Wellen des Aethers wie der Luft, die durch beide erregt werden, vermitteln unsere Empfindung des Lichtes und Tones, beide
sind ohne Scheidewand in uns vorhanden. Ebenso falsch wie
obige Meinung ist die weitere Versicherung: „Es muß die Kunst,
nachdem sie in der bildenden Form das Object dem Geiste gegenüber hingestellt und stehen gelassen, die Wahrheit daß alles Object
nur so viel ist als es für den Geist ist, erst dahin treiben daß sie
dasselbe (in der Musik) völlig aufzehrt, ehe sie es aus diesem
Grabe und Schacht neugeboren, vom Geiste gesetzt und durchdrungen (in der Poesie) wieder zu Tage bringt.“ Die Musik
schließt sich nicht an eine fertige Kunstwelt der Malerei an, und
auch die bildende Kunst stellt schon das Object als ein vom Geiste
gesetztes und durchdrungenes hin; auch die Poesie wirkt von Anfang an für sich und wartet nicht auf den Vorgang der Musik.
Die Musik hat gar keinen äußern Gegenstand, wie könnte sie da
ihn aufzehren; sie ist ja das gestaltlose Erklingen des Innern als
solchen, sie stellt die Bewegung der Lebenskräfte dar, aus welcher
die Thaten und Gestalten erst hervorgehen, die in ihrer Innerlichkeit aber selbst keine sichtbaren Gestalten sind. Deshalb will ja
auch Weiße die Musik vor der Betrachtung der bildenden Kunst
dargestellt wissen. Es ist ferner falsch, wenn Vischer sagt daß
nur die Musik uns über das Gefühl belehre. Sie sagt uns nicht
was das Gefühl ist, das wissen wir nur durch das Gefühl selbst
und durch unser Nachdenken über unsere psychische Erfahrung. Es
ist falsch, wenn er sagt daß in der schwingenden Bewegung des
tönenden Körpers sein räumliches Außereinander in das Nacheinander der Zeit aufgehoben und er sozusagen flüssig werde;
er bleibt vielmehr fest, er bleibt im Raume stehen und bewegt
sich im Raume, und seine Schwingungen geschehen nacheinander
in der Zeit. „Ist diese Erzitterung, die erste Negation des räumlichen Daseins erfolgt, so stellt sich durch die Reaction des Körpers gegen diese Aufhebung in die Zeit, also durch eine zweite

24*

Negation das blos räumliche Dasein her." Wer sich durch solche
Redensarten äffen lassen und sie für Tiefsinn nehmen will, mag
es thun, aber im Interesse der Philosophie muß man gegen sie
protestiren; wie will man es sonst den Physikern, ja überhaupt
dem gesunden Menschenverstand verargen, wenn sie die Philosophie
verschmähen? Ist das räumliche Dasein aufgehoben, so ist mit
der Ausdehnung die Körperlichkeit verschwunden: wie kann der
Körper nun, der nicht mehr besteht, gegen die Aufhebung in die
Zeit reagiren und das räumliche Dasein durch eine zweite Negation, also wol die der Zeit, wiederherstellen? Gleich darauf
heißt es, es sei wesentlich daß der Körper bleibe (der eben in die
Zeit aufgehoben worden sein sollte) und nur an ihm etwas vor-
gehe; damit sei ausgedrückt wie die Musik so eben von der bildenden Kunst, die an den Raum gebunden ist, herkommt. Sie
kommt aber nicht daher, sie ist eine selbständige Offenbarung des
Seins. Endlich die Phrase über die Musik: „Sie ist die reichste
Kunst, sie spricht das Innigste aus, sagt das Unsagbare, und sie
ist die ärmste Kunst, sagt nichts." Sie ist nicht reicher und nicht
ärmer als die beiden andern Künste, aber sie erfaßt die Idee auf
eine eigenthümliche Weise und stellt sie darin voll und ganz dar.
Daß das Innigste aber gleich dem Nichts gesetzt würde, ließe
sich wol niemand träumen der es nicht geschrieben sähe. Unsagbar ist allerdings das Gefühl als solches, aber die Musik sagt
es darum auch nicht, sondern sie gibt die innern Bebungen wieder
die es hervorrufen, und dadurch erweckt sie es im Hörer.

Die Musik reicht allerdings in Regionen wo das Wort nicht
nachfolgt. So findet sich in Goethe's „Erwin und Elmire" die
Stelle: „Erwin: Ich bin's! — Elmire (an seinem Hals): Du
bist's!" — Dazu schreibt der Dichter: „Die Musik wage es die
Gefühle dieser Pausen auszudrücken." Ambros bemerkt dazu: Die
Musik ist auch wirklich den Beweis nicht schuldig geblieben, daß
sie so etwas wagen darf. In dem unsterblichen Jubelduett im
„Fidelio" hat sie nach den gleichlautenden Worten: „Ich bin's!"
„Du bist's!" da die wiedervereinigten Gatten im Uebermaß der
Wonne nur noch ausrufen: „Eleonore!" „Florestan!" und dann
verstummen, ausgedrückt was in den Herzen der Glücklichen Un-
aussprechliches wogt. Ja wohl — Unaussprechliches.

Bischer wirft endlich in dem von ihm selbst bearbeiteten Theile
der Musiklehre noch die Frage auf: ob oder wieweit die Musik
malen darf. „Daß sie im Großen und Ganzen zu verneinen ist,

folgt streng aus der Begriffsbestimmung der Objectlosigkeit des Gefühls. Allein die strengen Grundbegriffe sind überall nicht bis an ihre äußersten Grenzen rigoristisch durchzuführen, wenn man nicht die lebendige Wirklichkeit zerstören will." Wenn ein Naturforscher einen Grundbegriff nicht bis an die äußersten Grenzen durchführen kann, so hält er ihn nicht für wahr, sondern für eine ungenügende Hypothese; erheben sich Instanzen gegen eine Behauptung, so ist sie nicht mehr in ihrer Allgemeinheit wahr, dies lehrt uns die Logik. Bischer stellt die Sache auf den Kopf: seine Meinung soll richtig bleiben, aber die Wirklichkeit soll die Strenge des Begriffs nicht vertragen können, ja gar dadurch getödtet werden. Vielmehr würde das Leben zu Grunde gehen, wenn nicht die Gesetze überallhin reichten, wenn nicht an allen Orten auf dieselbe feste strenge Naturordnung gerechnet werden könnte; und wäre das nicht der Fall, so gäbe es keine Wissenschaft. Ich würde den von mir aufgestellten Grundbegriff der Musik sofort verwerfen, wenn sich daraus nicht auch in Bezug auf die Tonmalerei Bestimmungen ableiten ließen, die mit dem zusammentreffen was die großen Meister geübt. Weit philosophischer als Bischer hat der Musiker Hauptmann ausgesprochen daß das musikalisch Richtige ein Natürliches und Vernünftiges, nichts Gemachtes oder Ersonnenes sei, und seine goldenen Worte sind wohl zu beherzigen: „Es gibt überhaupt keine Regel die nicht in etwas organisch Gesetzlichem ihren Grund hätte. Die Regel befaßt sich aber nicht damit den Grund ihrer Forderung nachzuweisen, ist sich auch desselben oft nicht bewußt, und da sie nur die äußere Erscheinung, nicht das Wesen der Sache im Auge hat, so ist sie für jede andere Seite der Erscheinung selbst wieder eine andere. Das organisch-Gesetzliche ist aber die Seele, die innere lebendige Einheit selbst; es empfängt seine Bestimmungen nicht nach der äußern Erscheinung, es bringt vielmehr diese hervor."

Die bildende Kunst stellt die körperlich sichtbare Gestaltung der Idee bleibend im Raume dar; die Musik läßt uns eine Zeitfolge von vorüberrauschenden Tönen hören; sie kann also nur das Werden, den Bildungsproceß und Gestaltungsdrang der Idee veranschaulichen. Eine feste äußere Form zu beschreiben ist ihr unmöglich. Aber dem bildenden Künstler ist die ganze Idee gegenwärtig, er sieht gerade in der Form den selbstgeschaffenen von innen bedingten Ausdruck der Lebenskraft, und wählt Stellungen die auf eine vorausgehende und nachfolgende Bewegung hindeuten;

indem die Lage oder Richtung verschiedener Figuren zu- oder gegeneinander sich wechselsweise bedingt, sehen wir die Motive der Bewegung, und die Phantasie gewahrt somit im Gewordenen das Werden. Indem die Musik uns den Entwickelungsproceß des Lebens in seinem Flusse vorführt, wird sie auf die Form hindeuten die das Ziel desselben ist, und wie der Musiker das Bild der gestalteten Welt in seiner Seele trägt, so wird er die eigenthümlichen Bewegungen der Gegenstände neben dem Wogen und Wallen der sie innerlich treibenden Kräfte in seinen Tonweisen abbilden und dadurch auch die Anschauung der Dinge in der Phantasie erwecken. Auch in der Sprache sehen wir das Bestreben durch den Ton dem Ohr einen analogen Eindruck zu machen als das Auge vom Anblick hat, und in Wörtern wie fließen, weich, Zickzack, hell wird man dies ebenso wenig verkennen als die Versinnlichung geistiger Zustände durch Worte wie dumpf, klar, lieb, von der Nachahmung der Naturlaute im Donner, Gekrach, Gelispel zu schweigen. Auf gleiche Weise und mit gleichem Recht wählt die Musik ihre Klänge, und die Frühlingsstimmen der Natur flöten uns in Händel's Acis und Galathea ebenso heiter und süß, als Pauken und Bässe den Gewittersturm, unheimlich gezogene zitternde Geigentöne sein Heranziehen in Beethoven's Pastoralsymphonie bezeichnen. Wenn wir in dieser vorher auch den Schlag der Wachtel, den Ruf des Kukuks, den Gesang der Nachtigall zu vernehmen glauben, so hätte das an sich keinen Werth, wenn nicht die Klänge für sich wohllautend aus dem Entwickelungsgang der Melodien hervorträten als ob sie rein durch diesen bedingt wären. Schallnachahmung um ihrer selbst willen ist keine Kunst; Beethoven aber stellt uns dar wie die Aussicht im Freien vor uns sich ausdehnt und das Herz erweitert, wie dann ein trautes Thal in stilles Sinnen versenkt: diese Vorgänge des Gemüthslebens sprechen in ihrer klaren Allgemeinheit sich aus, und das Wesen der ländlichen Natur wird uns dadurch erschlossen daß das in ihr liegende musikalische Element entbunden wird: sollte da der Tondichter sich scheuen einen Anklang an die Stimmen zu geben welche das Wohlgefühl des Lebens in der Natur selbst schon im Liede der Vögel gefunden hat, so würde er einem falschen Idealismus verfallen, der die Formen der Wirklichkeit gering achtet und durch selbst gemachte ersetzen zu können meint. Wie die Nachtigall und Lerche, der Hund und Löwe die eigenen Stimmen, so besitzt auch das Rauschen des Wassers, das Säuseln des Laubes im Winde, das Klirren der Schwerter, das dröhnende Poltern der Steine den eigenen Ton, und wie wir solchen vernehmen, so werden wir an das Bild der Gegenstände erinnert denen er angehört. Die Bewegungen des Flatterns, Fließens, Stürmens, Ermattens, Zerschmelzens vollziehen sich nicht lautlos, und Tonbewegungen echter Art sind ein Anklang an sie. Als Richard Wagner in einem Concert den Flammenzauber Odin's durch das münchener Orchester uns hören ließ, da war das Flackern und Wallen des auflodernden Feuers um das Todesbett der Walküre durch Ohr und Phantasie mir ergreifender als später bei der Theateraufführung, wo die Flamme dazu sichtbar gemacht wurde. Wie in dem poetischen Rhythmus die Bewegung sich verkündet welche von der Rede geschildert wird oder den ausgesprochenen Gedanken zukommt, so versinnlicht uns Haydn in der „Schöpfung" das stille Fallen des Schnees wie das Niederrauschen des Regens, und wenn es heißt: Da springt der gelenkige Tiger hervor, so glauben wir bei Haydn's Tönen jenes Gleichniß des griechischen Dichters vor Augen zu haben, wonach der Löwe wie ein eingespanntes freiwerdendes Scheit Holz im sausenden Schwung auf seine Beute stürzt, die Anapästen des Verses werden zu ebenso vielen Sprüngen, die sich immer höher und höher auf der Tonleiter erheben von einer Stufe zur andern, um zuletzt dem Boden wieder sich zu nähern; der rasche Gang, die aufstrebende Tonlinie versinnlicht die Bewegung, deren Eigenthümlichkeit im Unterschied von dem langsam sich hinwindenden Kriechen des Gewürmes das Bild des gelenkigen Tigers uns vor die Seele ruft. Der Maler würde ihn darstellen wie er sich zum Sprung gleich einer gespannten Feder zusammenzieht, und wir würden in Gedanken die Linie entwerfen die er beim unausbleiblichen Losfahren beschreiben wird. Vorher schon sahen wir in einer herrlichen Stelle die Sonne mit majestätischem Glanz wie ein Held ihre Bahn ziehen, den Mond sanft in stiller Nacht seinen milden Schein verbreiten: es waren zwei ergreifende Stimmungsbilder. In langgezogenen reinen weiten Klängen tritt so auch bei Mendelsohn in der „Meeresstille" das Wellmeer vor unsere Augen, und in dem Flüstern der Geigen vernehmen wir dann das erst leise, dann lauter anschwellende Aufschauern seiner Wellen. Das Chaos stellt Haydn in durcheinanderwogenden Mollaccorden dar; es ist eine Sehnsucht zum Werden, die noch keine Gestalt gewonnen hat, weshalb auch keine Melodie durchgeführt wird: da vollendet sich auf einmal der melodiſche Gang in dem entſcheidenden Ton, da ſchallen auf einmal reine helle Duraccorde herein, ſie ſchließen gleich Strahlen aus den Blasinſtrumenten hervor, und es wird Licht!

Händel's Oratorium Iſrael in Aegypten ſchildert den Durchgang der Juden durchs Rothe Meer; da ſtehen die Waſſer wie Mauern. Wollte der Componiſt dieſe Worte in einer wechſelreichen Melodie vortragen, würde er ihrem Sinn widerſprechen; die Klangwogen, die Händel's Chor hervorbrauſen läßt, halten aber einen und denſelben Ton unerſchütterlich feſt, und wie ſie ihn bei jeder Silbe mit gleicher Stärke wiederholen, ſteht das Bild der Sache, ſteht der Gedanke wunderbar anſchaulich in unſerm Gemüthe da. Das iſt rechte Tonmalerei. In Mozart's Requiem ertönt die Poſaune zum Gericht, wir hören den Klang, deſſen erſchütternde Gewalt die Pforten der Gräber ſprengt, und wie der ſchuldige Menſch zum Gericht aufwacht und aufſteht, da zeichnet die Muſik die erſten Regungen nach dem Todesſtarren und dann das freie ſich Erheben der Glieder. Wenn dagegen ein Componiſt den Satz „da iſt keiner unter uns der Gutes thue" durch eine Reihe von Quintparallelen ausdrückte, ſo that er ſehr übel daran und ſelbſt nichts Gutes.

Von Mozart haben wir einen köſtlichen Brief über einige Arien in der Entführung aus dem Serail. „Der Zorn des Osmin", ſchreibt er; „wird dadurch ins Komiſche gezogen, weil die türkiſche Muſik dabei angebracht iſt. Das «Drum beim Barte des Propheten» iſt zwar im nämlichen Tempo, aber mit geſchwinden Noten, und da ſein Zorn immer wächſt, ſo muß, weil man glaubt die Arie ſei ſchon zu Ende, das Allegro assai ganz in einem andern Zeitmaße und andern Tone eben den beſten Effect machen; denn ein Menſch der ſich in einem ſo heftigen Zorne befindet überſchreitet ja alle Ordnung, Maß und Ziel, er kennt ſich nicht, — und ſo muß ſich auch die Muſik nicht mehr kennen. Weil aber die Leidenſchaften, heftig oder nicht, niemals bis zum Ekel ausgedrückt ſein müſſen, und die Muſik auch in der ſchauervollſten Lage das Ohr niemals beleidigen, ſondern doch dabei vergnügen, folglich allezeit dabei Muſik bleiben muß, ſo habe ich keinen fremden Ton zum F, ſondern einen befreundeten, aber nicht den nächſten (D minore), ſondern weitern (A minore) dazu gewählt. Nun die Arie von Belmonte aus A dur: O wie ängſtlich, o wie feurig! — wiſſen Sie wie es ausgedrückt iſt; auch iſt das klopfende Herz ſchon angezeigt: die Violinen in Octaven.

Man sieht das Zittern, Wanken, man sieht wie sich die schwellende Brust hebt, welches durch ein crescendo exprimirt ist;
man hört das Lispeln und Seufzen, welches durch die ersten
Violinen mit Sordinen und einer Flauto im unisono ausgedrückt ist."

Hierher gehört auch eine Stelle aus Riehl's „Musikalischen
Charakterköpfen". „Es ist vielleicht mehr als ein Spiel des Zufalls
daß Astorga in seinem herrlichen Stabat unter die Stelle: fac
ut animae donetur paradisi gloria! wunderbarerweise in Moll
gesetzt hat. Ist das nicht die schmerzgetränkte, durch die Tiefe des
Unglücks zur Kunst eingeweihte Seele, die selbst bei der Glorie
des Paradieses einen Nachhall sehnsüchtiger Wehmuth nicht unter-
drücken kann? Und dann die Stelle wo es heißt daß ein Schwert
durch das seufzende Herz der Mutter Gottes gegangen sei! Per-
transivit gladius! Die Bässe schreiten bei den Worten dämonisch
in chromatischen Gängen gegen die wogenden Oberstimmen heran,
sie schneiden als mit Schwertesschärfe in das Gewebe derselben ein.
Wenige Tonmeister lassen das Martervolle in dieser unzähligemal
componirten Stelle dem Hörer so durch Mark und Bein gehen
als der sonst so milde Astorga. Das ist das Schwert welches auf
dem Richtplatz durch die Seele des Jünglings gegangen war, da
er ansehen mußte wie es seines Vaters Leben mitten entzweischnitt,
und vielleicht unbewußt hat er die Geschichte seiner eigenen Qual
hier in Noten gesetzt."

Vortreffliche und sachgemäße Tonmalerei hat auch Beethoven's
Missa solennis. Statt des herkömmlichen Trompetenschmetterns
beim ewigen Leben läßt der Meister die Worte vitam venturi
saeculi in einer seltsam verschlungenen Stimmführung zuerst langsam durch fremdartige Melodien dahingleiten, die sich allmählich
klarer entwickeln und das halbverschleierte Geheimniß des ewigen
Lebens ahnen lassen, vor welchem jede sterbliche Creatur ein
Schauer durchrieselt. Die Auferstehung Christi feiert ein voller
heller Duraccord, der ohne Begleitung der Instrumente bei den
Worten et resurrexit tertia die aus den Molltönen hervorbricht,
die das Leiden und Sterben leise klagend umwoben hatten. Bei
dem irdischen Tagesanbruch in Haydn's „Schöpfung" gipfelt das
Licht im sich ergießenden Hall der Instrumente, das himmlische
Licht der Auferstehung des Geistes hat den hellen Klang der
Menschenstimme zu seiner Offenbarung im Gesang.

Der rechte Künstler hat das Bewußtsein daß der Inhalt jeder

Kunst und ihre ideale Aufgabe ihren Formen und dem Material
worin sie schafft vollkommen entspricht; der rechte Musiker will
daher nicht die äußere Beschaffenheit sichtbarer Dinge beschreiben
oder besondere Vorstellungen als solche ausdrücken, weil dafür die
Allgemeinheit des Tones sich nicht eignet, weil die innere Lebensbewegung das musikalische Element des Seins ausmacht. Unter-
nimmt es aber ein Franzose den geologischen Zustand des Planeten in der Keuper- und Liasperiode tonmalerisch bezeichnen zu
wollen, so ist das nur die etwas vornehmere Zustutzung des alten
Zopfes der Programmenmusik, worin dargestellt sein soll wie die
Philister in Danzig über die Schwierigkeit der Reise nach Memel
berathen, die Gefahren des Umstürzens oder Steckenbleibens der
Reichspostkutsche dem wanderlustigen Freund vorhalten, dieser aber
mit der Dringlichkeit der Spezereihandelsgeschäfte antwortet. Wir
hören diese unmusikalischen Specialitäten so wenig aus der Musik
heraus, als wir sehen daß eine früher schon erwähnte Dame mit
Rousseau sich beräth ob sie Komödiantin werden solle, was ein
Maler unter sein Bild, wie jene Componisten ihre Erklärung über
die Noten geschrieben. Die Wehmuth des Abschiedes dagegen, die
Einsamkeit in der Trennung und die Lust des Wiedersehens hat
Beethoven in einer Sonate darstellen können; wer die Scheidenden
waren, wohin die Reise ging, zu welchem Zweck und auf wie
lange sie unternommen wurde, das ausmalen zu wollen ist ihm
aber nicht in den Sinn gekommen.

In jedem Künstlergeist ist Anschauung, Gefühl, Gedanke vereint, jeder schöpft aus dem Ganzen und Vollen; und wie der
Dichter durch die Vorstellungen, die er ausspricht, auch Bilder und
Empfindungen in uns weckt, so kennt der Musiker bei der Darstellung der Innerlichkeit und Bewegung des Lebens auch den
Begriff und die Erscheinungsform der Dinge, und jede Tonfigur
die daran erinnert, die davon durch ihren Eindruck ein Analogon
ist, wird ihm willkommen sein, wenn sie dem Gesetze des Wohllauts und der Bahn der Melodie sich einordnet. Alles Aeußere
muß zum Innern werden, der Musiker nimmt es auf in die eigene
Seele und schildert die Empfindung, die es ihm macht, in ihrer
Entwickelung, oder er vertieft sich in den Gegenstand und sucht
die Kraft vernehmlich zu machen die ihn bedingt und hervorbringt.
Wie der Dichter löst der Musiker das Sein in sein Werden auf
und beschreibt nicht das Fertige, sondern versetzt uns in die Thätigkeit durch die es entstanden ist. So kann die ganze Sinnen-

welt, der ganze Reichthum des Geistes eingehen in das Reich der
Töne, aber die Musik spricht nicht die Dinge und Vorstellungen
selbst für sich aus, sondern stellt sie dar wie sie in ihrer Untrennbarkeit vom Ich empfunden werden, wie sie ihre Resonanz
in der Seele finden, oder wie die ewige Natur, das schöpferische
Gemüth Gottes sich in ihnen offenbart. Als es Licht geworden
ist, als die Pflanzen aufgesproßt und die Thiere aus dem Schos
der Erde hervorgegangen sind, da feiert Haydn, der die bedingenden Bewegungen dieser Dinge zu ihrer Veranschaullchung richtig
in Tönen gemalt hatte, die Ehre Gottes und die Herrlichkeit der
Schöpfung dadurch daß er die selige Gemüthsbewegung kundthut
welche die Engelchöre und die Menschen angesichts der Wunder
der Welt und der sie durchwaltenden Schöpfermacht ergreift. In
der Harmonie und Melodie dieser Chöre spiegelt sich die Schönheit der Schöpfung, wird sie uns musikalisch dargethan.

Die Musik hat ihren Ursprung im Geiste des schaffenden Künstlers, sein Charakter, seine Sinnesweise, seine Weltanschauung
prägt sich darum aus im Werk, und das Werk pflanzt sie wieder
fort auf die Hörer. Darum war gute Musik zu üben und zu
pflegen den Hellenen eine Staatsangelegenheit. Ihre Harmonie
sollte nach Pythagoras den Einzelnen wie das Volk zum gesunden
Einklang und klaren festen Rhythmus aller Kräfte führen. Platon
sagt: Die Harmonie, welche mit den Bahnen unserer Seele verwandte Bewegungen hat, scheinen die den Musen sinnig sich Hin-
gebenden nicht zu unvernünftigem Vergnügen, wie man jetzt wol
glaubt, sondern zur Ordnung und zum Einklang der Dissonanzen
in unsern Seelenbewegungen empfangen zu haben, sowie den
Rhythmus, damit er den unmäßigen und der Ordnung beraubten
innern Zustand ordnen helfe. Die Musik erstreckt sich auf alle
Seiten des Innern, nicht allein die Kräfte der Seele in Künsten,
sondern auch in Wissenschaften ausbildend, sodaß sie am Ende
sowol die Liebe zum Guten als zum Schönen erzeugt. — Und
wenn der Dämon Saul's durch David's Harfenspiel beschwichtigt
wird, was geschieht anders als daß der Geist der Harmonie wieder
in die Seele des Königs einzieht? Nach dem Tonmaß der Leier
Amphion's fügen sich die Steine ebenmäßig zur Mauer von Theben, und Orpheus' Gesang zähmt die thierische Wildheit. Händel
feierte in einem Jugendwerk in Rom den Kampf sittlicher Mächte
mit den Reizen der Sinnlichkeit, den Sieg der Wahrheit über
den Schein. Er nahm als Greis die Arbeit wieder auf um sie

noch einmal durchzubilden (The triumph of time and truth),
sie war der Grundgedanke seines ganzen Wirkens gewesen, er
wollte mit der Musik über die flaue Unterhaltung hinaus auf die
sittliche Erhebung der Menschen wirken; mit einer „tönenden Arabeske" wäre das wol nicht möglich gewesen! Aber Händel's
Streben war vom Erfolg gekrönt, weil ein ethischer Geist in seinen
Tönen waltet. Sein Biograph Chrysander darf jetzt behaupten
daß der Umschwung der Sitten in England aus dem Leichtsinn
und der Lockerheit der Stuart'schen Restaurationsperiode und
ihren liederlichen frivolen Komödien sich weit mehr an Händel's
Musik als an die durch Addison eingeleitete Literaturrichtung
knüpft, kraft deren das Laster statt der Tugend dem Spott zum
Ziele gegeben ward.

Den gewaltigen Sebastian Bach preisend sagt Marx: „Er hat
in seiner Kunst ein Abbild niedergelegt an dem wir uns versinnlichen können was der tiefe Jakob Böhme, wo er die selige Gemeinschaft himmlischer Wesen am lebendigsten schildert, ein heiliges
Spiel Gottes nennt, ein spielseliges Leben, worin die reine volle
reiche Freude, nicht aus einer bestimmten Anschauung entsprungen,
nicht an einem Schaubilde haftend, sondern als erhöhtes Seelenleben, als aufflammender Lebensfunke erscheint: ein himmlisches
Freudenreich." Auch Goethe schrieb an Zelter über Bach: „Ich
sprach mir's aus als wenn die ewige Harmonie sich mit sich selbst
unterhielte, wie sich's etwa in Gottes Busen kurz vor der Weltschöpfung möchte zugetragen haben." Wie Luther längst vorher
geäußert daß die Musik gleich der Theologie (der Betrachtung
Gottes) dem Menschen ein ruhiges und heiteres Gemüth verschaffe,
daß der Teufel, der Urheber aller Sorgen und Friedensstörungen,
auf ihre Stimme davonfliege; sowie Habschi Talfa gelehrt daß
die durch Melodien entzückte Seele sich nach der Anschauung höherer Wesen sehnt, nach der Mittheilung einer reinern Welt, sodaß
auch die von der Dichtheit der Körper verdunkelten Geister durch
sie vorbereitet und empfänglich werden zum Umgang mit den
Lichtgestalten die um den Thron des Allmächtigen stehen; — so
nennt es Krause die ganze und höchste Aufgabe der Musik Darstellung der Seligkeit, des Vereinslebens der Seelen mit Gott zu
sein. „Der Tonbichter", sagt er, „indem er die einzelnen Stimmungen sich eigenlebendig entfalten läßt, jede für sich schön, jede
passend zu jeder, und alle übereinstimmig zu dem ganzen Ton-
gedichte, ahmt hier Gott selbst auf schwache, endliche aber treffende

Weise nach, der alle Herzen, alle Gemüther lenkt und leitet einstimmig mit seinem einen unendlich schönen Gemüthe, der da ausführt die unendlich vielstimmige Harmonie der Musik des Weltalls. Denn das eine Leben Gottes ist auch ein unendlich schönes Tongedicht."

Hier verstehen wir Shakespeare's bekannten sinnvollen Ausspruch:

> Der Mann der nicht Musik hat in ihm selbst,
> Den nicht die Eintracht süßer Töne rührt,
> Taugt zu Verrath, zu Räuberei und Tücken;
> Die Regung seines Sinns ist dumpf wie Nacht,
> Sein Trachten düster wie der Erebus.
> Trau keinem solchen!

So hört sein Perikles von Tyrus innerlich Musik, als sich sein verworrenes Lebensräthsel im Wiederfinden der Tochter lieblich löst.

Das geflügelte Wort Seume's ist allbekannt:

> Wo man singt da laß dich ruhig nieder;
> Böse Menschen haben keine Lieder.

Es gilt nicht blos in dem Sinne daß die Melodie, der harmonische Wohllaut das bedeutsame Wort eindringlicher, wirksamer macht, sondern auch in der Hinsicht daß die Musik die Stürme des Herzens aufruft und beschwichtigt zugleich, indem sie die Gemüthsbewegungen in der empfundenen Tonbewegung aus Leidenschaft und Verwirrung zu klarer Ruhe und versöhnter Befriedigung leitet. Auch die reine Instrumentalmusik bricht und befreit den selbstsüchtigen Sonderegeist, indem sie ihn aus seinen Schranken und Engen in das allgemein Menschliche und Unendliche einführt, oder lieber solches in ihm lebendig macht. Der Gesang aber ist die gesellige Kunst, welche die vielen Stimmen zu gemeinsamem Stimmungserguß vereint, die Freude verschönt und den religiösen Sinn auf Flügeln der Harmonie zum Idealen erhebt; der Kriegsmuth wie die Andacht haben hier ihre klangvollen Schwingen.

Aristoteles hielt es für wichtig daß man nicht blos auf die rechte Art geschäftig, sondern auch auf eine schöne Art müßig sein könne. Wie Schlaf und Wein wiege die Musik die Sorgen in Schlummer, und gewähre eine beglückende Unterhaltung durch

das Schöne, durch das sie auch zur sittlichen Bildung beitrage.
Wer sich an Harmonie gewöhnte, der werde, meint Plutarch, sich
auch in Gesinnung, Rede und That nichts Unharmonisches er-
lauben. Zu Aristoteles' Wort mögen wir hinzufügen daß die
deutsche Sprache die Uebung der Musik ein Spiel nennt; der
Ausübende versenkt sich in das Werk des Meisters, und gibt sich
einer reproducirenden Thätigkeit hin, welche ihm eine Erholung
von anderer Berufsarbeit gewährt, indem sie ihm die Zeit auf
eine edel erfreuende Weise ausfüllt.

Nachdem Otto Jahn Mozart's warmen Antheil an dem Frei-
maurerthum besprochen und seine diesem gewidmeten Musikstücke
charakterisirt hat, fährt er fort: „An einen specifisch freimaure-
rischen Stil der Musik wird niemand denken wollen, allein in den
schönsten Sätzen dieser Art wie auch in der »Zauberflöte« spricht
sich etwas vom Wesen des Charakters, der sittlichen Ueberzeugung
aus — ich möchte sagen der Tugend, wenn das nicht zu leicht
misverstanden werden könnte —, das der Musik fremd zu sein
scheint, auch selten in ihren Anstrengungen hervortritt, aber sich
mitunter in großer Energie geltend macht. Wie sollte auch irgend-
etwas das dem innersten Wesen des Menschen angehört absolut
von einer Kunst ausgeschlossen sein, die wenn irgendeine aus dem
innersten Wesen des Menschen hervorgeht?"

Werfen wir zum Schluß einen Blick auf Beethoven, so finden
wir den Geist seines Jahrhunderts wieder in seinem Ringen nach
neuen Formen für den neuen Inhalt; ihn beseelt derselbe Frei-
heitssinn, derselbe Idealismus der auch Schiller's Brust schwellte,
der ihn gewiß machte daß das Wahre und Gute dem gegeben ist
der den Muth hat es zu denken und zu wollen, der ihn kühn
machte die Vergangenheit durch einen heroischen Entschluß im
Geist zu bewältigen, die Zukunft aus der selbstbewußten Subjectivität herauszugestalten. Beethoven ist stolz auf den Adel des
Geistes, auch hinter ihm liegt das Gemeine fern. Wie Michel
Angelo ringt er mit den Schmerzen des Lebens, darum soll auch
seine Musik befreien und erheben, „den Männern Feuer aus dem
Geist schlagen"; aus der Beengung zur Freude und Klarheit aufzusteigen ist sein Lieblingsweg; sein großes Ich nimmt den Kampf
mit der Welt auf und besteht ihn sieghaft. Er dichtet und denkt
in Tönen; denn er ist einer der aufgehenden Sterne im Weltalter des Geistes, und so wird der Gedanke mächtig in seinen
Werken, und der philosophische Sinn seines Jahrhunderts spiegelt

sich in der dialektischen Behandlung seiner Motive, wo kein einzelner Moment für sich, sondern der Verlauf des Ganzen die
Hauptsache ist. Wir wissen von ihm daß er sich bei jeder Composition die Idee im eigenen Geiste klar machte und sie vielseitig
durchdachte, dann erst in der Tonbewegung zu gestalten trachtete;
und zwar suchte er zuerst im Thema die Sache deutlich auszudrücken, und rastete nicht bis es ihm gelungen war hier die so
charakteristische als ebenmäßige und wohllautende Form zu finden;
daraus erwuchs dann das Tonwerk, indem er den Grundgedanken
erweiterte und durch alle Gebiete der Lust und Wehmuth zur Erhebung, zum Verklärungsjubel führte.

Was von unsern allgemeinen Bestimmungen über das Wesen
der Musik nach diesen Erörterungen noch einer Bestätigung oder
Erklärung bedürfen sollte, das wird sie in der Darstellung des
Besondern finden, der wir uns jetzt zuwenden.

---

2. Ton. Harmonie. Melodie.

Der Ton ist das Resultat von Schwingungen eines Körpers,
die sich mittels der Luftwellen zu unserm Ohr fortpflanzen und
dort aufgenommen von unsern Nerven geleitet, im Gehirn zu dem
Ganzen eines Eindrucks vereint, von der Seele als Schallempfin-
dung vernommen werden. Schwingt man einen am obern Ende
glühenden Stab kreisend einher, so glaubt man einen Streifen zu
sehen, indem das Auge die Lichtreize des einen Punktes noch bewahrt, wenn schon die des andern eintreten, und dadurch beide
verschmilzt; läßt man einen Schlag oder Knall rasch auf den andern folgen — ein Kartenblatt etwa von einem feingezahnten sich
brechenden Rad berührt werden, sodaß es von einem Zahn auf den
andern fällt, — so vernehmen wir bald die einzelnen Schläge
nicht mehr getrennt voneinander, sondern als gemeinsamen Eindruck. Ebenso wo die einzelne Erschütterung zu schwach wäre um
zu unserer Empfindung zu kommen, summirt sich die Kraft von
vielen Schwingungen, und indem sie ganz gleichartig schnell hintereinander uns treffen, und wir die einzelnen Bebungen zum Ganzen
verbinden, erzeugen sie eine gemeinsame Empfindung. Wenn sich
das Hin- und Herschwingen eines Körpers oder der von ihm er-

regten Luftwellen achtmal in einer Secunde vollzieht, so vernimmt
das geübte Ohr schon einen tiefen rauhen noch holperigen Ton;
bei 16 Schwingungen ist er schon allgemein und nicht unangenehm
zu hören; je mehr Schwingungen, desto höher, feiner, schriller
wird er; die Musik geht nicht über 2816 Schwingungen, das
dreigestrichene F, hinaus; durch noch mehrere werden unsere Nerven in Bebungen versetzt die ihrer Natur nicht zusagen, ein Griffel,
den wir steil auf den Schieferstein aufsetzen und rasch hinabbewe-
gen, zerreißt unser Ohr; bei 24000 Schwingungen verschwindet
der Ton für die Meisten, bei 37000 für Alle. Erst wenn der
Bebungen wieder viel mehr geworden, kommen sie uns wieder zur
Empfindung, aber als Wärme, oder im feinern Elemente des
Aethers und durch das Auge als Licht und Farbe.

Jede Schwingung ist eine von sich ausgehende zu sich zurück-
kehrende Bewegung; erst die Verschmelzung der Schwingungen im
Gehör erzeugt den Ton; daher kann Hauptmann sagen: „Nicht
das Insichsein oder todte Verharren in Ruhe, und nicht das Außer-
sichseln in der Bewegung ist klingend, sondern nur das Insichkom-
men." Der Ton ist Ausdruck des Werdens, aber dem Werden
liegt etwas zu Grunde welches wird: er ist Leben als sich bewegendes, entfaltendes und damit gestaltendes Wesen, ein Aus- und
Eingang, wie die Schöpferkraft Gottes in die Welt sich ergießt
und die Welt in Gott wieder ihr Ziel findet, der Geist sich wieder zu seinem Urquell wendet, und dadurch das Wesen als die
Liebe empfindlich wird. Zum Ton gehören zwei, ein Erregendes
und ein Vernehmendes, ein Thun und ein Leiden; aber das die
Bewegung Aufnehmende, sie in sich Vernehmende wird gerade
darin selbstthätig, und die erregende Bewegung wird als Ton vernommen das Erzeugniß des Aufnehmenden, das zugleich in die
Erregung des Bewegenden versetzt wird. So vereinen sich beide
im Ton, und wir haben in ihm eine Empfindung in welcher sich
uns das Geheimniß des Seins, der Proceß aller Gestaltung in
Natur und Geist unmittelbar erschließt. Ist uns dies klar geworden, so verstehen wir auch daß schon im Ton als solchem ein
Zauber für uns liegt, daß ein reiner voller Klang sofort uns gemüthlich ergreift, zumal wenn in demselben wie in dem anschwellenden und verschwebenden Hall der Glocke auch der Verlauf der
Schwingung sich ausprägt.

Wir bezeichnen mit Schall das Allgemeine der Empfindung.
Wollen wir dann zwischen Ton und Klang unterscheiden, so halten

wir uns an den Sprachgebrauch, nach welchem wir von einem
Reich der Töne reden und sie dabei nach Höhe und Tiefe in
Betracht ziehen, andererseits aber von der Klangfarbe der Instrumente sprechen. Ton heißt uns danach ein Schall mit Rücksicht
auf die Zahl der Schwingungen, Klang mit Rücksicht auf die
Beschaffenheit des schwingenden Körpers; wir unterscheiden den
gleichen Ton, den Flöte und Harfe hervorbringen, nach dem Klang.
Die Zahl der Wellenschläge bestimmt den Ton, die Form der
Welle, wie sie durch die Natur des schwingenden Körpers, das
festere Metall des Horns, das weichere Holz der Flöte, den mit
der Saite erbebenden Resonanzboden der Violine oder des Klaviers
bedingt wird, gibt den eigenthümlichen Klang. Je gleichmäßiger
gerundet die Wellenform, desto milder der Klang; er wird scharf,
wenn jene eckig oder zackig erscheint. Die Forschungen von Helmholtz haben ein neues maßgebendes Moment herangezogen. Der
einfache Ton, wie ihn die Stimmgabel oder die von der Seite
angeblasene Pfeife gibt, ist ohne Ausdruck und Farbe; der Klang
gewinnt Farbe und Ausdruck durch die Partial- oder Obertöne,
die leise mitschallen, indem auf einem vielsaitigen Instrument die
höheren Octaven, die Quinten leise mitbewegt werden, und die
Saiten, die Luftsäulen selber, indem sie im Ganzen schwingen,
sich zugleich durch Contralinien in zwei, drei, vier und mehrere
Theile zerlegen, die für sich in Bewegung gerathen und so zum
Vollklang mitwirken.

Der tiefe Ton wird durch wenige langsam gehende Wellen
hervorgerufen, und bezeichnet daher auch das Ruhige, Ernste,
Schwere, die stille Bewegung des Gemüths in der Trauer oder
das Sichvertiefen in Schwermuth, das in sich versenkte Sinnen.
Die Höhe ist selbst gesteigerte Bewegung, damit größere Lebensenergie, damit Ausdruck beschleunigter Gemüthsbewegung in Freude,
Leidenschaft und Thatenlust. Die Tonhöhe ist Resultat der gestei-
gerten Spannung, des Kraftaufwandes im schwingenden Körper,
ein Nachlassen der Spannung erniedrigt den Ton und er zeigt so
eine Abnahme der Kraft an.

Töne von mehr als 3000 Schwingungen in der Secunde übersteigen die unserm Nerv wohlthuende Bewegung, und werden
schrill; die Kunst der Musik, die das Schöne, also das geistig Bedeutende auf sinnlich gefällige Weise darthun will, kann sich nur der
angenehmen Töne bedienen. Aber das Ohr vermag nicht alle zu
unterscheiden, die nahegelegenen klingen uns gleich, und das un-

unterbrochene Uebergehen von einem zum andern in Hundegeheul
oder wenn der stimmende Geiger die Saite streicht indem er sie
fester anspannt, martert unser Gefühl. Es kommt darauf an, die
unterscheidbaren Töne zu bestimmen, sie festzusetzen und zu ordnen
nach dem Princip des Wohlklanges, nach gesetzlichem Verhältniß.
Schon hier erweist sich die Musik als freie Schöpfung des Geistes,
indem das von ihr gebrauchte System der Töne ein Werk des
selbstbewußten Kunstsinnes ist. Das Geräusch ist ein wirrer
Knäuel von Bewegungen; sie sind in reinen Tönen gesetzlich geordnet. Ein stetiges Auf- und Abschwanken von der Höhe zur
Tiefe zeigt uns Anschwellen und Nachlassen der Kraft; aber wir
verlangen auch hier nach einem Maß, wir verlangen eine Bewegung auf unterscheidbaren Stufen, und wie das All aus wenigen
festen Elementen und deren für sich seienden Atomen aufgebaut
wird, so sein Bild in der Musik; sie verwerthet bestimmte Töne,
die in klarem Verhältniß zueinander stehen, die wir sicher sind
immer wiederzufinden.

Bei der entwickelten Musik kommt beides in Betracht, daß
Töne gut zusammen und gut nacheinander erklingen; wo das erste
da wird auch das zweite der Fall sein, während bei nacheinander
folgenden Tönen das Ohr weniger empfindlich ist und größere
Verschiedenheit gestattet. Die Harmonie, welche das gleichzeitige
Erklingen, die Melodie, welche die Tonfolge zur Grundlage hat,
stehen danach miteinander sogleich auf gemeinsamem Boden, erfordern zunächst aber eine gesonderte Betrachtung. Die Töne welche
für die Melodie uns wichtig sind finden wir durch die Bestimmung
derer welche Harmonien geben.

Zwei Saiten von gleicher Stärke, Spannung und Länge
schwingen gleich und geben denselben Ton. Verkürzt man die eine
um die Hälfte, so schwingt sie doppelt so schnell als die andere,
und der neue Ton klingt mit dem ersten gut zusammen, er vereint
sich mit ihm aufs innigste, er ist die Lebensverdoppelung des
andern, dieser ist in einer höhern Potenz seine Wiederholung auf
einer höhern Daseinsstufe. Durch fortgesetzte Halbirung der als
ein Ganzes betrachteten Hälfte der Saite gewinnen wir auf gleiche
Weise immer wieder eine Verdoppelung der Bewegung, der Tonhöhe. Man nimmt eine jede als ein Ganzes innerhalb der Tonreihe an, und hat auf diese Weise für die innerhalb der Musik
verwendbaren Töne mehrere Klassen festgesetzt; wir nennen sie sogleich mit dem Namen der Octaven, der ihnen daher gegeben

ward, weil man weiterhin sieben Töne innerhalb ihrer bestimmte.
Betrachten wir nämlich die vielen innerhalb einer Octave möglichen
Töne, so finden wir einige die mit dem Grundton ebenfalls gut
zusammenklingen, und es sind wiederum solche deren Schwingungszahlen gleichwie die Länge der Saiten in einem einfachen Verhältniß stehen. Verhält sich bei sonst gleicher Beschaffenheit die eine
Saile in Bezug auf ihre Länge zu der andern wie 2 zu 3, so
macht die kleinere drei Schwingungen in der Zeit in welcher die
größere zwei zurücklegt, und gibt die kleinere den Ton der Quinte
zum Grundton der größern. Das Verhältniß 3:4 ergibt auf
diese Art die Quart, von 4:5 die große, von 5:6 die kleine
Terz, von 3:5 die große, von 5:8 die kleine Sext, und indem
man diese und andere Töne, die mit einem von ihnen wieder gut
als Quint und Terz zusammenklingen, festsetzt, erhält man ein
System wohlklingender Töne innerhalb einer Octave, und bezeichnet es als Tonleiter, indem man von einem zum andern vom
Grundton aus zu seiner Verdoppelung hinaufsteigt wie auf Sprossen
der Leiter.

So gestaltet das Princip der Harmonie die Scala, oder bestimmt die innerhalb einer Octave aufzunehmenden Töne. Indem
wir nun mehrere derselben zu einer Harmonie zusammenklingen
lassen, verwirklichen wir auf dem Gebiet der Musik dasjenige
Allgemeine welches wir überhaupt als das Wesen der Schönheit,
als die Grundlage des organischen Lebens erkannt haben: die Einheit im Unterschiede, die Auflösung der Gegensätze in freudiger
Versöhnung. Was die Philosophie seit Pythagoras, also seit
ihrem Beginne sich angeeignet, dies führt Hauptmann jetzt ver-
dienstvoll den Musikern zu Gemüthe: daß nämlich das Bildungs-
gesetz im Reich der Töne kein anderes ist als das im Reich des
Lebens, daß das musikalisch Richtige uns menschlich verständlich
anspricht, daß musikalische Fehler logische Fehler sind. Er sagt:
„Die Richtigkeit, das ist die Vernünftigkeit der musikalischen Gestaltung hat zu ihrem Formationsgesetz die Einheit mit dem Gegensatz ihrer selbst und der Aufhebung dieses Gegensatzes, die unmittelbare Einheit die durch ein Moment der Entzweiung mit sich
zu vermittelter Einheit übergeht.“ Näher bestimmt er den Begriff
des Bildungsgesetzes dahin, daß etwas das für die Anschauung
zuerst in unmittelbarer Totalität (Octav) besteht, in seinen Gegensatz mit sich (Quint auseinandertrete, und dieser Gegensatz sich
wieder aufhebe, um das Ganze als Eins mit seinem Gegensatze

(Terz), als in ſich vermitteltes Ganzes wieder hervorgehen zu laſſeu. Wie ſchon Pythagoras, dann neuerbings K. C. F. Krauſe, der muſilaliſch gebildete Philoſoph, in der Theorie der Muſik ausgeſprochen daß hier die Zahlen nach ihrer Bedeutſamkeit, nach ihrem Urſinne in Betracht kommen, wonach ſie Formen göttlicher Weſenheiten ſind und das Leben, Geſtalten und Werden in der Zeit beherrſchen, ſo erinnert auch Hauptmann an dieſen logiſcheu Sinn, wonach 2 ein Gegenſatz, 4 aber als 2×2, die Gleichſetzung des Entgegengeſetzten als Einheit ſei. Das Intervall, ſagt er, in welchem die Hälfte eines klingenden Quantums ſich gegen das Ganze des Grundtons hören läßt, iſt der Ausdruck für den Begriff der Identität, der Einheit und Gleichheit mit ſich ſelbſt: es beſtimmt die Hälfte das mit ſich Gleiche, die andere Hälfte. Gibt die ganze Saite den Grundton, ſo erhalten wir die Quint, wenu wir zwei Drittheile derſelben nehmen; wie vorher die Hälfte ein mit ihr Gleiches außer ihr ſetzte, den Reſt als andere Hälfte, ſo beſtimmt das Quantum von zwei Drittheilen mit dem Ganzen gehört das dritte Drittheil, ein Quantum an welchem das real Gegebene als ein Doppeltes, ſich ſelbſt Entgegengeſetztes erſcheint. Die Terz iſt das Intervall in welchem ein klingendes Quantum von vier Fünftheilen mit dem Ganzen des Grundtons zu vernehmen iſt; hier beſtimmt ſich das fünfte Fünftheil, von welchem das Gegebene ein Vierfaches, das iſt zweimal Zweifaches iſt, Zweiheit als Einheit. Iſt nun die Octave der Ausdruck für die Einheit, ſo ſpricht die Quint die Zweiheit oder Trennung aus, die Terz Einheit der Zweiheit oder Verbindung; die Terz iſt die Verbindung der Octave und Quint. Hauptmann bemerkt noch weiter zu dieſer Auseinanderſetzung: „Nicht daß Etwas von etwas Auderm verſchieden ſei, ſondern daß es ſich ſelbſt als ein Auderes ſich entgegenſetze, iſt der hier zu faſſende Sinn des Gegenſatzes. Die Natur iſt aus der Unreinheit hervorgegangen, ihr Begriff iſt der des ewig Werdeudeu, das lebendige Sein läßt in fortwirkender Thätigkeit die Gegenſätze hervor und ineinander aufgehen. Was durch das Medium des Klanges uus ſinnlich mitgetheilt wird müſſen wir ſinnig auffaſſen, Gedanke und Gefühl aber dürfen einander nicht widerſprechen. Bezeichnete eine theoretiſche Erklärung die Terz als Ausdruck der Trennung, die Quint als den der Verbindung, ſo wäre das ein Widerſpruch des Gefühlten und Gedachten. Daß aber die Octav als Einheit, die Quint als Trennung, als eine unerfüllte Leere, die Terz in der Quint als eine

erfüllende vollständige Befriedigung auch unser Gefühl anspricht,
wie wir die Bedeutung der Verhältnisse dem entsprechend gefunden
haben, dies kann selbst wieder eine solche Terzbefriedigung zwischen
Gefühl und Gedanken uns gewähren."

Diese Sätze behalten schon um ihrer Tendenz willen ihre Be
deutung, auch wenn es uns gelingt die Natur der Harmonie und
unser Wohlgefallen an ihr noch auf andere Weise näher zu ver
anschaulichen und verständlich zu machen. Es wird unter allen
Umständen festzuhalten sein daß Einheit, Unterschied, Vermittelung,
diese allgemein logischen Bestimmungen aller Wirklichkeit und ihres
Werdens, die wir überall in der Aesthetik vor Augen haben, im
Accord als Harmonie, als Schönheit empfunden werden.

Ich nannte oben die Octave des Grundtons Lebensverdoppelung, er kommt in ihr zu sich selbst, der Begriff des Selbstbewußtseins ist diese Lebensverdoppelung, das Wissende ist selbst das
Gewußte in einer höhern Potenz des Seins. Aber eine eigentliche
Verschiedenheit als Entgegensetzung tritt nicht ein, die Zweiheit,
der Unterschied kommen nicht zu ihrem Recht. Nehmen wir nun
das nächste Verhältniß zu dem der Octave (1:2), so ist das 2:3.
Bei Grundton und Octave empfindet unser Ohr stets bei jeder
Schwingung des niedern auch eine des höhern Tons, dazwischen
aber in der Mitte auch eine des höhern für sich allein. Es ist
das leicht zu veranschaulichen und wie übersichtlich für das Auge,
so auch faßlich für das Ohr.

. . . .

Die Differenz wird größer, wenn wir die Quinte geben.

: . . : . . :

Hier haben wir das Zusammentreffen erst nachdem in der
obern und untern Reihe eine Verschiedenheit war; es sind immer
zwei Schwingungen der untern, eine der obern, die für sich allein
an unser Ohr schlagen, und dann vereinigen sie sich wieder. Aber
der Unterschied fällt nicht aus der Einheit heraus, sondern entsteht
innerhalb ihrer, und so stehen die verschiedenen Schwingungen
zwischen den einfach zusammentreffenden; wie die Figur dem Auge,
so ist auch die Bewegung dem Ohr faßlich und annehmlich, beide
Reihen berühren einander regelmäßig an nahegelegenen Punkten,
und ihr Auseinandergehen selbst befolgt die Regel daß die zwei

Einzelschwingungen des zweiten Tones die eine des ersten gerade
in der Mitte haben.

Sehen wir nun aber auf das Ganze, die Octav, und nehmen
wir dieselbe zum Grundton und zur Quint mit hinzu, so klingt
diese mit beiden gut; sie liegt über der Hälfte, so hat sie einen
mächtigen Aufschwung über den Grundton genommen ohne doch
die Verdoppelung zu erreichen, und damit stellt sie zwei Unterschiede dar die durch eine innere Einheit aufeinander bezogen sind.
Und wie wir am symmetrischen Bau mehr Freude haben, wenn
nicht blos eine in Gedanken zu ziehende Linie die beiden Seiten
verknüpft, sondern wenn die Mitte selbst körperhaft als Theil des
Ganzen zwischen den beiden Seitenflügeln hervortritt und sie verbindet, so vollendet sich erst der Accord, wenn nun auch die Weite
vom Grundton zur Quint ausgefüllt, andererseits die Verschiedenheit dadurch ausgeglichen wird daß ein Drittes auftritt welches
zwischen beiden liegt, aber so beschaffen ist daß es sowol zum obern
als zum untern in einem anmuthigen Verhältniß steht. Gerade
hierin und nicht allein in ihrem Verhältniß zum Grundton scheint
mir das Vermittelnde der Terz zu liegen; hat es doch lange ge-
dauert bis man sie für sich allein als Consonanz zum Grundton
fassen lernte. Aber sie ist das schöne proportionale Band, welches
zu beiden Enden sich auf eine freundliche Weise bezieht, die Entfernung zwischen Grundton und Quint auf eine beiden gemäße
Weise ausfüllt. Das Verhältniß von Grundton zur Quint ist
2 : 3 oder 4 : 6. Das Verhältniß des Grundtons zur Terz ist
4 : 5, der Terz zur Quint 5 : 6, so haben wir die 5 als die Mitte
zwischen 4 und 6, zwischen beiden von Haus aus aufeinander bezogenen Unterschieden, deren Band nun auch real hervortritt. Die
Quint als der Hauptton zwischen dem Grundton und der Octave
heißt darum auch Dominante, die Terz als Vermittlerin Mediante.
Daß jetzt die Terz auch für sich allein als Consonanz empfunden
wird, während frühere Zeiten sie zu den Dissonanzen zählten, daß
sie jetzt auch der einfache Volksgesang in der zweiten Stimme hat,
dies zeigt einmal wie das Ohr für sie gebildet werden mußte, wie
die Musik Sache der Cultur ist, dann aber auch wie der Cultur-
fortschritt sich auf das Ganze erstreckt; es gilt auch hier daß im
Verlauf der Zeit den Unmündigen offenbar wird was den Weisen
früherer Tage verborgen war. Der Satz daß das Quadrat der
Kathelen dem der Hypothenuse gleich ist, welcher eine höhere
Mathematik erst möglich machte, war die Entdeckungsthat eines

großen Geistes, und jetzt machen ihn die Schulknaben sich zu eigen.

Die Terz ist die arithmetische, nicht die geometrische Mitte zwischen Grundton und Quint: es verhält sich nicht 4 zu 5 wie 5 zu 6, wir schreiten nur zählend von 4 durch 5 zu 6 fort, aber das Verhältniß 4:5 ist weiter als das 5:6, 4:5 verhält sich wie 24:30, 5:6 wie 25:30, jenes ist sein Dreißigtheil mehr und mit gutem Grunde, denn der Abstand soll eben nicht getheilt, in Hälften zerlegt, sondern es soll eine vermittelnde Einheit hergestellt, ein Uebergang gefunden werden; der Einschnitt in der Hälfte ließe beide Seiten auseinanderfallen. Darum liegt die Quint höher als die Mitte der Octave, und daß von der Terz, von der Quint die Mitte überschritten wird, dies läßt uns die Bewegung als eine steigende, aufstrebende empfinden, der Accord erhält dadurch etwas einträchtig Versöhnendes und Erhebendes zugleich. In dem Ueberschreiten der Mitte liegt das Streben zu dem Ziel hin ausgedrückt, und zugleich wird ein Punkt als Zwischenstufe gewählt der mit dem Ziel und dem Ausgangspunkt harmonirt.

Können wir nun aber den Abstand der Quint auch dadurch ausfüllen daß wir die Sache umkehren, daß die Terz näher zum Grundton als zur Dominante zu liegen kommt, und das Verhältniß von 4:5 den Abstand von der Terz zur Quint, das von 5:6 den vom Grundton zur Terz bezeichnet? Gewiß. Nur wird der Eindruck ein ganz anderer sein, er wird eher ein gehemmtes, beklemmendes, die Mitte nicht erreichendes als ein schwungvoll freudiges Anstreben bezeichnen, die Richtung wird nicht aufwärts, sondern abwärts gehen, wenn die größere bestimmende Hälfte von der Quint zur Terz hin gelegt und durch sie nun der Abstand der Terz vom Grundton bestimmt, und zwar verkleinert wird. Dies gibt den Unterschied der Accorde die man Dur und Moll genannt hat. Man läßt im Gesangunterricht die Töne des Mollaccords abwärts singen, weil man so sie leichter trifft, und man trifft sie leichter, weil so der Verlauf der Sache ist. Darum wird das „Begraben" Christi in Beethoven's Messe in Moll, das „Auferstanden" sogleich daneben in Dur ausgedrückt.

Dieser Deutung füge ich zunächst die rein physikalische Erklärung Friedrich Zamminer's hinzu, die ihr nicht widerspricht, aber das Räthsel nicht völlig löst. Sie sagt: „Wie das Dreieck in der Geometrie, so ist der harmonische Dreiklang in der musikalischen

Architektonit als Grundelement zu betrachten. Wenn ein conjo-
nirender Dreiklang über einem Grundton aufgebaut werden soll,
so können, da jeder der drei Töne mit jedem der beiden andern
eine Consonanz bilden muß, begreiflicherweise nur die schon im
Zweiklang consonirenden Töne verwandt werden. Diese sind nach
dem Verhältniß

der Saitenlängen und Schwingungszahlen der Intervalle:
$$
\begin{aligned}
2:1 &\ldots\ldots 1:2 \ldots\ldots \text{Octave}\\
3:2 &\ldots\ldots 1:\tfrac{2}{3} \ldots\ldots \text{Quinte}\\
4:3 &\ldots\ldots 1:\tfrac{3}{4} \ldots\ldots \text{Quarte}\\
5:4 &\ldots\ldots 1:\tfrac{4}{5} \ldots\ldots \text{große Terz}\\
6:5 &\ldots\ldots 1:\tfrac{5}{6} \ldots\ldots \text{kleine Terz}\\
5:3 &\ldots\ldots 1:\tfrac{3}{5} \ldots\ldots \text{große Sext}\\
8:5 &\ldots\ldots 1:\tfrac{5}{8} \ldots\ldots \text{kleine Sext}
\end{aligned}
$$

Die beiden Töne welche außer dem Grundton in den Dreiklang eingehen, dürfen keinen kleinern Abstand unter sich haben
als eine kleine Terz, da jedes kleinere Intervall unter die dissonirenden fällt. Es lassen sich unter diesen Bedingungen nicht
mehr als die folgenden consonirenden Verbindungen bilden:

I.

Grundton	Große Terz	Quinte	
4	: 5	: 6	Großer Dreiklang oder Duraccord.

Grundton	Kleine Terz	Kleine Sext	
5	: 6	: 8	Dursextaccord.

Grundton	Quarte	Große Sext	
3	: 4	: 5	Durquartsextaccord.

II.

Grundton	Kleine Terz	Quint	
10	: 12	: 15	Kleiner Dreiklang oder Mollaccord.

Grundton	Große Terz	Große Sext	
12	: 15	: 20	Mollsextaccord.

Grundton	Quarte	Kleine Sext	
15	: 20	: 24	Mollquartsextaccord.

Da die Versetzung eines Tones um die Octave aufwärts oder
abwärts wegen der innigen Verwandtschaft der Octaven nicht als
eine wesentliche harmonische Aenderung betrachtet werden kann, so
ergibt sich demnach die nahe Verwandtschaft der drei Accorde der

erſten Gruppe. Wenn man den oberſten Ton des zweiten Accords um eine Octave herunter, den unterſten Ton des dritten Accords um eine Octave hinaufſetzt, ſo nehmen ſie beide das Schwingungsverhältniß 4 : 5 : 6 des erſten Accords an. Verfährt man analog mit dem zweiten und dritten Accord der andern Gruppe, ſo kommt ihr Schwingungsverhältniß auf dasjenige des erſten Accords dieſer Gruppe, nämlich 10 : 12 : 15 zurück. Dieſe beiden Accorde nun:

Duraccord   Mollaccord
4 : 5 : 6   10 : 12 : 15

bilden die harmoniſche Grundlage der beiden in unſerer heutigen Muſik unterſchiedenen Tongeſchlechter. Solange man Harmonieverbindungen kennt, gehörten dieſe nothwendig einem jener Geſchlechter an; allein erſt ſeit dem Beginne des 18. Jahrhunderts hat die Theorie dieſe Eintheilung offen anerkannt und principiell begründet. Nichts kann übrigens weniger gerechtfertigt ſein als die Namen des harten und weichen Dreiklanges, welche man dieſen Accorden gibt. Die größere Einfachheit der dem erſten Dreiklang zu Grunde liegenden Schwingungsverhältniſſe beweiſt es von vornherein und das unbefangene Ohr beſtätigt es daß die Durharmonien vollkommener, daß ſie reiner ſind als die Mollharmonien, ſo gewiß als die große Terz eine vollkommenere reine Conſonanz mit dem Grundton gibt als die kleine Terz. Es widerſpricht dieſe Folgerung keineswegs dem Gebrauche welcher von dieſen beiden Klaſſen von Harmonieverbindungen gemacht wird, inſofern die Durharmonien vorzugsweiſe zum Ausbruck kräftiger, entſchieden ausgeſprochener und freudiger Empfindungen, die Mollharmonien dagegen zum Ausbruck der innerlich verhaltenen Empfindungen der Trauer und des Schmerzes verwendet werden.“

Vollkommener möchte ich den Duraccord darum noch nicht nennen, weil er einfacher iſt, der Mollaccord leiſtet für ſich auf vollgenügende Weiſe etwas was jener nicht vermag: die Sehnſucht nach Befriedigung, das Verſchmolzenſein von Weh und Wonne kann die Muſik gerade durch das Moll ausbrücken, ſie braucht nicht Luſt und Leid aufeinander folgen zu laſſen, ſie kann auch den Hauch der Trauer im Glück, auch im Schmerz die Freude darſtellen, ſodaß nach Calderon „ſelbſt in tiefen Leides Lied wunderbervoller Wohllaut wohnet“. Für den Ausdruck des Unheimlichen, Mhſtiſchen ſind die verſchleierten Wohlklänge des Mollaccords

fähiger, für alles klar und kräftig Abgeschlossene, auch im Schmerz
und süßer Wonnelieblichkeit, der Duraccord geschickt. Bei dem
Duraccord haben wir das einträchtige Zusammentreffen aller
Schwingungen jedesmal mit der sechsten, bei dem Mollaccord erst
mit der funfzehnten der Quinte, gerade in der Mitte vereinigen
sich dort schon einmal die Schwingungen von Grundton und Quint,
und das verleiht dem Duraccord hellere Klarheit und Uebersichtlichkeit neben jener größern Einfachheit, während bei dem Mollaccord diese Consonanz von Grundton und Quinte sich mehrmals
wiederholt, aber die volle Befriedigung der auch zugleich eintreten-
den Terzschwingung viel länger auf sich warten läßt, sodaß im
Dur der Ausdruck der erreichten Befriedigung, im Moll der des
Sehnens und Verlangens vorwiegt. Wenn dann Zammiller den
Vorzug des Duraccords darin sieht daß die Consonanz der großen
Terz mit dem Grundton vollkommener sei als die der kleinen, so
vergißt er daß auch das Verhältniß der Terz zur Quinte in Frage
kommt, und daß dies im Mollaccord das einfachere ist. Fassen
wir zu den Proportionen 4:5:6 und 10:12:15 den Abstand
des vermittelnden als des Verbindungsgliedes ins Auge, so verhält sich 12:15 wie 4:5 und 10:12 wie 5:6, jenes bezeichnet
im Mollaccord die zweite, im Duraccord die erste, dieses im Duraccord die zweite, im Mollaccord die erste Hälfte. So erscheint
der Mollaccord als der umgekehrte, abwärts geneigte Durdreiklang.

Ergänzen wir Zammiller's Ansicht durch die von Hauptmann,
so erhalten wir das was ich von Anfang an als das Wesen der
Sache entwickelt habe. Hauptmann sagt: „Die drei Glieder der
Proportion im Molldreiklange 10:12:15 können auf kleinere
Zahlen reducirt werden, wenn wir die beiden Verhältnisse 10:12
und 12:15 voneinander trennen, indem sie dann einzeln durch
5:6 und 4:5 auszudrücken sind. Diese Verhältnisse bleiben die-
selben, wenn wir dafür die Ausdrücke $\frac{1}{6}:\frac{1}{5}$ und $\frac{1}{5}:\frac{1}{4}$ setzen,
denn es verhält sich $5:6 = \frac{1}{6}:\frac{1}{5}$, und $4:5 = \frac{1}{5}:\frac{1}{4}$. Durch
die letzte Bezeichnung ist aber für die Proportion 10:12:15 in
kleineren Zahlen ausgedrückt $\frac{1}{6}:\frac{1}{5}$ und $\frac{1}{5}:\frac{1}{4}$ ein gemeinschaft-
liches Mittelglied gefunden und es wird nun für den Molldrei-
klang die Proportion $\frac{1}{6}:\frac{1}{5}:\frac{1}{4}$ oder zusammengezogen $\frac{1}{6:5:4}$
zu setzen sein, ein Ausdruck in welchem wir die Verhältnisse des
Durdreiklangs, der sich mit $\frac{4:5:6}{1}$ bezeichnen läßt, in ent-

gegengeſetzter Ordnung wieder erhalten, ſowie beide gegeneinander auch als poſitive und negative Potenz auszubrücken ſein würden; denn es iſt

$$4:5:6 = \frac{4:5:6}{1} = (4:5:6) + 1$$

$$10:12:15 = \frac{1}{6:5:4} = (6:5:4) - 1$$

In dieſer paſſiven Natur und indem der Mollbreiklang zwar nicht ſeinen realen, aber ſeinen zur Einheit beſtimmten Ausgangspunkt in der Höhe hat und ſich an dieſem nach der Tiefe bildet, iſt in ihm nicht ſich aufwärts treibende Kraft, ſondern herabziehende Schwere, Abhängigkeit, im wörtlichen wie im figürlichen Sinn des Ausbrucks ausgeſprochen. Wie in den ſinkenden Zweigen der Trauerweide gegen den ſtrebenden Lebensbaum finden wir darum auch im Mollaccorde den Ausbruck der Trauer wieder.“

Werfen wir noch einen Blick auf die Zahlen die in beiden Accorden vorkommen, ſo ſind es 1, 2, 3 und 5 und deren Multiplicationen untereinander, dieſelben Zahlen die wir am Beginn der Reihe erblicken welche das Geſetz der Blattſtellung und damit der organiſchen Geſtaltung im Pflanzenreich beſtimmen, es ſind Zahlen baburch entſtanden daß wir ſtets die zwei vorhergehenden zuſammen die dritte bilden laſſen. Die einfachſten organiſchen Verhältniſſe und deren Complicationen müſſen aber im Reich der Tonkunſt walten, weil das Mannichfaltige größtentheils nacheinander, nicht nebeneinander ſich entfaltet und raſch am auffaſſenden Sinn vorübereilt.

Wenn zwei harmonirende Töne zu gleicher Zeit erklingen, ſo bildet ſich auch ein höherer, welcher die Summe ihrer Schwingungszahlen, den Summationston, und ein anderer welcher die Differenz derſelben ausbrückt, die man als Combinationston bezeichnet, und beachtet, da er viel bemerklicher iſt als jener. Haben wir z. B. eine Quinte von 200 und 300 Schwingungen, ſo klingt auch die untere Octave des Grundtons mit 100 Schwingungen als Differenzton leiſe mit. Im Duraccord ſind auch die Differenztöne conſonirend, im Mollaccord nicht, und baburch miſcht ſich etwas Diſſonirendes umſchwebend und umſchleiernd um die Harmonie. So klingt in ben c-Mollaccord der a-Duraccord durch Combinationstöne für das feine geübte Ohr vernehmbar hinein, und mit Bezug auf die Schwebungen, die ſich hier ergeben, redet

Heinrich Adolf Köstlin von einem Verhüllten, Gebundenen: „Der Accord kann nicht ruhig abfließen, die Schwebungen halten ihn, es ist etwas Zitterndes, Flackerndes in ihm, das ganz an das matte Erzittern des dämmernden Mondlichtes gemahnt; unsere Empfindung entspricht einer wirklichen Thatsache im Klanglaute selbst.“

Es war zu erwarten daß Zeising, der gerade das Proportionsgesetz im Schönen aufzufinden sich mit so glücklichem Erfolg zur Aufgabe gemacht, die Lehre vom goldenen Schnitt auch auf den Accord anwenden werde. In der That macht Zeising darauf aufmerksam daß nicht die einfachsten Verhältnisse als solche die schönsten sind, sondern daß die Mannichfaltigkeit mit der Einheit verschmelzen muß und daß nur die Vermittelung beider Elemente ästhetisch befriedigt. Warum wäre auch sonst der Dreiklang anmuthiger als der einfachere Zweiklang von Tonica und Dominante? Warum wären sonst die bloßen Octaven zu eintönig? Warum können Quinte, Quarte, Terz nicht zum Schluß gebraucht werden und erscheinen dadurch noch der Auflösung bedürftig, während sich doch minder einfache Zweiklänge, c + e, es + c zu Schlußaccorden verwenden lassen? Jener ist die kleine, dieser die große Sext, erstere dem Dur, letztere dem Moll angehörig; das Verhältniß 5 : 8 ist das der erstern, das Verhältniß 3 : 5 das der zweiten. Es sind die Zahlen des goldenen Schnittes, doch wenn wir 13 durch 5 und 8, und wenn wir 8 durch 3 und 5 theilen, so ist dort der Minor, hier der Major um ein wenig zu groß, und haben wir zwei Schwankungen des idealen Verhältnisses, auf welchen zwei Hauptdifferenzen der realen Erscheinungen in der optischen und akustischen Welt beruhen, nämlich dort der Unterschied zwischen dem männlichen und weiblichen Typus, hier der Unterschied zwischen dem Dur- und Mollzweiklang: denn die Realisation unsers Verhältnisses am männlichen Körper und in dem Durzweiklang entspricht dem Verhältnisse von 5 : 8, und die Realisation am weiblichen Körper und im Mollzweiklange dem Verhältnisse von 3 : 5, d. h. im männlichen und im Durtypus kommt die Abweichung vom rein idealen Verhältniß dem der Einheit näherliegenden Minor, dagegen im weiblichen oder Molltypus dem der Zweiheit näherliegenden Major zugute; dort wird das Normale zu Gunsten der Gleichheit, hier der Verschiedenheit modificirt.

Hätte man die Tonleiter so bilden wollen daß man die Stufen von einer Octave zur andern einfach mittels fortgesetzter Zwei

theilung durch acht Töne bestimmt und die Intervalle gleichge-
macht hätte, so wäre bei diesem abstract einfachen Verfahren keine
Harmonie möglich geworden, weder die Terz noch die Quint hätten
eine Stelle gefunden. Man wählte also kein bloßes Nebeneinander, sondern man bestimmte die einzelnen Töne nach ihrer Wechselbeziehung zueinander, sodaß durch die Verhältnißmäßigkeit die Einheit im Unterschiede waltet. Man erbaut die Tonleiter so, daß
man zwischen dem Grundton und der Octave die oben angeführ-
ten Accordtöne festsetzt, daß man das Intervall von der Octave
abwärts zur Quinte auch vom Grundton aufwärts als Quarte
annimmt, und daß man auf der Dominante nun ebenfalls den
Accord der Terz und Quinte aufbaut, wodurch die Zwischenräume
zwischen der Sext und Octave, der Prime und Terz ausgefüllt,
die Septime und die Secunde bestimmt werden. Es käme nun
darauf an für jeden dieser Töne Dur- und Mollaccorde zu finden;
dadurch würde aber das Tonsystem reicher an Tönen werden als
wir leicht behalten und unterscheiden können, und man griff daher
zu dem Ausweg daß man die Octave ganz rein bestimmte, innerhalb derselben aber die Töne bald um ein weniges erhöhte bald
erniedrigte, und so es möglich machte einen und denselben für die
verschiedensten Verbindungen zu verwenden. Kleine Abweichungen
von der Strenge der Verhältnisse vermag unser Ohr so wenig
wie unser Auge zu unterscheiden. Zwei Töne von 400 und 600
Schwingungen klingen gut miteinander, und trifft die zweite und
dritte Schwingung stets ganz genau zusammen; es geschieht dies
200 mal in einer Secunde; machte nun auch der höhere Ton
eine Schwingung weniger, so würde seine dritte, sechste zur
zweiten, vierten des ersten ein ganz klein wenig nachfolgen, für
200 Zusammentreffungen würde die Differenz der Zeit $\frac{1}{200}$
einer Secunde, für jede einzelne Schwingungsverbindung also
$$\frac{1}{400 : 200} = \frac{1}{80000}$$ Secunde betragen, ein Unterschied der für
unsere Organe kein wahrnehmbarer ist. Auf diese Art nun hat
man 7 ganze und 5 zwischen ihnen liegende halbe Töne innerhalb
der Octave gewonnen, und da man mit 16,5 Schwingungen in
der Musik beginnt und mit 4224 endigt, so erhalten wir für die
Orgel $8 \cdot 12 = 96$, für das Klavier $7 \cdot 12 = 84$ Töne, jene hat
8, dieses 7 Octaven, die Orgel beginnt tiefer. Diese 96 Töne
nun sind auch für die andern Instrumente angenommen worden,
wenn auch lange nicht alle, aber die vorkommenden sind ihnen

entnommen; ein Ton von 440 Schwingungen (A) ist zum Regu
lator der Stimmung gemacht worden. Alle Töne innerhalb der
Octave sind etwas erhöht oder erniedrigt, doch Quarte und Quinte
am wenigsten; man nennt diese Stimmung die gleichschwebende
Temperatur; sie ist zu Ende des 17. Jahrhunderts aufgestellt,
durch d'Alembert und Lambert vertheidigt worden. Sie macht es
möglich mittels der 84 Tasten des Klaviers auf jedem Ton alle
Accorde zu erbauen, oder aus allen Tonarten mit gleicher Reinheit zu spielen. Die Namen der ganzen Töne sind bekanntlich
C D E F G H A C, die dazwischenliegenden halben haben doppelte
Namen, je nachdem sie von dem niedern erhöht oder von dem
hohen vertieft angenommen werden: Cis, Dis, Fis, Gis, Ais;
Des, Es, Ges, As, B.

Es ist nicht unwichtig dies kunstreiche Tonsystem im Auge zu
haben um die Ueberzeugung daß die Kunst nicht Wiederholung
und Nachahmung eines Gegebenen, sondern freie Idealschöpfung
auf Grundlage der Naturgesetze ist, durch Betrachtung der Musik,
wo dies am deutlichsten zu Tage kommt, auch für die übrigen
Künste zu befestigen und durch den Schein sich nicht beirren zu
lassen. Unsere Tonreihe ist kein bloßes Nebeneinander, wird nicht
durch abstract gleiche Abschnitte gebildet, sondern durch das harmonische Verhältniß bestimmt, sodaß in der Mannichfaltigkeit die
Beziehung der Unterschiede und damit die Einheit herrscht. Bei
zu nahen Tönen käme der Unterschied nicht zu seinem Recht, und
ebenso fehlte die Klarheit der vermittelnden Beziehung, die Einfachheit des Schwingungsverhältnisses.

Die Forschungen von Helmholtz haben dargethan daß jeder
musikalische Ton bereits die Harmonie des Grundtons und der
mitklingenden höheren Octaven oder Obertöne ist. Denn die Saite
schwingt ihrer ganzen Ausdehnung nach, und zerlegt sich zugleich
in entgegengesetzt schwingende Theile, wobei die Theilungspunkte
— Schwingungsknoten — in Ruhe bleiben. Ist die Saite so in
zwei Theile zerlegt, so klingt die obere Octave leise mit, drei
Theile lassen die obere Quinte, vier die nächst höhere Octave mit
vernehmen; die Terz zu dieser letztern bilden fünf Theile, die
fünffache Schwingungszahl des Grundtons. Ist der Grundton C,
so ergibt sich als eine der schwingenden Luftsäule natureigene Tonreihe zunächst

$$\begin{array}{ccccc} 1 & 2 & 3 & 4 & 5 \\ C & c & g & c_1 & e_1 . \end{array}$$

Und indem wir diese einfachen Zahlen verdoppeln oder combiniren,
erhalten wir weiter

$$6 \quad 8 \quad 9 \quad 10 \quad 12 \quad 15 \quad 16$$
$$g_1 \quad c_2 \quad d_2 \quad e_2 \quad g_2 \quad h_2 \quad c_3$$

Hier sind in den Verhältnissen von 4:5:6, von 10:12:15
der Dur- und Mollaccord gegeben. — Verhalten sich gleichzeitige
Schwingungen wie 4:5, so trifft also jedesmal die vierte des
einen, die fünfte des andern zugleich unser Ohr; wir summiren
dann auch diese Doppelschläge, und so entsteht ein dritter Ton,
ein tieferer, der sich zu dem ersten wie 1:4 verhält, also zwei
Octaven unter ihm liegt; man nennt ihn Combinationston. Helmholtz hat nun die verschiedenen Obertöne als die Hauptbedingung
der verschiedenen Klangfarben nachgewiesen, ja dargethan daß selbst
die Verschiedenheit der Vocale darauf beruht.

Hebt man den Dämpfer eines Klaviers, und singt man nun
einen Ton, so werden von den Bewegungen der Luft durch unsere
Stimme alle Saiten leise erschüttert, aber nur diejenige klingt mit
welche auf denselben Ton gestimmt ist; denn die anfangs unmerk-
lichen Bebungen derselben werden fortwährend durch die Luftwellen verstärkt welche mit ihnen zusammentreffen, während bei
andern Saiten diese Wellen und die eigenen Schwingungen einander störend begegnen und dadurch hemmen. Nun ist der Gang
der Schnecke in unserem Ohr durch zwei Membranen in drei Abtheilungen geschieden, und in der mittlern liegen Tausende von
mikroskopisch kleinen Blättchen wie Tasten eines Klaviers regelmäßig nebeneinander; sie stehen an einem Ende mit den Fasern
des Hörnerven in Verbindung, am andern hängen sie mit der
Membran zusammen. Es scheint nun daß jedes dieser Blättchen
gleich den gestimmten Saiten seine besondere Anzahl von Schwingungen macht und zu denselben erregt wird, wenn die entsprechenden von außen herankommen. So vermag das Ohr ein Ton-
gewirr in seine Einzeltöne, zusammengesetzte Luftbewegungen in ihre
Theile zu zerlegen. Stehen nun die Schwingungszahlen gleichzeitig
erklingender Töne in einfachem Verhältniß, so treffen in regelmäßiger rascher Wiederkehr die Wellenberge einander verstärkend
und miteinander verschmelzend zusammen, wie bei der Octave der
vierte, sechste, achte der schnelleren Schwingungen stets mit dem
zweiten, dritten, vierten der langsameren sich vereint, oder der
vierte, achte, zwölfte der Quinte mit dem dritten, sechsten, neunten

des Grundtons. Die Mannichfaltigkeit des Unterschiedenen erregt uns, das ebenmäßige Zusammentreffen beruhigt und befriedigt uns; während wir nur eine verworrene unruhige Empfindung erhalten, wenn die Saiten verstimmt sind, sodaß die Wellenberge nicht zusammentreffen, oder wenn dies allzu selten geschieht. Und wenn Wellenberg und Wellenthal einander begegnen, so heben beide einander auf, die Bewegung wird auf einen Augenblick unterbrochen, und solche abwechselnde Steigerungen, Schwächungen und Unterbrechungen des Tons nennen wir Schwebungen. Sie machen den Ton uneben, und dies nennen wir Disharmonie, jenes Wohlgefühl Harmonie. Oder wie Helmholtz sagt: Harmonische Töne fließen zur Einheit zusammen; wenn aber jeder einzelne musikalische Ton für sich im Hörnerven eine gleichmäßig anhaltende Empfindung hervorbringt, stören sich zwei naheliegende ungleich hohe Töne gegenseitig und zerschneiden sich in einzelne Tonstöße, die im Nerven eine besconlinuirliche Erregung hervorbringen, und die dem Ohr ebenso unangenehm sind wie ähnliche intermittirende und schnell wiederholte Reizungen andern empfindlichen Organen, flackerndes glitzerndes Licht dem Auge, Kratzen mit einer Bürste der Haut. Diese Rauhigkeit des Tons ist der wesentliche Charakter der Dissonanz. Dagegen fließen consonirende Töne ruhig nebeneinander ab ohne sich zu verwirren, sie selbst und ihre Obertöne.

Unser gegenwärtiges Tonsystem ist weder das einzige noch das ursprüngliche. Unser Ohr empfindet nur eine pendelförmige Schwingung als einfachen Ton und zerlegt jede andere periodische Luftbewegung in eine Reihe von pendelartigen Schwingungen; es empfindet diesen entsprechend eine Reihe von Tönen, und jeder Klang eines musikalischen Instruments kann also wie ein Accord mit vorwiegendem Grundton betrachtet werden. Ist zwei Grundtönen ein Oberton gemeinsam, so sind sie dadurch naturverwandt. Zwei Töne consoniren um so entschiedener je niedriger die Ordnungszahlen der ihnen beiden gemeinsamen Obertöne sind. So sind innerhalb der Octave Quint und Quart den beiden Endtönen verwandter als Terz und Sext, die nur höhere und schwächere Obertöne gemeinsam haben. So war denn c f g c die erste Tonleiter, und kam d als Quinte von g, h als Quart von f hinzu, so hatte man die gällische wie die chinesische Scala. Die pythagoreische ward durch eine Progression von Quinten gebildet, deren passende untere Octaven man in den Raum einer Octavenleiter einordnete; sie entspricht im wesentlichen unserer Durscala.

Wie die Baustile mit dem Material und der Technik zusammen-
hängen, so auch die Musik der Vorzeit und verschiedener Völker
mit den Tonarten, die nach ästhetischen Principien gewählt worden; erst der Fortschritt der Menschheit und der auf Harmonie-
fülle gerichtete Sinn der Neuzeit hat unser Tonsystem entwickelt.
Mit Recht mahnt Helmholtz daran daß unsere Molltonart so wenig
ein Naturproduct sei wie der gothische Spitzbogen; aber mit gleichem Recht werden wir hinzusetzen daß es immer naturgesetzliche
Bedingungen und Verhältnisse sind welche hier wie dort die
menschliche Phantasie zum Ausdruck idealer Stimmungen verwerthet um so das Innere im Aeußeren auszuprägen zum seelenvollen Realen.

Tonica nennen wir den Grundton von welchem eine Tonreihe
anhebt; wir bestimmen danach das Musikstück, wenn wir sagen
es gehe aus A-dur, C-moll u. s. w. Zum Grundton lehrt die
Bewegung zurück, um ihn kreist sie wie eine Spirallinie um den
Mittelpunkt, seine Lage bedingt daher die Höhe des Ganzen und
seine häufige Wiederkehr prägt demselben den eigenthümlichen Charakter auf, und da bestimmte Töne auf Blas- oder Saiteninstru-
menten besonders hell und voll erklingen (ich erinnere an die Naturtöne des Horns, den energischen Klang der mit dem Finger nicht
berührten Violinsaite), da die größere Höhe stets eine größere
Spannung und Lebensenergie bekundet, so ergeben sich daraus
kleine Verschiedenheiten der Tonarten, und es wird möglich eine
Melodie durch Abweichung aus einer Tonart in die andere in
anderer Färbung oder Beleuchtung zu wiederholen, und es besteht
die Kunst der Modulation darin ein Musikstück aus einer Tonart
in andere überzuleiten und eine reiche anmuthige Mannichfaltigkeit
dadurch zu erlangen, während man zuletzt zum Ausgangspunkt
wieder zurückkehrt.

Es ist das ästhetische Princip die ganze Masse der Töne
und Harmonieverbindungen in eine enge und stets deutliche Verwandtschaft zu einer Tonica zu setzen, aus dieser die Tonmasse zu
entwickeln und wieder zu ihr zurückzuführen. So thaten die Griechen in einstimmiger, so thun wir in vielstimmiger Musik. Man
hat vielfach geglaubt den Tonarten ganz besondere Eigenthümlichkeiten zuschreiben zu müssen, die eine für diese, die andere für jene
specielle Empfindung empfehlen zu sollen. C-dur soll besonders
unschuldig, A-dur zufrieden, D-dur triumphirend, H-dur eifer-
süchtig, Es-dur liebevoll, D-moll schwermüthig, H-moll schwer-

müthig weiblich, Gis-moll griesgrämig, C-moll sehnsüchtig klingen.
Mir hat dies nie einleuchten wollen; die Melodie, nicht der Aus-
gangston als solcher bedingt mir den Charakter des Musikstückes,
und ich glaube daß die Theoretiker, welche das Wesen einer Tonart bezeichnen wollen, sich dabei von dem Eindruck eines in derselben componirten Werkes leiten ließen, ohne an die vielen andern
zu denken die in derselben möglich oder vorhanden sind. Wie
möchte sonst Schubert die Tonart E-moll einem Mädchen vergleichen welches weißgekleidet nur eine rothe Schleife am Busen
trägt, und Schilling von derselben sagen sie drücke bedingtes Leben, die Klage des Mitgefühls und Jammer über Mangel an
Kraft aus? Von E-dur sagte Mattheson es drücke eine tödliche
Traurigkeit und die Verzweiflung hoffnungsloser Liebe am besten
aus; Schilling dagegen: Zu Schmerz und Leid ist E-dur nie
gestimmt; die Freude lacht und es ist ein Aufjauchzen zu lautem
Jubel. Schilling hört in G-moll das mürrische Nagen am Ge-
biß der Selbstanklage, Mattheson den allerschönsten Ton, der eine
ungemeine Anmuth und Gefälligkeit mit sich führt. — Als das
petersburger Opernorchester um ½ Ton höher gestiegen war wie
das pariser, hätte das dortige H-dur in Paris wie C-dur klingen
müssen. Seit der gleichschwebenden Temperatur erhebt sich über
jedem Ton eine absolut gleiche Stufenfolge, sind alle Durharmonien von gleicher Reinheit, aber wir können mit Zimmer annehmen daß durch unsere Instrumente und deren Stimmung das
Ohr sich vorzugsweise an C-dur gewöhnt hat, in ihm den Ausdruck des einfach Klaren, Entschiedenen und Kräftigen findet, daß
unserm Gefühle banach die von hier entfernteren Töne und Har-
monienverhältnisse sich zum Ausdruck anderer, ja gegentheiliger
Empfindungen bieten; ein Uebergang aus C-dur in das nahverwandte G-dur trägt ein weit ruhigeres Gepräge als der in das
weit abweichende H-dur. Die Griechen benannten die Tonarten
nicht wie wir nach dem Grundton, sondern nach Ländern wo sie
ursprünglich geherrscht haben sollten; die dorische war z. B. unser
D-moll. Nun sollte nach der Ueberlieferung der Alten die lydische
Tonweise zartklagender, die äolische mehr üppiger Art sein, die
phrygische wildbegeisternd, die ionische wollüstig weich, die dorische
männlich ernst. Sicherlich rührte das nicht von den Anfangs-
tönen, sondern von der Melodie, dem Rhythmus, ja dem Inhalte
des Gedichtes her, welcher von Musik und Tanz begleitet ward;
es war die Weise der ionischen, dorischen, phrygischen Kunstrich-

tung die man bezeichnete, und wollte man sich einer solchen anschließen, so begann man mit dem dort beliebten Grundtone. Es
wird erzählt Pythagoras habe einst einen jungen Mann von Eifer-
sucht Musik und Wein so erhitzt gefunden daß derselbe im Begriff gestanden Feuer an der Wohnung seiner Geliebten anzulegen;
da habe der Philosoph ihn dadurch zur Besonnenheit zurück-
gebracht, daß er eine Flötenspielerin die phrygische Weise mit der
dorischen vertauschen ließ. Schwerlich hätte es einen großen Effect
gemacht, wenn hier dieselbe Melodie aus D-moll statt aus E-moll
geblasen worden wäre; aber ein dorisches Lied hatte ein langsameres Tempo, einen ruhigern Rhythmus, eine sich nicht so
sprungweis bewegende Melodie als ein phrygisches, und der männlich ernste Inhalt desselben trat mit der Tonweise vor die Seele;
auf diesen Umständen beruhte die Wirkung. — Unsere Musiker
haben sich gewöhnt für bestimmte musikalische Gedanken eine oder
die andere Tonart zu wählen, daher das Gleichartige in den
Compositionen.

Wohl können wir mit Lotze sagen: Die Tonarten repräsentiren
jene unendliche Beziehbarkeit, Vergleichbarkeit, Verwandtschaft und
abgestufte Verschiedenheit des Weltinhalts überhaupt, durch welche
es geschehen kann daß die Mannichfaltigkeit des Wirklichen, das
den allgemeinen Gesetzen gleichmäßig unterliegt, zugleich ein ge-
ordnetes Ganze auseinander hindeutender, ineinander übergehender
oder einander ausschließender Gattungen bildet; — doch nicht
nur die Erinnerung an diese Verhältnisse des Weltinhalts macht
uns die Figuren, Rhythmen, Beziehungen der Musik werthvoll,
sondern die Musik ist eben das erfreuende rein hervorgehobene
Idealbild dieser in sich zusammenhängenden Entwickelung des
innerlich aufeinander bezogenen Mannichfaltigen, das uns den
Kosmos in seinem Werden, einen organischen Gestaltungsproceß
vernehmlich macht.

Indem wir uns nun der Betrachtung der Melodie zuwenden,
schließen wir die vorläufige Darstellung der harmonischen Grundlage unserer Musik mit den Worten von Leibniz: „Der Genuß
der Musik ist eigentlich nur eine unbewußt verlaufende arithmetische Thätigkeit des Geistes; denn es irren diejenigen sehr welche
glauben alles was in der Seele vorgeht müsse nothwendig auch
zum Bewußtsein kommen. Obgleich also die Seele nur unbewußt
die Zahlen erfaßt, empfindet sie dennoch die aus dieser Beschäf-

tigung hervorgehende Wirkung, angenehm bei den Consonanzen, unangenehm bei den Dissonanzen."

So richtig hier unser ästhetisches Wohlgefallen am Klang und Zusammenklang erklärt ist, für das Wesen der Musik reicht dies aber nicht aus, nur die Schale, nicht der Kern ist damit gedeutet. Die Zahlenverhältnisse selbst sind nicht das Bezeichnete, sondern das Zeichen und Mittel. Mit Recht sagt darum Schopenhauer: „Wäre die Musik nichts weiter, so müßte die Befriedigung die sie erregt, derjenigen ähnlich sein die wir beim richtigen Aufgehen eines Rechnungsexempels empfinden, und könnte nicht jene innige Freude sein, mit der wir das tiefste Innere unsers Wesens zur Sprache gebracht sehen." Als dies tiefste Innere haben wir den idealen Lebensgrund der Dinge bezeichnet und entwickelt daß ein der Idee gemäßes Werden, der organische Entwickelungsproceß des Seins durch die Tonkunst dargestellt, in der Folge von Ton- bewegungen der Verlauf einer Gemüthsbewegung abgespiegelt und zur Schönheit verklärt offenbar werde. Ist Klang und Harmonie der Leib, so ergibt sich die Melodie als die Seele der Musik. Den Lebensgrund der Welt nennt Arthur Schopenhauer bekannt- lich Willen, und demgemäß sagt er weiter: „Wie nun das Wesen des Menschen darin besteht daß sein Wille strebt, befriedigt wird und von neuem strebt, ja sein Glück und Wohlsein dieses ist daß jener Uebergang vom Wunsch zur Befriedigung und von dieser zum neuen Wunsch rasch vorwärts geht, da das Ausbleiben der Befriedigung Leiden, das des neuen Wunsches leeres Sehnen, Langeweile ist, so ist dem entsprechend das Wesen der Melodie ein stetes Abweichen, Abirren vom Grundton auf tausend Wegen, nicht nur zu den harmonischen Stufen, sondern zu jedem Ton, aber immer folgt ein endliches Zurückkehren zum Grundton: auf allen jenen Wegen drückt die Melodie das vielgestaltete Streben des Willens aus, aber immer auch durch das endliche Wieder- finden einer harmonischen Stufe und noch mehr des Grundtons die Befriedigung." Die Musik gibt den innersten aller Gestaltung vorhergängigen Kern oder das Herz der Dinge, wie wir sagen die organische Bewegung des Seins, durch welche alle besondern Gestalten entstehen; die Welt betrachtet Schopenhauer als die Ob- jectivation oder Erscheinung und Verkörperung des Willens; die musikalische Darstellung von Willensregungen wird also der an- schaulichen Form von Begebenheiten oder Gegenständen analog sein; aber dies muß, setzt der Denker hinzu, aus der unmittel-

baren Erkenntniß des Wesens der Welt hervorgehen und darf nicht
mit bewußter Absichtlichkeit durch Begriffe vermittelte Nachahmung
sein, sonst spricht die Musik nicht das innerste Wesen aus, sondern
ahmt nur seine Erscheinung ungenügend nach. Hatte Leibniz gesagt: Musica est exercitium arithmeticae occultum nescientis
se numerare animae, so wendet dies Schopenhauer für seine
höhere Ansicht folgendermaßen: Musica est exercitium meta-
physices occultum nescientis se philosophari animae. In der
That ist alle Kunst die Veranschaulichung derselben Wahrheit,
welche der Geist durch die Philosophie sich denkend klar macht:
wie der Gedanke die Wirklichkeit nach ihrem Wesen und Werden
auffaßt und die Idee als das Princip von beidem erkennt, so ist
die Plastik sinnenfällige Darstellung der Idee in räumlich bleiben-
der Gestalt, die Musik in zeitlich werdender Bewegung; die Poesie
wird endlich die Idee in der Form des Gedankens selbst aussprechen, wie sie Princip des Seins und Werdens ist und dies
im Verlauf von Begebenheiten und Gefühlen zu veranschaulichen,
durch Bildlichkeit und im Wohllang der Rede empfindlich zu
machen wissen.

Um den Begriff der Melodie zu gewinnen erinnern wir uns
daran daß der freie Fortgang der Töne durch unser Tonsystem
schon an ein Gesetz gebunden ist, indem nur diejenigen Töne verwerthet werden welche nach den harmonischen Verhältnissen als für
sie wichtige und wohllautende bestimmt sind. Wie die Natur eine
Stufenreihe der Wesen zeigt, so die Musik eine solche der Töne;
wie ein Typus auf den andern, so ist ein Ton auf den andern
bezogen. Wir können vorläufig sagen: Harmonie ist ein Zusammenklang, Melodie eine Folge wohlklingender Töne; das Sinnliche des Wohllauts beruht auf dem Sinnigen des Begriffs; Harmonie ist in eins gesetzte Melodie, Melodie entfaltete Harmonie.

Suchen wir nun die Elemente der Melodie zu ergründen um
allmählich zu ihrem vollen Begriff aufzusteigen, so beachten wir
zunächst daß wir nacheinander folgende Töne durch Stärke, Dauer,
Höhe und Tiefe unterscheiden. Selbst wenn sie in gleicher Höhe,
gleichlang und gleichstark erklängen, würden wir bald einen iambischen bald einen trochäischen Gang in sie hineinlegen, bald den
zweiten und bald den ersten accentuiren, wie wir denn das Tiktak
der Uhr bald Tiktak bald Tiktak, und zwar nach Willkür hören.
Wir eilen oder verweilen mit unsern Gedanken nach unserm Interesse an einer Sache, wir legen Gewicht oder Nachdruck auf Dinge

und Worte, unsere Willensenergie spricht sich rhythmisch aus. In allem Werden herrscht Ursache und Wirkung, Bedingendes und Bedingtes, und durch den Pulsschlag des Lebens, durch Aus- und Einathmen, durch Anspannung und Ablassung, Aufregung und Beruhigung ist uns ein rhythmischer Wechsel eingeboren. Wir verlangen ihn und finden ihn auch in der Musik; eine völlige Gleichartigkeit wäre Gebundenheit, die der Freiheit des Schönen und der Natur der Dinge wie des Geistes widerspräche.

Durch Accent und Lage unterschiedene oder gleichlang gehaltene Töne bezeichnen einen festen und ruhigen Gang, wie im canto fermo der Kirchenmusik; ein katholischer Aesthetiker hat dies Anfängliche damit rechtfertigen wollen daß jede Silbe der Offenbarung gleich wichtig sei und die Musik die Worte also in gleicher Länge der Silben singen müsse. So mechanisch nehme ich die Inspiration nicht, und sehe darin einen Rückschritt, wenn man im protestantischen Choral zu jener eintönigen Weise zurückkehrte, einen Fortschritt, wenn man jetzt der Melodie ihren freiern Rhythmus wiederzugeben sucht.

Die Bewegung wird eine rhythmische, wenn die Zeitdauer der Töne an gewisse Verhältnisse gebunden wird und diese in einer gleichen oder symmetrischen Verbindung wiederkehren. Rhythmus ist stets eine Einheit mehrerer Töne, die sich aufeinander beziehen: das Folgende erscheint von dem Vorhergehenden, das Zukünftige von dem Gegenwärtigen abhängig, und so entwickelt sich im Spiele der Wellen ein stetiger Fluß, und wie in der Harmonie das gleichzeitig Unterschiedene, so wird im Rhythmus das nacheinanderfolgend Unterschiedene zur Einheit verknüpft, Sonderung und Einung zeigen sich auch hier. Die Kunst als die das Mannichfaltige beherrschende Einheit muß eine Wechselbeziehung und Ordnung in der Bewegung herstellen, und dies geschieht durch das Zeitmaß. Um Regelmäßigkeit und Ordnung in das Unbestimmte der Dauermöglichkeit zu bringen nimmt die Musik jedesmal eine bestimmte Dauer als ganzen Ton, und bezieht alle Töne darauf, indem sie entweder dieselbe Zeit gleichfalls ausfüllen oder ihre Dauer wiederholt durch Zweitheilung bestimmt wird, sodaß wir halbe, Viertheil-, Achttheil-, Sechzehntheil-, Zweiunddreißigtheiltöne gewinnen. Nur selten wendet man auch die Dreitheilung in Triolen an, man verlängert lieber einzelne Töne um die Hälfte. Durch die Zweitheilung wird eine leichtfaßliche Uebersichtlichkeit erwirkt. Auch die Poesie hat einen Wechsel von betonten und unbetonten Silben, von Längen und Kürzen; sie rechnet zwei Kürzen der Länge gleich, geht aber in der Theilung nicht weiter, der Ton ist hier stets ja auch im Wort Gedankenzeichen. Der regelmäßige Wechsel der Längen und Kürzen bewirkt einen aufsteigenden oder abfallenden Gang, je nachdem die betonte Länge die Kürze zu sich heranzieht oder von sich entläßt; so ist das Heute das Ziel und Resultat der Vergangenheit und die Mutter der Zukunft. Zwei Kürzen vor oder nach der Länge beschleunigen die anapästisch vordringende oder daktylisch abrollende Bewegung. Auch die Poesie bildet Reihen aus wechselnden Sponden und Trochäen, Daktylen, Jamben und Anapästen, sie stellt Trochäus und Jambus aneinander zum Choriamb, und gibt dem absinkenden Trochäus einen neuen Aufschwung in einer angefügten Länge, dem aufstrebenden Jambus einen verhallenden Nachschlag in einer Kürze. So bildet die Musik rhythmische Reihen in einem Wechsel langer und kurzer Noten, und wie die Tonfolge von einem Grundton sich erhebt und wieder zu ihm zurückkehrt, so treten aufsteigende und absinkende Rhythmen symmetrisch zusammen, und der eine Gang wird das Gegenbild des andern. Auch die Poesie geht in längern Versen zu größerer Freiheit fort und gestattet Auflösung der Länge in zwei Kürzen, oder eine Länge für zwei Kürzen, wenn auch nicht überall. So besteht der Hexameter aus sechs Gliedern, die das Maß von je zwei Längen haben; die erste Silbe muß stets eine betonte Länge sein, die zweite Stelle kann durch eine Länge oder durch zwei Kürzen ausgefüllt werden. Solche Gruppenbildung führt die Musik im Takte weiter und freier durch.

Der Takt ist ein stetiges Maß, der Rhythmus die Art der Bewegung in ihm. An die Stelle der Wiederkehr der nämlichen Längen und Kürzen tritt der Takt, ein stets wiederkehrendes Zeitmaß von bestimmter Dauer, das aber besetzt durch Längen oder Kürzen ausgefüllt werden kann. Ein einziger ganzer oder halber Ton kann den ganzen Takt einnehmen, ebenso aber auch sechzehn oder acht Sechzehntheile oder eine Mischung von Viertheilen, Achttheilen, Sechzehntheilen u. s. w. Dadurch wird der Musik ein großer Wechsel in verlangsamter und beschleunigter Bewegung möglich, zugleich aber kommt ein fester Halt, eine unverrückbare Gleichheit, ein Ebenmaß zur Geltung. Der Takt folgt dem Gang der Melodie und schmiegt sich ihm an, er hält aber zugleich die Einheit im Ganzen unter der Form des stets wiederkehrenden

Gleichmaßes fest. So sind die Säulen eines Tempels von gleicher Stärke, ihre Zwischenräume von gleicher Weite, so wiederholen sich Fenster und Fensterscheiben, ja die einzelnen Quader-
steine an gewissen Theilen eines Gebäudes erscheinen einander
gleich. Hier zeigt sich die schaffende Thätigkeit des Geistes, die
ihr Gleichmaß in die Zeitfolge bringt, wie die Ordnung in der
Natur das Werk des ordnenden Verstandes ist. Ohne den Takt
einzuhalten wäre es nicht möglich verschiedene Melodien harmonisch
miteinander zu verbinden und doch jeder den eigenthümlichen
Rhythmus zu bewahren.

Die Takte sind aber nicht blos dem Auge durch die Striche
zwischen den Noten, sie sind auch dem Ohr dadurch markirt daß
stets der erste Ton eines jeden den Accent hat, die Accente also
in festen Zeitabständen stets wiederkehren, mögen nun viele oder
wenige Töne zwischen ihnen erklingen, mögen sie nun auf langen
oder kurzen Noten ruhen. Jeder Takt erscheint als ein Glied des
Ganzen dadurch daß es in ihm sich abspiegelt, daß der Wechsel
von Anstreben und Nachlassen, von Hebung und Senkung, der im
Begriff des Rhythmus und im ganzen Musikstück liegt, in jedem
einzelnen Takt waltet. Bezeichnen wir die Hebung als Arsis, die
Senkung als Thesis, so fällt jene mit dem Accent oder dem Anfang zusammen. Der Takt wird dadurch in sich selbst getheilt,
doch geht die Gliederung nicht leicht über die Zwei- und Dreitheilung und deren Combinationen hinaus, damit die erstrebte
Uebersichtlichkeit nicht wieder verloren oder erschwert werde. Man
kann auf eine Arsis eine oder zwei gleichlange Thesen folgen
lassen, dadurch entsteht ein zweigliederiger oder dreigliederiger
Takt; nimmt man die doppelte Zahl von Gliedern, so wird er
wieder in zwei Hälften zerlegt und erhält der dritte oder vierte
Theil einen leichten Accent. Wir haben auf diese Weise ⁷/₄, ³/₄,
⁴/₄, ⁶/₈ oder ³/₄ Takte, gerade oder ungerade Taktarten, je nachdem die Zahl 2 oder 3 ihnen zu Grunde liegt. Wie mit der
Zahl 6 die Consonanz endigt, so auch die Verbindung der Theile
im Rhythmus. Der gerade Takt ist ruhiger als der ungerade,
im ³/₄ Takt wird der erste Theil accentuirt, der zweite hat schwache,
der dritte halbstarke Betonung, das gibt den Ausdruck hüpfender,
sich um sich selbst herumschwingender, auf- und abgehender Bewegung. Durch den Takt kommt eine gleiche Bewegungsweise in
das Ganze; wie sie einmal angeschlagen war wird sie festgehalten
und durchgeführt, aber innerhalb ihrer hat die individuelle Freiheit

Spielraum. In musikalischen Werken tritt auch Taktwechsel ein, gleichwie auch uns unter veränderten Verhältnissen eine neue Art der Lebensführung möglich ist. So singt Beethoven die Schilderung Italiens in Goethe's Lied in dem ruhigen Zweivierteltakt, den Ausdruck der Sehnsucht in dem Dahin! dahin! am Schlusse aber im Sechsachteltakt. Die Combination der rhythmischen Verhältnisse ist an die Wiederkehr der Accente auf die guten Takttheile gebunden, die Musik gestattet aber die einzelnen Takttheile aufzulösen, zusammenzuziehen, auch durch Momente des Schweigens und der Sammlung in sich, durch Pausen auszufüllen, ja einen Ton aus einem Takt auch in den andern hinüberzuziehen. Die Markirung durch den Accent gewinnt dann etwas Schwebendes, sie ist schwächer als sonst am Beginn, stärker als sonst am Ende eines Taktes.

In das hörbare Dasein, sagen wir mit Gustav Engel, scharfe Trennungen hineinzubringen und das Getrennte einheitlich zu beziehen ist Aufgabe der den Fluß der Zeit ordnend gestaltenden Kunst. Wir gewinnen so den geraden oder ungeraden, ²⁄₄ oder ³⁄₄ Takt, durch den eine rhythmische Gliederung uns zu klarem Bewußtsein kommt. Im geraden Takt hat der erste Theil die stärkere Betonung, und so tritt eine Ungleichheit ein, die im ungeraden dadurch aufgewogen wird daß zwei schwachbetonte Takttheile dem einen starkbetonten zur Seite treten. Der gerade Takt ist entschieden schwerer, männlicher, ernster, der ungerade leichter, beweglicher, milder, weiblicher, und indem jedes Tonstück sofort einen oder den andern zur Grundlage seiner Bildung hat, gewinnt es ein charakteristisches Gepräge, das nun durch andere Elemente gesteigert oder gemindert werden kann. Engel heißt in Gedanken einige bekannte Melodien in andere Taktarten versetzen, und findet daß Arien: „O Jesus", „Und ob die Wolke", „Bei Männern welche Liebe fühlen" aus dem ³⁄₄ oder ⁶⁄₈ in ⁴⁄₄ Takt übertragen eine starke Aenderung erfahren: Sarastro's Gesang wird allzu gravitätisch und damit langweilig, Agathe's Lied verliert den Reiz des weiblich Schwebenden, Papageno's Duett das anmuthig Tändelnde. Sarastro's Gesang, durch Tempo und Tonlage ernst feierlich und erhaben, gewinnt etwas Menschenfreundliches, das dem Charakter des Mannes eignet, durch Takt und Harmonie; Mozart's Ave verum würde umgekehrt durch den ³⁄₄ Takt an seinem feierlichen Ernst verlieren, Cherubini's „Ihr die ihr Triebe" entadelt und in einen Gassenhauer verwandelt werden. So ist jedes Tonstück ernster oder heiterer, gehaltener oder bewegter schon durch seinen Takt, und Spontini hatte nicht unrecht als er zu Schopenhauer beim Anhören einer Regimentsmusik äußerte: die solle im geraden Takt componirt sein.

Vortrefflich hebt Lotze in der Abhandlung über die Bedingungen des Kunstschönen hervor daß unsere sinnende Beobachtung der Welt drei Mächte sich ineinander zum Laufe der Dinge verschlingen sieht: allgemeine Gesetze, theilnahmlos für jede einzelne Gestalt des Erfolgs, eine Fülle lebendiger Wirklichkeit, die mit wunderbaren eingeborenen Trieben der Gestaltung und innerlicher Regsamkeit diese starren Schranken überwebt, und endlich die Spur eines ordnenden Gedankens, der alles einem gemeinsamen Ziele zuführt. Daraus entwickelt er die Bedeutung des Taktes: „Die Natur der Töne, deren Auffassung für uns stets einen Zeitraum füllt, läßt jene Gesetze sogleich als die beherrschenden Mächte der Zeit erscheinen, in deren gleichgültiger Ausdehnung die einzelnen Klänge, um ihr ausdrucksvolles Spiel zu entfalten, kommen und gehen. Neben dem Entwickelungsgange der Melodie bilden die Schläge des Taktes die stets begleitende Erinnerung an das allgemeine Schicksal, dessen abgemessene Kreisungen alle Wirklichkeit hervorrufen und hinwegraffen ohne für die eine mehr Vorliebe zu zeigen als für die andere. Und eben deswegen bedarf der Takt häufig einer Verschleierung; sein starkes Hervortreten, sodaß er sich zum Rhythmus des Ganzen aufdrängte, würde übel zu dem Sinne eines Chorals stehen, in dessen Tönen ja keine hinfällige unter andere Gesetze gebundene Wirklichkeit, sondern die Fülle des höchsten einigen Seins selbst sich entwickeln soll. Desto entschiedener, obwol nur in ernstem und langsamem Gange darf er den starken und festen Grund eines kriegerischen Marsches bilden, in dem der Muth menschlicher Begeisterung sich gern auf die unwandelbaren Geschicke der Welt stützt. Und so mag er denn ungebunden herrschen in jenen Tänzen in denen jede Selbstständigkeit und melodiöse Kraft des einzelnen Gemüths sich der nivellirenden Gemeinheit des alltäglichen Taumels der Dinge überläßt."

Der Rhythmus wird schneller oder langsamer je nachdem viele oder wenige Töne auf einen Takttheil oder Takt kommen. Und wenn in allen Takten auch die Bewegung von der Höhe der Gegenwart fort und niederrollt, so läßt sich die Anziehung eines Höhenpunktes, der nach einem Ziel hinstrebende Gang dennoch

dadurch ausdrücken daß man nicht mit dem ersten guten Theile
eines vollen Takts beginnt, sondern mit einem Vorschlag, mit
einer unbetonten Auftaktnote, von der aus man sich zum ersten
Accent hinanschwingt, wodurch statt des trochäischen oder daktyli-
schen Ganges ein iambischer oder anapästischer gewonnen wird.

Betrachten wir ein schwingendes Pendel, so sehen wir wie es
von seiner Höhe aus mit wachsender Geschwindigkeit in Gang
kommt, und durch diese beschleunigte Bewegung über den Ort der
Ruhe, wo es nach dem Gesetz der Schwere verharren würde,
wieder emporgetrieben wird; aber durch die entgegenwirkende
Schwere, die den abwärts gerichteten Gang beschleunigte, wird
der aufwärts strebende stetig verlangsamt, bis auf der Höhe ein
Moment des Gleichgewichts eintritt; bei beständigem Anderswerden
der Bewegung ist eine Hälfte das symmetrische Gegenbild der
andern. Ganz ähnlich ist der Verlauf einer Welle; die Schwungkraft treibt sie empor, langsam breitet sie auf der Höhe sich aus,
und mit wachsender Geschwindigkeit senkt sie sich wieder. In diesem Rhythmus, auf welchem jeder einzelne Ton beruht, haben
wir den Keim für den rhythmischen Verlauf eines Tonwerks; es
ist ein Auf- und Abwogen, ein Anstreben und Zurücksinken, ein
Ringen und Fortschwingen von dem Errungenen aus, und wie in
der Architektur im Nebeneinander, waltet in der Musik die Symmetrie im Vor und Nach, im Auf und Ab. Ein schnellerer oder
langsamerer Rhythmus zieht sich durch eine Reihe von Takten
hindurch und macht sie zu seinen Gliedern; jeder Takt ist mit
eigenem Rhythmus in sich und für sich begabt, wie jedes Glied
des menschlichen Leibes organisch ist; aber wie die rechte Seite
erst schön wird indem sie in der linken ihr Gegenbild hat, und nun
die Verschiedenheit des Auges, des Ohres, des Armes, die uns
stören würde wenn sie allein bliebe, sich dadurch der herrschenden
Einheit unterordnet daß alles Besondere in gleichem Abstand von
der Linie der Mitte auf beiden Seiten wiederholt wird, so wird
auch die für sich vielleicht unregelmäßige rhythmische Reihe nun
als ein Satz behandelt, der seinen direct oder wie im Spiegel-
bilde ihn wiederholenden Gegensatz erhält, und dadurch tritt eine
den Wechsel durchwallende Einheit hervor, und das Irreguläre
regulär sich entgegengesetzt bildet ein symmetrisches Ganzes, gleichwie zufällige Formen centralsymmetrisch wiederholt im Kaleidoskop
zu einem gefälligen Sterne werden. So entsteht aus Satz und
Gegensatz eine Periode, und eine Periode, dem Verlauf der Welle

ober ber Penbelſchwingung gleich, reiht ſich an eine neue, bie
von ber erſten bebingt unb unterſchieben iſt, bie wieber in eine
anbere übergeht. Enblich folgt auf ben erſten Theil bes ganzen
Tongebäudes ein zweiter, ber bas dort Begonnene erweitert unb
fortſetzt, ber ſich an Ausdehnung ihm gleichſtellt; unb wenn nicht
bie Wiederholung bes ganzen erſten Theiles abſchließt, ſobaß ber
zweite als Mitte zwiſchen zwei Gleichen ſteht, ſo muß ber zweite
ſelbſt gegen ſein Enbe hin in klarer Erinnerung bas Anfängliche
nnb Hauptſächliche bes erſten wieber aufnehmen.

Wie ber erſte Theil einer Schwingung beſchleunigte ober
anſteigenbe Bewegung iſt, ſo brückt ber erſte Satz einer Periobe
Spannung, Erwartung, Anſtreben aus, unb ber zweite ſymmetriſche gibt bie Befriedigung, Löſung unb Beruhigung; ſo erſcheint auch ber ganze erſte Theil mehr erregt, erwartungsvoll
vordringenb, ber zweite aus ber Bewegung wieber zur Ruhe
lenkenb, ausgleichenb, verſöhnenb. Wenn bann auch bie ſtür-
menben Wellen bes erſten Theils von neuem anſchwellen unb
höher nnb höher ſteigen, ſo tragen wir bas Bewußtſein ber er-
langten Verſöhnung in bieſen wieberholten Kampf, unb fühlen
uns jetzt burch bas Ganze nicht beunruhigt, ſonbern emporgetragen unb erhoben.

Es iſt nicht immer bie gleiche Länge ber Glieber nöthig, Gewicht unb Kraft, bie intenſive Größe vertritt bie extenſive unb
hält ihr bie Wage. Je höher ber Organismus ſteigt, beſto weniger läßt ſich bie Freiheit bes inbivibuellen Lebens an bie ab-
ſtracte Regelmäßigkeit bes Kryſtalls binben; aber bas Geſetz muß
er bewahren, ſonſt wirb er verkrüppeln ober verwachſen. Auch
in ber Architektur verlangen wir bie ſymmetriſche Gleichheit nur
in ber Breitenrichtung, bei ber Höhe herrſcht Evolution unb
Proportionalität, bie ben tragenben Theilen eine größere Aus-
behnung zuweiſt als ben getragenen, aber verlangt baß bas
Kleinere ſich zum Größeren wie bas Größere zum Ganzen verhält. Auch eine Welle kann ſteil anbranden nnb ſich bann flach
unb weit ergießen ober nach breiter Anſchwellung jäh abſtürzen.
Der Inhalt wirb bie Wahl ſolcher Formen bebingen. Die Harmonie verlangt gleich ber Horizontalbimenſion bie feſte klare Regelmäßigkeit, bie Entwickelung ber Melobie geſtattet unb forbert
gleich ber aufſteigenben Verticallinie bes Gebäudes größere Freiheit, aber wahre Freiheit, bas heißt ſelbſtkräftige Geſetzerfüllung.
Wir können auch hier Hauptmann wieber reben laſſen. „Daß

die Musik zeitlich an dem Hörer vorübergeht, daß wir im Fort-
gange immer nur das unmittelbar Aneinanderhängende sinnlich
vor uns haben, läßt manches Mangelhafte in Form und Führung eines Tonstückes übersehen, was in einer zusammenfassenden,
wenn wir so sagen dürfen in einer architektonischen Vorstellung
des Ganzen für den innern Sinn sich nicht würde verbergen
können. Wie das Schiefe, das Unsymmetrische und Verhältniß-
widrige in sichtbaren Gegenständen, die auf Regelmäßigkeit Anspruch machen, dem gesunden Auge sogleich störend entgegentritt,
so würde auch, gleich den Fehlern in der unmittelbaren Accordfolge, das Ungehörige in der modulatorischen Disposition wie in
metrischen Satzverhältnissen leicht wahrgenommen werden, wenn
der Ueberblick eines größern Zeitganzen in seiner Gliederung
nicht an sich schon eine schwerere Aufgabe wäre als die ein räumlich Gegliedertes in seinen Verhältnissen zu überschauen. Es ist
aber in der Musik eine solche Architektonik, die hauptsächlich in
der regelmäßig metrischen und modulatorischen Beschaffenheit
eines Tonstücks besteht, ein so wesentliches Erforderniß daß eine
musikalische Composition uns als Kunst überhaupt ohne sie gar
nicht ansprechen kann. Für die erste Wirkung scheinen diese Bedingungen weniger von bestimmendem Einflusse zu sein, indem
wir auch gestaltlose phrasenhafte Productionen ohne verständigen
Periodenbau, ohne organische Einheit des Mannichfaltigen nicht
selten einen glänzenden Succeß erringen sehen. In einer dauernden Gunst haben aber immer nur solche Werke sich erhalten
können die abgesehen von charakteristischen Eigenthümlichkeiten,
von melodischem und harmonischem Reize eine rhythmisch-metrische
und modulatorische Ordnung bewahren, das heißt solche die ihre
Schönheiten in der Schönheit des Ganzen, in der Wahrheit und
vernünftigen Gesetzmäßigkeit der an sich künstlerisch gültigen Form
tragen."

Wenn ich sagte daß Melodie entfaltete Harmonie sei, so ist es
nicht unwichtig zu erkennen wie jeder wohllautende Zusammenklang von Tönen einen eigenthümlichen Rhythmus in sich trägt.
Wir ordnen wieder dem Grundton mit der Octave, Quinte und
großen Terz zusammen, und erinnern uns daß jeder Punkt das
Eintreten einer Schwingung bezeichnet.

Die eine Schwingung der höhern Octave fällt gerade in die
Mitte, die zweite trifft mit der der untern zusammen, ein doppelter und einfacher Schlag wechseln regelmäßig miteinander ab; das
einheitlich Einfache herrscht noch etwas monoton über den Unterschied und die Mannichfaltigkeit. Reicher und voller gestaltet sich
schon die Sache bei der Quint. Hier fallen drei Einzelschwingungen zwischen die Doppelschwingung, und die Zeiträume zwischen
ihnen sind symmetrisch verschieden; die Schwingungen des Grundtons und der Quinte verlaufen jede für sich in regelmäßiger
Gleichheit, aber bei ihrem Ineinanderwirken folgt und geht dem
Zusammentreffen eine der drei Schwingungen der Quinte voraus,
und zwischen beiden, also innerhalb der zweiten Quintenschwin-
gung, liegt eine des Grundtons in der Mitte; diese mittlere Zeit
ist also in zwei Hälften zerlegt, oder wie die unterschriebenen
Zahlen andeuten, es wechselt ein doppeltes Intervall, zwei einfache, wieder ein doppeltes, die beiden kürzern stehen symmetrisch
in der Mitte der beiden längern. Bei der großen Terz erhöht
sich die rhythmische Mannichfaltigkeit; es verfließt längere Zeit
bis die Doppelschwingung eintritt, und wir erkennen ganz genau
den symmetrischen Gegensatz der nach der Mitte hin von ihr aus
sich rhythmisch entfaltet. Die Periode des Quintenzweiklangs zerlegt sich in vier Theile, deren äußere doppelt so groß sind als die
mittlern, wir können sie also durch 6 Einheiten bestimmen, bei
der Terz bedürfen wir deren 20. Die kleinste als Einheit zu
nehmende Zeit verfließt zwischen der ersten Schwingung der Terz
und derselben des Grundtons; eine Schwingung der Terz folgt
der andern in der vierfachen Zeit; diese ist durchlaufen, und es
folgt in dem vierten Theil dieser Zeit die nun eintreffende Schwingung des Grundtons; es dauert wieder dreimal so lang bis wieder eine Terzschwingung kommt, und dadurch stellt sich nun die
zweite Grundtonschwingung in die Mitte der dritten Terzschwingung, und es stehen zweimal 2 Einheiten nebeneinander; es folgen

wieder deren 3 bis zur ersten Grundtonschwingung, nach einer tritt dann wieder die Terz ein, und es dauert nun vier Intervallen lang wie am Anfang, bis das Zusammentreffen der vierten Schwingung des Grundtons und der fünften der Terz erfolgt. 4—1—3—2, so vertheilt sich die Zeit in der ersten Hälfte, und von der zweiten Grundtonschwingung aus geht sie umgekehrt fort 2—3—1—4. Auf diesem Rhythmus beruht ein Hauptreiz der Harmonie. Die Stellen wo alle Schwingungen zusammentreffen, sind natürlich die markirtesten, hier verstärkt eine die andere, und diese Pulse vergleichen sich den accentuirten Takttheilen. Die symmetrische Bewegung zwischen ihnen wiederholt ihre reiche Mannichfaltigkeit, und prägt sie dadurch dem Ohr ein, und Ordnung herrscht in der Fülle.

Angesichts dieser rhythmischen Symmetrie im Accorde erscheint es kaum viel zu viel behauptet, wenn Opel die Theorie der Musik auf den Rhythmus der Klangwellenpulse begründet wissen will; daß die Musik einzig und allein darauf beruhe, ist das Uebertriebene, weil es die Seele der Melodie außer Augen läßt; aber richtig ist es: „Wie die Schönheit des einzelnen Klanges auf der vollkommenen Reinheit und Regelmäßigkeit der ihn bildenden Klangwellen beruht, wie die Töne der einfachen Tonleiter rhythmisch geordnet sind, so beherrscht der Rhythmus auch alle übrigen Elemente und Ordnungen eines musikalischen Kunstwerks. Rhythmische Klangwellenpulse erzeugen die Harmonie der Töne, rhythmisch aufeinanderfolgende Töne und Accorde den wohlgefälligen und nothwendigen musikalischen Takt, rhythmisch geordnete Takte die angenehme Periode, und aus gestörtem Rhythmus entspringt die Dissonanz, der aufregende Takt, die beunruhigende Musik. Wo wie beim heitern Tanz Melodie und Bewegung nur den angenehmen lebensvollen Rhythmen angehören, da wird das Gefühl bis zum Entzücken freudig erregt; wo aber im geraden Gegentheil der Klang, Takt- und Periodenrhythmus nur in schwer faßlichen Formen erscheint, wo die Dissonanzen herrschen und in aufregender Bewegung einherschreiten, da flieht die Freude und das auf so vielfache Weise bestürmte Gefühl kann bis zur höchsten Unruhe und Erschütterung gebracht werden."

Die Schnelligkeit, mit welcher die Accente der ersten Taktnoten aufeinanderfolgen, bestimmt das Tempo. Instrumente die nur einen oder wenige Töne haben, wie die Trommeln, wirken durch die Angabe der Bewegung mittels Rhythmus und Tempo allein;

sie lassen eine beschleunigte oder verlangsamte Bewegung laut werden, die sich uns mittheilt, sodaß wir zum Beispiel danach mar-
schiren und es uns schwer wird einen andern Gang einzuhalten
als welchen sie uns angibt. Das Tempo kommt bei der Melodie
sehr in Betracht: zu rasch oder zu langsam genommen zerstört es
den Eindruck derselben, denn jede Lebenskraft hat ihrer Natur
nach einen eigenen Gang, und wer den ernsten Schritt gebeugter
Trauer in Springen- und laufendes Hüpfen verwandelt, wird
allerdings eine andere Wirkung hervorbringen, und „Ei du lieber
Augustin" recht langsam und würdig vorgetragen wird an den
Heiligen choralmäßig erinnern können und nicht mehr die Weise
eines Schelmenliedchens scheuen.

> Ist denn gar kein Weg,
> Ist denn gar kein Steg,
> Der zurück mich führet in mein Heimatland?

Diese sehnsüchtig bewegten Verse haben schon ein ziemlich rasches
Tempo, aber man verdoppele seine Geschwindigkeit, und man wird
eher eine Aufforderung zum Tanz als eine Klage des Heimwehs
zu vernehmen glauben. Aendert man noch die Lage der Stimme,
so kann man am Ende nach Zerlinchens losender Melodie: „Wenn
du fein artig bist" in feierlichem Baß auch singen: Alles Vergängliche ist nur ein Gleichniß. Man kann es. Daß aber die
Melodie die richtige wäre, könnte man füglich nur dann behaupten
wenn sie für jene zärtliche Schalkhaftigkeit doch nicht gepaßt hätte,
wenigstens nicht die völlig entsprechende gewesen wäre. Hätte
Hanslick recht, könnte man mit ganz verschiedenen Texten beliebig
wechseln, so hätte Gluck viel vergebliche Mühe aufgewandt, so
wäre es gar nicht so übel daß man Messen über die Grundmelodie weltlich frivoler Lieder componirt, und Zamminer dürfte
nicht von Ausartung des Geschmacks reden, wenn ein in Avignon
1835 erschienenes Werk: Concerts spirituels ou recueil des
Motets pour les offices et les saluts des fêtes solennelles
den Text Lauda Sion salvatorem zu Mozart's Champagnerlied,
Docti sacris institutis zu Leporello's „Keine Ruh' bei Tag und
Nacht", Inviolata, integra et casta Virgo Maria zu Weber's
Jungfernkranz enthält. Mozart war anderer Ansicht. Er kritisirte
einmal eine dem kirchlichen Text unangemessene Melodie dadurch
daß er sie zu den Worten sang: Hol' der Geier, das geht flink!
wo sie denn ganz passend erschien. Händel hat einzelne melodische

Motive, die ihm lieb waren, in verschiedenen Perioden seines künstlerischen Schaffens wieder aufgenommen, aber wenn er sie aus der Oper ins Oratorium übertrug, so geschah es weil sein großartig ernster Sinn schon in die weltliche Lust eine höhere Weihe hineingelegt hatte, und er that es mit so feinen und verständigen Umbildungen, daß mit dem tiefern Gedankengehalt auch die Form fortwuchs und zuletzt Leib und Seele völlig einander entsprachen. War das erreicht, dann hat der Meister die Sache stehen lassen.

Käme es auf die Art der Tonfolge nach Höhe und Tiefe nicht an, bestände die ganze Musik nur aus Rhythmus und Tempo, so könnte man auch die C-moll-Symphonie trommeln; man versuche es aber einmal und lasse sie auch von den Instrumenten für die sie bestimmt ist so vortragen daß stets nur eine und dieselbe Note wiederholt wird, und bei aller rhythmischen Schönheit wird das doch viel unerträglicher werden und wir werden weit mehr verlieren als der Fall ist wenn man die melodische Tonfolge bewahrt und den Rhythmus oder das Tempo ändert. Die Melodie entsteht in dem Ineinanderwirken aller dieser Momente, aber die Wahl der Töne nach der Verschiedenheit ihrer Lage, die auf- und abgehende Bewegung von der Tiefe zur Höhe und von der Höhe zur Tiefe ist nicht das kleinste unter ihnen, eher das wichtigste, für geistigen Gehalt und Seelenausdruck bedeutendste.

Jede Stufe unserer Tonleiter ist durch ein harmonisches Moment des in sich abgeschlossenen Systems bestimmt, keine ist für sich allein da, jede weist durch ihre Verhältnißmäßigkeit auf die andere hin, und in dem wechselseitigen Bedingen und Bedingtsein ist ein organischer Zusammenhang aller vorhanden. Wohl kann man mit Hauptmann sagen: „Hier ist menschlich beseelt sich selbst bildende Bildung, vernünftiges Sein und Werden in Klängen und Klangbestimmungen, etwas Höheres als das natürlich Gegebene und künstlich Gemachte." So erscheint nicht blos der Reiz der freien Bewegung, sondern zugleich die Nothwendigkeit und Sicherheit des Gesetzes, wenn die Bewegung der Melodie auf der Tonleiter hinan und hinab steigt, denn sie trifft überall auf bestimmte Stufen eines harmonischen Systems, auf naturverwandte Klänge; so scheint das Gesetzliche wol als Schranke der Willkür, aber als Förderung und Stütze der vernünftigen Freiheit, die den Zweck der Schönheit erreichen will.

Wir können uns zunächst auf der Tonleiter von Stufe zu

Stufe auf nab ab bewegen. Das wird gleich einer geraden Linie
einen ununterbrochenen Fortgang, eine stetige ruhige Entfaltung
ausdrücken, und unter Umständen kann dies in Verbindung mit
andern Tonfolgen charakteristisch wirken, für sich allein aber entbehrt es der Mannichfaltigkeit. Der Aufschwung durch Terz und
Quint zur Octave erreicht die Lebensverdoppelung durch die harmonischen Intervallen, er ist ein kühner und birecter Gang nach
dem Ziel ohne Hinderniß, ohne innere und äußere Hemmung, er
hat etwas sieghaft Wohlthuendes, aber auch in ihm kommt der
Reichthum des Lebens mit 'einen Wechselbeziehungen der Dinge
und des Gemüths noch nicht zu seinem Recht. Wir wollen einen
Fortgang der zwischen verschiedenen Tonhöhen wechselt, dabei aber
doch seine Stetigkeit bewahrt, wir wollen daß dem schnellern und
langsamern Rhythmus auch jetzt eine größere, jetzt eine geringere
Tonferne entspreche, wir wollen in der Wellenlinie des sich Hebens
und Senkens das in sich Gerundete und Fließende genießen. Der
Fortgang von einem Ton zum andern wie sie auf der Tonleiter
folgen, ist ein ruhiges Nebeneinander, der Fortgang zur Terz ist
entschiedener und bestimmend. Die kleine Terz drückt noch mehr
ein Sehnen und Verlangen aus, Wehmuth und wankende Unruhe,
ein Streben das sich über das Gewöhnliche erhoben, aber seinen
Zweck noch nicht erreicht hat; die große Terz hat einen dem Ausgangspunkt schön entsprechenden und doch nicht zu fernen Ton
gefunden, ihr Eintreten charakterisirt sogleich die klare helle Dur-
tonart und deren Actibität, während mit der kleinen Terz auch für
die Accorde das passive Moll gesetzt ist. Die Quart ist für sich
schwer zu treffen, wenn sie nicht von der Quinte aus die höhere
Octave bildet; als solche hat sie volle Entschiedenheit, sonst verhält sie sich zur Quint wie die kleine zur großen Terz. Die
Quint gibt ein Gegenbild des Grundtons, das aber zugleich auf
noch Höheres hinweist. Sext und Sept gewähren für sich mit
dem Grundton nicht den Wohlklang wie die Quint, und sind
doch entlegener, sie drücken ein Verlangen aus, das dann die
Octave in der Erhöhung des Tons auf eine neue Lebensstufe
befriedigt. Ueber die Octave hinausgehende Intervallen haben
etwas Ueberschwengliches, Gewaltsames, ein gespanntes und über-
spanntes Wesen, das aber natürlich auch charakteristisch sein, eine
überwallende Gemüthsbewegung ausdrücken und zu befriedigendem
Schluß geführt werden kann. Das Beharren auf einem Ton
bezeichnet das Beruhen auf einer Empfindung; so singt Adam in

Haydn's Schöpfung: Holde Gattin! So stehen, wie schon erwähnt, die Meereswogen bei Händel mauerfest. Starker Wechsel
in Höhe und Tiefe dagegen gibt leidenschaftliche, heftige, unruhige
Gemüthsbewegungen kund, sanfte nahe Uebergänge lassen die Töne
ineinander gleiten und verschmelzen, sie wiegen zur Ruhe.

Daß in die Mannichfaltigkeit Maß und Klarheit kommt, in
ihrer Fülle die Ordnung anschaulich wird ist Aufgabe jeder
Kunst; durch die feste Bestimmtheit der Töne nach ihrer Höhe
und Tiefe in durch die Harmonie bedingten Stufen, durch die
Regelmäßigkeit der Dauer in ganzen, halben, Viertels-Noten, durch
die gesetzlich wiederkehrenden Taktschläge, die gleiche Zeitdauer
der Takte und die eine ganze Gruppe von Takten durchwaltende
Gleichheit in derselben geraden oder ungeraden Weise wird das
bewirkt, wird im sinnlich Wohlgefälligen das Vernünftige, der
formende Geist offenbar. Indem aber das Seelenleben mit seinen
Bewegungen in den Tonbewegungen laut wird, erfüllt sich erst
der volle Begriff des Schönen und der Kunst. Darum sagen
wir weiter: Alles seither Erörterte, taktlich gegliederter Rhythmus
und seine periodische Symmetrie, Tempo, Mannichfaltigkeit der
harmonisch bestimmten Töne, bildet das Material oder den Leib
für die Melodie; diese, das eigentliche Wesen der Musik entsteht,
wenn eine Seele sich des organischen Stoffes bemeistert und nun
ein Lebensbild in der Bewegung ausgeprägt wird. Ein Gedanke,
ein idealer Zweck muß Tonfolge, Rhythmus und Tempo gleichmäßig bestimmen, eins auf das andere beziehen und ihr innerlich
bedingtes Ineinanderwirken so gestalten daß jedes Element nach
seiner Art und Leistungsfähigkeit sich sowol für sich als in beständigem Bezug auf die andern um des darzustellenden Ganzen
willen bethätigt. So wenig als das Knochengerüste für sich oder
die Muskeln oder die Nerven den organischen Leib ausmachen,
sondern nur ihr Zusammensein, ihre Einheit und Gemeinsamkeit,
so wenig ist eins jener Momente für sich schon die Melodie, sie
werden zu ihr durch den einen Lebensgrund, der sie hervorruft
um in jeder und in allen zumal sich zu gestalten, der die Art,
das Maß, das Ziel seiner eigenen Bewegung in ihnen abspiegelt.
Ein Grundgesetz liegt auch hier sogleich in der Natur des Tones
selbst, die Erfüllung desselben aber ist eine freie That des Künstlergeistes. Der Ton ist Schwingung; die Bahn des Pendels geht
von der Höhe zur Tiefe wieder in die Höhe, die Welle schwillt
zur Höhe hinan und senkt sich wieder nach dem Ausgangspunkt

zurück, Wellenberg und Wellenthal verhalten sich symmetrisch
zueinander, und ihre Ausgleichung ist die ursprüngliche Ebene.
So erhebt sich eine Gemüthsbewegung in unserm Innern, so
wächst sie zu einem Gipfel empor und verschmilzt von da aus
allmählich wieder in die Totalität des Geistes, der nun durch sie
bereichert ist. Der musikalische Gang drückt dies gleichfalls aus,
sein Schema ist ihm in der Natur des Tons und in der Bewegung des Gemüths gegeben, aber wie hoch er sich erheben, wie
rasch er anstreben, welche Stufen er verweilend festhalten, welche
er flüchtig berühren oder überspringen will, das ist nunmehr die
Sache des Künstlers und hängt von dem Inhalte ab, der seine
Seele erfüllt, und der ihm nicht zur sichtbaren Gestalt wird wie
dem Plastiker, noch zum wortbestimmten Gedanken wie dem Dichter,
sondern der sich durch den Rhythmus seiner Lebensbewegung unmittelbar kundgeben und uns in diesen Rhythmus hineinziehen will.

Melodie nennen wir eine rhythmische in sich mannichfaltige
Tonreihe, die von einem geistigen Mittelpunkte getragen und zum
Ganzen zusammengeschlossen wird, oder die Offenbarung einer
Idee durch ihre Bewegung in ihrem organischen Werden mittels
des Wohllauts der Töne. Sie hebt mit einem Grundton an,
dessen Keimkraft sich in den nachfolgenden Klängen entfaltet und
dadurch sogleich sich Richtung und Schranke in dem Bereich des
Möglichen bestimmt, gleichwie durch die ersten Blätter schon der
Typus einer Pflanze klar angedeutet ist. Das organische Werden
ist kein maß- und zielloses Hin- und Herschweifen, sondern maß-
voll gehaltenes Streben nach einem Ziel, das als Zweck der
Bewegung in derselben mächtig ist. Es schöpft aus dem Centrum
seine Kraft, und umkreist dasselbe in immer neuen Windungen.
Gleich der Pflanze hat auch die Melodie Knotenpunkte der Entwickelung, wo sie eine angestrebte Lebensstufe erreicht hat und nun
ausruht, während sie frische Aussichtspunkte gewinnt. Gleich dem
menschlichen Leben hat sie ihr Tempo und die Pulsschläge des
Taktes, bewegt sie sich auf- und absteigend in gemessener Kraft,
ruhiger Würde, einfacher Klarheit, oder schwankend, träumerisch,
jetzt leichten Sinns dahinscherzend, jetzt in sich brütend, jetzt stürmisch und hastig; sie hat Hemmungen zu überwinden an die sie
herantritt, vor denen sie zurückweicht, aber um einen neuen Anlauf zu nehmen und sich in kühnem Sprung über den Widerstand
hinwegzuschwingen; sie ist jetzt flüchtig und leicht geflügelt, jetzt
voll ernster Schwere; nach vergeblichen Versuchen, nachdem sie

dann das Ziel übersprungen hatte, wiegt sie sich behaglich frei auf dem glücklich erreichten Gipfel. Aber der Mittelpunkt, von dem sie ausgegangen, bewahrt seine anziehende Kraft, und während das Ringen des Emporstrebens noch in ihr nachzittert und die Erinnerung an die durchschrittenen Stufen in ihr erhalten bleibt, steigt sie wieder herab nicht ohne sehnsüchtige Blicke nach der Höhe zurückzuwerfen, nicht ohne sich in entlegenere Tiefen hinabzusenken, aus denen sie aber wieder aufschwebt um ihren Kreislauf in sich zu schließen und zu vollenden.

Ist unser Gefühl einer Sache Herr geworden und hat unser Leben sich darin gesteigert, so will es sich nun auch genießen und des Besitzes sich erfreuen; haben wir einen Tongang vernommen, dessen Bewegung wir mit steigender Lust gewahrten, dessen Ziel wir wol ahnten, aber doch noch nicht kannten, so wollen wir nun mit dem Bewußtsein dieses Ziels, mit der Erkenntniß des Zwecks diese Bewegung nochmals anschauen um sie völlig zu verstehen: daher bedarf die Musik der Wiederholungen, die sie für ganze Sätze, für längere Reihen eintreten läßt, mit denen sie uns aber auch in einzelnen Takten und kleinern Taktgruppen ergötzt. Eine Tongruppe in bestimmter Folge, deren Intervallen, deren Rhythmus sich auf ähnliche Weise in einer höhern oder tiefern Lage wiederholt, nennen wir dann ein musikalisches Motiv.

Auf der einen Seite durch die Takte, auf der andern durch musikalische Motive gewinnt die Melodie Gliederung in sich. Die Schönheit beruht auf dem Ineinanderwirken beider Factoren, darum müssen sie aber eine gewisse Selbständigkeit haben und von dieser aus einen freien Bund schließen. Die Melodie wird leiermäßig, wenn die musikalischen Motive sich stets im Takt begrenzen, wenn die Noten die der Gang der Melodie als bedeutende fordert und setzt, immer auch an den Stellen stehen die den Accent des Taktes haben. Gerade so ist es mit dem cäsurlosen Vers in der Poesie, und wenn jedesmal mit dem Jambus, Trochäus oder Daktylus auch das Wort endigt, und der aufwärts strebende oder herabfallende Gang des Rhythmus damit ausschließlich ohne alles Gegengewicht herrscht, so entsteht eine kampflose Eintönigkeit, an der wir kein Wohlgefallen haben; die Cäsur schneidet hier ein, sie endigt und beginnt ein Wort mitten im Verstakt und der Sinn zieht sich in den neuen hinüber, und der Tonfall wird dadurch in Trochäen ein iambischer, in Daktylen ein anapästischer. Die Musik erreicht dies rege Leben, diese einen Gegensatz in sich erzeugende und überwindende Energie der Schönheit dadurch daß ſie für die melodiſche Folge bedeutende, der Harmonie nach erwartete Töne an die Stelle der Theſis ſetzt, und den Accent der Arſis auch manchmal auf melodiſch minder wichtige Stellen legt, wodurch beide Elemente in ihrer Selbſtändigkeit erſcheinen, wo unſere Erwartung des wohlklingenden Tons oder des metriſchen Accents befriedigt, eine Unbefriedigung aber dennoch zurückgelaſſen und einem weitern Wunſch und Streben Raum geboten wird, der Hoffnung nämlich daß der Gegenſatz beider Factoren ſich löſe und die melodiſch bedeutende Note auch den guten Takttheil einnehme. Indem ſomit beide Factoren bald zuſammengehen, bald ſich ſcheiden, miteinander ringen und ſich dann verſöhnen und wiederfinden, erfreut uns die im Mannichfaltigen ſieghafte Einheit. Wäre der Wechſel des Rhythmus und der Töne aneinander gebunden, ſo erſtärbe die Anmuth unter dem Zwange der Nothwendigkeit; da aber der Einklang aus dem Unterſchied und der Selbſtändigkeit der Elemente hervorgeht, erfreut uns die Freiheit des Schönen. So ſind Spondäen und Taktiylen, aber auch Worte die Glieder des Hexameters, ähnlich wie die Takte und die ideal gehaltreichen Noten der Melodie, auch indem Spondäen und Taktiylen auch innerhalb der Worte endigen und beginnen und ein Wort oft verſchiedenen Versfüßen angehört, indem die Tonfiguren auch mit einer accentloſen Note anheben und in die folgenden Takte ſich fortſetzen und innerhalb eines ſolchen noch vor ſeinem Ende einmal ſchließen um ſogleich in eine neu werdende Geſtalt überzugehen, gewinnt die Melodie, gewinnt der Vers Fluß und Leben, und verſchlingt und verkettet das Ganze die beiden nebeneinander beſtehenden Elemente ineinander, gerade wie die Knochen des menſchlichen Leibes durch Sehnen und Musteln auf- und abwärts aneinandergefügt ſind.

Wie aber die organiſche Geſtalt von einer ſtetigen, wechſelnd bewegten, gegliederten Linie ſo umſchrieben wird daß dieſe in ihren Ausgangspunkt zurückkehrt, und damit das Ganze abſchließt, ähnlich iſt es auch in der Melodie; der Grundton von dem ſie ausgeht iſt auch der Mittelpunkt um den ſie kreiſt, den ihr Auf- und Abſteigen berührt und umflingt, zu dem ſie am Ende ſich wieder hinwendet, um am liebſten in ihm, oder doch in einem harmoniſch ganz nahe verwandten, den Grundton gleichſam mit der Entwickelung bereichert darſtellenden, das Tonbild als ein in ſich vollendetes, abgerundetes auch zu ſchließen.

In der Melodie erscheint der Organismus des Tonwerks beseelt, sie ist es welche ihm den innern und äußern Zusammenhang
verleiht, den Lessing in der Dramaturgie mit dem entscheidenden
Ausspruch fordert: „Wer mit unserm Herzen sprechen und sympathetische Regungen in uns erwecken will muß ebensowol Zusammenhang beobachten als wer unsern Verstand zu unterhalten
und zu belehren denkt. Ohne Zusammenhang, ohne die innigste
Verbindung aller und jeder Theile ist die beste Musik ein eitler
Sandhaufen, der keines dauernden Eindrucks fähig ist; nur der
Zusammenhang macht sie zu einem festen Marmor, an dem sich
die Hand des Künstlers verewigen kann." Darum ist es nicht
zu viel gesagt wenn Köstlin den Satz aufstellt daß alle Musik
Melodie ist. „Die Fälle", setzt er hinzu, „in welchen um besonderer Wirkungen willen Rhythmus oder Harmonie allein domini-
ren, können nur Ausnahmen sein, da Rhythmus noch keine Musik,
Harmonie aber Musik noch ohne distincte und lebendige Form ist.
Maß und Energie der Bewegung gibt der Rhythmus, seelenvolle
Innigkeit, Schmelz, ausdrucksreiche Färbung und Markirung gibt
die Harmonie, alles andere aber, Begrenzung, feste Gestalt, anschaulichen Fortgang, Sinn und Klarheit, directen Ausdruck der
Stimmung und Empfindung, Charakter und Leben erst die Melodie. Sie erst gibt zu der Färbung das Licht, den Umriß, die
Zeichnung, die Belebtheit und innerlich rhythmische Bewegtheit
des Kunstwerks hinzu. Bezeichnend ist es in dieser Beziehung
daß man nur eine melodische oder melodiöse Tonfolge einen Gedanken nennt, ein Etwas bei dem man zu denken und nicht blos
äußerlich Aneinandergereihtes zu hören bekommt; die Melodie
ist eine gedankenmäßige, das Viele zur Einheit eines Ganzen gestaltende Gliederung eines Tonmaterials." Ich möchte nur daran
erinnern daß die Melodie den Rhythmus in sich enthält, daß sie
nicht blos in der Verschiedenheit der Töne nach Höhe und Tiefe
besteht, sondern an sich eine rhythmische Tonreihe ist und die
Harmonie zu sich heranzieht. Jede Bewegung erhält durch ihren
Zweck auch ihr Tempo und ihren Rhythmus, und dies ist ein so
nothwendiges und mächtiges Mittel ihr inneres Leben zu äußern,
daß wir sahen es glaubten Manche darin den ganzen Begriff der
Musik zu haben. Aber der Rhythmus für sich, der von der Seele
gestaltete Leib, wäre ohne sie nur ein Leichnam. Die Melodie
veranschaulicht das innere Leben; seine wesenhafte Innigkeit wird
von der Phantasie erfaßt um durch ein bewegtes tönendes Abbild

ihrer Bewegung dargeſtellt zu werden; die geiſterzeugte Form
dieſer Bewegung, wie ſie ſowol eine auf- und abſteigende als
beſchleunigte und verlangſame, rhythmiſch gegliederte iſt, erlangt
die Weihe der Schönheit dadurch daß die innere Einheit des
Weſens oder der Stimmung ihren Gang und Verlauf durchdringt, ihrem Fluſſe Ordnung und Zuſammenhang verleiht, das
Geſetz der Natur auf eine freie neue Weiſe erfüllt. Auf dieſer
Erfüllung des Naturgeſetzes beruht dann wieder das Anſprechende
der Melodie, ſie wird dadurch zu einem Ausdrucke der gemeinſamen Vernunft, die Alles durchwallet, der Weltſeele, die aller
Seelen Quell und Meer genannt werden kann. Hierauf beruht
ihre Wahrheit; wird uns dieſelbe nun in der ſinnlich gefälligen
anmuthigen Weiſe durch wohllautende harmoniſche Klänge offenbar,
ſo entſteht die Schönheit.

Iſt uns dieſe die volle Lebensblüte und Verklärung der Natur,
ſo ſtellt die Muſik uns dar daß die Entwickelung der Weſen eine
organiſche iſt und daß jedes darum ſeine eigene Lebensmelodie an-
ſtimmt und durchführt, die wir im Geräuſche der Welt, in den
Störungen und Kreuzungen der Begebenheiten untereinander nicht
recht vernehmen, die uns aber in der Kunſt dennoch als die
Wahrheit des Seins beſeligt. Die Muſik beruht auf dem einträchtigen Zuſammenklang des Vielen, und dieſen kann ſie darſtellen wie keine andere Kunſt. Wollen in der Poeſie die Menſchen durcheinander reden, will einer beginnen und antworten ehe
der andere fertig ward, ſo entſteht ein unleidliches Gewirr, wo
niemand ſein eigenes Wort hört; die Muſik aber vermag viele
Stimmen zugleich ſich auch gegeneinander bewegen, jede ihre eigene
Aufgabe vollbringen und doch das Ganze zu um ſo herrlicherm
Wohllaut gelangen zu laſſen. Aus den Diſſonanzen entwickelt
ſie den vollen und reinen Accord, die verſchiedenen Stimmen weiß
ſie zu vereinen, und ſo führt ſie auch die Herzen zueinander, ſo
vereinigt ſie die Menſchen zu gleicher Stimmung, und wiederum
greift die gemeinſame Stimmung zu ihr; ſie iſt die geſelligſte
Kunſt, und wenn wir in der Geſelligkeit uns erholen und im
freien Spiel der Geiſteskräfte und ihrer Wechſelerregung uns er-
gößen, ſo tritt die Muſik gern heran und erfüllt uns die Zeit
mit einem Inhalte der das Ohr anſpricht, das Gemüth befriedigt
und in ſeine Harmonie uns ſelbſt hineinverſetzt.

Die mit der Melodie verbundene Harmonie haben wir nun
noch zu betrachten. Wir erinnern uns daß jeder muſikaliſche Ton

schon von seinen Obertönen harmonisch begleitet ist, daß die Melodie nur durch die harmonischen Verhältnisse bestimmte Töne
verwendet, die also aufeinander hinweisen, und gerade die harmonisch befriedigendsten sind es denen auch die Tonfolge zustrebt, auf
denen sie ausruht, die wir deshalb nicht blos in dem Gedächtniß
auf den Grundton beziehen, sondern lieber zugleich mit ihm wollen
erklingen hören. Auch hier kommt uns die Natur entgegen.
Schlagen wir auf einem reingestimmten Saiteninstrument einen
Ton an, so erklingt die Octave, die Quint, die Terz leise mit.
Wir haben dessen schon gedacht; und diese geheimnißvolle Sympathie war nicht schwer zu erklären. Die von der angeschlagenen
Saite erregten Luftwellen treffen nicht blos unser Ohr, sie treffen
alle um sie befindlichen Gegenstände, und die Bedeutung des Re-
sonanzbodens beruht ja darauf daß er die Schwingungen der Saiten in sich nachzittern läßt und sie durch seine Mitbewegung verstärkt. Leichtbewegliche von den Schwingungen der Luft berührte
Körper werden durch sie in dieselbe Bewegung versetzt. Die Saite
der höhern Octave wird ebenfalls von den Luftwellen berührt, wir
nehmen an daß 200 Schläge in einer Secunde sie treffen, sie
selbst aber macht gleichzeitig deren 400; da nun stets mit ihrem
eigenen zweiten, vierten, sechsten Erheben ein neuer Anstoß von
außen zusammentrifft, so wird jenes allmählich dadurch so verstärkt daß die Saite selbst zu tönen beginnt. Andere Saiten als
die zum Accord gestimmten werden aber nicht miterklingen, weil
die kleinen Bebungen, in welche sie durch die Luftwellen versetzt
werden, diesen nicht gleichmäßig gehen, und darum nicht verstärkt,
sondern gehemmt und durchkreuzt werden und somit wirkungslos
bleiben. Wie andere im harmonischen Verhältniß gestimmte Saiten mitklingen, so bilden sich innerhalb der einen und ganzen
schwingenden Saite oder Luftsäule Schwingungsknoten, und die
Hälften, die Drittel und Viertel des Ganzen vollenden ebenfalls
nun kleine Schwingungen für sich, sodaß die höhere Octave, deren
Quinte, die Doppeloctave ganz leise miterklingen. Auf die erörterte Art bilden sich dem Ohr complementäre Töne, wie das Auge,
nach Totalität strebend, die ergänzenden Farben sich erzeugt, wenn
sie ihm nicht geboten werden. Die Aufgabe der Kunst ist es
beidemale das in der Natur leis Angelegte energisch hervorzubilden. Ein Fortschreiten der Melodie in Accorden macht es möglich den einheitlichen Zusammenhang dadurch vernehmen zu lassen

daß stets im folgenden ein Ton des vorhergehenden erhalten bleibt
oder daß jeder schon auf den kommenden hindeutet.

Ließe man nun alle Töne einer Melodie durch die begleitenden
Stimmen im vollen und reinen Accord erklingen, so würde überall
gleiches Gewicht auf jede Note gelegt, was doch die Melodie selbst
nicht will, die dadurch einem Bild ohne Licht und Schatten, einer
Schrift ohne Druck und Haarstriche ähnlich würde; sodann fehlte
den an die leitende Stimme gebundenen Begleiterinnen alle Selbständigkeit eigener Bewegung, damit dem Ganzen die nothwendige
Freiheit; endlich genössen wir einer vollständig harmonischen Befriedigung auch da wo im Gang der Tonreihe das Ziel erst
erstrebt wird und Verlangen, Verfehlen, Sehnen walten. Darum
wird die Begleitung bald voller, bald leiser sein, und manchmal
die Melodie allein ihren Weg gehen lassen, manchmal neben derselben auch einen eigenen Weg mit schnellerer oder langsamerer
Bewegung einschlagen, und auch Dissonanzen eintreten lassen,
deren Entstehen und deren Auflösung gerade den melodischen Ausdruck erst vollständig und verständlich machen. Denn daß die
Melodie noch unbefriedigt sucht und strebt, wird uns sogleich
deutlich wenn wir dabei Dissonanzen hören, und wenn sie zum
Einklang geführt werden indem zugleich der Tongang sein Ziel
findet, so haben wir die doppelte Bewährung des Glücks und Gelingens, die doppelte Freude. Man legt oberhalb, innerhalb,
unterhalb zweier Töne einen dritten, der wol mit einem, nicht
aber mit beiden harmonirt, und stellt dann an die Stelle eines
dieser Töne einen neuen der mit den beiden bleibenden gut zusammenklingt. Die Discordanz, das Mißklingen, das unserer Auffassung sich sträubt, gibt uns das Bild der unserm Willen widerstrebenden, in sich zwieträchtigen und wirren Welt; in der Concordanz zeigt sich uns der Friede der Dinge untereinander und
mit unserm Gemüth. Die natürliche und die sittliche Weltordnung
lassen jene Verwirrung nicht aufkommen, aber der persönliche
Wille vermag von dem allgemeinen Willen und seinem Gesetz sich
abzuwenden, zu verkehren und die Entwickelung zu stören; doch
hebt er die Wahrheit des Gesetzes nicht auf, und wider Willen
muß er dem Geist des Ganzen dienen, der über ihm mächtig ist,
bis er sich demselben wieder versöhnt. Darum stehen in der
Musik zwischen Discordanz und Concordanz die Dissonanzen,
Accorde bei denen auf der Basis gesetzmäßigen Einklanges ein
minder harmonischer Ton erklingt. Sie stehen innerhalb der Ent-

wickelung, der Friede wird im Streit errungen, der Gegensatz löst
sich zur Liebe, mit den Dissonanzen wird nicht geschlossen, sondern
das Zwieträchtige wird dadurch aufgehoben daß ein anderer Ton
angestimmt wird, der nun vollständig einhellig mit den Genossen
zusammenklingt.

Vollkommen consonirende Vierklänge enthalten immer die Wiederholung eines schon vorhandenen Tons in höherer oder tieferer
Octave; alle innerhalb einer Octave gebildeten Vierklänge haben
etwas Dissonirendes. Hier aber gibt es natürlich verschiedene
Grade des Wohl- oder Misklangs. Steht der vierte Ton mit
zweien in einem einfachen Verhältniß und ist die Dissonanz vom
dritten nicht schärfer als sie das Intervall $\frac{18}{16}$ gibt, so wird der
Accord ein einfach dissonirender genannt. Danach ergeben sich in
unserm Tonsystem drei einfach dissonirende Vierklänge:

Hauptseptimenaccord: $20:25:30:36$.

Weicher Septimenaccord: $10:12:15:18$.

Kleiner Septimenaccord mit kleiner Quinte: $25:30:36:40$.
Die Verwandtschaft des ersten und dritten leuchtet ein, statt der
höhern steht dort die tiefere Octave, dort beginnt 20, hier schließt
40, die übrigen Zahlen sind gleich. Aber bei allen Dreien fehlt
dem Schluß die verlangte Höhe, die Octave als Lebensverdoppelung oder höhere Stufe des Grundtons. Hätten wir im Hauptseptimenaccord 40 statt 36, so wäre das Verhältniß das des Dur-
vierklangs: $4:5:6:8$, und hätten wir im weichen Septimenaccord 20 statt 18, so wäre dem Mollaccord die höhere Octave
des Grundtons angefügt. Nach ihr ist unser Verlangen gerichtet;
aber statt sie zu erreichen, werden wir auf einer niedern Stufe
festgehalten, die uns nur das Verhältniß von 9 Schwingungen
statt der erwarteten 10 (36 statt 40, 18 statt 20) gibt, aber
mit mehrern der andern Töne gut zusammenklingt. So haben
wir etwas Verschiedenartiges, aber auf der Basis der Harmonie.
Die Grundlage der Gesetzlichkeit bleibt bewahrt und klingt durch
das Dissonirende hindurch, das Sehnen und Streben nach vollem
Einklang, nach allseitiger Befriedigung findet seinen musikalischen
Ausdruck. Der volleintretende Dur- oder Mollvierklang erfüllt
dies Verlangen und schließt beruhigend und versöhnend ab. Disso-
nirt der vierte Ton nicht blos mit einem, sondern mit zweien des
Dreiklangs, wobei aber die oben angegebene Grenze nicht über-
schritten werden darf, so ist die Verschiedenheit eine doppelte, der
Gegensatz schmerzlicher, das Ringen unbefriedigter, die Auflösung

schwerer und nothwendiger. Dissonanzen anderer Art entstehen durch die Vervielfältigung von Zweiklängen, wie durch zwei auf einander gebaute Quarten (9 : 12 : 16) oder drei übereinander liegende kleine Terzen (75 : 90 : 108 : 125). Setzt man im Vierklang statt der Octave die None, so ist das Ziel überflogen, so entsteht der Eindruck eines Ueberschwenglichen, das ebenfalls nach Ausgleichung und Ruhe begehrt. Verschiedene aufeinanderfolgende Accorde sind um so faßlicher und sich einschmeichelnder, in je einfacherm Verhältniß die Schwingungszahlen des folgenden zu denen des vorhergehenden stehen. Die Accorde C F A c und C E G c haben zum Beispiel den tiefsten und höchsten Ton gemeinsam und nur die Vermittelung zwischen beiden ist eine verschiedene; dort ist das Verhältniß 12 : 16 : 20 : 24, hier 12 : 15 : 18 : 24. Die Accorde C E G c und As Eis Gis eis haben ganz dasselbe Verhältniß 4 : 5 : 6 : 8, aber dort macht der Grundton 96, hier 100 Schwingungen, und dies Verhältniß (24 : 25) vermögen wir nicht leicht zu fassen; der Accord F G c e wäre unserm Verständniß viel näher gewesen, sein Grundton macht 120 Schwingungen, die sich zu jenen 96 wie 5 : 4 verhalten. Hierauf beruht der Unterschied zwischen näherer und entfernterer Verwandtschaft der Tonarten.

Zamminer, dessen mathematischer Erörterung wir auch hier folgen konnten, bemerkt noch Folgendes: „Eine Dissonanz wirkt im allgemeinen um so unbefriedigender, je geringer die Aenderung ist durch welche sie einer gefälligen Consonanz zugeführt werden kann. («So nah am Ziel so ferne der Vollendung», klagte ein neuerer Dichter bei äußerm Glanz innerlich unbefriedigt.) Das Ohr begehrt die Auflösung durch Aufsteigen oder Absteigen vom dissonirenden Ton aus, je nachdem der Ton welcher an seiner Statt die Consonanz herzustellen vermag, näher nach oben oder nach unten zu finden ist. Nur dann wenn der Abstand nach beiden Seiten gleich ist, erlaubt das musikalische Gefühl die Auflösung nach beiden Seiten hin mit gleicher Bereitwilligkeit. Es wird aus diesen Erörterungen im allgemeinen verständlich daß unter einem Dellaccorde eine Dissonanz zu verstehen sei welche in dem musikalischen Gefühl das unzweideutige Verlangen nach der ihr zur Auflösung dienenden Consonanz erregt.‟

Zugleich sehen wir daß die Dissonanzen und ihre Auflösung mehr der romantischen als der classischen Kunstrichtung eignen, daß ein auf das einfach Plastische gerichteter Sinn vorzugsweise am

reinen Accord seine Freude haben, das sentimentale oder humo-
ristische Gemüth dagegen die Dissonanz und ihre Auflösung lieben
wird, und daß hierin gerade ein specifischer Charakter des Musikalischen und seines Reizes beruht. Wir sehen danach daß Bettina
von Arnim in ihren musikalischen Ergüssen an Goethe diesem, der
von der Sept nicht viel wissen mochte, zurief: „Du mußt ein
Christ werden, Heide! Die Sept ist der göttliche Führer, Vermittler der sinnlichen Natur mit der himmlischen. Bilde dir nur
nicht ein daß die Grundaccorde etwas Gescheiteres wären als die
Erzväter vor der Erlösung, vor der Himmelfahrt. Christus kam
und führte sie mit sich gen Himmel, und jetzt wo sie erlöst sind
können sie selber erlösen, sie können die harrende Sehnsucht befriedigen. So wird nur durch die Sept das erstarrte Reich der
Töne erlöst und wird Musik, ewig bewegter Geist, was eigentlich
der Himmel ist; sowie sie sich berühren, erzeugen sich neue Geister, neue Begriffe; ihr Tanz, ihre Stellungen werden göttliche
Offenbarungen, Musik ist das Medium des Geistes, wodurch das
Sinnliche geistig wird — und wie die Erlösung über alle sich
verbreitet die von dem lebendigen Geist der Gottheit ergriffen nach
ewigem Leben sich sehnen, so leitet die Sept durch ihre Auflösung
alle Töne, die zu ihr um Erlösung bitten, auf tausend verschiedenen Wegen zu ihrem Ursprung, zum göttlichen Geist. Und wir
sollten uns genügen lassen zu fühlen unser ganzes Dasein ist ein
Vorbereiten Seligkeit zu erfassen.“ Die Kunst durch leise Uebergänge das Gemüth wie mit schmeichelnder Ueberredung zu führen,
dann durch schroffe plötzliche einen heftigen und grellen Effect zu
erzielen, gehört der neuern Zeit an; so viele contrapunktliche
Studien das spätere Mittelalter und das 16. Jahrhundert
machte, noch von Palestrina sagt Krause: „In seinen Werken
findet sich meist reine, wenig vorbereitete und vermittelte, durch
chromatische Töne nur selten gemilderte Accordfolge, nur seltener
und dann bestimmt motivirter Gebrauch der Septimen und des
Nonenaccords. Dieser Stil hat einen bleibenden Werth für alle
Zeiten als eine in ihrer Art vollendete, im Geist und Gemüth
der Menschen tiefbegründete Kunstgattung.“ Aber auch die andere
Weise, als deren Meister wir Beethoven verehren, hat ihre Ehre,
und war ein Fortschritt, die Möglichkeit nämlich und die Lust
durch häufige Dissonanzauflösung die werdende Schönheit in der
Ueberwindung der Gegensätze zu offenbaren. Gerade das ist das
echt Musikalische im Unterschied vom Plastischen, welches das

Ideal als ein vollendet seiendes hinstellt oder das Reale direct idealisirt. Zudem wecken Dissonanzen die Aufmerksamkeit wie der Widerstand die Kraft, und nur die Ueberwindung des Entgegenstehenden ist Siegesfreude.

Zunächst kann nun eine Melodie als solche herrschen und durch die Harmonie verstärkt und mit begleitender Tonfülle ausgestattet werden, sodaß wir eine Folge von Accorden statt von Einzeltönen haben, und dies mag bei einem Choral oder einem geselligen Liede der Ausdruck dafür sein daß die ganz gleiche Grundstimmung der Andacht oder des Frohsinns sich durch alle in gleicher Weise nur nach der Verschiedenheit des Alters und Geschlechts in verschiedener Höhe und Tiefe ausspricht. Dann aber kann eine Begleitung figurirt werden, das heißt es können statt consonirender gleich langer Töne kürzere Tongruppen, Motive auf- und absteigender Bewegung hinzugefügt werden, welche die einfache Linie der Melodie wie mit einem Reichthume von Arabesken umspinnen. Figur nennt man die um einen Ton herum oder von einem zum andern herausgebildete Gruppe von Tönen; es wird am geeignetsten sein in ihr selbst den Gang der Melodie wie im Schattenriß und im Kleinen abzuspiegeln, und so während die einzelne Stimme auf dem und jenem Tone länger verweilt, durch eine andere Stimme den Gang der Melodie gleichzeitig in kurzen ineinandergeschlungenen Läufen vernehmen zu lassen.

Sodann aber kann das harmonische Princip zur Herrschaft gelangen und der melodische Fortgang durch die Harmonie bedingt und um ihretwillen bestimmt werden. Hier werden mehrere Stimmen für sich frei und jede verfolgt ihren eigenen Weg, und doch klingen sie so gut zusammen, weil ihre Bahn durch die erzielte Harmonie jeder vorgezeichnet ist. Note steht hier gegen Note, punctum contra punctum, daher der Name Contrapunkt für dies Zusammentönen selbständiger Tonreihen. Wir hören verschiedene Melodien, aber sie heben sich zu einem gemeinsamen Ganzen auf; sie ziehen unsere Aufmerksamkeit nach mehrern Seiten hin, aber nur um aus dem Unterschiede die Einheit als das alle Mannichfaltigkeit Beherrschende hervortönen zu lassen. Wir gewinnen ein anschauliches Bild der Wechselwirkung eigenthümlicher Kräfte und ihrer fortschreitenden Lebensgestaltung innerhalb eines Ganzen und für ein Ganzes. Es ist bei der Bildung der einen Reihe auf die der andern Rücksicht genommen, jede scheint für sich zu sein und sie sind doch für einander da.

Wie die Harmonie der Melodie den Weg weist tritt ganz besonders im Kanon hervor. Er besteht darin daß ein Musikstück in mehrere Theile zerlegt wird, die im Wesentlichen durch Takt und Rhythmus einander entsprechen und damit auch zusammen erklingen können. Dies letztere geschieht nun. Eine Stimme beginnt und singt ununterbrochen das Ganze, und wenn sie fertig ist fängt sie gleich wieder von vorn an. Hat die erste Stimme den ersten Theil vollendet, so beginnt die zweite und singt denselben ersten Theil, während die erste den zweiten vorträgt, und indem diese zum dritten, die zweite zum zweiten fortgeht, erhebt sich die dritte den ersten Theil zu singen; jetzt klingen alle drei Theile zusammen, und wenn dann die erste wieder den ersten singt, so ist die zweite am dritten, die dritte am zweiten; alle drei Theile erklingen beständig nacheinander und miteinander, und die Verschiedenheit besteht nur darin daß nach der Lage der Stimmen jetzt der eine und jetzt der andere höher oder tiefer ausgesprochen wird. Endlich kann man ihn symmetrisch verhallen lassen wie er begann, sodaß nur zwei und zuletzt eine Stimme singt, oder man kann auch mit vollem gemeinsamem Accorde schließen. Harmonie und Melodie erscheinen hier aufs innigste ineinander verwoben, miteinander verschmolzen. Der Kanon stellt dar wie eine neue Idee zuerst in einem Menschen erwacht und von ihm ausgesprochen wird, und dann andere zum Nachdenken erregt, während der erste sogleich weitere Consequenzen zieht, die dadurch als folgerichtig erwiesen werden daß sie mit dem Ausdruck des ursprünglichen Gedankens, den nun der andere vorträgt, harmoniren. Complicirter wird die Sache, wenn schon nach einem oder zwei Takten, noch ehe ein Theil geschlossen ist, andere Stimmen einfallen und daraus eine verwickeltere Verflechtung der Rhythmen und Tonfolgen sich ergibt. Aber wie im Leben die völlige Uebereinstimmung, der genaue Anschluß eines Geistes an das Werk des andern selten ist und bald auch ermüden würde, wie jede Persönlichkeit auch unter dem Einflusse eines leitenden Genius doch ihm nicht nachbeten, sondern auch das Ihre hinzubringen soll im Concert der Geschichte, so wird gelegentlich an rechter Stelle der Kanon vortrefflich wirken, aber nur von kurzer Dauer sein und der individuellen Freiheit wieder Spielraum gewähren müssen.

Dies geschieht schon in der strengen contrapunktlichen Form, wenn die Stimmen ihre Lagen wechseln, ihre Melodien austauschen,

wodurch eine den Inhalt der andern gewinnt und das Ganze
durch selbständige Gemeinsamkeit offenbar wird. Dem Stimmen-
wechsel verwandt ist die Nachahmung: eine nimmt einen Gang
der andern auf, sei es in ganzen Theilen oder in besondern Motiven, und stelle ihn nun gleichfalls dar, aber in ihrer eigenthümlichen Weise und Lage, sodaß sie die enge Gebundenheit lösen
und die Sache frei erweitern kann. Dabei kann dann die erste
Stimme ruhen, wenn die zweite das von jener Vorgetragene auf
ihre Art wiederholt, oder es kann die zweite schon anheben noch
ehe die erste fertig ist, und ihren Anfang in deren Schluß einflechten, und die erste kann auch weiter fortfahren, sodaß aber in
ihrer ferneren Entwickelung ihre eigene Vergangenheit durch die
Thätigkeit der zweiten nachklingt. Der Fortschritt erscheint hier
bedingt durch die vorhergehenden Thaten und Zustände, deren
Einwirkung sich geltend macht. Musikalisch ist dies dadurch möglich daß die Harmonie das Zukünftige und Verflossene bedingt
und eint.

Die Wiederholung eines Grundgedankens und damit seine
Herrschaft in einem Lebensgebiete, seine Darstellung durch verschiedene Stimmen nacheinander und zugleich in Beziehung zu
weitern Entfaltungen, und hierbei dann der Zusammenklang selbständiger Melodien zeigt sich am durchgebildetsten in der Fuge.
Der Name kommt vom Lateinischen fuga Flucht und Jagd. Es
ist ein Vorangehen und ein Nachfolgen mehrerer Stimmen in ununterbrochenem Wettlauf nach einem gemeinsamen Ziel, es ist ein
eifriger Wettkampf um die gleiche Aneignung einer gemeinsamen
Idee. Eine Stimme beginnt und trägt eine Melodie als Thema
vor, dann kommt eine zweite Stimme, durch die erste erweckt,
um denselben Gang der Töne zu wiederholen; aber die erste hat
nicht gerastet, sie geht zu weiterer Betrachtung fort, und stellt
dabei dem Thema, das nun die zweite Stimme vorträgt, gleichzeitig einen Gegensatz zur Seite, der aber nun contrapunktlich
componirt sein muß um mit dem Thema zu consoniren. Es
kommt auch wol noch eine dritte, vierte Stimme, deren jede das
Thema in anderer Lage wiederholt, und wenn sie es vollendet
und der andern überliefert hat, ebenso auch in den Gegensatz eingeht. Will man dies noch erweitern, so gibt man einen Zwischen-
satz, aus dem von neuem Thema und Gegensatz aber in ver-
änderter Weise durch ein anderes Eintreten der verschiedenen
Stimmen folgen. Zum Schluß läßt man dann diese enger und

enger zusammentreten und sich zuletzt in gemeinsamer Darstellung
des Themas vereinigen und so ein Ziel und eine Ruhe ihrer
Spannung und ihres Drängens finden. Gerade darin liegt das
Wesen der Fuge daß das Vernehmen eines musikalischen Gedankens die andern Stimmen nach und nach erweckt ihn ebenfalls
darzustellen, während die erste sofort ununterbrochen weiter schreitet;
eine einzige wichtige Idee bemächtigt sich eines Menschen nach dem
andern, einer nach dem andern spricht sie aus, während die übrigen bald dazwischen bald dagegen arbeiten, am Ende aber alle
das Ursprüngliche aufnehmen. So haben wir allerdings ein
Drängen und Jagen nach einem gemeinsamen Ziel, indem es
aber von der Harmonie beherrscht wird, indem der Fortgang mit
dem Anfang wohllautend zusammenklingt, entsteht ein Melodien-
gefüge; ein Hauptsatz tritt auf, schafft sich ein Gegenbild, legt
einen Inhalt vielseitig dar, und alles erscheint nicht blos nacheinander, sondern es wird ineinander verflochten; es waltet die
Eintracht des Mannichfaltigen, in der zuletzt alle Unterschiede
zur Ruhe kommen, wenn sie in der Darstellung des Themas sich
vereinigen.

Das Fugenthema muß ein bedeutender musikalischer Gedanke
sein, um welchen der Wettlauf sich verlohnt, und welcher für viele
bewegende Kräfte der Inhalt und Kampfpreis zu sein verdient;
es verlangt darum klare Bestimmtheit, Kürze, Kernhaftigkeit, um
als stets wiederholter Kern des Ganzen nicht zu ermüden, sondern
zu längerm Verweilen, zur Vertiefung in ihn einzuladen. Darum
verlangt die Fuge das Gepräge der vorwärtstreibenden Kraft und
der Würde, die ja auch mit heiterer Anmuth und Lebensfreude
gepaart sein kann, keineswegs steife Gravität und berechnender
Verstand zu sein braucht. Die Fuge wird sich zur Darstellung
religiöser Wahrheiten und deren dialektischer Entwickelung eignen,
und die Religion selbst ist ja auch Freude in Gott, Liebesaufschwung des begeisterten Gemüths. Die Durchbildung wird ein
Werk des Kunstverstandes sein, aber die bloße Berechnung allein
würde nur eine trockene gelehrte Musik erzeugen oder zu leeren
künstlichen Spielereien führen, dergleichen allerdings als Zopf und
Perrükenlocke gekräuselt auch in der Musik vorkommen. Das
Thema, der Gegensatz müssen vielmehr aus der Tiefe echtkünst-
lerischer Anschauung und aus der Innigkeit des Gemüths geboren
sein, und Sebastian Bach war nicht darum in der Fuge groß,
weil er ein ausgezeichneter Harmoniker, sondern weil er ein pro-

phetischer Geist, ein Mann von gewaltigem Herzensdrange war,
in der melodischen Gestaltung des Themas mit Wenigem viel
zu sagen, in der Entfaltung das Wenige zu Vielem auseinander-
zulegen, es auszulegen und wieder zur Einheit zu sammeln verstand.

Uebereinstimmend sagt H. A. Köstlin: „Die Fuge ist die entsprechende, die eigentliche Kunstform für reich gegliederte und lebendig drängende Massenbewegung. Sie offenbart ihre imposante
Gewalt, Kraft und Größe am meisten da wo es sich um die
musikalische Wiedergabe von Volksstimmungen handelt. Wie die
eine große Empfindung, welche die Volksseele ergriffen hat, durch
das gesammte Volksleben durchschlägt, alles Kleine und Nebensächliche verdrängt, immer wieder auftaucht mit neuer Kraft und
neuem Gewicht, bis sie alle Schichten ergriffen hat und die Massen
beherrscht, davon gibt die Fuge im Chorgesang ein treffendes
musikalisches Gegenbild." Dafür ein Beleg sind die prachtvollen
Chöre in den Oratorien von Händel und Bach. Im Orchester
helfen die Klangfarben der Instrumente die Fugenstimmen aus-
einanderhalten und ihre Verwebung verstehen.

Größere Tonwerke verwenden einzelne oder harmonisch begleitete Melodien, und bringen Kanon und Fuge an geeigneter
Stelle. Sie geben als freier vollstimmiger Satz ein Weltbild
durch Melodiengeflecht. Bald nimmt eine besondere Lebenskraft
und ihre Entfaltung unsere Aufmerksamkeit für sich allein in Anspruch, bald hat sie ein Geleit consonirender Klänge; dann weckt
sie andere zur Nachfolge, ihnen selbst vorauseilend, und wir gewahren dann nicht erst durch nachträgliche Betrachtung, sondern
vernehmen unmittelbar im Einklang des Fortschritts mit der vor-
ausgegangenen Weise, die nun von Andern ausgesprochen wird,
den einträchtigen Zusammenhang und das Organische der Entwickelung. Oder wie schon Luther sagt: es erklingt eine schlichte
Weise und die andern Stimmen spielen und springen gleich als
ein Jauchzen um sie herum, verzieren sie wunderbarlich auf
mancherlei Art, und führen also geschmückt zusammen einen
himmlischen Tanzreihen auf, freundlich einander begegnend und
sich herzend und liebend einander umfangend. Freie Melodien
als so viele Lebensstimmen beginnen dann zugleich ihren Lauf,
jede entwickelt sich auf einer andern Stufe, jede geht ihre eigene
Bahn, die eine schneller, die andere langsamer, aber es ist ein
Geist der in allen waltet, und in der Harmonie ihres gleichzeitigen

Ertönens gibt er herrlich und wunderbar sich kund. Da meint jede selbständig für sich zu sein, aber sie gelangt doch erst im Zusammenhang mit andern und durch die Wechselwirkung mit ihnen zu vollem Dasein, und wie das Ganze mächtig ist als beseelende Kraft in jedem Einzelnen, so dient jedes Einzelne zur Verwirklichung des Ganzen. Die Subjectivität, welche zuerst für sich allein stand, gibt den Ton an und erweitert sich zum Weltbewußtsein, das Allgemeingefühl erhält seine persönliche Spitze, und diese überliefert was sie darstellt wieder den andern, und sie breiten es aus und bilden es durch. Widerstreit, Verzögerung, Gegensätze machen sich geltend, der Schmerz des Lebens wird in unbefriedigtem Verlangen kund, Dissonanzen erklingen, die nach einer Auflösung verlangen und dann diese finden wo auch die Melodien ihr Ziel erreichen. Wir haben den Einklang des Mannichfaltigen in der bildenden Kunst, die Musik löst die Dissonanzen immer wieder auf, und wenn in der Poesie Unlust erregende Widersprüche und unerfreuliche Empfindungen eintreten, so hoffen wir, an das Wesen der Kunst gemahnt, auf deren Ueberwindung, auf die endliche Ausgleichung und Versöhnung, und sind nur dann, aber dann auch recht und mit Recht unbefriedigt, wenn sie ausbleibt.

So erreicht die Musik in dieser Verbindung und Durchdringung von Melodie und Harmonie erst ihren Begriff, und wir können mit Krause sagen daß in der ursprünglichen Poesie der Musik im Gemüthe die Musik jedes Geistes vielstimmig ist. Die Entwickelung des Geistes geschieht ja unter dem Einflusse der ganzen Welt, seine Gedanken verklagen oder entschuldigen einander, sein Selbstgefühl ist zugleich Empfindung der Dinge außer ihm, sein Selbstbewußtsein durch das Weltbewußtsein bedingt. Vollends ein Bild vom Ineinandergreifen aller Lebenskräfte, vom Entwickelungsproceß eines ethischen Organismus und der Bewegung seines Werdens kann nur die vielstimmige Musik, und kann die melodische Harmonie allein geben. Die Harmonie ist des Geistes That und Werk, die Kunst erhebt sich damit über die Natur, um deren Idee zu vollgenügender Erscheinung zu bringen, den Verlauf des Ganzen im Einzelnen abzubilden und auszusprechen. In der Harmonie ist die Combinationskraft der selbstbewußten Ueberlegung thätig, während die Melodie mehr unwillkürlich in der Seele aufwacht und wird; aber die rhythmisch symmetrische Gestalt empfängt sie doch wieder vom ord-

nennen Sinn, und die ganze Bestimmtheit und rechte Lebensfülle,
den Glanz der Farbe zur Linie der Zeichnung verleiht ihr die
Harmonie.

Bekanntlich hat Rousseau sich gegen die Harmonie erklärt. In
dem betreffenden Artikel seines Dictionnaire de musique heißt
es: „Wenn wir bedenken daß von allen Völkern der Erde keines
ohne Musik und Melodie ist, jedoch nur die Europäer Harmonie
und Accorde haben und ihre Mischung angenehm finden, wenn
wir bedenken wie viele Zeitalter die Welt bestanden hat ohne daß
eine der Nationen, welche die schönen Künste gepflegt haben, diese
Harmonie kannte, daß kein Thier, kein Vogel oder Wesen in der
Natur einen andern Ton als den Einklang oder andere Musik
als bloße Melodie hervorbringt, daß weder die morgenländischen
so klangvoll musikalischen Sprachen, noch die mit so vieler Feinheit und Empfindlichkeit begabten und mit so viel Kunst gebildeten
Ohren der Griechen jemals dieses enthusiastische und wollüstige
Volk zur Entdeckung unserer Harmonie führten, daß ihre Musik
ohne dieselbe so wundervolle Wirkungen hatte, und unsere mit ihr
so schwache, wenn wir bedenken daß es einem nordischen Volke,
dessen grobe und stumpfe Organe mehr durch die Stärke und das
Getöse der Stimmen als durch die Süßigkeit der Accente und die
Biegungen der Melodie gerührt werden, aufbehalten war diese
große Entdeckung zu machen und alle Grundsätze und Regeln der
Kunst darauf zu bauen, wenn wir dies alles bedenken, so ist
schwer der Argwohn zu vermeiden daß alle unsere Harmonie, auf
die wir so stolz sind, nur eine gothische barbarische Erfindung sei,
an die wir nie gedacht haben sollten, wenn wir mehr Gefühl für
die wahren Schönheiten und für eine wahrhaft natürliche und
rührende Musik hätten."

Hier haben wir ganz die Zurücksetzung der Cultur hinter die
Natur, welche überhaupt Rousseau's Declamationen zu Grunde
liegt; er verkennt daß des Menschen Natur Geist ist, der Geist
aber sein Wesen zu seiner That machen, sich eine neue Sphäre
des Daseins bereiten und durch selbstbewußte Freiheit sein Reich
gründen muß, wenn er anders seinen Begriff erfüllen will.
Selbstbestimmte Lebensgestaltung, Bildung ist die Natur des
Geistes; damit erhebt er sich über die Vögel der Luft und die
Thiere des Waldes, und warum sollte seine Musik bei diesen
stehen bleiben? Durch die Harmonie ist die Musik vom Naturlaut zur Kunst geworden, und diese ist ein Beweis der Gottesehre

des Menschen. Harmonische Klangcombinationen sind allerdings
keine Musik, aber eine Harmonie von Melodien ist deren Vollendung, und nur so vermag sie dem ihr aufgegebenen Inhalt, der
organischen Lebensbewegung der Idee im Reichthum individueller
Kräfte und Wesen, gerecht zu werden. Um des Gehalts willen
hat sie ihre Mittel gesteigert und erweitert, und damit ist Tiefe
und Gewalt ihrer Schönheit emporgewachsen. Ein Wort aus
Weiße's Aesthetik findet hier seine Anwendung: „Die Natur des
Geistes überhaupt und des Geistes der Schönheit insbesondere,
der in der Kunst zugleich das Schaffende und der Zweck und Inhalt der Schöpfung ist, wird verkannt, wenn man meint daß das
Dasein dieses Geistes ein anderes als dasjenige sei welches nach
dem Umfang und der Macht der von ihm bezwungenen und in
seinem einfachen Begriff als Basis oder innerliche Bedingung
aufgenommenen körperlichen Kräfte gemessen wird." Die rhyth-
misch-melodische Musik der Griechen unterscheidet sich von unserer
harmonienreichen wie die Statue von der gemalten Gestalt mit
ihrer Naturumgebung, mit dem Hintergrunde der Landschaft, mit
dem Himmel über ihr und mit der Beleuchtung die über das
Ganze ausgegossen ist. Eine antike Tragödie hat diese rein rhythmisch melodische Entwickelung im Gang der Handlung, und hebt
nur das Nothwendige der Sache klar hervor; so Aeschylos im
Agamemnon, Sophokles in der Antigone. Vergleicht man damit
Shakespeare's Macbeth, Romeo, Lear, so tritt die Umgebung der
Hauptcharaktere, die Atmosphäre in der sie athmen, sammt Stimmung und Beleuchtung viel ausgearbeiteter hervor, in mannichfachen Lagen und Contrasten wird das Thema variirt, die gemeinsame Idee als Schicksalsmacht offenbart, die Hauptmelodie
von vielfältigen Tonbildungen begleitet und so ein vielstimmiges
Ganzes hervorgebracht.

Jedes echte Kunstwerk ist auf eigene und freie Weise religiös,
es offenbart das Ewige im Endlichen und Zeitlichen und erfreut
uns mit einem Bilde der Versöhnung, wodurch seine Wirkung
auf das Gemüth eine harmonisirende ist. Auch dies erfahren
wir besonders klar bei der Musik. Sie ist wie die bildenden
Künste groß geworden im Dienste der Religion, bis sie heran-
gewachsen auch außerhalb der Kirche und kirchlichen Formen Göttliches zur Erscheinung bringen, die Seele zu Gott erheben konnte.
Wo die Musik indeß dem Gottesdienste gesellt bleibt, muß sie der
ernsten Würde desselben sich anschließen, was nicht bedingt daß sie

langweilig oder traurig ſei; auch der lieblich heitere Charakter
Haydn's iſt in ſeinen Meſſen ſich treu geblieben; „wenn ich an
meinen Gott denke", ſagte der Meiſter, „ſo werde ich ſo luſtig
daß ich mich nimmer zu laſſen weiß." Aber Haydn weiß uns
in einen idealen Empfindungszuſtand hinzuführen, während man
heutzutage und namentlich in Italien die das Gemüth bald er-
ſchlaffenden, bald ſinnlich reizenden oder zerwühlenden Klänge
einer frivolen Oper auch in der Kirche wiederholt hört. Gewiß
hat Thibaut recht wenn er ſagt: „Roſenroth und hellgelb ſind
ſchöne Farben, und doch wäre ein Chriſtusbild mit roſenrothem
Mantel und hellgelbem Gürtel nicht zu ertragen. Die geniale
Leichtfertigkeit Figaro's paßt ſo wenig in die Kirche, als ein zier-
licher Tänzerſprung beim Genuß des Abendmahls an ſeiner Stelle
wäre. Wie in Gottes Gegenwart kein leckes Selbſtvertrauen,
kein gänzliches Verzagen ſtattfinden kann, ſo wird es auch in der
Kirche keinen überſtrömenden geiſtigen Rauſch und keine bis zur
Vernichtung führende Verzweiflung geben. Wer hier in voller
Freude des Herzens Gott danken und loben will der wird ſeinen
Dank nicht mit ungebandenem Jubel, ſondern mit beſcheidener
Inbrunſt ausſprechen, und wer durch Leiden gebengt außer der
Kirche ſich in Schwermuth und Jammer auflöſen könnte der wird
in der Kirche vor Gottes Auge wieder getröſt werden, nicht die
Hände ringen, nicht ächzend und jammernd hin- und herlaufen,
ſondern durch den Glauben an einen nahen Gott aufgerichtet in
Geduld und Ergebung den Himmel zum theilnehmenden Zeugen
ſeines Kummers machen. Die Kirche ſoll nicht das Irdiſche aufregen und durch das Irdiſche bekämpfen, ſondern gerade durch
den Himmel des Aufhörens aller Leidenſchaft die Leidenſchaften
beſänftigen und erheben. In der Kirchenmuſik alſo ſoll alles
mäßig, ernſt, würdig gehalten, durchaus veredelt und leidenſchafts-
los ſein, alles ganz in dem Ton daß ein ausgezeichneter Kanzel-
redner ſagen könnte: Dieſe herrliche Muſik hat meine Predigt gut
vorbereitet, oder: ſie hat nach meiner Predigt im Geiſt derſelben
das Gefühl der Gemeinde zu voller Lebendigkeit gebracht; oder,
was auch unter Umſtänden gut ſein könnte: wo ſo geſungen ward
da muß ich verſtummen und die Gemeinde ganz ihrer ſtillen Andacht überlaſſen."

3. Die Gliederung der Musik.

Indem die Phantasie das noch gestaltlose Wogen und Treiben der schöpferischen Gemüthskraft und den Proceß des Werdens in seiner Allgemeinheit durch die Töne offenbart ohne bestimmt dauernde Bilder zu zeichnen oder Gedanken in Worte zu fassen, so bleibt die Musik in sich selbst einheitlicher, während die bildende raumgestaltende Kunst zu drei so unterschiedenen Darstellungsweisen auseinanderging daß man vielfach vergaß sie als Momente des gemeinsamen Ganzen zu fassen, und Architektur, Sculptur, Malerei als für sich selbstständige Künste neben Musik und Poesie hinstellte. Aber auch in der Poesie werden wir eine dreifache Gliederung erkennen, und in der Musik tritt der Unterschied gleichfalls ein; es spiegelt sich in ihr das Architektonische, Plastische, Malerische in der Instrumentalmusik, im Gesang, in der Verbindung beider, sowie auch das Epische, Lyrische, Dramatische vielfach zur Geltung kommt. Der Natur der Sache nach war darum auch der Begriff der bildenden Kunst bald bestimmt, aber das Architektonische, Plastische, Malerische erforderte eine nähere und umfassende Darlegung; hier galt es das Musikalische als solches in längerer Betrachtung zu ergründen, die Unterschiede ergeben sich leicht und bleiben mehr innerhalb der gemeinsamen Einheit stehen.

a. Die Instrumentalmusik.

Die Bewegung des Gemüths drückte sich ursprünglich zugleich durch die Bewegung der Stimme im Gesang und durch die Bewegung des Körpers in Geberden, im Tanz aus; die Hymnen an die Götter wurden in Chören im Reigen vorgetragen; eine rhythmische Bewegung stellte sich zugleich sichtbar dem Auge, hörbar dem Ohre dar, während die Poesie den Inhalt für die Vorstellung aussprach. So hatten noch das Mittelalter und die Renaissance ihre Tanzlieder, und durch sie kam in den Tanz „ein wundersam poetisches sinniges Wesen", er ward zum Ausdruck eines empfindungsvollen Gedankens. Der Marsch regelt den Gleichschritt der Massen und gibt ihm Halt und Schwung, macht den frischen Muth hörbar, der von der Seele aus den

Gang der Krieger bewegt, oder die festliche Stimmung, welche
einen Krönungs- oder Hochzeitszug belebt, den schmerzlichen Ernst,
mit welchem ein Trauergeleit dem Todten folgt. Aber erst allmählich hat sich der Marsch vom Marschliede losgelöst und wirkt
nun um so mächtiger und wirkt nun durch den Zusammenklang
der Instrumente.

Die Musik in ihrer Selbständigkeit und Selbstkraft ist Instrumentalmusik. Diese trägt vorzugsweise den Charakter der Kunst,
indem sie im Anschluß an die Naturgesetze Werkzeuge erfindet um
die Töne zu erzeugen, die so in der Natur nicht vorkommen, und
diese Töne nach der Harmonie bestimmt. Die Musik lehnt hier
an das Wort sich nicht an, sondern verwendet nur den Klang
als solchen. Gerade dadurch ward sie die späteste Kunst, ein
Werk der modernen Cultur. Das Alterthum verwandte Hörner
und Trompeten zu Schlachtsignalen, den Schall der Becken und
Cimbeln zur Feier orgiastischer Gottesdienste und zur leidenschaftlichen Erregung oder Betäubung der Gemüther; der Klang der
Instrumente lenkte den rhythmischen Schritt der Chöre der Krieger, oder begleitete den Gesang. Es war zu Sokrates' Zeit eine
Neuerung daß Salabas aus Argos durch Flötenspiel ein Lied nicht
begleitete, sondern allein vortrug, Agelaos aus Tegea dasselbe mit
dem Kitharspiel versuchte. Aber dies war nur Uebertragung der
Gesangscomposition auf ein einzelnes Instrument. Ehe ein Zu-
sammenspiel möglich ward und durch die Instrumente allein ein
Bild des werdenden Lebens nach seinem Reichthum entfaltet werden
konnte, mußte erst das System der Harmonie und des Taktes
gefunden sein und mußten die Tonwerkzeuge selbst eine vollendete
Ausbildung erhalten haben. Dies war der Neuzeit vorbehalten.
Wer das Kunstvermögen für erloschen hält der möge nur bedenken wie durch Haydn, Mozart, Beethoven in ihren Symphonien
etwas ganz Neues geschaffen ward. Unsere Zeit hat noch keinen
Baustil, weil der erst der Ausdruck der wieder gemeinsamen und
in sich befriedigten Weltanschauung sein kann, die einem kritischen,
kämpfenden, individualistischen Jahrhundert fehlt; dafür haben einzelne in sich harmonische Gemüther diese umfassenden Tongebäude
hingestellt, welche das Streben nach Versöhnung mit dem erreichten Ziel auf eine ganz herrliche und auf eine den griechischen
Tempeln oder romanischen und gothischen Domen ebenbürtige
Weise veranschaulichen und zur Empfindung bringen. Mit Recht
nennt Weiße die Instrumentalmusik das reine und unmittelbare

Dasein des von aller besondern Gestaltung freien, absoluten oder modernen Ideals. Ohne Gestalt und Wort, durch Klang und Bewegung allein ruft sie ein Ideal der Schönheit hervor. Die allgemeine Form des geistigen Lebens kommt hier zur Offenbarung: Kampf, Versöhnung und Frieden; Wunsch, Streben und Erfüllung; ungehemmter Fortgang, Förderung und dadurch Freude, Hemmung, Widerstand und dadurch Schmerz, Entsagung und dadurch Ruhe, Ueberwindung und dadurch Siegesjubel. Wir fühlen die Dialektik des Werdens, der Erguß des künstlerischen Gemüths enthüllt uns den Gang der Geschichte, und für alles besondere Suchen, Ringen, Finden und Genießen gibt die Kunst nicht Nachahmungen und Abbilder, sondern die Verklärung des Lebens in das Urbild der Ideen, wie sie die Entwickelung des Seins leiten und das Werden zwischen den Polen des Wunsches und der Erfüllung als ein organisches, als schön erscheinen lassen. Darin gerade erkennen wir das Wesen der Musik in seiner Reinheit, und wenn Köstlin in Vischer's Aesthetik die Instrumentalmusik für bei- und untergeordnet erklärt, den Gesang aber für die eigentliche Musik hält, so bedarf dies keiner andern Widerlegung als die Anführung der Definition die er selbst von seiner bevorzugten Vocalmusik gibt: „sie entsteht dadurch daß eine Empfindung unmittelbar sich äußert, und sie enthält und will nichts anders als eben diese unmittelbare Empfindungsäußerung"; — damit ist sie bloßer Naturschrei und keine Kunst; daß der Geist rein um des Wohlgefallens der Schönheit willen producirt, daß er nicht eine bestimmte Gefühlswelt der Wirklichkeit nachbilden, sondern eine ideale Lebensbewegung in dem Gemüth schöpferisch entfalten und die ihr entsprechende Stimmung in den Seelen erwecken will, hier in der Instrumentalmusik wird es thatsächlich erwiesen.

Weil der Instrumentalmusik die Worte fehlen, begnügt sie sich nicht gern mit einer einzigen Lebensmelodie, sondern gibt, was keine sprachliche Darstellung so auszudrücken vermag, in einer Harmonie von Melodien ein Bild vom Ineinanderwirken aller Kräfte und von der Entfaltung des Einen und Ganzen in der Vielheit der Wesen und ihrer Wechselbeziehung. Die Freude an der Harmonie, am Wohllaut zusammenstimmender Klänge, an der formalen Tonschönheit hat hier ihre Stelle. Das Wort wird durch die Vielheit der Klänge ersetzt, deren jeder einem besondern Instrumente entlockt auch einen eigenthümlichen Charakter trägt. Der

Musiker stellt diese verschiedenen Klänge bald in Contrast, bald mischt er sie wie der Maler die Farben, und wie bei den Farben wird die Verbindung bald Verstärkung und bald Dämpfung und Umschleierung. So bricht ein Zusatz von Blau die grelle Leuchtkraft des Gelben zum heitern Grün, so mildert der sanfte Flötenton die schmetternde Trompete.

Erinnern wir uns hier daran daß Schiller das Schöne und die Kunst auf den Spieltrieb des Menschen gründete, auf eine freie Uebung seiner Kräfte um ihrer selbst willen, um einzusehen wie sinnig unsere Sprache von einem Spiel der Instrumente redet. Im Ausdruck der Stimme geschieht es oft daß die Empfindung den Menschen überwältigt und beherrscht; dem Instrumente gegenüber ist er frei, er schaltet und waltet mit ihm nach seinem Sinn, und hat dabei keinen andern Zweck als den Genuß des Schönen; das Tonwerkzeug ist außer ihm, und doch vermag er die ganze Innigkeit seiner Empfindung in dasselbe hineinzulegen, wie sie durch seine Nerven zittert und die Bewegung seiner Muskeln, den Athem seines Mundes beseelt. So haben und genießen wir hier das Ergießen und Ergehen der Phantasie, die nicht an irdische Bedürfnisse und Zwecke gebunden rein um des seligen Lebens willen wirkt und schafft.

Hier gilt das bekannte Wort daß die Architektur eine fest gewordene Musik sei; denn hier in der Instrumentalmusik haben wir den Zusammenklang rhythmisch bewegter Kräfte zu einem unsichtbaren Bau. Hier sind es nicht einzelne Erscheinungen, sondern die Grundkräfte des Seins, die in der Architektur im Gleichgewicht des Beruhens, in der Instrumentalmusik im Flusse der Bewegung dargestellt werden; hier ist es der allgemeine Stimmungsausdruck der erzielt wird, einmal durch eine Harmonie von Linien oder Ausdehnungen, das anderemal von Bewegungen oder Klängen; hier kommt es nicht auf das Stoffliche als solches, sondern auf die Erfüllung des Raumes oder der Zeit an. Hier wird in der Bewältigung und Idealisirung des Anorganischen der Darstellung des Organischen eine Stätte bereitet, in der Architektur für Plastik und Malerei, in der Musik für die Poesie, wenn eine Ouvertüre die Basis bildet auf welcher ein dramatischer Verlauf von Thaten, Empfindungen und Gedanken sich erhebt. Gerade weil Baukunst und Instrumentalmusik für sich nicht zur Darstellung bestimmter und besonderer Gedanken und Dinge fortgehen, sind sie an die mathematische Gesetzmäßigkeit der all-

gemeinen Naturordnung gewiesen, und wenn auch hier nach dem
Begriff des Beharrens die Architektur zunächst das Bild des
Kosmos, der sichtbaren Welt, die Instrumentalmusik nach dem
Begriff des Werdens das Bild der Geschichte und der Gemüths-
entwickelung gibt, so prägt doch auch im Bau der Organismus
des staatlichen Lebens und Volksgeistes sich ab und wird in der
Musik die Harmonie der Sphären kund. Hier wie dort geht die
Kunst ins Große, Weite, wirkt durch Massenhaftigkeit, ist selbst
das Werk vieler Hände, geht über das individuelle Fühlen und
Wollen hinaus und verkündet Leid und Lust, Ahnung und Stre-
benszeil einer Welt. Hier wie dort schmiegt die Kunst den
Zwecken des Lebens sich an, wenn sie bauend das Wohnhaus
errichtet, wenn sie spielend den Schritt und Tanz regelnd begleitet, aber zugleich erhebt sie sich über die irdische Bedürftigkeit
und diese mit sich in den Aether der freien Schönheit. Wie der
Architekt bestimmten Forderungen des Cultus im Tempelbau zu
genügen hat, so mögen auch dem Musiker bestimmte Gedanken
beim Componiren vorschweben, wie Beethoven an dem sieghaften,
den Fortschritt der Menschheit lenkenden Heldenthum des jugendlichen Bonaparte sich für seine Heroica begeisterte, oder wie derselbe Tondichter bei der Sonate in E-moll einen hochgestellten
Freund im Sinne hatte, den der Widerstreit der Liebe und der
Standesrechte bewegte; aber über den besondern Anlaß erhob sich
das Werk, um uns hier den Kampf zwischen Kopf und Herz und
seine Versöhnung, dort das Heldenthum überhaupt mit seiner
freudigen Lust, seiner männlichen Trauer und seinem festlichen
Triumph zu schildern. Aehnlich gibt der Architekt der Kirche,
der Burg, dem Rathhaus, der Villa ein eigenes Gepräge, das
aber zugleich das gattungsmäßige sein wird. Wie eine Kirche,
ein Ballsaal, ein Festungsthurm, so drückt ein Choral, eine Tanz-
melodie, ein Marsch die Grundstimmung der Andacht, der Festfreude, des kriegerischen Muthes aus. In Bezug auf den Vollender
der Instrumentalmusik stehe noch das ihr Wesen bezeichnende Urtheil Weiße's über Beethoven hier: „Es erscheint in diesem Meister
deutlicher noch als in irgendeinem andern die rastlos ungeheuere
Arbeit der tiefsinnigsten und verschlungensten Tonreihen als ein
unablässiges Ringen und Jagen nach Einem einfachen Ziel, welches
Ziel, der reine und durch keine andere Kunst ausdrückbare Jubel
der Verklärung, auf dem höchsten Gipfel seiner tiefsten und vorzüglichsten Kunstwerke zur unmittelbaren Gegenwart wird. Eben

barum muß gerade dieser Componist, der mächtigste und beru-
fenste Herold der modernen Idealwelt, denen ganz unverständlich
und ein unlösbares Räthsel bleiben, die von der Kunst nur die
Darstellung bestimmt begrenzter Gegenstände oder auch specula-
tiver Begriffe erwarten.“

Indem ich mich zu einer kurzen Betrachtung der musikalischen
Instrumente anschicke, verweise ich über das Besondere in Bezug
auf ihre künstlerische Verwerthung auf die Compositionslehre von
Marx, in Bezug auf ihren Bau und ihre Geschichte auf das
Buch Zamminer’s: Die Musik und die musikalischen Instrumente
in ihrer Beziehung zu den Gesetzen der Musik. Beide Werke
stimmen im Wesentlichen überein und bringen uns zu wissenschaftlicher Klarheit was wir beim Anhören der Musik als den Charakter der besondern Klänge empfinden. Die Vervollkommnung
der Tonwerkzeuge hat mit der Composition der Instrumentalmusik gleichen Schritt gehalten und den Vortrag der Schöpfungen
der Meister unsers Jahrhunderts möglich gemacht; mit der europäischen Cultur verbreiten sich unsere musikalischen Instrumente
über die Erde.

Wir unterscheiden zunächst die Blas- und die Saiteninstrumente. Das Schilfrohr, das Horn des Stiers, die Tritonmuschel
boten sich für jene dar; sie bilden die feste Wandung innerhalb
welcher eine Luftsäule schwingt, die durch den menschlichen Athem
in Bewegung gesetzt wird. Die Verschiedenheit der Klangfarbe
beruht zumeist auf der Art des Anblasens und auf der Form der
Luftwellen, wie auf der Gestalt der schwingenden Luftsäule; der
Ton wird runder und weicher, wenn diese breiter ist, und wird
mit ihr dünner, spitzer, heller. Die silberne Flöte Böhm’s hat
entschieden daß der Flötenklang nicht vorzugsweise im Holze ist,
daß er um so reiner wird je fester die Wandung des Instruments
liegt; doch schwingt und zittert auch diese mit, und so ist ihre
Structur allerdings nicht ganz bedeutungslos.

Eine Luftsäule nun die wir durch einen oben oder unten oder
an beiden Seiten offenen Cylinder in Bewegung setzen, gibt gemäß
ihrer Länge einen Ton von bestimmter Höhe und Tiefe. Nur verschiedene Töne zu gewinnen kann man zunächst solche Röhren von
unterschiedener Länge zusammenstellen, wie bei der Panspfeife geschieht. Man hat eine solche in Bolivia im Gebrauch gefunden
welche aus dreizehn in zwei Reihen geordneten Röhren von vier
bis acht Fuß Länge bestand, die also eine Octave umfaßte; mehrere

Personen trugen sie vor dem Spieler hin und her, eine Ungeheuerlichkeit, welcher Zimmermanu als Gegenstück die russische Hörnermusik gesellte, in welcher die Theilung der Arbeit so weit gediehen ist daß jeder mitwirkende Mann nur eine Note bedeutet und vorkommenden Falls zu blasen hat.

Man konnte indeß bemerken daß ein stärkeres Anblasen noch andere Töne hervorruft, und zwar solche deren Schwingungszahl auf einer Vervielfältigung der Schwingungen des Grundtons nach Maßgabe der einfachen Zahlenreihe beruht, wie folgendes Schema andeutet:

$$1 \quad 2 \quad 3 \quad 4 \quad 5 \quad 6 \quad 7 \quad 8 \quad 9 \quad 10 \quad 11 \quad 12 \quad 13 \quad 14 \quad 15 \quad 16 \text{ u. s. w.}$$
$$C \quad c \quad g \quad c_1 \quad e_1 \quad g_1 \quad b_1 - e_2 \quad d_2 \quad e_2 \quad f_2 + g_2 \quad a_2 - b_2 - h_2 \quad c_3.$$

Hierauf beruhen die Naturtöne der metallenen Blasinstrumente, in welche die Luft durch ein trichterartiges Mundstück geblasen wird. Innerhalb der ersten Octave liegt kein einziger, innerhalb der zweiten nur die Quinte, innerhalb der dritten und vierten werden die Töne zahlreicher, es treten aber zum Theil solche auf die harmonisch nicht zu verwerthen sind, wie diejenigen welche durch die Zahl 7, 11, 13 bedingt werden.

Das Horn besteht aus einer rund gewundenen, die Trompete aus einer dünnern und mehr länglich gezogenen Metallröhre; die Posaune gestattet diese durch Züge zu verlängern und zu verkürzen. Der Trompetenklang ist hell durchdringend, schmetternd, namentlich dadurch daß ein und derselbe Ton sich rasch und schütternd wiederholen läßt; sie dringt durch mit metallener Kraft, und wenn sie minder reich an Tönen ist, so bedarf die einfache Entschiedenheit des Heldencharakters keiner Modulation, und hebt sie dadurch den Grundrhythmus und die Töne des hellsten Accords um so durchschlagender hervor. Je nach der Länge des Rohrs erhalten verschiedene Trompeten einen verschiedenen Grundton, wodurch der einen möglich wird was der andern versagt war. Ein Gleiches gilt vom Horn. Sein Ton ist voller, weicher, runder, minder kernhaft, mehr anschwellend und verhallend; unser Wort Waldhorn erinnert an die Waldromantik des Instruments. Minder klar, dunkler als die genannten klingt die Posaune, aber mit mächtigerer Schallkraft in der Tiefe, feierlich dröhnend, streng erschütternd, daß man an die Strophe des alten Kirchenliedes erinnert wird, die Mozart's Requiem mit Posaunenschall einleitet:

Tuba mirum spargens sonum
Per sepulcra regionum
Coget omnes ante thronum,

Der Ton kommt bei dieſen Inſtrumenten aus voller Bruſt
und ſchallt mit voller Naturkraft, es iſt als ob er die unendliche
Fülle des Gemüths und die innerſte Seele der Dinge eindringlich
rein und ganz offenbaren wollte; daher ſeine Unwiderſtehlichkeit
und das ahnungsvoll Anſprechende. Der Mangel liegt in der
geringen Zahl dieſer Töne; allein der rechte Componiſt weiß die
Uebergänge andern Inſtrumenten anzuvertrauen; er gleicht dem
Feldherrn der den verſchiedenen Truppengattungen verſchiedene Aufgaben ſtellt und mit ihrem Ineinanderwirken den Sieg erringt.
Doch hat man auch dem einzelnen Horn, der einzelnen Trompete
größere Tonmannichfaltigkeit zu geben geſucht. Beim Anſatz und
Anblaſen gerathen die Lippen des Spielers in Bebungen, wodurch
ein ſtoßweiſes Hervorquellen der Luft hervorgebracht wird; wird
nun der Athem und die Anſpannung der Lippen verſtärkt oder
geſchwächt, ſo wird der Ton höher getrieben oder tiefer ſinken
gelaſſen, und dadurch ſowie durch theilweiſe Deckung des Schall-
bechers mit der Hand werden jene ſonſt nicht in unſer Syſtem
ſtimmenden Töne demſelben doch gemäß gemacht. Sodann hat
man innerhalb der Rohrwindung beſondere Stücke als Ausbiegun-
gen eingeſetzt, welche aber verſchließbar ſind; werden ſie geöffnet
ſo tritt ihre Länge zu der des ganzen Rohrs hinzu; ſo hat man
Mittel gewonnen die Naturtöne um eine ganze, um eine halbe
Stufe, im Zuſammenwirken aller Ventile um eine große Terz zu
erniedrigen. Weiter hat man Hörner mit Klappen, die geöffnet
den Luftſtrom austreten laſſen, und nach Größe und Bau verſchieden ſind ſie reich an mannichfachem Klang. Dadurch wird
es möglich auf einem Horn allein virtuoſenhaft zu ſpielen, aber
die friſche Geſundheit, die entſcheidende Kraft der Klänge wird
geſchwächt. „Das Waldhorn“, ſagt Marx, „klemmt ſich in Fagott-
tönen herum, und die Trompete ſpinnt, wie Hercules bei Om-
phale, irgendeine ſchäferlich ſentimentale Melodie ab. Ein reicher
Chor natürlicher Trompeten iſt das Glanzvollſte, mit Poſaunen
und Pauken unterſtützt das Machtvollſte und Herrlichſte was die
Muſik an Orcheſtermitteln aufzubieten vermag, der Zutritt der
Tuben und anderer Ventil- und Klappeninſtrumente verdunkelt
den Glanz und ſtumpft die Macht des Eindrucks ab, — er wirkt

wie die Degenscheide welche die blanke scharfe Klinge umschließt." Wo der Tonkünstler über das volle Orchester gebietet da wird er wohlthun den metallenen Blasinstrumenten ihren Naturton zu lassen, ihren eigenthümlichen Klangcharakter zu wahren und sie damit an geeigneter Stelle leisten zu lassen was kein anderes Instrument vermag.

Eine Reihe anderer Blasinstrumente, die man seither gewöhnlich aus Holz bereitete, gewinnt die übliche Tonreihe dadurch daß man an der Seite Löcher anbringt, durch deren Oeffnen man den Luftstrom nach verschiedenen Graden verkürzt und dadurch den Ton erhöht. Flöte, Clarinette, Fagott sind hier vorzugsweise zu nennen. Bei der Flöte wird der Ton dadurch hervorgerufen daß der Spieler über das Mundloch bläst, es ist also der Athem und die eingeschlossene Luftsäule allein welche schwingen und klingen, und daher das Luftige, Immaterielle, Sanfte, Milde, Unschuldige, aber auch der Mangel an Schärfe und ausdrucksvoller Gewalt im Flötenhall; man hat ihn oft schon mit einem blassen Himmelblau verglichen. Dagegen schwingen gespannte Blättchen im Mundstück der Clarinette und des Fagotts; sie werden angeblasen und setzen ihre Bebungen auf die Luft fort, und der Ton wird dadurch kerniger, gesättigter, mächtiger, erhält aber zugleich bei aller Klarheit etwas Zitterndes, und eignet sich so für den Ausdruck leidenschaftlicher Erregung und tiefen Gefühls. Die mittlern Töne dieser Instrumente, denen sich auch die Oboe gesellt, sind die ansprechendsten. Das Fagott wird in der Tiefe grunzend, es hat überhaupt etwas schwer Bewegliches und Näselndes, weshalb es gern humoristisch angewandt wird. Die hohen Flötentöne, die man für sich dem Piccolo zutheilt, werden pfeifend grell, und gewinnen sowol einschneidende Schärfe als etwas unangenehm Schrilles. Alle diese Instrumente liegen der menschlichen Stimme nahe, sie gestatten ein Anschwellen und Absenken des Tons und die volle Entfaltung der Melodie. Am umfangreichsten und bedeutendsten ist die Clarinette. „Legt man", sagt Marx, „eine Clarinettstimme so an daß sie sich vorzugsweise in der klangvollern Region hält, aus der stillern Tiefe sich wieder in jene erhebt, auch wol vermöge ihres großen Tonumfangs in die höchsten Tonlagen aufschwingt und die Kraft der tiefsten Töne gelegentlich mitbenutzt, so nimmt das Instrument im Ganzen einen Charakter von sinnlicher Fülle, von gefühlvoll edlem Wesen, auch von Ueppigkeit und Wildheit an, der es als das gebietende und vorherrschende

in dieser Klasse der Instrumente bezeichnet. In seiner sinnlichen Fülle und Anmuth hat Mozart es oft concertirend angewandt."

Ein Blasinstrument von großer Gewalt und großem Reichthum, das aber nicht der menschliche Athem zum Tönen bringt,
sondern die mechanisch zusammengepreßte Luft, welcher die menschliche Hand den Zugang zu den Pfeifen öffnet, ist die Orgel.
Hier hat jede Pfeife ihren eigenen Ton, aber durch die Menge
der Pfeifen ist nicht blos die ganze Tonreihe von der größten
Tiefe zur Höhe vorhanden, sondern durch Modificationen des
Baues hat man auch viele Register mit mannichfaltigem Klangcharakter. Es ist die Naturgewalt die in der Orgel wie unter
einer höhern Hand erbraust, und jegliches steht für sich in voller
Entschiedenheit da, die Töne sind kräftig klar, aber ohne anzu-
schwellen und zu verhallen oder ineinander zu verschmelzen. Die
Orgel eignet sich dadurch zum Ausdruck des Erhabenen, in sich
Begründeten, dem die Subjectivität sich fügen und ergeben muß;
sie trägt und leitet den religiösen Gesang der Gemeinde und jede
Feier bei welcher eine große gemeinsame Idee alle vereinigt und
musikalisch ausgesprochen sein will. So ist sie das rechte Instrument für Händel's Oratorien, und Händel verstand sie meisterhaft
zu behandeln.

Heinrich Adolf Köstlin schreibt: „Der Orgelton ist wie hinaus-
gehoben über alle irdische menschliche Beschränkung, hat wirklich
etwas Ueberirdisches, ist wie ein Anklang ans Ewige, ähnlich und
in demselben Sinne wie uns das Wellenspiel des endlosen Meeres
ans Ewige gemahnt. Wenn die weithin schallende Posaune oder
die an Macht und durchdringender Schärfe alle andern Instrumente überstrahlende Trompete ihre Klänge in die Lüfte sendet,
so hört man in bestimmten Zeitabschnitten den Ton absetzen; denn
der Blasende muß immer frischen Athem schöpfen, und das gibt
dem Ton etwas endlich Beschränktes. Aber aus dem Blasebalg
der Orgel strömt die Luft gleichmäßig in die tausendstimmige
Pfeifenreihe hinein und ins Gewölbe der Kirche hinaus. Da
merkt man nichts von Ermüdung, nichts von Beschränkung: mit
immer gleicher Fülle, immer gleicher Kraft strömt Tonwelle auf
Tonwelle so wie auf dem Meer eine Woge über die andere sich
stürzt, im unermüdlichen Spiel — ein Bild des Ewigen, Unerschöpflichen."

Eine zweite Hauptklasse von Instrumenten begreift diejenigen

in sich deren Klang durch Anschlagen, Reißen oder Streichen einer
gespannten Fläche oder Saite hervorgerufen wird. Jede Trommel
oder Pauke hat stets nur einen Ton, sie läßt sich aber höher oder
tiefer stimmen, und man stimmt mehrere gewöhnlich nach der
Dominante zusammen. Sie geben den Rhythmus und das Tempo
schwungvoll an, und fallen an geeigneter Stelle in den Gang der
andern Instrumente mit entscheidendem Nachdruck ein; der Ton
wirkt selbst wie ein Schlag, einschlagend, ausschlaggebend.

Alle Saiten sind über einem Resonanzboden gespannt, der den
Schall verstärkt. Durch Anschlag kommt das Klavier zum Er=
klingen. Es ist ein vielstimmiges Instrument, am meisten für den
Vortrag einer Melodie mit harmonischer Begleitung geschickt, so=
daß beide in Einem Guß hervorquellen. Die nacheinander erklingen=
den Töne verweben sich etwas durch das Nachzittern der Saiten,
man kann ihre Dauer verlängern, wenn man bei kräftigem
Anschlag die Dämpfung aufhebt; im ganzen aber tritt jeder Ton
klar für sich auf oder in harmonischem Zusammenklang, und darum
spricht Köstlin dem Klavier etwas Classisches zu und findet in ihm
einen wohlthuenden Contrast zu allem Fließenden, Süßen, Nerven=
aufregenden anderer Instrumente; „wie frische erquickliche Morgen=
luft weht es uns an, wenn auf Flötengeländel, Oboenliebelei,
Hornromantik, Violingewimmer die präcisen, klaren, festen Klänge
des Klaviers an unser Ohr schlagen und uns eine Erholung ge=
währen von der subjectiven Musik die wir dort zu hören bekamen.“
Seiner Natur nach eignet das Klavier wie Harfe und Kithare
oder Zither sich zur harmonievollen Begleitung des Gesangs, und
mehr als auf irgendeinem andern Instrument vermag man auf
ihm eine Nachbildung von Orchesterwerken ähnlich wie von Ge=
mälden durch Kupferstiche zu geben. — Die Saiten der Harfe
schwingen frei, der ihnen entrissene Klang hat etwas Hallendes,
Glockenhelles, ideal Reines; gerade hier finde ich etwas Classisches
im Unterschied von der Sentimentalität des spitzern und eingreifend
erzitternden Zithertons; es ist nicht blos durch die Erinnerung an
König David, sondern durch das Wesen der Sache getragen daß
wir den Sonnenaufgang im Geiste wie in der Natur am liebsten
mit Harfenklang begrüßen. Dagegen wie verwehende Geisterstim=
men schweben jene Töne, weich und leis an- und ausklingend, welche
der Wind selbst der im Accord gestimmten Aeolsharfe entlockt.

Alle diese Saiteninstrumente vermögen die Töne weder so zu
halten noch zu verschmelzen wie die Blasinstrumente; diese stehen

barum mehr auf Seiten der Melodie, jene auf Seiten der Har‑
monie. Aber die freiſte und genialſte Erfindung war der Zeit
vorbehalten die nach ihrer vorwaltenden Gemüthsinnigkeit über‑
haupt erſt die Muſik recht zu pflegen begann, ich meine die Erfin‑
dung der Streichinſtrumente, die in ſich jene beiden Naturen des
Melodiſchen und Harmoniſchen verſchmelzen, indem ſie die Saite
nicht anſchlagen oder reißen, ſondern mit einem Bogen beſtreichen,
und durch kräftigere oder weichere Behandlung den Ton bald
mächtig, bald leiſe hervorrufen, bald kurz und ſcharf abſetzen, bald
anſchwellen laſſen, tragen und in einen andern überleiten, was
nicht minder, ja beſſer noch als auf den Blasinſtrumenten gelingt.
Vermag ſchon das einzelne Inſtrument mehrere Töne gleichzeitig
auszuſprechen, ſo macht die Verbindung mehrerer ſie nicht blos
für einfache Harmonie, ſondern für jenes vielſtimmige Melodien‑
geflecht geſchickt, in welchem wir den Triumph muſikaliſcher Kunſt
erkannten. Die Violinen haben in der Oberſtimme bei aller
Weichheit die ſcharfe Beſtimmtheit und leichte Beweglichkeit des
Tons, die ſie an die Spitze des Orcheſters ſtellen; in einer der
Männerſtimme verwandten tiefen Kraft ſpricht die Bratſche und
das Violoncell, der Baß bildet in langſamerem Schritt mit zu‑
ſammenhaltender Macht die Grundlage des Rhythmus, der Me‑
lodie, auf welcher das rege Leben der andern Inſtrumente ſich
entwickelt. Lenau ſingt einmal:

> Weinendes Klagen, Freudegekicher
> Schüttern in ſchroffem Wechſel die Luſt,
> Setzen gewaltig, keck und ſicher
> Ueber des Mißklangs drohende Kluſt;
> Alle die Töne ſie klettern, ſie taugen
> Wild verſchlungen wie Urwaldspflanzen,
> Wild hinfahrend wie ſchwelgende Flammen,
> Aber der Brummbaß hält ſie zuſammen.

Der Meiſter weiß jedem Inſtrumente zu geben was ihm zu‑
kommt; nur eine falſche Genialitätsaffectation will mit der Trommel
zärtlich ſein und mit der Flöte donnern und wettern. Eine Stelle
aus Thibaut's Buch über Reinheit der Tonkunſt möge hierüber
reden: „Wie von verſchiedenen menſchlichen Stimmen jede ihr
Eigenes hat, wie beſonders mächtige Sachen dem Baß, feine zarte
ſchwärmende dem Tenor, tiefſinnige rührende dem Alt angehören,
ſo hat auch jedes Inſtrument ſeine eigene Sphäre. Die Poſaune
kann allenfalls noch im Himmel geblaſen werden, aber auf dieſer

Erde nicht zu einer sanften verliebten Arie, und die freie graziöse Flöte muß still bleiben wenn ein ernsteres Blasinstrument etwas Tiefsinniges darstellt und sich dabei zweckmäßig mit der Bratsche verbindet. Ich will nur zum Beispiel Händel's berühmten Todtenmarsch im Saul anführen, also das Werk eines Meisters welcher mit der Kraft eines Jupiters arbeitete, mit unendlicher Feinheit jeder Singstimme gab was ihr gebührte, alle jetzigen Hauptinstrumente kannte und oft benutzte, also doch wol seine guten Gründe hatte, wenn er ein gangbares Instrument nicht gebrauchte. In jenem Marsch schweigen uns in den ersten Takten die Flöten ganz; dann lassen sie sich hören; bald brechen sie wieder ab, aber dann fallen sie kurz nachher wieder ein und herrschen bis ans Ende. Offenbar ist nun der Grund, weil Händel, ein großer gesunder Geist, tiefe Trauer ehrt, aber niemand darin unmännlich verzagen lassen kann, und so immer wie ein tröstender kräftiger Freund mit den Trauernden weint, aber doch zuletzt immer wieder auf die Sonne hindeutet. Daher man sich auch oft nach seinen Trauerchören beruhigter und beseeligter fühlt als nach den muntersten Dingen jetziger Empfindler. So beginnt denn der Marsch mit der gebeugtesten Trauer, aber die hinzutretenden Flöten suchen zu mildern, und halten dann nach einem Rückschritte, welcher wieder ganz in der Natur lag, den Trauernden bis zum Ende empor."

Man hat dem Streichquartett als der Kammermusik vorzugsweise das Geistige der Kunst, die Darstellung des innerlichen Gedankenwebens und seiner Dialektik, das sinnige Ausspinnen und Verflechten der Ideenbewegung, das Melodische übertragen, den Blasinstrumenten als der Harmoniemusik, die man dann auch am liebsten im Freien erschallen läßt, die sinnliche Fülle des Klanges und farbenreichen wohllautenden Zusammenklanges. Das vollstimmige Orchester vereinigt beide, jedoch unter der Herrschaft der Streichinstrumente, die Violine ist der Vorsänger geworden. So wird es möglich daß die Instrumente selbst, einzelne und ganze zusammengehörige Chöre, Zwiesprach miteinander führen, daß eins oder eine Klasse von ihnen eine Melodie so weit fortführen als ihnen der Ausdruck derselben gelingt, dann aber die Sache andern zur weitern Darstellung übergeben, und vielleicht dann diesen jetzt ebenso begleitend oder in Erinnerung versunken nachfolgen, als sie früher von einzelnen ahnenden, zustimmenden Tönen derselben begleitet waren. Haben die Geigen die innere Entwickelung des

29 *

Gedankens vollzogen, ſo ergreift dieſen jetzt die Energie des Willens um ihn machtvoll zu äußern, und das vollbringen nun die
Blasinſtrumente mit vollem Bruſtton, mit ſchmetternder Kampf-
luſt, mit entſcheidender Harmonie. Erſchien das Streichquartett
wie ein Geſpräch gefühlvoller Menſchen, ein Ideenaustauſch ſchwärmeriſch vordringender Jugend, männlicher Würde und ſchwerbeweg-
lichen beſchaulichen Alters, ſo unterbrechen das die Blasinſtrumente
mit einem Geſang, deſſen Wogen alle in gemeinſamen Erguß da-
hintragen. So wird jeder Stimme oder Individualität ihr Recht
im großen Concert des Lebens, in ihrem Wechſel erhält und entfaltet ſich ein einiger Grundgedanke, und alle verbinden ſich in der
Arbeit und im Genuß zuletzt ihn vollſtimmig, allſeitig, jeden
Widerſtand überwindend in ſieghafter Herrlichkeit darzuſtellen.
Durch die Verwendung der Klangfarbe der einzelnen Inſtrumente
bildet ſich das Colorit der Muſikſtücke; indem das Beſondere
Beſtimmtheit und Beleuchtung gewinnt, wird es zugleich im Contraſt wie in der Beziehung auf Anderes in ein harmoniſches Ganzes eingeſtimmt. Doch iſt es immer erſt der Vortrag der Melodie welcher die Geſangsausdrucksfähigkeit der Inſtrumente hervorruft und gleich der Zeichnung dem Reize der Farben im Gemälde
zu Grunde liegt.

	Das hauptſächlichſte Mittel für die Gedankenentwickelung in der
Inſtrumentalmuſik iſt die thematiſche Arbeit. Eine Tonfolge, die ein
wohlgegliedertes Tongebilde erkennen läßt, nennen wir ein muſika-
liſches Motiv; es iſt dann die bewegende Kraft welche neue und neue
Entfaltungen gleich dem Pflanzenkeim hervortreibt. Das Motiv
ſtellt den muſikaliſchen Gedanken dar; H. A. Köſtlin nennt es eine
rhythmiſirte tönende Form, eine mit Klang erfüllte Zeitfigur. Ein
ſolches — wie die vier erſten Noten der C-moll-Symphonie —
bildet den Ausgangspunkt; es wird wiederholt, verſetzt, und mit
einem zweiten, ihm innerlich verbundenen Motiv verknüpft, ſodaß
in einem viertaltigen Satz und durch ein Gegenbild deſſelben in
einer achttaltigen Periode der Gedanke in anſchaulich rhythmiſcher
Bildung und mit Ausſchluß alles Ueberflüſſigen als der concen-
trirte Ausdruck einer Stimmung baſteht. So bildet er das
Thema, den Keim der künftigen Entwickelung. Während Melodie
und Harmonie dieſelben bleiben, kann ſich der Rhythmus ändern;
er kann bleiben, während jene wechſeln und umgeſtaltet werden;
beidemal bleibt bei der Aenderung doch das Urſprüngliche erkennt-
lich. Die Melodie kann eine andere Begleitung erhalten, die

Harmonienfolge kann dieselbe sein, während neue Tongebilde verzierend sie überschweben. Die Tonlage kann erhöht oder vertieft
werden, die Melodie in eine untere Stimme verlegt werden. Dann
geschieht die Entwickelung dadurch daß das Thema in seine Bestandtheile zerlegt wird und diese für sich den Entfaltungsgrund
eigener neuer Perioden bilden. So entsteht aus Kleinem Großes,
indem das Ursprüngliche immer wieder durchklingt, während es
folgerichtig und organisch entwickelt wird. Der innere Bewegungs-
rhythmus äußert sich dabei auch mit verschiedener Klangstärke oder
mit den Klangfarben verschiedener Instrumente; derselbe Gedanke
jetzt leise und langsam, jetzt rasch und mit schmetternder Gewalt
vorgetragen macht eine andere Wirkung, und das eine wie das
andere ist ein Glied in der Kette des Ganzen; der Componist vertheilt so Licht und Schatten, und indem er den Sinn des Themas
auslegt, seine Motive auseinanderlegt, wird es auf verschiedene Art
immer wiederholt und so die Einheit in der Mannichfaltigkeit bewahrt. So entfaltet das Wachsthum nach und nach was im
Keimen schlummert.

Die Instrumentalmusik gibt uns einen allgemeinen Ausdruck
naturwahrer Lebensentwickelung oder idealer Gemüthsbewegung;
nach der Beschaffenheit des Gedankens, den sie aussprechen will,
geschieht dies durch einfachere oder reichere Formen. Es kann ein
einzelner Satz genügen, welcher rhythmisch-symmetrisch gegliedert
gleich der Welle sich auf- und abbewegt und zum Ausgangspunkt
zurückkehrt, es kann aber auch solchem Tonbild ein Gegenbild zur
Seite gestellt und die Vermittelung beider erzielt werden. Solche
Gestaltung einer Melodie, welche einer Idee zunächst nur in Rücksicht auf sie einen Ausdruck gibt oder den Verlauf einer bestimmten Empfindung abspiegelt, hat man die Liedform genannt.
Volkslieder, Tänze, Märsche sind meist achttaktige Perioden, die
im Grundton anheben und schließen, im vierten Takt die Quinte
erklingen lassen. Hieran schließt sich dann eine künstlerische Entwickelung wie sie der Musik allein eigen ist, die Variation. Sie
bewahrt den Grundgedanken, stellt ihn aber in verschiedener Modulation, in wechselndem Rhythmus, in mannichfaltiger Harmonisirung dar; die Variationen gleichen den stets sich erweiternden
Ringen derselben Spirallinie, die Art des Ganges wird im allgemeinen beibehalten, im besondern aber vielfach modificirt, sodaß
das Thema immer durchklingt, wie wir auch in der Poesie den
Endreim und das entscheidende Wort in der Ghasele immer wieder

vernehmen, jeder Vers aber in einer neuen Wendung, durch ein
neues Bild die Sache veranschaulicht; dadurch wird der Inhalt
zugleich entwickelt, das Ursprüngliche zugleich bereichert, und indem
eine Variation aus der andern entspringt, führen sie in zusammen-
hängender Folge uns durch verschiedene Lebensgebiete und Seelenstimmungen, überall dasselbe, aber in einem neuen Licht oder auf
einer neuen Stufe aufweisend. Die Musik kann diese Weise anwenden, weil sie die noch gestalt- und wortlose Stimmung und
Bewegung schildert, die im beständigen Bildungsprocesse den
gleichen Typus in verschiedenen Individuen wiederholt, jedem
derselben aber ein Eigenthümliches bewahrt; gerade durch solche
mannichfaltige Auslegung eines und desselben Inhalts wird er
auch ohne Bild und Wort uns klar. Otto Jahn vergleicht die
Variation der Arabeste und ähnlichen Ornamenten in der Architektur: „An ganz bestimmte scharf begrenzte enge Räume gebunden entwickeln sie ein so reiches, vielverschlungenes phantastisches
Spiel vegetabilischer und animalischer Formen, daß dieser üppige
Reichthum die knappe Strenge der Grundform durch den Schein
der Willkür verhüllt. In ähnlicher Weise sucht auch die Variation
durch den glänzendsten und mannichfaltigsten Schmuck zu verstecken
daß sie an gewisse Grundzüge des Themas gefesselt ist; der scheinbare Widerstreit dieser verschiedenen Richtungen, die Ueber-
raschungen welche dadurch hervorgerufen werden, bilden einen
Hauptreiz dieser musikalischen Form.“

Einheit und Mannichfaltigkeit, die hier ineinanderspielen,
treten im Rondo nebeneinander. Der Hauptgedanke wird ausgesprochen, nun regen sich allerhand Nebengedanken, sie werden
gleichfalls dargestellt, aber so daß sie immer wieder in jenen
münden, daß er immer wieder als die Hauptsache wiederholt wird.
So spricht im Chanson der Franzosen jede Strophe zuletzt wieder
im Refrain denselben Satz aus, der dem Bau des Ganzen zu
Grunde liegt, so singt im Rundgesang jeder Genoß aus der gemeinsamen Stimmung heraus seinen Vers, und jedesmal fällt
der Chor ein um diese gemeinsame Stimmung mit vereinten
Stimmen kundzuthun. Ganz treffend sagt Köstlin: „Das
Rondo ist so naturgemäß wie die einfache Melodie; es ist das
ganz natürliche stete Zurückkommen der Empfindung oder Phantasie zu einem sie vorzugsweise beschäftigenden Gefühlsinhalt, und
es ist daher die geeignete Form für Tonstücke in welchen die Innigkeit einer sich immer wieder auf Einen Punkt concentrirenden

Empfindung veranschaulicht, oder ein die musikalische Phantasie durch sich selbst ansprechender charakteristischer reizender Gedanke umsponnen von der Ornamentik beiherspielender Nebengedanken wiederholt vorgetragen, oder endlich bewegtern Tonsätzen gegenüber eine in der Beschränkung auf Einen Hauptgedanken behaglich ausruhende Stimmung dargestellt werden soll."

Indeß ist weder jenes Ineinander noch dieses Nebeneinander von Einheit und Mannichfaltigkeit das Höchste, sondern der Organismus stellt die Einheit als das Alldurchdringende in der Mannichfaltigkeit der Gliederung selbst dar; kein Einzelnes ist die Hauptsache, sondern das Ganze, jedes Einzelne ist ein Eigenthümliches und Werthvolles für sich, aber es steht in innerm Zusammenhang mit allen andern, mit denen es sich zur Einheit des Ganzen zusammenschließt. Diese Form, in welcher aus dem Thema als dem Keim und Kern der Gegensatz und seine Vermittelung sich entwickelt, ein Grundgedanke in mehrern Theilen sich ausbreitet, und der Wechsel von Kampf und Versöhnung, von Anspannung und Beruhigung in dem endlich errungenen Frieden eines neuen höhern Lebens sein Ziel findet, das als der Zweck der ganzen Bewegung ihre Bahn ordnet und bedingt, — haben die Musiker als die der Sonate bezeichnet, nachdem der Genius Haydn's sie geschaffen, Beethoven sie vollendet.

Jede neue Lebenskraft, jeder neue Gedanke tritt energisch ins Dasein und gibt sich erregt und treibend als Quell der Bewegung kund; auf die angespannte Thätigkeit folgt Beruhigung, und der Geist sinnt über die Thaten nach die er vollbracht, und sammelt sich in sich selbst zu frischem Voranschreiten; das Ende bildet Sehnen und Erlangen, bildet That und Betrachtung in eins, uns führt das Verschiedene aus dem Streit zur vollstimmigen Harmonie. Hieraus ergibt sich eine Dreigliederung, in welcher auf ein Allegro und Adagio das sie verschmelzende Finale folgt. Allein einmal kann die Zweigliederung an der Stelle sein, wenn der erste Theil den Kampf und Gegensatz in lebhafter Erregung, der zweite die beruhigende Ausgleichung bringt, die sich als die Energie überwindender Liebe darstellt; oder es kann die Mitte selbst eine doppelte sein, wenn nach der ersten ausführlichen Darstellung des Gedankens derselbe durch die Gegensätze der Wehmuth und der Lust, der sinnenden Betrachtung und der heiter kecken Erregtheit durchgeführt, und nun im Schlusse das Ineinanderwirken und die triumphirende Harmonie dieser Gegensätze oder das durch den

ganzen Verlauf gewonnene vollere und freiere Leben in ſeiner
Herrlichkeit entfaltet und genoſſen wird. Völlig im Einklang mit
unſerer philoſophiſchen Auffaſſung und Begründung des Muſikaliſchen ſteht ein Wort Riehl's über die Sonate: „Ihre Idee beruht darin eine Stimmung im bildſamen Thema auszuſprechen,
dieſes aber durch alle Wechſel und Kämpfe des harmoniſchen wie
melodiſchen Gegenſatzes und der Parallele ſiegreich hindurchzu-
führen, daß uns ſein Grundgedanke zuletzt als nach allen Seiten
bewährt und entwickelt, als muſikaliſch bewieſen feſtſteht. Kraft
dieſer Dialektik der thematiſchen Durchführung iſt die Sonaten-
form trotz allem Reichthum und aller Freiheit, welche ſie vor dem
rein contrapunktlichen Satz voraus hat, die zumeiſt phyloſophiſche
Form; der Sieg der muſikaliſchen Logik wird in ihr zu freiem
Spiel und Genuß.‟

Wie kein Lebendiges ſich für ſich, ſondern im Zuſammenhange
oder im Kampf mit Anderm entwickelt, ſo begnügt ſich die Sonate
nicht mit dem einfachen Thema, ſondern ſtellt ihm ein Gegen-
oder Nebenthema zur Seite, welches namentlich auch durch ſeinen
auf- oder abſteigenden Rhythmus ein Gegenbild des erſten Ton-
bildes gibt. Thema wie Gegenthema werden wechſelsweiſe fortentwickelt, bis endlich die Rückkehr zum Urſprünglichen erfolgt und
einen erſten Theil abſchließt, mit dem aber die Sache noch nicht
fertig iſt, der vielmehr in einen zweiten hinüberweiſt. Doch iſt
der zweite dadurch eben ein zweiter daß er nichts völlig Neues
und Erſtes bringt, ſondern ſolches durchführt und entfaltet was
bereits im erſten Theile angelegt, angeregt und angeklungen war,
ſodaß von da aus auch der erſte Theil wieder aufgenommen wird,
aber auch ſo vorgetragen werden kann daß er mittels 'einzelner
Variationen, die an den zweiten Theil erinnern, durch dieſen ſelbſt
bereichert erſcheint. Auf ſolche Art wird das Allegro, das Finale
behandelt; das Adagio, das Scherzo ſind ihrer Natur nach einfacher, die Lied- oder Rondoform kann in ihnen walten. Der einheitliche Aufbau des Ganzen wird aber dadurch möglich und offenbar daß einzelne Grundgedanken ſtetig wiederklingen, daß durch
die Harmonie der Töne auch im Streit ſchon der Friede, auch
im Schmerz ſchon die Luſt mitgeſetzt iſt, daß auch wo die Beruhigung Hauptſache wird, doch der Kampf noch nachzittert, und
daß durch beſtimmte Tonfiguren daſſelbe was im kühnen Streben
nach Verwirklichung rang und mit raſchen Rhythmen in das Da-

sein hervorbrach, jetzt auch der still verweilenden Betrachtung vorschwebt und dem Gemüthe sich einschmeichelt.

Der Componist kann bei allen diesen Weisen ein einzelnes Instrument im Auge haben und seine Ideen durch den Solosatz aussprechen, er kann diesen auch so einrichten daß das Leistungsver-
mögen dieses Instrumentes dargethan wird; hier liegt der Abweg
des falschen Virtuosenthums nahe, das mit der Ueberwindung von
Schwierigkeiten prunkt und das Mittel zum Zweck macht, die
Technik der Kunst voranstellt. Besonders für vielstimmige Instrumente eignet sich der Solosatz, während die andern zu gemeinsamer Ausführung zusammentreten, wo dann das Streichquartett
obenansteht. In Concertstücken spielt ein Instrument die Haupt-
rolle und ist Träger der Melodie, während die andern zur Begleitung an geeigneten Stellen sich anschließen und das Ganze
durchführen helfen. Die Vollendung der Instrumentalmusik ist die
Symphonie. Sie gibt ein Weltbild in Tönen, sie gibt jeder Stimme
ihr Recht und ihre Rolle, sie läßt sie miteinander streiten, einander verstärken, ihre Melodien verflechten und im Gang nach dem
gemeinsamen Ziel in der eigenen Lebensentwickelung alle zugleich
das eine Ganze verwirklichen, das in mehrern gesonderten Grundstimmungen so durchgeführt wird daß die innere Einheit in ihnen
erhalten und entfaltet erscheint. Haydn ließ noch die einzelnen
Instrumente für sich wirken, oder die verwandten sich zu Gruppen
verbinden, und abwechselnd, einander antwortend das Tonspiel
entfalten; Mozart suchte bereits durch Klangmischung sattere Töne
zu erzeugen; Beethoven erweiterte dies, Blas- und Streichinstrumente reden bald nacheinander, bald zusammen; und mit der Vervollkommnung und Bereicherung der Blasinstrumente bildete
Richard Wagner ein vollbesetztes Orchester, das in der Verschmelzung der Musik früher ungeahnte Reize erzielt und das
sinnlich Schöne der Musik zu mächtigen Eindrücken neben den
aufregenden Disharmonien bringt.

Auch hier gewahren wir wie bei der Architektur ein naturwüchsiges Werden. In Tänzen und Märschen dient die Musik
den Zwecken des Lebens, sucht aber nicht blos den Takt zu regeln,
sondern dort durch heitere Erregung, hier durch Muth und Kraft
oder durch feierlichen Ernst die Stimmung der Handelnden sowol
zu erwecken als künstlerisch und ideal auszudrücken. Volksliedr-
melodien bilden dabei die Grundlage. Das Rhythmische waltet
im Tanze vor und regelt befeuernd die Bewegung; das Melodische

spricht zugleich die Stimmung der Tanzenden aus, die sie zu freudiger Bewegung treibt. Eine einfache achttaktige Periode in rhythmisch ebenmäßiger Gliederung ist die Grundform; gewöhnlich besteht der Tanz aus zwei Theilen die sich wie Vorder- und Nachsatz
verhalten. Man stelle nun einige Lieb- und Tanzweisen zusammen, und wenn man sich an das Volksmäßige dabei hielt, so suchte
man der Kunst des Musikers in einer einleitenden Fuge genugzu-
thun. So setzte aus einer Fuge, einer Arie, einem Menuett und
endlich aus einer Allemande oder Giga oder Siciliana sich eine
Folge von Tonstücken, eine Suite zusammen. Diese Grundlage
bot sich unsern großen Tondichtern dar, die von Haydn an dem
ersten Satz die episch breite Entfaltung, die harmonische Combination, die fugenhaft ineinander verkettete Gedankenfülle, den
machtvollen Einschritt einer Idee, die Darlegung einer Lebenssphäre
zuwiesen. Ein zweiter und dritter Satz bilden eine mehr lyrische
Mitte. Bei Haydn steht am liebsten ein Volkslied, naiv heiter
oder sentimental, an der zweiten Stelle, Mozart führte das idealistischer gehaltene Adagio ein, behielt aber das Menuett an der
dritten Stelle noch bei; statt dessen gab Beethoven sein kunstvoller
und reicher gebautes Scherzo, in welchem er seinen Humor spru-
deln ließ und einen Contrast frischer Lebenslust zu der sinnenden
Wehmuth des Adagios gewann. Endlich aber konnte keinem dieser Meister der Tanz als Schluß genügen, sie sahen daß die
Musik, die ihr Werk vor uns in der Zeit werden läßt, hier alle
Kraft zusammennehmen, und das nacheinander Entfaltete nun ineinander wirken lassen müsse: das Finale erhielt einen dramatischen
Charakter, und ward zur Darstellung der Lebensvollendung und
ihres Genusses im Gefühl des errungenen Glücks und der Gemüthserhebung.

Wie die formale Schönheit zur Zeit der Renaissance bei den
Italienern zur Blüte kam, so bei den Deutschen am Ausgang des
18. Jahrhunderts in der Instrumentalmusik. Heitere Natur und
sittliches Gemüth wirkten in Haydn jene Daseinsfreude der Seele,
die überallhin Licht und Wärme strahlt und mit unerschöpflicher
Frische naiv und sinnig im Reich der Töne das Leben abspiegelt.
Im kunstvollen Tonsatz die Instrumente gesangreich zu behandeln
und das Ganze ohne leidenschaftliche Regung doch glänzend sich
entfalten zu lassen war Mozart's Lust. In Beethoven waltete der
ideale Freiheitsdrang der Gegenwart, er rang mit den Gegensätzen
des geschichtlichen Lebens, dessen Ideen zu vertiefen und läuternd

zu verllären, aus Nacht und Bellemmung zur Tageshelle und
Siegesjubel zu führen das Pathos seines Gemüthes war, das im
Kampf mit dem Schidsal die Versöhnung erarbeitete. Daher neben
dem episch klaren Strom der Töne bei Haydn und Mozart seine
dramatische Leidenschaft und ihre Katharsis. Wenn er am Abend
seines Lebens den Kampf aus dem Dunkel zum Licht, das Ringen
mit den Schmerzen des Daseins noch einmal tief und groß in der
D-moll-Symphonie schilderte und den Trost der Versöhnung in
den harmonischen Klängen allein nicht mehr finden konnte, sondern
zum Worte griff und Schiller's Lied an die Freude wie ein
Evangelium von Engelchören in die Welt hineingesungen werden
ließ, so steht dies Werk als ein einziges in seiner Art mit subjectiver Berechtigung da, aber nun eine Gattungsform nachahmend
daraus zu machen scheint mir ebenso verlehrt als die Behauptung
hier sei die Instrumental- In die Vocalmusik übergegangen; denn
die reine Instrumentalmusik besteht ja fort, und Strauß bemerkt
mit Recht daß mit solch einem Schritt aus einer Kunstweise in
die andere das Werk seinen Schwerpunkt veränderte und daß es
den Eindruck mache als ob ein Bildhauer den Leib einer Figur
aus farblosem Marmor machen, den Kopf aber bemalen wolle.
Im herrlichsten aller Instrumentalwerke, in der C-moll-Symphonie, wo Tiefsinn und Anmuth im freien Bunde sich zur vollendeten
Schönheit vermählen, hat uns Beethoven auch dargestellt wie das
Schidsal an die Pforte pocht und der Geist sich nach Freiheit
sehnt, wie er in unendliche Wehmuth versinkt und zum Kampfe
sich aufrafft, und durch die dunkle drohende Nacht dahinwandelt,
aus deren Schoß endlich das Licht hervorbricht; er hat uns dargestellt wie der Genius sein erlösendes Wort spricht, aber die
Welt ihn nicht versteht, ihn verschmäht, bis sie endlich doch überwunden und gewonnen für das neue Heil für es kämpfend und
von ihm beseligt den Freudengesang dem Siege des Geistes anstimmt, und auf Flügeln dieses Chorgesangs sich zur Unendlichkeit emporschwingt. Im Verklärungsjubel der sich lösenden Gegensätze wird der Triumph der ewigen Liebe aufs herrlichste gefeiert.

Die Entwickelung unserer musikalischen Kunst war echt volksthümlich, mochte wie im protestantischen Norden der Kirchengesang
ihr Ausgangspunkt und der Cantor ihr Träger sein, oder im
lebensheitern Süden der österreichische Spielmann und das Volkslied, die Tanzweise. Vom Orgelstil führte die wiener Tonschule

zum freiern Reichthum der Streich- und Blasinstrumente. Die
großen Meister derselben hat Riehl so charakterisirt: „Jede Melodie erscheint unter drei Gesichtspunkten: nach der rhythmischen
Bewegung (Verhältniß der Längen und Kürzen), nach dem Gesang
(Intervallenfolge) und nach dem Periodenbau (Gliederung der
Theile zum Ganzen.) Bei den vollendetsten Melodien Haydn's,
Mozart's, Beethoven's, den Idealgebilden classischer Melodie, finden
wir diese drei Momente gleichberechtigt und gleichvollkommen zu
harmonischem Gleichmaße in Eins gebildet. Demungeachtet hat
jeder dieser drei Meister in je einem der drei gedachten Momente
doch wieder seine auszeichnende Stärke. So Mozart im unnach-
ahmlichen Wohllaut der Intervallenfolge — er singt am innigsten;
Haydn in der sprudelnden Fülle und Energie des rhythmischen
Lebens, — er singt am frischesten; Beethoven im erweiterten und
großen Zug des Periodenbaues, — er singt am gewaltigsten." Das
Dramatische, Seelenmalerische bei Beethoven gibt sich in dem
gegensätzlichen Gehalt zweier Motive kund, die er phantasiereich
verarbeitet; das erste männlicher, energischer, wie Leben und nach
außen strebende That, das zweite weiblicher, ruhiger, wie in sich
versenkte Stimmung und Betrachtung. Es kündigt im Allegro
das Adagio an, und wieder schwingt sich dann über dieses der
siegkräftige Ausdruck des Ganzen hervor.

b. Die Vocalmusik.

Den Instrumenten wird der menschliche Athem eingehaucht
oder sie werden durch die menschliche Hand beseelt; wo der bloße
Mechanismus allein wirkt, wie bei Drehorgeln, Spieldosen, da
fehlt uns diese subjective Innigkeit, die in der Art des Anschlags,
Bogenstrichs oder Einhauchens sich kundgibt, und Klaviere auf
denen auch der Unmusikalische durch ein Dreh- oder Walzwerk
ein Stücklein spielen kann, sind eine Erfindung an der nur die
Geist- und Geschmacklosigkeit Gefallen haben mag. Der unmittel-
barste und reinste Ausdruck des individuellen Gemüthslebens ist
indeß doch die Stimme selbst, das sympathetische Organ der
Seele, in welchem ihre Stimmung absichtslos laut wird. Wie
der Ton aus der Brust hervorbringt, so wird er von dem Gefühle
gefärbt, welches die menschliche Brust schwellt oder bewegt, und
dieser Ausdruck des geistigen Lebens macht sich ebenso unmittel-

bar wieder dem Hörer verständlich. Selbst beim Vogelgesang erfreut uns diese Innigkeit der organischen Lebensempfindung. Aber
der menschliche Gesang spricht außer dem vereinzelten Jauchzen
und Jodeln nicht blos Klänge, sondern Worte aus, Laute die der
Träger bestimmter Begriffe sind. Die Musik geht damit zu
größerer Bestimmtheit des Ausdrucks fort, und der Gesang ist
die Darstellung des persönlichen Geistes in der zeitlichen Entwickelung seines Selbstgefühls, wie die Plastik die Darstellung
desselben durch seinen leiblichen Organismus im Raume war.
Hier wie dort sind es nicht mehr die allgemeinen Mächte und
Gesetze des Makrokosmos, wie in der Architektur und Instrumentalmusik, sondern der Mikrokosmos, die Persönlichkeit des Geistes
wird in ihrer Individualität zur Erscheinung gebracht, ihr organisches Dasein in seiner Freiheit und seiner harmonischen Lebensvollendung zur Schönheit verklärt. Wie die Plastik aus den
wechselnden Körperformen das Bleibende und Wahre rein heraushebt und dadurch den Geist leiblich verewigt, so läutert der Gesang die Bewegung des Gemüths in Leid und Lust zum Ausdruck
einer idealen Entwickelungsform, sodaß nichts Gleichgültiges oder
Widersprechendes störend hervortritt, der Gang der Empfindung
auf wohlgefällige Weise sein Ziel erreicht und das Herz in diesem
Erguß über die Naturgewalt der Empfindung sich erhebt, von
allem Drucke sich befreit und im Selbstgenuß des eigenen Wesens
beseligt wird. Der seelenvolle Vortrag, derjenige welcher die
Seele des Componisten im eigenthümlichen Ausdruck des Ganzen
und Einzelnen nachempfindet und empfindlich macht, ist zur vollen
Verwirklichung des Ideals nothwendig.

Die Musik verbindet sich hier mit der Poesie, so wie sie bei
Marsch und Tanz in den rhythmischen Körperbewegungen, denen
sie sich leitend gesellt, einen sichtbaren Ausdruck fand. Doch ist
der Gesang nicht blos das tönende Wort, vielmehr wird der Inhalt
der Worte in die selbstgültigen Formen der Musik übersetzt, und
diese drückt in der Sprache des Gefühls dasjenige was der Verstand in der Sprache der Vorstellung trennen muß zugleich unge-
theilt, innigst verwoben und in Eins verschmolzen aus. Die
Melodie spricht die Stimmung des Gedankens aus, sowol diejenige welcher er entspringt als diejenige welche er erregt; sie
nimmt den Gegenstand in seiner Innerlichkeit, sie macht die
unmusikalische Bedeutung der Sache klar, sie offenbart die bewegende
Seele der Welt, und schildert zugleich die Welt wie sie im Gefühle

des Menſchen lebt, legt dem Hörer ſelbſt den Verlauf der Empfindung, die in ihm durch die Sache erweckt wird, als einen harmoniſchen dar. Luther ſagt einmal daß die Noten den Tex-
lebendig machen. Vortrefflich heißt es bei Hegel: „In allen
Kirchenmuſiken, bei einem crucifixus zum Beiſpiel, ſind die tiefen
Beſtimmungen welche in dem Begriffe der Paſſion Chriſti als
dieſes göttlichen Leidens, Sterbens und Begrabenwerdens liegen,
mehrfach ſo gefaßt worden daß ſich nicht eine ſubjectlor Empfindung des Mitleidens oder menſchlichen einzelnen Schmerzes über
dieſes Begebniß ausſpricht, ſondern gleichſam die Sache ſelbſt,
das heißt die Tiefe ihrer Bedeutung, ſich durch die Harmonien und
deren melodiſchen Verlauf hinbewegt. Zwar wird auch in dieſem
Falle in Betreff auf den Hörer für die Empfindung gearbeitet, er
ſoll den Schmerz der Kreuzigung, die Grablegung nicht anſchauen,
ſich nicht nur eine allgemeine Vorſtellung davon ausbilden, ſondern in ſeinem innerſten Selbſt ſoll er das Innerſte dieſes Todes
und dieſer göttlichen Schmerzen durchleben, ſich mit dem ganzen
Gemüthe darein verſenken, ſodaß nun die Sache etwas in ihm
Vernommenes wird, das alles Uebrige auslöſcht und das Subject
nur mit dieſem Einen erfüllt. Ebenſo muß auch das Gemüth des
Componiſten, damit das Kunſtwerk ſolch einen Eindruck hervorzubringen die Macht erhalte, ſich ganz in die Sache und nur in ſie
und nicht blos in das ſubjective Empfinden derſelben eingelebt
haben, und nur ſie allein für den innern Sinn in Tönen lebendig
machen wollen. — Umgekehrt kann ich ein Buch, einen Text, der
ein Begebniß erzählt, eine Handlung vorführt, Empfindungen zu
Worten ausprägt, leſen und dadurch in meiner eigenſten Empfindung höchſt angeregt werden, Thränen vergießen u. ſ. f. Dies
ſubjective Moment der Empfindung, das alles menſchliche Thun
und Handeln, jeden Ausdruck des innern Lebens begleiten und
nun auch im Vernehmen jeder Begebenheit, im Mitanſchauen jeder
Handlung erweckt werden kann, iſt die Muſik ganz ebenſo zu
organiſiren im Stande, und ſie beſänftigt, beruhigt, idealiſirt
dann auch durch ihren Eindruck im Hörer die Mitempfindung,
zu der er ſich geſtimmt fühlt. In beiden Fällen erklingt alſo der
Inhalt für das innere Selbſt, in welchem die Muſik eben weil
ſie ſich des Subjects ſeiner einfachen Concentration nach bemächtigt, nun ebenſo auch die umherſchweifende Freiheit des Denkens,
Vorſtellens, Anſchauens und das Hinausſein über einen beſtimmten Gehalt zu begrenzen weiß, indem ſie das Gemüth in einem

besondern Inhalt festhält, es in demselben beschäftigt und in diesem
Kreise die Empfindung bewegt und ausfüllt."

Im Gesang kommt das Gemüth als die Grundlage aller Bewegung, die Bewegung als die Grundlage der Begebenheiten und
Erscheinungen zur Offenbarung. Die Musik spricht die innerste
Seele der Vorgänge aus, welche die Worte uns schildern, und
die Worte geben uns das bestimmte Bild, den besondern Gedanken
zu der in der Melodie dargelegten allgemeinen Entwickelungsform
des Seins. Klang und Wort sind verbunden. Darum erfreut
uns das musikbegleitete Wort oder der Gesang so innig wie Licht
und Wärme im Sonnenstrahl, weil er Kopf und Herz zugleich
anspricht und befriedigt, weil hier nicht die Vorstellung erst das
Gefühl in uns erweckt wie bei der Poesie, noch die Gemüthsbewegung uns zum Bilden der Vorstellungen nur anregt, wie bei
der Musik für sich allein, sondern hier mit dem Gedanken die
Empfindung, mit der Empfindung der Gedanke zugleich und
unmittelbar gegeben wird und beide in Einklang gesetzt sind. Wir
haben ein Besonderes, und zugleich ist das allgemeine Gesetz des
Daseins an ihm enthüllt, in ihm ausgesprochen; wir erhalten im
Wort Kunde von den Motiven der Seelenbewegung, die in den
Tönen laut wird, wir vernehmen die Seelenbewegung und was
sich in ihr bewegt, auf den Tonwellen wiegen sich die Bilder des
Lebens, und der Geist schwebt über ihnen, waltet in ihnen. Was
in alter und neuer Zeit von der Macht der Musik gesagt und
gesungen wird, was die griechische Mythe von Orpheus und das
deutsche Epos von Horant erzählt oder was wir von der Wirkung
der Marseillaise erfahren oder im religiösen Gemeindegesang erleben, das gilt von dieser Verbindung der Musik und Poesie, das
beruht auf dem gesungenen Wort, dessen Inhalt unserer unmittelbaren und mittelbaren Erkenntniß in dieser Verbindung von Poesie
und Musik zugleich kund wird, der uns die Seelenstimmung und
die Gedankenbestimmtheit zugleich mittheilt. Das Bezaubern ist
den Romanen ein Besingen, incantare. Mit dieser noch unge-
schiedenen Verbindung von Poesie und Musik hat die Kunst begonnen, in diesem Zusammenwirken zweier Künste war der kind-
lichen Menschheit, ist dem Volksgemüth es möglich sich einen
idealen Ausdruck zu geben, und eine Wirkung zu erzielen die
einer Kunst allein vor ihrer höhern Ausbildung nicht erreichbar
wäre. In dem Gesange wird der Geist zuerst Herr des Seins,
indem er sich seinen eigenen Zustand durch Aussprechen klar

macht, dadurch von der Macht desselben sich befreit und mit orga-
nisirender gestaltender Kraft über ihm waltet, und während er in
ihm lebt, ihn zugleich zur Schönheit verklärt. Der Gesang ist
nicht der bloße Naturlaut, der Schrei des Schmerzes oder der
Freude, bei welchem der Geist vom Affecte bewältigt ist, sondern
das phantasiegeborene Idealbild der Seelenstimmung und Gemüthsbewegung.

Fragen wir nach der Beschaffenheit des componirbaren Textes,
so entscheidet die einfache Antwort daß er musikalisch sein muß.
Die Poesie ist die Kunst des Gedankens und Geistes, aber als
Kunst veranschaulicht sie auch den Gedanken im Bild und belebt
ihn für das Gefühl, indem sie diesem selbst das klare Wort leiht.
Ueberall wo die Poesie rein im Reiche der denkenden Betrachtung
weilt oder wo sie durch Anschauungsbilder die Gedanken objecti-
virt, ist sie unmusikalisch, musikalisch wird sie dort wo sie selbst
das innere Leben der Seele seiner Bewegung und Empfindung
nach ausspricht, wo sie Stimme des Herzens ist, seines Sehnens
und Hoffens, seines Leidens und Liebens. Alle Beschreibung oder
Schilderung, aller Ausspruch der Vernunftthätigkeit in der Ausprägung allgemeiner Gedanken ist der Musik fremd; aber der
Erguß seelenhafter Innerlichkeit in ihrem Werden verlangt nach
ihr. Unmusikalisch bleibt der Gedanke der sich in Bildern veranschaulicht; manche der größten Gedichte Schiller's sind darum
uncomponirbar, aber ihr dichterischer Werth wird dadurch nicht
beeinträchtigt. Wenn jedoch das Gefühl durch Bilder äußerer
Gegenstände symbolisch sich kundgibt, und sein Hoffen und Sehnen
durch die Schilderung hindurchzittert und in ihr eben sich zu offenbaren trachtet, wie in so vielen Goethe'schen, Heine'schen Liedern,
oder wenn der Gedanke dargestellt wird wie er aus der Tiefe des
Gemüths hervorquillt und wenn sein erhebender, weihender, be-
seligender Eindruck auf die Seele, seine Bedeutung für das subjective Geistesleben aus den Worten hervorbricht, dann kann die
Musik begleitend herantreten, und dort die Innerlichkeit entschleiern, hier den Empfindungsgehalt unmittelbar hervorheben.
Und indem sie dies thut, indem die Musik das innere Leben in
Tonbildern kundmacht und die äußere Anschaulichkeit, die Gedankenbestimmtheit des Wortes hinzukommt, wird das Wort
lebendig und von der Unendlichkeit des Gefühls erfüllt, die ihm
unsagbar geblieben war, und erhält diese Unendlichkeit selbst eine

endliche Verwirklichung. Licht und Wärme vermählen sich wie im Sonnenstrahl.

Vischer's Aesthetik dagegen bemüht sich auseinanderzusetzen daß immer und überall eine Incongruenz zwischen Wort und Ton sei und bleibe, er nennt auch die Oper mit Hanslick eine Ehe zur linken Hand und spricht von deren Unzulänglichkeiten und Schwankungen; die unfreie Stellung, welche Musik und Text zu einem fortwährenden Ueberschreiten oder Nachgeben zwinge, mache daß die Oper wie ein constitutioneller Staat auf einem steten Kampf zweier berechtigter Gewalten beruhe. Wir wollen mit dieser absolutistischen Phrase, die keine Ahnung davon hat wie das politische Leben in der stetigen Ausgleichung der streitenden Principien von Freiheit und Ordnung besteht, weiter nicht rechten, sondern lieber, da wir bei der Oper auf die Frage zurückkommen, uns nur an das Wort von Purcel, dem trefflichen Vorgänger Händel's erinnern: wenn sich Musik und Poesie verbinden, so fehle nichts zur Vollendung, und sei wie wenn Witz und Schönheit in einer und derselben Person erscheinen.

Die Musik wird allerdings einzelne sinnschwere Worte ausdrucksvoll bezeichnen, aber keineswegs Wort für Wort etwa malerisch begleiten, sondern den Gedanken des Satzes ergreifen und auf ihre Weise wiedergeben. Sie wird nicht so falsch beclamiren wie jener der im Lied von der Glocke den Vers: „der Wahn ist kurz, die Reu' ist lang", so vortrug, daß er die vier ersten Sylben möglichst rasch hervorstieß, die vier letzten möglichst dehnte und auseinanderzog. Immerhin wird es einen Stilunterschied bedingen ob der Musiker mehr die formale Schönheit und die Stimmung des Ganzen oder ob er das Charakteristische auch im Besondern anstrebt; doch wie er hier eine freie Uebersetzung in eine neue Sprache auf den Sinn des Ganzen richtet, so wird er dort durch einzelne sinnschwere Worte angelockt werden bei ihnen zu verweilen und sie musikalisch hervorzuheben. Die Musik wird ferner einen gedrungenen und gehaltvollen Satz, etwa einen Bibelspruch auf mannichfaltige Weise auslegen und nach verschiedenen Seiten hin seinen Sinn für das Gemüth lebendig machen. Sie kann selbst platte zopfige Lieder, wie das Haydn und Mozart beweisen, dadurch unsterblich machen, daß sie den Gedanken, welchen der Dichter nur schwach und ungenügend aussprach, in seiner ganzen Innigkeit, Süßigkeit und Fülle durch die Melodie vernehmlich macht. Dagegen hat der Componist

schwereres Spiel wo der Dichter die Sache vollendet im Wort
ausgesprochen, in der Bildlichkeit und im Wohllaut der Rede der
Anschauung wie dem Gefühl ein Genüge gethan. Händel, Gluck,
Mozart haben für ihre großen Werke Texte gewählt die ein
menschliches Interesse haben; aber deren poetisch völlige und
meisterliche Durchbildung war nicht nöthig, vielmehr besteht ihr
Werth gar oft auch darin, daß sie dem Musiker etwas zu thun
übrig lassen, ihm die Gelegenheit zur Uebung seiner Kunst und
Kraft gewähren. Gar erfreulich ist auch hier eine Stelle in
Hegel's Aesthetik: „Wie oft kann man nicht das Gerede hören
der Text der Zauberflöte sei gar zu jämmerlich, und doch gehört
dies Machwerk zu den lobenswerthen Opernbüchern. Schikaneder
hat hier nach mancher tollen phantastischen und platten Production
den rechten Punkt getroffen. Das Reich der Nacht, die Königin,
das Sonnenreich, die Mysterien, Einweihungen, die Weisheit,
Liebe, die Prüfungen, und dabei die Art einer mittelmäßigen
Moral, die in ihrer Allgemeinheit vortrefflich ist, das alles bei
der Tiefe, der bezaubernden Lieblichkeit und Seele der Musik
weitet und erfüllt die Phantasie und erwärmt das Herz."

Ob beim Gesang die Stimmbänder ganz oder nur am innern
Rand schwingen, dies bedingt den Unterschied der Brust- und der
Falsett- oder Fisteltöne. Diese sind flötenartig hoch und weich,
es fehlt ihnen aber die Naturkraft und die Energie der Empfindungsfülle, die dem Brustton eignet. Nach Jugend und Alter
und nach den Geschlechtern hat man vier Tonlagen der Menschenstimme, Discant und Alt, die den Frauen und Knaben zukommen,
Tenor und Baß die höhere und tiefere Männerstimme.

Wird im Gesang sowol die musikalische Seele der Sache als
die Wirkung derselben auf das Gemüth ausgedrückt, so hängt es
vom Inhalt ab ob die Worte für einstimmigen Vortrag, für
einen harmonischen Chor oder für ein Melodiengeflecht passen.
Wo die Empfindung nur die eines einzelnen Gemüths ist, wird
sie auch einstimmigen Vortrag verlangen; wo dasselbe Gefühl
gleichartig Viele ergreift, werden sie einstimmen und alle von
derselben Bewegung fortgerissen als Chor auch in den gleichen
Tönen oder nach der Lage der Stimmen in einfachen Accorden
singen. Es wäre verkehrt das Lied Mignon's: „Nur wer die
Sehnsucht kennt", mehrstimmig zu setzen, und wenn ein voller
Chor anhebt: „Ich bin allein auf weiter Flur", so widerspricht
sogleich der Wortlaut des Uhland'schen Gedichtes dieser Behaub-

lungsweise. Dagegen wenn Goethe anhebt: „Hier sind wir versammelt zum festlichen Thun", so fordert das den Chor. Trink-,
Marsch-, Kriegslieder sind nicht der Ausdruck eines Menschen
allein, sondern der Gemeinsamkeit. So ist auch der Choral religiöser Gemeindegesang und spricht den gleichen Glauben, die gleiche
Gottesverehrung Aller in Einem Ton oder in einfachen Accorden
mächtig aus.

In solcher Weise ist der Gesang durchaus volksthümliche aus
dem unmittelbaren Leben geborene Kunst; seine Ausführung darf
daher keine Schwierigkeiten bieten. Einen Uebergang in das
Kunstreichere bildet der vierstimmige Männergesang wie ihn die
Sangvereine pflegen. Er ruft ins Freie hinaus und gibt dem
Nationalen einen festlich erhöhten Ausdruck. Ueber die Composition kunstvollerer Melodiengeflechte gilt auch hier was Chrysander vom figurirten Choral sagt: „Der Tonsetzer muß Stimmen
bilden die in sich selbständig einem gemeinsamen höhern Mittelpunkt zustreben, und dieser Mittelpunkt muß in der festen Grundmelodie des Liedes vorhanden sein, gleichviel ob sie oben in der
ersten Stimme leuchtet, oder milder im Alt, oder im Tenor wie
ein Held im dichten Haufen, oder in der ernsten Tiefe des Basses
waltet. Die Nebenstimmen müssen der Grundmelodie in verwandten leichtern Gängen zur Seite stehen, sie vorbilden, aus-
tönen, überall spiegeln und abbilden, durch jeden Gang ihren
Gehalt offenbaren, ihre Wirkung erhöhen: sodaß in diesem Verein
des Starken und Schwachen, des bewußt Selbständigen und des
zart sich Anschmiegenden ein Tonkörper voll Leben und innerer
Kraft erwachse, fähig dem opferfreudigen Sinn des Volkes zum
Ausdruck zu dienen."

In der Motette (motto, mottetto heißt Spruch) ist der Text
nicht ein Gedicht, sondern Prosa, am liebsten ein Kernspruch der
Bibel, der in seinem Parallelismus schon in einen Satz und
Gegensatz zerfällt und diese durch die Musik, durch ihr Ineinanderwirken vermittelt. Der gewichtige Inhalt bietet dem Chor sich
dar und ist reich genug um in mehrfacher Wiederholung in wechselndem Ausdruck immer neu belebt zu werden.

Ist das Lied die Darstellung einer Empfindung die sich zwar
in verschiedenen Strophen ausbreitet, in verschiedenen Bildern
spiegelt, aber wesentlich dieselbe bleibt, so genügt eine Melodie
für alle Strophen und wir haben in ihr dann jene allgemeine
Formel, die in mannichfaltigen besondern Ausdrücken bestimmend

ist; wir vernehmen fortwährend denselben Wellenschlag des Gefühls, während andere und andere, aber nahe verwandte Gedanken sich auf ihm dahinwiegen. Schreitet dagegen der Text zu starken Gegensätzen fort, schildert er den Verlauf einer Bewegung der sich selbst in verschiedenem Rhythmus ergeht, dann wird auch eine Veränderung der Melodie nöthig, das Gedicht muß durchcomponirt, in den variirten Strophen doch aber die Einheit und Gemeinsamkeit auf ähnliche Art bewahrt bleiben wie in den verschiedenen Sätzen einer Sonate. Es gilt dies namentlich auch von lyrischen Balladen. Für Heine's Loreley, für Goethe's Fischer genügt eine Melodie für alle Strophen, im Erlkönig würde es schlecht gelingen die Strophen des Vaters, des Kindes, des Geistes alle auf gleiche Weise singen zu wollen. Meisterhaft ist Beethoven's Adelaide, die dem Matthisson'schen Gedicht Unsterblichkeit verliehen hat.

Für jedes Lied gibt es nur Eine wahre Melodie wie zwischen zwei Punkten nur Eine gerade Linie; alle andern sind Abweichungen vom rechten Weg oder noch ungenügende Versuche. Ist aber die wahre Melodie gefunden, so steht sie mit naiver Nothwendigkeit da, so ist sie nicht blos subjectiv, sondern objectiv genügend, verständlich und ansprechend, so ist der Einzelne der sie zuerst sang die Stimme des Volkes gewesen und das Volksgemüth nimmt sie auf und trägt und hegt sie fortan. Künstler sind in der Welt wann der Volksgeist sie erzeugt und nährt; „ohne Volksthätigkeit kein Volkslied, und selten eine Volksthätigkeit ohne Volkslied", sagt Achim von Arnim. Volkslieder sind ein lebendiges wachsendes Besitzthum, der Lebensnerv in der Fortentwickelung des musikalischen Geistes. Wer die Herzensgeschichte des Volkes schreiben will muß sich an seine Lieder halten, wie schon der wackere Chronist von Limburg gethan, der uns neben der Erzählung der Begebenheiten auch berichtet welche Lieder man dazumal gesungen und gepfiffen hat.

c. Die Verbindung von Vocal- und Instrumentalmusik.

Wie in der Malerei die Totalität der Anschauungswelt in der Wechselwirkung des Organischen und Anorganischen erscheint, so verbindet die Musik die menschliche Stimme mit Instrumenten, indem sie dem Gesang ein Geleit freier Naturklänge gibt und ihn durch Harmonie verstärkt. Wie die Malerei den Menschen, dessen

Gestalt die Plastik in der Statue als eine Welt für sich hingestellt, nun in seiner Umgebung, die Organismen auf ihrem Boden, umflossen von dem gemeinsamen Licht, in ihrer Beziehung
zueinander veranschaulicht, so haben wir die allgemeine Basis der
Lebensbewegung des Geistes und der Natur, und auf derselben
zugleich und in Wechselwirkung mit ihr die Entfaltung der Subjectivität und ihres selbstbewußten Fühlens und Wollens. Melodien zeichnen die Tongestalten, die Harmonie gibt ihnen das
Colorit und in der Zusammenstimmung der Farben oder Klänge
tritt in der Fülle die Einheit siegreich hervor. Wie die Malerei
schärfer individualisirt als ihre Schwesterkünste, so auch die Musik
in dieser Verbindung von Sang und Klang; wie der Malerei die
umfassendsten Werke gelingen, wie sie namentlich in großen epischen
und dramatischen Compositionen ihren Gipfel erreicht, so auch die
Verbindung von Vocal- und Instrumentalmusik. Hier finden
wir dieselbe Darstellung des persönlich geistigen Lebens nach
seinen besondern Regungen und Thaten in seinem Zusammenhange mit der Natur; die Stimmen der Natur klingen durch die
Instrumente begleitend, hemmend, wetteifernd, immer aber das
gleiche Ziel miterreichend in den menschlichen Gesang hinein; wir
haben Herz und Welt in ihrer Harmonie. Der Sculptur genügt
für die Verwirklichung ihres Wesens die organische Einzelgestalt,
ebenso der Vocalmusik das einzelne Lied; die Malerei bildet sogleich lieber Gruppen, und entfaltet in cyklischen Compositionen
ihre Herrlichkeit; so fügen sich mannichfaltige Weisen aneinander
um ein großes wechselreiches Ganze hervorzubringen, wenn Vocal-
und Instrumentalmusik vereinigt wirken. Auch geht die Tonkunst
hier in das geschichtliche Leben ein und erschließt die Gemüthslage
der Welt, das Fühlen und Streben der handelnden Charaktere; sie
entwickelt aus den Stimmungen die Thaten und macht wieder die
Wirkung des Geschehenen auf die empfindende Seele kund. Das
Wort gibt hier die nöthige Klarheit der Motivirung, um ein
großes wechselvolles Werk verständlich zu machen, die Instrumente
aber geben die Stimmung des Ganzen wieder gleich der Beleuchtung in der Malerei, und eine mitspielende Tonmalerei weckt
Anschauungsbilder gleich Klangfiguren in der Seele, während
die Grundlage der Harmonie auch die miteinander streitenden
Sänger innerhalb des Gesetzes einer gemeinsamen Weltordnung
festhält und dieses als das alles Besondere Durchherrschende darstellt.

Bleiben wir zunächst bei dem einzelnen Liede stehen, so liebt es zunächst die Begleitung durch ein Instrument der Harmonie wie Harfe oder Klavier, und es hängt vom Inhalt ab wie weit er eine sich sanft anschmiegende oder eine selbständige, wol gar contrastirende Begleitung verlangt oder verträgt. Niemals darf der Gesang unterdrückt werden, nicht blos weil solche Uebertäubung die Stimme zum Ueberschreien reizt und verbirbt, sondern weil der Mensch und seine Lebensmelodie die Hauptsache ist in der Natur. Lieber mag nach dem Gesang ein voller Chor von Instrumenten wie ein vieltöniges Echo rauschend einfallen, wenn der Sinn es erlaubt oder fordert. Daß die Klage des Mädchens um das verlorene Täubchen im Nachtlager von Granada mit Trompeten, Pauken und Posaunen begleitet wird, die sich für ein vielstimmiges Schlachtlied eignen, ist einer der neumodischen Misgriffe, die nicht Haus zu halten wissen, und wo es nöthig wäre nicht mehr wie ein Wetter dreinschlagen können, weil sie alle Mittel verbraucht haben. Der religiöse Gemeindegesang hat in der übermenschlichen Macht der Orgel seinen Halt und seine verstärkende, erhebende Begleitung gefunden. Große und mannichfaltige Tonwerke verwenden das Orchester zur Begleitung und wählen die für den Inhalt und Ausbruch jedesmal geeigneten Instrumente. „Die Ruhe kehrt in mein Gemüth" singt Orest in Gluck's Iphigenie, die Begleitung ist stürmisch düster. Man behauptete das sei ein Widerspruch. Glaubt dem Orest nicht, erwiderte Gluck, er sagt wohl er sei ruhig, aber es ist ja nicht wahr!" Seitdem spielt das Orchester seine Rolle, greift in die Handlung ein und ergänzt oder entschleiert den Gesang. Die Harmonie der Instrumente macht das Geheimste der Seele, das Unaussprechlichste, Tiefinnerlichste offenbar.

Größere Werke sind lyrisch, episch, dramatisch.

1. Das lyrische Tongebäude.

Im lyrischen Tongebäude, mit dem wir beginnen, weil Lyrik und Musik aus Einer Wurzel entsprossen sind und sich zumeist wieder nach Verschmelzung sehnen — „Lied will ja gesungen sein" —, tritt neben die Liedform, die eine Stimme melodisch abgerundet und in sich befriedigt ausspricht, auch das Recitativ, eine mehr erzählend schildernde, halb sprechende Darstellungsweise. Sie steht zwischen der poetischen Declamation und dem melodischen

Gesang, und folgt gleich jener dem Inhalt der einzelnen Worte mit einem freiern Accentuiren, welches das taktische Maß des Rhythmus wenig beachtet; nicht das Ganze, die musikalische Durchbildung des Grundgedankens in symmetrisch melodischem Abschluß, sondern der Verlauf der Empfindung nach den einzelnen Worten und die Ausprägung ihres Werthes und ihrer Bedeutung ist das Wesentliche dieser singenden Declamation. Sie gibt Bericht von Ereignissen oder in ihr ergießt sich die leidenschaftliche Erregung, die noch zu keiner Ruhe, zu keinem frei über ihr selbst schwebenden Blicke gekommen ist, und beidemal leitet sie damit von einer eigentlich musikalischen Form zur andern über, indem sie die Motive neuer melodisch organisirter Gesänge für Einzelne oder für Chöre ausspricht. Der Nachklang aber des leidenschaftlich bewegteren oder schärfer characterisirenden, das Besondere betonenden Recitativs bringt dann auch in die Liedform eine größere Bewegung, eine gesteigerte Mannichfaltigkeit, ihr Vortrag wird dadurch declamatorischer: es entsteht die Arie. Sie führt einen Gemüthszustand durch mehrere Momente, oder sie characterisirt eine Gemüthslage welche durch bestimmte Motive veranlaßt oder zu leidenschaftlicher Höhe gesteigert ist. Der Ausdruck des Characteristischen im Besondern verbindet sich mit der architektonischen Gestaltung des Ganzen; dies Ganze aber wird im Fortschritt einer Entwickelung zu Stande gebracht, welche ihre Stufen oder ihre Gegensätze hat, die auch als besondere Theile der Arie nebeneinandertreten; contrastirende Stimmungen, Doppelgefühle im Wechsel von Weh und Wonne, deren Kampf und endliche Ausgleichung bilden damit gern das Thema, und wenn der Inhalt des Wortes stets etwas Individuelles hat, so behauptet die Instrumentalbegleitung daneben den allgemeinen Lebensgrund, und läßt in ihren Harmonien den Einklang des Mannichfaltigen, dem der Gesang in seiner werdenden Entwickelung zustrebt, schon während derselben uns genießen.

In der Verknüpfung von Liedern und Recitativen, Arien und Chören läßt sich nun der wechselnde Zustand des Gemüths während einer Begebenheit darstellen, es läßt sich die Stimmung schildern welcher eine That entspringt, diese selbst berichten, ihre Rückwirkung auf die Seele, ihren Eindruck auf die Welt und ihre Bedeutung für dieselbe entwickeln, und so der Verlauf eines reichen Innern Lebens musikalisch aussprechen. Der Name Cantate scheint mir der passendste für solche Vereinigung lyrischer Poesie mit der

Mufit. Ich erinnere an Goethe's Walpurgisnacht und Mendelssohn's Composition derselben. Im Utrechter und Dettinger Tedeum
hat Händel den Siegesjubel des Volks dahin entwickelt, daß es
Gott die Ehre gibt und daß der Freudensang des Volkes zum Preis-
und Danklied wird. Händel führt uns die wechselnden Stimmungen
des Frohsinnigen and Schwermüthigen in ihrem Contrast vorüber, indem er Milton's Dichtung von Allegro und Pensieroso
in ihre Momente zerlegt und am Ende durch den Gesang des Gleich-
muths versöhnt. Auch die Cäcilia und das Alexanderfest, an
Oden Dryden's angeknüpft, können wir sammt Bach's Weihnachts-
cantaten hierher rechnen. Das Melodrama ist ausgeartet, aber
darum an sich keineswegs verwerflich.

Hier möchten auch die dem kirchlichen Cultus angeschlossenen
musikalischen Formen der Messe und des Requiems am besten
ihre Stelle finden. Die Messe stellt in der Feier des Hochamts
den Proceß des religiösen Gefühls dar, wie es seiner Gottesferne
durch die Sünde sich bewußt reuevoll sich demüthigt vor Gott und
um Gnade fleht, wie es im Bekenntniß seines Glaubens sich stärkt,
wie der heilige und unendliche Gott sich ihm mit huldvollem Er-
barmen dahingibt und wie die Beseligung des Friedens und der
Versöhnung gewonnen wird. Der Sündenschmerz der Seele und
die Feier der Heiligkeit des Herrn mit seiner Herrlichkeit bieten
sich als großartige Gegensätze, die einen völlig lyrischen Ausbruck
finden. Das Glaubensbekenntniß wird nicht sowol in seiner Bedeutung für den Verstand als Vernunftsatz, sondern in seinem
Werthe für das Gemüth, als dessen Trost, Hoffnung, Zuversicht
ausgesprochen; wird diese Grundstimmung bewahrt, so kann dann
in mehr recitativisch declamirender Weise auch das einzelne Wort
vom Geborenwerden, Leiden, Sterben, Auferstehen des Heilands
seinen charakteristischen Ausbruck erhalten. Das freudige Gefühl
der Erlösung, wie es sich zugleich im Dankgebete demüthigt, läßt
dann Göttliches und Menschliches im Frieden der Versöhnung
offenbar werden, und so löst der Schluß die musikalischen Gegensätze, die in der Entwickelung hervorgetreten waren, in einer weihe-
vollen Gemüthserhebung. Da dies Alles nicht blos den Einzelnen, sondern Alle angeht, so wird auch das Meiste in Chören
vorgetragen.

Das Requiem ist eine Reihe von Gesängen die am Grabe
eines Verstorbenen zur Todesfeier den Gedanken des Todes und
Gerichts mit der Fürbitte für den Hingeschiedenen und dem Gebet

für das eigene Heil verbinden; Trauer und Schmerz wechseln mit
Hoffnung und dem Gedanken an Gottes Barmherzigkeit; durch die
Schrecken des Gerichts leuchtet die ewige Beseligung.

β. Epische Musik: das Oratorium.

Wenn ich zweitens das Oratorium als episch bezeichne, so
geschieht es im Unterschied vom Lyrischen insofern jenes die Darstellung einer Handlung ist, im Unterschiede vom Dramatischen
insofern Macht und Geist des Ganzen herrschend bleiben, die Chöre
vorwiegen, die einzelnen Persönlichkeiten nicht selbständig agirend
gegeneinander auftreten, und statt des Tragischen oder Komischen
die Idee des Erhabenen sich offenbart. Gleich dem epischen Dichter
kann ein Sänger den Faden der Begebenheit in der Hand halten,
erzählend die Situation einleiten, welche die Musik breiter ausmalt, und die einzelnen miteinander Redenden einführen; so der
Evangelist in Bach's Passionen. Oder es kann der Erzähler ganz
hinter das Werk zurücktreten und dies objectiv vor uns sich ent-
fallen lassen; indem aber das Volk und seine Sache im Vordergrund steht, und der epische Held siegreich oder sich opfernd mit
dem Ganzen für das Ganze, nicht darüber sich erhebend und dagegen ankämpfend, sein Werk vollbringt. Treten Gegensätze auf,
so sind es geschichtliche Principien, Nationen im Krieg miteinander, wie im Epos, und hier mag der Mann für sein Princip,
das Volk für sein Dasein einstehen ohne dadurch mit sich selbst in
Conflict zu gerathen. Der Gegenstand des Oratoriums ist gleich
dem Epos von volksthümlicher und allgemein menschlicher Bedeutung, und die Musik entfaltet die Ereignisse aus der Tiefe des
Volksgemüths heraus und macht ihren Werth für das Herz der
Hörer kund; statt die historischen Bedingungen und Folgen, die
äußern Umstände aufzuzählen erfaßt die Musik den innern Gehalt,
die belebende Seele, und läßt diesen Lebensgrund der Begebenheiten sich in einem idealen Organismus gestalten; die Gemüthslage der Welt, die innern Zustände der Personen werden als der
Quell der Thaten offenbar, und dadurch die Thaten selbst dem
Gemüthe des Hörers wieder verständlich gemacht, daß sie empfindend miterlebt.

Die epische Tonsprache hat das malerische Beiwerk nie verschmäht, sondern im Geiste der ihr eignenden Anschaulichkeit wird

es bevorzugt. Heimiſch, idylliſch traul ſpricht es in Haydn's
Schöpfung und Jahreszeiten uns an, die aufgehende Sonne wie
den fallenden Schnee, das kriechende Gewürm wie den Sprung des
Raubthiers kennzeichnend; in Händel's Iſrael in Aegypten werden die Heuſchreckenſchwärme und ſpringenden Fröſche, der Hagel-
ſchauer und das Irren in der Finſterniß vor uns lebendig; der
Donner hallt mit erſchütternder Kraft, das Meer brandet und
breitet in ſeiner Majeſtät ſich vor uns aus. Gumprecht ſagt
treffend: Keine Gattung hat für ſolche Schllbereien den Raum
wie die epiſche; wie Homer iſt darum auch Händel unerſchöpflich
in der Fülle der Gleichniſſe.

Oratorium heißt Betſaal; im Betſaal Philippo Neri's zu Rom
ſoll geiſtliche Muſik, geſungene Darſtellung der Miſterien und
Moralitäten, Dialogiſirung bibliſcher Geſchichten und allegoriſche
Veranſchaulichung ſittlicher Verhältniſſe ſo anziehend vorgetragen
worden ſein, daß ſie große Theilnahme fand und mit dem Namen
des Oratoriums auch dasjenige bezeichnet wurde was die Meiſten
in daſſelbe rief. Einen religiöſen Grandton wird das Oratorium
immer tragen. Denn „die Weltgeſchichte iſt ohne Weltregierung
nicht verſtändlich" und es iſt die ſittliche Weltordnung, die in der
Harmonie der Töne, es iſt der gottgeleitete Gang der Dinge,
der im Fluſſe der Melodie, es ſind die großen Thaten Gottes
in der Geſchichte, die durch das Ganze offenbar werden. Das
gilt nicht blos von der bibliſchen, das gilt auch von der weltlichen Geſchichte: — die Erde iſt überall des Herrn. Der Eine
Geiſt läßt die Geiſter frei gewähren, aber er beſtimmt ihnen ihr
Auftreten und ihre Aufgabe, und führt ſie zum Einklang mit ſeinem Willen; Gottes Stimme tönt in des Volkes Stimme, die in
vollen Chören alle Herzen einmüthig im Ausſpruch ewiger Wahrheit erhebt und beſeligt.

Das Oratorium alſo iſt keineswegs ein „Drama ohne Action",
eine unfertige, halb ausgebildete Oper, ſondern eine in ſich vollendete, ihren Zweck erfüllende epiſch muſikaliſche Darſtellungsweiſe.
Die Einheit herrſcht über die Mannichfaltigkeit und das Individuelle, die Unterſchiede, die Perſönlichkeiten bleiben von ihr getragen, Schmerz und Freude ſind dadurch gemäßigt und keine
beſondere Empfindung, aber eine allgemeine Erhebung und Erbauung des ganzen Gemüths gibt im Schluſſe als das leitende
Ziel des Ganzen ſich kund. Darum hat Engel recht: Die Oratorien-
muſik darf nicht ſo charakteriſtiſch werden, daß ſie in dem Zu-

hörer das Verlangen erregt auch die Personen in ihrer wirklichen
Gestalt vor sich erscheinen zu sehen, und nicht so leidenschaftlich,
daß sie der wirklich angeschauten Action zu ihrer Ergänzung bedarf. — Das Auge wird nicht durch äußere Eindrücke abgezogen,
dafür aber werden die innern Begebnisse, die Seelenbewegung erschöpfend dargelegt, gleichsam der Herzschlag der Geschichte vernehmlich gemacht, und der Vorstellung zugleich in einfachen Worten
ausgesprochen was die Musik dem Gefühl unmittelbar enthüllt.
Je mehr unsere Oper Prunk- und Schaustück wird und das
Publikum dramatische Spannung und beschleunigte Entwickelung
heischt, die kein ausruhendes Verweilen und wiederholendes Sichvertiefen der Musik erlaubt, desto mehr werden echte Musiker
sich dem Oratorium zuwenden. Der Meister desselben, Händel,
ging schon im Alexanderfest, das sich nur am Ende an die
kirchliche Feier knüpft, in das weltliche Leben ein, und es ist das
allgemein Menschliche des Volks- und Glaubenskampfes, des
Heldenmuthes in seiner todüberwindenden Größe, was er im
Judas Makkabäus und Simson darthut. Die alte und neue
Geschichte hat Männer und Begebenheiten genug, die in epischer
Größe dastehen, in deren Geschick das Walten Gottes erscheint,
und wer uns Karl und Wittekind in ihrem Gegensatz und ihrer
Versöhnung, das germanische Heidenthum in seinem Uebergang
zum Christenthum, wer uns die Begeisterung der Kreuzzüge oder
die Reformation musikalisch darstellen will, der wird wol zu dieser
Form greifen müssen. Ein in anderm Zusammenhang stehendes
Wort Goethe's können wir hier anführen: „Der Lobgesang der
Menschheit, dem die Gottheit so gern zuhören mag, ist niemals
verstummt, und wir selbst fühlen ein göttliches Glück, wenn wir
die durch alle Zeiten vertheilten harmonischen Ausströmungen bald
in einzelnen Stimmen, in einzelnen Chören, bald fugenweise, bald
in herrlichem Vollgesang vernehmen."

Auf den Standpunkt der Beschauung, den wir dem Epiker
anweisen, versetzt sich Händel und sein ganzes Werk in seiner
Meisterschöpfung, im Messias, recht entschieden dadurch daß er
den Chor als den Repräsentanten der Menschheit in den Vordergrund stellt und den Grundgedanken der Erlösung durch Christus
als Verheißung und als Erfüllung in großen Bildern vorüberführt, und den Schmerz der Sünde, den Trost der Hoffnung, das
Heil der Versöhnung dabei wie aus dem Herzen des ganzen Geschlechts ausspricht, indem der Chor einzelnen erzählenden Stimmen

machtvoll antwortet. In der Matthäuspassion von Sebastian Bach
zieht die christliche Gemeinde nach Golgatha um das Leiden und
Sterben Jesu zu betrachten, mitzuerleben; als idealer Zuschauer
faßt sie das Ganze in ihrem Gemüth zusammen, das Vergangene
wird gegenwärtig, und nach all den Kämpfen und Schmerzen fließt
Gottesfriede, fließt die Ruhe des Heilands in das erschütterte
Herz. Ein Sänger trägt die Erzählung des Evangelisten vor;
die Worte Jesu und anderer Redenden sind besonderen Stimmen
zugetheilt; wenn die Schriftgelehrten sich besprechen, wenn das
Volk einen Ruf erhebt, so geschieht dies durch einen Chor; bei
allen entscheidenden Momenten aber findet die Stimmung der
Gemeinde in Chören und Chorälen ihren musikalischen Ausdruck.
Das sittlich-religiöse Ideal ist hier wie von Händel in Christus
so herrlich entfaltet wie in den größten Meisterwerken der Malerei von Rafael, Dürer, Tizian; der Poesie ist es noch nicht auf
gleiche Weise gelungen. Bach ist lyrischer, Händel epischer; in
der Passionsmusik wird das religiöse Gemüth vom Gegenwärtigen
mitergriffen in steigender Erregtheit, im Messias zieht die Kunde
der Vorzeit vor unserer Seele vorüber, und mit ruhiger Erhebung
vernehmen wir die Bedeutung derselben für das Gemüth der
Menschheit in den klangvollen Tonmassen eines breiten Stils,
einer gemeinverständlich volksthümlichen Behandlung. In Haydn's
Schöpfung bildet der Schlußchor des ersten Theils: „Die Himmel erzählen die Ehre Gottes", den hochherrlichen Mittel- und
Einheitspunkt des Ganzen; in der melodischen Begleitung der
Schöpferworte zeichnet er die Lebensbewegung des Erschaffenen
vor, und in den Wechselgesängen Adam's und Eva's spiegeln sich
Gott und Welt in den neuerwachten Gefühlen der Menschenbrust.
Mendelssohn's Elias und Paulus schildern den Verlauf eines
Heldenlebens in gottvertrauender Glaubenskraft. Schneider's
Weltgericht sucht gleich großen Gemälden die Totalität des Lebens
seiner ethischen Grundlage nach im Moment der letzten Ent-
scheidung zusammenzufassen. Im Jephtha, im Saul, im Moses
haben Händel und Marx vortreffliche Stoffe sachgemäß behandelt.

Wie das Walten der Naturkräfte mit der Geschichte der Menschheit, wie Land und Volk zusammenstimmen, so begleiten auch die
Instrumente den Gesang, aber dieser bleibt herrschend; am liebsten
mochte Händel ihn durch die Orgel wie durch die leitende Hand
der Vorsehung führen und verklären. Auch dem Oratorium dient

die Instrumentalmusik zur Einleitung; sie versetzt uns in die
Stimmung des Volks, sie bereitet den handelnden Personen ihre
Stätte, sie schlägt den Grundton an, welcher das Ganze durch-
klingen muß; denn den erhebenden Eindruck eines erhabenen Gan-
zen, nicht einzelne zusammenhangslose Stücke sollen wir mit nach
Hause nehmen.

γ. Dramatische Musik: die Oper.

Im Epos und Oratorium trägt und erfüllt der Geist des
Ganzen die einzelnen Persönlichkeiten; im Drama macht ihre
Selbständigkeit sich geltend und sucht ihre Freiheit auch im Kampf
mit dem Schicksal zu erweisen, sodaß aus dem äußern Conflict
auch der innere sich entwickelt, und das Schöne im Proceß, in
der Lösung der Gegensätze erscheint. Demgemäß treten auch die
Sänger gegeneinander hervor und gesellen dem Vortrag des Ge-
sanges die Darstellung der Handlung; Spannung und leidenschaftliche Erregtheit treten an die Stelle der Beschauung und statt des
Ausdrucks des Erhabenen erhalten wir den des Tragischen, Komischen und Humoristischen.

Die Oper ist Musik, darum hält sie alle Gegensätze im gemeinsamen Bande des Wohllauts, darum regelt sie auch die hef-
tigste Bewegung durch Takt und Ebenmaß, und gibt dem Schmerz
wie dem Jubel durch die Klarheit und Reinheit des künstlerischen
Ausdrucks eine beruhigende Milde, im melodischen Erguß die
idealisirende Schönheit. Daß auch die streitenden Persönlichkeiten
innerhalb der gemeinsamen Vernunft und sittlichen Weltordnung
stehen müssen, daß aus ihrem Kampf ein höheres Leben hervorgeht, vermag die Musik vor allen andern Künsten dadurch zu veranschaulichen, daß sie die verschiedenen Melodien in Harmonie
bringt und dieselben sich gegeneinander bewegen und doch wohllautend zusammenklingen läßt. Ein gesteigertes Gefühlsleben wird
kraft der Phantasie zum Gesang, aber für die verständige Erörterung der Gedanken, für die Bedürfnisse des gewöhnlichen Verkehrs haben wir die Rede, und hier zu singen ist ein lächerlicher
Widerspruch, daher die Einsicht des Künstlers es nur zur Er-
zielung einer komischen Wirkung geschehen läßt. Es ist der Kampf
der Gefühle im Einzelnen wie unter mehrern Personen, worauf
die Oper beruht, und das Gemüth der handelnden Charaktere läßt
sie als die treibende Kraft der äußern Handlung in Tönen her-

vorquellen. Ift dies nicht der Fall, dann hat Gottfcheb fo unrecht
nicht, wenn er die Oper das ungereimtefte Werk unter allen Erfindungen der Menfchen nennt; wird aber die Seelenftimmung der
Handelnden mufikalifch offenbar, und löft fich aller Zwiefpalt der
Herzen in einen Strom von Harmonien auf, dann genießen wir
gerade in der Oper die freiefte Poefie des Lebens, die keineswegs
eine äußere Realität nachahmen, fondern innerliches Wefen ideal
geftalten und aller Profa entlaftet klang- und fangfreudig fich
ausfprechen will. Der Hauptinhalt diefer Poefie des Lebens ift
die Liebe; in ihr erwacht das Selbftgefühl um fich an ein anderes
hinzugeben, in diefem aber fich wiederzufinden, und fo in dem
Unterfchiede die Einheit als eine felig ihrer felbft genießende her-
zuftellen; Liebe ift Gegenfeitigkeit, Wechfelgefühl und Wechfelwir-
kung, damit ebenfo dramatifch als mufikalifch.

Die Mufik erfchließt den innerften Sinn, die Stimmung und
Gemüthsbewegung der handelnden Perfonen, das Grundgefühl
durch welches die Charaktere fich felbft empfinden und dem Hörer
verftändlich werden; fo werden fie von innen heraus rein und
wahr dargeftellt, und ein Mozart verleiht auf folche Art dem
heiter bewegten geiftreichen Luftfpiel von Beaumarchais die Innerlichkeit des Gemüths und die ideale Weihe der Poefie. Die
Mufik erreicht ihre eigenthümliche Größe auch in der Oper durch
das gleichzeitige Gegen-, Mit- und Ineinanderwirken der einzelnen
Stimmen und ihrer charakteriftifchen Melodien. Auf diefe Weife
hat Mozart in feinen Finales das Herrlichfte geleiftet, und auf
der Symmetrie des Grundplans innerhalb wohlabgewogener Verhältniffe die freie Lebensbewegung der Einzelnen entfaltet und im
Zufammenklange zu einer harmonifchen Fülle geführt, wie das
keine andere Kunft wetteifernd vermag. Was der Hiftorienmaler
in einem Moment fefthält, die Ordnung und Schönheitslinie
des Ganzen in der Mannichfaltigkeit felbftändiger und zugleich
aufeinander bezogener Geftalten, den Gegenfatz der Maffen und
der Farben und ihr Gleichgewicht, das läßt der Mufiker in fort-
fchreitender Bewegung offenbar werden. Und wie auf dem Ge-
fchichtsbilde die landfchaftliche Naturumgebung, der Ton der Luft
und die Beleuchtung mitwirkt zum Ausdruck der Idee und zum
unmittelbaren Eindruck des Gemäldes, fo begleiten die Naturklänge im Orchefter nicht blos die menfchlichen Stimmen, fondern
fie treten mit all ihren Kräften als ein bedeutfamer Theil des

Ganzen ein, heben hervor was der Gesang nicht zu sagen vermag und gehen ihre selbständigen Wege nach dem gemeinsamen Ziel.

Man kam zur Oper indem man die griechische Tragödie wiederzuerwecken suchte; ihre wirksame Musik wollte man im Unterschiede der contrapunktischen Künsteleien, bei denen der Hörer das Wort der Sänger nicht verstand und den melodischen Ausdruck individueller Empfindung nicht finden konnte. So begann man um das Jahr 1600 im Hause des Grafen Bardi da Vernio in Florenz einstimmige Gesänge mit Begleitung eines Instruments aufzuführen, und nahm zum Text die Stoffe der griechischen Mythe, welche verschiedene Charaktere in lyrischen Situationen und mächtigen Gemüthsbewegungen darboten. Der recitativische Vortrag aber genügte dem durch die bildende Kunst entwickelten Formensinne der Italiener nicht, welcher nach ebenmäßig abgerundeten, symmetrischen Tonfiguren verlangte, und damit zur freientfalteten Melodie, zur Arie führte; ja diese Freude an der Tonschönheit um ihrer selbst willen überwuchs sehr bald die Rücksicht auf den Inhalt, und die Handlung diente nur dazu durch verschiedene Scenen Gelegenheit zu lyrischen Ergüssen zu geben, in denen Glut und Zartheit der Empfindung auf eine formal anmuthige Weise sich kundgab. Dagegen gewann in Frankreich das Interesse an der Handlung und ihrem Zusammenhange die Oberhand, ein declamirender Gesang sprach die Worte verständlich aus, und wo die Empfindung sich steigerte, traten wechselnde Takte und begleitende Accorde ein, die Melodiebildung aber blieb beschränkt, und statt ausgeführter unsikalischer Formen hielt sich Lully an den pathetischen Ausdruck des Einzelnen. Allein, das ist eine feine Bemerkung Otto Jahn's: in jeder Kunst ist das Charakteristische, weil es der Zeit und Person nach am meisten individuell ist, am ehesten dem Los unterworfen bald nicht mehr verstanden zu werden und daher nicht mehr zu gefallen. So ging es trotz allem Prunks der Decoration der Hoffeste mit dieser Opernrichtung. Auf ihrer Grundlage indeß und im Kampf gegen die Sänger welche ihre Kunststücke für sich machen wollten, wie gegen die Arien welche um ihrer selbst willen von den Italienern geliebt und angebracht wurden auch wo der Gang der Handlung sie nicht verlangte, auch wo sie dem Charakter der Rolle nicht entsprachen, errichtete Gluck seine Tonschöpfungen, die das er reichten was Bardi und seine Freunde angestrebt, eine Wieder-

geburt der classischen Tragödie, aber innerhalb einer modernen
Kunst, der Musik.

Gluck war ein auf das Große und Ideale gerichteter Geist
von festem und klarem Willen, der gleich Lessing durch seine Einsicht sein künstlerisches Schaffen lenkte und erleuchtete, das statt
des leicht Strömenden und Ueberquellenden sich mehr durch Maß
und klare Bestimmtheit auszeichnete; wie Winckelmann suchte er
gegenüber der Richtung aufs nur Charakteristische und Naturwahre eine schöne Einfachheit und die Harmonie künstlerischer
Vollendung, und erkannte er das Reinmenschliche und wahrhaft
Poetische des ursprünglichen Alterthums auch in den Formen einer
spätern Zeit, um es im hohen Schwung freier sicherer Züge wieder ans Licht zu bringen. Seine Jphigenie war für die Musik
was die Goethe'sche für die Poesie, die Wiedergeburt des Griechenthums im deutschen Gemüth, der plastischen Schönheit in Ton
oder Wort. Gluck sagt von sich selbst: er verschmähe das Schwierige wenn es der Kunst schade, das Neue wenn es nicht nothwendig aus der Sache hervorgehe, aber er binde sich auch nicht
an Regeln oder alte Ordnungen, wenn er ohne sie oder trotz ihrer
eine Wirkung erreichen könne. Sein Grundsatz war der dramatischen Musik ihr wahres Amt und ihren rechten Wirkungskreis
anzuweisen, daß sie der Poesie durch den Ausdruck diene, die
Dichtung in jedem Moment der Situation entsprechend begleite;
ohne allen überflüssigen Schmuck sollte sie leisten was für eine
wohlcomponirte und correcte Zeichnung das Colorit durch die
Lebhaftigkeit der Farben und der wohlangebrachte Contrast von
Licht und Schatten, sodaß die Umrisse nicht entstellt, aber die
Gestalten belebt werden. Diese Theorie leidet an Einseitigkeit.
Im schöpferischen Geist des Malers sind Form und Farbe füreinander und miteinander da, und der Musiker ist nicht der
Diener des Dichters, sondern vielmehr der herrschende Künstler;
statt das ihm Vorgeschriebene nur begleitend auszufüllen hat er
den ausgesprochenen Sinn und Gehalt selbständig zu erfassen und
aus der Tiefe des eigenen Geistes neu zu schaffen, mit den Mitteln
seiner Kunst frei darzustellen. Musiker und Dichter arbeiten zusammen für einen gemeinsamen Zweck; der Dichter muß das
Musikalische des Stoffs ergründen und den Text so behandeln,
daß er der Musik Anlaß und Raum zur Entfaltung ihrer Eigenthümlichkeit gewährt. Wo das Wort gesungen und vom Schall
der Instrumente umklungen wird, da wirkt die Musik unmittel-

bar auf Sinn und Gefühl, während das Wort erst durch die
Vorstellung hindurchgehen muß um zur Anschauung oder Empfindung zu werben; da wäre es ein Widerspruch, wenn die Musik
dennoch die zweite Rolle übernehmen und auf den vollen Gebrauch
ihrer Kraft verzichten wollte. So stimmen wir Mozart bei, welcher verlangte daß in der Oper die Poesie der Musik gehorsame
Tochter sei; der Plan des Stücks sei gut gearbeitet, die Handlung
werde in ihrem Fortschritt durch die Entwickelung der Charaktere
motivirt, und führe in ihrem Verlauf Situationen herbei die sich
für den musikalischen Ausdruck eignen. Die dichterische Fassung
der Stimmungen und Gemüthsbewegungen soll den Musiker anregen, tragen, heben, aber ihn nicht beschränken und fesseln. Das
Gerüst für seine farbenbunten Teppiche, das Spalier für seine
blühenden laubigen Rankengewinde gebe der Dichter dem Musiker
im Textbuch. Nicht das bestimmte Wort, sondern die lebendige
Anschauung der Sachlage, des Charakters war darum für Mozart
der Ausgangspunkt seines Producirens. Es liegt allerdings auch
etwas im Rhythmus und Klang der Worte, und Kind meinte
immer er habe eigentlich das Lied vom Jungfernkranz componirt,
man solle es nur gut lesen um Weber's Melodie hörbar zu
machen; aber die Musik will doch nicht das einzelne Wort malen,
sondern den Gedanken des Satzes auf ihre Weise darstellen. Durch
den Bund mit der Poesie erhält sie die Fähigkeit auch scharf begrenzte Vorstellungen hervorzurufen, während sie für sich zugleich
unmittelbar auf das Gemüth wirkt.

Statt des Stückwerks gab Gluck ein gegliedertes Ganzes, statt
des Reizes selbstgefälliger Arien die Zeichnung von Charakteren;
durch die Klangfarbe der Instrumente drückte er Stimmungen
aus, durch Vertheilung, Gegeneinanderstellen und massenhaftes
Zusammenwirken gab er Licht und Schatten; Tänze, Märsche
waren der Situation gemäß; Chöre bildeten eine feste Umrahmung
für den wechselnden Ausdruck der Personen und sprachen die Stimmung eines Culminationspunktes aus; — wie dies und anderes
von Otto Jahn im Buch über Mozart trefflich erörtert ist. Dabei
ist Gluck tief melodisch, aber seine Gestalten stehen wie in einem
Relief nebeneinander, sie singen wie in der Poesie nacheinander,
das Ineinanderwirken durch die vielstimmige Macht der Musik
blieb unentwickelt. „Gerade hier liegen aber die höchsten Aufgaben welche die Musik aus ihrem innersten Wesen heraus als
freie Kunst zu lösen hat, und tiefer als in der immer mehr äußer-

lichen Charakteriſtik einzelner Momente bewährt ſie ihre Kraft in
der Anlage eines großen Satzes, deſſen einzelne Elemente durch
künſtleriſche Verarbeitung einander durchdringen und ſich zu einem
lebensvollen Organismus gliedern." Und hier, wo das Echtmuſi-
kaliſche und das Dramatiſche zuſammentreffen, liegt Mozart's
geniale Größe. Er hält die Zeichnung der Charaktere feſt wie
Gluck, aber in den Enſembleſtücken, in denen die Melodien ſich
gegeneinander harmoniſch bewegen, erreicht er ein Höheres. Er
vollendet zugleich die italieniſche Weiſe der Oper: er gibt den Reiz
der Arien nicht auf, aber er wählt ſie ſo daß ſie den Charakter
deſſen darſtellen der ſie ſingt, daß ſie an geeigneter Stelle die
lyriſch berechtigte Entfaltung einer Situation, der verweilende
Selbſtgenuß einer Empfindung ſind. Jede der berühmten Arien
im Don Juan, im Figaro eignet der beſtimmten Perſönlichkeit,
liegt in der Rolle, und indem ſie uns durch ihre Schönheit entzückt, bleibt ſie das nothwendige Glied eines großen Ganzen. Das
Gelungenſte von Weber und Roſſini liegt innerhalb der Mozart'-
ſchen Weiſe, Spontini, Richard Wagner gehen in der Gluck'ſchen
Bahn; die beiden Meiſter ſind durch alle Effectſtücke und geſuch-
ten Künſte in ihrer Kunſt und Wirkung nicht erreicht, geſchweige
übertroffen.

Den Grundgedanken der Oper, den Grundton der Stimmung
die in ihr herrſcht, drückt zunächſt die Ouvertüre als einleitende
Inſtrumentalmuſik in der bieſer eigenen allgemeinen Weiſe aus.
So bietet die Architektur der Plaſtik und Malerei den ſchon künſtleriſch geſtalteten Raum für ihre Schöpfungen dar. Die Ouvertüre iſt die geöffnete Pforte für das ganze Werk: ſie ſoll den Weg
andeuten den wir gehen werden, und uns für das Folgende empfänglich machen, gleichwie das Portal einer Kirche zum Eintritt
einladet und in ſeiner Gliederung durch Pfeiler und Bogen die
Conſtruction des Innern andeutet. Ob der Charakter des Ganzen
wild und düſter, ob er ſonnig und heller, kriegeriſch oder ſenti-
mental, komiſch oder tragiſch iſt, hat uns die Ouvertüre zu ſagen.
Sie ſoll nicht eine vorläufige Muſterkarte der Hauptmelodien ausmachen, kein Potpourri ohne künſtleriſche Idee ſein, das man
beſſer nach der Oper ſpielen würde, wo es verſtändlicher wäre,
ſondern ſie ſoll den Lebensgrund darſtellen aus welchem die
Melodien entſpringen werden. Einzelne Anſpielungen auf das
Kommende müſſen ſich aus dem Gedankengang der Ouvertüre ſelbſt
ergeben, daraus erwachſen, nicht blos eingeflickt ſein. So haben

wir in Mendelssohn's Ouvertüre zum Sommernachtstraum das
Luftige, Neckische des Feen- und Elfenreichs in dem Zauber des
Mondscheins, in Wagner's Tanhäuser den Kampf der verführe-
rischen Klänge des Venusbergs mit dem Chorgesang der Pilger,
im Fidelio den Sieg des Lichtes, der Freiheit und Liebe veranschaulicht. Den Don Juan leiten Klänge ein, welche uns den
Ernst des Schicksals ankündigen, das mit seinem Gewicht mitten
hinein trifft in die Fanfaren der Lebenslust, während die heiteren,
einander neckenden und jagenden und in lautem Jubel sich ver-
webenden Melodien der Figaro-Ouvertüre uns das Lustspiel der
Liebe voraussagen. Beethoven gibt uns in der Ouvertüre zum
Coriolan den Gegensatz von männlichem Heldentrotz und weiblich
flehender Milde; sie siegt und der Held bricht im großen Entschluß der Versöhnung zusammen. Beethoven läßt uns in der
Egmont-Ouvertüre den freudigen Muth, den Kampf des Volks, wie
die verklärende Liebe und den Sieg der Freiheit in einem herrlichen Stimmungsverlauf erleben, ehe Goethe's Werke die besondern Verhältnisse, Ereignisse und Charaktere entwickeln. Die
herrliche große Leonoren-Ouvertüre ist in der freien Weise der Instrumentalmusik, die Durchführung der Idee im allgemeinen, der
Gesang, die Worte, die Handlung geben das besondere Bild und
Beispiel dazu. Vortrefflich weiß Mozart sowol diese Bedeutung
des Ganzen auszudrücken, als auch in die Situation der ersten
Scene einzuleiten; so geht in der Ouvertüre zur Entführung aus
dem Serail durch das phantastische Weben der Töne im Wechsel
von Forte und Piano und durch das seltsame Klingen der Schlag-
instrumente ein längerer Satz sehnsüchtigen Verlangens, der von
jenem wirbelnden Treiben verschlungen aus demselben eben sich
herauslöst, wenn der Vorhang aufgeht und nun Belmonte diese
Melodie in seiner Cavatine anstimmt.

Für die Darstellung der Handlung durch Gesang und Musik-
begleitung erinnere ich an die obige Erörterung: daß Phantasie und
Gefühl im Stoff und der Auffassung walten müssen, weil sonst
Form und Inhalt in Widerspruch stehen würden. Wie nun die
einzelnen Charaktere voneinander unterschieden und doch in einen
symmetrischen Zusammenhang gehalten werden, wie sich namentlich
am Actschluß die vereinzelten Kräfte zu einer Gesammtwirkung verbinden, darüber verweisen wir mit Hand auf Mozart. „Er vereinigt mit sicherer Hand das Verschiedenartigste zu einem entsprechenden Verhältniß, und mehrere seiner Finales bleiben Muster für

31 *

alle Zeit. Er ſtellt im ſtrengen Sinne Kunſtwerke auf, deren geregelte Form durch vollkommenen Einklang beſteht und von denem
jeder einzelne Theil, durchdrungen vom Zauber der Schönheit,
als ein weſentlicher gilt, während man von andern ſagen kann
ſie enthalten einzelnes Gute. Wie unvorſichtig iſt daher das her-
kömmliche Verfahren an ſolchen Werken Verkürzungen vorzuneh-
men, die immer auf Weſentliches ſtoßen müſſen; wie zwecklos die
Sitte einzelne Arten herauszunehmen und ſie in Concerten und
Geſellſchaften als ſelbſtändige Muſikſtücke vorzutragen!"

In dem Oratorium bleibt der gemeinſame Gehalt der Sache
vorwiegend, in der Oper wird die Charakteriſtik der Einzelnen,
wird die Zeichnung von Gegenſätzen nebeneinander und nacheinander, die Schürzung und Löſung von Knoten zur Aufgabe des Componiſten, der aber immer den Antheil des Herzens bei den Begebenheiten und das Gemüth als den Quell der Handlungen zu
ſchildern hat, ob er nun die Geſchichte des eigenen Herzens oder
die Weltgeſchichte an großen Wendepunkten, in Zeiten und Völker
beherrſchenden Conflicten zum Gegenſtande hat. Die Darlegung
beſtimmter hiſtoriſcher Verhältniſſe wird allerdings dem Muſiker
minder gelingen als dem Dichter, aber die Stimmung im Kampf
von weltbewegenden Richtungen und dadurch dieſe ſelbſt kann er
ausdrücken, und bei Spontini wie bei Meyerbeer finden wir Anſätze dazu.

Der Operntext kann in die Klaſſe des tragiſchen, komiſchen
oder verſöhnenden Dramas gehören, und die Muſik kann Scherz
und Ernſt humoriſtiſch ineinander verweben. Sie kann auch das
geſprochene Drama durch eine Ouvertüre einleiten, durch Zwiſchen-
acte erläutern, an einzelnen Stellen die Rede begleiten, wie
Beethoven in Bezug auf Goethe's Egmont, Radziwill mit dem
Fauſt gethan. Das Melodrama iſt durch Mißbrauch und Effect-
haſcherei in Verruf gekommen, die Form ſelbſt bleibt beachtenswerth. Das Vaudeville, das von der Poſſe zur komiſchen
Oper hinleitet, legt Geſänge dort ein wo aus der Proſa der
Unterredung ein bewegteres Gefühl, eine gehobene Stimmung
hervorgeht; die komiſche, ja auch die ernſte Oper macht füglich
dasjenige was ſeiner Natur nach nicht muſikaliſch iſt, durch den
geſprochenen Dialog ab; beſſer freilich und der Einheit des Kunſtwerks gemäß iſt's, wenn ſolches auch im Text vermieden werden
kann. Ueberall aber, im Tragiſchen wie im Komiſchen muß die

Lebensdissonanz aufgelöst, Harmonie und Frieden hergestellt, das Irdische zu reiner Schönheit verklärt werden.

Wie schon jedes Musikstück die Reproduction durch menschlich-persönliche Thätigkeit verlangt, so erfordert die Oper ihrem dramatisch lebendigen Inhalte nach die Darstellung nicht blos durch Gesang, sondern durch eine begleitende Action, welche durch äußere Bewegung die innere veranschaulicht und jene dem musikalischen Rhythmus anschließt, sodaß er in der Mimik sichtbare Gestalt gewinnt. Die Architektur bietet dem Ganzen den Raum künstlerisch dar, die Plastik erscheint in den Gestalten der Sänger selbst, die Malerei gibt in der Decoration das Bild der Naturumgebung, die Poesie hat die Worte hergeliehen, sodaß hier eine Vereinigung aller Künste gewonnen ist. Wenn äußerliches Schaugepräng und hohler Pomp an die Stelle der wahren Musik tritt und diese zu dem Augenreiz nur einen Ohrenkitzel, keine Gemüthserquickung und Seelenlabung bietet, dann ist allerdings der Verfall der Kunst da; aber die Volksstimme hält auch schon Gericht über solche Unwürdigkeiten, und von jenen Opern, die auf Schlittschuhlaufen und elektrischen Sonnenaufgang oder andere Schaustücke ihren Erfolg bauen, sagt man nicht daß man sie hören, sondern daß man sie sehen wolle. Soll die Kunst bestehen, so muß die Musik in der Oper herrschen und das Decorative sich dienend anschließen. Es ist auch in seinen Reizen und Effecten berechtigt wo es eine Idee veranschaulicht und zur Sache gehört; verwerflich ist es wo es von der Sache abzieht und sich für sich breit macht. Daß es von der Seelenstimmung und dem Willen des Menschen abhängt ob er in der freien Gottesnatur oder im Venusberge steht, daß die Sirenenstimmen des letztern ihn umklingen wie er sich ihnen zuneigt, daß aber ihr Zauber verstoben ist wie der Wille sich zur Freiheit aufrafft, das wird uns zum Beispiel durch keine andere Kunst so klar als wenn die Decorationswechsel sich den Melodien im Tanhäuser gesellen.

Wirkung ohne Ursache nennt Richard Wagner selbst jene äußerlichen Effecte und fügt hinzu: „Nehmen wir an ein Dichter sei von einem Helden begeistert, von einem Streiter für Licht und Freiheit, in dessen Brust eine mächtige Liebe für seine entwürdigten und in ihren heiligsten Rechten gekränkten Brüder -flammt. Er will diesen Helden darstellen auf dem Höhepunkt seiner Laufbahn, mitten im Lichte seiner thatenvollen Glorie, und wählt hierzu folgenden entscheidenden Geschichtsmoment. Mit den

Volksscharen, die seinem begeisterten Rufe gefolgt sind, die Haus
und Hof, Weib und Kind verließen um im Kampf gegen mächtige Unterdrücker zu siegen oder zu sterben, ist der Held vor einer
festen Stadt angelangt, die von des Kriegs ungeübtem Haufen
in blutigem Sturme erobert werden muß, wenn das Befreiungs-
werk einen siegreichen Fortgang haben soll.   Durch vorangegan-
gene Unfälle ist Entmuthigung eingetreten, schlechte Leidenschaften,
Zwietracht und Verwirrung wüthen im Heere: alles ist verloren,
wenn heute nicht noch alles gewonnen wird.   Das ist die Lage
in der Helden zu ihrer vollen Größe wachsen.   Der Dichter läßt
den Helden, der sich soeben in nächtlicher Einsamkeit mit dem Gott
in sich, dem Geiste reinster Menschenliebe berathen und durch seinen
Hauch sich geweiht hat, im Grauen der Morgendämmerung heraustreten unter die Schaaren, die bereits uneinig geworden sind, ob
sie feige Bestien oder göttliche Helden sein sollen.   Auf seine mächtige Stimme sammelt sich das Volk, und diese Stimme bringt bis
in das innerste Mark der Menschen, die jetzt des Gottes in sich
auch inne werden; sie fühlen sich gehoben und veredelt, und ihre
Begeisterung drängt er nun zur That.   Er ergreift die Fahne und
schwingt sie hoch nach den furchtbaren Mauern dieser Stadt hin,
dem festen Wall der Feinde, die so lange sie hinter Wällen sicher
sind, eine bessere Zukunft der Menschen unmöglich machen.   »Auf
denn!   Sterben oder siegen!   Diese Stadt muß unser sein!« —
Der Dichter hat sich jetzt erschöpft; er will auf der Bühne den
einen Augenblick nun ausgedrückt sehen, wo plötzlich die hoch erregte Stimmung wie in überzeugendster Wirklichkeit vor uns hintritt; die Scene muß nun zum Weltschauplatze werden, die Natur
muß sich im Bunde mit unserm Hochgefühle erklären; sie darf
uns nicht mehr eine kalte zufällige Umgebung bleiben.   Siehe da!
die heilige Noth drängt den Dichter: — er zertheilt den Morgennebel, und auf sein Geheiß steigt leuchtend die Sonne über der
Stadt herauf, die nun dem Siege der Begeisterten geweiht ist.
— Hier ist die Blüte der allmächtigen Kunst, und diese Wunder
schafft nur die dramatische Kunst."

Man hat neuerdings viel von einem Kunstwerk der Zukunft
geredet, einer Oper mit gutem Text und sachgemäßer Ausstattung;
alle andern Künste sollen in ihm aufgehen und nicht mehr für
sich bestehen.   Das ist als wenn man die Plastik und Malerei den
colorirten Schnitzwerken opfern wollte.   Nur in ihrer Sonderung
und Selbständigkeit werden die einzelnen Künste groß; ihr Zusam-

menwirken ist dann kein Aufgeben ihres Fürsichseins, sondern ein
freier Bund. Daß ein Mann wie Wagner, der weder als Dichter
noch als Musiker zu den wenigen Meistern ersten Ranges gehört,
aber als Dichter wie als Musiker großes Talent hat, diese seine
Begabung zusammennimmt und Werke schafft, die zwar ohne den
Text, rein musikalisch, nicht zu genießen sind, deren Text zwar
ohne die Musik dürftig und mager erscheint, die aber in der Verbindung von Ton und Wort doch einen bedeutsamen und ergreifenden Eindruck machen, — dies sollte man als etwas Eigenthümliches gelten lassen, sich daran erfreuen, aber sich von der
Verkehrtheit fern halten daraus nun eine allgemeine Regel oder
Forderung machen zu wollen. Ein ganzer Poet oder ein ganzer
Musiker ist immer mehr werth als beide halb, und zu Mozart
und Beethoven auf der einen Seite, Goethe und Schiller auf der
andern wird auch Richard Wagner emporblicken! Seine Anbeter
freilich thun es nicht; für sie sind die genannten zwei Dichter und
zwei Musiker die Träger des Postaments das sein Staubbild
hoch emporhebt. Dies verspottend sagte einmal Schnyder von
Wartensee: Auch ich stelle Wagner über Goethe und Beethoven;
denn er dichtet besser als Beethoven und componirt besser als
Goethe. Wagner's bewundernswürdiger Sinn für die Klangfarbe
der Instrumente, für charakteristische Accorde, für die Gestaltung
veranschaulichender Tonreihen und sein dichterischer Geist läßt ihn
ein musikalisches Drama der Oper eigentlich nicht entgegen, sondern an die Seite setzen; die Zeichnung der Charaktere, der ge-
dankenklare Ausdruck der Gefühle tritt an die Stelle der Sang-
freudigkeit in geschlossenen Melodien und Chören; die Poesie soll
hier nicht für die Musik vorarbeiten, sondern dieselbe zur Vollendung des eigenen Werkes heranziehen. Das soll man dankbar
als eine künstlerische Eigenthümlichkeit hinnehmen, nicht aber für
das nun Alleinberechtigte oder für das Höchste erklären.

Jeder Reiz bedarf der Dauer um gespürt zu werden; dauert
er an, so steigert sich die Empfindung zu einem gewissen Grad,
dann aber stumpft sie sich wieder ab. Wird die Einwirkung auf
dem Weg der Steigerung unterbrochen, und tritt sie von neuem
ein, so wirkt das Frühere nach. Für feinere Eindrücke ist es gut,
wenn sie vorbereitet werden, wenn die Aufmerksamkeit geweckt ist,
ja selbst das Erschütternde kann dadurch mächtiger werden. Shakespeare läßt die schlafwandelnde Lady nicht plötzlich hereintreten,
die Kammerfrau und der Arzt reden von ihr; wir sind gespannt

auf ſie, und laſſen uns nun kein Wort, keinen Zug entgehen.
Jede Zumuthung der Künſtler, z. B. der Muſiker, über unſere
Genußfähigkeit iſt vom Uebel, weil ſie ſtatt Luſt vielmehr Ermüdung hervorbringt.   Aber Uebung und Anſtrengung ſteigern
die Auffaſſungskraft auch nach ihrer Dauer, und es iſt gut, wenn
energiſche Meiſter das Publikum nicht erſchlaffen laſſen.   Und ſo
ſagen auch Gegner Richard Wagner's daß er immer wieder mit
überwältigenden Schönheiten ein- und durchſchlagend den Ueber-
druß vorheriger Längen und unerquicklicher Situationen banne,
ja ſie wollen gerade durch die vorhergehende Pein die endliche
glänzende Luſtwirkung erklären.

Das Kunſtwerk der Zukunft wird nicht die urſprünglich un-
geſchiedene Einheit, ſondern das Zuſammenwirken der für ſich
ſelbſtändigen Künſte ſein, deren jede die gemeinſamen Ideen auf
eine eigene Weiſe offenbart.   So war auch das ganze Perikleiſche
Athen Ein großes Kunſtwerk.   Wie damals bei der Plaſtik, ſo
ſteht für die Zukunft die tonangebende Macht bei der Poeſie.

———

III. Die Poesie.

1. Ihr Begriff als Kunst des Geistes.

Unser Selbstbewußtsein setzt unsere Realität und ihr Fürsichsein voraus; wir müssen sein um unserer selbst im Gefühl inne
zu werden, um von den Eindrücken der Außenwelt uns zu unterscheiden und uns zum Welt- und Selbstbewußtsein zu erheben.
So können wir sagen daß Natur, Gemüth und Geist die drei
Urmomente des Lebens bilden, wie wir sie von dem uns unmittelbar und unleugbar Gewissen, von unserm Denken aus als denk-
nothwendig erschließen und zugleich thatsächlich finden. Die
Schönheit der Natur, die Offenbarung des Ideals in sinnlich
anschaulicher Form der Erscheinungswelt bietet uns die bildende
Kunst; die Schönheit des Gemüths, seiner Bewegungen wie der
aus der Innerlichkeit des göttlichen Wesens und Willens hervor-
gehenden Bewegungen der Welt entfaltet sich durch die Bewegung
der Töne in der Musik; die Schönheit des Geistes, die Gedankenwelt welche die Seele erfüllt und die Wahrheit des Wirklichen
abspiegelt, der Wille wie er das Gute verwirklicht, die Ideen wie
sie als lichte Sterne unsern Lebensweg erleuchten wohlgefällig,
anschaulich und empfindungsvoll auszusprechen ist Sache der Poesie.
Haben wir in der bildenden Kunst die Schönheit des Seins in
räumlichen Formen in einem bleibenden Werk, zeigt uns die Musik
die Schönheit des Werdens und der Entwickelung durch die Einheit des Mannichfaltigen im Flusse der Zeit in selbst werdender
und verklingender Melodie, so verbindet die Poesie das Dauernde
und das Werdende und wird so zu einer Vereinigung der
Schwesterkünste, aber nicht in einem äußerlichen Werke, sondern
im Reich der Vorstellung, in der Einbildungskraft. Sie vermischt

nicht Bild und Ton, aber in den nacheinanderfolgenden Worten
malt sie Charaktere und spricht sie ewige Gedanken aus. Ja sehen
wir auf ihren Ursprung, so steht der persönliche Sänger vor
seinen Hörern, so veranschaulicht die Tanzgeberde des Chors den
Rhythmus des Gedichts, so bewegen sich im ausgeführten Drama
die Phantasiegestalten des Dichters plastisch anschaulich vor unsern
Augen, während ihr Thun und Leiden successiv sich unserm Ohr
anschließt, und unser Selbstbewußtsein alles zu einem organischen
Ganzen in sich zusammenfaßt. Wie wir unser eigenes Wesen im
Selbstbewußtsein denkend erfassen, wie wir erkennend die Gesetze
der Welt, die in ihnen verwirklichten Gedanken Gottes in uns
aufnehmen, so spricht die Poesie die innere Natur der Seele wie
der Dinge, den idealen Lebenskern und den allgemeinen Gehalt
der Wirklichkeit aus; was das Auge nicht sieht und das Ohr
nicht hört, der Begriff der Erscheinungen wird im Wort offenbart
und durch die Kunst anschaulich und empfindlich gemacht. Wie
die Wissenschaft aus der Fülle des Mannichfaltigen und Besondern das allgemeine Wesen, das Princip und Gesetz der Welt
zu gewinnen trachtet, so spricht solches auch der Dichter aus,
bleibt aber nicht bei dem Reingeistigen stehen, sondern entfaltet
die Idee in lebendigen Charakteren, in Ereignissen und Gefühlen,
zeigt wie sie durch Thaten, Situationen, Persönlichkeits- und
Seelenstimmungen verwirklicht wird, indem im Factischen das
Nothwendige klar zu Tage tritt. Dabei stellt die Poesie das werdende Leben in Worten dar, die zwar nacheinander erklingen, aber
stets das Allgemeine, Bleibende, Wesenhafte der Erscheinungen
bezeichnen; so ist sie nach Schiller bestimmt der Menschheit ihren
vollständigen Ausdruck zu geben; so ist Goethe's Spruch des Herrn
an die positiven Geister vornehmlich an die Dichter gerichtet:

> Ihr, die echten Göttersöhne,
> Erfreut euch der lebendig reichen Schöne!
> Das Werdende, das ewig wirkt und lebt,
> Umfaß' euch mit der Liebe holden Schranken,
> Und was in schwankender Erscheinung schwebt
> Befestiget mit dauernden Gedanken!

Wir sahen wie der Bildner in Formen, der Musiker in Tönen
denkt. Im Rhythmus der Linien, in der Zusammenstimmung der
Farben ergötzt der Maler das Auge, während die Haltung und
Geberde der Figuren unserer Seele ihre Seele, ihr Fühlen und

Wollen anschaulich macht; und wie der ideale Gehalt des Innern auf diese Weise sichtbar wird das läßt sich mit Worten nicht aus- drücken, das ist ebenso unsagbar wie die Gemüthsbewegung, die in der melodischen Tonbewegung dem Ohr vernehmlich und in der Reihe von Tonempfindungen der Seele unmittelbar empfind- lich und zum melodischen Erlebniß wird. Dafür aber drücken Worte die Vorstellungen aus, welche die Seelenstimmungen er- weden oder begleiten, zu Laut und Geberde treiben; sie drücken die Gedanken aus, welche den Willen zur That erregen, die Ideen welche das Herz erheben und begeistern, und diese klare Gedanken- bestimmtheit des Selbstbewußtseins, welches das Weltbewußtsein einschließt, ist Sache der Poesie. Ist ihr der Reiz des Wohllauts im Zusammenklang der Töne, im Zauber des Helldunkels für Auge und Ohr versagt, so siegt sie in der Darstellung der Geistes- kämpfe, durch welche der denkende Mensch sich selbst befreit und mit der Weltordnung versöhnt, der Bildungsgeschichte, durch welche er in der Schule des Lebens heranreift, der Ideen, welche Sterne und Ziele für die Entwickelung der Wirklichkeit sind. Der Maler kann das Aeußere der Ereignisse in einem bestimmten Augenblick nachbilden, den innern Zusammenhang der Geschichte des Volks wie des Einzelnen vermag nur der Dichter darzustellen. Der Musiker bietet uns den unmittelbaren Erguß im Ausdrucke einer verschwebenden Stimmung, der Dichter gesellt dazu das Bild des Erlebnisses dem sie entsprang, oder die Gedanken zu denen sie führt. Wenn Lotze sagt: Der Kern aller Poesie liegt in der Darstellung der Bewegung welche die Theile der Welt nach all- gemeinen Gesetzen und nach einem heiligen Plan rastlos mitein- ander verbindet, — so bezeichnet dies nur was sie mit der Musik gemein hat; sie thut viel mehr, sie stellt den Willen dar der die Bewegung treibt, die Gefühle von denen sie erfüllt ist, die Ideen welche ihren Inhalt ausmachen. Kein Musiker oder Maler kann mit dem Dichter wetteifern, wenn dieser im Faust, im Nathan, im Hamlet über die Räthsel des Lebens nachsinnt und die Nacht- seite wie die Herrlichkeit des Menschenthums darlegt; dem Maler fehlt ein Mittel für den Ausdruck der fortschreitenden Entwicke- lung, dem Musiker für den Ausdruck der bestimmten Vorstellun- gen, wenn der Dichter uns Gretchens Seelenschönheit von holder Unschuld und süßem Liebesglück zu Schuld und Schmerz wie zur Versöhnung entfaltet. Goethe hat das Wesen des Dichters be- zeichnet, wenn er an Shakespeare rühmt wie der das Geheimniß

des Weltgeistes ausplaudert und verräth, daß es heraus muß und
sollten die Steine es verkündigen, und wie seine Charaktere ihr
Herz in der Hand tragen, wie sie Ihren gleichen, deren durch-
sichtiges Zifferblatt das ganze innere Triebwerk sehen läßt, das
außen die Zeiger in Gang setzt.   Die Weisheit des Dichters,
welcher den besten Gedankengehalt des· Jahrhunderts ausspricht,
wirkt bildender, über Gott und Welt aufklärender als irgendeine
andere Kunst.   Mag die Bildnerei der Natur näher stehen, die
Poesie grenzt unmittelbar an die Wissenschaft.

Die Poesie als die Kunst des Geistes bezeichnet sich selbst in
Schiller's Huldigung der Künste:

> Mein unermeßlich Reich ist der Gedanke
> Und mein geflügelt Werkzeug ist das Wort.

Damit stimmt Wilhelm von Humboldt überein, wenn er sie
die Kunst durch Sprache nennt.   Wir erinnern uns wie wir mit
ihm in der Sprache nicht blos ein Mittel zur Gedankenmitthei-
lung, sondern das bildende Organ der Gedanken selbst erkennen.
Der Naturmensch hat Anschauungen und Gefühle, aber damit
bleibt er dem Thiere ähnlich im Besondern befangen; zum Allgemeinen, zu Vorstellungen, zum Gattungsmäßigen und zum
Gesetz der Erscheinungen erhebt er sich erst mit der Prägung des
Worts, durch die Arbeit den artikulirten Laut zum Ausdruck des
Begriffs zu gestalten.   Unwillkürlich brechen Empfindungen als
Interjectionen aus seiner Brust hervor, und er kann eine Reihe
von Dingen durch Schallnachahmung bezeichnen; aber er kommt
damit nicht weit, viel·mehr erreicht er wenn seine Phantasie für
das Erscheinungsbild ein Tonbild schafft, das dem Ohr einen
ähnlichen Eindruck macht wie der sichtbare Gegenstand dem Auge;
ich erinnere an Worte wie Blitz, Quell, zackig; und weiter nimmt
er das Sinnliche zum Symbol des Geistigen, wenn er von einem
hartnäckigen Charakter, von Aufklärung, Begreifen und Erwägen
redet.   Wer zuerst den bezeichnenden Laut für ein Ding findet,
der thut das mehr unwillkürlich als mit bewußter Absicht, und
er thut es aus der gemeinsamen menschlichen Natur heraus, er
ist der Mund des Volks, er schafft für einen Eindruck, den alle
mit ihm haben, einen Ausdruck, der allen zusagt, den sie darum
beibehalten, den sie behalten und bei einem neuen gleichen oder
ähnlichen Eindruck wiederholen; und so wird es möglich daß der
Mensch das Wesengemeinschaftliche vieler Erscheinungen erfaßt,

wodurch das All nicht ein Chaos vereinzelter Dinge, sondern ein
nach Gesetzen und gattungsmäßigen Typen wohlgeordneter Kosmos
ist, indem der Mensch eben für ähnliche Gegenstände denselben
Laut verwerthet, und diesen dadurch zum Träger der Vorstellung
und des Begriffs macht, durch die er eine Fülle von besondern
Eindrücken als wesensgleiche zusammenfaßt; und so bezeichnet das
Wort nicht das Einzelne, sondern das Allgemeine, das vielen
Erscheinungen zu Grunde liegt, den Menschen, die Liebe, das
Sehen und Essen, Grün oder Roth, den Baum oder die Eiche,
und neue Gegenstände erkennt er nun dadurch daß er sie mit einem
bereits in seiner Erinnerung vorhandenen Eindruck zusammenbringt,
unter einer mit dem Laut verschmolzenen Vorstellung begreift und
danach sie benennt. „Es ist in Namen daß wir denken“ sagt
Hegel einmal; das heißt: wir denken in Worten, in benannten
Vorstellungen.

Hat ein Volk einmal auf solche Weise in gemeinsamer Arbeit
einige hundert Worte gewonnen, so sind diese nur die Wurzeln
welche weitere Sprossen treiben; neue Eindrücke werden auf sie
bezogen, nach ihnen appercipirt, und der Urlaut für sie leise modificirt. Mar reiben wird dem Griechen in marnamai auch zum
Ausdruck des Sichaneinanderreibens im Kampf, dem Römer zur
Bezeichnung der großen Zerreiber Krankheit und Tod in mors
und morbus, und etwas weicher dem Germanen zum Malmen
und Mahlen. Oder der Grieche nennt den Menschen im Unterschied vom Thier den mit aufgerichtetem Angesicht, der Teutsche
und Inder nennt ihn den Denker. Thätigkeiten, Eigenschaften,
Gegenstände werden unterschieden, für sich hervorgehoben und besonders mit eigenthümlicher Endung an der Wurzel bezeichnet;
und in den Beugungen der Worte werden die mannichfaltigen
Beziehungen ausgedrückt, in welchen sie oder die durch sie benannten Gegenstände stehen. Der Urlaut bezeichnet das Ganze eines
Eindrucks, die entwickelte Sprache hebt den Gegenstand und seine
Eigenschaften, sein Thun und Leiden besonders hervor, bezieht
aber das Mannichfaltige und Unterschiedene wieder aufeinander
im Satz, und der Satz wie die Sprache wird dadurch zum Organismus daß die Wechselwirkung seiner Wortglieder in ihnen
selbst erscheint und sie dadurch sich zum Ganzen zusammenschließen.

In der Prägung des Wortes haben wir die Urpoesie wie die
Urphilosophie der Menschheit; ihr Erkenntniß- und Gestaltungs-
trieb wirkt zusammen; was sie als das Wesentliche der Dinge

erfaßte um solche geistig zu durchdringen und sich anzueignen das
drückte sie durch den artikulirten Laut formgebend aus; im Tonbild gewinnt die innre Anschauung einen Ausdruck auch für die
Mittheilung; Reden, Hören und Verstehen sind von Anfang an
untrennbar verknüpft, die Sprache ist das fortwährend sich we-
bende Band der menschlichen Gemeinschaft, und indem die Kinder
in diese hineingeboren werden ist Sprechen- und Denkenlernen für
sie Eins, sie werden damit in die gemeinsame Atmosphäre der
Bildung hineingezogen, erwachsen in ihr, und gewinnen Theil am
Gemeingut der Erkenntniß und der Gesittung. Das Bewußtsein
äußert und vernimmt sich durch das Wort, es erfüllt sich mit
einer Gedankenwelt, so wird es Welt- und Selbstbewußtsein, und
das dunkle Weben seiner Unerschlossenheit kommt zu freientfalteter
Klarheit der Vorstellungen und Gefühle durch die Sprache. Denn
daß Recht und Liebe, daß Freiheit und sittliche Weltordnung erkannt und durch die Sprache im Bewußtsein befestigt worden ist
eine Nothwendigkeit für den Aufbau eines Reiches des Geistes
über der Grundlage der Natur.

Im Wort und seinem Verständniß haben wir die Besiegelung
unserer gattungsmäßigen Einheit, des allgemeinen Geistes, der die
einzelnen Geister beseelt und umfangen hält. Der Sprechende
gibt von seinem Gehirn aus durch Nerven und Muskeln den Luftschwingungen, die er aushaucht, eine bestimmte Gestalt, und durch
sie dem Ohr des Hörenden einen eigenthümlichen Eindruck, welcher
durch eine Umstimmung im Gehirn das Bewußtsein des Hörenden
erregt nun an das Lautbild denselben Gedanken zu knüpfen und
in sich hervorzubilden welchen der Redende in sich erzeugte; das
würde nicht möglich sein, wenn nicht dieselbe Seele auch den sprach-
fähigen leiblichen Organismus für das geistige Leben gestaltete,
das sie mittels desselben im Zusammenhang mit der Außenwelt
in sich hervorbildet; es würde nicht möglich sein, wenn Sinn und
Vernunft, Natur und Geist, Luftwellen, Nerven und Ideen nicht
füreinander da wären, ursprünglich aufeinander bezogen, wurzelnd
in einem einheitlichen gemeinsamen Lebensgrunde, von welchem
aus die Seelen das Vermögen und Gesetz der Sprachbildung und
Sprachentwickelung in der idealen und der Körpergestaltung in
der realen Sphäre ihres Seins und Wirkens in sich tragen; und
dazu konnte der Lebensgrund nicht das Unbewußte, nicht ein
außereinanderseiendes Haufwerk blindwirkender Kräfte oder todten
Stoffes sein; sondern er mußte mit vorschauendem Geistesblick

in ihm selbst die Kräfte so unterscheidend bestimmen und ordnen daß aus ihrer Wechselwirkung die Sprache als das Werk der menschlichen Gemeinsamkeit möglich ward. Denn alle Gabe ist für uns Aufgabe, Anlagen müssen wir entfalten, uns selbst bestimmen, hervorbringen was uns eigen sein soll im Denken und Wollen. Wir arbeiten uns durch die Sprache zu selbstbewußter Vernünftigkeit empor, aber die Vernunft ist darum kein Erzeugniß der Sprache, sondern diese selbst ein Werk der zu sich selbst kommenden Vernunft.

Ich reihe hieran einige Sätze Humboldt's, die das Uebereinstimmende des Innern und Aeußern näher beleuchten. „Wie der Gedanke, einem Blitze oder Stoße vergleichbar, die ganze Vorstellungskraft in einem Punkt sammelt und alles Gleichzeitige ausschließt, so erschallt der Laut in abgerissener Schärfe und Einheit. Wie der Gedanke das ganze Gemüth ergreift, so besitzt der Laut vorzugsweise eine eindringende, alle Nerven erschütternde Kraft. Dies ihn von allen übrigen sinnlichen Eindrücken Unterscheidende beruht sichtbar darauf daß das Ohr den Eindruck einer Bewegung, ja bei dem der Stimme entschallenden Laut einer wirklichen Handlung empfängt, und diese Handlung hier aus dem Innern eines lebenden Geschöpfes, im artikulirten Laut eines denkenden, im unartikulirten Laut eines empfindenden, hervorgeht. Wie das Denken in seinen menschlichsten Beziehungen eine Sehnsucht aus dem Dunkel nach dem Licht, aus der Beschränkung nach der Unendlichkeit ist, so strömt der Laut aus der Tiefe der Brust nach außen, und findet einen ihm wundervoll angemessenen, vermittelnden Stoff in der Luft, dem feinsten und am leichtesten bewegbaren aller Elemente, dessen scheinbare Unkörperlichkeit dem Geiste auch sinnlich entspricht. Die schneidende Schärfe der Sprachlaute ist dem Verstande bei der Auffassung der Gegenstände unentbehrlich. Sowol die Dinge in der äußern Natur als die innerlich angeregte Thätigkeit dringen auf den Menschen mit einer Menge von Merkmalen zugleich ein. Er aber strebt nach Vergleichung, Trennung und Verbindung, und in seinen höhern Zwecken nach Bildung immer mehr umschließender Einheit. Er verlangt also auch die Gegenstände in bestimmter Einheit aufzufassen und fordert die Einheit des Lautes um ihre Stelle zu vertreten. Dieser verdrängt aber keinen der andern Eindrücke, welche die Gegenstände auf den äußern oder innern Sinn hervorzubringen fähig sind, sondern wird ihr Träger, und fügt in seiner individuellen, mit

der des Gegenstandes — und gerade nach der Art wie ihn die
individuelle Empfindungsweise des Sprechenden auffaßt — zusammenhängenden Beschaffenheit einen neuen bezeichnenden Eindruck
hinzu. Zugleich erlaubt die Schärfe des Lautes eine unbestimm-
bare Menge sich doch vor der Vorstellung genau absondernder
und in der Verbindung nicht vermischender Modificationen, was
bei keiner andern sinnlichen Einwirkung in gleichem Grade der
Fall ist. Da das intellectuelle Streben nicht blos den Verstand
beschäftigt, sondern den ganzen Menschen anregt, so wird auch
dies vorzugsweise durch den Laut der Stimme befördert. Denn
sie geht als lebendiger Klang wie das athmende Dasein selbst
aus der Brust hervor, begleitet auch ohne Sprache Schmerz und
Freude, Abscheu und Begierde, und haucht also das Leben, aus
dem sie hervorströmt, in den Sinn, der es aufnimmt, sowie auch
die Sprache selbst immer zugleich mit dem dargestellten Object
die dadurch hervorgebrachte Empfindung wiedergibt, und in immer
wiederholten Acten die Welt mit dem Menschen oder anders ausgedrückt seine Selbstthätigkeit mit seiner Empfänglichkeit in sich
zusammenknüpft. Zum Sprachlaut endlich paßt die den Thieren
versagte aufrechte Stellung des Menschen, der gleichsam durch
ihn emporgerufen wird. Denn die Rede will nicht dumpf am
Boden verhallen, sie verlangt sich frei von den Lippen zu dem
an den sie gerichtet ist zu ergießen, von dem Ausdruck des Blickes
und den Mienen sowie der Geberde der Hände begleitet zu werden, um sich so zugleich mit allem zu umgeben was den Menschen
menschlich bezeichnet."

Ist die Sprache gebildet, so eröffnen sich für die Auffassung
wie für die Darstellung der Welt zwei verschiedene Bahnen, von
denen die eine zur Wissenschaft, die andere zur Kunst führt; beide
kommen nun zu unterschiedener Verwirklichung. Es gilt dem
Geist die Wahrheit des Lebens zu finden und auszusprechen, das
ist das gemeinsame Ziel der Philosophie wie der Poesie. Die
Wissenschaft fragt nach dem Gesetz der Erscheinungen, und hebt
dieses für sich hervor, sie sucht im Begriff das allgemeine Wesen
der Dinge gegenüber dem Besondern zu erfassen, oder sie betrachtet die Beziehungen der Dinge zueinander und zu dem Zweck
der Menschen, indem sie sie auf ihre Verwerthbarkeit ansieht. Die
Kunst dagegen stellt das Allgemeine, Gattungsmäßige im Individuellen dar, sie bringt im Factischen das Nothwendige, im Einzel-
geschick das Weltgesetz zur Anschauung. Die Wissenschaft wendet

sich unterscheidend und beziehend an den Verstand, die Kunst in-
einsbildend an das Gemüth und die Phantasie, sie vereint Idee
und Bild im Ideal, während die Wissenschaft das werdende Leben
auf die Idee als sein Ziel hinweist.   Die Wissenschaft zerlegt den
Gegenstand in seine Bestandtheile, seine Elemente, sie erklärt das
Thatsächliche als Ergebniß vorhandner Bedingungen nach dem
Causalgesetz, und legt den innern Mechanismus der Gestalten
bloß; die Kunst sieht in der Form das selbstgesetzte Maß innerer
Bildungskraft und damit die Selbstorganisation des Wesens, das
lebendige Ganze, das ihr den Sinn des Daseins offenbart; sie
gestaltet die Welt wie sie im Gemüth lebt, und drückt den Werth
des Wirklichen für unser Gefühl anschaulich aus, während die
Wissenschaft das persönliche Interesse um der Sache willen schweigen heißt.   Untersuchend, beobachtend unterscheiden wir die Dinge,
die Begriffe von uns selbst und voneinander, fühlend haben wir
sie untrennbar von uns, sie gelten uns nach dem Maße wie sie
unser Selbst hemmen oder fördern, Unlust und Lust erregen;
kraft dieser Untrennbarkeit fühlen wir uns in sie hinein, unser
Selbst verschmilzt mit ihnen, und die Phantasie gestaltet die Welt
wie sie im Gemüth wallet nach den Forderungen des Gemüths;
während die Wissenschaft den Antheil der Subjectivität und der
Objectivität an unserm Weltbild unterscheidet und das Ansich der
Dinge zu erfassen strebt.   „Lebendiges Gefühl der Zustände und
die Fähigkeit sie auszudrücken macht den Dichter", sagt Goethe
aus eigener Erfahrung, und Wilhelm von Humboldt schreibt:
„Die Poesie faßt die Wirklichkeit der sinnlichen Erscheinung wie
sie äußerlich und innerlich empfunden wird auf, ist aber unbe-
kümmert um dasjenige wodurch sie Wirklichkeit ist, stößt vielmehr
diesen ihren Charakter absichtlich zurück. Die sinnliche Erscheinung
verknüpft sie sodann vor der Einbildungskraft und führt durch
sie zur Anschauung eines künstlerisch idealischen Ganzen.   Die
Prosa sucht in der Wirklichkeit gerade die Wurzeln durch welche
sie am Dasein haftet, und die Fäden ihrer Verbindung mit demselben.   Sie verknüpft alsdann auf ideellem Wege Thatsache mit
Thatsache und Begriffe mit Begriffen, und strebt nach einem objectiven Zusammenhange in einer Idee."

Aber der Weg der Wissenschaft ist weit, und die Sehnsucht
des Gemüths nach Harmonie und organischer Einheit in allem
Mannichfaltigen fordert Befriedigung, und so erfaßt und gestaltet
sie die Idee in einer sinnlichen Erscheinung und schafft das Ideal.

So ist Poesie die Erhebung der Seelen über alles Gewöhnliche und Ordinäre zum Seinsollenden, in sich Vollendeten; sie lebt und webt in diesem idealen Reich. Klinger sagt in diesem Sinn von einem seiner Helden: er sei in dem Augenblick des heroischen Entschlusses zu einer edeln That selbstaufopfernder Liebe ein Dichter geworden, indem er das Land der Ideale betreten, das dem Geiste der Geweihten in dem Augenblicke sich öffnet wo die moralische Kraft des Herzens die Wolken durchbringt und in der reinen Gesinnung des Göttlichen theilhaftig wird. Solch ein Liebesaufschwung des Gemüths, solche Begeisterung für das Schöne ist es was den Poeten kennzeichnet; darauf deutete Gneisenau, als Friedrich Wilhelm III. unter Scharnhorst's Entwurf der Volksbewaffnung geschrieben: „Als Poesie gut." — „Religion, Gebet, Liebe zum Vaterland, zur Tugend ist nichts anderes als Poesie; keine Herzenserhebung ohne poetische Stimmung", erwiderte Gneisenau, und wies darauf hin wie er und so viele andere ruhig leben, ja eine glänzende Stellung unter Napoleon erreichen könnten, wenn ihnen der König, das Vaterland gleichgültig wären, wenn sie dem berechnenden Verstande folgen wollten; allein sie entsagten lieber den Familienfreuden und gäben ihre Angehörigen selbst einer ungewissen Zukunft preis um der Treue willen; „dies ist Poesie, und zwar von der edelsten Art, an ihr will ich mich aufrichten mein Leben lang". Das war die Poesie der Befreiungskriege. Die Poesie liegt im Leben, sie gibt sich überall kund wo der Sinn und Werth des Daseins in einzelnen Erscheinungen voll und rein hervorbricht, wo der Adel der Seele oder die Schönheit der Natur erhebend und beglückend aufgeht, und der Dichter pflückt diese Blüte der Wirklichkeit wo er sie findet, oder erfindet sie nach dem Ideal das er im Herzen trägt. Denn das wahre Dichtergenie kommt aus dem Herzen, nicht aus dem Kopf, sagen wir mit Cervantes, und mit Milton: ein Leben würdig eines epischen Gedichtes ist die beste Vorbereitung um ein solches zu schreiben. Der wahre Dichter hat das sehende Auge der Liebe, und sein Vorgang öffnet es dem Leser, dem Hörer, und dann bewährt sich ihm Lotze's tiefsinniges Wort: daß die Wirklichkeit im Großen Poesie sei, Prosa nur die zufällige und beschränkte Ansicht der Dinge, die ein enger und niedriger Standpunkt gewährt.

Poesie war die Muttersprache der Menschheit, und selbst die Anfänge der wissenschaftlichen Literatur zeigen nicht sowol den

Bund als die noch ungeschiedene Einheit von Poesie und Philosophie. Die erste erwachende Erkenntniß der Dinge erfüllt den
jugendlichen Sinn mit einer begeisternden Freude, die ihn zum
dichterischen Ausdruck seiner Anschauungen treibt. Er kann nicht
warten bis die Detailforschung langsam voranschreitend alles Besondere untersucht, um es alsdann zum Ganzen zusammenzuord-
nen, sondern er eilt der Erfahrung voraus, und kraft der Einheit
die er im eigenen Selbstbewußtsein in sich trägt, fordert seine
Vernunft solche auch für die Welt, und seine Phantasie entwirft
schöpferisch aus den wenigen gewonnenen Thatsachen und Ideen
mit freiem Flug ein Bild des Ganzen; er überträgt die im eigenen
Innern waltende Harmonie auf die Natur und Geschichte, und
läßt die Harmonie in der künstlerischen Form sich widerspiegeln.
So stellt Hesiod dichterisch den Zusammenklang einer natürlichen
und sittlichen Ordnung der Dinge in seinen Tagen und Werken
dar; so erfaßt Parmenides die Einheit alles Seins und Denkens,
so sieht Empedokles wie die göttliche Liebe im Weltall sich in die
Elemente scheidet und das Unterschiedene wieder vereint, und die
tiefbewegte, feierlich gestimmte Seele der Denker wird zum Gesang getrieben um die gewonnene Wahrheit zugleich als die Freude
des Geistes zu offenbaren. Indeß der phantasievolle Aufschwung
des Gemüths, der von einer großen Idee aus sich das Besondere
construirt, wir können sagen sich seinen Vers darüber macht, wird
bald inne wie die Wirklichkeit keineswegs überall dem Bilde sich
fügt oder einaliedert, das er entworfen hat, und nun erhält die
nüchterne Forschung ihr Recht, die jegliches in seiner Eigenart
klar zu erfassen und in seinem ursachlichen realen Zusammenhang
zu ergründen trachtet, der es nicht so sehr auf eine Befriedigung
idealer Gefühle, als auf die Richtigkeit der Thatsachen und Begriffe ankommt; sie strebt nach objectiver Wahrheit im Besondern,
nicht nach einem schönen Ganzen der Einbildungskraft, und darum
entsagt sie der schwungvoll dichterischen Rede, und wählt die Sprache
des gewöhnlichen Lebens, die Prosa. Nun hält sich der Verstand
an die Realität der Dinge, er forscht nach den Gesetzen der Natur
um die Kräfte derselben ihnen gemäß für sich zu benutzen, und
was er auf diese Weise beobachtend und experimentirend findet
das stellt er einfach in Prosa dar, welche zunächst auf Verständlichkeit, nicht auf Wohlklang, auf die scharfe und deutliche Bestimmtheit des Besondern, nicht auf den Rhythmus eines Ganzen gerichtet ist. Je klarer dann im Laufe der Jahrhunderte die Gesetze

der Erscheinungswelt in ihrem Zusammenhang erkannt werden, je vernehmlicher die Vernunft die göttlichen Gedanken in der Weltordnung ausgeprägt findet, desto einheitlicher, idealer, gemütherfreuender kann wieder die Wissenschaft werden, wenn die unübersehbare Masse des Mannichfaltigen sich zu Gruppen fügt, die aufeinander hinweisen, sich als Glieder eines Ganzen zu erkennen geben; die Wahrheit trägt den Stempel der Klarheit; an die Stelle verwickelter Hypothesen tritt ein einfaches Weltgesetz, das sich in einem System ineinanderwirkender Bestimmungen entfaltet. Dann wird man mit den Romantikern von einem Poesiewerden der Wissenschaft reden dürfen, und verstehen was Schelling im Sinn hatte als er bei der eingetretenen vielzersplitterten Detailforschung in Natur und Geschichte, — die ja nothwendig ist, aber die Idee und den Weltzusammenhang nicht außer Augen lassen oder gar geflissentlich melden sollte, — die Verse niederschrieb:

> Wie groß wird erst die Freude sein,
> Wird alles wieder eng und klein!

Zunächst aber ist es Sache der Dichtkunst in phantasiegeborenen mikrokosmischen Bildern ein Abbild des Makrokosmos zu geben, im Erguß der Empfindungen und der sie begleitenden oder erregenden Vorstellungen das Innenleben der Seele melodisch auszudrücken, im Beispiel großer Ereignisse die Weltgeschichte und das Weltschicksal abzuspiegeln, in Einzelthaten, in Schuld, Leid und Sühne wie im Sieg der sittlichen Ordnung der Dinge das Gemüth zu rühren und zu erheben. Es ist Sache der Dichtkunst die Ideale der Menschheit zu gestalten und die mannichfaltigen Stimmungen und Werthe der Wirklichkeit rein und treu dem Gefühl wie der Anschauung auszusprechen.

Ich brauche wol nicht noch einmal das Ineinanderwirken des Bewußten und Unbewußten in der Phantasie zu betonen, das auch in der dichterischen Schöpfung stattfindet, ohne die sie nicht Kunst wäre; gern aber ziehe ich eine Stelle aus Schelling's Philosophie der Offenbarung heran, wo der Denker darauf hinweist wie in Gott mit einer unendlichen Productionskraft ein sie leitender und bestimmender Geist und Wille der Liebe verbunden sei. Er fährt fort: „Ja nicht einmal blos in Gott, selbst im Menschen soweit ihm ein Strahl von Schöpfungskraft verliehen ist, finden wir dasselbe Verhältniß, eine blinde ihrer Natur nach schrankenlose

Productionskraft, der eine besonnene, sie beschränkende und bildende Kraft in demselben Subject entgegensteht. Jedes Geistes Werk zeigt sogar dem sinnigen Kenner ob es aus einem harmonischen Gleichgewicht jener Thätigkeiten hervorgegangen, oder ob eine von beiden und welche im Uebergewicht gewesen. Ein Uebergewicht der producirenden Thätigkeit ist da wo die Form gegen den Inhalt zu schwach erscheint, der Inhalt die Form zum Theil überwältigt. Das Gegentheil findet statt wo die Form den Inhalt zurückdrängt, dem Werk die Fülle fehlt. Nicht in verschiedenen Augenblicken, sondern in demselben Augenblick zugleich trunken und nüchtern zu sein, dies ist das Geheimniß der wahren Poesie. Dadurch unterscheidet sich die apollinische Begeisterung von der blos dionysischen. Einen unendlichen Inhalt — also einen Inhalt der eigentlich der Form widerstrebt, jede Form zu vernichten scheint, — einen solchen Inhalt in der vollendetsten, das heißt in der endlichsten Form darzustellen, das ist die höchste Aufgabe in der Kunst."

Wie die bildende Kunst der Natur näher steht und in der Bewältigung des Stoffs des Handwerks bedarf und aus ihm erwächst, so grenzt die Poesie als die Kunst des Geistes an die Wissenschaft und bleibt in fortwährender Wechselwirkung mit ihr; Philosophie, Naturkunde, Geschichte bieten den Dichtern ihre Ergebnisse zur Verwerthung, und wie ein Dante, ein Goethe die edelsten Errungenschaften des Forschens und Denkens ihres Jahrhunderts in ihren Dichtungen für die Mit- und Nachwelt erleuchtend zusammenfaßt, wie ein Lessing und Schiller zu den führenden Genien im anbrechenden Reiche des Geistes gehören, so wird auch in Zukunft kein Dichter mehr den vollen Preis erringen der nicht auch durch Tiefe, Höhe und Weite der Weltanschauung befreiend und erleuchtend wirkt. Lesen wir doch auch die Sänger der Vorzeit am liebsten und meisten welche nicht blos durch Anmuth der Form, sondern auch durch Fülle des Gehalts hervorragen und die Culturträger ihrer Nation, der Spiegel ihrer Zeit sind.

Andererseits haben im Alterthum wie seit der Renaissance die Meister der Wissenschaft von den Dichtern die Formvollendung gelernt, kraft welcher sie ihre Werke nicht blos als Material für die weitere Entwickelung der Erkenntniß dem Fortschritte derselben einfügen, sondern auch um des eigenthümlichen Gepräges willen, das ihnen der Stempel des originalen und schönen Geistes gegeben,

in ihrer Eigenart sich erhalten und stets wieder auch zum ästhetischen Genusse bieten. Wenn sich hier die Namen Herodot und
Thukydides, Demosthenes und Platon jedem aufdrängen, so darf
auch die Neuzeit einen Machiavelli, Gibbon und Ranke, einen
Mirabeau, Schleiermacher, Fichte und Schelling rühmen, ja die
klare Architektonik in der Geometrie Euklids und den Principien
der Naturlehre von Newton oder der edle Schwung in Kepler's
Weltharmonie kann uns zum Beispiel dienen. Ist doch Ernst
Lasaulx so weit gegangen in seiner Philosophie der schönen Künste
in der künstlerischen Prosa die höchste aller ästhetischen Leistungen
zu finden. Er schreibt: „Das Geschichtswerk des Thukydides ist ein
mannhafteres reiferes Kunstwerk als eine Sophokleische Tragödie,
auch seinem Inhalte nach, denn es ist ein Trauerspiel vom Unter-
gange Griechenlands, nicht blos des Eteokles und Polyneikes;
Platon's Phädon ein tiefsinnigeres vollkommeneres Kunstwerk als
irgendein Chorlied Pindar's; die historischen Monographien des
Sallustius und die Werke des Tacitus sind größere Kunstwerke
als die Aeneïs des Vergillus; Bossuet's Ueberblick der Universal-
geschichte ist ein unvergleichlich großartigeres Kunstwerk als alle
Tragödien von Corneille und Racine, Raumer's Hohenstaufen
ein so schönes Kunstwerk als das schönste der Schiller'schen Dramen; Alexander von Humboldt's Kosmos und die letzten religions-
philosophischen Schriften Schelling's sind nicht nur ihrem Inhalte
nach, sondern auch an Vollendung ihrer Form gediegenere Kunstwerke als irgendein Goethe'scher Roman." Aber hat Lasaulx hier
nicht die große Bedeutung des Inhalts, das Was, zu sehr in
den Vordergrund gestellt statt des Wie, der Form, auf die es
doch im Aesthetischen zunächst ankommt? Gewiß bei der Antigone
und dem Peloponnesischen Krieg! Bei Schelling, Humboldt und
Goethe! Und es ist noch die Frage: wo hier die edelste Lebensweisheit zu finden sei, bei dem Dichter oder dem Denker; oder
es ist nicht einmal die Frage. Lasaulx hat vergessen daß das
Telos, der Zweck oder das Ziel für die Poesie stets die Schönheit,
für die Wissenschaft aber die Wahrheit ist. Nun sag' auch ich gleich
Lasaulx mit Byron: „Soll das Wesen der Poesie Lüge sein, so
werft sie den Hunden vor. Nur wer die Poesie mit der Wahrheit und mit der Weisheit zu verbinden fähig ist, nur der ist der
wahre Poet in seiner ursprünglichen Bedeutung als Macher,
Schöpfer, nicht als Lügner und Erdichter." Und so betone auch
ich den hohen Werth künstlerischer Durchbildung für ein Werk

der Wissenschaft gegenüber der schulmäßigen Pedanterie oder der Schlottrigkeit der Darstellung; aber ich greife zur Poesie wenn ich mich erfreuen, zur Prosa wenn ich mich belehren will; daß auch dies mir genußreich und jenes unterrichtend ist, wer will das leugnen? Aber es kommt auf die Hauptsache, auf das bestimmende Wesen an. Und so bleibt der Unterschied zwischen der künstlerisch freien, wenn auch auf dem festen Wahrheitsgrunde ruhenden Dichtung und der wissenschaftlich strengen, wenn auch künstlerisch gebildeten Prosadarstellung, wie ich ihn von Anfang an geschildert habe.

Die Geschichtschreibung erfaßt allerdings gleich der epischen Poesie das handelnde Leben, sie gibt nicht blos chronikalische Berichte des Geschehenen, sondern zeichnet auch die welthistorischen Charaktere in ihrer Entwickelung durch ihr Wirken, leitet die Begebenheiten aus dem Denken und Wollen der Helden ab und zeigt die Einwirkung der Verhältnisse auf die Persönlichkeiten, ja sie erfaßt die leitenden Ideen einer Periode, ordnet das Material ihnen gemäß und offenbart sie in der Schilderung der Ereignisse. Auf diese Art liegt in den Werken eines Herodot und Thukydides, Tacitus und Machiavelli, Macaulay, Varnhagen und Mommsen eine Energie künstlerischen Geistes, der manche namhafte poetische Erzähler oder Dramatiker in Schatten stellt. Aber das Ziel der Geschichtschreibung ist doch niemals die Schönheit, sondern die Lebenswirklichkeit und factische Wahrheit, der Historiker ist an das Gegebene gebunden und auf die Summe des Besondern hingewiesen, während der Epiker einzelne Glanz- und Höhenpunkte erfaßt um auf sie das volle Licht idealisirender Verherrlichung fallen zu lassen. Der Historiker verdichtet viele Einzelheiten zu allgemeinen Begriffen. Der Dichter veranschaulicht sie in sinnvollen Thatsachen, und läßt das gesteigerte Eine Vieles vertreten. Während der Historiker seine Quellen kritisch prüft und das Factische von der subjectiven Zuthat der Auffassung zu scheiden und rein zu erhalten trachtet, hält sich der Epiker lieber an die Sage, an die Gestalt welche die Wirklichkeit im Volksgemüth durch die Volksphantasie gewonnen, um im Bunde mit ihr den Ideen eine neue Verkörperung, dem Geist der Geschichte einen idealen Leib zu schaffen und mit dichterischer Freiheit die Wesenheit des Ganzen in einzelnen strahlenden Bildern zu offenbaren. Wol mag das Herz den Redner machen wie den lyrischen Dichter, und die Erhebung und Begeisterung der Seele das Ziel beider sein; aber der Redner wendet sich an den Willen, den er überzeugen und zur That bewegen will, nicht an die Phantasie, um ihr im harmonischen Erguß der Gefühle einen Genuß zu bereiten; und die Poesie verträgt das Rhetorische nur innerhalb eines größern Ganzen, wie im Drama, wo Antonius vor dem römischen Volk oder Posa vor König Philipp seine Absicht erreichen will. Endlich enthüllt zwar die Philosophie gleich der Dichtkunst den Gedanken des Universums, und in der dialektischen Entwickelung bewegen sich die Gedanken gegeneinander und ergibt sich die Ueberwindung der Einseitigkeiten, die Lösung der Widersprüche wie im Drama; aber es ist eine dichterische Zuthat, wenn Platon in seinen Dialogen auch die Charaktere lebendig zeichnet, in der Philosophie kommt es zunächst auf die Idee als solche in ihrer Allgemeinheit an, und die Befriedigung der Vernunft durch die Erkenntniß der Wahrheit ist ihr Zweck, nicht die zugleich auch sinnengefällige Darstellung derselben in einem concreten Gegenstande. Der Philosoph sucht aufsteigend von den einzelnen Erscheinungen das Wesen zu ergründen, und wenn er den Begriff gefunden hat, von diesem die Thatsachen wieder abzuleiten; auf die allgemeine Idee, auf den logischen Zusammenhang kommt es ihm an, während der Dichter den Begriff sogleich in Charakteren oder Begebenheiten verwirklicht sieht und ihn untrennbar von ihnen darstellt, wie Shakespeare keine Definition von der Liebe gibt, ihre Totalität aber und ihre Stufen, ihr Walten, ihr Weh und ihre Wonne in den Persönlichkeiten und deren Geschick durch eine seiner Tragödien veranschaulicht. Die Wissenschaft ringt danach das Mannichfaltige der Erscheinungswelt als Ganzes in der Einheit einer geistigen Anschauung zu erfassen, und das Gemüth des Denkers erhebt sich zu dieser aus der Betrachtung des Besondern und seiner Vermittelung; von dieser begeisterten Stimmung und Anschauung beginnt die dichterische Phantasie, um jene ideale Einheit in der Fülle des Seins und Wirkens zu entfalten.

Daß der philosophische Idealismus und die dichterische Anschauung nahe verwandt sind das haben zumeist Platon und Schiller erkennen lassen, und Fichte hat dargethan wie es derselbe Geistesblick des Denkers und des Dichters sei, welcher die Welt nicht wie ein Gegebenes, sondern als ein aus innerer Kraft stets sich Formendes und Bildendes erkenne, Freiheit als Selbstbestimmung und Selbstbefreiung für das Wesen des Geistes

Die Seelenstimmung ist der gemeinsame Grund für die Worte des Dichters wie für die Töne des Musikers; auch jener will uns die Innerlichkeit der Zustände von mannichfaltigen Wesen erschließen und die gleiche Empfindung im Leser hervorrufen, aber er thut es mittels der Vorstellungen, welche die Gefühle veranlassen oder durch solche bedingt werden, er hebt mit dem Geistigen an, während in der Musik zuerst die Sinnlichkeit durch den Wohlklang ergötzt und von da aus das Gemüth wie das Selbstbewußtsein mitberührt werden; hier beginnt die Nervenerregung, das sinnliche Wohlgefallen, während die Worte zuerst auf den Verstand wirken und von da aus in unsere Leiblichkeit durch die vom Inhalt herrührende Gemüthsbewegung hinabklingen. Zu dieser Gedankenbestimmtheit kann die Musik nicht voranschreiten, aber sie zieht uns unmittelbar in den Rhythmus ihrer Bewegung hinein und erzeugt sie in unserer Seele. Bei diesem Auf- und Abwogen der Gefühle in seiner reinen Allgemeinheit kann und darf die Poesie nicht stehen bleiben, ihre Sache ist es die besondern Vorstellungen auszusprechen, die sich innerhalb solcher Wellen bilden; sie schildert nicht einen Lebensrhythmus in seiner schönen Entfaltung, sondern die bestimmten Gegenstände oder Ereignisse welche er beherrscht oder von welchen er hervorgerufen wird. Der Ton gilt hier nicht für sich selbst, sondern nur als ein Laut welcher den Begriff ausdrückt, und auf den Begriff kommt es an; wollte die Poesie mit Klängen spielen, so würde sie einen bald langweilenden Ohrenkitzel erwecken und weit hinter der Musik zurückstehen; wollte sie sich in gestalt- und gedankenlosen Stimmungen ergehen, so würde sie in nebelhafte Dämmerung versinken und statt des Sinnes der Welt sinnlose Worte bieten. Die Stimmung des Dichters durchdringt sein Lied, sie bringt die Melodie der Rede, den Rhythmus oder Tonfall der Worte mit sich, Bild und Wort entquellen der Stimmung, aber um sie zu veranschaulichen und zu deutlicher Bestimmtheit zu bringen, und das ist Sache des Dichters daß er die Empfindungen zur Klarheit des selbstbewußten Gedankens erhebt, daß er ausspricht was uns die Seele bewegt, indem er dem Leid, der Lust, der Liebe das rechte Wort verleiht.

Wie die Poesie von dem Naturlaut der Gefühle zur Gedankenklarheit im Worte vorschreitet, und zur Kunst des Geistes wird, so schafft sie Gestalten gleich dem Bildner, aber nicht im Material des Marmors oder der Farbe für das leibliche Auge, sondern für

die innere Anschauung der Phantasie; sie zeichnet sie durch die
Darstellung von Handlungen, Gesinnungen, Bewegungen oder
durch ihren Eindruck auf das Gemüth.

Dem bildenden Künstler ist die Anschauung das Erste, durch
sie ruft er den Gedanken hervor; der Dichter spricht unmittelbar
den Gedanken in Worten aus, aber hierdurch erweckt er Gefühl
und Anschauung in uns, oder wie Wieland es einmal ausdrückt,
er bringt die nämliche bestimmte Vision, welche vor seiner Stirn
schwebt, auch vor die Stirn der Leser. „Die Einbildungskraft
durch die Einbildungskraft zu entzünden ist das Geheimniß des
Künstlers", sagt Wilhelm von Humboldt mit Recht ganz allgemein; der Dichter spricht die Ideen des Lebens in Worten aus,
und wird dadurch Künstler daß er dieselben zugleich mit der Innigkeit seiner Stimmung tränkt, zugleich für die Phantasie in Gestalten und Ereignissen ausprägt. So sagt Goethe: bei Shakespeare
erfahren wir wie dem Menschen zu Muthe sei; und Lessing ist weit
entfernt in der mangelnden Körperbestimmtheit der Dichtergebilde
einen Nachtheil zu erblicken; die Freiheit des Gedankens, die ihnen
eignet, bringt ihn zu dem Ausspruch: „Müßte, solange ich das
leibliche Auge hätte, die Sphäre desselben auch die Sphäre meines
innern Auges sein, so würde ich um von dieser Einschränkung frei
zu werden einen großen Werth auf den Verlust des erstern legen."
Der rechte Künstler gibt dabei der Phantasie, die er erregt, zugleich
das feste Maß; oder, um mit Goethe zu reden, er fesselt die Gefühle und die Einbildungskraft, er nimmt uns unsere Willkür,
wir können mit dem Vollkommenen nicht schalten und walten wie
wir wollen, wir sind genöthigt uns ihm hinzugeben, um uns selbst
erhöht und verbessert wieder zu erhalten.

Ich erinnere hierbei an die Lehre von der Phantasie. Sie
war uns überhaupt die Gestaltungskraft unsers Daseins, welche
im leiblichen Organismus das Innere veräußerlicht und ein Organ des Weltzusammenhanges schafft um ebenso die Wirklichkeit
außer uns in uns aufzunehmen als von uns aus auf sie zu
wirken; sie war es welche aus den Empfindungen die Anschauungsbilder der Dinge entwirft und die Welt der Gefühle in die Welt
der Formen übersetzt. So wirkt sie nun auch hier, indem sie die
dem Dichter innerlich vorschwebende Gestaltenwelt nach seinen
Worten reproducirt. Der geistige Charakter, der durch Gedanken
bestimmte Wille und sein Fühlen und Handeln ist für den Dichter
das erste, den zeichnet er durch Thaten und Reden; aber als seinen

Träger hat der Charakter auch eine Körpergestalt, und es ist dieselbe Seele welche diese aus den Naturelementen aufbaut und
innerlich darüber ein sittliches Reich des Denkens und Wollens
aufrichtet; sie drückt allem das eigene Gepräge auf, und gibt dadurch sich selber die geistige Physiognomie. Wie wir nun auf
dies seelische Innere aus den Zügen der Marmorbüste oder des
gemalten Bildnisses schließen, wie wir bei den eigenen Mienen
und Geberden unmittelbar das Bewußtsein unserer sie bedingenden
Stimmungen haben, so bilden wir umgekehrt aus Gefühlen die in
uns erregt, aus Worten durch welche uns Gesinnungen und Handlungen berichtet werden, Gestalten in der Einbildungskraft und
sehen sie innerlich sich bewegen und wirken. Aus der geistigen
Physiognomie entwirft die plastische Kraft der Seele eine Anschauung der leiblichen. Dabei bleibt freilich Seelenschönheit immer
das Hauptsächliche für den Dichter wie Leibesschönheit für den
bildenden Künstler. Wenn dieser letztere uns weder die Geistes-
kämpfe von Goethe's Faust noch das innere Leben Gretchens im
Fortgang von Unschuld zu Liebeswonne, zu Schuld und Leid und
Versöhnung in all der Herrlichkeit darstellen kann wie der Dichter,
so bleibt dagegen das leibliche Bild, das wir bei der Lektüre
Homer's von Achilleus oder Helena uns entworfen, an klarer
Bestimmtheit hinter dem zurück was ein Plastiker oder Maler
uns vor das Auge hinstellt. Aber wir sagen sofort, wenn ein
Künstler nun uns Faust und Gretchen, Iphigenia oder Mignon
zeichnet: das sind sie, oder das sind sie nicht, je nachdem sie dem
Bild entsprechen das wir selbst nach dem Eindruck der Poesie in
uns entworfen haben.

Der Dichter weiß instinctiv, oder wenn er sich dazu verirrt,
so wird er durch Erfahrung belehrt daß eine bloße Beschreibung
der Außendinge unwirksam bleibt und kalt läßt; das Wort reicht
nicht aus um die einzelnen Theile des Gesichts, Augen, Nase,
Lippen so scharf und genau zu bezeichnen daß nun jeder sie so
sehen müßte, und wenn dies wäre, so würden wir diese Schilderung doch nur nach und nach in uns aufnehmen, nur innerlich
verbinden können, während gerade die charakteristische Schönheit
der Sichtbarkeit darauf beruht daß das Mannichfaltige zumal
dem Blicke sich bietet und wir das Zusammenwirken desselben zur
Einheit des Gesammtausdrucks unmittelbar anschauen. Durch die
nacheinanderfolgende Aufzählung tritt es nur verstückelt vor unsere
Seele. Darum beschreibt uns Homer seine Gestalten nicht wie

sie gerüstet sind, sondern er läßt sie die Waffen und das Gewand
anlegen vom Helm bis zur Sandale; er läßt den Pandaros seinen
Bogen von der Schulter nehmen, die Sehne aufziehen, sie prüfen,
den Bogen mit der Linken von der Brust entfernen, den Pfeil
auf die Sehne setzen und diese mit ihm zur Brust heranziehen,
und loslassen; so steht der Bogenschütze sammt dem Bogen lebendig
vor uns. Hierdurch geleitet fand Lessing im Laokoon das Gesetz.
Der Dichter schildert Handlungen und andeutungsweise durch sie
die Gestalt und die körperlichen Dinge, der Bildner gibt uns
Gestalten und andeutungsweise in ihnen die Bewegung. Lessing
sagt: Die Malerei gebraucht Figuren und Farben im Raume, die
Poesie artikulirte Laute in der Zeit; jene drücken darum das nebeneinander Bestehende, diese das nacheinander Folgende aus; Körper
mit ihren sichtbaren Eigenschaften sind Vorwurf der Malerei, Bewegung, Handlung ist Gegenstand der Poesie. Aber die Körper
existiren in der Zeit und bewegen sich in ihr, und der Maler hat
deshalb den prägnanten Moment zu erfassen, der in der gegenwärtigen Stellung das Vorhergehende und das Nachfolgende mit-
erschließen läßt; Handlungen und Bewegungen bedürfen des Körpers als ihres Trägers, und wenn die Poesie darum stets auch
nur Eine Eigenschaft des Körpers angeben, Einen Zug in die
fortschreitende Handlung einflechten kann, so vermag sie doch successiv ein Bild desselben zu entwerfen, gerade wie Homer den
Schild des Achilles dadurch beschreibt daß er uns in die Werkstatt
des kunstverständigen Feuergottes führt und diesen vor unsern
Augen das Einzelne bilden läßt.

Oder der Dichter läßt uns den Eindruck der Schönheit auf
das Gemüth erleben und erregt dadurch unsere Phantasie um ihr
Bild nach Maßgabe dessen was wir früher in der Wirklichkeit
geschaut im Zauberspiegel der Einbildungskraft erscheinen zu lassen.
Der Helena von Homer und Zeuxis habe ich bei der Abhandlung über die bildende Kunst (S. 254) bereits gedacht; hier füg'
ich eine herrliche Stelle des Nibelungenliedes von Chrimhild's
erstem Auftreten vor Siegfried an. Sie tritt hervor wie das
Morgenroth aus der Wolke, sie glänzt vor den andern Frauen
wie der Mond vor den Sternen; so erregen anmuthige Bilder
unsere Phantasie; und nun folgt ihr Eindruck auf Siegfried: Er-
bleichen und Erröthen wechseln bei ihm, der wahrhaft Liebende
beugt sich in Demuth vor der Geliebten, die ihm zu hoch erscheint,
und doch kann er eher das Leben lassen als sie: daß er sie minnen

sollte dünkt ihm ein Wahn, doch sollte er sie meiden, so wäre er
lieber todt. Ganz vortrefflich erzählt Goethe wie Hermann vor
Dorothea, die auf seine Schulter sich stützt, die Stufen der Garten-
treppe hinabsteigt, wie ihr Fuß knickt, er den Arm ausstreckt sie
lange hält; Brust wird gesenkt an Brust und Wange an Wange.
Er steht wie ein Marmorbild von seinem Willen gebändigt, aber
er fühlt die Wärme ihres Herzens, den Balsam ihres Athems:
alles ist Bewegung, und stets ein klar anschaulicher Zug in dieselbe verflochten, sodaß wir die Gruppe lebhaft vor Augen haben.
Und so schildert Goethe die Landschaft in seinem Epos, indem
die Menschen sich durch dieselbe hinbewegen, wie Schiller in seinem
Spaziergang sein eigenes Dichter- und Denkergemüth zum Spiegel
macht, in welchem die Außenwelt nacheinander erscheint wie er
durch sie hinschreitet, indem er zugleich seine Empfindungen, seine
Betrachtungen an sie knüpft. Bei Shakespeare verweise ich auf
die Erzählung Ophelia's von Hamlet's Begegnung mit ihr, nachdem
er den Geist des Vaters gesehen, und auf den Bericht von Ophelia's Tod; wunderbar ist hier alles fortschreitende Bewegung und
in den besondern Momenten derselben stets klare Veranschaulichung in scharfbestimmten Zügen, und alles zugleich von innig-
stem Gefühl durchtränkt.

Die Poesie als Darstellung der äußern Erscheinungswelt wäre
nur eine schwächere Wiederholung der bildenden Kunst; darum
läßt uns der Dichter seinen Gestalten ins Herz sehen, von ihrer
Gesinnung und von ihren Empfindungen aus, deren er uns theilhaftig macht, mögen sie vor unserer Anschauung aufsteigen; was
der Bildner nicht kann, die Art und Weise wie der selbstbewußte
Wille sie zur That treibt, wie sie die Welt in ihrem Gefühle
tragen, offenbart er uns unmittelbar, er spricht ihr Gedankenleben
aus, er entfaltet in ihren Vorstellungen wie in ihrem Thun und
Leiden die Geistesgröße, die Seelenschönheit; er läßt uns ihre
Gemüthskämpfe, ihre Beseligung miterleben, der ideale Gehalt
und Werth des Daseins wird uns entschleiert, wird von uns
erfahren und genossen: das ist die eigenthümliche Aufgabe und
Größe der Poesie. „Und wenn der Mensch in seiner Qual verstummt, gab mir ein Gott zu sagen was ich leide!" läßt Goethe
seinen Tasso aussprechen, und weist so darauf hin wie der Dichter
den Menschen die Zunge löst, den Blick öffnet, sodaß für das
Leid wie die Lust des Lebens das befreiende Wort von seiner
Lippe quillt und er die melodische Stimme für das schwerste

Ringen des Geistes wie für die süßesten Gefühle des Herzens
wird.

> Ich saz ûf eime steine
> Und dahte bein mit beine:
> dar ûf sazt ich den ellenbogen:
> ich hete in mine hant gesmogen
> daz kinne und ein min wange.

Die volle Anschaulichkeit hat hier Walter von der Vogelweide
durch die Stetigkeit der Linienführung erreicht, von dem überein-
andergeschlagenen Bein zum daraufgestützten Elnbogen, von diesem
zur Hand, in welche Kinn und Wange sich schmiegen; hier thut
er es dem Zeichner nach, aber nun bleibt er als Dichter dabei
nicht stehen, nun sagt er uns was ihn zu dieser nachdenklichen
Haltung gebracht, worüber er sinnt: wie er weiter in der Welt
leben soll, wo Friede und Recht nun baniederliegen, wo er so
gern Gut und Ruhm erwerben und Gottes Huld dabei bewahren
möchte. Darum sagen wir mit Rückert:

> Wo der Gedanke fehlt, die unverwandte Richtung
> Auf festgestecktes Ziel, ist nur ein Tand die Dichtung.

Nicht der Schmelz der Empfindung, nicht die Pracht der Bil-
der, nicht die Formglätte, sondern der Blick in die Tiefe, Weite,
Höhe des Lebens, das Mitgefühl mit allem Lebendigen und das
Vermögen es auszusprechen macht den Dichter. Er ist, wie
Aristophanes von Aeschylos sagt, der Lehrer der Erwachsenen,
und ohne sich durch Philosophie, Natur- und Geschichtskunde auf
die Warte der Zeit gestellt zu haben kann niemand mehr ver-
langen als der melodische Mund seines Volkes geachtet zu werden.
Nur die Offenbarung neuer Ideen in seither unausgesprochenen
Worten, nur die Lösung der Räthsel die im Kampf und seinen
Gegensätzen die Welt quälend bewegen, nur die lichtvolle Gestal-
tung des Friedens von Glauben und Wissen, von Ordnung und
Freiheit wird dem Dichter die Theilnahme der Mündigen gewinnen und erhalten. Nicht bloße Zeitvertreiber und gefällige
Unterhalter, sondern als Priester, Barden und Propheten die
Hüter der gewonnenen Geistesschätze, die Tröster und Versöhner,
die Schicksalsdeuter und Vorkämpfer des Volks zu sein ist ihr
hohes Amt.

2. Die poetischen Darstellungsmittel.

Jede Kunst geht aus dem ganzen Menschen hervor und wirkt als ein Ganzes auf den ganzen Menschen. Auch der Bildner fühlt und denkt, wenn er seine Anschauungen dem räumlichen Stoff aufprägt, und wie er zuerst auf die Anschauung unmittelbar wirkt, wir verstehen das Wort erst und genießen erst seine Schönheit, wenn es unser Gefühl und unsere Gedanken mittelbar erregt. So geht die Musik von der Empfindung aus, so die Poesie von der Vorstellung, aber der im Wort verkörperte Gedanke wird durch die Kunst gefühlvoll und anschaulich. Jedes Kunstwerk ist eine Schöpfung der Phantasie in der Künstlerseele ehe es in seinem besondern Material verwirklicht wird. Weil aber Dichterworte nicht blos ein bleibendes und allgemeines Wesen ausdrücken, sondern in ihrem Nacheinandererklingen auch die Entwickelung der Charaktere, der Gemüthsstimmungen und Gedanken darstellen, so wird nicht blos der Gattungsunterschied des Epischen und Lyrischen durch ein Vorwiegen des bildnerisch Anschaulichen und musikalisch Gefühlsamen bedingt, sondern wir haben beide Elemente stets gegenwärtig. Tonbilder drücken die Begriffe aus, das erkannten wir bei der Betrachtung der Sprache; die Poesie macht dies geltend. Es ist eine glückliche Definition, der erwähnten Schiller'schen verwandt, wenn Bürger dies als das Werk der Poesie bezeichnet:

> Auch das Geistigste mit Tönen
> Zu verwandeln in ein Bild.

Ebenso sieht Herder in Bild und Empfindung den Ursprung der Poesie. „Von außen strömen die Bilder in die Seele; die Empfindung prägt ihr Siegel darauf und sucht sie auszudrücken durch Geberden, Töne und Zeichen. Das ganze Weltall mit seinen Bewegungen und Formen ist für den anschauenden Menschen eine große Bildertafel, auf der alle Gestalten leben. Er steht in einem Meer lebendiger Welten und die Lebensquelle in ihm strömt und wirkt jenem entgegen. Was also auf ihn strömt, wie er's empfindet und mit Empfindung bezeichnet das macht den Genius der Poesie in ihrem Ursprung." Und dem entspricht die poetische Darstellungsweise. Demgemäß sagt Hamann in der Aesthetica in nuce: „Sinne und Leidenschaften reden und ver-

stehen nichts als Bilder. In Bildern besteht der ganze Schatz
menschlicher Erkenntniß und Persönlichkeit. Der erste Ausbruch
der Schöpfung und der erste Eindruck ihres Geschichtschreibers,
die erste Erscheinung und der erste Genuß der Natur vereinigen
sich in dem Worte: Es werde Licht!" Poesie war die Muttersprache der Menschheit, wenn sie im Wort das Tonbild, den
musikalischen oder dem Ohr vernehmlichen Ausdruck der Anschauung des Auges empfand. Dies wieder zu beleben, dies
wieder auf seine Weise neu zu erzeugen ist Sache des Dichters.
Das Plastische und Musikalische, die Bildlichkeit der Rede und
der Vers, sind daher nicht äußerliche Zuthat oder Zierath, sondern die innerlich bedingte und natur- wie vernunftgemäße Weise
der dichterischen Darstellung.

a. Bildlichkeit der Rede.

Wie die Poesie als Kunst die Idee nicht in der allgemeinen
Form des Begriffs, sondern in der besondern des Charakters
und seines Geschicks, oder des persönlich erlebten Gefühls darstellt, wie sie im Ganzen also individualisirt, so thut sie es auch
im Einzelnen, indem sie den Gedanken durch ein sinnenfälliges
Bild veranschaulicht oder das Bildliche im Wort empfindlich macht.
Die Sprache ist ja eben kein bloßes Vehikel des Dichters, wie
Vischer behauptet hat und ihm nachgesprochen wird, kein bloßes
Transportmittel für seine Gedanken, sondern selber das phantasie-
gestaltete Material und das Darstellungsmittel für ihn, wie der
reine Ton für den Musiker, Zeichnung und Farbe für den Maler.
Die Prägung des Worts war ja nach Bunsen's schöner Benen-
nung das ursprüngliche Gedicht der Menschheit.

Wie die poetische Anschauung alles lebendig auffaßt, so auch
die dichterische Sprache. Da quillt das Goldhaar aus dem Netz
hervor, da steigt der Fels kühn empor, da neigt das Schloß sich
nieder in die spiegelnde Flut. Der Dichter fühlt sich in die
Natur hinein, er beseelt sie, wie er ja ihre Formen, ihre Bewegungen, das äußere Geschehen in ihr versteht nach seiner eigenen
Innerlichkeit, nach der Art wie er sich diese selbst in Haltung
und Geberde sichtbar macht. So sah die jugendliche Menschheit
im Zeitalter der Mythenbildung in den Mächten und Erscheinungen der Natur seelische Wesenheiten, auch ohne solche gerade

in der Menschengestalt zu personifiziren; wie Lenau das Leben
im Frühling schildert:

> Der Wildbach stürzt vom Lippenhang hernieder,
> Ein Freudenthränenstrom, dem Lenz entgegen;
> Froh sonnen sich der Alpe Felsenglieder
> Im warmen Schein; der Frühling klimmt verwegen
> Zum Schneeberg auf und ruft ihn jubelnd wach;
> Der schüttelt sich den Winter ab, den trägen,
> Und schleudert ihm Lawinendonner nach;
> Voll Sehnsucht harrt er schon der Alpenrose,
> Der holden Freundin die der Lenz versprach,
> Die jährlich ihn beschleicht auf weichem Moose.

Statt zu sagen: es wird Abend, der Morgen bricht an —
läßt Homer die Sonne sich zum Ausspannen der Stiere nieder
senken, die Pfade beschatteter werden, oder die Morgenröthe am
Himmel emporsteigen. Als die Sichel zu Felde ging, singt
Bürger; als wolkenwärts der Hähne Schrei sich hob, mit Purpur
sich der Berge Haupt umwob, sagt Firdusi. Wenn der Tag bei
ihm seinen goldenen Schild am Himmel erhebt oder bei Lenau
dem Goldpokal der Sonne kredenzt, so redet Goethe's Suleika
den Westwind an, ihn um seine feuchten Schwingen beneidend,
so breitet bei Shakespeare die Nacht schützend ihren Rabenmantel
über die Flüchtigen auf dem Schlachtfeld. Um auszudrücken daß
sein König mit dem historisch gewordenen Alten das Neue des
fortschreitenden Geistes verknüpft, sagt Platen: Ins Wappenschild
uralter Sitte fügst du die Rosen der jungen Freiheit.

Die sinnliche Wurzel der Worte, ihre Symbolik, die Blüte
die an ihnen haftet, ist im Gebrauch des täglichen Lebens gar
vielfach unkenntlich geworden; sie sind zu sehr Begriffszeichen, zu
sehr abgeschliffen. Wir sprechen von hartnäckigem Charakter ohne
den harten Nacken vor Augen zu haben, von Begreifen ohne an
den zusammenfassenden Griff der Hand zu denken, und es ist bei
der Enge unsers Bewußtseins sehr wichtig daß wir mit den Worten
die Begriffe sofort erfassen ohne daß die Bilder an uns vorüberziehen, aus welchen die Begriffe in ihrer Allgemeinheit erwachsen
sind. Wir verstehen das Wort Zweckmäßigkeit unmittelbar und
brauchen nicht den schwarzen Nagel oder das Holzpflöckchen vor
Augen zu haben, welche in der Mitte der Scheibe befestigt damit
das Centrum bezeichnen wonach der Schütze zielt, und nicht der
Elle oder des Gefäßes uns zu erinnern womit wir messen; unser

Denken würde ſehr langſam ſein, wenn die Bilder an unſerer
Einbildungskraft mit den Vorſtellungen vorüberzögen während
wir die begriffliche Bedeutung der Worte verſtehen; daß dieſe
für ſich allein uns gegenwärtig iſt das läßt uns Zeit und Raum
für die Entwickelung des Wiſſens gewinnen und macht ein raſches
Reden und Hören möglich. Aber die Sprache iſt dadurch abſtract
und proſaiſch geworden, und der Dichter erhält die Aufgabe das
urſprünglich Anſchauliche in der Sprache wieder zu erwecken, das
Symboliſche der Worte, das Tonbildliche wieder empfindlich zu
machen. Richard Wagner nannte dies das verlorene Wurzel-
bewußtſein wiederbringen; wenn man Jakob und Wilhelm Grimm
lieſt, ſo ſpürt man wie ſie ſinnliche Bedeutung der Wörter verſtehen und ſie ſo wählen, ſo verbinden daß das Bildliche hervor-
ſcheint. Die Poeſie meidet darum auch Fremdwörter, deren wurzel-
hafte Bedeutung in unſerm Sprachgefühl nicht lebendig werden
kann; ſie greift zum malenden Beiwort, das die entſchwundene
Anſchauung für ſich hervorruft; See iſt urſprünglich das von innen
Bewegte und Bewegende, wonach ja Seele gebildet iſt; aber das
iſt vergeſſen, und nun ſagt der Dichter: Morgen da geht's in
die wogende See! Er friſcht das Abgeblaßte auf und fügt das
ſinnlich Packende zum Abſtracten, wenn er taubenmild, löwen-
beherzt, marmorblaß ſagt, oder nach Goethe's Art ſeine Sprach-
gewalt in Zuſammenſetzungen zeigt wie das wellenathmende Geſicht von Sonne und Mond, das feuchtverklärte Blau des Waſſers,
Wiſſensqualm, Donnergang, Lebensfluten, Thatenſturm.

Geſchieht die Verſinnlichung nicht blos durch ein einzelnes
Wort, ſondern gibt der Dichter uns ein ganzes Naturbild um
in demſelben das Ideale wie durch Spiegelung ſichtbar zu machen,
ſo entſteht das Gleichniß. Es fordert deshalb auch die gleiche
Stimmung oder wahlverwandte Bezüge im Verglichenen, ſodaß
das Aeußere zum Wiederſchein des Innern wird. So ſagt Fingal
ſchön: Das Gedächtniß vergangener Zeiten kommt in meine Seele
wie die Abendſonne noch einmal aus dem Gewölk auf die Haide
blickt. Aber wenn Sigrun in der Edda beim Wiederſehen des
Gemahls ruft: Nun bin ich froh wie die aasgierigen Habichte
Odin's, wenn ſie Leichen wittern, — ſo iſt hier eine Freude ganz
anderer Art hereingezogen, die uns die Stimmung verdirbt, während ſie erhalten bleibt und geſteigert wird im Gruß des Inders
an ſeine Geliebte: Siehſt du mich an, ſo bin ich glücklich wie
Blumen wenn ſie den Thau fühlen. Reizend und ſinnig ſchildert

Sappho die unberührte Schönheit einer Braut, welche spät, zuletzt unter den Schwestern vom liebenden Manne gewonnen ward;
der Ausdruck des Gedankens gestaltet und steigert sich vor unsern
Augen:

> So wie der Honigapfel am oberen Zweige sich röthet,
> Hoch am obersten Zweig; ihn vergaßen die Pflücker der Aepfel;
> Nein, sie vergaßen ihn nicht, sie konnten ihn nur nicht erreichen.

Den Berg der Reinigung hinansteigend gedenkt Dante des
Dichters Sordello: „Er redete uns nicht an, er ließ uns vorübergehen, auf uns blickend wie ein Löwe der ausruht." So hebt
das mittelalterliche romanische und germanische Epos stets nur
einen prägnanten Zug hervor: der Verwegne bringt an wie ein
Eber, die Jungfrau ist roth wie die Rose am Strauch. Was
der Dichter hervorheben will das veranschaulicht er durch einen
Gegenstand aus einer andern Sphäre, wo es voll und klar zur
Erscheinung kommt. Das übrige aber, die sich sträubenden
Borsten des Ebers, die grünen Blätter der Rose läßt er beiseite, das könnte die Aufmerksamkeit auf sich und von der Sache
abziehen. Homer jedoch malt die Gleichnisse aus, und die Kunstdichter seit Vergil folgen ihm darin; er gibt uns ein volles Bild
aus einem andern Gebiet und stellt es neben das damit Geschil-
derte; das ist echt episch, da ja die ruhige Betrachtung des Besondern und das Nebeneinander gleich den Blättern am Zweig
im Epos herrschen, ein allseitiges Weltbild vom Dichter erzielt
wird. Das hohe Lied will das Wesen der Liebe nicht sowol veranschaulichen als ihre unentfliehbare Macht, ihre unerschütterliche
Gewalt unserm Gefühl einprägen, wenn es anhebt: Liebe ist
stark wie der Tod, ihr Wille fest wie die Hölle, eine Flamme
Gottes! Wie wir von einer Naturerscheinung ausgehen und an sie
anknüpfen um in der Sprache ein Uebersinnliches uns und andern
deutlich zu machen, — man denke an die Wörter Aufklärung,
Ermessen, — so hebt das Volkslied gern mit einem Naturbild
in und macht es zum Symbol der Seelenstimmung, die dadurch
ihrer selbst inne wird, während der Kunstdichter seine Gefühle
und Gedanken beherrscht und sie im Gleichniß veranschaulichend
so an die Einheit alles Lebens, den Zusammenklang des Sinnlichen und Seelischen mahnt. Die Chinesin singt:

33*

> Die Wasserlilie wächst im See, sie steht in Blüte;
> Um einen schönen Mann ist weh mir im Gemüthe.

Der deutsche Bursch:

> Daß es im Walde finster ist machen die Tannenäst,
> Daß mich mein Schatz nicht will das weiß ich fest.

So hebt auch Goethe volksthümlich an: Wenn die Reben wieder
blühen, regt sich der Wein im Fasse, — und entwickelt daraus
sein Nachgefühl der Liebe.

Der Epiker stellt Gleichniß und Sache nebeneinander, der
Dramatiker läßt sie lieber ineinanderspielen. So Schiller's Don
Cäsar bei der Frage nach dem Namen seiner Braut:

> Fragt man
> Woher der Sonne Himmelsfeuer flamme?
> Die alle Welt verklärt erklärt sich selbst,
> Ihr Licht bezeugt daß sie vom Lichte flamme.
> Ins klare Auge sah ich meiner Braut,
> Ins Herz des Herzens hab' ich ihr geschaut:
> Am reinen Glanz will ich die Perle kennen,
> Doch ihren Namen weiß ich nicht zu nennen.

Das führt zur Metapher, welche Sinn und Bild nicht mehr
scheidet, sondern das Bild statt der Sache setzt. So sagt Wallenstein nicht: Im Drang der Noth wird man meine Kraft erst recht
erkennen, wie die Sterne in der Nacht sichtbar werden, sondern
metaphorisch: „Nacht muß es sein wo Frieblands Sterne strahlen."
So nennt Macbeth den Schlaf selbst das Bad der sauren Lebensmühe, den Entwirrer des verworrenen Sagenknäuels. So reden
wir von der Wolke des Grams, vom Sturm des Innern, und
Lenau läßt umgekehrt eine dunkle Wolke als Gedanken am Antlitz
des Himmels wandeln. Da gilt es im Bilde zu bleiben und
nicht wieder in die gewöhnliche Sprache zu fallen, wie wenn
man einem das Lebenslicht nicht ausbläst, sondern verkürzt, noch
Bilder verschiedener Art ineinanderfließen zu lassen, wie im
Trostspruch: „Der Zahn der Zeit, der schon so manche Thräne
getrocknet hat, wird auch über diese Wunde Gras wachsen lassen."
Solche Verstöße nennt man Katachresen. Sie sind der erregten
Phantasie der Semiten geläufig; von einem zum andern fort-
eilend kennen sie die Ruhe der plastischen Kunst nicht, die jedes

für sich durchbildet, wie bei den Griechen. Wie bist du vom
Himmel gefallen, du schöner Morgenstern! beginnt ein Prophet
von dem König von Babylon; wir erwarten weiter: Wie ist dein
Glanz erloschen im dunkeln Sumpf; aber es heißt: Bist hin zur
Erde geworfen, der du Völker niederwarfst. Ein anderer personificirt Israel als Weib, das wird geschlagen und wankt wie ein
Rohr; das Rohr wird zur Strafe aus dem Boden gerissen, der
Boden ist das Land der Väter, aus dem das Volk, nun nicht
mehr personificirt, vertrieben ward. „Gott wird Israel schlagen
daß sie wanke wie ein Rohr, und wird es herausreißen aus dem
Boden, aus dem Lande das er den Vätern gegeben hat, und wird
das Volk zerstreuen jenseit des Stromes." Bei Shakespeare charakterisirt es die furchtbar erregte Seelenstimmung Macbeth's,
wenn er über Duncan's Mord brütend aus einem Bild ins andere
fällt. Bei Dante und Goethe ist es die Analogie von Schall und
Licht, wenn sie dieses erklingen oder im Dunkel verstummen, die
Sonne schweigen lassen. Mit Recht fordert die persische Poetik
daß man im Bild bleibe. Sind Locken Wolken so glänzt das
Auge zwischen ihnen wie der Mond, und ist das Gesicht der Tag,
so leuchtet es aus der Nacht der Locken; ist der Tag der gold-
mähnige Morgenlöwe, dann flieht die Nacht vor ihm, die dunkel-
äugige Gazelle.

In der Ueberhäufung von Bildern und Gleichnissen hebt der
eine Eindruck den andern auf, und das Ganze wird in verschnör-
keltem Zierath aufgelöst wie im Marinismus, Gongorismus;
geschminkte Redensarten verdrängen die einfachen Naturlaute, ge-
suchte Umschreibungen den schlichten Ausdruck der Sache, das
äußerlich Gemachte, bauschig Aufgeputzte tritt an die Stelle des
frisch Gewachsenen und in Klarheit Schönen.

b. Der Vers.

Die Bildlichkeit der Rede, die sinnliche Veranschaulichung der
Gedanken entspricht dem Wesen der Poesie, welche als Kunst das
Allgemeine der Begriffe, der Gesetze in besondern Charakteren
und Ereignissen darstellt. Sie thut dies gleich der Musik in der
Gestaltung des fortschreitenden Lebens, der Entwickelung der Ge-
fühle, Vorstellungen, Handlungen im Flusse der Zeit, und ihrem
Ziele, der Schönheit gemäß tritt nun die Einheit in der Mannich-

faltigkeit des Nacheinander ideell in der harmonischen Gliederung
des Werks und materiell im Rhythmus und Wohllaut der Sprache,
in der melodischen Entfaltung und dem das Besondere durchwaltenden Ebenmaß der Worte, der Sätze, in einer gesetzlich geordneten wohlgefälligen Bewegung hervor. So ergibt sich sachgemäß
oder vernunftnothwendig das musikalische Element der Poesie, der
Vers. [Das Wort kommt hier seinem Klang, seinem Accent, seiner
Zeitdauer nach in Betracht, der Laut als solcher kommt zur Geltung neben dem Gehalt des Gedankens, der in ihm vernehmlich
wird.] Gruppen von Silben sind in den Worten zu Lautgebilden
verbunden und werden zu rhythmischen Reihen aneinandergefügt,
mannichfaltig wie die melodischen Tonfolgen in der Musik; hat
sich doch auch die Poesie ursprünglich im engsten Anschluß, oder
lieber noch ungeschieden eins mit derselben entwickelt. That und
Ruhe, Spannung und Lösung, Ein- und Ausathmen machen in
ihrem Wechsel den Rhythmus des Lebens aus, den die Musik im
Wechsel von Arsis und Thesis, im Unterschied der ganzen und
halben oder weiter halbirten Noten, die Poesie im Wechsel von
Hebungen und Senkungen, von langen und kurzen, betonten oder
unbetonten Silben abspiegelt.

Wie eine Idee und eine Grundstimmung das Kunstwerk beseelt, so waltet auch ein einheitliches Gesetz in der Bewegung der
Worte und führt zu einem beständigen Rhythmus, welcher alles
Mannichfaltige in sich hegt und gleich dem gemeinsamen Licht
alle Gestalten umfließt, gleich dem allgemeinen Schicksal sie alle
beherrscht. Und nicht blos im Ganzen des Gedichts, in jedem
einzelnen Vers wird uns dies Wohlgefällige der Gliederung, diese
Einheit im Wechsel offenbar und vernehmlich, fortwährend auf
dem ganzen Weg zum Ziel werden wir derselben inne, und wie
die Blätter den Baum im Kleinen zeigen und in gleichem Typus
alle sich zu einer Krone wölben, so die Verse in Bezug auf das
Ganze des Gedichts; das Kunstwerk fügt sich aus lauter nach
demselben Princip geformten Einzelstücken zusammen, wie eine
Symphonie aus Takten und Taktgruppen, ein Tempel aus be-
hauenen Steinen, aus regelmäßig geordneten, in-einander gleichen
Säulen, Triglyphen und Metopen.

Durch den Vers kommt ferner die äußere Erscheinung des
Gedichts zu der Geschlossenheit und gediegenen Formbestimmtheit
welche die Kunst verlangt: jedes Wort erhält seinen unverrückbaren Platz gemäß seiner Lautbedeutung, es gilt nicht mehr für

sich, sondern nach seiner Stellung als Glied des Ganzen, gerade wie die Striche und Punkte der Zeichnung im Umriß eines Gemäldes; die Silben fügen sich nach einem vorgeschriebenen Gang aneinander, und es bleibt nichts Müßiges, Gleichgültiges, sondern alles wirkt zum Ganzen zusammen. In der metrischen Form empfängt der Gedanke sein monumentales Gepräge; so bleibt er auch in seiner Urgestalt behaltbar und haftet im Gedächtniß. Die metrische Rede ist ein geordneter Sprachbau, in ihr macht nach einem arabischen Spruch jedes Wort einen Pfosten oder eine Säule aus, die eben hier am rechten Orte stehen; die Worte, sag' ich lieber, gleichen den Steinen im Gewölbe.

Der Vers verleiht dann dem Gedanken seinen wohlgefälligen Ausdruck für Stimmungen und Empfindungen: eine raschere oder langsamere, aufsteigende oder absinkende Bewegung entspricht der Welle des Gefühls und ihrem Gang. Der gesetzlich geordnete Wechsel der Hebungen und Senkungen, hoch betonten und minder betonten, lang und kurz ausgehaltenen Laute macht die gebundene Rede aus; aber Schönheit ist Freiheit innerhalb der Ordnung, selbstgewollte Gesetzeserfüllung, und darum soll das Gesetz nicht wie eine Fessel, sondern wie die naturgemäße Bildungsnorm erscheinen; ungezwungen fügen sich ihm die Worte, sie scheinen für sich dazustehen und sind doch in inniger Beziehung aufeinander, und die Kunstform erscheint wie das selbstbestimmte Maß der Gedanken und ihrer Gestaltungskraft. Aber die gebundene Rede im Unterschied von der gewöhnlichen und alltäglichen Sprachweise lenkt sofort unsere Aufmerksamkeit auf die Form, auf das Aesthetische; der Stempel der Kunst ist den Worten aufgedrückt. Das feste Maß ist ein Beharrendes im Flusse der Zeit, und wirkt sofort beruhigend bei der Erregung, in welche uns die Mannichfaltigkeit der Gedanken und Worte versetzt. Vers und Prosa verhalten sich wie Kunst und Natur; unnatürlich soll auch die Kunst nicht sein, darum sollen die Verse ungezwungen dahinströmen, wohllautend und die Stimmung des Gedichts ausdrückend, mikrokosmisch wie die Kunst, im Einzelnen das Ganze spiegelnd, im Leben selbst das Ideal des Lebens verwirklichend.

Musikalisch gliedern sich die Silben gleich den Tönen zunächst als Längen und Kürzen oder als Hebungen und Senkungen; diese werden bestimmt durch den Accent, durch den Nachdruck auf das inhaltlich Bedeutende, jene durch die Zeit, welche man auf ihre Aussprache verwenden muß; das Zusammentreffen mehrerer

Consonanten, die Position, fordert da auch ein längeres Verweilen, wo sonst die Stimme weiter eilen würde. Dies mehr
äußerliche Princip hat die griechische und lateinische, das mehr
innerliche die deutsche Poesie durchgeführt; wir messen eigentlich
nicht, sondern wägen die Silben. In seinen physiologischen Grund-
lagen der neuhochdeutschen Verskunst hat Ernst Brücke dargethan
daß der Accent als die nachdrückliche Betonung einer Silbe durch
Verstärkung des Ausathmungsdruckes erzeugt wird. Beim Sprechen
setzen wir die Muskeln in Thätigkeit mittels welcher wir die Luft
der Lungen zur Stimmritze hinaustreiben, Rumpfmuskeln welche
unsere Brusthöhle verengen können. Für das ruhige Ausathmen
bei geöffneter Stimmritze ist keine besondere Muskelaction nothwendig; sie erfolgt von selbst durch das Freiwerden der elastischen
Kräfte die beim Einathmen aufgespeichert worden sind; sobald
wir aber sprechen oder singen, so beginnen die Muskeln, welche
die Brusthöhle erweitern oder verengern können, ihr Spiel, und
lassen, bald jene elastischen Kräfte verstärkend bald ihnen ent-
gegenwirkend, die Luft der Lungen bald unter schwächerem bald
unter stärkerem Druck zur Stimmritze hinfließen. Der stärkere
Druck macht den Ton lauter, und diese Lautverstärkung ist der
Accent. Da sich bei stärkerem Druck zugleich die Stimmbänder
mehr spannen und nähern, so erfolgt mit dem Accent auch eine
Erhöhung des Tons. Nach der Stärke des Ausathmungsdrucks
unterscheidet man Accente erster und zweiter Ordnung als Hochton
und Tiefton, die man mit ' und ` bezeichnen kann, Hóchmùth,
Vàterlánd. Die Silbengruppen, aus welchen die Verse aufgebaut
werden, die Versfüße, werden durch Hebung und Senkung der
Stimme, Arsis und Thesis, unterschieden; aber auch die Hebungen
sind solche erster und zweiter Ordnung, und jene sind diejenigen
welche den Ictus haben, wie die männliche Cäsur im Hexameter
und Pentameter, und für diese wähle man hochtonige Silben um
den Charakter des Verses lernbar zu machen.

Die Hebung oder die Länge ist das Bedeutende und kennzeichnet
den Vers: bewegt er sich von der Kürze oder Senkung aus zu
ihr hin, so haben wir eine aufsteigende, geht er von ihr aus,
eine absinkende Weise des Tonfalls, den Jambus ◡— oder Trochäus —◡. Zwei Kürzen vor der Länge oder nach derselben
verstärken und beschleunigen im Anapäst ◡◡— oder Daktylus
—◡◡. Der Jambus ist darum der Vers des Strebens, des
Dranges nach einem Ziel, der Vers des Dramas, der Poesie der

Thal; umgekehrt: beginnt der Hochton, so geht von auf sich selbst beruhender Kraft die Bewegung aus, die Welt zu betrachten, und so ist der trochäische Vers der epische, der Vers der Beschauung. Wird die Senkung durch eine tieftonige Silbe gewichtiger, so entsteht der Spondäus mit zwei Längen ‒ ‒. So haben die Griechen aus sechs aufsteigenden und sechs absinkenden Versfallen ihren dramatischen und epischen Vers gebildet, für den letztern haben die Serben fünf, die Spanier acht absinkende Silbengruppen. Zwei Längen füllen den Takt des Hexameters bei den Griechen, aber mit Ausnahme der letzten Silbe kann die zweite Länge durch zwei Kürzen ersetzt werden, im Daktylus, der dem Vers dann leichtere raschere Bewegung gibt. Wie das Auge beim Tanz, beim Wellenschlag durch die periodische Wiederkehr gewisser Bewegungen befriedigt wird, so das Ohr durch die symmetrischen oder ebenmäßigen Bewegungen in Hebung und Senkung der Stimme, in langen und kurzen Silben.

Ich habe bereits bei der Betrachtung der bildenden Kunst und der Musik darauf hingewiesen wie Freiheit und Ordnung sich lebendig verbinden. Der rhythmische Gang der Töne ist taktlich gegliedert, die Melodie aber würde leiermäßig, wenn die für ihre Entwickelung bedeutenden Töne stets mit den Arsen zusammenfielen. Ebenso entsprechen die rechte und linke Seite des menschlichen Körpers einander streng symmetrisch, aber wenn der Plastiker eine Gestalt so hinstellt, dann erscheint sie starr und steif, architektonisch gebunden, — sie wird lebendig, wenn der eine Fuß trägt, der andere spielt, der eine Arm erhoben, der andere gesenkt ist. So wird der Vers langweilig und eintönig, wenn die Silbengruppen, die ein Wort bilden, stets auch mit dem Versfall zusammenfallen, z. B.

> Viele Menschen folgen ihrer Sinne Lüsten
> Geschwind einmal allein ins Feld hinaus.

Die Bewegung aber behält ihr Maß und das Metrum bleibt bestehen, wenn auch die Worte aus einem Takt in den andern hinüberreichen, wenn durch das Ende eines Worts ein Ruhepunkt der Rede mitten in den Jambus oder Trochäus hineinfällt. So entsteht ein Kampf zweier Principien, der Worte und Versfüße, und die Cäsur, ein Einschnitt gegen die Mitte des Verses hin, zeigt diesen Kampf auf der Spitze, während am Schluß die Auflösung und das Zusammentreffen von Wort- und Versfußenden erfolgt. So gewinnen wir Spannung und Lösung, Anregung und Befriedigung, Freiheit und Ordnung, diese Elemente der Schönheit auch hier. Der erste Vers der Ilias hat das metrische Schema

$$-\cup\cup\,|\,-\cup\cup\,{}^\prime\,-\,-\,|\,-\cup\cup\,|\,-\cup\cup\,|\,-\cup$$

Aber nach den Silbengruppen der Worte gewinnt er diese Gestalt

$$-\cup\,|\,\cup\,-\cup\,|\,\cup\,-\,|\,-\,-\cup\cup\,|\,-\cup\cup\,-\cup$$

Der Vers beginnt und schließt absinkend, aber das zweite Wort steigt an und sinkt ab, das dritte steigt an und ruht auf seiner Höhe, dann folgt ein Ansteigen und ein absinkender, dabei sich wieder zur Höhe erhebender Gang, und nach flüchtigem Emporeilen das ruhige Ausklingen:

Μῆνιν ἄειδε θεά Πηληϊάδεω Ἀχιλῆος.

Und so lesen wir, wenn wir nicht schüler- und leiermäßig scandiren; der Versfall wird verschleiert wie in der Musik; innerhalb des gemessenen Ganges haben wir ein bald langsameres bald schnelleres Auf- und Abwogen, Daktylen und Trochäen im Metrum und Anapästen oder Jamben in den Worten, und doch in der Art und Weise wie sie ineinandergeschlungen sind das Gesetz aufrecht erhalten, aber auf originale Weise selbstkräftig erfüllt. Aehnlich gibt die Cäsur dem dramatischen Jambus in der zweiten Vershälfte ein absinkendes Gepräge

$$\cup\,-\cup\,-\cup\,|\,-\cup\,-\cup\,-\cup$$

Nicht mitzuhassen,   mitzulieben bin ich da.

Sein oder Nichtsein   das ist hier die Frage.

Die Stimme steigt bis zur zweiten Hebung, und senkt sich dann abwärts, der Vers wird zur bewegten Welle. Für seine Dauer oder für eine Gruppe kleinerer Verse bildet der menschliche Athemzug das Maß. Ein abgerundeter Gedanke ist darin ausgedrückt:

Die Weltgeschichte ist das Weltgericht.
Das Einfachschöne wird der Kenner loben.

Aber auch das würde ermüden, wenn nicht mitunter der Gedanke aus einem Vers in den andern hinübergriffe, ein frischer

Inhalt innerhalb des Verses seine Entfaltung begönne. In Versgruppen wiederholt sich dann die freie Schönheit des einzelnen
Verses. Pausen der Rede, Accente der Declamation fügen den
individuellen Ausdruck zum festen Maß des allgemeinen Gesetzes.
Die Länge oder Hebung schließt ab, die Kürze oder Senkung ver-
flingt ins Unbestimmte hinaus, wie Gretchens Ruf am Ende des
ersten Theils von Faust: „Heinrich, Heinrich!" Das ist noch
kein befriedigender Schluß wie im zweiten Theil: „Das Ewigweibliche zieht uns hinan!" Man nennt das erstere auch weiblich,
das andere männlich. Das Epos in Hexametern gleicht dem unendlichen Meer mit seinem unerschöpflichen Wellenschlage; tritt
der Pentameter hinzu, so gewinnen wir einen beruhigenden
Abschluß.

Hier haben wir bereits eine kleine Gruppe aus zwei verwandten, aber doch unterschiedenen Versen gebildet; Schiller hat
sie trefflich bezeichnet:

> Im Hexameter steigt des Springquells flüssige Säule,
> Im Pentameter drauf fällt sie melodisch herab.

Als Hexameter hieße die zweite Zeile: Im Pentameter drauf
da fällt sie melodisch herunter. Nach der männlichen Cäsur in
der Mitte aber wird die folgende Silbe durch eine Pause ersetzt,
und sogleich wieder wendet sich die zweite Hälfte ohne einen aufstrebenden Vorschlag abrollend zum Schluß, der dadurch bezeichnet
ist daß auch hier die Kürze abgeworfen wird, und die betonte
Länge ein in sich beruhigtes Ende bringt.

Größere Versgruppen zeigen das Gesetz der Dreigliedrigkeit:
Satz, Gegensatz und Vermittelung. So das Sapphische Versmaß.
Es ist beschaulicher Art, „still und bewegt"; der ruhige Fluß der
Trochäen wird in der Mitte durch einen Daktylus beschleunigt,
und findet sich eine Cäsur innerhalb desselben ein, so erhält der
Vers für einen Augenblick einen aufstrebenden Gang, eine iambische Färbung, die aber durch das trochäisch weibliche Ausklingen
gemildert und aufgelöst wird. Das Metrum der ersten Zeile
wird nun in der zweiten wiederholt, und dann folgt als drittes
Glied noch eine längere Zeile, die nach dem Maße der ersten
noch ein verkürztes Bild desselben in der Verbindung eines Daktylus mit einem Iambus zum Schluß enthält, was dann gewöhnlich als zweiter kleiner Vers des Abgesanges geschrieben

wird; aber da bei den Alten selbst nicht selten ein Wort aus der
dritten Zeile in die vierte hinüberlangt, so beweist dies die ursprüngliche Zusammengehörigkeit selber:

$$\smile\; \underline{\quad}\; \smile\; \underline{\quad}\; \smile\; \smile\; \underline{\quad}\; \smile\; \underline{\quad}\; \smile$$
$$\underline{\quad}\; \smile\; \smile\; \underline{\quad}\; \smile$$

> Warmes Purpurlicht aus der Himmelsbläue
> Schimmernd im metallenen Meeresspiegel
> Wiegt sich auf verhallenden Glockentönen:
> Ave Maria!

Die Strophe des Alkäos dagegen ist ein stürmisches Auf- und
Abwogen: zwei Jamben mit einem Nachschlag steigen empor,
zwei Daktylen senken den Ton wieder herab, doch ohne ihn verschweben zu lassen, da die letzte Silbe auch eine Länge oder Hebung sein kann; dies wiederholt die zweite Zeile, und der Schluß
wird so gebildet, daß in einer dritten Zeile das Anstreben, in
einer vierten das Absinken der Woge wie verdoppelt erscheint,
indem es anfangs daktylisch rasch, dann trochäisch langsamer
dahinrollt.

$$\smile\; \underline{\quad}\; \smile\; \underline{\quad}\; \smile\; \underline{\quad}\; \smile\; \underline{\quad}\; \smile\; \underline{\quad}\; \smile\; \times$$
$$\smile\; \underline{\quad}\; \smile\; \underline{\quad}\; \smile\; \underline{\quad}\; \smile\; \underline{\quad}\; \smile\; \underline{\quad}\; \smile\; \times$$
$$\smile\; \underline{\quad}\; \smile\; \underline{\quad}\; \smile\; \underline{\quad}\; \smile\; \underline{\quad}\; \smile$$
$$\underline{\quad}\; \smile\; \smile\; \underline{\quad}\; \smile\; \underline{\quad}\; \smile$$

> Nicht mehr zu deuten weiß ich der Winde Stand,
> Denn bald von dorther wälzt sich die Wog' heran,
> Und bald von dort, und wir inmitten
> Treiben dahin wie das Schiff uns fortreißt,
> Mühselig ringend wider des Sturms Gewalt,
> Denn schon des Mastes Fußende bespült die Flut,
> Und von zerborstnen Segeln trostlos
> Flattern die mächtigen Fetzen abwärts.
>
> (Geibel nach Alkäos.)

Treten zwischen zwei Längen eine oder mehrere Kürzen, so
hebt sich der Ton selbst wieder zum Ausgangspunkt empor, der
Vers schwingt sich wie im Tanz um sich selbst herum: liebevoll,
wonnebeglückt; die asklepiadeische Strophe ist danach gebildet;
die einander entsprechenden ersten Verse sind ganz symmetrisch
gebaut, die abschließenden so gestaltet daß der erste weiblich ver-
langend ausklingt, der zweite, wieder symmetrisch, mit energischem
Hochton endet.

```
  ‿◡‿◡‿◡ ‿◡‿◡‿—,
  ‿◡‿◡‿◡ ‿◡‿◡‿—
      ‿◡‿◡‿◡
      ‿◡‿◡‿◡—
```

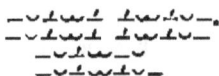

Schön ist, Mutter Natur, deiner Erfindung Pracht
Auf die Fluren verstreut, schöner ein froh Gesicht,
    Das den großen Gedanken
    Deiner Schöpfung noch einmal denkt.

Mannichfaltiger, großartiger sind Pindar's Maße; ebenso
die der Tragiker. Klopstock und Platen haben auch im Deutschen
einige glückliche Bildungen.

Die Dreigliedrigkeit entdeckte Jakob Grimm auch bei unsern
Minnesängern. Die Meistersänger nannten die gleichen Theile
Stollen, den ungleichen Abgesang. Grimm symbolisirt die Form
durch ein Kleeblatt, und erinnert daran wie der Schlußstein in
einem Gewölbe eine ungleiche Zahl macht. Walther von der
Vogelweide singt:

Unter der Linden
    Auf der Heide,
    Wo ich mit meiner Hebel saß,
Da mögt' ihr finden
    Wie wir beide
    Die Blumen brachen und das Gras.
In dem Wald mit lautem Schall,
    Tandaradei
    Süß sang die Nachtigall.

In vielen Volksliedern waltet noch diese Dreigliedrigkeit, und
Goethe fand sie in mehrern seiner schönsten und kunstvollsten
Dichtungen wieder, im Sänger, in Mignon's Kennst du das Land,
im Gott und der Bajadere, in der Braut von Korinth.

Durch den Rhythmus drückt endlich der Dichter nicht blos
seine Stimmung und das leichtere oder gehemmtere Wogen seiner
Gefühle aus, er vermag auch durch Tonfall und Klang der Worte
ein gezeichnetes Bild der Bewegung musikalisch abzuschatten. Dem
Araber heißt die Beschreibung die beste welche das Ohr zum Auge
umwandelt. So Homer's bekannter Hexameter:

αὖτις ἔπειτα πέδονδε κυλίνδετο λᾶας ἀναιδής
Wieder zum Grunde hinunter entrollte tückisch der Felsblock.

„Hölzerne Flegel zerdreschen euch herzlos", sagt Heine von
den Feldblumen; e caddi como corpo morte cade sagt Dante;
Klopstock malt in der Ode vom Eislauf wie die Füße wechselnd
kraftvoll ausgreifen und dann zusammen ruhig dahingleiten; und
wie anmuthig veranschaulicht Platen die bei Orpheus' Gesang
mitfühlende Natur:

> Auf dem Zweig saß ruhig der Aar, und die Ceder
> Bengte voll Sehnsucht zu dem Sänger herab
> Ihr im Luftraum schwelgendes Haupt,
> Während seinem Ton sich sanft aufschütterten bebende Rosen.

Wir haben in unserer Sprache durchweg die logische Betonung: da wo die Wurzel oder Stammsilbe den Begriff ursprünglich bezeichnet, liegt der Accent; über die Nebenbeziehungen gehen
wir leichter hinweg, können aber auch sie nachdrücklich hervorheben,
wenn der Sinn es verlangt; im Vers wie in der Prosa herrscht
der geistige Gehalt in der Werthung der Worte. Anders war
es im Griechischen. Der Dichter kehrt sich nicht an den Accent
der gewöhnlichen Rede, sondern er unterscheidet Längen und Kürzen
je nachdem der Vocal gedehnt oder geschärft ausgesprochen wird,
oder am Ende und Anfang zweier Worte Consonanten zusammentreffen oder nicht; die Zeit die man zur Aussprache braucht ist
das maßgebende Princip, und die größere Dauer gibt der Silbe
den doppelten Werth im Vers. Der ursprüngliche Zusammenhang
mit der Musik erklärt dies; daß aber die Griechen als die Poesie
selbständig ward doch diese Weise beibehielten, hängt damit zusammen daß sie sich allmählich gewöhnten auch in zusammen-
gesetzten Wörtern wie νεφεληγερετης, Wolkenversammler, den
Accent um der bequemeren Aussprache willen mehr zurückzulegen;
dann aber betonten sie die Endungen mehr und mehr, weil in
diesen die mannichfaltigen Beziehungen des Casus, der Zahl, der
Lage, des Geschlechts, der Zeit in der Flexion, der Beugung der
Endsilben liegen, was wir durch Artikel, Hülfszeitwörter ausdrücken. Wir sagen: Sie beide möchten geliebt worden sein; der
Grieche hängt an den Stamm φιλ alle diese Bestimmungen an
und sagt φιληθειητην. Da darf er die Endungen nicht ver-
schlucken, da muß er sie betonen, und so gewöhnte er sich zu reden
wie wir wenn wir decliniren: der Männer, den Männern. So
legte er den Ton auf die Endungen, und wenn er einmal καλός
oder σοφός für κάλος, σόφος sagte, dann tonate die des Hoch-

tons in der Prosa beraubte Stammsilbe auch in der Poesie als
Kürze behandelt werden. Wahrscheinlich ließen die Griechen doch
die Accente der Prosarede merklich werden, wenn sie Silben nach
der Dauer abmaßen, diese Dauer aber nicht wie in der Prosa
mannichfaltig sein ließen, sondern streng wie in der Musik an
das Verhältniß von 1 : 2, des ganzen und halben Tones banden.
So haben sie die Leiblichkeit der Sprache plastisch und formell
schön gestaltet, während bei uns das geistige Princip des Charakteristischen und des Logischen vorwaltet.

Im Mittelhochdeutschen hielt die Verskunst sich nur an die
accentuirten Silben, die Hebungen und ihre Zahl; Senkungen,
tonlose Silben konnten vor oder nach stehen oder ganz fehlen. Als
diese Feinheit sich im formlosen Knittelvers verloren, trat Opitz
durch Gesetz und Beispiel mit der Neuerung auf: fortan nach
dem Vorbild der Alten regelmäßige Rhythmen durch Jamben,
Trochäen, Daktylen zu bilden und die Längen und Kürzen durch
nachdrücklich hervorgehobene und flüchtig gesprochene Silben zu
ersetzen. Nun bildete Klopstock die antiken Rhythmen mit gutem
Fug in der Weise nach daß er an die Stelle der Längen und
Kürzen accentuirte und nicht accentuirte Silben setzte. Voß that
in der Zeitmessung der deutschen Sprache und in seiner Ueber-
setzerpraxis den weitern und preiswerthen Schritt: daß er alle
Stammsilben lang nahm, also Jahrhundert nicht mehr $\smile\cup\cup$,
sondern $\_\_\cup\cup$ maß; gewichtige Bildungssilben wie bar, heit, haft
nannte er mittelzeitig, sodaß sie nach Belieben für Kürzen oder
Längen dienten; am besten stehen sie an der zweiten Stelle im
Spondäus: furchtbar, mannhaft. Gibt man einer Stammsilbe
die den Hochton nicht hat eine accentuirte Stelle im Vers, setzt
man sie in die Arsis, oder eine hochbetonte in die Thesis, so
entsteht ein neues Element von Kampf und Versöhnung, ein Analogon des Septimenaccords oder der schwebenden Temperatur in
der Sprache: im Vortrag dämpfen oder mildern wir den Hochton,
stärken und heben den Tiefton. Wörter wie Wirthshäuser, auf-
richtig, gestatten wir nicht mehr daktylisch zu gebrauchen; den
tieftonigen Silben ersetzt man durch etwas längeres Verweilen
was ihnen an Energie des Accents mangelt. Mäßig angewandt
und gut vorgetragen verhindert der Widerstreit von sprachlich
natürlichem und rhythmischem Accent, von Tiefton und Ictus,
das Leiermäßige im Vers, und kann den Sinn selbst veranschaulichen. Schildert Schlegel in den Hexametern auf den Hexameter

wie plötzlich der Wog' Abgründe Sturm aufwühlt, so accentuiren wir Abgründe, aufwühlt, das Metrum fordert aber Abgründe, aufwühlt; der Apostroph wie der veränderte Accent stellt uns für einen Augenblick selbst vor einen Abgrund, über den wir hinaus- müssen, und wir spüren selbst im Vortrag die Mühe des Sisyphos, lassen wir ihn seinen Felsblock „mit großer Gewalt fortschieben". Und mir dünkt es kein Fehler, wenn der Dichter die gereim- ten Verse nicht so schulmäßig streng scandirt, sondern inner- halb der Silbenreihe es dem Leser überläßt das Gleichgewicht des Ganzen so zu erhalten daß er über accentlose Silben rascher hin- eilt und die Accente dafür gewichtiger macht. So lesen wir in Schiller's Glocke „doch köstlicheren Samen bergen" nicht streng iambisch, wodurch auf er im Beiwort ein Accent fiele, sondern wir halten köst etwas kräftiger aus; wir lesen: „Lieblich in der Bräute Locken spielt der jungfräuliche Kranz" wie wenn das Schema wäre: $\underline{} \cup \cup \underline{} \cup \underline{} \cup \underline{} \cup \underline{} \underline{}$; der trochäische Ton- fall klingt doch durch, reizvoll belebt, sobald am Anfang und Ende das Maß bestimmt im Zusammentreffen von Vers- und Wortaccent vernehmlich wird.

Die Poesie als die Kunst des Geistes hat ursprünglich mit dem innern Rhythmus begonnen und den Gedanken so gegliedert daß Vor- und Nachsatz, Grund und Folge im Parallelismus der Rede einander entsprechen. So finden wir dies als Kunstgesetz bei den Hebräern; zwei Glieder verstärken einander:

> Er spricht, so geschieht's,
> Er gebeut, so steht's da.
> Die Himmel erzählen die Ehre Gottes,
> Die Erde verkündet seiner Hände Werk.

Die Empfindung, der Gedanke wird auf zweifache Weise aus- gedrückt, es ist eine Wiederholung wie in der Musik, jedoch der Poesie gemäß so daß ein anderes Bild, eine frische Wendung zur Bezeichnung des Gedankens gebraucht wird. Die Form ist für die Lyrik angemessen, für epische Erzählung, für die zum Ziel vordringende dramatische Rede aber ganz ungeeignet. Die Hebräer haben auch kein Drama, und erzählen auch ihre Sagen in Prosa. Neuerdings nun haben hieroglyphische Inschriften der Aegypter und Thontäfelchen der Babylonier und Assyrer dargethan daß auch sie den Parallelismus übten. In mesopotamischen Lehr- sprüchen heißt es:

Wer nicht fürchtet seinen Gott wird dem Rohr gleich abgeschnitten,
Gleich dem Stern des Himmels zieht er ein den Glanz,
Gleich Wassern der Nacht verschwindet er.

Oder es heißt von Ramses dem Großen:

Der König ist wie ein Löwe in den Bergen,
Sein Brüllen läßt die Erde erzittern;
Er trägt das Land mit der Kraft seiner Rechten,
Der Sonne Glanz ist offenbart in seinen Lenden.

Wie sich die Bewegung des Lebens in Spannung und Lösung
auf und ab ergeht, so läßt dieser Gedankenrhythmus im ersten
Vers die aufsteigende, im andern die absinkende Welle deutlich werden; in jedem Vers ist Hebung und Senkung, aber
im ersten waltet das Anstreben, das Einathmen, im andern das
Ruhigwerden, das Ausathmen vor. Das Geistige des Hebräer-
thums, das Architektonische des Aegypterthums spiegelt sich in
dieser poetischen Form. Sie konnte genügen für jene Zeit da
man das Bildliche im Worte noch empfand und das Lautgefühl
noch lebhaft war; seitdem aber die sinnliche Frische verwelkt ist,
bedürfen wir weiterer Hülfen, indem nun das Gleichmaß des Gedankens in dem gleichen Rhythmus beider Glieder auch vernehmbar wird, oder indem bedeutende Worte, auf denen der Nachdruck
des Gedankens liegt, und die seine Träger im Satze sind, durch
den gleichen An- oder Auslaut hervorgehoben und zugleich auch
auseinander bezogen werden. Ein Gleichklang am Ende zweier
Verse bindet sie für das Ohr aneinander, und die Einheit wird
doch empfunden, wenn nun auch der Inhalt mannichfaltiger wird
und sich frei fortbewegt, indem nun alles doch im gleichen Maße
sich entwickelt oder harmonisch zusammenstimmt.

Diese neuen Elemente der dichterischen Sprache, Alliteration,
Assonanz und Reim, fassen wir nun ins Auge. Ein treffliches
Schriftchen von Poggel hat sie anziehend dargestellt, sodaß wir
uns ihm mehrfach anschließen, die Sache aber eigenthümlich begründen. Betrachten wir zunächst den Stabreim, der darin besteht daß die Wörter den gleichen Anfangsbuchstaben haben, wobei
vornehmlich die Consonanten in Betracht kommen; die Vocale
werden einander gleichgeachtet. Jeder Consonant hat aber seine
Bedeutung und Wirkung. Das R wird durch eine rollende Bewegung der Zunge gebildet und dient daher für ihre Bezeichnung;
es steht in rasch, Roß, Rad, rennen, rinnen, rauschen an seinem

Ort, und wenn mehrere Wörter der Art schnell aneinanderfolgen, so tritt sein Klangcharakter hervor; weicher ist l, sein Wesen liegt offen im indischen li fließen, es eignet sich für das Lispeln der Liebe. Die Aehnlichkeit von stumpf, starr, steif, störrisch, stet ist klar. Goethe sagt in der classischen Walpurgisnacht:

> Jedem Worte klingt
> Der Ursprung nach, wo es sich her bedingt:
> Grau, grämlich, griesgram, gräulich, Gräber, grimmig,
> Etymologisch gleicherweise stimmig,
> Verstimmen uns.

So lieben wir denn Haus und Hof, Wind und Wetter, Lust und Liebe, Wort und Werk zusammenzustellen, auch polare Bezüge in Wohl und Weh, Leid und Lust so hervorzuheben, oder das Beiwort zu verstärken in grasgrün, bitterbös, rosenroth. Das Ohr verweilt bei dem gleichen Klang, während der Geist auf eine verwandte Vorstellung gerichtet ist; so entsprechen das Innere und Aeußere einander. Das wird nun das Kunstprincip der allgermanischen Poesie, während es von den Griechen und Römern nur gelegentlich verwerthet worden ist. Innerhalb eines Satzes werden die sinnschweren Worte durch den gleichen Anlaut dem Ohr markirt:

> Leib für Lust ward ihm zum Lohn.
> Frisch und fröhlich sei des Freien Sohn
> Und kühn im Kampf.

Der Stabreim verlangt vom Dichter schlagkräftige Kürze, die mit wenigem viel sagt; wo der Dichter sich redselig gehen läßt oder ins Kleine und Feine ausmalt, da wird er nun die anlautenden Wörter zu finden gar leicht weitschweifig und langweilig. Andererseits führt der Stabreim zu stehenden Redensarten, wie sie ja aus dem Alterthum in Mann und Maus, Kind und Kegel bis zu uns herüberklingen, und damit zur Erstarrung. Aber neben andern Kunstmitteln gelegentlich verwerthet thut er seine Wirkung. So spricht Goethe von Italien, wo

> Ein sanfter Wind vom blauen Himmel weht,
> Die Myrte still und hoch der Lorber steht.

Oder Schiller:

> Und hohler und hohler hört man's heulen.

Poggel deutet auf ſeine Weiſe die bekannte Strophe aus Bürger's Hohem Lied von der Einzigen. Als Bürger die Selig= keit ſeines Zuſtandes ſchildern wollte, griff er nach dem vollkommen angemeſſenen Wort: Wonne. Nun wünſchte er den Ausdrücken, welche er zur nähern Ausführung heranzog, etwas von dem welchen holden Klang dieſes Wortes; er wiederholte das W, und der Ton der Rede ſtimmt zum Inhalt:

> Wonne wehl von Thal und Hügel,
> Wehl von Flur und Wieſenplan,
> Wehl vom glatten Waſſerſpiegel,
> Wonne wehl mit weichem Flügel
> Des Piloten Wange an.

Die drei Grundvocale ſind u a i; ſie erheben ſich aus der Tiefe zur Höhe, aus dem dunkeln Grund zum klaren Tag, zum Licht der Liebe. Das o ſtebt zwiſchen u und w, ſchwerer wenn gedehnt, wie in Tod und Noth, offen und heller in ſeiner Kürze, wie voll, Sonne. Das e vermittelt den Uebergang von a zu i, in Leben und Schweben hören wir ſeinen Charakter. Wird nun ein Vocal häufig angewandt, ſo verbreitet ſeine Klangfarbe ihren Ton über das Ganze. Die Spanier haben in ihrer Vocalſprache es zum Kunſtprincip gemacht längere Verszeilen mit demſelben Vocal ausklingen zu laſſen, wo dann der dumpfere oder hellere Laut zum Inhalt ſtimmt, wie das u in der Romanze vom Gra= fen Danno in Schack's Ueberſetzung:

> Die Infantin weinte, weinte und ſie hatte Grund dazu;
> Daß ſie unvermählt geblieben ſchuf ihr Kummer und Verdruß.

Und ſo fort bis zum Schluſſe:

> Ein beglücktes Paar zu ſcheiden, ſolche That hat Gott verflucht.

Im Deutſchen wirkt der bloße Vocalton zu wenig bei der Conſonantenfülle, und ſo eignet ſich die Aſſonanz minder für uns, vielmehr ziemt uns eine wechſelvolle und ſinngemäße Voca= liſirung innerhalb der Verſe. So hebt Bürger wohllautreich an: Wann die goldne Frühe neugeboren; — ſo entſprechen die unter= ſchieblichen Klänge dem contraſtirenden Gedanken bei Uhland:

> Der König furchtbar prächtig wie blut'ger Nordlichtſchein,
> Die Königin ſanft und milde als blicke Vollmond drein.

Für das Versende fügen wir zum Vocal auch die ſich ihm anſchließenden Conſonanten und erhalten den Reim, den die Kelten

34*

und Araber ziemlich gleichzeitig zum Kunstprincip gemacht haben,
und der sich bei allen Culturvölkern eingebürgert hat.   Auch hier
verbindet die sprichwörtliche Rede verwandte Begriffe durch den
verwandten Laut: Gut und Blut, Rath und That, weben und
leben.   Und so entspringt der Reim dem Bestreben bei dem Denken
ähnlicher Vorstellungen auch dem Ohr einen ähnlichen Klang zu
bieten, oder die innere Beziehung zweier Sätze oder der Glieder
eines Satzes auch äußerlich laut werden zu lassen, und so durch
die Harmonie des Sinnlichen und Geistigen das Gemüth zu erfreuen.   Wir sagen demgemäß ja auch: Das ist ungereimt; wie
soll ich das zusammenreimen? wo wir einen logischen Widerspruch
oder eine Gedankenverbindung im Sinne haben.   Da der Reim
am Ende der Verse steht und sein Klang wiederholt wird, prägt
er dem Ganzen seinen Charakter auf, wie wenn Goethe singt:

> Sieh diese Sehne war so stark,
> Die Knochen voll von Rittermark.

Aber auch die Vorstellungen der Reimwörter werden dadurch
hervorgehoben, und deshalb soll immer wenigstens Ein inhaltlich
bedeutendes Wort im Reime stehen und andres an sich heranziehen, während ein Widerspruch und Mißbehagen entsteht, wenn
bedeutungslose Wörter durch den Klang ausgezeichnet werden.
So befriedigt uns der Spruch Tell's:

> Doch was ihr thut, laßt mich aus eurem Rath,
> Ich kann nicht lange prüfen, lange wählen;
> Bedürft ihr meiner zu bestimmter That,
> Dann zählt auf Tell, es soll an mir nicht fehlen.

So stellt Helne gerade die Worte auf die es ankommt in den
Reim:

> Anfangs wollt' ich fast verzagen,
> Und ich glaubt' ich trüg' es nie;
> Und ich hab' es doch getragen,
> Aber fragt mich nur nicht wie.

Ganz vorzüglich ist der Reim von Goethe, namentlich auch im
Faust verwerthet; wo dieser den Anfang des Johannisevangeliums
übersetzt, da stehen die Wörter die er versuchsweise wählt, Wort,
Sinn, Kraft, That alle im Reim.
Poggel citirt Mignon's Lied aus Wilhelm Meister:

Nur wer die Sehnsucht kennt
Weiß was ich leide!
Allein und abgetrennt
Von aller Freude
Seh' ich am Firmament
Nach jener Seite.
Ach, der mich liebt und kennt
Ist in der Weite!
Es schwindelt mir, es brennt
Mein Eingeweide.
Nur wer die Sehnsucht kennt
Weiß was ich leide.

Er bemerkt dazu: „In den Reimklängen dieses Gedichtes, den abgebrochenen harten Lauten: trennt, brennt, kennt, und den weich und innig eindringenden: leide, Freude, weide liegt etwas dem Gefühl der Sehnsucht durchaus Analoges. Der erste Laut entspricht dem schneidenden Schmerz, welcher mit der lebendigen Vorstellung des unbefriedigten Verlangens verbunden ist, der zweite dem weichen tiefen Aufklange der sich immer wieder erzeugenden Sehnsucht. Indem nun diese zwei Klänge jedesmal im höchsten Ictus der Strophe stehen und Gehör und Gefühl des Lesers auf sich hinziehen und mit steigender Heftigkeit durch seine Seele tönen, erhält das ganze Gedicht eine solche Eindringlichkeit, musikalische Kraft und Wahrheit, daß es sich unvertilgbar in das Gemüth prägt wie der Klageton einer von Sehnsucht sterbenden Liebe selbst."

Diese ethische Wirkung des Reims tritt besonders in Sprachen hervor welche die Stammsilben betonen, während er in reimreicheren Sprachen, wie in der italienischen, häufig auf Endungen ruht: dolorose, pietose, venire, salire, wo er weniger nachdrücklich wirkt, als wenn er die Wurzeln trifft wie stelle, belle, morta, porta. Wie der Witz auch das Entlegenste zusammenbringt und ganz erfundene verwunderliche Aehnlichkeiten für einen Augenblick aufblitzen läßt, so kann auch der Dichter eine komische Wirkung erzielen, wenn er Seltsames, das gar nicht zu passen scheint, zusammenreimt. Byron hat das auf geniale Weise im Don Juan gethan und Gildemeister hat ihm glücklich nachgeeifert. Seinem zum Parlamentsredner gewordenen Jugendfreunde Kölnig schrieb Heine:

In der Fern' hör' ich mit Freude
Wie man voll von deinem Lob ist,

Und wie du der Mirabeau bist
Von der Lüneburger Heide. .

Der musikalische Reim eignet sich vornehmlich für die Poesie
des Gefühls, die Lyrik; die Liebe will das Echo ihrer Empfindung
vernehmen, während die Poesie der Anschauung sich in reimloser
Rhythmenplastik bewegen mag. Das Romantische des Reims in
seinem Zusammenhange mit der Gemüthsinnigkeit hat auch Goethe
selbstbewußt dargestellt, und ausgesprochen wie Ohr und Sinn
zugleich im tiefsten Grunde befriedigt werden; im zweiten Theil
des Faust gehen die antiken Rhythmen der Helena in liebliche
Reimklänge über, als der Germane ihr seine Liebe erklärt, und
die Wechselrede ruft den Widerklang hervor.

Es ist Sache des Dichters das schlummernde Lautgefühl zu
erwecken, das erwachte zu befriedigen. So abscheuliche Wörter
wie Jetztzeit, wo wir die gute Gegenwart haben, oder ein Aus-
werfen des e in Aste käme gar nicht vor, wenn nicht das Zeitungs-
deutsch fürs Auge die Sprache verdürbe und man sich allzu sehr
an das stumme Lesen gewöhnte. Die Kunst kann aber das sinnlich Anmerkliche nicht missen. Der Eisenhammer bleibt für uns
keine abstracte Vorstellung, wenn Schiller singt: Die Werke
klappern Nacht und Tag, im Takte pocht der Hämmer Schlag.
Wir fühlen uns von Wogen umspült, wenn Goethe anhebt: Das
Wasser rauscht', das Wasser schwoll. Da wird der Laut zum Echo
des Gedankens und erfreut uns die Harmonie des Sinnlichen und
Geistigen, das Schöne, der Zweck der Kunst.

Ich füge zum Schluß einen Ausspruch Bulthaupt's aus seiner
Dramaturgie der Classiker hier an. Er macht darauf aufmerksam
daß wir uns mit bestimmten, allgemein acceptirten Begriffen verständigen ohne sie jedesmal zu zergliedern, ohne den Bildern
nachzuspüren die durch das Wort in der Seele geweckt werden;
aber der Dichter ist der Herzenskündiger, welcher ausspricht was
in der Seele des Redenden bei dem Worte sich mitbewegt. Wo
die gewöhnliche Rede einen trockenen Begriff gibt, entwickelt die
poetische eine blühende Vorstellungsreihe; wo jene uns den Frucht-
kern reicht und uns damit abspeisen will, bietet diese uns mit
dem Kern seine Entfaltung zum Baum mit Blättern und Blüten.
„Macbeth könnte seinen Entschluß Banquo ermorden zu lassen
seiner Gemahlin in der Wirklichkeit nun und nimmer in der
Weise mittheilen wie er es im Drama thut:

Denn eh' die Fledermaus
Den klösterlichen Flug beendet, eh'
Noch auf den Ruf der bleichen Hecate
Der hornbeschwingte Käfer schläfrig summend
Das gähnende Geläut der Nacht vollendet,
Wird eine That furchtbarer Art gethan sein.

So spricht im Alltagsleben selbst der phantasievollste Mensch
nicht. Darauf kommt es aber auch nicht an. Entscheidend ist
nur ob in der Seele Macbeth's die vom Dichter wiedergegebenen
Vorstellungen rege sein konnten und mußten. In der Dämmer-
stunde wird Banquo in Park ermordet, — diese dürre Thatsache
erscheint vor der Seele des stets lebhaft im Detail anschauenden
(wir können sagen phantasievollen, visionären) Macbeth in ihrer
eigenartig geheimnißvollen Umgebung. Der Begriff der Dämmerung weckt ihm bestimmte Vorstellungen, die wiederum der
Scenerie, in welcher die Unthat begangen wird, auf das voll-
kommenste entsprechen. So ist die poetische Redeweise ein stetes
Entfalten der Begriffe zu Leben, Anschauung und Empfindung.
Der Dichter löst seinen Geschöpfen die Zunge, nicht was sie
im Leben gesagt, sondern was sie empfunden haben würden spricht
er aus. Und er thut es gemäß der Situation, der Stimmung
seines Helden. — „Nun ist die wahre Spukzeit der Nacht, wo
Grüfte gähnen", sagt Hamlet; während den Prinzen von Homburg die Nacht so lieblich umfängt, „mit blondem Haar, mit
Wohlgeruch ganz duftend, ach, wie den Bräutigam die Perser-
braut!" Die anschauliche, die empfindungsvolle Sprache ist die
dichterische.

J. Volks- und Kunstdichtung.

Seit Jakob und Wilhelm Grimm verständnißinnig und scharf-
sichtig der Geschichte unserer Literatur sich zuwandten, ist für alle
Poesie ein höchst wichtiger Unterschied gewonnen worden, den bereits Herder betont hatte, als er in der Phantasie nicht sowol
das Vorrecht einzelner Künstler sondern eine Völkergabe erkannte,
den Stimmen der Völker in ihren Liedern lauschte. Volksdichtung ist Eigenthum und Erguß einer Gesammtheit, Kunstdichtung

das Werk einzelner Persönlichkeiten, die darin ihre besondere Empfindung und Lebensansicht ausprägen. Die Poesie selbst, sagt Jakob Grimm, ist nichts anders als das Leben selbst gefaßt in Reinheit und gehalten im Zauber der Sprache; es fragt sich ob was sie bietet unter dem ganzen Volke lebt oder durch das Nachsinnen gebildeter Menschen an dessen Stelle gesetzt ist.

Volksdichtung beginnt in der Sprache die blos noch gesprochen, nicht in der Schrift aufgezeichnet wird, sie lebt im Gemüthe der Menschen, das Dichten ist unmittelbares Erzeugen oder Wiederhervorholen aus dem Schachte der Erinnerung, und zwar so daß das Erfundene wie das von andern Aufgenommene dort ganz im stillen fortwächst und häufig mit leiser Umbildung wieder hervorgerufen wird; eine Sängerin, die der Sammler aufmerksam machte daß sie heute das Lied anders vortrage als vor ein paar Tagen, antwortete: Aber es kommt mir so. Das Lied ist unwillkürliches Ereigniß, kein Werk der Reflexion, und wer es hört der vernimmt in ihm nichts Fremdes, sondern nur in schöner Form das was er selbst miterlebt und fühlt, und bei einem neuen Anlaß verwerthet er das früher Gehörte, indem er es dem Gegenwärtigen anpaßt, einiges fallen lassend, anderes anfügend. Denn wie die Sprache in gemeinsamer Thätigkeit des Volkes gestaltet ward und den Geist der Einzelnen beherrscht und bestimmt, so auch die gleiche nationale Bildung und Gesittung, aus welcher die einzelnen Persönlichkeiten sich noch nicht selbstbewußt abscheiden und hervorheben. Wie der Einzelne kraft des Ganzen denkt und spricht, also singt er auch. Stil, Bilder, Versart sind dem Genius der Sprache gemäß, sind allmählich erwachsen und Gemeingut, alles ist in Fluß und Bewegung, nichts wird fixirt. Wenn Wilhelm Grimm einmal sagte: „Das Volkslied singt sich selbst", so wollte er damit nicht behaupten, daß es ohne einen Dichter zum Urheber zu haben vom Himmel falle, sondern daß es nicht ein Gebilde kunstverständiger Absicht, vielmehr ein unmittelbarer Erguß der unbewußt waltenden Phantasie sei, daß es nichts ausspreche als was die ganze Volksgruppe empfindet und versteht, in das sie einstimmt. So werden die Thaten der Jugendzeit einer Nation von Liedern begleitet, die aus den Begebenheiten selbst entspringen, wo der Sänger verkündet was alle erfahren haben, wo er also eben der Mund ist welcher das ausspricht was alle Herzen erfüllt und bewegt; nicht das Ersonnene, sondern das Erlebte stellt er dar, und wo oder weil dies anerkannt wird, da nehmen die andern das Lied auf und pflanzen es fort, und die Begabtern, die vieles Sanges kundig sind, und zusammenfügend und fortbildend walten, sind die Hüter der volksthümlichen Ueberlieferung, die treuen Bewahrer des Sagenschatzes. Und wie die Kinder die Märchen genau wiederhören wollen, so auch die jugendliche Menschheit; sie wirkt an dem Gesange selber mit, indem sie das was ihr lieb geworden stets von neuem verlangt und anderes fallen läßt.

Wenn wir da die Quellen des Epos rieseln hören, so singt in der Lyrik das Gemüth seine eigene Innerlichkeit in Leid und Lust aus vollem Herzensdrang, dem Vogel in den Zweigen ähnlich, und die andern singen mit, weil die gleiche Empfindung sie beseelt, und wenn der eine schweigt, singen der zweite, der dritte ein paar frische Verse, die den Gedanken fortspinnen oder auf eine andere Weise wiederholen. Das Lied ist kein todtes Besitzthum, es lebt im Gemüth, und so holt auch bei neuem Sang der Sänger ein altes werthes Bild wieder hervor. „Ein leidenschaftlich Stammeln“ bricht aus dumpfem Sinnen hervor. Im Augenblick des Erlebens wird das Empfinden ausgesprochen, stoßweise, wie das Leid schluchzt und die Freude lacht; was sich von selbst versteht wird übergangen, das Wichtige allein betont; daher die Sprünge und Lücken, daher was Goethe den lecken Wurf des Volksliedes genannt hat. Aber nun wirrt sich auch in der Seele des Volks mancherlei durcheinander, Strophen, die verschiedenen Liedern angehören, aber nach derselben Melodie gedichtet sind, werden zusammen gesungen, und so hat man hier und da gemeint es gehöre eine Art von naivem Unsinn zum Volksliede, bis Uhland darauf aufmerksam machte wie die Ueberlieferung bald zerstückelt und trümmerhaft ist, bald zusammenschweißt was sich fremd war.

Wenn Jakob Grimm in der Volkspoesie den höchsten, der Kunst unerreichbaren Gipfel aller Herrlichkeit sieht, so vergißt er daß auch jene das Werk von Dichtern ist, deren Individualität aus dem Volksgeist schöpfte und dem Ganzen untergeordnet blieb; er vergißt daß ein planvolles großes Ganzes doch nur das Werk eines überlegenen Geistes, ein Erzeugniß der Kunst ist, daß auch diese somit ihre Ehre hat. Der Kunstdichter steht allerdings dem Stoffe wie der Form mit bewußter Meisterkraft gegenüber um sie zu gestalten; er hat eine eigene Weltanschauung, eigene ganz persönliche Gefühle, Erlebnisse, Gedanken, die er in seiner Schöpfung ausprägt, für die er die Theilnahme wecken muß, welcher der Volksdichter von Haus aus sicher ist, sodaß er gerade auch ver-

mittelnder Uebergänge oder still wirkender Motive bedarf. Er
wählt sich den Stoff und wählt sich die Form, und zwar eine
nationale oder eine fremdländische Form, je nachdem er sie dem
Stoff für angemessen erachtet, wie Goethe seine römischen Elegien,
Rückert, Platen, Daumer ihre Ghaselen, Klopstock und Hölderlin
ihre Oden geschaffen haben; er will daß sein Werk bestehe wie er
es vollendet, und er bedarf der Schrift. Erst durch die Schrift
wird für die Musik wie für die Poesie es möglich, daß ihr Werk
in originaler Gestalt unsterblich dauert; da es an die Reproduction
lebendiger Persönlichkeiten gewiesen ist um durch Sänger, Leser,
Schauspieler wirklich zu werden, da es in den Noten und Buchstaben doch nur der Möglichkeit nach vorhanden ist. Das Gemüth des Menschen ist ein beständig werdendes, vergessend, neu-
schöpferisch, umbildend; die volle Sicherheit und Treue der Auf-
bewahrung verbürgt die Schrift, sie stillt auch hier die Sehnsucht
nach Unsterblichkeit, die aller Kunst einwohnt, wenn sie im Wechsel
von Entstehen und Vergehen einen Augenblick verewigt und das
Schöne dem Untergang entreißt. Und die Schrift macht es erst
möglich ein umfassendes Werk planvoll durchzuführen, umarbeitend,
vorbereitend auf dem halben Wege oder vom Ziel aus auf das
Anfängliche zurückzublicken, auszuscheiden und einzufügen, und so
den vollen Eindruck des in sich geschlossenen Organismus hervorzubringen. Die Volksdichtung dagegen ist Volksdichten, sie hört
auf, wenn sie niedergeschrieben wird, Steinthal braucht einmal
den Ausdruck: das aus der Quelle geschöpfte Wasser ist keine
fließende Welle mehr. Indeß wie der Sammler auch die Blumen
in sein Herbarium legt, an anderer Stelle blühen sie weiter, und
der Frühling läßt neue aufsprießen.

Der Gegensatz gegen die Volkspoesie ist übrigens gar nicht
die Kunstdichtung, sondern die gemachte, gelehrte, schulmäßige nach
Art des Nürnberger Trichters, der in sechs Stunden lehrt Verse
zu machen über alles Mögliche, indem er namentlich ein Wörter-
buch sinnreicher Redensarten und Umschreibungen bietet, deren
man sich statt des einfachen Ausdruckes bedienen soll. Schon die
Alexandriner haben sich in dem künstlich Gemachten statt natürlich Erwachsenden gefallen, und so geschah es stets wenn die
Poesie zünftig ward, bei den Barden und Skalden so gut wie bei den
Meistersängern und den von den Humanisten geschulten neueuro-
päischen Dichtern im 16. und 17. Jahrhundert. Wenn schon die
Barden den Schülern vorschreiben den Stern Edelstein des Luft-

gewölbes, die Welle die Blüte des Oceans zu nennen, wenn die
Skalden das Feuer den hellsprühenden Holzmörder heißen, dann
sagen die Pegnitzschäfer statt Frühling Blumenvater, statt Blut
nasses Lebensgold, oder Gongora nennt eine Insel die laubige
Paranthese im Strom der Wellen. Dann kommt hinzu ein
Prunken mit der Ueberwindung gesuchter Schwierigkeiten in Vers-
maßen und Reimen, was gewöhnlich in leere Klangspielerei aus-
artet. Gemachte Empfindungen, ausgeklügelte Gedanken, seltsame
Verhältnisse werden von außen geformt, statt daß das frisch-
lebendige Gefühl und der eigene Gedanke im Innern aufquellend
sich selber eine ausdrucksvoll schöne Form anbildete. Letzteres
ist bei dem echten Dichter der Fall.

Auch der kunstverständige Meister kann ja seinen Stoff aus
dem Leben und Herzen des Volkes empfangen und ihn in volksthümlichen Formen gestalten. Sein Werk wird dadurch Gemeingut werden, während er es zugleich mit dem Stempel seiner
Eigenthümlichkeit der Nachwelt überliefert. Er kann zu abgerundeter harmonischer Vollendung bringen was in der Volksdichtung vorbereitet worden, und so ein Ganzes schaffen, in welchem
sich Natur und Kunst durchdringen, wie im Homerischen Epos,
im Shakespeare'schen Drama, in Goethe's Lyrik. Das Drama
verlangt vor allen Dingen die künstlerische Einsicht, die verständige
Ueberlegung neben den unwillkürlich auftauchenden Gestalten und
Ideen und dem genialen Geistesblick, der ursprünglich das Ganze
anschaut, das aber dann doch nur durch die besonnene Arbeit im
Besondern ausgeführt wird, ähnlich wie die Statue, das Gemälde, die Symphonie. Jene drei genannten Meister ersten
Ranges haben in Schöpfungen schönster Art von der Volkspoesie
Vorgesungenes aufgenommen und zur vollendeten Form ausgebildet. Ich schwelge vom Faust, ich nenne den Erlkönig, den Trost
in Thränen, den Nachtgesang, diese Perlen der Lyrik. Goethe
trat wie ein wiedergeborener Volkssänger auf, aber wußte sein
Lied, Tiefsinn und Anmuth vermählend, im Einklang von Stoff
und Form künstlerisch zu vollenden.

4. Die Gliederung der Poesie.

Die Kunst geht aus dem ganzen Menschen hervor und wirkt
auf den ganzen Menschen, sie beginnt darum mit einer noch un-
geschiedenen keimkräftigen Ganzheit; wenn der Wilde sein Schlachtlied anstimmt, so singt er die Worte und schwingt sein Schwert
mit drohender Kampfbegierde, und so liegen die Anfänge der
Poesie noch mit Musik und plastisch veranschaulichenden Stellungen
und Bewegungen in gemeinsamer Wiege; erst später lernt die
Malerei den kriegerischen Zorn und seine Bethätigung im Bild,
die Musik in Tönen, die Poesie in Worten ausdrücken. Es hat
lange gewährt bis die Lieder nicht mehr mit Gesang und Tanz
begleitet wurden, bis die Instrumentalmusik für sich selbständig
auftrat. Und so war auch der Beginn der Poesie noch ein unent-
wickeltes Ineinander von Schilderung und Gefühlsausdruck. Das
erste ist im organischen Leben überall das noch in sich beschlossene
Ganze, daraus entfalten sich dann die Theile um als lebendige
Glieder wieder zusammenzuwirken. Was uns von Indern, Griechen,
Germanen überliefert ist deutet darauf hin daß religiöse Chorgesänge im Tanzschritt nach Takt und Rhythmus vorgetragen sowol die Thaten der Götter priesen als die Empfindungen der
Menschen aussprachen. Die Feier des Gottes oder Helden führte
zur Erzählung, zum Epos, der Ausbruch der Gefühle zur Lyrik,
und im Drama ward beides wieder verbunden, die Innerlichkeit
der Empfindung und das Bild des äußern Lebens, Herz und
Welt. In den Veden der Inder, in der Edda der Germanen, in
der Hamasa der Araber ist jene ursprüngliche Gemeinsamkeit veranschaulichender Erzählung und erregter Seelenstimmung noch erkennbar.

Wie wir in aller Poesie ein plastisches Element haben in der
Bildlichkeit der Rede, ein musikalisches im Vers, so kann sie vorwiegend auf Anschauung oder auf Empfindung sich richten und
beide ineinander verschmelzen. Der Geist spiegelt die Welt und
offenbart sich in ihren Bildern; er webt in der eigenen Innerlichkeit, und spricht die Empfindungen des Gemüths und die seele-
bewegenden Gedanken aus; er verwirklicht seine Gedanken durch
die That, entwickelt sich im Kampfe mit der Welt, und erringt
die Versöhnung mit der sittlichen Weltordnung. So ergibt sich
eine vorwiegend objective Poesie, die epische, neben der subjectiv
lyrischen und die Ineinanderarbeitung beider Elemente in der
dramatischen.

A. Das Epos.

a. Die epische Darstellungsweise.

Ich beginne mit der epischen Poesie, wie ich die bildende Kunst der Musik voranstellte, weil wir durch die Eindrücke der Außenwelt, durch die Bilder der Dinge, zur Empfindung und zum Denken erregt werden. Und die Geschichte zeigt auch daß die Ausbildung des Epos der Lyrik voranging; es war der Menschheit leichter eine Begebenheit in ihrem Verlauf aufzufassen und klar darzustellen, als in das eigene Innere hinabzusteigen und die Gefühle der Seele melodisch zu gestalten. Das seelenvolle Reale, das Wirkliche als Ausdruck einer Idee ward in edlen Charakteren und großen Thaten angeschaut und in künstlerischer Abspiegelung verklärt.

Wir nennen die epische Poesie die objective und fordern Objectivität von ihr in dem doppelten Sinne des Wortes, wonach es sowol das Gegenständliche, äußerlich Wirkliche als das in sich Begründete, für sich Geltende bezeichnet, wie wenn wir von objectiver allgemein erweisbarer Wahrheit im Unterschiede von blos subjectiver Ueberzeugung reden. Es ist das Wirkliche als vernünftig, das Vernünftige als wirklich angeschaut, nicht die Innerlichkeit des Seelenlebens, sondern der Weltzustand in welchem es sich ausprägt, die Ereignisse durch welche es zur Erscheinung kommt; nicht Gemüthsstimmung, nicht Gedanken wie sie aus Gefühlen erwachsen, sondern wie sie im eigenen Zusammenhang sich selbst tragen, in Bildern der Natur und Geschichte als ihr Gesetz und ihre Idee ihr Dasein haben. Wie das Kunstwerk das selbständige Leben in seiner unzersplitterten Größe und in der Harmonie des Innern und Aeußern veranschaulicht, so soll es selbst frei und sich selbst genügend bastehen; der Dichter verschwindet hinter seinem Werk, und läßt dasselbe im Wechselspiel der Charaktere und Gedanken gesetzmäßig sich vor uns entwickeln.

Wilhelm von Humboldt hat in seinen ästhetischen Versuchen das Wesen der epischen Kunst an Goethe's Hermann und Dorothea klar gemacht. Er findet ihren Ausgangspunkt in dem Gemüthszustande allgemeiner Beschauung im Unterschiede von bestimmten Empfindungen, welche der Quell der Lyrik sind. Dem Gefühl gelten alle Gegenstände nur nach ihrem Werth für das eigene

Leben, nur in ihrer Untrennbarkeit vom Ich; die Betrachtung will die Dinge erkennen wie sie an sich sind und in Beziehungen zu einander stehen; sie ist uninteressirt, parteilos, die Objecte herrschen in ihr, mit voller Freiheit bewegt sie sich von einem zum andern, sie will das Ganze gleichmäßig erfassen und nicht meistern, sie ist ruhig gegenüber der erregten Empfindung, die an Einem haftet und dies auf sich bezieht. Die ruhige Beschauung, die stille Abgezogenheit des Gemüths können wir in der Sage von der Blindheit der alten Sänger bezeichnet finden: sie haben die Natur mit offenen Augen angesehen, die Procesfe der Geschichte mit durchlebt, aber nun lassen sie die Bilder des Lebens in stillem Sinnen aus der Erinnerung vor der Seele vorüberziehen. Und das Bedürfniß der Menschen sich ohne selbstisches Interesse und doch mit treuem Herzensantheil in die Betrachtung des Lebens zu versenken, sich mit dessen Inhalt zu erfüllen und am Wechsel der Erscheinungen zu ergötzen finden wir beim Kinde das der Mährchenerzählerin lauscht wie in der Freude der Jugend und des Alters an immer neuen Berichten aus dem Getriebe der Welt oder im Genuß einer Reise, die uns stets neue Bilder vorüberführt. Der Dichter genügt dem Verlangen nach frischer Anregung, indem er zugleich das Gemüth durch den Wahrheitsgehalt und die aus allen Verwickelungen sich entwickelnde harmonische Lösung im Einklang mit der sittlichen Weltordnung befriedigt.

Jeder Dichter lebt in der Gegenwart, denn nur die Gegenwart ist, und die Ewigkeit ist die sich stets gebärende Gegenwart; aber der Lyriker folgt dem Wellenschlag des Augenblicks, der ihn hin und her schaukelt, und er lebt einzig im Gefühl des eben Gegenwärtigen, während der Dramatiker von der Gegenwart aus in die Zukunft blickt, nach dem sich hinwendet was noch geschehen, was als Endzweck aus dem Procesfe der Dinge hervorgehen soll; der Epiker jedoch richtet sein Auge auf die Vergangenheit, auf das bereits fertige, in sich vollendete Leben; dieses beschwört sein Zauberspruch für die Gegenwart herauf. Als das bereits Gewordene ist es das Objective, und als das Vergangene und Nothwendige wird es mit Ruhe betrachtet, während der wechselnde Strom gegenwärtiger Empfindungen die Seele mit sich fortreißt, oder das Zukünftige, was erst werden soll, uns wegen der Ungewißheit des Ausganges in Spannung, in Besorgniß, in Aufregung versetzt, und jene gleichmüthige Stimmung des Betrachtens aufhebt, die das Epos als die seinige bedarf.

Der Epiter ist der Mund seines Volkes, er ist eins mit seinem Stoff, seine Seele lebt darin, aber er tritt nicht aus demselben heraus. Wir erkennen den waffenfreudigen Sinn Homer's in den Schlachtbildern der Ilias, den Erfindungsreichthum seines Geistes wie die Treue seines Herzens in Odysseus und Penelope, die Freiheit seines Gemüths in Hektor's Ruf: die Vögel mögen fliegen wie sie wollen, Ein Wahrzeichen ist das beste, fürs Vaterland den Kampf zu bestehen. „So schmilzt man bei seinen eigenen Kohlen", sagte Goethe als er bei der ersten Vorlesung von Hermann und Dorothea in Thränen ausbrach; aber nirgends tritt er mit seinen Gefühlen und Gedanken hervor, er legt sie seinen Personen in den Mund, wie im Wilhelm Meister dieser seine Ansichten über Shakespeare ausspricht oder seine Lebensweisheit im Lehrbrief zusammengefaßt wird. Ja wenn es den Homer drängt einmal ein Urtheil, eine Reflexion zu äußern, dann läßt er das einen Helden zu seinem Nachbar sagen.

Wie ein Meister der bildenden Kunst arbeitet der Epiter für die Anschauung und gibt darum seinen Gestalten die vollrunde in sich geschlossene Lebenswirklichkeit; er sieht sie in ihrer Umgebung und läßt diese beständig mitwirken, die freie Natur oder die Stube, den Tag oder die Nacht. Er stellt seine Gestalten in das gleiche Licht, jede hat ihr selbständiges Dasein, und ihr geistiges Wesen tritt in ihren Reden, ihrem Thun klar hervor, ja ihr inneres Erwägen ist ein Gespräch mit der eigenen Seele; und wenn der Dichter vor dem Maler den Vorzug hat daß er uns den Grund und Zweck des Handelns und das fortschreitende Leben offenbart und uns sagt wie seinen Helden zu Muthe ist, indem er ihre Handlungen mit ihren Reden motivirt oder begleitet, so kann er auch ohne Worte die Gemüthszustände im Thun und Lassen veranschaulichen. Wie die Burgunder zu den Hunnen kommen, da küßt Chriemhilde den Giselher, aber an Gunther und Gernot geht sie vorüber; als das Hagen sieht, bindet er den Helm fester. Das ist objective Darstellung.

Wie die Bildsäule rings von ununterbrochenen Linien umschrieben ist, denen das Auge sanft fortbegleitend folgt, bis es zum Ausgangspunkte der in sich geschlossenen Formen zurückkehrt, so gewinnen wir ferner den Ausdruck der Objectivität in der Dichtung dadurch daß die Schilderung eine durchgängige Stetigkeit hat, daß in ihr keine Sprünge und keine Lücken eintreten, sondern daß wir Schritt vor Schritt oder von einem Moment zum andern vorangehend zum Ziele kommen, daß Raum und Zeit in unserer Vorstellung im Zusammenhange durchmessen und erfüllt werden. Allerdings bringt dies auch eine Kleinmalerei und eine gewisse Breite mit sich, aber sie sind dem Epos nothwendig, das nur so das glaubhafte Abbild der Wirklichkeit wird. Ein einiger Faden durchschlingt das Ganze, die Begebenheiten sind mitelnander verkettet, die Gedanken nach dem logischen Gesetz mitelnander verbunden; die Willkür der Individualität, die vom Hundertsten aufs Tausendste kommt, hat hier keine Stelle, wo das Sachliche in seiner Gediegenheit, in seiner Fülle, in seiner Realität hervortreten soll, wo statt der vielen Möglichkeiten, mit denen die Vorstellung spielt, vielmehr die eine nothwendige Wirklichkeit dargestellt werden soll. Nichts wird für die Ahnung blos angedeutet, sondern das Seiende, das Gewordene wird in der ganzen Macht und Deutlichkeit seiner Erscheinung veranschaulicht.

In der Edda wird Sigurd's Mord lyrisch gewaltig erwähnt; es heißt von Guttorm: „Leicht aufzureizen war der Uebermüthige; der Stahl stand Sigurd im Herzen." Wie anders die epische Erzählung im Nibelungenlied! Die Jagd, der Wettlauf zum Brunnen, Siegfried's Trinken, Hagen's blutige That, alles wird Zug für Zug berichtet. In den Schlachtgemälden der Ilias wie in den gewaltigen Kämpfen der Nibelungen mit den Hunnen, den berner Helden gibt ein Schlag den andern, der Fall des Mannes ruft seinen Freund in den rächenden Streit, alles ist aneinandergekettet. Im indischen Gedicht Savitri bricht die Nacht im Walde über den treuliebenden Gatten herein; Satjavat haut einen Ast ab und zündet ihn zur Fackel an.

> Zur Wehre führte Satjavat die Art in seiner rechten Hand,
> Und mit der Linken faßet' er die linke Schulter Savitri's;
> Sie aber mit der Linken trug den Brand, und schlang den rechten Arm
> Um Satjavat. So wanderten die beiden durch den finstern Wald.

Mit gleicher Stetigkeit und Anschaulichkeit in der fortschreitenden Bewegung hat Goethe in Hermann und Dorothea nicht blos die Scene gemalt wie der Liebende die wankende Geliebte stützt und emporhält, — von der Schwüle des Mittags bis zum Gewitter am Abend mit seinen donnernden Wolkenmassen und dem aufsteigenden Monde durchleben wir den ganzen Tag, wir sitzen mit dem Wirth und den Gästen in der kühlen Gartenstube und sehen Dorothea zu dem Brunnen schreiten, wo Hermann ihrer wartet und sie im Wasserspiegel einander anlächeln. Die epische

Kunst weiß deshalb Raum und Zeit der Begebenheit ins Enge
zu ziehen, aber den Blick vor- und rückwärts ins Weite zu richten.
In wenigen Tagen spinnt das große Geschick sich ab; wir erleben
mit Odysseus die That durch welche er sein Reich und seine Gattin
wieder gewinnt, aber die Abenteuer seiner zehnjährigen Fahrt hören
wir in wenigen Stunden aus seinem Munde.

Die Stetigkeit führt zur Vollständigkeit. Die epische Einheit
erscheint in der Totalität der einzelnen Bilder und in deren Zusammenhange, sie erscheint im Gleichgewicht der einzelnen Theile,
das der gleichmüthigen Seelenstimmung entspricht. Aber die Objectivität der Darstellung verlangt daß jede Gestalt im Epos wie
in der Wirklichkeit ihr selbständiges Leben und Bestehen habe,
und wenn der Dramatiker seine Gestalten um Eines Zweckes
willen schafft und in ihrer Wechselwirkung ineinander verschränkt,
stellt sie der Epiker nebeneinander und weiß eine jede so zu entfalten daß sie sich selbst genug und für sich etwas Ganzes sein
könnte. Er bildet im Reliefstil, wie diesen Phidias und Thorwaldsen mustergültig angewandt; ein gemeinsamer Geist durchdringt den ganzen Zug um den Fries des Parthenon, aber von
diesen Reitern, diesen Jungfrauen ist auch jede Figur ein frei
entfaltetes Wesen für sich, während in der malerischen Gruppe
gar oft eines um des andern willen da ist, und alles Einzelne
auf einen Mittelpunkt bezogen wird, wie im Drama. Die dramatische Einheit vergleiche ich darum dem animalischen Organismus, in welchem ein Herz der Ausgangs- und Endpunkt wie die
bewegende Mitte aller Adern und Lebenssäfte ist, der somit ein
in sich festgeschlossenes Ganzes bildet. Die Einheit des Epos aber
ist die der Pflanze. Hier ist jeder Zweig eine Individualität für
sich, und der Stamm erscheint nur als der gemeinsame Mutter-
boden der Zweige, die sich von ihm aus in die Lüfte erheben,
ohne daß die Blätter des einen in die des andern übergingen,
und so der Trieb absteigend wieder zum Stamm zurückkehrte.
So stehen die Homerischen Helden nebeneinander, so sind die einzelnen Abenteuer des Odysseus aneinander angelagert; sie bilden
ein Ganzes wie Aeste und Zweige eines edeln Stammes sich zur
Krone wölben.

Das Nebeneinander des Epos im Unterschied vom Ineinander
des Dramas ist durch die verschiedene Auffassung der Wirklichkeit begründet. Wir unterscheiden zwischen unsern Thaten und
unsern Erlebnissen. Die erstern gehen aus unserm Willen her-

vor; dieser setzt sich einen Zweck und greift bestimmend in die
Welt ein um ihn auszuführen, und dadurch geräth er in Kampf
und Verwickelung mit andern wirkenden Kräften, und er zerschellt
an ihrem Widerstand oder trägt den Sieg davon; das ist dramatisch. Unsere Erlebnisse aber sind das was sich um uns und
an uns ereignet, indem wir unsere Wege gehen, Berührungen
mit andern, die weder wir noch sie gesucht, die uns zufallen, indem sich unsere Bahnen kreuzen oder zusammenlaufen; eingeflochten in den Weltzusammenhang sehen wir uns durch ihn bedingt, und nehmen was er uns bietet zum Stoff unsers Wachsthums, unserer Bildung. Die Poesie der Begebenheit, der Ereignisse, der Erlebnisse ist das Epos. Es zeigt wie die Geschichte
sich in der Gemeinsamkeit vieler Kräfte vollzieht, wie die Zeitumstände, die Lage der Dinge den Helden bedingen, wie er vieles
erfährt das er nicht gewollt hat. So entwickeln sich die Abenteuer
des Odysseus nicht eins aus dem andern, nicht aus seiner Persönlichkeit, sondern sie folgen nacheinander indem er nach Hause
fährt, und er bewährt sich in der Art wie er sie besteht; ebenso
ist es mit Don Quixote, Tom Jones oder Wilhelm Meister der
Fall. Schiller hat treffend von diesem gesagt: das Buch hat
einen Zweck, nicht der Held. Und weil er nicht die active, das
Ganze bewegende Kraft ist, vielmehr der Bildsame, sagt Goethe:
„Unser Freund, nicht Held." Eine große Begebenheit flicht sich
aus vielen Strebungen der Einzelnen zusammen und es wird am
Ende in dieser Gemeinsamkeit gar oft etwas verwirklicht das
über das Wollen und Verstehen der Einzelnen hinausliegt. Dies
Spiel des Lebens zeigt uns das Epos, in seinem breiten Strom
gewinnen wir das vollste Weltbild, und wir folgen ruhig seinem
sonstigen Flusse, seinen vielen Wellen, seinen Krümmungen, wir
lassen uns gern aufhalten und verweilen wie der Dichter bei jedem
Moment mit gleicher Liebe.

Sache des Dichters ist es die Fäden des Gewebes in fester
Hand zu halten und sinnig zu verknüpfen. Schon Horaz fordert:
daß er nicht ab ovo, vom Ei der Leda beginne, sondern uns
mitten in die Handlung versetzt. Er beginnt mit einem prägnanten
Moment, der sogleich unser Interesse erweckt und die Perspective
auf das Ziel eröffnet, rückschauend kann er manches einflechten
was vor der Begebenheit liegt, wie Aeneas selber Kunde gibt
von der Zerstörung Troias, wo er herkommt; und wie das Leben
jedem seine Räthsel bietet und wir erst nach und nach unsere Ge-

nossen kennen lernen, so kann auch Goethe den Harfner und Mignon einführen, unsere Theilnahme für sie gewinnen, und dann erst spät ihre Vorgeschichte entschleiern. Die Odyssee beginnt in Ithaka; Odysseus ist fern, sein Sohn zieht aus auf Kunde nach ihm, so haben wir ihn im Auge, während wir von der Heimfahrt der andern Helden erfahren; nun bricht er selber auf von Kalypso's Insel, wir erleben seine Ankunft bei den Phäaken, hören ihn seine Abenteuer erzählen, geleiten ihn in sein Vaterland, wo er mit dem gleichfalls heimkehrenden Telemachos zusammenkommt; die Freier der Mutter haben diesen ermorden wollen, das motivirt ihren Untergang im Kampf, durch welchen der Held erwirbt was er besaß, seinen Thron und seine Gemahlin.

Der Dichter würde aber das Leben mit der Mannichfaltigkeit seiner Kräfte nicht in der Wahrheit, nicht in der Tiefe erfassen, wenn er nicht auch den gemeinsamen Lebensgrund offenbarte, der alles durchdringt und in der Wechselwirkung der Menschen und Dinge in dem über die Sonderbestrebungen hinausliegenden gemeinsamen Ziel erkennbar wird. Nicht blos Klopstock sagt: Also geschah des Ewigen Wille, auch Homer läßt Zeus' Rathschluß vollendet werden. Der Dichter hat das sehende Auge für den Kern und Werth der Dinge, durch das äußere Getriebe der Geschichte blickt er in das Innere, und zeigt wie das scheinbar Getrennte doch Einer Wurzel entsproßt, von Einem ordnenden Geiste gelenkt wird, wie alles Große im Zusammenwirken göttlicher und menschlicher Thätigkeit geschieht. Das ist der Sinn des Wunderbaren bei Homer wie bei Wolfram von Eschenbach oder Tasso, der Sinn davon daß die Götter bei den Griechen, Indern, Germanen unsichtbar oder sichtbar in die menschlichen Dinge eingreifen, berathend, rettend, geschickbestimmend den Helden erscheinen; alle gute und alle vollkommene Gabe kommt uns von Gott, die Weltgeschichte wird im Lichte der Idee zum Weltgericht und zur Erziehung der Menschheit; nicht Zufall, nicht blindes Geschick, ein Wille der Liebe, eine Vorsehung, die sittliche Weltordnung ist das Maßgebende.

Eine Götterwelt an die wir nicht glauben wird allerdings zur Maschinerie und ist völlig überflüssig; statt der Wunder welche die Naturgesetze durchbrechen, statt der sinnenfälligen Göttererscheinungen fordern wir mit Recht die psychologische Motivirung, ungewöhnliche Gemüthslagen und anziehende Situationen; aber wir fordern auch daß aus dem Ineinandergreifen der Ereignisse sich das Ver-

nünftige und Rechte gemäß der ursprünglichen Natur als das
Seinsollende auf eine überraschende Weise und doch tiefbegründet
entbinde, daß die poetische Gerechtigkeit geübt werde. Statt der
Symbole von Quellen des Hasses und Bechern des Liebezaubers,
aus welchen die Menschen in der Ritterdichtung trinken, müssen
aus ihrer Innerlichkeit und durch die Fügung der Umstände die
Gefühle erwachsen, wachsen, ihre Macht beweisen. Goethe braucht
in Hermann und Dorothea keine Feen, keine Kriegs- und Liebes-
götter; die gewaltige Bewegung der Französischen Revolution und
die werkthätige Menschenfreundlichkeit führt jene zusammen, sie
gewinnen einander auf ganz natürlichem und sittlichem Wege,
aber das alles ist mehr als Zufall, das fühlen und sagen ja die
Mutter, der Geistliche, Dorothea selber, sie ahnen darin das
Walten und die Führung der Vorsehung. Goethe selbst wies in
einem Briefe an Schiller darauf hin wie das große Weltschicksal
theils wirklich, theils symbolisch eingeflochten ist, und von Ahnung,
von Zusammenhang einer sichtbaren und unsichtbaren Welt doch
auch leise Spuren angegeben sind, was zusammen an die Stelle
der alten Götterbilder tritt.

Zumal die Volksseele würde von einer Dichtung sich abwen-
den welche nicht auch die Forderung des Gewissens befriedigt.
Wenn uns im Leben so manches unverstandenes Stückwerk und
quälendes Räthsel bleibt, so wollen wir daß der Dichter uns das
Dunkel lichte, auf daß uns wohl werde. Und darum läßt er
das Gute siegen im Märchen wie in der Ballade, im Roman wie
im heroischen Epos. Er ist der Prophet der sittlichen Weltordnung, die Wirklichkeit die er abspiegelt ist vernünftig, denn er
giebt wie alle echte Kunst die Wahrheit des Wirklichen und stellt
das Seinsollende seiend dar. Das ist auch der Grund weshalb
man wol sagt daß das Epos sich von der Tragödie durch den
glücklichen Ausgang unterscheide. Aber ein solcher ist gar nicht
überall vorhanden. Er ist es in Odyssee, Gudrun, Ramayana,
aber nicht in Ilias, Mahabharata, Nibelungenlied. Aber Achilleus
zieht selber eine kurze ruhmvolle Jugend dem langen ruhmlosen
Alter vor, und die Troer büßen, weil sie die Sache des Ehebrechers zur ihrigen gemacht haben; Siegfried's Schwert rächt
Siegfried's Mord; und das Unrecht der Kuruinger wie des Bürgerkriegs wird im indischen Epos betont, es wird betont daß der
Tod Sühne und Eingang in das wahre Leben ist.

Der epische Held ist Eins mit seinem Volk und seinen Göttern, er ist der Verfechter seiner Nation, ihr Repräsentant, nicht im eigenwilligen Conflict mit dem Weltgesetz, der Sitte und dem Leben seiner Zeit. Er entwickelt seinen Charakter im breiten Strome der Welt, und erscheint dadurch vielseitiger, in den mannichfaltigsten Lagen, vollmenschlich, während der Dramatiker eine besondere Geistesrichtung hervorhebt, ein bestimmtes Pathos in der Eigenart seines Helden tonangebend macht.

Das Weltbild, das Ganze des Volkslebens in einer bestimmten Zeit kann die Poesie in ihrer zusammendichtenden Kraft auf doppelte Weise bieten, in einer großen Begebenheit, welche alle nationalen Kräfte in gemeinsame Thätigkeit setzt, oder in der Entfaltung eines großen Einzellebens, das durch verschiedene Gebiete sich bewegt und zum Träger mannichfacher Erfahrungen wird. Ilias, Mahabharata, Nibelungenlied gehören zur ersten, Odyssee, Parcival zur zweiten Art. Nicht blos Dante wandelt durch die Hölle den Berg der Reinigung hinan in die himmlischen Sphären, auch in der Odyssee ist der Olymp wie die Unterwelt unserm Blick erschlossen, während der Held vieler Menschen Städte sieht und Sinn und Sitten gewahrt. Parcival bewegt sich zwischen dem Ritterthum und der Klause des Einsiedlers die Gralsburg hinan zum geistigen Ritterthum, von der Unschuld der Kindheit durch Zweifel, Kampf und Irrthum zu Frieden, Wahrheit und Heil. Tasso schreibt in einer Abhandlung über das Epos: „Wie die Welt mit der Mannichfaltigkeit ihrer Gestirne, Meere und Länder, der Fische und Vögel, der wilden und zahmen Thiere und bei so verschiedenen Theilen nur Eine Gestalt und Wesenheit hat, so muß auch der Dichter, der ja gerade wegen dieser Nachahmung der göttlichen Schöpfung in seinen Werken göttlich genannt wird, ein Gedicht bilden können, in dem wie in einer kleinen Welt Seeschlachten, Städteeroberungen, Zweikämpfe, Schilderungen von Hunger und Durst, Sturm, Feuerbrände und Wunder, himmlische und höllische Rathsversammlungen, Aufruhr, Zwietracht, Abenteuer aller Art, Zaubereien, Grausamkeit, Kühnheit, glückliche und unglückliche, frohe und traurige Liebe sich zusammenfinden; und dennoch soll dieses Gedicht aller seiner Mannichfaltigkeit unerachtet in Gestalt und Fabel nur eins sein, in allen seinen Theilen so verbunden daß einer sich auf den andern beziehe, einer dem andern entspreche, einer von dem andern abhänge, sodaß wenn ein Theil herausgenommen würde, das Ganze zerstört wäre." Es versteht sich wol von selbst daß nicht dies ganze Detail in seiner Breite

nothwendig ist, daß Einzelnes symbolisch für ganze Gruppen
stehen kann; aber auch der gute Roman gibt uns in poetischen
Ziffern ein volles Lebensbild seiner Zeit, wie Don Quixote, Tom
Jones, Wilhelm Meister, und wird dadurch selbst dem Historiker
ähnlich beachtenswerth wie das heroische Volksepos.

Wie die einzelnen Ereignisse, die mannichfachen Gestalten neben-
einanderstehen, so reiht auch die epische Sprache mehr Satz an
Satz in einfacher Folge, als daß sie die Sätze ineinanderflicht.
Redselig in der Fülle der Anschauungen schwelgt sie nicht in
lyrischen Empfindungsergüssen, sondern schildert lieber die Handlungen durch welche Freude oder Leid sich kundgibt; ich erinnere
an die Minnegrotte von Tristan und Isolde, an das Gebaren der
Mutter Sorab's bei dem Tod ihres Sohnes in Firdusi's Helden-
buch, erinnere daran wie beim Abschied von Hektor und Andro-
mache in der Ilias alles zum Bilde wird. Achilleus hat bei der
Eroberung ihrer Heimatstadt Theben ihr Vater und Brüder er-
schlagen, so ist Hektor statt deren nun ihr einziger Hort; er will
es nicht mit ansehen daß ein Achäer sie, die Weinende, gesangen
hinwegführt, sie in Argos um den Webstuhl der Königin wandeln
oder Wasser aus dem Quell herbeitragen muß, und ein Vorüber-
gehender in ihr das Weib Hektor's erkenne. Oder Odysseus preist
Nausikaa's Aeltern glücklich, die solch eine Tochter im Reigentanz
dahinschweben sehen, den Bräutigam glücklich, der sie am Hoch-
zeitsfeste heimführt; wir haben sogleich ein Gemälde voll Glanz
und Schönheit. Für das was in Natur oder Geschichte gleichmäßig wiederkehrt wählt der Epiker gern auch die gleiche Aus-
drucksform.

Auch der epische Vers liebt mehr die Rhythmusplastik als den
musikalischen Reim; so in dem ruhigern Gang der serbischen und
spanischen Trochäen, so im freien bewegtern Schritt des Hexameters der Griechen und nach ihnen der Römer und Deutschen,
oder in der Indischen Sloka. Hier besteht der Vers aus zwei Glie-
bern und in jedem derselben liegen Freiheit und Ordnung nebeneinander, indem die ersten vier Silben ganz beliebig kurz oder lang
sein können, die zweiten vier Silben aber ein festes Schema haben

$$\times\times\times\times \;\cup\underline{\cup}\underline{\cup} \mid \times\times\times\times \;\cup\underline{\cup}\underline{\cup}—$$

Im Zusammenstoß zweier hochtoniger Längen liegt etwas Gewaltsames, Ringendes, Gegensätzliches, der iambische Anklang ist
dann ruhig klar.

Wen Gelahrten zurückhalten der steigt immer zum Glück empor,
Doch wer Gelahrten Trotz bietet kommt empor, wenn er leben bleibt.

Anmuthiger durchdringen sich die Principien der Schönheit,
Freiheit und Ordnung im Hexameter, wo überall außer im letzten
Takte an der zweiten Stelle stets eine Länge mit zwei Kürzen
wechseln kann; und dazu kommt die Cäsur und der früher er-
wähnte Rhythmus der Silbengruppen, der sich im absinkenden
Versmaß auch aufwärts bewegen kann.

Für das mittelalterliche Epos waren die kurzen Reimpaare
etwas zu knapp, mehr für kleinere Erzählungen geeignet; die
Nibelungenstrophe wird vorzüglicher in dem zweigliederigen Vers
von sechs Hebungen, wobei die Senkungen vor oder nachstehen
können, und dadurch der iambisch aufstrebende oder der trochäisch
absinkende Gang wechseln kann.

>   Da strich er seine Saiten daß all das Haus erbös;
>   Seine Kraft und sein Geschicke die waren beide groß;
>   Süßer, immer süßer zu geigen er begann,
>   So spielet' er in Schlummer so manchen sorgenvollen Mann.

Auch in der Stanze und Terzine der Italiener wie in dem
Alexandriner der Franzosen klingt das Echo des Reims, doch ist
hier der Gang nach den Wortaccenten und bei den nicht in eine
Silbe zusammengezogenen, sondern rasch für sich ausgesprochenen
zusammentreffenden Vocalen ein freibewegterer, als wenn man im
Deutschen den Iambus allein anwendet.

Will man in der epischen Poesie selbst ein Bild für den epischen Dichter suchen, so kann kein prächtigeres und in sinnlicher
Anschaulichkeit erhabeneres gefunden werden als das des Zeus auf
dem Ida, das den dreizehnten Gesang der Ilias eröffnet. Der
Götterkönig, der in sicherer Hand der Menschen Geschicke wägt,
hat Hektor und den Troern Ruhm verliehen und sie den Schiffen
der Achäer nahe gebracht; dort läßt er nun den Kampf fortloben,
er aber wendet sein Angesicht vom blutgetränkten Schlachtfeld hinweg, fernhinschauend nach dem Land der Thraker und Hippo-
molgen, die nur von Milch sich nähren und jede Gewaltthätigkeit
scheuen, die gerechtesten unter den Menschen. So verknüpft der
Dichter die beiden Enden der menschlichen Natur, den Drang der
Freiheit, der rastlos beweglich Neues schafft und den Kampf der
Geschichte kämpft, und die stille Genügsamkeit in der friedlichen
Ordnung eines kleinen Kreises der Häuslichkeit, und überblickt in

ihnen alles was das irdische Leben erfüllt und bewegt, auf jedem
mit gleicher Theilnahme verweilend; er steht auf der Höhe, von
der aus das Ganze ihm offen liegt und nichts Einzelnes seinen
Blick ausschließlich fesselt, und dies Ganze stellt er dar, sei es
daß er es in der Fülle und dem Glanz seines Reichthums ausbreitet, sei es daß er in einer einfachen Handlung ein symbolisches
Gemälde der Menschheit entwirft. Und diesen weiten großen
Ueberblick über das Ganze der Natur und der Menschheit will er
auch uns verleihen; eine erhabene Stimmung des Gemüths mit
all seinen Kräften ist die Wirkung des epischen Gedichts. Darum
durfte Milton sagen: „Wer Heldengedichte schreiben will muß erst
sein ganzes Leben zu einem solchen machen." Keine einzelne Empfindung herrscht vor, die ganze Tonleiter der Gefühle wird angeschlagen, jedes hat seine Berechtigung, aber auch seine Vermittelung, und im Ebenmaße des Gleichgewichts genießen wir des
Eindrucks der Rührung und Ruhe wie vor einem Meisterwerk
plastischer Kunst, oder es verschmilzt in unserer Seele mit dem
frischen Muth, der frei ins Leben hineinschaut, jene Wehmuth,
die uns immer ergreift wo wir in die innere Tiefe der Menschheit blicken, wie der Sänger von Hermann und Dorothea sagt:

> Hab' ich euch Thränen ins Auge gelockt und Lust in die Seele
> Singend geflößt, so kommt, drückt mich herzlich ans Herz!
> Menschen lernten wir lieben und Nationen; so laßt uns
> Unser eigenes Herz liebend uns dessen erfreun.

b. Die epischen Dichtarten.

Epos heißt Wort und ist das erste Wort das ein Volk bei
seinem Eintritt in die Weltgeschichte spricht; es bezeichnet die
Morgenröthe der Cultur. Ergüsse des Volksgemüths, im Lauf
der Jahrhunderte wachsend und reifend, werden von einem Genius
gesammelt, und die Bäche rauschen nun zusammen zu einem gewaltigen Heldenlied. Erlebnisse und Thaten erwecken die Sanges-
lust, und es ist eine Zeit gemeinsamen Handelns und gleichen
Empfindens, in welcher der Einzelne ausspricht was alle erfahren
und fühlen, sodaß sie in sein Wort einstimmen und es weiter
tragen. Das Leben selbst steht noch in einer naturwüchsigen Harmonie, die Phantasie herrscht auch im Bereiche der That statt
der staatsklugen Berechnung; statt der Sonderung in Gebildete

und Ungebildete sind alle einander nah im Glauben und Wollen.
Es ist der heroische Weltzustand, in welchem Recht und Gesetz
herrschen, aber durch den Willen, den Muth, die Energie der
Helden und durch den Spruch der Volksgemeinde, die aus ihrem
Gewissen den Wahrspruch schöpft, noch nicht durch polizeiliche
Institute und schriftliche Rechtspflege; eine freie Treue verbindet
die Führer um ein Bundeshaupt, die Männer um die Führer.
Das Leben ist ein in sich geschlossenes Ganzes, der Mensch steht
in inniger Beziehung zur Naturumgebung, es ist keine fremde
Vermittelung zwischen Dingen und Persönlichkeiten, sondern ein
frisches Ergreifen und Bereiten nach dem eigenen Willen und
Geschick: der Held zimmert das Schiff sich selber, die Gattin hat
sein Gewand gewoben, sie haben den Wein selber gebaut den sie
trinken. So ist es eine geistdurchdrungene Natur, eine morgen-
schöne Welt, über welche der Mensch seine Gedanken nicht so sehr
auf ein Jenseits wendet, als er befriedigt im Diesseits lebt, was
die objective Poesie im verklärenden Spiegel der Phantasie wider-
strahlen läßt.

Die Dichtung ruht auf der Heldensage, und da diese durch
den Niederschlag von religiösen Naturmythen auf hervorragende
Menschen sich bildet, so wird das heroische Volksepos nur da entstehen wo auch eine bilderreiche Mythologie in der Volksseele sich
entwickelt hat. Der Sinn für Veranschaulichung des innerlich
Erlebten, die Beseelung der Natur, die Deutung ihrer überwältigenden Erscheinungen als Thaten und Leiden göttlich persönlicher Wesen geht der Auffassung geschichtlicher Ereignisse nach
ihrem idealen Gehalt und ihrer allgemeinen Bedeutung voraus;
eine so praktische Nation wie die Römer, die ihre Götter nach den
Verrichtungen, nach ihren Beziehungen zu den Menschen benannte,
kam auch statt zum Epos nur zu prosaischer Sagenerzählung.
Zu den zwei Vorbedingungen des Epos, der Mythologie und großer
Ereignisse, kommt eine dritte, lebendig strömender Volksgesang,
und eine vierte, der organisirende Genius, der das mannichfach
Vorbereitete zu einem künstlerischen Ganzen gestaltet, indem er
alles von einem idealen Mittelpunkt aus betrachtet, im Lichte der
Idee, in Beziehung auf einen großen Mann oder ein großes Geschick
es ordnet und umbildet zu harmonischem Vollklang. Vorzeitliche
Sage wird zum Symbol weltgeschichtlicher Erlebnisse, und so er-
hält das Volk in Helden und ihrem Geschick ein Bild des
Nationalcharakters und seiner Bestimmung im Emporgang der

Menschheit. In meinem Poesiebuch habe ich dies ausführlich an der Hand der vergleichenden Literaturgeschichte nachgewiesen.

Durch diese löst sich auch das Räthsel und erklärt sich das Wunder daß so große und herrliche Werke, wie sie auf diesem Gebiet nicht wieder erreicht werden und wie sie oft auch die Schöpfungen späterer Zeit auf andern Gebieten überragen, schon an der Schwelle der Literaturentwickelung stehen, riesige Pylonen am Eingange in die Culturwelt. Die Werke sind aber nicht erfunden und geschrieben wie ein Roman, den der Dichter, wenn er auch den Stoff aus dem Leben empfing, doch als sein Eigenthum, als den Ausdruck seiner Persönlichkeit nach seinem Sinn gestaltet, sondern sie sind vorbereitet durch viele Kräfte, der Stoff ist Gemeingut wie der Stil der Darstellung, und der Genius, wie der Baumeister eines Doms von der Ueberlieferung getragen, bringt zur Kunstvollendung was die Naturpoesie ihm bot.

Das Erste sind einzelne Lieder, unmittelbar aus dem Leben herausgesungen zum Preis eines Helden oder einer That; ein lyrischer Ton klingt mit, der Held ist manchmal selbst der Sänger. Für ein nachwachsendes Geschlecht wird die ausführlichere Erzählung des Ereignisses nöthig, und damit der epische Stil geboten, den auf Anschauung gestellte Völker wie Serben und Griechen auch ursprünglich finden. Das Zweite ist daß nun Erzählungen von einem Helden oder mehrere Berichte von einer Begebenheit zu einem Ganzen verschmolzen werden, ich nenne es die Stufe der Rhapsodie; Aristeia und Nostoi bei den Griechen, Chansons de geste bei den Altfranzosen, das Gedicht vom Cid neben den Romanzen der Spanier, das Lied wie Siegfried den Drachen tödtet und den Hort sammt Chriemhilde gewinnt sind Beispiele, oder Savitri, Visvamitra und Vasishta, Nal und Damajanti bei den Indern. Die Lieder vom König Marco, von der Schlacht auf dem Amselfeld, fügen sich bei den Serben zum Romanzenkranz zusammen, aber ein solcher ist noch kein Epos. Es gehört dazu eine große weltgeschichtliche That — wie sie den Helden der Serben gefehlt — in deren erhöhter begeisternder Stimmung das Volk seine Bestimmung erkennt, wie die Franken im Sieg über die Mauren, und es gehört der Aufschwung der Kreuzzüge dazu, um das Rolandslied zum Volksepos reifen zu lassen; der Völkerkampf in der Völkerwanderung, das siegreiche Vordringen der Griechen in Kleinasien ist eine Bedingung daß von hier aus Götter- und Heldensagen verschmolzen werden und ein Symbol der Volksart

und ihres Geschickes zur Darstellung kommt. Und dazu bedarf
es wieder des organisirenden Genius, der Siegfried's Tod und
den Untergang des Burgunderreichs zusammenschaut, der in Achilleus
und Odysseus die Repräsentanten des Volkscharakters erkennt und
sie zum Mittelpunkt des Sagenkreises macht, und den Preisgesang,
die Aristeia, des einen, das Rückkehrlied, den Nostos, des andern
zur Achse einer Composition macht, um die nun die Fülle älterer
Gesänge sich bewegt, mit der nun die Ueberlieferung in Beziehung
gesetzt, und in Beziehung auf die vom Genius erfaßte Idee neu gesungen wird. Solange der mündliche Vortrag herrscht, ist die
Mittthätigkeit der Sänger vorhanden, aber der feste Grund ist
gelegt, die Linien des Ganzen sind gezogen, und seinem Geiste,
seiner Stimmung, seiner Darstellungsweise schließen neue Er-
weiterungen sich an. Der Diaskeuast, der nun das Werk zur
schriftlichen Niedersetzung und zum Abschlusse bringt, ja ein genialer
Kritiker wie Aristarch kann dann noch ausscheidend oder umstellend
eingreifen, aber er macht das organische Kunstwerk nicht, das hat
auch nicht der vielköpfige Volksgesang, sondern ein den Stoff be-
seelender und von einer idealen Einheit aus ihn gestaltender
Dichter, das hat bei den Griechen Homer gethan. Wo dieser
organisirende Genius fehlt, wie bei den Russen, da ist auch kein
Epos entstanden, wiewol Sagen und Sänger und die volksbe-
freiende staatgründende That zur Zeit Wladimir's vorhanden waren.
Der menschliche Leib ist ein Zellenbau, aber kein Haufwerk von
Zellen, sondern ein durch die gestaltende Seelenkraft in der Mit-
wirkung vieler Sonderkräfte geformter Organismus; so auch das
Volksepos.

Die epische Kunstdichtung besteht darin, daß ein Dichter nach
dem Vorgang und Muster des volksthümlichen Epos oder der
Rhapsodien und Lieder auch nichterlebte oder in der Volksphantasie
nicht vorbereitete, sondern gewählte, oft fremde Stoffe behandelt.
Ein classisches Beispiel gab Vergilius, der seinem Vaterland
machen wollte was in Hellas gewachsen war, indem er hier der
Odyssee, dort der Ilias nacheiferte, die Anfänge Roms von dem
Standpunkte seiner Gegenwart aus behandelte; und so weit es dem
Einzelnen möglich war gelang ihm ein Nationalgedicht, indem
er den Ursprung mit beständiger Rücksicht auf die kommende Entwickelung darstellte und auf das Vollenden des Reichs hindeutete.
Der Kunstdichter geht von seiner eigenthümlichen Idee aus und
offenbart sie durch den Stoff, wie Wolfram im Parcival die keltische

Sage zum Epos des inneren Menſchen ausbildete. Aehnlich hat Wieland im Oberon das franzöſiſche Material mit engliſchem bereichert um in reizender Verflechtung ein ſinniges Ganzes zu ſchaffen. Ja der Kunſtdichter kann ſeinem Stoff mit der freiſchaltenden Ironie gegenüberſtehen, die ihn zum Spiele der Einbildungskraft und zur Ergötzung der Hörer macht, wie Arioſt.

Wie Goethe eine novelliſtiſche Erzählung früherer Tage in die Gegenwart rückte und zum Spiegel deutſchen Geiſtes und deutſcher Sitte machte, ihr ein claſſiſches Gepräge gab und ein Meiſterwerk in engem Rahmen, ein kleines, aber echtes und höchſt werthvolles Nationalgedicht hervorbrachte, ſo hatte Schiller an ein hiſtoriſches Epos gedacht, und indem er an Friedrich den Großen anknüpfte mit Recht den zeitgenöſſiſchen und durch ſeinen Gehalt bedeutenden Stoff ohne Feerei, ohne äußere Göttermaſchinerie in volksthümlicher Form ausbilden, ein Weltgemälde darin bieten wollen. Noch iſt der Kranz ſolch eines hiſtoriſchen Epos zu verdienen. Taſſo war der Geſchichte nicht gewachſen und glänzte durch romantiſche Liebesepiſoden, Camoens zog die Mythologie herein, Voltaire wollte das mangelnde poetiſche Leben durch Allegorien erſetzen: das alles wäre zu meiden, ein großer Mann in einem entſcheidenden Moment zum Centrum zu nehmen, die Poeſie der Wirklichkeit zu entbinden und mit philoſophiſchem Geiſt deren idealer Gehalt in verklärter Geſtalt auszuprägen.

Man kann unſern Reineke Fuchs als ein volksthümliches komiſches Epos betrachten; warum ſollte der Kunſtdichter, ebenſo gut wie er dem Ernſte des Lebens und dem Edlen ſich zuwendet, nicht auch den Verkehrtheiten und Thorheiten der Welt einen Spiegel vorhalten, und indem er ihre Selbſtauflöſung vorführt, uns mit anmuthigem Scherz erheitern? Er kann ja babei mit liebevollem Humor auch den unverwüſtlichen echten Kern der Menſchheit in ihren Lächerlichkeiten hervorleuchten laſſen. Voltaire's Pucelle und Byron's Don Juan haben die engliſche wie die franzöſiſche poetiſche Darſtellungsweiſe glänzend bekundet, ſo daß Viſcher's Satz: „Es gibt kein komiſches Epos", ihnen gegenüber recht verwunderlich klingt. Auch die poetiſche Erzählung des Kunſtdichters knüpft gern an volksthümliche Ueberlieferung oder hiſtoriſche Perſönlichkeiten an; zieht aber vornehmlich das Reich des Herzens in ihr Gebiet und ſtellt das Seelengemälde in den Vordergrund. Ihr gilt es nicht um ein Weltbild, und ſtatt des Ganzen hebt ſie ein bedeutendes Ereigniß hervor, das

sie nach seinem Sinn und Werthe entfaltet.   Sie ersetzt durch
wohlabgewogene Composition, durch sinnreiche Erfindung und
geistvolle Behandlung in blühender Sprache die Bedeutung des
Mythus und den Antheil dessen dieser sicher ist, da das Volks-
gefühl ihn geboren hat.   Der Dichter läßt seine Individualität
und Lebensansicht freier hervortreten und gibt seine Stimmung
in dem ernstern oder fröhlichern Ton kund, welchen er dem Stoffe
gemäß anschlägt.

Das ursprüngliche Einzellied findet sein Gegenbild in der
epischen Ballade, die bald mehr den volksthümlichen bald den
kunstgebildeten Stil zeigt, bald mehr der geschichtlichen Ueberlieferung sich anschließt und bald die freie Empfindung walten
läßt, stets aber die Aufgabe hat eine Idee in der Begebenheit zu
veranschaulichen, und wohlthut alles so in unmittelbarer Gegenwart rasch uns erleben zu lassen, wie Schiller im Kampf mit dem
Drachen und im Grafen von Habsburg gethan.

Endlich finden hier das Idyll und die Satire eine Stelle.
Im Gegensatz zu dem Epos, das eine heroische Zeit in voller
Freude an ihrer Schönheit verherrlicht, flüchtet sich dort der Dichter
aus einer unpoetischen Civilisation an den Busen der Natur, und
hält er hier dem Verfall des Lebens einen Hohlspiegel vor, um
die Gebrechen und Thorheiten der Welt zu verlachen oder zu
brandmarken.   Dort genießen wir das Stillleben einfacher patriarchalischer Zustände, die noch vom Kampf der Geschichte und den
Gegensätzen der Culturentwickelung unberührt sind, hier lebt das
Ideal in der Seele des Dichters, und mahnend und spottend läßt
er das Ungenügen der Wirklichkeit ihm gegenüber zu Tage treten;
Bilder des verfallenden oder verkommenen Lebens werden treu
gemalt, aber als das Nichtseinsollende dargestellt.

Mit der Satire verwandt sind Parodie und Travestie.   Die
letztere kleidet das Heroische in das alltägliche Modegewand der
spätern Zeit, die erstere erzählt kleine Begebenheiten des gewöhnlichen
Lebens im Stil des Heldengesangs mit Aufbieten seiner Götterwelt.
Sehr treffend hat Robert Prutz darüber geurtheilt: „Die Dinge
wirken dabei nicht durch ihre Komik an sich, sondern erst durch
ihre geflissentliche und unwahre Beziehung auf eine andere künstlich aufgebaute Welt.   Der Widerspruch, welcher aufgelöst werden
soll, ist kein natürlicher, sondern er wird erst künstlich um des
Effects und der Auflösung willen geschaffen; mithin ist auch der
Genuß kein reiner und naturgemäßer, sondern auch er wird erst

durch die vorausgesetzte Kenntniß dessen bedingt woran der kleine
und nichtige Stoff parodisch abgemessen werden soll."

Wenn aber bei fortschreitender Cultur Geschichte, Philosophie
und Religion die gemeinsame Wiege der Poesie verlassen, wenn
die einzelnen Berufskreise des Lebens sich scheiden und begabte
Individualitäten von der Substanz des Ganzen sich mehr und
mehr lösen um ein möglichst freies Fürsichseln zu gewinnen,
wenn das Gemüth nicht mehr harmlos im Glauben der Väter,
sondern erst nach heißem Zweifelkampf in der eigenen Erkenntniß
seinen Frieden hat, wenn das äußere Leben zu einer Sammlung
rechtlicher Institutionen und feststehender Ordnungen wird, und
ihm der jugendliche Sinn mit seinen Träumen und Hoffnungen
gegenübersteht, sodaß beide erst zusammenkommen und sich versöhnen sollen: dann wird die Aufgabe des epischen Dichters eine
andere; dann muß er im Besitze einer eigenen Weltansicht sein,
die er den Stoff der Wirklichkeit mit frei erfindender Kraft or-
ganisiren läßt, dann muß er innerhalb der Welt selbst mehr das
Reich des Herzens mit seiner Innerlichkeit oder die Kreise des
privaten Daseins zum Gegenstande der Darstellung machen; dann
muß der Prosa der Welt auch die Prosa der Sprache sich entsprechend anschmiegen, zumal der Dichter, der die Geschöpfe seiner
Phantasie gestaltet, dem poetischen Leben derselben nothwendig den
ganz realen Boden der Weltwirklichkeit zur Grundlage geben wird,
um darin die Wahrheit seiner Idealgebilde zu bewähren. Die
Poesie hat sich ins Gemüth geflüchtet, die Entwickelung der
Individualität in einer vielfach widersprechenden prosaischen Welt
verlangt nun ihre künstlerische Wiedergeburt, und diese ist der
Roman.

Er soll nach Jean Paul's Wort romantisch sein: die Ideen des
romantischen Lebens, Ehre, Liebe, Freiheit sollen ihn beseelen, in
der Cultur soll die Natur wiedergewonnen werden, Herz und Welt,
die zunächst nicht im Einklang stehen, sollen sich versöhnen, indem
die Persönlichkeit fortbildend die Zustände veredelt, an denen sie
sich kämpfend und entsagend abarbeitet; so wird der Edelstein selbst
an der rauhen Wirklichkeit geschliffen und zu eigener Klarheit gestaltet. In neuen Richtungen und Bildern des gegenwärtigen
Lebens wollen wir die sinnvolle Schönheit des Mythus ersetzt
sehen, in wirklicher Lebensweisheit die Wahrheit finden, die er
ahnen ließ. Der Dichter darf dabei den vielfach gebrochenen und
scheinsamen Gestalten der Wirklichkeit nicht aus dem Wege gehen,

aber er wird die Mißverhältnisse auflösen und mit dem Auge des
Humors die Doppelseitigkeit der Dinge hervorheben, Thorheiten
und Verkehrtheiten beleuchten und doch den einfachen unzerstör-
baren Kern der Natur zur Anerkennung bringen, während der
überfliegende Idealismus mit seinen phantastischen Jugendträumen
der eigenen irdischen Bedürftigkeit inne wird, indem er an die
harte Ecke und Kante der Realität anstößt. Es können uns hierbei plastische Gestalten selbst in ihrem Thun und Treiben eine
Verbindung des Tüchtigen und Lächerlichen zeigen, oder der
Dichter kann von sich aus neben dem ironischen Blick auf die
Schwächen und Verkehrtheiten auch die mitfühlende Gemüthlichkeit offenbaren, was dann am besten im Ichroman geschieht, wo
ein Landprediger von Wakefield, ein Tristram Shandy, ein Copper-
field selber seine Geschichte erzählt. Nicht blos auf das spannende
Interesse der Situationen, sondern auf die Charaktere kommt es
an, die klar gezeichnet sich im Drang der Umstände bilden; die
Umstände in der Fülle des wirklichen Lebens werden vor uns
ausgebreitet, aber sie müssen aus den Menschen etwas machen.
Schicksal und Gemüth sollen nach Novalis' tiefsinnigem Ausspruch
als zwei verwandte Namen einer und derselben Sache erscheinen.
Der große Dichter läßt uns den geheimnißvollen Zusammenhang
ahnen und gewahren, welcher zwischen der Innen- und Außenwelt besteht, die Art und Weise wie die Zustände und Ereignisse,
in die wir hineingeboren sind und die uns begegnen, unserm
eigenen Wesen bald freundlich den Stoff zur Lebensgestaltung
bieten, bald feindlich uns in Waffen rufen, zur Bethätigung
unserer Kraft nöthigen, die Art und Weise wie die persönliche
Eigenthümlichkeit das ihr Zusagende sucht und findet, und wie
Mißgriffe und Irrthümer oder scheinbar unbedeutende Zufälle der
Anlaß werden daß sie die naturgemäße Lebensstellung erlangt.
Die Lösung des Problems liegt in dem gemeinsamen Lebensgrund
aller Menschen und Dinge, im alldurchwaltenden weltordnenden
Willen der Liebe.

Der Roman ist episch, er ladet zu ruhiger Betrachtung ein,
und stellt, wie Goethe selbst in Wilhelm Meister sagt, vornehmlich
Gesinnungen und Begebenheiten dar, während das Drama Charaktere durch Thaten veranschaulicht. Gerade die Darstellung
bildsamer Naturen verlangt die Stetigkeit der Entwickelung, die
Betonung der vielen unscheinbaren Bedingungen und Einflüsse
des geselligen Lebens, die psychologische Zergliederung, die Klein-

malerei in der Entwickelung des Innern. Wir wollen nicht mit
leidenschaftlicher Hast zum Ausgang eilen, sondern jeden Moment
in seiner Bedeutung erkennen. Dafür muß er freilich auch seine
Bedeutung haben und der verweilenden Betrachtung lohnen. Für
das Epos war die Fülle und Breite der Geschichte durch die
Sage bereits in typischen Gestalten und Geschicken verdichtet, daher
sein plastisches Gepräge; der Roman wird malerisch, er stellt den
Reichthum des Lebens in frei individualisirten Charakteren und
mannichfachen, mitunter ungewöhnlichen Verhältnissen und Zuständen dar, auch das Zerstückelte, Anbrüchige, Widerspruchs-
volle der Zeit, auch die Entartung der Natur liegt auf seinem
Wege; so kommt er zur Vielfarbigkeit, und die Contraste erhalten
ihr Recht, die minder schöne, ja die häßliche Gestalt dient der
edeln, die melancholisch düstere der frohmüthig hellen zur Folie,
in der Wechselwirkung des Mannichfaltigen gleichen die Gegensätze
sich aus, und der Künstler breitet eine stimmungsvolle Beleuchtung
über das Ganze. Dem Reichthum und Wechsel des Inhalts
schmiegt die Prosa sich an, mit krystallinischer Klarheit, in freiem
Rhythmus der Bewegung der Welt und der Seele sich spiegelnd.

Wie der Dichter gegenüber der Prosa der Verhältnisse die
Poesie des Seelenlebens in der Geschichte des Herzens durch die
Liebe, in den Kämpfen des Geistes und den Wundern des Gemüthes erfaßt, so sucht der Roman wol auch für seine Helden
die Oase einer naturwüchsigen Freiheit und individuellen Selbständigkeit innerhalb der Civilisation, wie sie im Räuber-, Vagabun-
den- und Künstlerleben erscheint, wo dann auch dem Abenteuerlichen der Boden bereitet ist und die Erfindung des Dichters sich
leicht in spannenden Verwickelungen und stofflich anziehenden Ereignissen ergeht. Dunkle Thaten und Geschicke, die sich lichten,
Wiedererkennungen, überraschende Zufälle, dies „Romanhafte"
mag der Roman nicht entbehren, aber wo es allein herrscht da
sinkt er zur bloßen Unterhaltungsliteratur herab, und hat nicht
mehr Kunstwerth als wenn er zum Behikel socialer Fragen, poli-
tischer, moralischer, religiöser Tendenzen gemacht wird, während
er als poetisches Culturbild auch diesen eine Stelle gewährt: es
kommt nur darauf an daß sie nicht als Doctrinen verhandelt,
sondern in Charakteren und Thaten veranschaulicht werden, und
es kommt darauf an daß der Dichter die Macht habe solche
Probleme auch zu lösen und aus dem kritischen Zweifel nicht in
den von ihm zerstörten Kinderglauben, nicht in die verlebten

Zustände zurückfalle, sondern aus beiden Elementen eine höhere freiere Weltanschauung, eine geläuterte, die Gegensätze überwindende Wahrheit entwickle. In der Erlösung der Gemüther, in der Lösung des Conflicts ist dann auch der Schluß des Romans gegeben, der immerhin seine Perspective in die Zukunft offen halten mag, ähnlich wie der Kampf von Herz und Welt durch eine innerhalb der bürgerlichen Verhältnisse gegründete Ehe sein Ziel findet. Im Anfang soll das Kommende wie im Keime Blatt und Blüte so entworfen sein daß wir von der Entfaltung überrascht und doch unsere Ahnungen befriedigt werden. Freytag hat das in Soll und Haben gezeigt.

Der Romandichter wird seine Aufgabe dadurch am besten erfüllen daß er das Bild der eigenen Zeit, des eigenen Lebens entwirft, daß er auf diese Weise Eins mit seinem Stoffe und ein Mund seines Volks ist wie der volksthümliche Epiker es war. Vertieft der Dichter sich in Sitten und Ansichten früherer Tage, und gehen seiner Phantasie Probleme und Gestalten auf, die am besten unter deren Verhältnissen zur Darstellung kommen, so kann er im Leben, Leiden und Ringen der Einzelnen uns eine Epoche der Geschichte abspiegeln, aber seine Aufgabe wird sein: statt einer äußerlichen Verwebung von Dichtung und Geschichte, die allerhand romantische Arabesken um die historischen Personen und Begebenheiten zeichnet, vielmehr die Erzählung und die Charaktere frei zu erfinden, ihnen aber die Atmosphäre wie die Ereignisse und die Helden der Epoche zum Hintergrunde zu geben, sodaß etwa ein großer Mann und eine große Begebenheit in das Geschick der Romangestalten bedingend eingreift, die Welle einer weltgeschichtlichen Bewegung auch zum Erlebniß derselben wird und ihr Los auf- und abwiegt. Die historischen Persönlichkeiten müssen ihrem Charakter gemäß dargestellt, alles Wirkliche muß treu wiedergegeben werden; wird da die Wahrheit verletzt, so entstehen verwerfliche Zwittergebilde. Der prosaische Vorsatz eine Sammlung wissenschaftlicher Kenntnisse und antiquarischer Forschungsergebnisse belletristisch zu verwerthen, betont dann das Seltsame und Entlegene des Stoffes vor der Innerlichkeit des Seelenlebens, oder legt gar leicht den modernen Gedanken und Gefühlen ein schlecht passendes archäologisches Gewand an; nur ausnahmsweise kommen da Wissenschaft und Dichtung nicht beide zu kurz.

Die Novelle verhält sich zum Roman wie die poetische Erzählung zum Epos; sie stellt einzelne Züge des menschlichen Herzens, einzelne Gedanken des menschlichen Lebens dar, bald in freierer Erfindung, bald mehr im Anschluß an die thatsächlichen Zustände. Sie kann dabei im Salon oder auf dem Dorfe spielen, einen historischen Hintergrund haben oder ohne eine bestimmte Cultur zu spiegeln das Seelenleben oder ein allgemein menschlich interessantes Ereigniß schildern. Der Name weist auf Tagesneuigkeiten hin, auf merkwürdige Vorgänge die unsre Theilnahme erregen, und daraus folgt schon daß hier das Eigenartige zu seinem Rechte kommt, daß wenn der Roman ein Welt- und Culturbild giebt und ein allgemeines Grundgesetz des Lebens, eine Gewissensfrage der Menschheit im Ineinanderwirken verschiedener Charaktere und Lebenskreise erschöpfend darlegt, die Novelle ein besonderes psychologisches Problem oder einen ungewöhnlichen Verlauf der Dinge für sich abgrenzt und dadurch so anziehend macht daß in den Wendungen des Gemüths und Schicksals das ursprünglich Angelegte, von welchem die Verwickelung der Verhältnisse abzulenken schien, doch als das Innerlich Motivirte überraschend hervorbricht. „Eine unerhörte Begebenheit glaubhaft erzählt", so definirte Goethe im Gespräch mit Eckermann die Novelle, und der heutige Meister derselben, Paul Heyse, sagt: „Thöricht wär' es Probleme, die oft nur durch die zartesten Schattirungen, reizendes Hellbunkel oder eine photographische Deutlichkeit unser Interesse gewinnen, in jener naiven Holzschnittmanier der alten Italiener oder mit den ungebrochenen Farben des großen Spaniers zu behandeln." Ueberall aber fordern wir mit ihm das deutlich abgerundete Grundmotiv, die starke Silhouette, die es möglich macht den Umriß der Geschichte in wenig Worte zusammenzufassen. „Wer der im Boccaccio die Inhaltsangabe der 9. Novelle des 5. Tages liest: — Feberigo degli Alberighi liebt ohne Gegenliebe zu finden; in ritterlicher Werbung verschwendet er all seine Habe und behält nur noch einen einzelnen Falken; diesen, da die von ihm geliebte Dame zufällig sein Haus besucht und er sonst nichts hat ihr ein Mahl zu bereiten, setzt er ihr bei Tische vor; sie erfährt was er gethan, ändert plötzlich ihren Sinn und belohnt seine Liebe indem sie ihn zum Herrn ihrer Hand und ihres Vermögens macht — wer erkennt nicht in diesen wenigen Zeilen alle Elemente einer rührenden und erfreulichen Novelle, in der das Schicksal zweier Menschen durch eine äußere Zufallswendung, die aber die Charaktere tiefer entwickelt, aufs liebenswürdigste sich vollendet? Wer der diese

einfachen Grundzüge einmal überblickt hat wird die kleine Fabel
je wieder vergessen, zumal wenn er sie nun mit der ganzen Anmuth jenes im Ernst wie in der Schalkheit unvergleichlichen Meisters
vorgetragen findet? Wir wiederholen es: eine so einfache Form
wird sich nicht für jedes Thema unsers vielbrüchigen Culturlebens
finden lassen; gleichwol könnte es aber nichts schaden, wenn der
Erzähler bei dem innerlichsten oder reichsten Stoff sich zuerst fragen
wollte wo der Falke sei, das Specifische das diese Geschichte von
tausend andern unterscheidet."

Die mündliche Erzählung hat auch hier der Kunst der Schriftsteller vorgearbeitet. Der Mythus ward nicht blos zur Volkssage und Heldendichtung, seine Erzählungen wurden beim Wechsel
des Glaubens und der Sitte von Geschlecht zu Geschlecht ebenso
treu bewahrt als leise und langsam umgebildet, und was die
Kindheit des Menschengeschlechts erfreut und erhoben hatte das
ist noch heute die Lust und Erbauung des Kindergemüths im
Märchen. Nur wo religiöser Tiefsinn der Lebensauffassung mit
traumhaftem Phantasiespiel verschmolzen ist, mag einem Kunstdichter
etwas Aehnliches gelingen. Den treuherzig naiven Ton der Erzählung hat Wilhelm Grimm am besten wiedergegeben.

Wie das städtische Leben auf das heroische, das Bürgerthum
auf das Ritterthum folgt, so erwacht der Verstand, und die Lust
an seiner Aeußerung in treffenden Sprüchen, in kluger Lebensführung führt zur Prosaerzählung interessanter Geschichten dieser
Art, zu einem Novellenzeitalter, in welchem der rege Völkerver-
kehr mit den Landesprodukten auch die sinnreichen Geschichten von
Ort zu Ort trägt und austauscht. Die schriftstellerische Kunst
bemächtigt sich dieser Stoffe, im Decameron, wie in Tausendund-
eine Nacht; erst Cervantes rühmt daß er alles vom eigenen Leben
empfangen und mit eigener Erfindungskraft gestaltet habe, und
seitdem wird auch vom Dichter die Erfindung des Stoffs oder
doch die Neugestaltung bereits verwertheter Motive gefordert.

Wir können die bisjetzt betrachtete Gruppe als erzählende
Dichtung, als Poesie des Ereignisses zusammenfassen und sie mit
der objectiven Gedankendichtung, dem Epos der Betrachtung unterscheidend verbinden. Man hat früher gewöhnlich zu Epos, Lyrik,
Drama als vierte Gattung die didaktische Poesie gerechnet ohne
zu bedenken daß dadurch ein ganz neuer Gesichtspunkt, der des
Zweckes, als Eintheilungsgrund herangezogen wurde, und daß
man demnach hätte unterscheiden müssen in eine Poesie die sich

36*

selbst genug oder der nur die schöne Darstellung als solche Zweck
ist, und in eine andere welche sich die Aufgabe des Belehrens
stellt, also dem Unterricht oder der Moral dienstbar wird und
damit auf die Würde der freien Kunst verzichtet. Wol wirkt
jedes gute Gedicht durch Wahrheit und Neuheit des Gehalts wie
durch die Harmonie der Form auch belehrend und veredelnd auf
das Gemüth, doch das fällt ihm von selber zu, indem es nach
seinem Ziele, der Schönheit trachtet. Aber wenn man Gesetze
der Physik, oder Rechtsformeln, oder Genusregeln in Verse bringt,
so ist das keine Poesie, sondern nur eine Gedächtnißhülfe, wenn
nicht eine falsche Schminke für die reine Wissenschaft. Doch wenn
ein dichterisch begabter Mensch den großen Gedanken der Schöpfung
noch einmal denkt, wenn Wahrheiten, die zugleich den Kopf erleuchten und das Herz erheben, mit dem Gefühl ihres Werthes
in der Seele aufgehen, dann kann diese erhöhte Stimmung dazu
treiben die Idee wie sie in der Natur oder Geschichte verwirklicht
ist und das Gemüth beseligt in dieser ihrer Lebendigkeit poetisch
auszusprechen, und wie in ihr die Harmonie des Allgemeinen und
Individuellen, des Geistigen und Sinnlichen offenbar wird, so sie
auch in der harmonischen Form, in bildlich veranschaulichender
Rede und wohllautendem Rhythmus auszudrücken. Es wird der
Gedanke der Sache, es wird die Vernunft der Wirklichkeit in
ihrer Allgemeingültigkeit, die Wahrheit als in sich selbst begründet,
das Ideale als realisirt ausgesprochen, das ist das Objective,
was uns berechtigt die Darstellung episch zu nennen.

Auch hier hat der Volksmund der Spruchdichtung im Sprichwort vorgearbeitet. Ihm geht in einem besondern Fall ein allgemeiner Gedanke auf, und er stempelt diesen zum Ausdruck von
jenem. Kein Baum fällt auf den ersten Hieb; große Unternehmungen
verlangen fortgesetzte Arbeit. Reales und Ideales sind miteinander verwachsen wie im Mythus. Der Name Sinngedicht
erinnert durch den Anklang an Sinnbild an dies Symbolische.
So sagt der indische Dichter:

> So wie die Flamme des Lichts auch umgewendet hinaufstrahlt,
> So vom Schicksal gebeugt strebet ein Edler empor.

Oder der Deutsche:

> In den Ocean schifft mit tausend Masten der Jüngling,
> Still auf gerettetem Boot treibt in den Hafen der Greis.

Doch genügt auch der sinnige Ausdruck der Wahrheit in reiner Gedankenform, z. B.

> Gleich sei keiner dem andern, und gleich sei jeder dem höchsten;
> Wie das zu machen? Es sei jeder vollendet in sich.

An den griechischen Namen anknüpfend sagt Lessing: daß im Epigramm nach Art der eigentlichen Aufschrift die Erwartung auf einen Gegenstand erregt und mehr oder weniger hingehalten werde um sie mit eins zu befriedigen. Spannung und Lösung, Erwartung und Befriedigung sind auf einen kleinen Punkt zusammengedrängt, und das reizt zur Antithese; die Ironie tritt ein, der Witz macht das Epigramm zu seiner Lieblingsform, aber sein Stachel ist keineswegs nöthig, so treffend ihn Martial und Schiller gebraucht. Die griechische Anthologie so gut wie Saadi oder Goethe haben einfach edlem Gehalt einen feingeschliffenen Ausdruck gegeben.

In weiterer Ausdehnung weiß das Spruchgedicht sein Thema zu entfalten und zu größerer Betrachtung überzugehen, wie Scheffer im Laienbrevier, Rückert in der Weisheit eines Brahmanen, und dann ein ganzes Lebensgebiet zu beleuchten, wie Schiller in den Künstlern, Pope im Versuch über den Menschen, Vergil im Landbau. Dem vergleicht sich die Rhapsodie, und das Epos findet sein Gegenbild in der Darlegung einer Weltanschauung. Als einem Parmenides die Einheit und Ewigkeit des Seins, einem Empedokles die Entfaltung alles Lebens aus einem gemeinsamen Grunde und die Wiedervereinigung des Unterschiedenen in der Liebe aufging, da waren sie ergriffen von der Tiefe und Weite dieser Idee, und sie stellten sie dichterisch als das Allwaltende dar. So Lucrez, so Giordano Bruno. Es kommt darauf an daß nicht fertige Gedanken blos versificirt werden, sondern daß der Dichter sie selber in ihrer Tiefe und Fülle producirt.

Die Darstellung wird lebendiger, wenn der Dichter seinen Gedanken durch eine Begebenheit erzählend veranschaulicht, indem er mit einem Beispiel aus der Natur oder Geschichte beginnt, und die Lehre daraus sich entwickeln läßt. Ist die Begebenheit aus dem Naturleben genommen und dient sie zum Gleichniß mit den ethischen Verhältnissen, so haben wir die Fabel, die sich von der Thiersage dadurch unterscheidet, daß sie nicht mit freier Lust und behaglicher Breite darstellt was der Naturmensch an und mit ben Thieren erlebt, sondern daß es bei ihr auf die Lehre ankommt, und daß sie darum nur das hervorhebt was der Einprägung dieser frommt, wodurch eine epigrammatische Knappheit beliebt wird. Immer aber soll der Fabeldichter sich als Epiker an die Wirklichkeit halten, der Erfahrung treu sein, und nicht den Fuchs sich in der Getreidekammer satt fressen, nicht die Geis mit dem Löwen auf die Rehjagd gehen lassen.

Ist die Geschichte aus dem Menschenleben entlehnt, so entsteht die Parabel. Wenn Jesus seine sinnschweren Sprüche so formte daß sie zum Nachdenken reizten, so erzählte er auch gern eine Parabel; die anmuthig klare Geschichte zog an und ließ die Hörer den Sinn der Anwendung suchen und finden. Der verlorene Sohn, der barmherzige Samariter sind Perlen der Weltliteratur. Eine ähnliche Rolle spielen die Sprüche und Parabeln Buddha's in Indien. Sqabi, Gellert, Krummacher haben dem nachgestrebt und gern die Form des Verses mit der Prosa vertauscht.

Einen Schritt weiter ging Dschelaleddin Rumi, der in seinen Mesnevi seine ganze Lebensansicht philosophisch entfaltet und fort-während durch Erzählungen veranschaulicht, oder den Gedanken aus der Handlung hervorgehen, die Betrachtung von den handeln-den oder leidenden Personen selbst angestellt werden läßt. So führt sein so tiefsinniges wie anmuthiges, wenn auch für unsern Geschmack oft etwas redseliges Erkenntnißbuch zu der höchsten Stufe des Gedankenepos, welche darin besteht daß sie eine große Begebenheit berichtet um in und mittels derselben das Ganze der Lebensansicht des Dichters zu offenbaren. So enthält die unter dem Namen Bhagavadgita dem Mahabharata eingeflochtene indische Gedankendichtung die Philosophie des Brahmanenthums im Gespräche des Königs und Gottes vor Beginn der Schlacht. So sind Hesiod's Tage und Werke eine Mahnung an den Bruder um ihm klarzumachen daß die Götter den Schweiß vor die Tugend gesetzt und die Arbeit zum Weg des Wohlseins gemacht, das Jahr so eingerichtet daß jedes Tagewerk seine rechte Zeit findet. Die Naturordnung im Zusammenhang mit der sittlichen Weltordnung ist der Grundgedanke. So reihen sich an die Erzählung von Hiob's Leiden und Leben in der umfangreichsten Dichtung der Hebräer die Reden Hiob's, seiner Freunde und Jehova's über das tiefste Problem des Menschenlebens, den Zusammenhang von Schicksal und Charakter, von Schuld und Leid; womit die Frage zusammenhängt wie sich die Uebel der Welt, die Noth des Da-

feins, mit der göttlichen Allmacht und Güte vertragen. Das
Leid ist oft Sühne der Schuld, aber es dient auch zur Prüfung,
zu Erregung und Bewährung der Kraft und Tugend, und die
Herrlichkeit Gottes ist so unergründlich groß, daß wir ihm vertrauen sollen auch wo seine Wege dunkel sind, er wird's wohl-
machen. In der Fülle der Erörterungen gewinnen wir ein volles
Weltbild wie bei Dante, der seine Wanderung durch die Hölle
den Berg der Reinigung hinan in die himmlischen Sphären erzählt und dabei ein Gemälde des Universums entwirft, die Weltgeschichte im Licht der sittlichen Idee betrachtet, das Böse wie
das Gute veranschaulicht, jenes in seinem schrecklichen Selbstgericht,
dieses in seiner Beseligung; in den Reden, die er mit Vergil und
Beatrice, mit Verdammten und Verklärten austauscht, wird das
beste Wissen seiner Zeit, wird das Glauben und Wollen des
Dichters in Politik und Religion dargelegt. Die Idee steht im
Vordergrund, aber sie ist verwirklicht im Wollen Gottes; sie wird
zur Lebenserfahrung des Dichters, und dieser zum Repräsentanten
der Menschheit, die aus der Gottesferne sich läuternd zum Heil
des Guten, Wahren, Schönen emporstrebt.

Solche Werke gehören zu dem Edelsten und Größten was
Nationen geschaffen haben, indem die Dichter auch hier an die
volksthümliche Ueberlieferung sich angeschlossen, das beste Wissen ihrer Zeit in sich aufgenommen und im eigenen Geist es
fortbildend wiedergeboren, und dem Ganzen die in sich abgerundete, wohlerwogene Kunstgestalt verliehen haben. Die Poetik
erwiese ihr Ungenügen, wenn sie solche Schöpfungen dem philosophischen System nicht einordnen könnte; daß es uns gelingt,
mag die hier gegebene Gliederung der Poesie bewähren. Angesichts solcher Schöpfungen aber möge man auch die Berechtigung
und den Werth der epischen Gedankendichtung anerkennen.

B. Die Lyrik.

a. Die lyrische Darstellungsweise.

Die Lyrik ist subjectiv in dem doppelten Sinne des Wortes: daß
die Innerlichkeit der Empfindung, die Bewegungen des Gemüths,
das Seelenleben und die Gedankenwelt wie sie im Geiste waltet
von einer Persönlichkeit ausgesprochen werden, und daß diese ihr

eigenstes, unmittelbar nur ihr angehöriges Fühlen und Streben darin ausprägt; die Selbstbefreiung und der Selbstgenuß, der im Erguß der erregten Stimmung liegt, ist zunächst das Ziel und findet im Gesang selbst seine Befriedigung. Aber das ganz Individuelle erlangt die Weihe der Kunst dadurch daß es so dargestellt wird wie es dem Wesen der Menschheit entspricht, daß etwas Allgemeingültiges darin anklingt, wodurch es in andern Herzen weiter tönt. So sind der Sündenschmerz, die Erlösungshoffnung eines hebräischen Psalmendichters das tonangebende Wort für Millionen geworden, so rief der Dichter der Marseillaise Tausende zum Streit, so ist Mignons Lied von Italien der Sehnsuchtslaut dieses Kindes nach dem fernen schönen Vaterland, aber es erklingt darin zugleich der geheimnißvolle Zug aus der Enge des beschränkten Daseins, das Heimweh der Seele nach einem verlorenen Paradies, das in jedem Herzen schlummert. Die Aufgabe des Lyrikers ist also: Allgemeingültiges frisch zu empfinden und es auf neue Weise aus dem eigenen Gemüth zu offenbaren, oder das Persönliche so darzustellen daß darin das Menschheitliche zur Erscheinung kommt, daß endlich die angeschlagene Saite in andern Herzen mittönt.

Der rechte Epiker verschwand hinter seinem Werk, der Lyriker steht selbst im Mittelpunkt der Welt, er selbst, sein Fühlen und Denken ist der Stoff seiner Lieder, seine Persönlichkeit macht sich geltend, und wie die bunteln stummen Schwingungen des Aethers und der Luft erst in der empfindenden Seele zu Licht und Klang werden, so gelten die Dinge der Außenwelt nur insofern sie das Gemüth bewegen, untrennbar vom Ich in ihrer Bedeutung und ihrem Werth für die Innerlichkeit. Der Dichter führt jetzt dem Hörer nicht Anschauungen um ihrer selbst willen vor, sondern um dieselbe Stimmung zu erregen die in ihm herrscht. Was Goethe seinem Franz (im Götz) in den Mund legt: „So fühl' ich denn in diesem Augenblicke was der Dichter macht, ein volles, ganz von Einer Empfindung volles Herz!" — das gilt von der Lyrik; der Poesie der Subjectivität, in welcher das Gemüth sich selbst zur Schönheit läutert und in künstlerischer Verklärung anschaut.

Diese Stärke und Innigkeit des Gefühls setzt ein zartbesaitetes Herz voraus, dem gleich der Aeolsharfe auch ein leise berührender Lufthauch süß erschütternden Klang entlockt. Das energische Mitgefühl mit allem läßt die Seele hell erglühen wo andere kalt

vorübergehen, und mit der Freude wird auch der Schmerz des
Lebens tief empfunden. Daher die Wehklage die alle großen
Lyriker vernehmen laſſen. Ein Goethe ſpricht von der Menſchheit ganzem Jammer, und wie der die himmliſchen Mächte nicht
kenne wer nie ſein Brot mit Thränen aß, in ſo ergreifendem
Laut nur darum weil er es ſelbſt erlebt hat, und Schiller läßt
ſeine Kaſſandra ſagen: Wer erfreute ſich des Lebens der in ſeine
Tiefen blickt! Herzensfreude hat Walther von der Vogelweide
viel gekannt, doch ſtets war Herzeleid dabei, und Hafis vertraut
uns: Ich ſinge mit ſchwerem Herzen; ſieh doch einmal die Kerzen,
ſie leuchten indem ſie vergehn!

Doch iſt es der Reichthum und die Gewalt der Empfindung
nicht allein was den Lyriker zum Dichter macht, vielmehr wird
er es erſt dadurch daß er in der Freiheit ſeines Geiſtes zugleich
über ihren Wogen ſchwebt, und daß er ſich von der Macht derſelben befreit, indem er ſie aus ſeinem Herzen hinaus ſingt, daß
er ſie harmoniſirt, indem er ſie ordnend beherrſcht und in reinen
Formen, in melodiſcher Folge darſtellt. Indem nun die eigene
Luſt der erlöſten harmoniſchen Seele aus dem Bild ihrer Gefühle
wiederſtrahlt, gewinnt dieſes erſt den herzbezwingenden Zauber der
Anmuth; indem die Freiheit und Klarheit des Gedankens in ihm
waltet, wird es zur Beſtimmtheit wie zur allgemeinen Wahrheit
deſſelben erhoben; indem aber zugleich die ganze Stärke des Gemüths und ſeiner Leidenſchaften in ihm webt und pulſirt, behält
es die Macht den elektriſchen Funken auch in des Hörers Seele
hinüberzuleiten und magiſch ihn zum Genoſſen der eigenen Lebens-
ſtimmung zu machen.

Der volle Bruſtton der Empfindung war Bürger's Stärke,
aber er wußte ihn zu wenig abzuklären, er dichtete im Affect,
ſein Unwille, ſeine Schwermuth, ſeine ſinnliche Glut ſprechen ſich
ungeläutert aus, das Individuelle und Locale wird nicht zum Allgemeinen erhoben, vom Wirklichen die gröbere zweideutige Bei-
miſchung nicht getilgt und durch das Ebenmaß der reinen Form
erſetzt. Das tadelte Schiller und mahnte: Der Dichter nehme
ſich in Acht mitten im Schmerz den Schmerz zu beſingen. Nur
die heiter ruhige Seele gebiert das Vollkommene; das Schöne
wird nur durch die Freiheit des Geiſtes möglich, welche die Ueber-
macht der Leidenſchaft aufhebt. Aus der ſanften und fernenden
Erinnerung mag man dichten, aber ja niemals unter der gegenwärtigen Herrſchaft des Affects. Das hatte Schiller ſelbſt er-

fahren, was er über Bürger sagte war das Selbstgericht über die eigenen rohen Ergüsse seiner Jugendgedichte. Aber nun hob er einseitig den Idealismus und die Freiheit der Betrachtung auf den Schild; und so kam bei ihm das Musikalische, der unmittelbare Stimmungsausdruck so selten zur rechten Wirkung, darum gelangen ihm so wenig schlanke leichte sangbare Lieder; die fernende Erinnerung ist kühl wie die Strahlen des Mondes, die von der fernen Sonne reflectiren; Schiller hat der Reflexion zu viel eingeräumt. Größer als Bürger und Schiller war Goethe als Lyriker, indem er die Vorzüge beider verband ohne den Mangel zu theilen. Er bekennt selbst daß mit seinen ersten Liedern die Richtung begann, von der er sein Leben lang nicht abweichen mochte, „das was ihn freute oder quälte in ein Bild, ein Gedicht zu verwandeln und darüber mit sich abzuschließen“. Er dichtete was er lebte, was ihm Schmerz oder Lust bereitete, und war damit sicher, daß der Gegenstand auch andere zu rühren vermöge; aber mitten im Wogen und Drängen der Gefühle erhob sich die Freiheit seines Geistes im Entschluß sich zu befreien, und er vollzog dies, indem er darstellend seine Gemüthsbewegung sich gegenüberstellte; während seine Nerven noch bebten oder nachzitterten, gewann er die Ruhe der Anschauung in seinem Selbstbewußtsein. Darum konnte Vilmar von Goethe’s Liedern sagen: „In ihnen sind eigene Lebenserfahrungen, eigene Herzensgeschichten in ihrem höchsten Stadium festgehalten, aber die unruhige Hast der Leidenschaft, die trübe Gärung der Gefühle, welche vergeblich nach einem Ausdruck ringt und den rechten nur einzeln und gleichsam zufällig trifft, welche bald zu viel, bald zu wenig sagt, diese «menschliche Bedürftigkeit» ist überwunden, ist mit allen ihren Zeugen ausgestoßen. Die Gärung hat sich abgeklärt zu dem goldenen, duftenden Wein, dem man seine Heimat, sein Gewächs, seinen Jahrgang, seine Erde und Traube noch anschmeckt, der aber von allem diesem nur die feinsten lieblichsten Arome behalten und sie in die köstlichste Weinblume vergeistigt zusammengefaßt hat; das Gefühl der Leidenschaft und der Herzensunruhe ist noch vorhanden, aber nur das leise Beben derselben zittert noch, in die reinste Harmonie verschmolzen, durch die Töne des Gedichtes sie begleitend hindurch; Unruhe und Leidenschaft selbst haben keinen Theil an dem Gesange, dürfen nicht mit ihren schreienden Lauten eingreifen in die melodischen Klänge, welche wie selige Geister leicht und heiter dahinschweben über den Aufruhr, die Plage und Pein dieses Lebens." — Wenn einmal die Dichter aller Nationen zum Wettkampf in die Halle der Weltliteratur eintreten, dann wird niemand die Palme des Epos dem Vater Homer versagen, dann wird Dionysos den Epheu des dramatischen Siegs dem Briten Shakespeare reichen, aber der Rosen- und Lorberkranz des Lyrikers wird Goethe's Haupt schmücken.

Der Lyriker steht in der Gegenwart und verewigt den Augenblick, indem er ausspricht welch werthvoller Empfindungsgehalt in demselben liegt, und Vergangenheit und Zukunft gelten ihm nur in ihrer Bedeutung für den jetzigen Moment. Wie seine eigene Empfindung so offenbart er uns auch die stimmungsvolle Innerlichkeit der Außenwelt, indem er sich in dieselbe vertieft und sie beseelt; so wird alles Leben, Gefühl, Thätigkeit, wie vor der jugendlichen Menschheit in der Morgenfrische des Naturgefühls, aus welchem die Sprache der Mythologie hervorbrach.

Gern nimmt der Lyriker Gegenstände die an seine Stimmung anklingen zum Symbol derselben, oder sein gepreßtes Herz gibt sich durch wortlose aber nur so verständlichere Handlungen kund, wie Goethe's Schäfer die Blumen der Wiese pflückt ohne zu wissen wem er sie geben soll, wie Mörike's Verlassene in sprühende Funken des Herdfeuers hineinstarrt, da kommt ihr der Gedanke an den Treulosen, so wie jener den Regenbogen über dem Hause erblickt, aus welchem die Geliebte fortgezogen; und nun entladen sich beide im kurzen Klageruf.

Der Lyriker kann langsam wie aus der Ferne seinem Gegenstande sich nahen, jetzt hier jetzt dort ansetzen und auf einem Umweg rasch zum Ziele kommen; er kann ebenso gut sein Thema kurz und klar sofort kundgeben und es nun entfalten und gleich dem Musiker variiren, oder es durch ausführliche Darstellung begründen; er kann es als das gemeinsame Ziel mannichfacher Bewegungen in jeder Strophe als Refrain erklingen lassen. Er folgt dem Fluge der Vorstellungen, dem Drange der Empfindungen, und verbindet weniger die Gedanken nach ihrer logischen Beziehung, die Dinge oder Ereignisse nach ihrer ursächlichen Verkettung, sondern läßt die Einbildungskraft frei mit ihnen schalten; er verbirgt lieber den rothen Faden der Stimmung oder der Idee, der die mannichfaltigen Bilder zusammenhält, als daß er ihn mit prosaischer Deutlichkeit aufzeigt. Wie in seinem eigenen Gemüth manches im Dämmerschein liegt, so kann er auch im Gedicht es nur andeuten und der Ahnung überlassen. Abschwei

jungen, kühne Sprünge, überraschende Neubungen sind ihm nicht
versagt. Begeisterungsvoll bemeistert er die Bilder der Dinge
oder folgt selbstvergessen den wechselnden Eindrücken: nur daß er
mit selbstbewußter Kunst am Ende doch eine harmonische Totalität, ein planvolles Ganzes uns genießen lasse. Ich habe das
im Poesiebuch an Beispielen aus Pindar und Taabatta Scharran,
aus Petrarca, Schiller und Goethe näher erläutert.

Die geheimnißvolle Macht, die Meisterschaft des Lyrikers liegt
darin daß er Herr der Stimmung ist, daß ein Grundton das
ganze Gedicht durchklingt, und von diesem aus sowol die metrische
Form, der auf- und absteigende, rasch bewegte oder langsame
Rhythmus wie die poetischen Bilder bedingt sind, sodaß die Melodie der Seele sich in Einklang mit den Gedanken und den aus
den Tonwellen wie Klangfiguren auftauchenden Anschauungen anmuthig und klar ergießt. Die Dichtkunst kann das reine Empfindungsleben nicht als solches aussprechen wie die Musik, sie
bedarf dazu des Ausdrucks der Vorstellungen die es hervorrufen
oder begleiten; gibt der Musiker im Auf- und Abwogen der Töne
ein Bild der Gemüthsbewegung, so spricht der Lyriker den Inhalt
derselben aus wie er von ihr getragen wird. Sehr verständniß-
voll hat Herder von Klopstock's Oden gesagt: ein eigener Ton
des Ausdrucks, eine eigene Farbe ruht auf jeglicher und erstreckt
sich von der ganzen Mensur, Haltung und Betrachtung des Gegenstandes bis auf den kleinsten Zug, Länge und Kürze der Perioden, Wahl des Silbenmaßes, beinahe bis auf jeden härtern
oder leisern Buchstaben; über jeder Ode schwimmt ein anderer
Duft und in jeder weht ein anderer Geist. Und Goethe weiß
bei aller Tiefe des Gefühls, Glut der Leidenschaft und Höhe der
Gedanken doch stets so klar und mit so sichern Linien umschriebene Anschauungen zu geben, die dem Auge den verwandten Eindruck machen wie die Klänge dem Ohr.

Ueber allen Gipfeln
Ist Ruh',
In allen Wipfeln
Spürest du
Kaum einen Hauch!
Die Vöglein schweigen im Walde;
Warte nur, balde
Ruhest du auch.

Wie mild ist hier alles, und der Seelenfriede, der in das Innere des Dichters einzieht, im Naturbilde veranschaulicht. Oder nehme man zwei bekannte Gedichte Justinus Kerner's, das Wanderlied und das Trinkglas des verstorbenen Freundes: wie entsprechen dort die Bilder des bewegten Lebens, die Wellen, die Vögel, die Sterne in ihrem Freudenreigen dem raschen Gang des Verses, der so munter anhebt: Wohlauf, noch getrunken den funkelnden Wein! Und hier, wie ernst ist die Haltung des Ganzen in den längern ruhigen Zeilen, wo der volle männliche Reim vorangeht und der weibliche ins Unbestimmte hinaustönt!

> Still geht der Mond das Thal entlang,
> Ernst tönt die mitternächt'ge Stunde;
> Leer steht das Glas, der heil'ge Klang
> Tönt nach in dem krystallnen Grunde.

Der Dichter singt sein Innenleben wie er es fühlt, und wenn er voll von einem Gegenstande ist mag ihm der als das Höchste gelten und so gefeiert werden; zu anderer Stunde wird er schon auch einem andern Gott huldigen, wie die Sinnenfreude in Goethe's römischen Elegien ihre Ergänzung findet in der Marienbader Elegie, wo ihm in der Hingabe des Herzens an die Geliebte die Beseligung der Frömmigkeit als das Opfer der Selbstsucht an das Göttliche aufgeht. Er sagt nicht wie der wissenschaftliche Betrachter: daß die Menschheit ihre Grenzen hat, und das Gefühl der Abhängigkeit des Endlichen vom Unendlichen der Quell der Religion ist, sondern er spricht ein Erlebniß aus, von dem er zur Betrachtung fortschreitet:

> Wenn der uralte
> Heilige Vater
> Mit gelassener Hand
> Aus rollenden Wolken
> Segnende Blitze
> Ueber die Lande streut,
> Küss' ich den letzten
> Saum seines Kleides,
> Kindliche Schauer
> Treu in der Brust!

Und er gesellt dieser Stimmung die des Freiheitsdranges der Persönlichkeit, der Selbstbestimmung und Selbstmacht im Pro-

metheus, die der Liebe im Ganymed; die drei Gedichte ergänzen
einander.

Um des Gehaltlosen und Tändelnden willen, das sich so gern
für Lyrik gibt, darf man nicht übersehen daß auch Glück und
Leid der Menschheit, das Ringen mit den tiefsten Fragen der
Welt, Kampf und Sieg des Volkes und die erlösende trostspen-
dende Wahrheit in ihr erklingt. Und was in sich vollendet ist das
bedarf keines großen Umfangs um ihm den höchsten Werth zu
verleihen. Das Lyrische ist der Herzschlag aller Poesie, ihr
Duft und Schmelz, der auch dem Drama nicht fehlen darf, wenn
es uns hinreißen und rühren soll. Auch gibt der große Lyriker,
wenn ihm ein reiches Leben vergönnt ist, in der Sammlung seiner
Gedichte auf seine Art ein Weltbild, wenn auch anders wie der
Epiker, indem die Entwickelung seines Volkes und seines Jahrhunderts in der Entwickelung seiner Persönlichkeit sich abspiegelt
und er in Sehnen und Hoffen, in Klage und Jubel den geschichtlichen Ereignissen, dem Ringen und Sieg des Geistes seine
Stimme leiht.

b. Die lyrischen Dichtarten.

Die Lyrik als die Poesie der Subjectivität kann einmal das
innere Empfindungsleben unmittelbar aussprechen; sie kann dann
eine objectivere Form annehmen und die Stimmungen der Seele
in Bildern der Natur und der Geschichte symbolisiren und deren
eigenen musikalischen Gehalt offenbaren, oder die Stimmung des
Dichters in dem Hörer dadurch hervorrufen, daß die Gegenstände
geschildert werden die ihn in dieselbe versetzt haben; endlich kann
sie die Ideenwelt des Geistes darstellen wie dieselbe zugleich das
Eigenthum und die bewegende Macht des Gemüthes ist. Wir
dürfen demgemäß wol von einer Lyrik des Gefühls, der Anschauung
und des Gedankens reden. Dies folgt aus der Natur der menschlichen Subjectivität und ihrer Bethätigung, und wie sich mir aus
dem Wesen des Geistes die Unterschiede des Epischen und Lyrischen ergeben, so hoffe ich durch die angedeutete Gliederung der
Lyrik den ganzen Kreis dieser Dichtungen zu umspannen und die
Fülle derselben zu ordnen, während die seitherige Poetik gerade in
diesem Gebiet ganz besonders rath- und planlos war, und die
Rücksichten auf den Inhalt und auf die äußere Form des Gedichts
völlig durcheinanderwerfend in ihren Eintheilungen Lied und So-

nell, Madrigal und Ode nebeneinanderstellte, ohne irgendwie die
Nothwendigkeit dieser Ausdrucksweisen oder den Sinn dieser Formen anzugeben.

Die Grundweise der Lyrik ist das Lied. Es spricht die Melodie der Seele als solche aus, es ist reiner Gemüthsklang und
will darum gesungen sein. Der Dichter schaut den eigenen Zustand an, über den er sich darstellend erhebt, sodaß er über den
dunkeln Bebungen schwebend zugleich die Schöpferfreude des Geistes
genießt, das Leid in Wohllaut auflöst und die Freude zur Seligkeit verklärt. Im Gemüth beginnend und haftend ist es einfach,
der anmuthige Erguß eines bestimmten Gefühls, die klare Entfaltung einer bestimmten Situation nach ihrem Empfindungsgehalt. Das Wesen des Liedes ist Gesang, nicht Gemälde, —
das war eins der lichtbringenden Worte Herder's; die Vollkommenheit des Liedes liegt im anmuthigen und in sich geschlossenen Gang
der Gemüthsbewegung, der Leidenschaft, die im Auf- und Abwogen
der Empfindungen ihren Abschluß und ihre Ruhe findet. Aber
der bloße Naturlaut, der Singvogelton ist noch nicht Poesie; er
bedarf der Kunst der Gestaltung, er bedarf des idealen Gehaltes,
im Gelegenheitlichen muß das Menschliche, im Endlichen das Unendliche hervorscheinen.

Wie jedes Herz seine eigene Geschichte, jede Persönlichkeit ihre
eigenen Erlebnisse hat, so sprießen aus dem Gemüth der Menschheit immer frische Lieder hervor gleich den Frühlingsblumen, und
viele, die kein größeres Werk durchbilden, werden hier in erregten,
wehevollen oder beglückten Momenten zum Dichter. Und was ist
der Inhalt der Lieder?

> Sie singen von Lenz und Liebe, von sel'ger goldner Zeit,
> Von Freiheit, Männerwürde, von Treu und Redlichkeit;
> Sie singen von allem Süßen was Menschenbrust durchbebt,
> Sie singen von allem Hohen was Menschenherz erhebt.

Der Männermuth, der da weiß daß ein Gott, der Eisen wachsen
ließ, keine Knechte wollte, und das Gefühl der Abhängigkeit von
Gott wie das Vertrauen auf ihn, der Schmerz der Sünde und
die Freude der Erlösung, gesellige Lust beim Becherklang, Wander-
trieb, Scheiden und Wiedersehen, Todtenklage und Hochzeitjubel,
alles erklingt im Lied; der Soldat, der Jäger, der Handwerks-
bursch, der Student spricht seine besondere Lage in ihm aus; die
Gelegenheit ruft es hervor; vor allem aber und zumeist ist es die

Stimme der Liebe, weil diese selbst, der Armuth und des Ueber-
flusses Kind, in ihrem Sehnen und Verlangen, in ihrem Haben
und Genügen an sich schon genau dem entspricht was wir oben
als lyrische Gemüthslage bezeichnet, und weil sie als das glückliche Gefühl der Ergänzung und Lebensvollendung durch eine
andere Persönlichkeit nothwendig dieser sich kundgeben muß.

Ein objectiveres Gepräge gewinnt die Lyrik der Anschauung
dadurch daß der Dichter darthut wie die ihn beseelenden Gefühle
und Gedanken auch in andern Regionen mächtig, auch in der
Natur oder Geschichte verwirklicht sind, oder daß er die Gegenstände, die eine Empfindung in ihm wecken, in dieser ihrer Beziehung zum Gemüthe schildert und die Stimmung durch sie erregt
oder begründet werden läßt. Dort ist die Subjectivität activer,
hier passiver, dort wird der dichterische Ausdruck zur Ode, hier
zur Elegie.

In der Ode ergreift der Dichter den großen Gehalt des Lebens um sich als dessen Träger darzustellen, durch seine Begeisterung ihn zu bemeistern, und dann dies als das Leben der eigenen
Seele Empfundene zugleich als das auch andere Gebiete des Daseins Durchdringende durch Einführung in diese zu veranschaulichen. Indem aber Natur und Geschichte nur herangezogen werden um jene das Gefühl bewegende Idee zu zeigen, wird von ihm
nur dasjenige aufgenommen was hierzu förderlich ist; zugleich
wird diese Idee als die Seele der Dinge oder der Ereignisse ausgesprochen, sodaß solche dadurch in das Licht der Ewigkeit gerückt
werden und in dem Endlichen eine unendliche Bedeutung sich enthüllt. Würde und Erhabenheit, kühner Schwung und Stärke der
Empfindung walten in der Ode; eine vielfach bewegte und doch
zu festem Maß geordnete Rhythmik ist ihr eigen und sagt ihrer
Anschaulichkeit mehr zu als der gefühlselige Reim, innerhalb dessen
aber auch Treffliches geleistet worden.

Als Gegenpol der Ode hat die Elegie einen sanften schmelzen-
den Grundton: die Ereignisse gewinnen Macht im Menschen, er
wird an sie hingegeben, er sinnt ihnen nach und versenkt sich in
die Bebungen der Seele die der Schlag des Schicksals erregt.
Die Elegie ist ruhig und mild, sie unterscheidet sich indeß vom
Liede durch ihre größere Objectivität, aber das gegenständliche
Leben dient hier nicht der Phantasie um bereits für sich bestehende
Empfindungen zu symbolisiren, wie in der Ode, sondern es
wird geschildert wie es als das Erste oder das Active die Em-

pfindungen der Seele erweckt und ihr die eigenthümliche Stimmung gibt.

Die Elegie ruft gern das in der Erinnerung hervor was die
dichterische Stimmung bedingt hat und läßt es immer inniger
mit dem Herzen verschmelzen; sie ist keineswegs blos trauernd,
sie sinnt auch gern mit leiser Wehmuth über die genossene Lust,
ja sie kann freudebebend dieser sich hingeben. Die Elegie wählt
nach dem Vorgang der Griechen gern das Versmaß der Anschauung, den Hexameter, und läßt die von ihm abgespiegelte
Welt im Pentameter das Echo des Herzens finden; doch auch im
Reime kann das empfunden werden; ich erwähne Hölty's, Matthisson's, Hölderlin's, Lenau's Gedichte.

Beides ist echt elegisch, wenn Ovid den Schmerz der Trennung von Rom uns durch das Gemälde seiner letzten Nacht in
der Weltstadt versinnlicht, und wenn er in der Erinnerung an
die Freuden einer Mittagsstunde, die ihm Corinna gewährt, durch
die Schilderung ihrer Reize verkündigt was ihn so glücklich gemacht. Goethe's römische Elegien tragen ebenfalls bei derselben
weichen Gemüthsstimmung dasselbe plastische Gepräge der Darstellung; ganz Rom tritt in ihnen vor die Seele des Lesers. Gelungene Elegien Schiller's sind die Götter Griechenlands und der
Spaziergang.

Ferner kann der Dichter Gegenstände der Natur oder Geschichte
nach ihrer eigenen Innerlichkeit auffassen, sie als Gebilde von
Gemüthsstimmungen erscheinen lassen, oder zu Symbolen seines
eigenen Fühlens machen. So ist selbst in Byron's Childe Harold
der Grundton lyrisch, und der Dichter bietet uns den Eindruck
den die Alpen wie Griechenland und Rom, das Meer wie der
Sternenhimmel auf seine Seele machen, und läßt die Gegenstände
zum Sinnbild seiner Stimmungen werden. Der Dichter malt
den Fichtenbaum, der unter der Schneedecke von der Palme im
Süden träumt, oder den vom Quell zum Strom werdenden Fluß
um seelische Zustände, geschichtliche Erfahrungen darin zu spiegeln.
Oder er erschließt uns das Herz, das Denken und Wollen geschichtlicher Helden in großen entscheidenden Lagen, die Stimmung
der Handelnden und Leidenden bei wichtigen Ereignissen; wie
Schiller im Siegesfest oder die neuere historische Lyrik von Lingg,
Geibel, Victor Hugo. Auch historische Volkslieder tragen das
Gepräge daß sie im Gefühl des Schmerzes oder der Siegesfreude

anheben und in raschen Zügen die Begebenheit anführen, welche die Empfindung bedingt, in der das Gedicht wieder ausklingt.

Auch die lyrische Ballade können wir als solch ein Lebens- und Stimmungsbild bezeichnen. Beginnt doch Heine damit daß er nicht weiß warum er so traurig ist, und läßt das Märchen von der Lorelei vorüberziehen, das ihm im Sinne liegt; singt doch Gretchen ahnungsvoll ihr eigenes Geschick im König von Thule. Die lyrische Ballade rückt darum alles gern in die Gegenwart, sie hält sich an den Ausdruck der Innerlichkeit und deutet die Handlung nur an, welche die epische Erzählung in aller Breite und Stetigkeit entfaltet. Sie wählt gern die dialogische Form um in Rede und Gegenrede die Seelenzustände darzulegen, wie Goethe im Erlkönig dies nur in zwei berichtende Strophen ein- gerahmt hat, wie das gewaltige schottische Gedicht mit der Frage der Mutter an den Sohn anhebt: Dein Schwert wie ist's vom Blut so roth? und wir nun die Schrecken des Gewissens nach dem Vatermord unmittelbar erfahren und den Mörder ruhelos im Dunkel verschwinden sehen.

Die Gedankenlyrik endlich ist der Gegenpol zum Liede. Wie hier die individuelle Empfindung die Weihe des Allgemeinen em- pfing, schon durch den sprachlichen Ausdruck in die Region des Denkens erhoben, so wird nun eine allgemeingültige menschheit- liche Idee zum Pathos des Dichterherzens, und ausgesprochen wie sie das Gemüth bewegt. Die Poesie drückt ja stets das ganze ungetheilte Wesen des Menschen aus: mitten in der Sinnenwelt webend löst sie die sinnlichen Regungen in ideale Anschauungen auf, und in der Ideenwelt lebend zeigt sie dieselbe als herrschende Macht im Gemüth, und begleitet die Darstellung mit der Musik welche die von ihr berührten Saiten des Herzens geben. Re- flexionen und Kenntnisse werden nicht zur Belehrung versificirt, Gedanken nicht nach ihrem logischen Zusammenhang entwickelt, sondern die Subjectivität ist das Erste, sie sucht die Wahrheit, sie ringt schmerzvoll mit dem Zweifel, sie klagt über die Noth des Daseins, sie arbeitet sich aus Nacht zum Licht, aus Beklem- mung zur Freiheit empor und freut sich der gefundenen Wahrheit, der Beseligung des Schönen. Der Gedanke ist von Empfindung durchtränkt, oder wird aus ihr geboren, und erscheint als schöpfe- rische Macht oder Brennpunkt der Erscheinungswelt wie als Erleb- niß des Dichters; dieser überliefert nicht fertige Begriffe, aus dem Drang seines eigenen Gemüths quellen die Ideen hervor, und wie sie ihn selbst beglücken und erleuchten, so offenbart er sie dem Volke. So schon in den Veden, Psalmen und Propheten; die Erhebung des Gemüths zum Unendlichen, das Aufgehen im Ewigen wird ausgesprochen und klingt weiter im Morgen- und Abendland, wenn ein Dschelaleddin Rumi in allem das Eine sieht und der Herrlichkeit Gottes in ihrer Entfaltung zur Welt sich freut, wenn in Schiller, Hölderlin und andern neuern Dichtern die Weisheit zur Melodie wird und die nahe Verwandtschaft, die gemeinsame Grundlage des philosophischen, ethischen und dichterischen Idealismus in der Tiefe des Gemüths erlebt und in schwungvollen Rhythmen, in strahlenden Bildern offenbar wird.

C. Das Drama.

a. Wesen und Ziel der dramatischen Darstellung.

Für die Betrachtung der Kunst bildet das Drama den Abschluß; es beruht auf einer Durchdringung und Verschmelzung der epischen und lyrischen Elemente, aufgeführt wirkt es auf Auge und Ohr zugleich und entrollt das Bild fortschreitenden Lebens, während es die Gesinnungen und Gedanken durch das Wort erschließt. Es ist objectiv wie das Epos und stellt eine Geschichte dar, aber so wie dieselbe aus der Innerlichkeit der Charaktere, aus den Stimmungen oder Leidenschaften und Strebungen der Seele hervorgeht; die bewußte Absicht, der Zweck der Persönlichkeit macht die Begebenheit zur Handlung. Es ist subjectiv wie die Lyrik, es entschleiert die Tiefe des Gemüths und entfaltet dessen Bewegungen, aber wir sehen wie der Wille sich zur That entschließt und bestimmend in die Außenwelt eingreift; die Wechselwirkung des Innern und Aeußern, des Herzens und der Welt und ihre aus dem Widerstreit sich entbindende Versöhnung ist dramatisch. Jede einzelne Gestalt wird zum lyrischen Dichter, um sich selbst auszusprechen und die Welt im Spiegel der Seele zu zeigen, der Schöpfer des Ganzen aber tritt hinter das Werk zurück und läßt es sich in freier Objectivität selbst gestalten. Die dialogische Form macht noch nicht das Drama, sie kann auch einem Wechselerguß der Gefühle dienen und damit lyrisch bleiben; das Drama verlangt die That und den handelnden Charakter.

37*

Es schildert uns nicht einen fertigen Weltzustand, ein vergangenes Ereigniß, sondern es läßt die Geschichte vor unsern Augen im Kampf der ringenden Geister aus ihren Gesinnungen und Affecten sich entwickeln, es zeigt die Handlung in ihrem Werden und dann den Rückschlag des Vollbrachten auf das Gemüth; es zeigt wie die Umstände, die Lage der Dinge zur That treiben und durch die That umgestaltet werden. Individuen sind der subjective Mittelpunkt der Welt wie in der Lyrik, aber auch die Welt ist als objective Wirklichkeit da wie im Epos; beide ergänzen einander, die Persönlichkeiten machen äußere Verhältnisse zu Mitteln für ihre Zwecke, zu ihrem Lebensinhalt, und wirken bedingend und bestimmend auf die Umgebung ein; das ruft ein Gegenstreben, den Widerstand und Widerstreit hervor, und durch die Art wie der Mensch in den Gang der Dinge eingreift, durch die Stellung die er sich zur Wirklichkeit, zur natürlichen und sittlichen Weltordnung gibt, bereitet er sich selbst sein Schicksal.

Dies setzt voraus daß das Epos und die Lyrik eine vorhergehende Ausbildung gefunden haben, ehe die dramatische Kunst zur Blüte kommen kann: der Mensch muß erst gelernt haben eine Geschichte klar zu berichten und subjective Seelenzustände melodisch auszusprechen, ehe er die Außen- und Innenwelt in ihrer Wechselwirkung darstellen, die Charaktere ihre Sache selbst führen lassen, die Handlung aus der Verflechtung der Verhältnisse mit dem Fühlen und Wollen der Persönlichkeiten entwickeln kann. In den längern Erzählungen, den Botenberichten, und in den Chorliedern des griechischen Dramas liegen noch epische und lyrische Elemente neben dem Dialog; im neuern Drama ist dieser herrschend geworden. Und dann muß die Zeit selbst dramatisch sein, der Kampf von Principien, von Autorität und Freiheit, von überlieferten Ordnungen und sich selbst bestimmendem Willen, ein Ringen der Geister um die höchsten Güter des Lebens muß die Wirklichkeit bewegen und dem Dichter Stoff und Stimmung bieten, und das philosophische Denken, nicht blos der Glaube des Volks muß ihn auf die ursächliche Verkettung der Dinge und auf die Gewissensfragen der Menschheit hinweisen.

Der epische Held ist der Vorfechter seines Volks, er ist einstimmig mit dem Rathschluß des Schicksals, seine Aufgabe ist der Gesammtzweck, an dessen Durchführung Alle mitarbeiten. Der dramatische Held will zunächst sich und die Verwirklichung seiner Individualität; er ergreift einen bestimmten Zweck als den seinigen

er scheidet sich von seiner Umgebung ab und kommt dadurch in
Conflict mit ihr; er macht seinen Willen zum Gesetz der Welt, um
im Kampf mit ihrer Ordnung entweder seine Selbstüberhebung
zu büßen oder als Genius einen neuen schönern Tag in ihr
heraufzuführen.

Aber dieser Kampf besteht nicht blos zwischen dem Helden und
der Welt; der denkende Mensch betrachtet sich seinen Widersacher,
er erwägt was gegen die Sache spricht die er zur seinigen gemacht, für die er handelt, oder er wird durch das was die Umstände ihm bieten auf der Bahn die er eingeschlagen gehemmt,
es wird ihm ein anderes auferlegt als was er wählen möchte,
und so sieht er sich in den Widerstreit der Gedanken, der Pflichten,
des Sollens und Wollens hineingezogen. Der innere Conflict
entbrennt und ist der eigentliche Nerv des Dramatischen. Der
Held streitet nicht mit naivem Muthe, er überlegt und prüft, die
Gegnerschaft macht ihm gegenüber nicht blos ihre Kraft, auch ihr
Recht geltend, und so wird der Kampf im Innern geführt, ehe er
in der äußern Wirklichkeit zum Ausbruche kommt. Nicht blos
daß Cid seinen Vater am Vater der Geliebten rächen soll und
so der Conflict von Liebe und Familienehre sein Gemüth erschüttert, auch Ximene muß als Tochter die Strafgewalt des
Königs gegen den Mann fordern dem sie ihr Herz geschenkt hatte.
Die Horatier sollen gegen die befreundeten Curiatier die Waffen
richten um Rom über Alba zu erheben, die Schwester zittert für
den Gemahl und für die Brüder; wem soll sie den Sieg wünschen? Es bleibt eine preiswerthe Einsicht Corneille's daß er die
Haupthandlung auf solche innere Conflicte begründete, wenn er
sie oft auch gar zu sehr ausklügelte; aber auch Schiller erkannte
daß die Jungfrau von Orleans nur dann dramatisch werde, wenn
sie in einen Gegensatz zu ihrer Mission gerathe, was er durch
die Liebe zu dem feindlichen Heerführer veranlaßte; auch Goethe
stellte die Iphigenie in die Collision der Pflichten, der Hut des
ihr vertrauten Heiligthums, der Treue für den Wohlthäter, und
der Sorge für die Rettung des Bruders, des Freundes; sie kämpft
sich innerlich dazu durch: der Wahrheit die Ehre zu geben, der
Menschlichkeit und der Gottheit zu vertrauen, und löst so die
Gegensätze harmonisch auf ohne ein Recht zu verletzen. Auch
Hamlet, Macbeth, Wallenstein, Brutus, Posa, Tasso, von Antigone, Agamemnon, Prometheus, Orest zu schweigen, kurz all die
vorzugsweise tragischen Gestalten der größten Dichter, finden

bald in der eigenen Natur, bald durch die Verhältnisse, in die sie hineingestellt sind, solch einen Widerstreit der Gefühle und Gedanken, oder der Pflichten, der Pflicht und Neigung, und ihr Gemüth ist der Brennpunkt wo die Gegensätze sich treffen, von wo aus das Feuer sich in die Welt verbreitet.

Die Poesie des Erlebnisses war die Sache des Epikers, die Poesie der Handlung ist die des Dramatikers; jener schildert was der Strom der Welt dem Einzelnen bringt, was dem Handelnden auch ohne seine Absicht zufällt, diesem ist der Wille das Erste, und die Begebenheit wird dadurch in Handlung verwandelt daß wir die Absicht erfahren welche die Verwirklichung erstrebt; der Wille setzt sich einen Zweck und sucht ihn zu realisiren, und wie er das erreicht oder damit scheitert ist hier die Hauptsache. Dramatisch ist die Wechselwirkung der Innen- und Außenwelt, sei es daß die Umstände den Willen aufregen und zum Kampf herausfordern, sei es daß der Wille von sich aus einen Entschluß faßt und für die Durchführung desselben in die Schranken tritt; Inneres und Aeußeres im Proceß der Entwickelung, das bewegte Leben in Wirkung und Gegenwirkung ist dramatisch.

Aristoteles sagt in seiner Poetik: „Die Tragödie ist nicht Darstellung von Menschen, sondern von Handlungen, von Leben, Glück und Unglück. Denn auch das Glück liegt in den Handlungen begründet, und der Zweck der Tragödie ist eine Handlung, nicht eine besondere Beschaffenheit eines Menschen. Wir handeln nicht um unsern Charakter darzustellen, sondern entwickeln nur in den Handlungen zugleich den Charakter. So ist Fabel und Handlung der Zweck der Tragödie, der Zweck aber ist das Größte in Allem: ohne Handlung könnte keine Tragödie sein, wohl aber ohne Charaktere; das Erste und gleichsam die Seele der Tragödie ist die Begebenheit, das Zweite sind die Charaktere." Aristoteles steht hier auf dem Standpunkt der griechischen Weltanschauung, für welche die Innerlichkeit des Gemüths noch nicht für sich durchgebildet war, für welche die Subjectivität ihre Unendlichkeit noch nicht geltend gemacht hatte. Demgemäß trägt die ganze antike Kunst das plastisch epische Gepräge, das auch das griechische Drama nicht verleugnen kann. Weder Charakter noch Begebenheit kann fehlen, der Dichter schildert den Charakter durch Handlungen, aber das Drama soll die Geschichte aus der Persönlichkeit entwickeln.

Und so stimmen wir Jean Paul bei: „Im Epos trägt die Welt den Helden, im Drama trägt ein Atlas die Welt." Shakespeare und Molière sind die gesetzgebenden Genien für das Drama geworden, indem sie die Charaktertragöble, das Charakterlustspiel schufen, eine bestimmte Persönlichkeit in den Mittelpunkt stellten und von ihrer Eigenthümlichkeit aus den Conflict entwickelten, den Charakter sich sein Schicksal bereiten ließen. Shakespeare's Kunst ist darin bewundernswerth wie er die überlieferten Begebenheiten einer Novelle oder der Geschichte glaublich macht, indem er die Charaktere so ausbildet daß bei ihrer Begegnung sich die Sache mit Nothwendigkeit ergibt. Aber er weiß auch die Ereignisse so umzuformen daß die Charaktere sich darin bewähren und voll ausleben können. Sein Othello geht nicht nach Desdemona's Ermordung ruhig nach Afrika, wo ihn dann ihre Verwandten tödten lassen; er vollzieht vielmehr das Gericht an ihm selbst. Shakespeare zeichnet den Shylock, den Antonio, die Porzia so trefflich daß der Rechtshandel wie seine Lösung wahrscheinlich wird. Dies Ineinanderschauen von Charakteren und Begebenheiten ist die erste That des Dramatikers; indem er die Ereignisse aus dem Willen ableitet, werden sie zu Handlungen. Und wenn Aristoteles die Poesie philosophischer als die Geschichtserzählung nannte, so hatte er diesen ursachlichen Zusammenhang im Sinn, und er betonte dabei daß der Historiker das Was, das Factische mittheile, der Dichter das Mögliche und Nothwendige, ein durch die Eigenart der Charaktere Bedingtes und zugleich den Gesetzen des Seins Gemäßes, ursachlich Begründetes.

Wenn der Charakter im Epos sich im Strom der Welt bildet und der Mannichfaltigkeit der Begebenheiten gemäß sich vielseitig erweist, so erhält er im Drama durch den Zweck den er sich setzt und durch die Stimmung aus welcher er handelt, durch sein Pathos eine besondere Farbe; eine Geistesrichtung, eine Leidenschaft waltet vor und ihr Grundton durchdringt jedes Wort. Aber der echte Dichter weiß sich in jede seiner Gestalten zu verwandeln, die Dinge mit ihren Augen zu sehen, sodaß jede für sich recht zu haben scheint. Und er gibt uns nicht Abstractionen des realistischen Weltverstandes oder des schwärmerischen Idealismus, der Liebe oder des Ehrgeizes, sondern er schildert uns lebendige Menschen; ein Molière läßt seinen Geizigen auch Rücksicht nehmen auf die Standesehre, seinen scheinheilig Herrschsüchtigen auch Sinnenlust empfinden, und bringt sie gerade von hier aus in Verwicke-

sungen; ein Sophokles betont neben dem Heldentrotz auch den
Familiensinn und ein weiches Heimatgefühl in seinem Aias, gibt
seiner Antigone, der liebreichen Heldin der Pietät, eine feste Entschlossenheit, seiner strengen, ja herben Elektra die hinschmelzenden
Klagelaute um den verloren geglaubten Bruder. Und die germanischen Dichter gehen noch zu viel größerer bildnißartiger Indivi-
dualisirung fort. Othello, der heißblutige Afrikaner, ist ein Held
der sich selbst beherrschen gelernt, der das Chaos in seiner Brust
durch die Milde, die harmonische Innigkeit und Sinnigkeit Desdemona's zur Ruhe gebracht hat; der furchtbare Ausbruch seiner
Wildheit, als er die Geliebte treulos wähnt, und sein Schmerz,
sein richtendes Gewissen, als er sieht wie er in unseliger Ver-
blendung sich selbst sein Lebensglück zertrümmert hat, das alles
trägt ein ganz originales und doch so wahres Gepräge. Und
das führt uns zu einem Weiteren: das antike Drama zeigt uns
Charaktere in ihrem Sein, das neuere zeigt sie auch in ihrem
Werben, ihrer Entwickelung; Sinnesänderungen sind dort selten;
sie treten bei den Spaniern oft unmotivirt auf, oder wenn jemand sieht daß es so nicht geht oder daß es schief geht, so kehrt
er um und fügt sich. Shakespeare, Goethe, Schiller, Grillparzer
geben die Entwickelung in richtiger Motivirung: Karl Moor,
der den Vater um Verzeihung gebeten, wird vor unsern Augen
zum Räuber, faßt vor unsern Augen den Entschluß die Heimat
aufzusuchen, dann sich dem Gericht durch einen armen Familien-
vater ausliefern zu lassen, alles folgerichtig. Wir sehen den
Macbeth als siegreichen Helden auf der Bahn der Ehre und Treue,
sehen die Gefahr des Glücks und der Größe, der lockenden Aussichten ihn in Schwanken bringen, Mordgedanken aufkeimen,
wachsen und reifen, und sehen ihn nach der That innerlich ver-
öden, da er sein Gewissen nicht durch fortgesetzte Verbrechen über-
täuben kann, bis er unter dem Gewicht der sich gegen ihn Erhebenden zusammenbricht. So entwickelt sich Gretchen im Faust,
so Julia neben Romeo, so läutert sich Maria Stuart aus der
sündigen Vergangenheit und den neuen Leidenschaftswogen zu
religiöser Ergebung. Doch muß der dramatische Charakter so
gut wie die Handlung eine größere Geschlossenheit in sich bewahren als wir vom Epos verlangten.

Der Epiker betrachtet von der Gegenwart aus die Vergangenheit, er erzählt was geschehen, er stellt dar was verwirklicht ist;
an dem Gewordenen, in sich Vollendeten ist nun nichts mehr zu

ändern, das mögen wir ruhig und beschaulich in uns aufnehmen,
zumal wenn es auch als das in sich Vernünftige und Gerechte
erscheint. Der Lyriker spricht die unmittelbaren gegenwärtigen
Empfindungen aus, indem er sich darstellend über sie erhebt. Der
Dramatiker steht in der Gegenwart und blickt in die Zukunft,
wie sie auf der Grundlage des Weltzustandes durch den Willen
der Persönlichkeiten erst verwirklicht werden soll; was aber erst
werden soll das versetzt uns in Spannung, das erregt unsere
Hoffnung und unsere Furcht, und die dramatische Gemütheerschüt-
terung unterscheidet sich scharf von der epischen Ruhe; aber die
Spannung muß sich lösen, der Conflict durchgekämpft werden,
und kommt das Ganze zu einem Verstand und Gemüth befriedigenden Abschlusse, dann erwächst aus der lyrischen Erregung und
Bewegung der Seele eine gottergebene und erhobene Stimmung
in der Freude am Schönen. Der Ausgang muß causalgesetzlich
und sittlich nothwendig erfolgen, wir mögen ihn ahnen, aber er
darf nicht fertig sein, unsere Erwartung muß rege erhalten, ja
gesteigert werden, bis die Katastrophe sich vollzieht.

Sagen wir zusammenfassend: Das Drama ist die Poesie der
That, die That ist das Werk des Geistes, der Geist ist Selbstbewußtsein, und dieses unterscheidet sich von der bloßen Naturentwickelung dadurch daß es ein Bild dessen was werden soll in
Gedanken entwirft, daß also das Künftige ihm in der Vorstellung
schon gegenwärtig ist, und daß das Selbstbewußtsein unter vielen
Möglichkeiten wählend sich frei für Eins entscheidet, das als der
Ausdruck der eigenen Innerlichkeit nun in der Außenwelt zur Erscheinung kommt. Der Wille setzt sich innerlich den Zweck den
er vollführen will, und setzt nun Alles an des Einen Verwirklichung. Indem er aber die Mittel nach den Umständen und aus
der vorhandenen Weltlage nehmen muß, tritt auch hier die Verwebung des Innerlichen und Gegenständlichen ein, die vollbrachte
That ist ihre Ineinsbildung.

Das Selbstbewußtsein gibt sich kund durch das Wort; durch
die Rede äußert sich der Sinn des Menschen, durch die Rede
wirken die Persönlichkeiten aufeinander ein, und unser Leben ist
nicht Erzählung noch Gesang, sondern Wort und That, sodaß
das volle Lebensbild nur durch handelnde und redende Charaktere
gegeben werden kann. Hiernach ergibt sich mit Nothwendigkeit
als die entsprechende Form für das Drama die dialogische. Und
da können allerdings einzelne Personen eine Schilderung der Ver-

gangenheit, die noch bedingend hineinwirkt, oder einen Bericht
des anderwärts Geschehenen durch Erzählung geben, es können
allerdings einzelne Personen ihre Seelenstimmung, ihre gärenden
Gemüthsbewegungen lyrisch offenbaren, die Hauptsache wird aber
immer sein daß in der Kunst wie im Leben keiner für sich allein
besteht, sondern in der Wechselwirkung mit Andern, und daß dies
durch eine Wechselrede dargestellt wird, in welcher das Wort nicht
blos den Zustand des Einen kundgibt, sondern auch auf den Andern seinen Einfluß übt, indem es einen Widerhalen in das Gemüth des Hörers einsenkt, sodaß in der Dialektik der verschiedenen
Gedanken ein gemeinsames Resultat durch gemeinsame Arbeit erzielt wird.   Durch das Wort blicken wir ins Innere, die Handlung ist das anschauliche Aeußere; in Zusammen von Wort und
That vollendet sich das Bild des Lebens.

Wie der dramatische Held selber eine active, vorwärts drängende Natur ist, die sich geltend zu machen trachtet, so athmet
auch die Sprache die Kraft des Willens und den Hauch der That;
ihr eignet weder die behagliche Breite des Epos noch die Klangfreudigkeit der Lyrik, und wenn auch nach Hegel's treffendem Ausdruck der dramatische Held sein Pathos expliciren soll, wie lebhaft er auch seine Stimmung kundgibt und seine Sache führt,
er wird sich gern in gedrängten Schlagworten concentriren, und
die Meister des dramatischen Stils wissen auch Berichte in Fragen und Antworten aufzulösen und im raschen Hin und Her der
Einzelverse oder Doppelverse die Handlung in reger Wechselwirkung fortzuführen. Den voranstrebenden Jambus habe ich früher
schon als den echt dramatischen Rhythmus bezeichnet.

Selbst im Monolog wird das Dramatische sich dadurch zeigen
daß derselbe wie ein Zwiegespräch der im Individuum kämpfenden
Gedanken oder eine Unterredung zwischen dem Ich und den umgebenden Dingen oder Zuständen erscheint. Diderot sagt trefflich:
der Monolog sei ein Moment der Ruhe für die Handlung, aber
der Unruhe für die Person. Ueberhaupt wenn wir behaupten daß
das Wort die erste und hauptsächlichste Aeußerung des Selbstbewußtseins im Drama sei, so gilt es hier selbst als That oder
als Handlungen begleitend und veranlassend, und Johann Jakob
Wagner verlangt mit Recht in seiner Dichterschule, daß das redende
Leben des Dialogs durchaus nur als Vehikel des handelnden Lebens und keineswegs selbständig hervortrete, und nur die Schlechtigkeit der Poeten oder das wortreiche Gesellschaftsleben eines Zeit-

alters kann in das Drama Dialoge hineinbringen welche Abhand-
lungen über einen Gegenstand gleichen; der Dialog darf unter-
handeln und verhandeln, niemals abhandeln.

Und so werden auch die Gedanken, welche die handelnden
Personen aussprechen, nicht blos objectiv gültige Sentenzen sein,
sondern die Gesinnung wird sich darin kundgeben, die unmittelbare
Empfindung wird sich zu ihnen abklären; sie werden der Ausgangspunkt des Handelns als Maximen des Willens sein und
ihre Resonanz im Gemüthe finden.

Wir haben im Drama Spieler und Gegenspieler die auf eine
gemeinsame Sache gerichtet sind; es stellt darum seine Gestalten
und ihr Thun und Treiben nicht nebeneinander wie das Epos,
wie der plastische Reliefstil, sondern verschränkt sie ineinander
und bezieht sie auf einen gemeinsamen Mittelpunkt wie die malerische Composition. Ich erinnere an das frühere Gleichniß: die
Einheit des Epos ist die der Pflanze, jeder Zweig ist eine Individualität auf dem gemeinsamen Stamm, für sich entfaltet und
mit den andern zur Krone gewölbt; die dramatische Einheit ähnelt
dem animalischen Organismus, in welchem Ein Herz den Aus-
gangs- und Endpunkt der Adern, die bewegende Mitte des Lebens-
saftes bildet. Der Epiker mag das Gewebe der Begebenheiten
in einfachem Vorderstich aneinanderreihen, der Dramatiker verschlingt Personen und Ereignisse durch kunstvollen Steppstich ineinander. Gerade weil der Dichter einmal seinem Werke die
größte Objectivität verleiht, indem er nicht mehr als der Sänger
oder Erzähler dasteht, sondern jenes ganz selbständig und frei sich
entwickelt, und andererseits das Ganze wie ein Spiel voneinander
unabhängiger, zunächst nur sich selbst darstellender Subjectivitäten
erscheint, gerade deshalb muß hier die alles zusammenhaltende
Einheit nur so straffer und abschließender hervortreten, sodaß ein
bestimmter Grundgedanke die ganze mannichfache Entfaltung beseelt
und beherrscht und alle Besonderheiten des innern und äußern
Lebens gegenseitig einander bedingen und durchdringen. Daher
das Gesetz allseitiger und strenger Motivirung. Denn das Ereigniß soll in dem Willen der Persönlichkeit begründet und die
individuelle Daseinsweise der Charaktere durch die Umstände und
Situation näher bestimmt und gefärbt sein. Das Schicksal
muß der Reflex des Gemüths oder die eigene innere Natur des
Helden sein, jede auftretende Person muß in der Grundidee des
Dramas den zureichenden Grund ihres Lebenslofes haben, seine

Begebenheit darf ein äußeres Ereigniß bleiben, sondern auch der Schein der Zufälligkeit muß ihr durch die Herleitung aus den handelnden Mächten und durch ihre Rückwirkung auf deren Innerlichkeit genommen werden. Der Epiker hält sich an die Thatsachen, der Dramatiker macht sie zu Thaten des Geistes; der Epiker fragt nach dem Was, der Dramatiker nach dem Warum; jener ist historischer, dieser philosophischer. Im Leben bleibt uns vieles unklar, und wir begreifen den Zusammenhang von Schicksal und Charakter oftmals nicht; der Dichter soll der Seher sein, welcher uns ihn erschließt, sein Werk soll als Mikrokosmos uns ein in sich abgeschlossenes vernunftdurchwaltetes Ganzes in reiner Klarheit aufstellen. Wollte er sich mit dem unverständlichen Abbild eines unverstandenen Bruchstückes aus der Erscheinungswelt begnügen und sagen: ja so sei sie beschaffen, so wäre er überflüssig und das Leben selbst immer interessanter als sein Machwerk. Die Kunst realisirt das Ideale, sie stellt das Seinsollende als seiend dar, man kann es einem unkünstlerischen Geschlecht nicht oft genug sagen, und Goethe hat recht: da sich der Irrthum immer wiederholt, soll die Wahrheit es auch thun.

Was ohne unser Zuthun uns gegeben ist oder um uns vorgeht und bedingend auf uns einwirkt, und somit für uns ein Nothwendiges ist, das können wir als Verhängniß oder Schicksal bezeichnen: unsere Naturanlage, Zeit, Ort unserer Geburt, die Macht der Verhältnisse, die in die Gegenwart hereinwirkende Vergangenheit, die Weltlage und ihre Bewegung wie die Weltordnung. Diesem steht der Wille gegenüber, und wie er in die Umgebung eingreift, so ruft er sie zum Widerstand auf, so stellt sich dem Spieler der Gegenspieler gegenüber, der nun auch seine Zwecke verfolgt, mit bewußter Absicht wirkt, und nun erscheinen alle jene Momente der objectiven Welt auf den Handelnden bezogen oder gegen ihn gerichtet, oder über ihn verhängt, sodaß nun Macht gegen Macht steht, und das Drama als ein Kampf des Willens mit dem Schicksal, als ein Kampf der Freiheit mit der Nothwendigkeit bezeichnet werden kann. Die Phantasie faßt eben gern alle jene Momente zu einer einheitlichen Macht zusammen, und es ist die Aufgabe des Dichters in dem gemeinsamen Lebensgrunde wie in dem Weltgesetz die Vernunft zu betonen, wodurch das Schicksal zur Vorsehung und sittlichen Weltordnung wird; aber es ist der Aberglaube, der das Schicksal an einzelne Dinge, an Träume, Flüche, rächerische Dolche, Sprünge im Glas oder den Stand der Sterne heftet, oder gar das Schicksal zu einer tückisch zerstörenden, neidischen Gewalt macht, und es ist die Unzulänglichkeit oder Sinnesverkehrtheit von Dichterlingen, wenn sie in solchen Phantastereien die Poesie suchen und damit das Volk verwirren statt es zu erleuchten. Dem erleuchteten Geiste sind die äußern Dinge und Verhältnisse das Material der Pflichterfüllung, der Wille hat sich an ihnen zu bethätigen, und es kommt darauf an wie er sie nimmt; der Kampf mit ihnen ist kein Unrecht, auch unser Selbst ist ja eine wirkende und berechtigte Kraft im Weltgetriebe; nur wenn der Wille gegen das Weltgesetz sich empört, nur wenn er selbstsüchtig sich an die Stelle desselben setzen will, ruft er es gegen sich in die Schranken und wird er seiner Endlichkeit inne werden. Das Ethos, den Charakter und die Gesinnung nennt Heraklit den Dämon des Menschen, und ähnlich heißt bei Goethe die innere Natur des Menschen sein Schicksal; durch sie bereitet er im Conflict mit der Weltlage sein äußeres, im Verhalten zur sittlichen Weltordnung sein inneres Los. Für den Dramatiker gilt Kinkel's Spruch: Sein Schicksal schafft sich selbst der Mann.

Das Drama aber bedarf auch darum der ununterbrochenen Causalverbindung, weil es als Dichtung in der sinnlichen Gegenwart des unmittelbaren Geschehens vor uns sich entfaltet; an diese Wirklichkeit würden wir nicht glauben, wenn der Zusammenhang von Ursache und Wirkung fehlte, wie ihn die Natur zeigt und der Verstand fordert; die causale Bedingtheit aber gewährt der Darstellung die zwingende Gewalt des Thatsächlichen. Und diese unmittelbare Gegenwart der dramatischen Handlung erfordert wieder ihre durchsichtige Deutlichkeit; sie soll uns sofort verständlich sein, und das erheischt Motive von allgemein menschlicher Art, die uns einleuchten ohne daß wir uns erst mühsam auf fremde Standpunkte oder in eine andere Lebensansicht versetzen müssen. Conflicte und Lösungen z. B. nach dem spanischen Ehrencodex der Vornehmen werden uns gar oft spanisch vorkommen, während die ewigen Rechte und Gesetze, die in jeder Menschenbrust walten, bei Aeschylos und Sophokles uns sofort klar sind. Und damit hängt wieder zusammen daß der Dramatiker nur solche Stoffe wählen soll die unserm Fühlen und Denken gemäß sind, mit denen wir sympathisiren können. Wir wollen auch in der Kunst nicht ausländische Sitten und vorzeitliche Culturanschauungen kennen lernen, sondern in der Seele erhoben

und erfreut werden, und wo wir uns in absonderliche Gemüths-
oder Weltverhältnisse erst hineinstudiren müssen, da geht der dichterische Eindruck seiner Frische verlustig. Darum sind das eigene
Leben, die naheliegende Geschichte der beste Stoff, und wenn der
Dichter für den Gedanken, den er veranschaulichen will, auch eine
andere Zeit, ein anderes Volk sucht, wo er auf die gemäßeste
und ergreifendste Weise sein Ziel erreichen kann, so wird er
immer das allgemein Menschliche betonen, denn die ewige Geschichte des Herzens und Geistes, nicht eine absonderliche Begebenheit aus der Türkei oder aus Hinterindien wollen wir sehen.
Was ist uns Heluba, wenn nicht das leidende Weib? Lessing
wußte was er that als er es aufgab die altrömische Virginia
auf die deutsche Bühne zu bringen; das Grundmotiv behielt er
bei, aber er verlegte die Handlung in das eigene Jahrhundert,
und bildete sie nach dessen Sitten und Lebensansichten, und nun
konnte er auch seiner Emilia, seiner Orsina, seinem Maler Conti
Worte in den Mund legen die seine eigene Geistesbildung und
Sinnesart ausdrücken und uns anziehen.

Die Gestalten des Dramas bewegen sich selbständig vor unserm Augen, die Einheit in dieser Unterschiedenheit muß darum
straffer angezogen werden als im Epos, wo der Dichter als Erzähler den Faden der Entwickelung in seiner Hand hält. Die
Franzosen haben das erkannt, aber ziemlich äußerlich im ver-
meintlichen Anschluß an Aristoteles die Regel der drei Einheiten
aufgestellt. Der alte philosophische Kunstrichter aber verlangt
nur die Einheit der Handlung; von der des Orts redet er gar
nicht, und in Bezug auf die Zeit gibt er aus der Erfahrung nur
an, wie das Epos sich auch durch seine Ausdehnung von der
Tragödie unterscheide, indem diese sich soviel als möglich auf
einen Sonnenlauf beschränke oder wenig darüber hinausgehe.

Vor allem bemerken wir daß die Griechen nach dem plastischen
Princip ihrer Poesie auch im Drama nur eine bestimmte Gruppe
und deren Bewegung geben, mit andern Worten daß sie sogleich
bei der Katastrophe anheben und nur diese vor unsern Augen vorgehen lassen, während die Neuern mit Recht gerade das Werden
und Wachsen der Charaktere und Begebenheiten zu der Katastrophe
hin sehen wollen; dadurch steigert sich unsere Theilnahme daß wir
alles Bedeutende nicht blos erzählt bekommen, sondern es miterleben. Aeschylos dichtete ja auch in Trilogien, die oft wie die
großen zusammenhängenden Acte einer Tragödie bastanden. So-

phokles zeigt uns seinen Aias sogleich wahnsinnig in seinem Zelt;
ja wie Aias anstritt ist sogar seine Vernunft schon wieder erwacht,
und in der Anschauung des Gräßlichen was er begangen sieht
sein Entschluß zum Selbstmord sogleich fest, und ohne Bedenken
und innere Kämpfe wird derselbe ausgeführt. Shakespeare würde
hier den Helden im selbstgenugsamen götterverachtenden Trotz auf
seine Leibeskraft gezeigt, würde uns das Waffengericht und den
Sieg des geistesstarken Odyssens, und dann gerade die Entstehung,
das Wachsthum, den thatsächlichen Ausbruch des Wahnsinns, wie
die Rückkehr zum Selbstbewußtsein haben mit erleben lassen.
Eine Tragödie wie Hamlet als bloße Darstellung der Katastrophe
bleibt ganz undeutbar, und in Bezug auf Macbeth hat schon
Schlegel trefflich gesagt: „Der gewaltige Kreislauf der menschlichen Schicksale geht seinen gemessenen Schritt; große Ereignisse
reifen langsam, die nächtlichen Eingebungen frevelnder Tücke
treten aus den Abgründen des Gemüths scheu und zögernd ans
Licht hervor, und die strafende Vergeltung verfolgt, wie Horaz
so schön als wahr sagt, den vor ihr fliehenden Verbrecher nur
mit hinkendem Fuß. Man versuche es einmal das Riesengemälde
von Macbeth's Königsmord, seiner tyrannischen Usurpation und
endlichem Sturze auf die enge Einheit der Zeit zurückzuführen,
und sehe dann ob es nicht blos dadurch seine erhabene Bedeutung verliert, man möge auch noch so viel von den Begebenheiten,
die uns Shakespeare schauerlich ergreifend vorführt, vor den Anfang des Stücks verlegen und sie in matter Erzählung anbringen.
Es ist wahr dieses Schauspiel umfaßt einen beträchtlichen Zeitraum; aber läßt uns der rasche Fortgang wol die Muße dies zu
berechnen? Wir sehen gleichsam die Schicksalsgöttinnen am sausenden Webstuhl der Zeit ihr düsteres Gewebe fortwirken, und
der Sturm- und Wirbelwind der Ereignisse, welcher den Helden
von der Versuchung zur Frevelthat, von dieser zu tausendfältigen
Verbrechen um ihren Erfolg zu behaupten, und so unter wech-
selnder Gefahr zu seinem Untergang im heldenmüthigsten Kampfe
treibt, reißt auch unsere Theilnahme unwiderstehlich mit sich fort."
Ortswechsel finden wir bei Aeschylos, Sophokles, Aristophanes,
wo die Handlung es fordert. Voltaire meint zwar daß eine
Handlung nicht an mehrern Orten vorgehen könne; das ist wahr,
wenn man sie als physisches Ereigniß nimmt; aber sobald man
die Action und Reaction der Charaktere und die Herleitung der
That aus dem Willen als das Dramatische erkennt, wird man

auch einsehen daß die wirkenden Kräfte von verschiedenen Orten aus sich in Bewegung setzen, daß Angriff und Widerstand an verschiedenen Orten vorbereitet werden. Oder findet man es passend wenn im Vorzimmer Cäsar's die Verschwörung gegen ihn angezettelt, seine Entschlüsse von ihm verkündet, die Berichte über seine Ermordung und über die Leichenreden abgestattet werden? Wir wollen die entscheidenden Momente miterleben, nicht bloß hören, die Verschwörung in Brutus' Garten, die Senatssitzung, das Forum sehen, ebenso wie die Ballscene, den Straßenkampf, die Liebesnacht, die Schauer der Gruft in Romeo und Julia, wir wollen vom Sturm auf der Heide und vom Erwachen Lear's in Cordelia's Arm nicht bloß berichten hören. Auch die Stimmung, die Beleuchtung solcher Scenen ist von Bedeutung, und wenn der Dichter, wie bereits Johnson bemerkt, unsere Einbildungskraft in Schwung gebracht hat um sich Jahrtausende zurückzuversetzen, so ist der Sprung von Rom nach Alexandrien für sie nicht zu weit. Die englische Bühne hatte neben der stehenden Decoration, den zwei Säulen welche einen Balkon trugen und zwischen sich eine Thür hatten, keine andern Coulissen, sie überließ das Aeußere der Phantasie der Zuschauer; da war ein häufiger Wechsel des Orts ohne Störung; auf unsern geschlossenen Bühnen mit den Decorationen zur Seite und im Hintergrund aber ist es zweckmäßig, wenn nur in den Zwischenacten die Verwandlungen vorgenommen, innerhalb der Acte aber möglichst vermieden werden, und damit hängt denn auch die deutsche Compositionsweise zusammen, welche Lessing und Schiller begründeten, als sie sich mitten zwischen Shakespeare und die Franzosen oder Griechen stellten, nicht so episch reich und mannichfaltig wie er, aber auch nicht so lyrisch knapp wie sie, in den Charakteren individuell und typisch zugleich. Shakespeare hätte uns die Maria Stuart auch wol in ihrem Glanz, in ihrer Sünde gezeigt, Schiller führt sie uns sofort im Gefängniß vor, aber doch wird sie noch einmal in den Strudel der Leidenschaft hineingezogen, doch bereitet sie mit ihren Anhängern selbst ihr Geschick.

Indeß hat nach meinem Ermessen die Einheit des Orts eine Bedeutung, und zwar folgende: der Raum bezeichnet das gleichzeitige Nebeneinander der Personen und der Dinge. Dies soll bewahrt werden. Der Dichter darf nicht Handlungen einer barbarischen Urzeit mit der freien Geistes- und Herzensbildung einer spätern Civilisation zusammenbringen, antiken Helden nicht moderne

Empfindungen und Reflexionen leihen; nur was wirklich zusammen sein kann darf er gleichzeitig in demselben Rahmen
darstellen. Er bewahre die Einheit der Atmosphäre, die Weltlage,
die Uebereinstimmung von Charakteren, Sitten, Thaten und
Gedanken.

Faßt man die Einheit der Zeit in dem äußerlichen Sinne daß
man in den zwei oder drei Stunden im Theater nicht mehr sehen
will als was wirklich in dieser Zeit geschehen sein kann, so ist
das ebenso viel als wenn man die Perspective aus der Malerei
verbannen und die natürliche Größe der Gegenstände verlangen
wollte. Sagt man die Dauer eines Tages, oder mit Corneille
dreißig Stunden statt dreier, so ist das eine ganz willkürliche
Schranke; warum dann nicht acht Tage oder auch Jahre? Nein,
die Einheit der Zeit ist ein Gesetz fürs Drama, aber als Einheit
und Stetigkeit der Zeitentwickelung. Das Gesetz der Stetigkeit
des äußern Geschehens im Epos wird hier zur ununterbrochenen
Entwickelung des Entschlusses aus der Gemüths- und Weltlage,
der That aus dem Entschluß, der Folgen aus der That. Alle
Momente des ganzen Verlaufs von der ersten Regung der Leidenschaft bis zu ihrer Entladung, oder Entwickelung und Lösung
des Conflicts, Kampf und Versöhnung soll der Dichter in strenger
Verkettung uns erleben lassen, indem er das im gewöhnlichen
Leben Unterbrochene und Zerstreute aneinanderfügt und zum in
sich geordneten wohlmotivirten Ganzen zusammenfaßt. Das hat
Shakespeare in seinen Meisterwerken gethan, er hat diese ununter-
brochene Stetigkeit in der Entwickelung der Charaktere im Werden, Vollbringen und Nachwirken der That in dem engen Raum
einiger Stunden verbunden, indem er eins aus dem andern erwachsen, und alle entscheidenden Momente der seelischen Innerlichkeit wie des Geschehens miterleben läßt, wobei die Andeutungen
nicht fehlen, daß in der Wirklichkeit viel Gleichgültiges dazwischen-
liegt und eine längere Zeit verstreicht, drei Monate im Kaufmann von Venedig, bis zum Verfallstermin des Scheins, Reisen
nach Schweden, England und Paris und die Heimkunft von da
im Hamlet, Jahre im Macbeth und Richard III.; so wird im
dramatischen Vordergrund die Stetigkeit der Entwickelung bewahrt, und wie der Raum durch die Perspective, so erweitert sich
auch die Zeit im Hintergrunde nach den Erfordernissen der
Handlung.

Endlich die Einheit der Handlung. Sie besteht nicht darin

daß ein einzelner Vorfall dargestellt, sondern daß eine Begebenheit aus dem Willen des Menschen als sein Zweck entwickelt wird.
Den Entschluß, die That, die Folgen der That haben wir also
zusammenzunehmen. Aber wo ein Knoten geschürzt, wo eine Kraft
durch den Widerstand geweckt, wo ein Conflict geschildert wird,
da treten schon mehrere streitende Interessen ein, da treten schon
mehrere Charaktere auf, deren jeder seinen besondern Zweck verfolgt, deren jedem sein Ziel das rechte und die Hauptsache scheint,
und sie müssen nicht nur in ihrem Gegenstreben, sondern auch in
ihrem Geschick dargestellt und verbunden werden. Darum wollte
der Franzose de la Motte statt Einheit der Handlung lieber Einheit des Interesses sagen, und Schlegel hielt diese Erklärung für
die befriedigendste, wenn unter Interesse überhaupt die Richtung
des Gemüths beim Anblick einer Begebenheit verstanden würde.
Allein da muß ich wieder nach dem Grunde fragen woburch dies
bewirkt wird, und so ergibt sich als das rechte Wort endlich die
Einheit der Idee. Einer der Grundgedanken, welche das Reich
der Erscheinungen beherrschen, muß zum organischen Mittelpunkt
des Gebichts gemacht werden, sodaß er zugleich die Schicksalsmacht
für die Charaktere ist, welche ihr Los nach der Stellung empfangen
die sie sich zur Idee geben, sodaß diese als der Brennpunkt und
die Seele des Ganzen erscheint und dieses dadurch zum Organismus wird, indem alles Besondere aus Einer Quelle fließt. So
wird die Liebe in Romeo und Julia in ihrer sinnlichen Fülle und
Herrlichkeit, in ihrer tobbesiegenden verklärenden Macht offenbar, und zugleich treten die einzelnen Momente, die Sinnlichkeit
in der Amme, eine Convenienzheirath und flaue Neigung in der
Werbung und dem Blumenstreuen von Graf Paris, die einseitige
Schwärmerei der Einbildungskraft für Rosalinde, als Elemente
im Drama auf, aber um überwunden zu werden. Wie der Satz
seinen Gegensatz verlangt und erst durch die Contrastwirkung ein
Charakter oder Zustand in das helle Licht tritt, so steht einem
Tasso mit seiner schwärmerischen Gemüthsidealität der welt-
männische Verstand Antonio's gegenüber, so dem Realismus des
geschichtlichen Wirkens im Wallenstein und den Generalen der
Idealismus des Herzens in Max und Thekla. Die Einheit wird
hier nicht aufgehoben, vielmehr spricht der Dichter auf seine Art
das Ganze der Menschheit aus, und als großer Künstler läßt er
den Realisten Wallenstein auch dadurch schuldig werden daß er
das Recht des Herzens nicht anerkennt und den Bund mit dem

Idealismus bricht, dem nun die Liebenden sich zum Opfer bringen,
wenn ihnen die Welt ein reines Glück versagt. Wie man in den
Kirchen Parallelscenen des Alten und Neuen Testaments gegenüberstellt — das Abendmahl und das Mannasammeln, Joseph's Ver-
kauf und Judas' Verrath — so fügten die Misterienspiele in die
Passionsgeschichte derartige alttestamentliche Vorgänge als lebende
stumme Bilder ein, oder ließen sie auch zu redenden Handlungen sich entfalten. Daher überkam der spätern Bühne die
Sitte der Doppelhandlungen; sie ist verwerflich, wenn zwei Geschichten nebeneinander herlaufen und Scenen derselben abwechselnd
vorgeführt werden; die Einheit verlangt daß sie ineinander eingreifen. So ist die Geschichte wie Porzia durch die Wahl des
bleiernen Kästchens gewonnen wird mit dem Rechtshandel von
Shylock und Antonio dadurch verbunden daß Antonio das Geld
für Bassanio zur Reise nach Belmont lieh, und daß Porzia dann
durch ihre Auslegung des Gesetzes die Entscheidung vor Gericht
herbeiführt. Aber das würde doch nicht genügen, wenn nicht die
Doppelhandlung durch die Einheit der Idee innerlich verbunden
wäre. Daß nicht auf dem äußern Recht, sondern auf der Liebe
unser Leben beruht, daß es auf das Wesen ankommt und nicht
auf den Schein, auf die Gesinnung, nicht auf das Wort, daß der
Buchstabe tödtet, aber der Geist lebendig macht, dies ist die Seele
des Werks, und findet noch in der Geschichte der Verlobungs-
ringe am Ende einen anmuthig heitern Nachklang. So hat
Shakespeare mit der Volkssage von Lear und seinen Töchtern die
Novelle von Gloster und seinen Söhnen nicht blos äußerlich
verbunden, sondern auch so kunstreich verknüpft daß die Fäden
von hier und dort sich ineinanderschlingen, die Geschicke der
Handelnden von hier und dort durcheinander bedingt werden: aus
Gloster's Hause wird Lear verstoßen, um Lear's willen Gloster
geblendet, Edmund wird der Liebhaber von Lear's bösen Töchtern,
Edgar trifft mit Lear zusammen und an seiner verstellten Toll-
heit kommt der Wahnsinn des Königs zum Ausbruch, um nur
einiges zu erwähnen. Aber das Höchste ist auch hier die innere
Einheit durch die das Ganze beseelende Idee der Pietät, ihre Verletzung, deren gerechter Lohn, und die Wiederherstellung durch die
rettende sühnende Kindesliebe selbst. Indem sich dieser Lebens-
gedanke zwiefach spiegelt, erscheint das Drama nicht wie das Abbild eines einmaligen Geschehens, sondern als die Darstellung
einer allgemeinen menschlichen Wahrheit; als Träger der Idee ge-

38*

winnen die ganz individuell und originell gezeichneten Gestalten doch das typische Gepräge, und im Factischen wird das Noth-wendige offenbar.

Aus diesen richtig verstandenen drei Einheiten der Atmosphäre, der stetigen Entwickelung und der Idee folgt dann auch die der Stimmung. Ein Grundton hellerer oder dunklerer, energischerer oder langsamerer Art geht durch das ganze Werk, und in der Regel wird die Hauptperson ihn angeben und von der Bewegung ihres Gemüths auch der Gang der Handlung bedingt werden; am besten wird der Dichter in der Eröffnungsscene den Grundton anschlagen. So in Schiller's Tell: idyllisches volksthümliches Leben, in welches ein Sturm hereinbricht, aber auch der Retter bei der Hand ist. So Lear's leidenschaftlicher Ausbruch bei der Verstoßung Cordelia's und ihr Lieben und Schweigen wie Kent's muthige Treue. Die Scene der Iphigenia ist der heilige Hain vor einem griechischen Tempel, und eine plastische Formenklarheit waltet durch das ganze Stück, der Seelenadel ihres Selbstbewußt-seins, der sie aus dem Conflict befreit, wirkt beruhigend und ver-söhnend auf alle. Im Macbeth durchbricht die Thatkraft die Schranken des Gewissens, und daher der Sturmgang der Hand-lung, der kräftige Hauch des schottischen Hochlands, während im Hamlet die Ueberlegung den Drang der That hemmt, und somit das Ganze langsam voranschreitet und ein Uebergewicht der Be-trachtung das Werk zu einem Gedankendrama macht. Charaktere, Handlungsweise, Scenerie stimmen zusammen, entsprechen einan-der, und dadurch ergibt sich aus der Mannichfaltigkeit ein so eigenthümlicher wie harmonischer Gesammteindruck.

Die Einheit erfordert, daß das Werk ein in sich geschlossenes Ganzes sei. Dafür verlangt schon Aristoteles Anfang, Mitte und Ende: danach soll nach der Exposition der Charaktere und Ver-hältnisse ein Knoten geschürzt, ein Conflict herbeigeführt und dieser dann gelöst werden. So ergeben sich drei Acte; für man-chen Stoff kann aber auch einer genügen, und für andere um-fänglichere wird die Mitte, die Verwickelung, selbst einen breitern Raum einnehmen und wieder symmetrisch in drei Acte gegliedert werden, sodaß die herkömmlichen fünf keine zufällig conventionelle, sondern eine wohlbegründete Form bieten. Der Anfang soll uns die Lage der Dinge, die Eigenthümlichkeit der handelnden Per-sonen vorführen. Die Spanier thun vornehmlich das erstere und wissen uns sofort in eine interessante Situation zu versetzen;

Goethe exponirt lieber die Charaktere; Shakespeare und Schiller wissen beides zu verbinden. Unkünstlerisch sind die Prologe, die uns in Form eines Monologs mit der Vorgeschichte bekannt machen, wie bei Euripides, und nicht minder unkünstlerisch sind lange beschreibende oder erzählende Gespräche; wir wollen sogleich in ein bewegtes Leben versetzt sein, wenn auch ein paar ruhig einleitende Worte zu ihm hinführen, das erregende Moment darf nicht lange auf sich warten lassen, indem der Spieler seinen Entschluß faßt oder der Gegenspieler seine Minen gräbt, seinen Hebel ansetzt. Dieser kann auch beginnen, sodaß wir wie im Othello sogleich beim Aufgang des Vorhangs die Personen in aufgeregter Stimmung finden und der vulkanische Boden, auf dem wir stehen, schon zu beben anhebt, während die meisterhaften Expositionen des Tell und Lear aus ruhigem Anfange rasch in mächtige Bewegung übergehen und den Grundaccord des Ganzen anschlagen.

Es folgt die aufsteigende Verwickelung, die Peripetie und die Hinwendung zur Katastrophe. Die Dichtung wölbt sich zu einem Höhepunkt empor um sich zur Katastrophe zu neigen, der Schlußstein der Mitte, der höchste, bezeichnet zugleich den Umschwung, in welchem Aristoteles einen Glückswechsel, eine Wiedererkennung, kurz eine entscheidende Wendung sah. Es ist ein prägnanter Moment, in welchem wie in der bildenden Kunst streitende Kräfte für einen Augenblick einander die Wage halten. So steigert sich im Coriolan der Kampf des Hasses zwischen ihm und den Tribunen bis zu dem Punkte, wo sie ihn Verräther nennen; Verräther ich? ruft er, und empört über diesen Vorwurf wird er wirklich zum Gegner seiner Vaterstadt und zum Verräther, wodurch er sich sein Schicksal schmiedet. So steht die Niobeszene Isabella's in der Mitte der Braut von Messina. In der Maria Stuart liegt der Umschwung im Gespräch der beiden Königinnen; vergebens hat Maria sich gedemüthigt, da erhebt sie sich in stolzer Leidenschaft und läßt ihren Gefühlen freien Lauf, und was die Versöhnung bringen sollte bringt den Tod. Demetrius sollte siegreich sein im Glauben an sein Recht, auf der Höhe des Glückes erfahren daß er des Zaren Iwan Sohn nicht sei, dadurch mistrauisch zugleich tyrannisch und volksgunsthaschend werden und diese Unsicherheit die Empörung nähren, die ihn stürzt. Die Peripetie liegt gewöhnlich im dritten Act und es kann sich der aufsteigende Theil zum absinkenden des Dramas symmetrisch gleich,

aber auch nach dem goldenen Schnitte verhalten, sodaß der zweite
etwas kleiner ist als der erste, da wir mit den Dingen vertraut
nun rascher zum Ausgang eilen.

Allein der Schluß darf doch nicht so unmittelbar folgen; Lope
de Bega selbst hat darauf hingewiesen daß die Zuschauer ihre Sitze
verlassen, wenn sie zu deutlich sehen wie alles kommt; eine neue
Spannung soll im vierten Act erregt, der erwartete Ausgang auf
eine unerwartete Weise herbeigeführt werden. Wenn der Held
seinen Glückswechsel erlebt hat, wird der Gegenspieler in den Vordergrund treten. So hat Hamlet durch das Schauspiel im Schauspiel
zunächst seinen Zweck erreicht, Gewißheit über den König erlangt,
aber indem er diesen theoretischen Triumph genießt, hat er zugleich
dem König sich verrathen und diesen damit selbst genöthigt activ
gegen ihn zu werden und dadurch ohne es zu beabsichtigen das Gericht auf sein schuldiges Haupt herabzuziehen, indem er dem heim-
gekehrten Helden selber die tödliche Waffe in die Hand liefert. Bei
Sophokles haben wir hier häufig einen Augenblick der Hoffnung,
die dann auch ein Freudengesang des Chors, wie das Lied an
Eros in der Antigone, der bacchische Dithyrambus im Aias
bezeichnet. Calderon läßt gern etwas das die Verwickelung
schlichten sollte sie erst recht verwirren, bis dann die abschließende
Lösung überraschend eintritt, überraschend, das heißt doch wohl-
motivirt, nur auf eine etwas andere Weise verwirklicht als man
anfangs vermuthete, aber um so folgerichtiger. Jedenfalls bedarf
der vierte Act frischer kräftiger Farbentöne; Freytag hat auf die
Begegnung Coriolan's und seiner Mutter, auf Julia's Monolog
vor dem Schlaftrunk, auf das Schlafwandeln der Lady Macbeth
hingewiesen, wie er denn die Technik des Dramas als Kenner
und Künstler bespricht, aber doch mit seiner Zerlegung des dramatischen Baues in acht Momente zu weit geht; es genügt wenn
dem Dichter die Exposition, die Steigerung, die Peripetie, die
Hemmung oder frische Spannung und die Katastrophe gegenwärtig sind. Diese letztere führt den Helden zum Ziel, führt das
Ganze zum Ausgang, und zwar in großen festen raschen Zügen,
mit kräftigen und lichtvollen Worten, welche jeden Zweifel zerstreuen und den Sinn des Ganzen klar erkennen lassen; die
Erhebung und Versöhnung folgt auch aus Leid und Untergang,
wenn der Ausgang unsere Vernunft und unser Gewissen befriedigt.

Im Drama soll ein gegenwärtiges Leben sich vor uns entfalten und sein Ziel erreichen. Schauspieler, deren jeder sich in seine Rolle versetzt und den Charakter zur Vollanschauung bringt, sollen ein harmonisches Ganzes verwirklichen; Miene und Geberde begleiten die ausdrucksvolle Rede und machen die Seelenstimmung wie die Handlung auch dem Auge klar. Es ist eine fortschreitende Plastik, und ihr gesellt sich die Malerei durch Decoration und stimmungsvolle Beleuchtung. Die Ruhe epischer Beschauung und der Wechsel lyrischer Erregung wirken zusammen bis die Spannung sich löst. Die Künste der Zeit und des Raumes vereinigen sich zu einem Hochgenuß des Schönen, der freilich nur da erreicht wird wo der Dichter nicht blos Unterhalter und Zerstreuer ist, sondern seines Prophetenamts als Schicksaldeuter, Erleuchter und Versöhner waltet. Das gute Drama gehört zu den schwersten und seltensten Leistungen des Genius. Daß es auch theatralisch wirksam sei, daß auch die Schauspieler dankbare Rollen wollen, braucht die Kunst nicht zu beeinträchtigen, ja kann ihr förderlich sein; sie haben gern einen erfolgreichen Abgang, das mag den Dichter mahnen die Scenen zu steigern und in schlagender Gewalt die Gedanken zusammenzufassen im Blitz des Witzes oder im Feuer der Leidenschaft. Jeder Actschluß vor dem letzten wird einem Septimenaccord gleichen: es bleibt bei dem zunächst Erreichten doch noch eine Dissonanz, die eine Spannung auf neue Lösung zurückläßt, bis am Ende der Verstand durch causale Geschlossenheit, die Vernunft und das Herz durch den Sieg der sittlichen Weltordnung, die Phantasie und der Schönheitssinn durch die Harmonie in der anregenden Fülle des Mannichfaltigen ihr Genüge finden, beruhigt und erhoben oder froh beglückt.

Shakespeare läßt seinen Hamlet sagen: Der Zweck des Schauspiels war und ist der Natur gleichsam den Spiegel vorzuhalten, der Tugend ihre eigenen Züge, der Schmach ihr eigenes Bild, und dem Jahrhundert und Körper der Zeit den Abdruck seiner Gestalt zu zeigen. Und von ihm, dem Meister des Dramas selbst, schrieb Rahel: „Er ist Leben im Leben; er kann fast nicht zur Betrachtung kommen, denn jede Betrachtung wird Leben; und doch ist er lauter Betrachtung." Wirklichkeit in Gedanken gefaßt, Gedanken in Charakteren und Thaten verwirklicht, Auge, Herz, Geist zugleich angesprochen und mit Schönheit gefällig: das ist dramatische Poesie.

b. Die dramatischen Dichtarten.

Man könnte wie beim Epos ein Drama der That und des Gedankens unterscheiden, indem einmal die Personen und ihr Ge- schick die Hauptsache sind und der Gedanke dies im Worte nur darlegt, oder die Entwickelung des Gedankens, der Verlauf seines Processes der Zweck der Dichtung ist und die Individuen nur als Träger, ja nur als allegorische Personificationen desselben gelten. So hat Indien seinen „Mondaufgang der Erkenntniß", so das Mittelalter seine Moralitäten, das spanische Theater seine autos sacramentales, auch Lessing's Nathan ist in diesen Kreis gezogen worden, ebenso Byron's Manfred und Kain, ja Hamlet und Faust. Da indeß gerade im Drama die Geschichte nicht als eine ver- gangene erzählt, sondern als eine werdende vorgeführt wird, so treten hier jene ästhetischen Kategorien ein, die ich in der Ideen- lehre als die der werdenden Schönheit erörtert habe, die Gegen- sätze des Tragischen und Komischen, die ja gerade von der drama- tischen Poesie aus ihre Namen empfangen haben, und neben ihrem Ineinanderspielen im Humor die glückliche Lösung ernster Conflicte. Die Kategorien von sittlicher Nothwendigkeit, individueller Will- kür und das Gesetz anerkennender Freiheit führen gleich der Er- fahrung des wirklichen Lebens zu derselben Gliederung in Tragödie, Komödie und Versöhnungsdrama.

Die äußere Wirklichkeit bietet uns Glück oder Unglück, je nachdem die Ereignisse mit unsern Wünschen und Plänen sich vereinigen oder sich kreuzen, und unser inneres Sein bewegt sich zwischen den Polen des Schmerzes und der Freude, oder alle Gefühle sind vielmehr nur besondere Töne dieser beiden Grund- stimmungen der Seele, die durch alle Eindrücke sich selbst entweder erhöht und gefördert, oder gehemmt und beeinträchtigt empfindet. Danach haben wir Tragödie, Komödie und Versöhnungsdrama.

a. Die Tragödie.

Mit Hinweisung auf die ausführliche Entwickelung des Tragi- schen I, 169—198 knüpf' ich sogleich an die berühmte Definition des Aristoteles an; er nennt die Tragödie die Darstellung einer: be- deutenden und abgeschlossenen Handlung, und zwar nicht in Form der Erzählung, sondern in unmittelbarer Wirksamkeit und Rede der handelnden Charaktere, und sagt daß sie durch Mitleid und

Furcht die Reinigung von solchen Gemüthsstimmungen (Affectionen) vollbringe. In diesem Letztern erkennt er ihren Zweck, und Lessing sieht hierin den Grund für das Erstere, indem eine Erzählung des Vergangenen lange nicht in dem Grade wie eine gegenwärtige Anschauung unser Gefühl erregt. In Furcht und Mitleid vereinigen sich dem Denker Selbst- und Nächstenliebe, Sorge für uns und Theilnahme für Andere. Wer in ungetrübtem Glück lebt und meint daß ihm nichts Schlimmes begegnen könne der fürchtet nichts, aber er wird übermüthig; ebenso fürchtet der nichts welcher am Leben verzweifelt hat, aber er ist kleinmüthig. Mitleid empfinden wir bei dem Anblick eines Verderben drohenden Uebels, das einen Andern trifft. Die Läuterung dieser Gefühle besteht darin daß sowol das Uebermaß als der Mangel derselben beseitigt werden, daß die Furcht vor einzelnen Uebeln zur Ehrfurcht vor der göttlichen Gerechtigkeit wird, und im Mitleid die Trauer über die Hinfälligkeit der irdischen Größe, der stets ein Mangel, eine Einseitigkeit anhaftet, empfunden wird. Die Kunst läßt uns jene Gefühle ohne Beziehung auf individuelle Zustände in sittlich gehobener Form als ein allgemeines Schicksal miterleben.

Dem allgemeinen Sprachgebrauche nach ist Reinigung die Entfernung des Ungehörigen an einer Sache, wodurch der ursprüngliche Zustand hergestellt oder veredelt wird. Dazu müssen Gemüthsstimmungen auf die rechte Weise in Bewegung gesetzt werden. Nun macht die Darstellung des menschlichen Lebens in der Poesie einen ähnlichen Eindruck wie die Wirklichkeit, und die Tragödie erregt durch die Sympathie die Affecte des Mitleids und der Furcht, sie thut es aber durch Charaktere von würdiger Art, durch Handlungen von tieferer Bedeutung; und da nicht wirkliche uns drohende Gefahren oder Leiden die Affecte hervorrufen, so sind diese zwar stark genug durch die Phantasie eine erhöhte Thätigkeit der Gefühle anzuregen, aber wir werden nicht überwältigt und niedergedrückt, die Freude an der Schönheit und der Kunst bleibt möglich. Die Art wie die Charaktere ihr Schicksal tragen, und wie dieses Schicksal die sittliche Weltordnung enthüllt, erhebt unser Gemüth, und der ganze Verlauf der Darstellung als ein schöner zu befriedigendem Schluß führender beruhigt auch uns nach Erschütterung und Rührung.

Es ist durch Jakob Bernays dargethan daß Aristoteles zunächst nicht sowol die Läuterung der Affecte als die Befreiung von ihnen, ihre Entladung im Sinne gehabt. Die ursprüngliche

Anwendung des Worts Katharsis war eine medicinisch technische, und bedeutet eine durch ärztliche Mittel bewirkte Linderung und Hebung der Krankheit; das habe Aristoteles vom Körperlichen aufs Gemüthliche übertragen für solche Behandlung eines Beklommenen welche das beklemmende Element nicht zu verwandeln oder zurückzudrängen sucht, sondern es aufregen, hervortreiben und dadurch Erleichterung des Beklommenen bewirken will. — Ich habe in meinem Poesiebuch die Pythagoreer und Platon herangezogen; jene erläuterten und erhoben das Gemüth durch Musik und Gesang, und berichteten daß der Meister das Reinigung genannt was sie sonst herstellende Erhebung, Epanorthosis geheißen. Platon sagt unter anderm daß die Reinigung der Seele Schlechtigkeit, Feigheit, Unmäßigkeit austreibt und durch gute Zucht befestigt, Unwissenheit durch gute Lehren heilt und die rechte Bildung durch Ermahnung und durch überzeugende Gründe mittheilt, und das sei die herrlichste der Reinigungen, die Aufgabe der Philosophie. Das Wahre wird im Gegensatz von Schein- und Schattenbild herausgeläutert. Hermann Siebeck hat nun noch weiter betont: daß Hippokrates in der medicinischen Sprache unterscheide zwischen Kenosis, die einen Stoff völlig aus dem Körper entferne, und zwischen Katharsis, die nur eine theilweise Entleerung sei, aber das Uebermäßige, Schädliche, Schmerzhafte ausscheide. So wird nach Siebeck das Drückende der Affecte des Mitleids und der Furcht beseitigt, die schmerzliche Empfindung in ästhetische Rührung, Unlust in Lust verwandelt. Wir sehen daß die ältere Auffassung auf diese Weise mit der neuern wieder zusammenkommt. Wir bedürfen der Aufregung, und sie wird uns zutheil; wie die Atmosphäre durch ein Gewitter gereinigt wird, so wird unsere Seele durch die Entladung von Gemüthsbewegungen erleichtert, und Bernays hat recht, wenn er behauptet daß Aristoteles diese in der Erfahrung erkannte Wirkung des Tragischen im Auge gehabt. Aber er geht zu weit, wenn er die ethische Wirkung im Sinne des Aristoteles ausschließen will. Aristoteles hat sie in der Poetik zwar nicht ausdrücklich erwähnt, wohl aber bei der Musik, und es ist im allgemeinen seine Lehre daß bei der Unterhaltung durch die Kunst das Vergnügen und das sittlich Schöne beisammen seien. Von der Kunst soll man lernen sich nur an Edlem zu erfreuen. Und so bleib' ich dabei: Aus der Unlust der Erschütterung durch Furcht und Mitleid entwickelt sich die Erhebung über Schmerz und Untergang in dem Sieg der sittlichen Welt-

ordnung, mit dem Leibgefühle vermischt sich unsere Bewunderung
für die Seelengröße, und damit Achtung und Wohlgefallen, wenn
der Tod Sühne der Schuld ist, oder der Geist seinen Fall in
seinen Sieg verwandelt. Furcht und Mitleid entladen sich, indem
sie in Genugthuung und Erhebung sich lösen, die Darstellung des
Dramas führt selbst dazu, und so fühlen wir uns beruhigt und
erhoben. Schmerz und Schauer werden erregt, die Einbildungskraft wie der Verstand in Spannung versetzt, aber die Forderung
der Vernunft nach einem vernünftigen Zusammenhang wird erfüllt, und aus den Erschütterungen der Seele erhebt sich die Freiheit des Geistes im Genuß des Schönen. So singt der Aeschy-
leische Chor im Agamemnon: Jammer und Weh! Doch das
Gute soll siegen! So der Sophokleische in der Deïanira: Viel
Müh' und Beschwer und Entsetzen und Leid, doch in all dem
Zeus und allein Zeus!

Aristoteles hatte bei der Katharsis die Wirkung der Tragödie
auf das Gemüth der Zuschauer im Auge: durch die unmittelbare
Vergegenwärtigung erreicht die Poesie das Ziel der Seelenerleich-
terung, Seelenreinigung, und umgekehrt um dieses Zieles willen
erzählt sie nicht ein Vergangenes, wobei wir ruhig bleiben, sondern erregt das Gemüth durch die Anschauung eines Werdenden,
Gegenwärtigen. Goethe verstand dagegen jene Läuterung der
Affecte von dem versöhnenden Abschluß der Handlung selbst; wenn
die Tragödie durch einen Verlauf von Furcht und Mitleid erregenden Mitteln durchgegangen, so müsse sie durch Ausgleichung solcher Leidenschaften auf dem Theater ihre Arbeit schließen, und
diese aussöhnende Abrundung des Kunstwerks selbst, die Construction
des Trauerspiels, nicht die Empfindungen der Zuhörer habe der
Denker im Sinne gehabt. Die Goethe'sche Deutung legt diesem
etwas unter, was aber allerdings aus seinen Worten gefolgert
werden kann, denn die Seelenstimmung des Zuschauers wird am
besten erregt und harmonisirt werden, wenn die Darstellung selbst
zuerst den Sturm der Affecte und ihre leidbringende Gewalt, und
dann die Ausgleichung und die Versöhnung im Gemüth der handelnden Charaktere zeigt. Und dies sind wir für die moderne
Tragödie zu fordern berechtigt. Wir wollen den Sieg der Idee
nicht blos im Untergang des von ihr Abgefallenen, des ihr Widersprechenden sehen, sondern der Umschwung der Handlung, das
Leid, das zufolge der Gerechtigkeit auf den Thäter hereinbricht,
soll ihn selbst nicht wie eine äußere Macht zerschmettern, sondern

den vollen Triumph der Idee wollen wir darin gewahren daß er
sie wieder anerkennt, daß sie auch in seiner Seele siegt, und er
durch die Buße gesühnt von hinnen scheidet. In diesem Sinn hat
Schiller die Maria Stuart gedichtet, in diesem Sinne nennt Weiße
die Kerkerscene im Faust ein über alles Lob erhabenes Meisterwerk,
und bemerkt wie es eine der höchsten Dichterkraft würdige Aufgabe gewesen in dem Wahnsinne des durch die entsetzliche Seelen-
qual zerrütteten Gemüths der unfreiwilligen Mutter- und Kindes-
mörderin den sittlichen Adel, die Reinheit dieses Gemüths zu offenbaren. Und es ist Goethe gelungen in der furchtbaren Tiefe
dieser Widersprüche, in welche eine sittliche Schuld die Seele des
Menschen hinabstürzt, die Rettung und das Seelenheil der unschuldig Schuldigen zur klarsten, überwältigendsten Anschauung
zu bringen, sodaß die Stimme von oben, die Gretchens Rettung
ausspricht, aus der eigenen Brust des Lesers oder Hörers hervor-
zulösen scheint. Eine Dichtung die dies vermag gibt dadurch
lauter als durch irgendeine andere poetische That ihre Abkunft
von dem Höchsten, ihre Verwandtschaft, ja ihre innerliche Einheit
mit dem Heiligen kund, von welchem alles Menschliche allein seinen Werth und seine Würde hat. — Auch Shakespeare's Othello
ist bei aller Schreckensgewalt, bei aller Furchtbarkeit dennoch eine
erhabene Feier des sittlichen Geistes. In keinem Werk aber ist
diese Läuterung durch das Leiden, die Versöhnung sowol im Ganzen des Gedichts als in der Seele der Hauptpersonen so um-
fassend und so innig durchgeführt als im König Lear. Edgar im
Lear ist auch der Seelenführer seines geblendeten Vaters und von
den Selbstmordgedanken der Verzweiflung leitet er ihn zur Ergebung in den Willen der Vorsehung: „Reif sein ist alles"; sein
Herz bricht lächelnd, als er endlich den Sohn erkennt. Und an
die Scene in welcher der alte König sich selbst im Anschauen der
Cordelia wiederfindet, an die Art und Weise wie nun die Hingebung der Liebe seinem Gemüth aufgeht und sein Geist in ihr
sich verklärt, brauche ich nur zu erinnern, um sofort dem Leser
ein Bild vor das innere Auge zu rufen, das im edelsten Glanze
um so heller strahlt auf je dunklerm Grunde es sich erhebt.

Schuld aus Leidenschaft, Leid aus Schuld, selbstsüchtige Ueberhebung und vergeltende Gerechtigkeit, Treue für das eigene bessere
Selbst in einer widerstrebenden Welt oder muthiges Heldenthum für eine ideale Ueberzeugung, für die Güter die das Leben
erst lebenswerth machen, ein Causalzusammenhang der der Ver-

stand erkennt und daran sich der Verstand vergnügt, und das
Walten der sittlichen Weltordnung wie die Vernunft und das
Gewissen es fordern, dargestellt in bedeutendern Charakteren, in
anziehenden Situationen; ein freies Spiel mannichfaltiger Kräfte
und doch in allen ein ordnender Grundgedanke: das ist die echte
Tragödie: eine einfache Geschichte mit großen Motiven, die für
sich selber deutlich und uns sympathisch sind, feste Grundzüge der
Handlung, strenger, das Zufällige ausschließender Zusammenhang
und der Ausgang ein Gottesurtheil. Denn „das Werk des sterb-
lichen Schöpfers soll ein Schattenriß von dem Ganzen des ewigen
Schöpfers sein, soll uns an den Gedanken gewöhnen: wie sich in
ihm alles zum Besten auflöse, werde es auch in jenem geschehen“.
So Lessing. Erfüllt der Dichter diese seine edelste Bestimmung
wie die großen Propheten Aeschylos, Shakespeare und Schiller,
dann ist die Tragödie unter allen Kunstwerken von der mächtigsten
Wirkung auf unsere Seele. Der Lyrik und Musik ähnlich ruft
sie die mannichfaltigsten Stimmungen hervor; sie erschließt die
geheimsten Abgründe des Daseins, läßt uns in die schauerlichste
Verwirrung hineinblicken, und stellt jegliches mit der Macht unmittelbarer Gegenwart dar; der bildenden Kunst und dem Epos
verwandt veranschaulicht sie das allgemein und immer Gültige in
seiner durch den Kampf bewährten Wesenheit, in der Majestät
des Siegs, in der Ruhe, die durch die Lösung des Knotens und
die Versöhnung der Gegensätze eintritt. So schlichtet und lichtet
sie die Verworrenheit des Lebens und gibt im Einzelbild ein Abbild des Ganzen, und wir erfahren wie die höchste Macht zugleich
Gerechtigkeit und Liebe ist. „Ernst ist das Leben, heiter ist die
Kunst.“

δ. Die Komödie.

Erhebt uns die Tragödie über die schweren Kämpfe und tiefen
Schmerzen des Lebens, so ergötzt uns die Komödie durch den
Scherz, den sie mit den kleinern Nöthen und Gebrechlichkeiten,
Widersprüchen und Thorheiten treibt. Wir haben gesehen wie
auch das Komische immer ein Proceß ist, wie das Verkehrte oder
Unverständige, das uns entgegentritt und uns verwirren und
stören würde, wenn es bestünde, dadurch lächerlich wird und erheitert daß es sich selbst auflöst, wodurch wir inne und deß
getröstet werden daß nur das Verständige und Zweckmäßige auch

das Beständige ist. Es muß immer etwas da sein das uns choliri und verblüfft, sobaß wir für einen Augenblick den Athem anhalten und wir vor Erstaunen den Mund öffnen; dann aber wenn uns sofort die Nichtigkeit des Bedrohlichen durch sein Zerfallen offenbar wird, wenn das Verkehrte und Widersprechende sich selbst aufhebt, schütteln wir den Druck einer ideenlosen Realität, der auf uns lasten wollte, von uns ab, die gehemmte Lebenslust bricht mit dem Athem stoßweise hervor und erschüttert das Zwerchfell, und wir erheben uns lachend in das Wohlgefühl freier Gesundheit. Und so zeigt uns die Komödie wie das Leben gelöst vom Gesetz und seinem Ernste ein Spiel von Zufälligkeiten, Launen, Grillen und Willkürlichkeiten wird; aber vom Gesetz gelöst kann dies Spiel nur ein tolles, sich selbst kreuzendes und widersprechendes sein, und so müssen die Verkehrtheiten sich selbst verkehren und damit bekehren, die Widersprüche sich auflösen, und durch ihr eigenes Treiben die Idee, das Rechte und Vernünftige am Ende in einem heitern Sieg offenbar werden. Die Persönlichkeiten werden erhalten, aber ihre Schwächen und Fehler werden bloßgestellt und abgestreift, ihre eiteln Plane werden vereitelt, sie selbst werden mit uns von einer Trübung befreit und in der Erheiterung der Atmosphäre miterheitert. Eine Willkür steht wider die andere, ein Zufall fällt auf den andern, eine Intrigue stellt der andern ein Bein, und indem beide darüber zusammenstürzen machen sie die Bahn frei für die bedrängte Unschuld oder Tüchtigkeit, und indem der Zufall zu Falle kommt, entpuppt sich der gesetzmäßige Gang der Dinge, und indem am Ende alles zum Guten ausschlägt, werden wir der innewaltenden Vorsehung im Getriebe der Welt uns bewußt, und sehen wir wie über das Meinen und Streben der Einzelnen das Gute und Heilsame sich durchsetzt und etwas Besseres herauskommt als der Einzelne erstrebt und geplant, wie Joseph zu seinen Brüdern sagt: Ihr gedachtet es böse zu machen, aber Gott hat es gut gemacht! Dem Tod in der Tragödie tritt als Schlußpunkt in der Komödie am liebsten die Hochzeit gegenüber: die Individualitäten werden nicht bloß erhalten, sondern sie kommen zu ihrer sich ergänzenden süßen Lebensvollendung, aus der wieder neue Individuen entspringen.

Wir mögen an Thorheiten, Schwächen und Gebrechen nicht Mitleid und Verdruß, sondern unsere Lust haben, weil sie vor unsern Augen sich aufheben, wie wir sofort sehen daß der Straßenraub oder die ehebrecherischen Gelüste Falstaff's durch den Prinzen

und die Windforinnen vereitelt werden und er für den Spott
darüber nicht zu sorgen braucht. Das Häßliche wird unschädlich
gemacht, sein Stachel wird ihm ausgezogen, was uns bedrohte
und bange machen wollte und damit unsere Erwartung spannte,
wird in Nichts aufgelöst und wir werden damit auf eine überraschende Weise befriedigt, im Wohlgefühl des gesunden Daseins
bestätigt.

So zeigt uns denn die Komödie wie das Leben eine Welt von
Ungereimtheiten und Widersprüchen wird, wenn Zufall und Willkür in ihr walten; aber sie läßt diese sich selbst auflösen, Irrthümer und Verwechslungen sich zurecht oder am Ende doch das
Rechte finden, sodaß auch trotz des Widerstrebens der Einzelnen
oder gerade durch ihre Misverständnisse das Gute geschieht und
ihnen zum Heile gereicht. Das Lustspiel als Darstellung des
Lebens unter dem Gesichtspunkte des Scherzes wird dies nicht
blos durch einzelne Späße, sondern durch seine ganze Anlage und
Ausführung. Situationen und Charaktere sollen selbst komisch
sein und der geflügelte Witz das Lächerliche aus ihnen entblöen.
So ist es echt komisch, wenn in Kleist's Zerbrochenem Krug der
Richter selbst der Uebelthäter war und sich selbst entlarvt durch
die Untersuchung die er gegen andere anstellt. Das Lustspiel erhebt sich über die Posse und den Schwank dadurch daß in einer
verständigen und motivirten Composition auch eine spannende
Handlung enthalten ist, und daß es nicht blos momentan die Lach-
muskeln erregt, sondern durch Sinnigkeit des Gehalts und durch
psychologische Charakteristik und naturtreue Sittenschilderung eine
nachhaltige Freude bereitet.

Zu den komischen Charakteren gehören zuvörderst die activen,
die komischen Talente, Witzbolde, Humoristen, die ihren Spaß
über Personen und Zustände zu machen verstehen und selber in
allen Verlegenheiten die darüber triumphirende Freiheit des Geistes
zu wahren wissen. Dadurch ist die lustige Person der Volks-
komödie auf die Bühne gebracht worden, der Hanswurst im deutschen, der Narr im englischen, der Gracioso im spanischen Schauspiel. Sie erkennen mit scharfem Blick wie alle Menschen zu-
weilen oder nach gewissen Richtungen hin Narren oder Thoren
sind, und die am meisten die es niemals sein wollen und alles
mit sauertöpfischem Ernst, mit pedantischer Trockenheit oder pathetisch
nehmen; darum setzen sie sich die Schellenkappe auf, um das zu
scheinen was die andern nicht scheinen wollen, um dem Spaß und

Witz fein Recht zu schaffen, — dieweil des Menschen Fürrecht Lachen ist, wie Rabelais nach Aristoteles fagt. Oft greift die luftige Perfon wenig in die Handlung ein, fie ist vielmehr ein Erfatz für den Chor der Griechen, indem fie Anfichten oder Stimmungen, die fich bei den Zufchauern über die Handlungen oder die Perfonen bilden, auf geiftvolle und erheiternde Weife ausfpricht, und fo dient fie auch wol dem Dichter zu feinem Vermittler mit dem Publikum. Gottfched und die Neuberin haben den Hanswurft um unfauberer Späße und nutzlofer Fratzen willen verbrannt; Juftus Möfer trat für ihn in die Schranken, Lefling wollte daß man ihn in feiner bunten Jacke wieder auferftehen laffe. Aber fie ift im Grunde nicht nöthig, der activ komifche Charakter kann in verfchiedenen Formen auftreten und gar mancherlei Rollen fpielen, wie fchon Lope's Graciofo nicht blos der anftellige Bediente ift, und wie Shakespeare neben feinen Narren auch feinen Falftaff, feinen Mercutio, feine Rofalinde, feine Beatrice und feinen Benedict gefchaffen hat. Humoriften, — die auch im Verfpotteten noch das Pofitive zu achten und die Doppelwirklichkeit des Lebens zu betonen wiffen, indem fie auch am Tüchtigen eine mit den Vorzügen zufammenhängende Schwäche auffpüren und auch mit dem Ernften einen Scherz machen, indem fie alles mit frohmüthigem Behagen behandeln — fie brauchen nicht blos die Handlung zu begleiten, fie können auch in diefelbe eingreifen, wie ja die Obengenannten thun.

Eine zweite Klaffe von komifchen Figuren ift mehr paffiver Art. Sie denken nicht daran lächerlich zu fein, fie wollen es durchaus nicht und werden es dadurch erft recht. Der ift recht lächerlich wer feine Mittel befonders fchlau zu wählen meint und doch durch die Unzweckmäßigkeit derfelben fich um den Erfolg betrügt. Wer fich felbft als klug und weife hinftellt ohne es zu fein, und wenn er's wäre fo würde er fich nicht fo hinftellen, der reizt dadurch die andern ihn zu foppen, ihm einen Poffen zu fpielen. Wohlgemuth, felbftgefällig, ftolz auf fich felbft tritt er auf, und das ift fein Uebermuth, feine Ueberhebung, feine Hybris, der Hochmuth der vor dem Fall kommt, der aber, weil er an fich unfchädlich, nicht bös gemeint ift, auch ftatt der tragifchen Sühne nur die Sturzwellen und Sturzbäder des Gelächters auf fein Haupt herabzieht, und wenn fie ihn rein baden, fo kann er ja auch mitlachen. Man denke an Malvolio in Was ihr wollt, an Zettel im Sommernachtstraum, an den Alten in der Frauenfchule, an

Roberto im Unmöglichsten von allem. Alles Uebertriebene, sich Verstellende, sich ohne innerliche Erhebung als erhaben Aufspielende reizt die komische Ader der andern um an ihm die Stelle der Nemesis zu vertreten und den Witz zu üben, und die Komödie steht im Dienste der Wahrheit gegen den Schein und seine Anmaßung, wenn sie ihn bloßstellt und der Wahrheit die Ehre gibt.

Eine dritte Art komischer Talente überhebt sich nicht, prahlt nicht, sondern stellt ihr Licht unter den Scheffel, gibt sich für geringer, unwissender, schwächer als sie ist, führt dadurch die andern irre, namentlich die vermeintlich Klugen und Gewaltigen, entpuppt sich dann aber zu überraschender Tüchtigkeit und überlegenem Verstande. Man kann sie Ironiker nennen; wie Sokrates sagte er wisse daß er nichts wisse, bei andern Belehrung suchte, ihre Ansichten zuerst annahm und im Verlauf des Gesprächs sie in ihrer Unzulänglichkeit bloßstellte und so zu neuem freiem Denken trieb. Solche Charaktere gehen auf die Possen ein, die andere mit ihnen treiben wollen, thun als ob sie nichts merkten, aber durchkreuzen dann das Spiel und geben ihm die entscheidende Wendung. So Geibel's Meister Andrea, der zerstreute Bildschnitzer, den sie glauben machen wollen er sei ein Anderer, und der nun als dieser Andere ein verliebtes Paar zusammenbringt.

Blicken wir auf die Malerei, so eignet der Tragödie der historische Stil, während die Komödie den genrehaften liebt, das gewöhnliche Thun und Treiben der Menschen in treuen Sittenbildern abspiegelt, Einzelzüge von vielen zu gattungsmäßigen Typen verknüpft, solchen aber auch wieder etwas ganz Persönliches leiht, das sie frisch und neu erscheinen läßt. Wackere Hausfrauen, eitle Koketten, gutmüthige Polterer, Großsprecher und Schmeichler, schlaue Bediente und schnippische Zofen, Modegecken, neugierige Wirthe und pedantische Gelehrte, so und so viele andere Charaktermasken treten immer wieder auf, und das nachwachsende Geschlecht will auch ergötzliche Situationen wiedersehen und gute saftige Späße wiederhören, die einst die Lust der Väter und Großväter waren; der Lustspieldichter hat das Recht sie im Gewand der eigenen Zeit wiederzubringen, sie mit frischen Farben zu beleben, mit eigenem Witz auszustatten.

Die Komödie kann idealistischer oder realistischer sein. Die erstere liebt es den Zauber der Einbildungskraft walten zu lassen,

uns in eine phantastische Welt zu versetzen, und in Gebilden des
Volksglaubens wie in Sagen und Märchen ein Reich der Wunder
spielend vor uns aufzubauen. So macht Aristophanes aus einer
bildlichen Redensart im Volksmund Ernst und läßt die Vögel ein
Wolkengimpelsheim als Luftschloß zwischen Himmel und Erde aufrichten, und läßt aus demselben doch sein eigenes Staatsideal durchschimmern. So zeigt uns Shakespeare das Leben wie einen fröhlichen Sommernachtstraum, in welchem alte Heroen mit Feen und
Elfen durcheinandergaukeln, und im Spiel der Handwerker paro-
birt das Festspiel noch sich selbst. Die literarischen Komödien von
Tieck, wie das dramatische Märchen vom gestiefelten Kater, und
Raimund's volksthümliche Zauberstücke mit dem Preis des guten
Sinns, der Arbeit und Gemüthlichkeit gehören hierher. Das realistische Lustspiel erreicht seinen Gipfel in Charakterstücken, welche
die Handlungen und Geschicke aus den Eigenthümlichkeiten der
Menschen ableiten, die sie zu lebensfähigen Typen des Geizigen,
der Naiven, des Scheinheiligen, des eingebildeten Kranken ausge-
stalten, wie Molière meisterhaft gethan. Oder es stellt das Spiel
der Intriguen in den Vordergrund und läßt sie durch andere An-
schläge und durch unberechenbare Zufälle durchkreuzt und aus der
Verwirrung auf überraschende Weise zum Ziel gebracht werden,
oder ihr Ziel verfehlen und wider Willen ein besseres und er-
heiterndes erreichen oder herbeiführen. Darin war Scribe ein
Virtuose. Der echte Dichter wird aber auch hier die Charakter-
zeichnung nicht vernachlässigen, er wird mit ernstem Sinn im
Scherz der Zeit und dem Volke einen Sittenspiegel vorhalten
und nicht minder wie der Tragiker den Sieg der sittlichen Weltordnung offenbaren. Die vorzüglichsten Lustspiele wissen eine
idealistische Poesie mit realer Naturtreue und psychologisch feiner
Charakteristik zu verbinden, anziehende Situationen mit dem
Feuer des Witzes zu beleuchten und die Verwicklung zu befriedigender Harmonie zu führen. So die Frösche des Aristophanes, Shakespeare's Was ihr wollt, Molière's Frauenschule,
Pope's Das Unmöglichste von allem, Calderon's Offenbares Geheimniß, Moreto's Donna Diana, Lessing's Minna von Barn-
helm. Die Zahl derartiger Meisterwerke ist nicht groß, das Lustspiel verlangt neben der Reife des Geistes und dem Adel des
Herzens auch die reiche komische Ader, geflügelten Witz und froh-
müthigen Humor.

γ. Das Versöhnungsdrama.

Daß zwischen dem Gegensatze des Tragischen und Komischen auch ein Mittleres oder Vermittelndes liege, daß außer dem Trauer- und Lustspiel für die Darstellung des Lebens auch noch eine dritte poetische Gattung Raum habe, und daß eine Mannichfaltigkeit trefflicher Werke ohne Zwang weder dem einen noch dem andern von jenen untergeordnet werden könne, das hat sich längst den meisten Aesthetikern aufgedrängt, aber die Ansichten über das neue Dritte gehen vielfach auseinander.

Weiße erklärt eine Verschmelzung des Tragischen und Komischen für möglich, sieht aber in ihr doch nur eine Vermischung beider Elemente, die Aufnahmen ernster Scenen und Charaktere in die Komödie und komischer in die Tragödie. Dies findet allerdings statt, begründet aber keine neue Gattung; auch in Romeo und Julia und im Hamlet sind komische Partien, ebenso in den spanischen Stücken. Lope de Vega sagt ausdrücklich in seinem Gedicht über die Kunst des Dramas: daß die Natur selbst diese ergötzliche Mannichfaltigkeit lehre und daß das Leben dem Wechsel des Ernstes und Scherzes einen Theil seiner Reize verdanke. Lessing hat hierüber in der Hamburger Dramaturgie mit gewohnter Entscheidungskraft gesprochen. „In der Natur", sagt er, „ist alles verbunden, alles durchkreuzt sich, alles wechselt und geht ineinander über. Aber nach dieser unendlichen Mannichfaltigkeit ist sie nur ein Schauspiel für einen unendlichen Geist. Wenn endliche Geister an seinem Genusse Antheil nehmen sollen, müssen sie vermögen Einzelnes abgesondert für sich zu betrachten, und gerade diese klare Hervorhebung und Veranschaulichung des Einzelnen, daß wir nur dieses, aber dieses auch voll und ganz erblicken, ist das Werk der Kunst. Sind wir Zeuge einer wichtigen und rührenden Begebenheit, so sehen wir von dem ab was sich Unwichtiges oder Störendes außerhalb derselben ereignet. Nur wenn jene Begebenheit selbst in ihrem Fortgang alle Schattirungen des Interesses annimmt und eine nicht blos auf die andere folgt, sondern nothwendig aus der andern entspringt, wenn der Ernst das Lachen, die Traurigkeit die Freude oder umgekehrt so unmittelbar erzeugt daß uns die Abstraction des einen oder des andern unmöglich fällt, nur alsdann verlangen wir auch daß die Kunst jenen Wechsel abspiegele." — Mit dieser Weisheit, sei es im klaren Kunstbewußtsein, sei es im instinctiven Takt des Genies, ist Shakespeare verfahren.

39*

Von anderer Seite sah man nach dem Stoff und nach der Sphäre in welcher er sich bewegt, und nannte das bürgerliches Drama, als ob es nicht vollwichtige Tragödien im Bürgerhaus gäbe, wie Kabale und Liebe, Maria Magdalena, als ob es nicht gleichgültig wäre wo ein Stück spielt, im Palast oder in der Hütte, wenn es nur von künstlerischer Vollendung ist, als ob nicht bereits Lessing maßgebend geäußert hätte: „Wenn wir mit Königen Mitleid haben, so haben wir's mit ihnen als mit Menschen, nicht als mit Königen." Andererseits bewegen sich viele Lustspiele gerade in den mittlern Regionen.

Dagegen sieht Ulrici in seinem genialen Buch über Shakespeare die höhere Einheit der tragischen und komischen Kunstform in dem historischen Drama, und meint daß der große Brite als Schöpfer desselben der Aesthetik um Hunderte von Jahren vorausgeeilt sei. Er sieht in der Geschichte einen Fortschritt nach allgemeinen Zwecken und Principien, der weit über das Leben der einzelnen Subjecte hinausgeht, und will dieses epische Element durch einen Cyklus von Dramen veranschaulicht haben, die das Leben der Völker abspiegeln; er will veranschaulicht haben wie sowol einzelne Persönlichkeiten tragisch untergehen als die falschen Tendenzen ihre komische Paralyse erfahren, und so die Menschheit im Ganzen fortschreitet; er will das Recht und die Bedeutung der Individuen und zugleich die Macht und den Gang der Menschheit als Gattung in einer gleichsam potenzirten Kunst offenbart sehen.

Aber sind nicht Coriolan und Richard III. echte Charaktertragödien, und wohin sollen wir Macbeth, Wallenstein, Maria Stuart stellen? Wenn der Dichter seinen Stoff aus der bekannten Geschichte nimmt, so wird er ihr treu sein müssen, denn sonst kommt unsere Kenntniß der Wirklichkeit mit seiner Behandlung in Zwiespalt und es mangelt dann die volle Befriedigung, welche da eintritt wo das Factische zugleich als das Nothwendige, das dichterisch Mögliche zugleich als das Thatsächliche erscheint, sodaß die poetische und geschichtliche Wahrheit zusammenstimmen. Der Dichter ergreift die historische Idee und macht sie zur Seele seines Werks, und sie ist eben dadurch historisch daß sie nicht blos als Gedanke des Geistes lebt, sondern Fleisch und Blut gewonnen, Mensch geworden, in Ereignissen ausgeprägt ist. Da ist es allerdings hier wie überall des Künstlers Recht und Pflicht daß er das Wesentliche hervorhebt, das gleichgültige oder störende Beiwerk des Zufälligen oder zur Sache nicht

Gehörigen beseitigt, daß er den Zusammenhang der Charaktere, Begebenheiten, Geschicke, auch wo derselbe in der Ueberlieferung nicht deutlich vorliegt, durch seine Phantasie ergänzt, und daß er für viele kleine Momente in der Breite der Wirklichkeit, die er ja nicht in den engen Raum seiner Dichtung aufnehmen kann, sie repräsentirende Scenen schafft, die in der Verdichtung des Zerstreuten, in der Steigerung eines minder Bedeutenden als Symbol des Factischen gelten können. Aber der Charakter des Helden, die Handlung durch welche er sein Geschick bestimmt, die großen Wendepunkte seiner Bahn wie sein Ausgang müssen der Ueberlieferung entsprechen. So bemeistert sich der Dichter der Geschichte ohne sie zu meistern, er entbindet deren eigene Poesie statt sie mit scheinsamem Flittern schmücken zu wollen und zu verunzieren.

Selten wird der geschichtliche Stoff dem kunstgerechten Aufbau des Dramas willig und leicht sich fügen; der Herzensantheil, den wir an der Sache, an dem welthistorischen oder vaterländischen Gehalte nehmen, wird uns hier und da die reine Freude an dem Ebenmaße der schönen Form ersetzen müssen, und der Dichter wird nöthig haben mehr in die Weite und Breite zu gehen als es da erforderlich ist wo er eine Handlung aus dem Privatleben darstellt. Er wird dem Weltzustand, den Gegenspielern, der Vergangenheit und der Fortentwickelung des geschilderten Lebens seine Aufmerksamkeit zuwenden, und das epische Element im Dramatischen wird vorwiegend werden. Hat doch auch Schlegel Shakespeare's Historien aus der englischen Geschichte ein Heldengedicht in dramatischer Form genannt, und Shakespeare selbst durch eine Mannichfaltigkeit ergreifender Scene und orginaler Charaktere im Einzelnen uns einen Ersatz für die oft zu lockere Composition des Ganzen geboten.

Einen Vortheil hat der Dramatiker der Geschichte, Jean Paul hat ihn angedeutet. Ein historisch bekannter Mann, ein Sokrates, Cäsar tritt, wenn ihn der Dichter ruft, wie ein Fürst ein und setzt sein Cognito voraus; ein Name ist hier eine Menge Situationen; hier erschafft schon ein Mensch Begeisterung oder Erwartung, welche im Erdichtungsfalle erst ihn selbst schaffen mußten. Und so hielt auch Eduard Devrient beim Besuch des Oberammergauer Passionsspiels es für leichter die allbekannten großen Persönlichkeiten des Evangeliums auf der Bühne zu lebendiger Wirkung zu bringen als unbekannte tugendhafte oder gottbegeisterte Männer, von deren Adel und Werth der Schau-

spieler das Publilum erst überzeugen muß. Und ich reihte daran den
Wunsch: Unter freiem Himmel, auf einer Bühne die auch Massen-
entwickelung gestattet, möchten durch tüchtige Kräfte aus dem Voll
selbst große Thaten der vaterländischen Geschichte, die der Dichter
im Frescostil entworfen, zur Anschauung kommen; der Antheil
der Massen könnte dabei durch Chöre wie im Oratorium ausgedrückt werden. Der Luthertag 1883 hat einige solche Werke hervorgerufen, in Worms war eine Kirche der Schauplatz, und die
ganze Versammlung erhob sich und stimmte ein in den Gesang:
Eine feste Burg ist unser Gott!

Das Richtige über diese dritte Art dramatischer Poesie hat
Hegel in seiner Aesthetik angedeutet, wiewol auch er den Gedan-
ken weder festhält noch durchführt, vielmehr selbst die vermittelnde
Weise derselben für unbedeutender als die Pole des Trauer- und
Lustspiels erklärt, und in die Prosa der Diderot-Iffland'schen
Familienstücke als ein Beispiel jener Dichtungsart sich verirrt.
Die Franzosen nennen sie comédie larmoyante, die Deutschen
Rührstücke. Hegel findet nämlich die Vermittelung der Gegensätze nicht sowol in dem Nebeneinander und Umschlagen derselben,
sondern in ihrer wechselseitigen Ausgleichung. Die Subjectivität,
statt in komischer Verkehrtheit zu handeln, erfüllt sich mit dem
Ernst gediegener Verhältnisse, während sich die tragische Festigkeit
des Wollens und die Tiefe der Collisionen insoweit erweicht und
ebnet, daß es zu einer Aussöhnung der Interessen und harmonischen Einigung der Zwecke und Charaktere kommen kann.

Der geschichtliche Held, der eine neue Idee erfaßt, für sie in
Kampf mit der Welt kommt, und sieghaft seinen Zweck erreicht,
wie Columbus, ein Mann der dem Ernst und Scherz gleich gewachsen ist und in der entscheidenden Stunde sich bewährt, wie
Shakespeare's Heinrich V., sind dramatische, aber weder tragische
noch komische Gestalten. Ebenso jede tüchtige Natur, die aus Ver-
irrungen oder Maßlosigkeiten zur Klarheit und Selbstbeherr-
schung sich herausarbeitet, oder in innere Conflicte geräth die sie
überwindet. Ebenso wer durch schwere Erfahrung gereist seinen
Eigenwillen bricht und sich mit dem Schicksal in Einklang setzt,
in den Dienst der sittlichen Weltordnung tritt. Der tragische
Charakter folgt seiner Naturbestimmtheit oder dem Drang seiner
Leidenschaft, und hat für die Stimme der überlegenden Vernunft
so wenig ein Ohr wie Romeo für Lorenzo, Egmont für Oranien;
aber im Schauspiel erhebt sich die Individualität zu jener Selbst-

macht des ganzen Geistes, in welcher der Mensch auch mit dem Bewußtsein daß er anders handeln kann seine Zwecke verfolgt, in welcher er sich als den Herrn seiner Gedanken und Entschlüsse erkennt und gegen den besondern Hang und Drang die andern Kräfte seines Gemüths aufruft, in welcher er seine Subjectivität durch eigene Wahl mit dem Weltgesetz einstimmig macht. Die Freiheit ist ein Gut das stets errungen und behauptet werden muß gegen die blinden Triebe der eigenen Brust wie gegen die mächtigen Einflüsse der Außenwelt, Freiheit ist Selbstbefreiung; das Freiheits- und Versöhnungsdrama stellt diesen Kampf und seinen Sieg dar. Pflichten streiten miteinander, und mit der Anerkennung wie auch das andere Princip seine Berechtigung hat kann es dem Handelnden gelingen daß er seine Sache ohne Gewaltsamkeit, ohne Verletzung der ihm Gegenüberstehenden durchsetzt. Es gibt Ausgleichungen, es gibt ein rechtzeitiges Nachgeben, eine Herzensmilde, die den Gegner zur Anerkennung mehr überredet als zwingt. Es gibt lichtbringende Worte welche die Verwirrung schlichten und die Geister durch Ueberzeugung versöhnen. So gibt es eine heitere und glückliche Lösung ernster und schwerer Conflicte, innerer wie äußerer, und die Darstellung ist die des Freiheits- und Versöhnungsdramas.

Die indischen Schauspiele lieben den glücklichen Ausgang ernster Verwickelungen, wie ihn die Sakuntala zeigt. Aber auch der Prometheus des Aeschylos und die Eumeniden führen durch die härtesten und schmerzvollsten Widersprüche am Ende zur Versöhnung. Ebenso erinnere ich an die Iphigenia von Euripides, an seine Alceste, seine Helena, an die Gefangenen von Plautus. Calderon's Leben ein Traum zeigt uns wie der Mensch das Schicksal nicht zu brechen vermag, sondern es beschleunigt wenn er es wenden will, wie er aber durch Erfahrung gereist sich beherrschen lernt, und wie die Erhebung der reinen Natur zu sittlicher Freiheit und Besonnenheit dem Erwachen aus einem verworrenen Traume gleicht; das alles, was weder tragisch noch komisch ist, wiewol es bald an das eine, bald an das andere anstreift, hat der Dichter im dramatischen Spiel so leicht und anmuthig wie ernst und würdevoll dargestellt. Von Shakespeare's Dichtungen nenne ich den Kaufmann von Venedig, Maß für Maß, Cymbeline und Sturm; Lustspiele wird sie kaum jemand nennen, Trauerspiele doch auch nicht. Mit Corneille's Cid und Cinna, Molière's Tartüffe hat es gleiche Bewandtniß. Lessing's

Nathan, Schiller's Tell, Kleist's Prinz von Homburg hätten schon genügen können die deutschen Aesthetiker auf den rechten Weg zu weisen. Am reinsten zeigt Goethe's Iphigenia wie im Hause des Tantalos die Rache für eine Schuld wieder ein Verbrechen war, wie nun auch an die Heldin das Verhängniß herantritt: den Bruder zu retten indem sie die Wohlthäter belüge und das ihr vertraute Götterbild raube; aber sie kämpft den innern Conflict siegreich durch, sie vertraut der Macht der Wahrheit und der Menschlichkeit, und daß ihr ruhig harmonisches Wesen den Bruder aus der Trübung des Gemüths zur Klarheit führte, beweist dieser dadurch daß er das Orakel richtig deutet: die Schwester soll er heimholen zur Entsündigung des Hauses hat Apollo gesagt, und damit nicht das Dianabild, sondern Iphigenia gemeint. So löst sich alles in ein herzliches Lebewohl.

Berichtigungen.

Seite 888, Zeile 10 v. u., statt: Unreinheit, lies: Ureinheit
» 409, » 11 v. u., st.: O Jesus, l.: O Isis

Druck von F. A. Brockhaus in Leipzig.

www.ingramcontent.com/pod-product-compliance
Lightning Source LLC
Chambersburg PA
CBHW022124020426
42334CB00015B/744